Die Geheime Staatspolizei in Anhalt

Wissenschaftliche Reihe der Stiftung Gedenkstätten Sachsen-Anhalt
Band 5

Herausgegeben von der Stiftung Gedenkstätten Sachsen-Anhalt

Alexander Sperk

Die Geheime Staatspolizei in Anhalt

Lageberichte, Personal, Verfolgte

mitteldeutscher verlag

Umschlagabbildungen: Zwischen 1936 und 1941 verwendeter Stempel der Staatspolizeistelle Dessau (Quelle: StA Sandersleben, 19 Nr. 208, Bl. 199), Schreiben der Staatspolizeistelle Dessau an den Leiter des Zuchthauses Coswig (Anhalt) wegen der „Überhaft" von Otto Gehre, 04.02.1938 (Quelle: LASA, Z 259, Nr. 746, Bl. 3), Briefkopf des Lageberichtes der Anhaltischen Politischen Polizei (Geheime Staatspolizei) Dessau für Juli 1935, 09.08.1935 (Quelle: BArch, R 58/3739, Bl. 46)

Bibliografische Information der Deutschen Nationalbibliothek
Die Deutsche Nationalbibliothek registriert diese Publikation in der Deutschen Nationalbibliografie; detaillierte bibliografische Daten im Internet unter http://d-nb.de.

Alle Rechte vorbehalten.
Das Werk ist urheberrechtlich geschützt. Jede Verwertung außerhalb der Freigrenzen des Urheberrechts ist ohne Zustimmung des Verlages unzulässig und strafbar. Das gilt insbesondere für Vervielfältigungen, Übersetzungen, Mikroverfilmungen und die Einspeicherung und Verarbeitung in elektronischen Systemen.

© 2021 mdv Mitteldeutscher Verlag GmbH, Halle (Saale)
www.mitteldeutscherverlag.de

Gesamtherstellung: Mitteldeutscher Verlag, Halle (Saale)

ISBN 978-3-96311-373-4

Printed in the EU

Meinem Doktorvater Prof. Dr. Hermann-Josef Rupieper (†) und meinem geschätzten Kollegen Dr. Dirk Hackenholz (†) gewidmet.

Inhaltsverzeichnis

Danksagung 11

I. Einleitung 13

II. Gesellschaftliche, wirtschaftliche und politische Lage
in Anhalt 1932–1935 22

III. Die Geheime Staatspolizei in Anhalt 44
III.1. Behördengeschichte 44
III.2. Aufgaben der Gestapo 58
III.3. Gliederung der Gestapo 65
III.4. Sitz der Gestapo 66
III.5. Mitarbeiter der Gestapo 69
III.5.1. Die Leiter 72
III.5.2. Die Abteilungsleiter 97
III.5.3. Mitarbeiter der unteren und mittleren Ebene 110
III.5.3.1. Tod vor 1945 110
III.5.3.2. Selbstmord bei Kriegsende 113
III.5.3.3. Zum Tode verurteilt und hingerichtet 116
III.5.3.4. In amerikanischen/britischen Internierungslagern 120
III.5.3.5. In sowjetischen NKWD-Speziallagern 147
III.5.3.6. Haft in der Tschechoslowakei 158
III.5.3.7. Verurteilungen in der Bundesrepublik 163
III.5.3.8. Unerkannt in der DDR 170
III.5.3.9. Inoffizielle Mitarbeiter des MfS 173
III.5.3.10. Schicksal nach 1945 ungeklärt 178
III.5.3.11. Unvollständige Biografien 184
III.5.3.12. Sonstige Fälle 198
III.6. Das Berichtswesen der Gestapo 208

IV. Berichterstatter der allgemeinen Verwaltung 212
IV.1. Staatsminister Alfred Freyberg 212
IV.2. Das Berichtswesen der allgemeinen Verwaltung 221

V. Die Lageberichte zu Anhalt – Forschungsergebnisse zum KPD- und SPD-Widerstand bis 1936 225

Editionsprinzipien 230

Edition der Dokumente 231
Nr. 1: Aus dem Halbmonatslagebericht der Anhaltischen Politischen Polizei (Geheime Staatspolizei) Dessau für 15. bis 30. April 1934, ohne Datum 231
Nr. 2: Aus dem Lagebericht der Anhaltischen Politischen Polizei (Geheime Staatspolizei) Dessau für April 1934, ohne Datum 233
Nr. 3: Aus dem Halbmonatslagebericht der Anhaltischen Politischen Polizei (Geheime Staatspolizei) Dessau für 1. bis 14. Mai 1934, ohne Datum 234
Nr. 4: Lagebericht des Anhaltischen Staatsministers für Juli 1934 vom 8. August 1934 238
Nr. 5: Lagebericht des Anhaltischen Staatsministers für August 1934, ohne Datum 250
Nr. 6: Aus dem Lagebericht der Anhaltischen Politischen Polizei (Geheime Staatspolizei) Dessau für September 1934 vom 5. Oktober 1934 253
Nr. 7: Lagebericht des Anhaltischen Staatsministers für September 1934, ohne Datum 257
Nr. 8: Aus dem Halbmonatslagebericht der Anhaltischen Politischen Polizei (Geheime Staatspolizei) Dessau für den 1. bis 14. Oktober 1934 vom 15. Oktober 1934 265
Nr. 9: Lagebericht des Anhaltischen Staatsministers für Oktober und November 1934 vom 11. Dezember 1934 .. 267

Nr. 10: Aus dem Halbmonatslagebericht der Anhaltischen Politischen Polizei (Geheime Staatspolizei) Dessau für die Zeit vom 16. bis 31. Januar 1935, ohne Datum 277

Nr. 11: Lagebericht des Anhaltischen Staatsministers für Dezember 1934 und Januar 1935 vom 11. Februar 1935 278

Nr. 12: Aus dem Lagebericht der Anhaltischen Politischen Polizei (Geheime Staatspolizei) Dessau für Februar 1935, ohne Datum 290

Nr. 13: Lagebericht des Anhaltischen Staatsministers für Februar und März 1935 vom 15. April 1935 294

Nr. 14: Lagebericht des Anhaltischen Staatsministers für April und Mai 1935 vom 14. Juni 1935 309

Nr. 15: Aus dem Lagebericht der Anhaltischen Politischen Polizei (Geheime Staatspolizei) Dessau für Juni 1935, ohne Datum 325

Nr. 16: Lagebericht der Anhaltischen Politischen Polizei (Geheime Staatspolizei) Dessau für Juli 1935 vom 9. August 1935 326

Nr. 17: Lagebericht des Anhaltischen Staatsministers für Juni und Juli 1935 vom 22. August 1935 336

Nr. 18: Aus dem Lagebericht der Anhaltischen Politischen Polizei (Geheime Staatspolizei) Dessau für August 1935, ohne Datum 347

Nr. 19: Aus dem Lagebericht der Anhaltischen Politischen Polizei (Geheime Staatspolizei) Dessau für September 1935, ohne Datum 350

Nr. 20: Lagebericht des Anhaltischen Staatsministers für August und September 1935 vom 29. Oktober 1935 354

Nr. 21: Aus dem Lagebericht der Anhaltischen Politischen Polizei (Geheime Staatspolizei) Dessau für Oktober 1935, ohne Datum 367

Nr. 22: Lagebericht des Anhaltischen Staatsministers für Oktober und November 1935 vom 21. Dezember 1935 374
Nr. 23: Aus dem Lagebericht der Anhaltischen Politischen Polizei (Geheime Staatspolizei) Dessau für Dezember 1935, ohne Datum 385
Nr. 24: Aus dem Lagebericht der Anhaltischen Politischen Polizei (Geheime Staatspolizei) Dessau für Januar 1936, ohne Datum 388
Nr. 25: Aus dem Lagebericht der Anhaltischen Politischen Polizei (Geheime Staatspolizei) Dessau für Februar 1936, ohne Datum 390

Biografischer Anhang 391

Abkürzungsverzeichnis 581
Literaturverzeichnis (Auswahl) 588
Abbildungsnachweis 593
Personenregister 596
Orts- und Sachregister 603

Danksagung

Für die Hilfe bei der Publikation, deren Entstehung 2004 begann (man möge daher vereinzelt auftauchende veraltete Archiv- und Signaturbezeichnungen verzeihen), bedanke ich mich besonders bei Dr. Daniel Bohse, Dr. Jan Brademann, Dr. Henrik Eberle, Joachim Grossert, Dr. Werner Grossert (†), Joachim Hennig, Dr. Torsten Kupfer, Sven Langhammer (v. a. für die Hilfe bei Ermittlungen in Bad Arolsen), Sebastian Panwitz, Norbert Postler, Peter Puschendorf (der mir gestattete, die fast komplett vorliegenden Anweisungen und Rundschreiben der Dessauer Gestapo an die Kreispolizeibehörden Anhalts einzusehen), Dr. Dietmar Schulze, Katja Seybold, Lars Skowronski, Dr. Bernd G. Ulbrich und Michael Viebig.

Auf keinen Fall möchte ich die vielen Mitarbeiter der Stadt-, Kreis-, Landes-, Staats- und Bundesarchive vergessen (siehe Nennung in den Fußnoten/Quellen). Sie haben mich stets unterstützt und mir so manchen Extrawunsch erfüllt. Und ohne die Hilfe der Beschäftigten der Stasi-Unterlagen-Behörde (BStU, v. a. Uwe Schicke), des Volksbundes Deutscher Kriegsgräberfürsorge, der Wehrmachtauskunftsstelle, des DRK-Suchdienstes (wo ich Heinrich Rehberg nennen muss, der unbürokratisch wertvolles Material zur Verfügung stellte), der Gedenkstätten, der Arolsen Archives und – ganz wichtig – der Standesämter wäre die Monografie in dieser Informationsfülle nicht möglich gewesen. Der Stiftung Gedenkstätten Sachsen-Anhalt bin ich sehr dankbar für die großzügige finanzielle Unterstützung und die Möglichkeit, das Buch in ihrer Wissenschaftlichen Reihe im Mitteldeutschen Verlag publizieren zu dürfen.

Zuletzt danke ich meinen Eltern, die mir immer – nicht nur im beruflichen Streben – geholfen haben und meiner Familie. Meine Frau Anja und meine Töchter Karoline Ernestine und Wallerie Lina mussten in den letzten Jahren des Öfteren auf Ehemann und Papa verzichten, wenn er in Archiven weilte, sich in Kopien und Büchern vertiefte oder am Computer saß. Das war nicht immer frei von Konflikten, aber letztlich haben wir es gemeinsam geschafft!

Halle (Saale) im September 2020   Alexander Sperk

I. Einleitung

Die Lageberichte der Geheimen Staatspolizei (Gestapo) sowie der Regierungs- und Oberpräsidenten sind bereits für einige Gebiete ediert worden[1], auch für die drei Regierungsbezirke der Provinz Sachsen.[2] Das Ziel des Autors bestand u.a. darin, die territoriale Lücke für das Bundesland Sachsen-Anhalt zu schließen. Mit der vorliegenden Edition für das bis 1945 bestehende Land Anhalt, die

---

1 Bernhard Vollmer: Volksopposition im Polizeistaat. Gestapo- und Regierungsberichte 1934–1936, Stuttgart 1957 [Regierungsbezirk Aachen]; Robert Thévoz/Hans Branig/Cécile Lowenthal-Hensel: Pommern 1934/35 im Spiegel von Gestapo-Lageberichten und Sachakten, 2 Bde., Köln/Berlin 1974; Jörg Schadt (Bearb.): Verfolgung und Widerstand unter dem Nationalsozialismus in Baden. Die Lageberichte der Gestapo und des Generalstaatsanwalts Karlsruhe 1933–1940, Stuttgart u.a. 1976; Thomas Klein (Bearb.): Die Lageberichte der Geheimen Staatspolizei über die Provinz Hessen-Nassau 1933–1936, Köln/Wien 1986; Klaus Mlynek (Bearb.): Gestapo Hannover meldet ... Polizei- und Regierungsberichte für das mittlere und südliche Niedersachsen zwischen 1933 und 1937, Hildesheim 1986; Gerd Steinwascher (Bearb.): Gestapo Osnabrück meldet ... Polizei- und Regierungsberichte aus dem Regierungsbezirk Osnabrück aus den Jahren 1933 bis 1936, Osnabrück 1995; Flensburg meldet: ...! Flensburg und das deutsch-dänische Grenzgebiet im Spiegel der Berichterstattung der Geheimen Staatspolizei und des Sicherheits-Dienstes (SD) des Reichsführers SS 1933–1945, hg. v. Stadtarchiv Flensburg. Ausgew., eingel. u. komm. v. Gerhard Paul, Flensburg 1997; Wolfgang Ribbe (Hg.): Die Lageberichte der Geheimen Staatspolizei über die Provinz Brandenburg und die Reichshauptstadt Berlin 1933 bis 1936, Teilband I: Der Regierungsbezirk Potsdam, Köln u.a. 1998; Albrecht Eckhardt/Katharina Hoffmann (Bearb.): Gestapo Oldenburg meldet ... Berichte der Geheimen Staatspolizei und des Innenministers aus dem Freistaat und Land Oldenburg 1933–1936, Hannover 2002; Anselm Faust/Bernd-A. Rusinek/Burkhard Dietz (Bearb.): Lageberichte rheinischer Gestapostellen, 3 Bde., Düsseldorf 2012–2016.

2 Hermann-J. Rupieper/Alexander Sperk (Hg.): Die Lageberichte der Geheimen Staatspolizei zur Provinz Sachsen 1933–1936, Bd. 1 Regierungsbezirk Magdeburg, Bd. 2 Regierungsbezirk Merseburg, Bd. 3 Regierungsbezirk Erfurt, Halle 2003–2006.

ich sowohl meinem am 31. August 2004 verstorbenen Doktorvater Prof. Dr. Hermann-Josef Rupieper (1942–2004), Lehrstuhlinhaber für Zeitgeschichte an der Martin-Luther-Universität Halle-Wittenberg, als auch meinem am 28. Oktober 2011 ebenso viel zu früh verstorbenen Kollegen Dr. Dirk Hackenholz (1970–2011) widme, vollzieht sich der Lückenschluss. Diesen wunderbaren Menschen, die mir stets in Erinnerung bleiben werden, hatte ich versprochen, das Buch herauszubringen.

Die Erforschung der Geschichte Anhalts im Nationalsozialismus ist seit 1990 ein gutes Stück vorangekommen, auch wenn das nicht alle Regionen betrifft. Etliches ist noch immer unbekannt. Bislang gehörten sowohl die Geheime Staatspolizei im Allgemeinen als auch ihre Lageberichte und Angehörigen zu den Desideraten der Forschung. Noch schwieriger als die Kommentierung der Berichte waren die Materialsuche zur Behördengeschichte sowie die Ermittlung ihrer Mitarbeiter, da geschlossene Aktenbestände fehlen. Mit Zeitaufwand und Glück gelang es, weit verstreute Überlieferungen zutage zu fördern. Dabei bestand nie die Absicht, eine lückenlose Institutionsgeschichte zu verfassen oder alle Aspekte der Gestapo-Tätigkeit darzustellen, was schon auf Grund der Quellenlage unmöglich ist. Dennoch geht der vorliegende Band in punkto Behördengeschichte, Biografien des Gestapo-Personals sowie hinsichtlich der Viten der in den Lageberichten genannten Personen weit über die Bände für die Provinz Sachsen hinaus.[3]

Die anhaltischen Lageberichte, die man ausschließlich im Bundesarchiv findet, sind nicht so umfangreich wie jene für die Provinz Sachsen. Während für Letztere die Berichterstattung im Frühjahr, vollständig im November 1933 einsetzt, beginnt die anhaltische Überlieferung im April 1934. Darüber hinaus fehlen die Gestapo-Berichte für die Monate Juni bis August sowie November und

---

3 Siehe vorangegangene Fußnote. Zudem enthalten die drei Bände zur Provinz Sachsen keine Abbildungen.

Dezember 1934, März bis April 1935, für November 1935 und März 1936. Für die Monate September und Oktober 1934, Januar und Februar, Juni, August bis Oktober sowie Dezember 1935, Januar und Februar 1936 liegen sie nur in Auszügen vor.

Außer der Berichterstattung der „Anhaltischen Politischen Polizei (Geheime Staatspolizei) Dessau", so der vollständige Gründungsname, existiert noch die des Anhaltischen Staatsministers. So lautete die Amtsbezeichnung von Ministerpräsident Alfred Freyberg seit dem 8. Mai 1933. Seine Lageberichte liegen von Juli 1934 bis November 1935 vollständig vor. Auffallend ist, dass Passagen der Gestapo- und Staatsministerberichte oft identisch sind. Dies ist kaum verwunderlich, denn Freyberg war de jure 1934 bis 1937 zugleich Leiter der anhaltischen Gestapo. Da auch Schreib- und Ausdruckstile übereinstimmen, ist anzunehmen, dass sowohl die Lageberichte der Gestapo als auch die des Staatsministers von ein und derselben Person verfasst worden sind.

Die Dessauer Gestapo stellte ihre Lageberichte nach der Auswertung von Monatsberichten der Oberbürgermeister, Landräte und Polizeibehörden zusammen. Natürlich nutzte sie Ergebnisse ihrer eigenen Arbeit. Sie überwachte Versammlungen der Bekennenden Kirche[4], ließ verbotene Druckerzeugnisse aus dem In- und Ausland beschlagnahmen[5], erfasste bzw. zensierte Flugblätter und Schriften oder überprüfte Arbeiter der Rüstungsbetriebe. Oftmals halfen ihr Denunziationen oder Anzeigen.[6] Über die Situation in der illegalen KPD erhielt sie Informationen von angeworbenen Spitzeln, sogenannten V-Leuten. Anfänglich arbeiteten zumindest drei Dessauer Kommunisten als Informanten für

---

4   Vgl. u.a. AELKA, B 5 Ev. LKR 1919–1945 (Fragment), K 28 138 III; ebd., L 11 Nr. 50 Bd. I.
5   Siehe u.a. LASA, G 6, Nr. 683.
6   Vgl. Gisela Diewald-Kerkmann: Denunziantentum und Gestapo. Die freiwilligen Helfer aus der Bevölkerung, in: Gerhard Paul/Klaus-Michael Mallmann (Hg.): Die Gestapo. Mythos und Realität, Darmstadt 1995, S. 288–305.

die Politische Polizei: Friedrich Schiedewitz[7], Paul Heinze und Herbert Fuchs.[8]

Wirtschaftsdaten bekam die anhaltische Geheimpolizei von den Arbeitsämtern, der Handwerkskammer sowie der Industrie- und Handelskammer. Über die Landwirtschaft informierte sie der Reichsnährstand. Die Einwohnermeldeämter teilten ihr Familienstands- oder Aufenthaltsveränderungen mit. Das Material wurde zu Beginn eines Monats für den Vormonat zu einem Lagebericht zusammengestellt. Die Gestapo verfasste auch Halbmonatsberichte (Berichtszeitraum 14 Tage). Sie sind für Anhalt bis Januar 1935 nachweisbar.[9] Zusätzlich erstellten die Politischen Polizeien bzw. Regierungspräsidenten ab 12. August 1933 Ereignismeldungen und ab 1. Juni 1934 Tagesberichte bzw. -meldungen. Für Anhalt gelten sie – wie die Monatsberichte der Oberbürgermeister, Landräte und Polizeibehörden – bis auf Ausnahmen als vernichtet.

Die Kommentierung der Lageberichte ist nicht durchgehend möglich, weil entsprechende Überlieferungen fehlen. Vieles wurde durch Bombenangriffe der Westalliierten auf Dessau, Zerbst und Magdeburg zerstört. In den letzten Kriegswochen verbrannten Mitarbeiter der Dessauer Gestapo auf Befehl aus Berlin den gesamten Aktenbestand ihrer Dienststelle.[10] Auch Beschäftigte der anhaltischen Landesregierung beseitigten Unterlagen. Aus der „Niederschrift über die Vernichtung von Geheimakten" des Oberregierungsrates Engelbert Roenick vom 12. April 1945 geht hervor, dass durch den Luftangriff auf Dessau am 7. März 1945 „die laufen-

---

7   Vgl. Alexander Sperk: V-Leute der Politischen Polizei zu Beginn des Nationalsozialismus, in: MVAL 21/2012, S. 163–182.
8   Vgl. LASA, Z 257, Nr. 107, Bl. 43ff.; vgl. Engelmann, S. 82f. Auch der Magdeburger Polizei-Spitzel Richard Skorna trug 1933 und 1934 zur Festnahme von KPD-Mitgliedern aus Anhalt bei. Dafür verurteilte ihn das Landgericht Magdeburg nach 1945 zu drei Jahren Zuchthaus. Vgl. BStU, MfS, BV Magdeburg, AS Nr. 1/81, Bd. 7, Bl. 444.
9   Vgl. u. a. BArch, R 58/2054, Bl. 30.
10 Aussage Erich Strübing, 10.05.1948. Vgl. ebd., Z 42-III/3002, Bl. 14a.

Geheime Staatspolizei
Staatspolizeistelle Dessau.
(Landesbehördenhaus I, I. Geschoß.)

Die Geheime Staatspolizei war nicht geheim. Sie stand – wie hier zu sehen – im Adress-, aber auch im Telefonbuch.

den Akten [im Landesbehördenhaus I – A.S.] in dem Panzer- bezw. Stahlschrank vollständig verkohlt wurden". Weiterhin vernichteten Landesbedienstete am 12. April „noch die im Tresor der Landeshauptkasse aufbewahrten Tagebücher der Jahrgänge 1934–1937, 1938, 1939, 1940/41 [...] durch Verbrennung [...]." Die Tagebücher des Zeitraums 1942 bis 6. März 1945 waren bereits durch den Luftangriff vom 7. März zerstört worden. „Das nach dem 7.3.1945 begonnene Tagebuch sowie alle laufenden Geheimsachen wurden ebenfalls vernichtet."[11]

Ähnlich wie beim Regierungsbezirk Erfurt, der eng mit Thüringen verbunden war und heute zum ihm gehört[12], kommen in den Lageberichten Anhalts nicht selten die Regierungsbezirke Magdeburg und Merseburg der preußischen Provinz Sachsen zur Sprache. Sie begrenzten Anhalt im Norden und Süden. Die Provinz Sachsen und Anhalt verbanden zahlreiche Verwaltungs- und Wirtschaftsstrukturen. Anhalt gehörte zum NSDAP-Gau Magdeburg-Anhalt, der den Regierungsbezirk Magdeburg und Anhalt umfasste. Dessau war „Gauhauptstadt", was auf den hier beheimateten Gauleiter Wilhelm Friedrich Loeper zurückging. Die Zuständigkeiten der SA-Gruppe Mitte, des Oberlandesgerichtes Naumburg oder des Landesarbeitsamtes Mitteldeutschland verknüpften preußisches und

---

11 LASA, E 138, Nr. 1, Bl. 1. Vgl. auch ebd., Nr. 6, Bl. 3, 37.
12 Siehe Rupieper/Sperk, Bd. 3, S. 10f.

anhaltisches Territorium. Ebenso umfassten die Organisationsbezirke von KPD und SPD den Regierungsbezirk Magdeburg und Anhalt. Die Zuständigkeit der Landeskriminalpolizeistelle Magdeburg erstreckte sich auch auf Anhalt. Es gab Verträge bzw. Absprachen zwischen Anhalt und Preußen u.a. hinsichtlich gegenseitiger Unterstützung mit Schutzpolizei.[13] Unzählige Arbeiter aus Anhalt waren in den grenznahen Großbetrieben der Regierungsbezirke Magdeburg und Merseburg wie der Farben- bzw. Filmfabrik Wolfen, dem Leichtmetallwerk der Chemischen Fabrik Griesheim-Elektron Aken (Elbe)[14], dem Sprengstoffwerk Reinsdorf der Westfälisch-Anhaltischen Sprengstoff AG (WASAG) oder in den Tagebauen Golpa bzw. im Kraftwerk Zschornewitz beschäftigt.

Anhalt blieb dennoch eigenständig, obwohl die Eingliederung in die Provinz Sachsen Gegenstand von Diskussionen auf beiden Seiten war. Die Debatte verstärkte sich nach dem „Vorläufigen Gesetz über die Gleichschaltung der Länder mit dem Reich" vom 31. März 1933, erst recht nach dem „Gesetz über den Neuaufbau des Reichs" vom 30. Januar 1934. Nach diesem mussten alle Länder, auch die Freistaaten, ihre Souveränität an das Reich abtreten.[15] So wurde aus dem seit 1918 existierenden Freistaat das Land Anhalt, wobei de facto alle Territorialstaaten des Deutschen Reiches ihre Eigenständigkeit bereits mit dem „Vorläufigen Gesetz über die Gleichschaltung der Länder mit dem Reich" eingebüßt hatten. Dies wird manchmal übersehen und damit der Name Anhalts in der NS-Zeit falsch verwendet.

Die Lageberichte offenbaren mehrere Aspekte der Etablierungs- und Konsolidierungsphase des NS-Regimes. Vorwiegend dienten sie einem Ziel: Hitler wollte wissen, wie die Deutschen über die

---

13 Vgl. LASA, C 20 I, Ib Nr. 4123, Bd. 2, Bl. 269–286.
14 Vgl. Peter Hayes: Industry and Ideology. IG Farben in the Nazi Era, Cambridge 1989, S. 114, 136. Nach 1945 wurde der Betrieb demontiert und ab 1947 der VEB Magnesitwerk Aken aufgebaut (Herstellung feuerfester Steine). Der Autor dankt Frau Lehmann, StA Aken (E.), für die Informationen.
15 Vgl. RGBl. 1933 Teil 1, S. 153; RGBl. 1934 Teil 1, S. 75.

Blick auf den zweiten Dienstsitz der Gestapo in der Straße des 30. Januar Nr. 5

Maßnahmen der neuen Machthaber dachten und ob er Zustimmung für seine Politik erhielt. Die Berichte zu Anhalt unterscheiden sich nicht von denen anderer Gebiete. Zum einen zeigen sie, wen die Nationalsozialisten als Gegner einstuften, überwachten und verfolgten. Im Mittelpunkt der Berichterstattung steht – abgesehen von der Stimmung in der Bevölkerung – die Verfolgung von Kommunisten und Sozialdemokraten. Die Gestapo „kümmerte" sich ebenso um die jüdische Bevölkerung, um Angehörige der evangelischen und katholischen Kirche, die Zeugen Jehovas (Ernste Bibelforscher) und die Freimaurer. Auch frühere Verbündete der NSDAP aus der Zeit der Weimarer Republik überwachte und verfolgte die Staatspolizei. Die Lageberichte betiteln sie als „Rechtsopposition" oder „Reaktion": Stahlhelm, Alldeutscher Verband, Tannenbergbund bzw. Ludendorff-Verlag, Monarchisten, Schwarze Front. Großen Wert legte die Gestapo auf den Arbeitsmarkt (Reduzierung der Arbeitslosigkeit), die Ernährungslage und die Arbeiterschaft (v.a. Lohnentwicklung).

Die Berichte spiegeln nicht das vom NS-Regime suggerierte Bild der einheitlichen „Volksgemeinschaft" wider. Es schlagen sich auch die unerwünschten Seiten nieder, die nicht an die Öffentlichkeit gelangen sollten: Amtsmissbrauch, Unterschlagungen, sexueller Missbrauch von Minderjährigen, Desinteresse an den ständigen Parteiveranstaltungen oder der Unmut der Arbeiter über geringe Löhne bzw. zu hohe Gehälter der Leitungsebenen. Gleichwohl offenbaren die Lageberichte Übereinstimmungen zwischen den Absichten der Nationalsozialisten und den Empfindungen der Menschen. Maßnahmen zur Befreiung von den „Fesseln" des Versailler Vertrages (Rückgliederung des Saargebietes, Wiedereinführung der allgemeinen Wehrpflicht) sowie zur wirtschaftlichen Aufwärtsentwicklung fanden Zustimmung. Als partielle Übereinstimmung zwischen Bevölkerung und NS-Regime kann auch die ausgeprägte Denunziationsbereitschaft gelten, die die Berichte wiedergeben. Eine Akte im Landesarchiv Sachsen-Anhalt belegt diese Bereitschaft für den Kreis Bernburg: Hier finden sich für die Jahre 1938 bis 1942 zahlreiche Anzeigen wegen „staatsfeindlicher Äußerungen", „verbotenen Umgangs mit polnischen Kriegsgefangenen", „Sabotage" oder „Lebensmittelunterschlagungen".[16]

Dagegen besaß die antiklerikale wie antisemitische Propaganda nicht die vom NS-Regime gewünschte Wirkung. Insbesondere gelang es nicht, in der gesamten Bevölkerung eine aggressive Pogromstimmung gegen die Juden zu erzeugen. Auch die Bekennende und die katholische Kirche ließen sich von den neuen Machthabern nicht einschüchtern – mehr noch: Die Staatspolizei stand ihnen mehr oder minder machtlos gegenüber.

---

16 Vgl. LASA, Z 140, Nr. 325. Reichsinnenminister Frick sprach das Thema im Jan. 1939 an („Betr.: Judenfrage und Denunziantentum"): Im Zusammenhang mit der „legalen Ausschaltung der Juden aus der deutschen Wirtschaft [...]" hätte Göring zur Sprache gebracht, „wie in letzter Zeit beobachtet worden sei, dass deutsche Volksgenossen um deswillen denunziert wurden, weil sie früher einmal in jüdischen Geschäften gekauft, bei Juden gewohnt oder sonst mit Juden in geschäftlicher Beziehung gestanden haben." Dieses „Unwesen" sei ein „unerfreulicher Mißstand", dem „nach Kräften Einhalt" geboten werden müsse. Ebd., Nr. 34, Bl. 90.

Über die Bedeutung der Lageberichte ist sich die Forschung uneins.[17] Einerseits sind sie als historische Quelle hoch einzuschätzen, da sie als geheim eingestuft und ihre Verfasser aufgefordert waren, die Wirklichkeit ohne Beschönigungen zu schildern, d.h. sie durften Partei und Regierung kritisieren. Andererseits ist unbestritten, dass die Berichte nicht die Wirklichkeit, sondern ein gefiltertes Bild wiedergeben. Schon deshalb, weil sie eine eklatante Schwäche aufweisen: Sie informieren nicht über den weit verbreiteten Opportunismus im NS-Alltag. Weiterhin sind die Auswahl des vorliegenden Materials sowie die Sichtweise der Verfasser subjektive Elemente. Zudem dürfte es nicht karrierefördernd gewesen sein, Partei und Regierung rigoros zu kritisieren. Tatsache ist, dass die Berichte auch dazu dienten, übergeordneten Instanzen zu vermitteln, wie gut die Dienststelle arbeitete, um deren Existenzberechtigung zu betonen. Fest steht, dass vereinzelt falsch, verzerrt oder überhöht dargestellt wurde. Und manches taucht in den Berichten nicht auf, weil es der Staatspolizei verborgen blieb. Sie war nämlich keineswegs allwissend,[18] weil ihr trotz umfangreicher Befugnisse nicht genügend Bedienstete zur Verfügung standen, um alles zu überwachen. Dass auch in den anhaltischen Berichten über zu wenig Gestapo-Personal geklagt wird, war Kalkül, denn mit solchen Aussagen sollten weitere Einstellungen erwirkt werden. Aber selbst unter Berücksichtigung dieser Einschränkungen sind die Berichte für die ersten Jahre der NS-Herrschaft eine wertvolle Quelle.

---

17 Vgl. Rainer Eckert: Gestapo-Berichte. Abbildungen der Realität oder reine Spekulation? in: Paul/Mallmann, S. 200–215.
18 Vgl. Eric A. Johnson/Karl-Heinz Reuband: Die populäre Einschätzung der Gestapo. Wie allgegenwärtig war sie wirklich?, in: ebd., S. 417–436.

II. Gesellschaftliche, wirtschaftliche und politische Lage in Anhalt 1932–1935

Damit der Leser einschätzen kann, in welchem Umfeld die Lageberichte entstanden, wird im Folgenden auf die Situation in Anhalt zwischen 1932 und 1935 genauer eingegangen.[19]
Die „Machtergreifung" der Nationalsozialisten fand in Anhalt bereits am 21. Mai 1932 statt. An diesem Tag kürte der neue Landtag mit der Mehrheit von NSDAP (40,9 %, 15 Mandate) und Nationaler Arbeitsgemeinschaft (DNVP/Stahlhelm 5,8 %, 2 Mandate, DVP 3,7 %, 2 Mandate, Hausbesitzer Stadt und Land 2,9 %, 1 Mandat) Alfred Freyberg zum ersten nationalsozialistischen Ministerpräsidenten eines deutschen Landes. Die mit der Nationalen Arbeitsgemeinschaft (Dr. Dr. Willy Knorr DNVP) gebildete NSDAP-geführte Regierung löste die seit 1918 bestehende, 1924 kurz unterbrochene SPD+DDP-Koalition von Ministerpräsident Heinrich Deist und Staatsminister Dr. Ernst Weber ab. Bei den Landtagswahlen am 24. April 1932 hatten 89.602 Anhalter (40,9 %) NSDAP gewählt. Die SPD als zweitstärkste Kraft kam auf 34,2 % (12 Mandate), die KPD auf 9,3 % (3 Mandate). Bei den Landtagswahlen vier Jahre zuvor hatte die Hitler-Partei lediglich 2,1 % der Stimmen (4.117) bzw. ein Mandat errungen.[20]
Zu Freybergs ersten Amtshandlungen zählte am 31. Mai ein Erlass an die Abteilung Inneres: „Die bisherige Auffassung, wonach die

---

19 Eine detaillierte Darstellung der Ereignisse zwischen 1932 und 1933 in Alexander Sperk: Vorgezogene Gleichschaltung? Anhalt unter der ersten NSDAP-geführten Landesregierung im Deutschen Reich, in: Anhalts Weg ins „Zeitalter der Extreme" 1871–1945, hg. v. Justus H. Ulbricht, Halle 2014, S. 149–156; ders.: Der Freistaat Anhalt zwischen Landtagswahl und Durchsetzung der NS-Herrschaft, 1932–1933, in: Preußen zwischen Demokratie und Diktatur. Die Durchsetzung der NS-Herrschaft in den Zentren und der Peripherie, 1932–1934, hg. v. Michael C. Bienert u. Lars Lüdicke, Berlin 2020, S. 123–139.
20 LASA, Z 118, Nr. 44, Bl. 26, 30.

Nationalsozialistische Deutsche Arbeiterpartei als eine staatsfeindliche Partei anzusprechen sei, wird nicht aufrecht erhalten."[21] Am selben Tag erließen Freyberg und Knorr „auf Grund übereinstimmender Beschlüsse des Landtags und des Staatsministeriums" das „Gesetz über die Straffreiheit", welches Straferlass bei „aus politischen Beweggründen" begangenen Taten gewährte. Vermerke über die Strafen waren „im Strafregister zu tilgen."[22] Das Gesetz diente v. a. dazu, NSDAP- und SA-Mitglieder aus den Gefängnissen entlassen zu können. Aber auch Kommunisten, die wegen politischer Delikte inhaftiert waren, kamen durch das Gesetz frei.

Am 2. Juni 1932 fasste die NSDAP-Regierung den Entschluss, in Anhalt einen Freiwilligen Arbeitsdienst (FAD) auf staatlicher Grundlage zu errichten – eine Premiere im Deutschen Reich. Der Entschluss wurde am 1. Juli öffentlich verkündet. Daraufhin zog am 18. Juli eine Stamm- und Lehrabteilung (216 Männer, 4 Ausbilder) in das Schloss Kühnau im Dessauer Ortsteil Großkühnau ein, „um zunächst das nötige Aufsichts- und Verwaltungspersonal für die kommende Arbeitstruppe auszubilden". In Frage kamen „Reichsangehörige im Alter von 19 bis 32 Jahren, die völlig gesund sowie von einwandfreier Führung sind und Luft und Liebe für diesen Dienst am anhaltischen Volk haben. [...] Für die dreimonatige Ausbildungszeit werden geboten freie Unterkunft und Verpflegung, freie Bekleidung (Uniform, Arbeits- und Sportkleidung, Wäsche) und ein tägliches Taschengeld."[23] Der FAD, welcher 1935 in den Reichsarbeitsdienst mündete, war eine Kombination aus Arbeitsbeschaffungsmaßnahme und paramilitärischer Ausbildung. Am 23. Juli 1932 kam Hitler nach Dessau, um sich den FAD vorführen zu lassen und den Wahlsieg seiner Partei im Freistaat zu feiern. Er sprach vor über 30.000 Menschen

---

21 Ebd., Z 149, Nr. 122, Bl. 36. Bereits am 14. Mai 1932 hatte Reichspräsident Hindenburg das reichsweite SA- und SS-Verbot aufgehoben. Ebd., Bl. 37.
22 GSfA 1932, S. 13.
23 ABlfA 1932, S. 265f.; Ein neues Geschlecht wächst heran, in: Der Mitteldeutsche. Anhaltische Tageszeitung, 21.07.1934.

auf der „Braunschen Lache", einer großen Wiese am Nordrand der Stadt.[24]

Dass sich Anhalt zu einer der ersten NSDAP-Hochburgen im Deutschen Reich entwickelte, hatte Gründe.[25] Ein entscheidender war die Massenarbeitslosigkeit. Die 1929 einsetzende Weltwirtschaftskrise traf viele kleine und mittlere Spezialbetriebe Anhalts besonders schwer. Firmen mussten ihre Produktion drosseln oder Konkurs anmelden. Der bedeutendste Betrieb in Anhalt, die Junkers-Werke in Dessau, wurde im März 1932 zahlungsunfähig und im Mai vorübergehend stillgelegt; 850 Arbeiter wurden entlassen. Wochenlang ruhte hier die Arbeit. Im Juli 1932 registrierten die Arbeitsämter im Freistaat 37.532 Erwerbslose, Ende Januar 1933 sogar 40.241. Bezogen auf die Bevölkerung trugen die Anhalter die höchsten Arbeitslosenkosten im Deutschen Reich.[26] Der Freistaat hatte zu der Zeit etwa 360.000 Einwohner, d.h. über 10% der Bevölkerung waren erwerbslos.[27] Angehörige der Mittelschicht, aber auch Arbeiter, ob von Arbeitslosigkeit betroffen oder von ihr bedroht, wählten in Anhalt zunehmend NSDAP und ihren charis-

---

24 Vgl. Die Heimat. Illustrierte Beilage des Anhalter Anzeigers, 30.07.1932 und 22.04.1933; vgl. LASA, Z 116-1, V Nr. 21 Bd. I, Bl. 9; Frank Kreißler: Dessauer Chronik, in: Dessau. Porträt einer Stadt, hg. v.d. Stadt Dessau, Dößel 2006, S. 79–136, hier S. 135.

25 Siehe u.a. Torsten Kupfer: Umfeldbedingungen des Aufstiegs der anhaltischen NSDAP zur Regierungspartei (1918–1932), in: Werner Freitag/Klaus Erich Pollmann/Matthias Puhle (Hg.): Politische, soziale und kulturelle Konflikte in der Geschichte von Sachsen-Anhalt. Beiträge des landesgeschichtlichen Kolloquiums am 4./5. September 1998 in Vockerode, Halle 1999, S. 176–194; Ralf Regener: Der Freistaat Anhalt in den Anfangsjahren der Weimarer Republik, in: Patrick Wagner/Manfred Hettling (Hg.): Revolutionäre Zeiten zwischen Saale und Elbe. Das heutige Sachsen-Anhalt in den Anfangsjahren der Weimarer Republik, Halle 2019, S. 66ff.

26 Gerlinde Schlenker/Gerd Lehmann/Manfred Wille: Geschichte in Daten: Anhalt, München/Berlin 1994, S. 231; Ansteigende Wirtschaftskurve in Anhalt, in: Anhaltische Tageszeitung, 31.10.1933.

27 Um die Zahl einschätzen zu können, muss man wissen, dass momentan (Stand: März 2020) rund drei Prozent der Gesamtbevölkerung in der Bundesrepublik Deutschland erwerbslos sind.

matischen „Führer" Adolf Hitler. Einerseits verbanden sie damit die Hoffnung auf wirtschaftliche Besserung, andererseits blieb ihnen keine Erfolg versprechende Alternative. Denn neben der Massenarbeitslosigkeit bestand ein zweiter entscheidender Grund des NSDAP-Aufstiegs in Anhalt darin, dass der Freistaat politisch handlungsunfähig war. Seit 1928 regierten ausschließlich Minderheitskoalitionen, eine Regierungskrise jagte die nächste, und die Staatskasse war leer.[28]

Die „günstigen" Aufstiegsbedingungen seiner Partei in Anhalt veranlassten Hitler am 23. Oktober 1931, Dessau erstmals zu besuchen und am Vorabend der Kommunalwahlen im Kristallpalast, dem inoffiziellen Parteilokal, eine Wahlkampfrede zu halten.[29] Zwei Tage später – am 25. Oktober – fanden Gemeinde- und Kreistagswahlen statt. Mit 87,5% fiel nicht nur die Wahlbeteiligung hoch aus (davor um die 80%). Die Wahlen endeten mit einem niemals zuvor dagewesenen Zuspruch für die NSDAP. Obwohl sie bei Kreistagswahlen in Anhalt zum ersten Mal Kandidaten aufstellte, konnte die Hitler-Partei auf Anhieb 36,5% der Stimmen auf sich vereinen. Damit überflügelte sie die bis dahin dominierende anhaltische Partei, die SPD (32,2%). Die KPD erreichte 14%.[30] In Dessau, wo die NSDAP sogar 39,9% erzielte, zogen die ersten NS-Stadtverordneten in die gleichnamige Versammlung ein; es kam zur Einsetzung des ersten NSDAP-Stadtrates.[31] Im Gemeinderat von Dessau verfügte die NSDAP über 15 (1927: 0) von 36 Sitzen, im Gemeinderat von Köthen über zwölf (1927: 2) von 30 Sitzen, womit sie in beiden Fällen stärkste Partei wurde. Im Kreistag von Zerbst saßen nun bei insgesamt 16 Parlamentariern 7 NSDAP-Abgeordnete (1927: 0).

---

28 Vgl. Alexander Sperk: Anhalt im Nationalsozialismus (1932–1945), in: 800 Jahre Anhalt. Geschichte, Kultur, Perspektiven, hg. v. Anhaltischen Heimatbund e.V., Dößel 2012, S. 404.
29 Vgl. Bernd G. Ulbrich: Antisemitismus in Dessau. Eine Spurensuche in den Jahren 1924 bis 1939, Dessau 2004, S. 25.
30 Vgl. LASA, Z 118, Nr. 45, Bl. 35, 37f.; ebd., Nr. 46, Bl. 50.
31 Vgl. Dessauer Adressbuch 1944/45, S. XIX.

Im Kreistag von Dessau betrug das neue Verhältnis 8 (1927: 0) zu 20 Sitze, im Kreistag von Köthen 6 (1927: 0) zu 16 Sitze. Mit Ausnahme des letzteren (NSDAP und SPD gleich stark) stellten die Nationalsozialisten in den anderen Kreistagen die stärkste Fraktion. In Bernburg, Ballenstedt, Roßlau oder Raguhn gehörten die Stadtverordnetenvorsteher der NSDAP an. Der Rechtsruck in den Kommunalparlamenten Anhalts war unverkennbar.[32]
Kamen die Wahlergebnisse überraschend? Wen hätte der Anhalter wählen sollen, wenn er keine der etablierten, doch regierungsunfähigen Parteien, aber auch keine KPD (und damit ein politisches System nach Vorbild der Sowjetunion) wollte? Als Protest bzw. Versuch, etwas Neues auszuprobieren, blieb ihm im Freistaat nur die NSDAP. Ebenso muss bei den Gründen des NSDAP-Aufstiegs berücksichtigt werden, dass die Hitler-Partei in ganz Anhalt aktiv war, nicht nur in Dessau, wo es bereits am 31. August 1930 beim Gautag der NSDAP mit etwa 2.000 Teilnehmern zu Zusammenstößen zwischen Sozialdemokraten, Kommunisten und Nationalsozialisten gekommen war.[33] So hielt sie in der drittgrößten Stadt, in Köthen, seit 1926 fast jede Woche einen sogenannten Sprechabend ab. Nicht von ungefähr gewann sie hier bereits 1927 die ersten zwei Sitze in einem anhaltischen Gemeindeparlament.[34]
Eine „Machtübernahme" der Nationalsozialisten fand 1932 in Anhalt noch nicht statt. Radikale NSDAP-Maßnahmen und ein massiver Personalaustausch blieben sowohl im Staatsministerium als auch in den Stadt- und Kreisverwaltungen aus.[35] Natürlich gelangen Frey-

---

32 Vgl. Nationaler Sieg in Anhalt, Die Wahlergebnisse aus dem Lande, in: Anhalter Anzeiger, 26.10.1931; Die NSDAP die stärkste Partei in Anhalt, in: Volksblatt, 27.10.1931. Zu den Köthener Wahlergebnissen Alexander Sperk: Entnazifizierung und Personalpolitik in der Sowjetischen Besatzungszone Köthen/Anhalt. Eine Vergleichsstudie (1945–1948), Dößel 2003, S. 31–34.
33 Vgl. Naziterror in Dessau, Blutige Gewalttaten der Nazis vom letzten Sonntag, in: Volkswacht, 01.09.1930, S. 1 (in LASA, E 144, Nr. 161).
34 Vgl. Sperk, Entnazifizierung, S. 32.
35 Siehe auch Aussagen von Engelbert Roenick in LASA, E 138, Nr. 6, Bl. 22f.

Wilhelm Friedrich Loeper (links) und Paul Hofmann in der NSDAP-Gaugeschäftsstelle in Dessau-Ziebigk, 1932

berg und seiner Partei erfolgreiche Einzelaktionen. So übernahm er am 26. Mai 1932 die Führung der Anhaltischen Schutzpolizei.[36] Im September 1932 beauftragte die Abteilung Inneres die Polizeibehörden, regelmäßig die Aktivitäten der KPD und ihrer Organisationen zu beobachten und zu melden.[37] Paul Hofmann, bis 1933 neben Loeper der einflussreichste Nationalsozialist in Anhalt[38], wurde in Dessau zum 1. Stadtrat mit der Amtsbezeichnung Bürger-

---

36 Vgl. ABlfA 1932, S. 229.
37 Zahlreiche Schreiben seit Sept. 1932. Vgl. StA Köthen, 001/318/G45.
38 Hofmann war von März 1931 bis Aug. 1932 stellv., von Aug. bis Dez. 1932 Gauleiter des NSDAP-Gaus Magdeburg-Anhalt. Zum Lebenslauf vgl. LASA, Z 257, Nr. 8, Bl. 1–82; ebd., Nr. 68; ebd., Nr. 94; ebd., Nr. 113; ebd., Nr. 119, Bl. 1–193; BArch, NS 22/264; ebd., NS 22/426; https://de.wikipedia.org/wiki/Paul_Hofmann_(Gauleiter); https://gedenkkultur-dessau-rosslau.de/chronik/biografien/hofmann-paul (Stand: 22.04.2020).

meister gewählt und übernahm das Polizeidezernat. Wie Freyberg, der als Ministerpräsident satzungsgemäß das Amt des Vorsitzenden des Kuratoriums des Dessauer Theaters innehatte, gehörte auch er seit 1932 dem Kuratorium an. Dort wurde durch seinen Antrag im Sommer der Beschluss gefasst, dass am Theater „keine jüdischen Kräfte mehr beschäftigt werden" dürften. Bis zum Frühjahr 1933 wurde der Beschluss jedoch nicht umgesetzt.[39] Den Regierungspräsidenten Richard Paulick (SPD) versetzte das Staatsministerium zum 1. Juli 1932 in den einstweiligen Ruhestand. Am 19. Juli 1932 widerrief es die Wahl der Dessauer Stadträte Ludwig Sinsel (SPD) und Armin Lührs (parteilos, ehemals DDP).[40] Sie wurden durch die Nationalsozialisten Paul Hofmann und Dr. Richard Harms ersetzt, wodurch die NSDAP am 22. August 1932 die Mehrheit im Dessauer Gemeinderat erlangte.[41]

Außerhalb Dessaus kam es aus politischen Gründen nur in zwei Fällen zum Austausch eines kommunalen Spitzenbeamten. Am 22. Juli 1932 versetzte das Staatsministerium den Kreisdirektor[42] in Bernburg Max Günther (SPD) in den einstweiligen Ruhestand. Seine Stelle erhielt der Konservative Dr. Johannes Pietscher.[43] In Köthen, wo 1932 die Bestätigung des Bürgermeisters anstand,

---

39 Vgl. Ulbrich, Antisemitismus, S. 44; ders.: Nationalsozialismus und Antisemitismus in Anhalt. Skizzen zu den Jahren 1932 bis 1942, Dessau 2005; vgl. Werner Grossert: Geschichte der Dessauer Juden. Verfolgung, Vertreibung, Deportation 1933–1945, Dessau (Die Dessauer Chronik, Sonderheft) 2004, S. 10f.; vgl. LASA, Z 257, Nr. 119, Bl. 34.
40 Vgl. ABlfA 1932, S. 271, 301.
41 Vgl. Kreißler, Dessauer Chronik, S. 135; LASA, P 521, V/8/202, Bl. 211; Grossert, S. 5.
42 Mit der „Zweiten Verordnung zur Umbildung und Vereinfachung der Verwaltung" vom 23. Juli 1932 wurden aus den Kreisdirektoren Landräte.
43 Vgl. Günter Ziegler: Die anhaltischen Land- und Reichstagsabgeordneten zwischen 1918 und 1933, Dessau 1995, S. 15; ders.: Kommunale Spitzenbeamte Anhalts. Biographische Skizzen 1832–1933, Dessau 1995, S. 91. Ob der Austausch des Kreisdirektors des Kreises Dessau-Köthen, Dr. Felix Heinze, durch einen gewissen Senff Ende Juli 1932 ebenfalls politisch motiviert war, ist unbekannt. Vgl. ebd., S. 92, 94.

bekam Amtsinhaber Otto Levin (SPD) am 27. Mai keine Mehrheit von der Stadtverordnetenversammlung für die Weiterführung der Tätigkeit. Somit lag die Entscheidung beim Stadtverordnetenvorsteher Fritz Friesleben (NSDAP), der sich (natürlich) gegen Levin aussprach und die Stelle neu ausschrieb. Erwartungsgemäß wählte das Stadtparlament am 14. Oktober Richard Hengst (NSDAP) aus Düsseldorf zum neuen Bürgermeister. Ihm unterstand damit u.a. die machtpolitisch wichtige Polizei.[44]

Nur vereinzelt kam es zu Personalveränderungen zu Gunsten der neuen Regierungsparteien, und nur selten profitierten speziell Nationalsozialisten davon. Am auffälligsten waren sie im Schulwesen. Im Juni 1932 erfolgte an der Spitze der Abteilung Schulwesen (ab 4. Juli 1932 umbenannt in Ministerialabteilung bzw. Abt. Volksbildung[45]) des Staatsministeriums ein Wechsel. Dem Ministerialrat Dr. Ludwig Arndt[46] übertrug Freyberg am 15. Juni das Amt des Direktors der Landesbücherei. Am selben Tag ernannte er den bisherigen Chef der Landesbücherei, Oberregierungsrat und Staatsminister a.D. Dr. Johannes Rammelt (DVP)[47], zum Leiter der Abt. Schulwesen mit der Amtsbezeichnung Ministerialrat.[48] Den bisherigen Studienrat an der Städtischen Realschule Coswig (Anhalt), Dr. Friedrich Hiller, berief Freyberg zum 1. September 1932 zum

---

44 Vgl. Norbert Postler: Köthener Polizeigeschichte Bd. 3, Köthen 2011, S. 12f.; vgl. ABlfA 1932, S. 349; vgl. Sperk, Entnazifizierung, S. 33.
45 Erste Verordnung zur Umbildung und Vereinfachung der Verwaltung, 04.07.1932. GSfA 1932, S. 21.
46 Siehe Ludwig Arndt: Dr. Ludwig Arndt (1869–1945). Ein anhaltinischer Schulmann, Dessau 1995.
47 Zur Biografie siehe https://gedenkkultur-dessau-rosslau.de/chronik/biografien/rammelt-johannes (Stand: 01.05.2018) sowie https://de.wikipedia.org/wiki/Johannes_Rammelt (Stand: 01.05.2018).
48 ABlfA 1932, S. 250; LASA, E 138, Nr. 6, Bl. 23. Roenicks Aussagen müssen stets geprüft werden. Wie bei Heinrich Johannes und Friedrich Hiller verwechselt er ab und zu die Jahre 1932 und 1933. Auch grenzt er nicht immer deutlich ab, wie beim Personalbüro der Ministerialabteilung I, wo es bis auf Rechnungsrat Karl Bergt erst nach 1933 zu einem politisch motivierten Personalaustausch kam.

schultechnischen Mitarbeiter bei der Abt. Volksbildung.[49] Zudem wurden einige der SPD oder DDP angehörende bzw. parteilose Kreisschulräte, Schuldirektoren und Lehrer wie Willy Lohmann (DDP) und Willy Schöpfel (SPD) entweder in den Ruhestand oder an andere Schulen bzw. in niedrigere Positionen versetzt. Ihre Stellen nahmen NSDAP-Mitglieder oder Konservative ein.[50]
Den Personaländerungen folgten nationalsozialistisch geprägte Erlasse. Der neue Leiter der Abt. Volksbildung ordnete am 30. Juli 1932 an, dass „die Erkenntnis Gemeingut der deutschen Jugend werden (muß), daß die Bestimmungen des Versailler Diktats für ein freies und souveränes Volk unerträglich sind, daß sie den Zweck verfolgen, den Wiederaufstieg Deutschlands dauernd zu unterbinden und deshalb ihre Beseitigung eine Lebensfrage des Deutschen Volkes ist". Die „Kriegsschuldlüge" betreffend machte Rammelt den Schulen „zur Pflicht, die Jugend bei jeder sich bietenden Gelegenheit, gegebenenfalls auch durch Heranziehung des amtlichen Aktenmaterials, darüber zu belehren, daß die Behauptung von der Alleinschuld Deutschlands am Kriege vor der geschichtlichen Wahrheit nicht standhält, und deshalb die Beseitigung des Deutschland entehrenden Vorwurfes mit allen Mitteln angestrebt werden muß". Ministerpräsident Freyberg erließ am 1. September eine Anordnung zur „Pflege des völkischen Gedankens", die den Antisemitismus kaum verbergen konnte. Es war von der Notwendigkeit der Reinerhaltung des Blutes, von „Rassenzugehörigkeit", vom „Leben nach erbgesundheitlichen Gesetzen" oder von der Sorge die Rede, dass das „germanische Erbgut durch fremdrassige Blutsvermischung verdorben" werden könnte. Freyberg ordnete an, dass „in allen Schulen der Verbreitung und Vertiefung des völkischen Gedankens im Unterricht besondere Aufmerksamkeit

---

49 ABlfA 1932, S. 339. Zumindest 1937 arbeitete Hiller als Oberregierungsrat noch immer im Staatsministerium. Vgl. Fritz Ihlenburg (Hg.): Volk und Kultur im Gau Magdeburg-Anhalt, Burg 1937, S. 174.
50 Vgl. ABlfA 1932, S. 250, 271, 307f., 330, 382, 437.

zugewendet wird".[51] Zwar stimmte der politisch rechts stehende Anhaltische Lehrerverein der Anordnung zu, doch sonst hagelte es Proteste.[52] Auch der „deutschen Schrift als wertvollem deutschen Kulturgut" wurde für die „Vertiefung des völkischen Gedankens" „stärkste Beachtung zuteil".[53] Ähnlich wie bei anderen Anordnungen zwischen 1932 und 1933 wissen wir wegen fehlender Überlieferungen allerdings nicht, ob sie an den Schulen umgesetzt wurden und wenn ja, wie konsequent.

Spürbarere Auswirkungen als im Staatsministerium oder in den Stadt- und Kreisverwaltungen besaß der Wahlsieg der NSDAP auf den Straßen Anhalts. Hier nahmen seit Antritt der Freyberg-Regierung antisemitische Aktionen deutlich zu. Ebenso verhielt es sich mit Auseinandersetzungen zwischen Nationalsozialisten, Sozialdemokraten, Kommunisten und Angehörigen des Reichsbanners Schwarz-Rot-Gold. Aber auch die gegenseitigen Anfeindungen von KPD und SPD wurden schärfer.[54] Und es häuften sich Zusammenstöße zwischen der Polizei und Kommunisten bzw. Reichsbanner-Angehörigen.[55] Deswegen ließ die neue Regierung SPD- und KPD-Druckschriften zeitweise verbieten.[56] Auffallend war die steigende Brutalität der Straßenkämpfe, die am 10. Juli ein erstes Opfer forderte: Der Dessauer Sozialdemokrat und Reichsbanner-Führer Wilhelm Feuerherdt starb nach einer Auseinandersetzung mit Nationalsozialisten an den Folgen von Stichverletzungen.[57]

---

51 Vgl. ebd., S. 309, 339.
52 Vgl. Ulbrich, Antisemitismus, S. 35–42.
53 Anhalt. Staatsministerium, Abt. Volksbildung (Dr. Rammelt), An alle Schulen in Anhalt, Deutsche Schrift, 09.09.1932. ABlfA 1932, S. 348. Weitere „völkische" Anordnungen der Abt. Volksbildung in ABlfA 1932, S. 354 („Auslandsdeutschtum in den Schulen", 14.09.1932), S. 389 („Deutsche Waren", 11.10.1932).
54 Siehe u.a. LASA, Z 257, Nr. 50, Bl. 9, 14, 37f., 42, 70.
55 Zu den zahlreichen Beispielen siehe u.a. ebd., Z 116-1, V Nr. 21 Bd. I und II; ebd., Z 149, Nr. 122, Bl. 40f.; ebd., Z 257, Nr. 73; ebd., Nr. 74; ebd., Nr. 90; ebd., Nr. 95; StA Dessau-Roßlau, SED-KL-10.
56 Beispiele in LASA, Z 141, Nr. 598, Bl. 58, 61, 81, 83.
57 Vgl. Sperk, Anhalt, S. 406.

Trotz der Beispiele bleibt festzuhalten, dass zwischen Mai 1932 und Januar 1933 keine nationalsozialistische Umwälzung der anhaltischen Gesellschaft stattfand, auch wenn einige Beamte in vorauseilendem Gehorsam bzw. aus Opportunismus ab Mai 1932 der NSDAP beitraten.[58] Noch wehrten sich die demokratischen Kräfte erfolgreich gegen solche NSDAP-Bestrebungen, und noch musste sich die Hitler-Partei an demokratische Grundregeln, die sie ab Februar 1933 abschaffte, halten. Ein Ziel erreichte sie allerdings bereits vor 1933: die Vertreibung des Bauhauses. Mit NSDAP-Mehrheit beschloss der Dessauer Gemeinderat am 22. August 1932 die Schließung der städtischen Einrichtung.[59]

Bei einer Wahlbeteiligung von fast 94% kam die NSDAP bei den Reichstagswahlen am 5. März 1933 in Anhalt auf 46,1% der Stimmen. Gegenüber den Landtagswahlen von 1932 konnte sie sich noch einmal steigern, aber die absolute Mehrheit verfehlte sie auch diesmal. Im Vergleich zu 1932 legte auch die KPD mit 11,4% noch einmal leicht zu; die SPD verlor mit 30,8% weiter an Boden. Die Deutsche Zentrumspartei mit 1,3%, die Deutsche Volkspartei mit 1,1% oder die Deutsche Staatspartei mit 0,6% versanken in der Bedeutungslosigkeit. Mit knapp 8,4% spielte die Kampffront Schwarz-Weiß-Rot, die sich v.a. aus Stahlhelm-Anhängern zusammensetzte, noch eine gewisse Rolle.[60] Das Ergebnis der Reichstagswahlen – als freie Wahlen können sie wegen des seit Ende Februar 1933 andauernden NS-Terrors nicht gelten – besaß jedoch weder in Anhalt noch im Rest des Deutschen Reiches Relevanz. Mit dem „Vorläufigen Gesetz zur Gleichschaltung der Länder mit dem Reich" vom 31. März 1933 erklärten die Nationalsozialisten

---

58 Diese NSDAP-Mitglieder wurden in Anhalt „Maiblümchen" genannt. Vgl. LASA, E 138, Nr. 6, Bl. 23.
59 Vgl. Kreißler, Dessauer Chronik, S. 135.
60 Statistisches Jahrbuch für das Deutsche Reich, Jg. 1933; S. 540f.; Statistik des Deutschen Reiches, Bd. 434: Die Wahlen zum Reichstag am 31. Juli 1932 und am 6. November 1932 und am 5. März 1933 (Sechste bis achte Wahlperiode), Berlin 1935, S. 245.

die KPD-Stimmen für unwirksam. Die anhaltische Landesregierung ließ Kommunisten zu den konstituierenden Sitzungen der neuen Stadt- und Kreisparlamente nicht zu und drohte ihnen im Fall des Erscheinens mit Schutzhaft. Diese Parlamente wurden in Anhalt nicht wie in Preußen am 12. März 1933 durch Kommunalwahlen, sondern durch das „Vorläufige Gesetz zur Gleichschaltung der Länder mit dem Reich" neu bestimmt. Die sozialdemokratischen Mandate wurden zwar erst im Juli annulliert, aber fast alle SPD-Abgeordneten blieben aus Angst vor Festnahmen ab April den Sitzungen fern oder legten die Mandate „freiwillig" nieder. Auch der Landtag, der durch die vom Staatsministerium herausgegebene „Verordnung zur Durchführung des Vorläufigen Gesetzes zur Gleichschaltung der Länder mit dem Reich" vom 7. April 1933 rückwirkend zum 3. April aufgelöst worden war[61], wurde am 19. April 1933 per „Vorläufigem Gesetz zur Gleichschaltung der Länder mit dem Reich" nach den Ergebnissen der Reichstagswahlen neu gebildet.[62]

Anhalt besaß nach der Volkszählung vom 16. Juni 1933 eine Fläche[63] von 2.314 km² und eine Bevölkerung[64] von 364.371 (177.056 Männer, 187.315 Frauen). Die Bevölkerungsdichte – Gradmesser des Industrialisierungsgrades – betrug rund 157 Einwohner pro km².[65] Sie lag deutlich über dem Reichsdurchschnitt (139) und dem der Provinz Sachsen (140).[66] Industrieballungen in Dessau, Bernburg oder Köthen standen großen Landwirtschaftsflächen, v. a. in den Landkreisen Bernburg und Dessau-Köthen, gegenüber.

Anhalt gliederte sich seit dem „Gesetz zur Neubildung der Kreise" vom 13. April 1933[67] in zwei Stadtkreise: Bernburg (16.06.1933:

---

61 GSfA 1933, S. 29f.
62 Vgl. Sperk, Anhalt, S. 407.
63 LASA, Z 118, Nr. 77, Bl. 1.
64 ABlfA 1933, S. 368.
65 LASA, Z 118, Nr. 77, Bl. 1.
66 Statistisches Jahrbuch für Preußen, Bd. 30, Berlin 1934, S. 10, 12.
67 GSfA 1933, S. 31f.

Das Foto von 1933 – aufgenommen im Gemeinderatssaal des Rathauses Dessau – zeigt Oberbürgermeister Hanns Sander (Mitte) und seinen Stellvertreter Dr. Richard Harms (rechts). Die Person links konnte nicht zweifelsfrei identifiziert werden. Es könnte sich um Stadtbaurat Friedrich Wilhelm Schmetzer handeln.

38.328 Einwohner) und Dessau (16.06.1933: 78.634 Einwohner).[68] Am 1. August 1934 kamen Köthen (16.06.1933: 26.695 Einwohner) und am 1. April 1935 Zerbst (16.06.1933: 20.155 Einwohner)[69] als selbständige Stadtkreise hinzu.[70] Seit 13. April 1933 existierten vier Landkreise: Ballenstedt, Bernburg, Dessau-Köthen und Zerbst. Insgesamt gab es 287 Gemeinden. Größere Städte waren Roßlau (16.06.1933: 12.845 Einwohner, 01.04.1935 Eingemeindung nach Dessau) und Coswig (16.06.1933: 10.562 Einwohner).[71] Zudem exis-

---

68 ABlfA 1933, S. 364.
69 Ebd., S. 366f.
70 Gesetz zur Abänderung des Gesetzes zur Neubildung der Kreise, 01.08.1934. GSfA 1934, S. 29; Zweites Gesetz zur Abänderung des Gesetzes zur Neubildung der Kreise, 25.03.1935. Ebd. 1935, S. 15.
71 ABlfA 1933, S. 366f.

tierten Mitte 1933 in Anhalt 13.077 land- und forstwirtschaftliche Betriebe mit mehr als einem halben Hektar (d.h. 5.000 m², was bei einem quadratischen Feld einer Seitenlänge von jeweils 50 Metern entspricht) Betriebsfläche. Es überwogen kleine (bis 5 Hektar: 7.638) und mittlere (5 bis 100 Hektar: 5.216) bäuerliche Betriebe.[72] Anhalt zählte Ende 1934 2.648 Erbhöfe (Reichserbhofgesetz).[73] Die konfessionelle Gliederung sah am 16. Juni 1933 wie folgt aus: 320.708 Protestanten (88%), 13.008 Katholiken (3,6%), 901 Juden (0,25%), 29.782 Sonstige (Angehöriger anderer Gruppen, Gemeinschaftslose, ohne Angabe: 8,2%), 16 Angehörige anderer christlicher Bekenntnisse.[74] Von den 901 Juden lebten etwa 400 in Dessau.[75] Außer in Dessau existierten 1933 größere jüdische Gemeinden noch in Bernburg und Köthen.[76] Der Kreis Zerbst zählte am 1. Januar 1933 14 jüdische Bürger.[77] Bei den offiziellen Zahlen muss jedoch berücksichtigt werden, dass bis 1933 der Staat nur die Mitglieder Jüdischer Gemeinden zählte, also Personen, die das religiöse Judentum aktiv praktizierten. Viele Menschen jüdischer Abstammung waren jedoch keine religiösen Juden mehr und somit kein Mitglied der Jüdischen Gemeinde. Da die Nationalsozialisten die „Rassezugehörigkeit" in den Vordergrund stellten, wurden sie dennoch mitgezählt. Demgemäß lebten zur Mitte des Jahres 1941 im Land Anhalt 319 „Reichsangehörige Juden".[78]
Politisches, wirtschaftliches und kulturelles Zentrum Anhalts war die Landeshauptstadt Dessau. Hier lagen die wichtigsten Großbe-

---

72 Land- und forstwirtschaftliche Entwicklung in Anhalt, in: Anhalter Woche, 11.03.1934.
73 Die Erbhöfe in Anhalt, in: Der Mitteldeutsche. Anhaltische Tageszeitung, 05.01.1935.
74 Rund um Anhalt, in: Anhalter Woche, 23.12.1934.
75 Vgl. Ulbrich, Antisemitismus, S. 6.
76 Vgl. LASA, Z 149, Nr. 352, Bl. 171.
77 Vgl. ebd., K 13 ZE, Nr. 135, Bl. 273RS. Am 01.09.1939 lebten im Kreis Zerbst noch zwei Juden. Ebd.
78 BArch, R 58/856, Bl. 118. Ein genauer Zeitpunkt ist der Tabelle nicht zu entnehmen.

triebe, die hauptsächlich der Schwerindustrie zuzurechnen waren. Dessau galt seit der Weimarer Republik als eine der bedeutendsten Industriestädte Mitteldeutschlands. Der entscheidende Anstoß für die Entstehung der Großindustrie waren 1855 die Niederlassung der Deutschen Continental-Gas-Gesellschaft (DCGG) und 1888 die Übersiedlung von Hugo Junkers nach Dessau (1895 Gründung von Junkers & Co.) gewesen.[79] Hier gründete Letzterer 1919 die Junkers-Flugzeugwerke AG und 1923 die Junkers-Motorenbau GmbH (1936 Vereinigung zur Junkers Flugzeug- und Motorenwerke AG). Zu erwähnen sind auch die vom Mutterkonzern losgelösten Junkers & Co. (Bau von Gasapparaten) oder Junkers Kalorifer (Bau von Heizgeräten, Heizungsanlagen, ab 1923 auch Lamellendächer, Rundbogenhallen und Stahlmöbel). Weitere Großbetriebe waren die G. Polysius AG, die Dessauer Werke für Zucker- und chemische Industrie (Zuckerraffinerie), die später das berüchtigte Zyklon B produzierten[80], die Berlin-Anhaltische Maschinenbau AG (BAMAG), die als Dessauer Straßenbahn-Gesellschaft gegründete Waggonfabrik, die Schultheiss' Brauerei oder die Askania-Werke.[81] Dessau besaß nach der Ausgemeindung von Waldersee (Jonitz und Naundorf) und Mildensee (Scholitz, Pötnitz und Dellnau)[82] am 15. April 1933 4.344 Einwohner weniger, d. h. 78.634 (Volkszählung 16.06.1933). Um sich „Gauhauptstadt" – die NSDAP-Gauleitung Magdeburg-Anhalt, das sogenannte Hitlerhaus, befand sich seit der „feierlichen Übernahme" am 3. Oktober 1933 in der Seminarstraße 10[83] –

---

79 Vgl. Thomas Brockmeier/Dirk Hackenholz (Hg.): Aufstieg, Fall & Neubeginn. Zur wirtschaftlichen Entwicklung der Junkers- und Bauhausstadt Dessau (Anhalt) im 19. und 20. Jahrhundert, Halle 2010.
80 Vgl. Forschungsgruppe Zyklon B (Hg.): Zyklon B. Die Produktion in Dessau und der Missbrauch durch die deutschen Faschisten, Norderstedt 2007.
81 Vgl. u.a. Walter Schmidt: Die Wirtschaft des Gaues Magdeburg-Anhalt und ihre geographischen Grundlagen (Manuskript), ca. 1943. LASA, K 56, Nr. 14, Bl. 1–458; ebd., Nr. 15, Bl. 1–281.
82 Gesetz zur Neubildung der Kreise, 13.04.1933. GSfA 1933, S. 32.
83 Das neue „Braune Haus" in Dessau, in: Anhaltische Tageszeitung, 04.10.1933. Die Gaugeschäftsstelle befand sich zuvor in Dessau-Ziebigk.

bzw. „Großstadt" nennen zu dürfen, waren 100.000 Einwohner nötig. Zwar wuchs Dessau stetig (01.09.1934: 84.692, 01.12.1934: 86.383 Bewohner[84]), aber zu langsam. Aus diesem Grund gemeindete die Stadt am 1. April 1935 Roßlau ein.[85] Damit stieg die Einwohnerzahl um 13.157, und Anhalts Hauptstadt feierte sich mit rund 101.000 Einwohnern als „jüngste Großstadt Deutschlands". Am 31. Dezember 1935 besaß Dessau 105.211 Einwohner.[86] Fast ein Drittel der Bevölkerung Anhalts wohnte in der „Gauhauptstadt", die weiter wuchs (Dez. 1936: 111.597 Einwohner) und 1937 auch ohne den Stadtteil Roßlau die 100.000-Einwohner-Grenze überschritt.[87] Ebenso wichtig war der Wirtschaftsfaktor. Nach der Eingemeindung Roßlaus lag Dessau an der Elbe. Somit ermöglichte der Bau der Hauptlinie des Mittellandkanals einerseits Wasserstraßenverbindungen in das rheinisch-westfälische und oberschlesische Industriegebiet und andererseits zu den Stromsystemen von Weser, Elbe und Oder. Zudem gewann Dessau Industrie- und Siedlungsgelände (1935 bis 1937 Errichtung Industriehafen Dessau-Roßlau).[88] Hinzu kam die „glückliche Fügung", dass die Nord-Süd-Verbindung der Reichsautobahn Berlin–München Dessau streifte, was die „Gauhauptstadt" bis auf rund eine Fahrstunde an die „Reichshauptstadt" heranbrachte. Nachdem im September 1936 der Streckenverlauf durch Anhalt weitestgehend feststand und Anfang 1937 mit dem Bau begonnen wurde, kam es am 5. November 1938 zur Freigabe des an Dessau vorbeiführenden Teilstücks.[89]

---

84 Dessau wächst, in: Der Mitteldeutsche. Anhaltische Tageszeitung, 13.09.1934; Dessau der Großstadt näher, in: ebd., 14.12.1934.
85 Gesetz über die Vereinigung der Städte Dessau und Rosslau, 30.03.1935. GSfA 1935, S. 15.
86 Adreßbuch Dessau und Dessau-Roßlau 1936, S. VII.
87 LASA, Z 110, Nr. 1110, Bl. 336.
88 Beginn der Arbeiten am Industrie-Hafen Dessau, in: Der Mitteldeutsche. Köthener Tagespost, 02.10.1935; Dessaus Industriehafen im Entstehen, in: ebd., 18.12.1935.
89 Vgl. LASA, Z 149, Nr. 445, Bl. 5ff., 25, 71; vgl. ebd., Z 140, Nr. 1296 u. Nr. 1297; vgl. Dessauer Adressbuch 1944/45, S. XXI; ABlfA 1938, 294f. Siehe auch: Das

Der rasante Anstieg der Einwohnerzahl verursachte eine permanente Wohnungsnot. Dieser versuchten die Stadtväter mit großen Bauprogrammen beizukommen. Von Februar 1933 bis Februar 1938 wurden in Dessau rund 5.500 neue Wohnungen errichtet. Allein die Junkers-Werke ließen für ihre Beschäftigten 1934 und 1935 in Dessau 749 Eigenheime bauen.[90] Allerdings reichten die Maßnahmen nicht aus. Schon am 17. Dezember 1934 informierte Oberbürgermeister und NSDAP-Kreisleiter Hanns Sander auf einem Schulungsabend der Deutschen Arbeitsfront, dass in der zu diesem Zeitpunkt 86.000 Einwohner zählenden Stadt ein Bedarf von 4.500 Wohnungen bestehe.[91] Im Jahr 1940 fehlten in Dessau 13.800 Wohnungen.[92] Ein ähnliche Entwicklung wies Köthen auf, das durch die Inbetriebnahme des Junkersmotoren-Zweigwerkes 1935 innerhalb von dreieinhalb Jahren um 4.000 Einwohner wuchs (16. Juni 1933: 26.695 Einwohner, Dez. 1936: 30.706 Einwohner).[93]

Die zunehmende Militarisierung des Deutschen Reiches machte auch um Anhalt keinen Bogen. So wurde nach elfmonatiger Bauzeit am 15. Oktober 1935 an der Hindenburgallee (heute: Elballee) im Stadtteil Dessau-Ziebigk die Hindenburg-Kaserne eingeweiht.[94] Der bedeutendste Waffenproduzent Anhalts, das angesichts seiner Größe als Rüstungszentrum bezeichnet werden kann, war die Junkers Flugzeug- und Motorenwerke AG. Neben dem Stammwerk in Dessau entstanden nach der 1933 von den Nationalsozialisten erzwungenen Enteignung von Hugo Junkers in Anhalt Zweigwerke

---

Unternehmen Reichsautobahn. Nach einem Essay von Gernot Pehnelt, Dessau (Die Dessauer Chronik, Sonderheft) 2003.
90 Geschäfts- u. Verwaltungsberichte 1933–1944. StA Dessau-Roßlau, NZ 13.
91 900 neue Wohnungen in Dessau, in: Der Mitteldeutsche. Anhaltische Tageszeitung, 18.12.1934, S. 1.
92 Vgl. Bernhard Hein: Eine kurze Baugeschichte der Stadt, Teil 2: Die Planungen zur Gauhauptstadt (Die Dessauer Chronik, Sonderheft), Dessau 2008, S. 5.
93 LASA, Z 110, Nr. 1110, Bl. 336.
94 Vgl. Adreßbuch Dessau und Dessau-Roßlau 1938, S. 8; vgl. Kreißler, Dessauer Chronik, S. 136.

in Köthen (1935, Motorenbau), Leopoldshall (1935, Leitwerkbau) und Bernburg (1937, Endmontage, Einflugbetrieb).[95] Neben der Rüstungsindustrie besaßen auch traditionelle Wirtschaftszweige in Anhalt Bedeutung. Das waren v.a. die Eisen- und Metallindustrie, die Zuckerindustrie, der Braunkohlenbergbau in der Umgebung von Jeßnitz, Preußlitz, Gölzau, Gröbzig, Gerlebogk, Edderitz, Frose oder Osternienburg sowie die Kali- und Steinsalzgewinnung in der Umgebung von Bernburg und Leopoldshall. Stellvertretend sollen neben den bereits aufgeführten weitere bedeutende anhaltische Unternehmen genannt werden: Anhaltische Salzwerke GmbH Leopoldshall (1935: 352 Arbeiter, 64 Angestellte)[96], Deutsche Solvay-Werke AG Bernburg (belgisches Unternehmen, seit 1883 in Betrieb, erster Großbetrieb Anhalts, bis 1939 größter Soda-Produzent Deutschlands, ab 1940 unter NS-Zwangsverwaltung)[97], Nienburger Zementwerke, Deutsche Hydrierwerke Rodleben[98], die Schiffswerft der Gebrüder Sachsenberg in Roßlau, die Zigarren- und Tabakwarenindustrie in Oranienbaum (C.C. Bürkner, Ephraim Schulze GmbH, Kelsch & Co., Albert Baumbach, Maerker & Kraft, Gaudig & Friedrich, Gustav Delzig, E.O. Urban) oder das größte Zerbster Unternehmen, Franz Braun AG Werkzeugmaschinenfabrik und Eisengießerei. Aber auch die Landwirtschaft besaß eine große Bedeutung in Anhalt, weshalb sie und die bäuerliche Bevölkerung einen großen Platz in den Lageberichten einnehmen. Vor allem der Zucker-

---

95 Eine Auflistung aller bis 1945 in Betrieb genommenen Zweigwerke in LASA, Findbuch I 410 Junkers-Werke Dessau. Flugzeug- und Motorenbau.
96 Am 01.10.1929 beschäftigte der Betrieb noch 932 Arbeiter und 96 Angestellte. Zum Jahresende wurden vier Schächte (zwei bei Güsten und zwei in Leopoldshall/Friedrichshall) geschlossen. Übrig blieben zwei Schächte in Kleinschierstedt. LASA, Findbuch F 406 Anhaltische Salzwerke Leopoldshall GmbH, 2011, o.S. („Geschichtlicher Abriss").
97 Vgl. LASA, Findbuch F 412 Deutsche Solvay-Werke. Kaliwerke Bernburg-Solvayhall, S. 1.
98 Vgl. Frank Kreißler: 100 Jahre Hydrierwerke in Rodleben 1916–2016, DHW Deutsche Hydrierwerke GmbH, Rodleben 2016.

Solvay-Werke Bernburg, 1937

rübenanbau hatte eine lange Tradition. Das bedeutendste Landwirtschaftsgebiet lag im Kreis Zerbst. Der Wirtschaftsaufschwung in Anhalt setzte nach 1933 jedoch nicht überall und nicht sofort ein. Zwar meldete das Kreiswohlfahrtsamt, dass Coswig als erste anhaltische Stadt ab 29. September 1933 „frei von Arbeitslosen" sei (Januar 1933: 1.816 Arbeitslose, davon 938 Wohlfahrtserwerbslose)[99], doch solche Erfolgsmeldungen waren selten. Im Januar 1934 lagen „fast alle Ziegeleien" in Anhalt still, zum Teil hatte man sie abgerissen. Die drei Zementwerke in Nienburg (Saale) hatten ihren Betrieb noch nicht wieder aufgenommen.[100] Zur selben Zeit standen die Produktionshallen der einst größten deutschen Flaggenfabrik und -druckerei Plaut &

---

99 Coswig frei von Arbeitslosen, in: Anhaltische Tageszeitung, 01.10.1933, S. 1; Coswigs Kampf gegen die Arbeitslosigkeit, in: Der Mitteldeutsche. Anhaltische Tageszeitung, 13.04.1934.
100 Rund um Anhalt, in: Anhalter Woche, 07.01.1934.

Schreiber in Jeßnitz leer.[101] Im Oktober 1934 beklagte der Landrat in Ballenstedt Dr. Heinrich Reuß, dass der Aufbau der daniederliegenden Metallindustrie im Harz „eine langdauernde zähe Arbeit erfordert". Schwierigkeiten bestünden v. a. im Harzvorland, da „in Gernrode die Streichholzindustrie vernichtet worden ist".[102] Die Arbeitslosigkeit wurde v. a. mit dem Bau des Südflügels des Mittellandkanals bekämpft (Saaledurchstiche, Brücken- und Schleusenbau in Bernburg). Die Arbeiten gingen 1933/34 aber nur schleppend voran, da die Reichsregierung nicht genügend Geld bereitstellte.[103] Zwar hatten bis Mitte Februar 1934 „mehrere industrielle Anlagen" in Anhalt „große Fortschritte gemacht", so dass in Dessau die Arbeitslosigkeit um 50% gesenkt oder in Harzgerode eine Eisengießerei wieder in Betrieb genommen werden konnte. Auch die Zahl der Arbeitslosen in Anhalt, die am 1. Mai 1933 noch 33.331 betrug, sank bis 1. Mai 1934 auf 9.645.[104] Das nationalsozialistische „Wirtschaftswunder" im ganzen Land ließ jedoch auf sich warten, wie Reichsstatthalter und Gauleiter Loeper in einem Zeitungsartikel im Februar 1934 einräumen musste. „Sorgenbezirk Nr. 1" blieb das Gebiet Staßfurt-Leopoldshall mit dem Kalibergbau (einbrechender Auslandsabsatz); hier war kurzfristig keine Besserung zu erwarten.[105] Als „Sorgenbezirk Nr. 2"

---

101 Vom Gestern zum Heute, in: ebd., 28.01.1934.
102 LASA, Z 134, Nr. 224, Bl. 367.
103 Vgl. ebd., Z 109, Nr. 2045.
104 Haushaltsplan des Landes Anhalt für 1934, in: Der Mitteldeutsche. Anhaltische Tageszeitung, 29.03.1934; Anhalts Wirtschaft in weiterem Anstieg, in: ebd., 09.08.1934. Detaillierte Arbeitslosen-Zahlen in Anhalt im Aug. 1933 sowie im Aug. und Sept. 1934 in LASA, Z 109, Nr. 2045, Bl. 125f. Die Zahlen für Anhalt stammen aus den Arbeitsamtsbezirken Dessau (Arbeitsämter Dessau, Roßlau, Oranienbaum, Aken/E., Zerbst: 17.332) und Bernburg (Arbeitsämter Bernburg, Calbe/S., Köthen, Staßfurt, Nienburg: 15.999). Die Zahlen der preuß. Arbeitsämter Calbe/S., Staßfurt und Aken (E.) müssten sich mit denen der fehlenden für das westanhaltische Territorium um Ballenstedt ausgleichen, d. h. die Gesamtzahl dürfte in etwa auf Anhalt zutreffen.
105 Wir sind die Augen des Führers, in: Der Mitteldeutsche. Anhaltische Tageszeitung, 21.02.1934; Anhalts Wirtschaft in weiterem Anstieg, in: ebd., 09.08.1934.

galt Bernburg, wo der Kalibergbau in der Umgebung fast völlig zum Erliegen gekommen war und die Arbeitslosenzahlen seit August 1934 sogar anstiegen.[106] Erst ab Frühjahr 1934 setzte ein fühlbarer Aufschwung der gesamten anhaltischen Wirtschaft ein. Stillgelegte Firmen wurden ganz oder teilweise wieder in Betrieb genommen, wie am 18. April die Papier- und Zellulosefabrik in Roßlau[107] oder im Juli die Malzfabrik in Giersleben. Hauptsächlich die Metall- und Zementindustrie, das Baugewerbe und die Landwirtschaft nahmen Arbeitslose auf.[108] In Gröbzig gab es im Oktober 1934 keinen Erwerbslosen mehr.[109] Im selben Monat meldete der Landkreis Ballenstedt, dass „das Eisenwerk Meyer in Harzgerode sowie das Eisenhüttenwerk Mägdesprung nahezu 300 Arbeitern ihre Arbeitsplätze wiedergegeben" hätten.[110] Am 14. November 1934 schrieb das NSDAP-Gauorgan „Der Mitteldeutsche. Anhaltische Tageszeitung", dass das Arbeitsamt Dessau „seit längerer Zeit [...] stetig Facharbeiter in großer Zahl aus anderen Arbeitsamtsbezirken" heranholen müsse, um den „Anforderungen der Industrie und des Baugewerbes nachzukommen".[111] Mitte Februar 1935 hatte auch das letzte der drei Zementwerke in Nienburg (Saale) den vollen Betrieb wieder aufgenommen; 70 „Volksgenossen" waren eingestellt worden.[112] Waren Ende Januar 1933 in Dessau 13.293 Einwohner erwerbslos (Höchststand), davon 4.979 „Wohlfahrtserwerbslose", musste die Stadt im Oktober 1934 noch 586, am 31. Dezember 1934 417 (ausschließlich ungelernte Arbeiter) und am 31. Januar 1935 noch 398 „Wohl-

---

106 LASA, Z 109, Nr. 2045, Bl. 36, 49–52, 121f.
107 Die Papierfabrik arbeitet, in: Der Mitteldeutsche. Anhaltische Tageszeitung, 19.04.1934.
108 Weitere Abnahme der Arbeitslosen, in: ebd., 11.03.1934.
109 Rund um Anhalt, in: Anhalter Woche, 14.10.1934.
110 LASA, Z 134, Nr. 224, Bl. 371.
111 Kampf der Arbeitslosigkeit!, in: Der Mitteldeutsche. Anhaltische Tageszeitung, 14.11.1934.
112 Aus dem Anhaltlande, in: ebd., 22.02.1935.

fahrtserwerbslose" unterstützen. Das Arbeitsamt Dessau zählte zum 1. Dezember 1934 in der Stadt 991 (699 Männer, 292 Frauen) und Ende Juni 1935 noch 512 Arbeitslose (331 Männer, 181 Frauen). Am 28. Februar 1938 registrierte die Stadt (mit Roßlau) 139 Arbeitslose, von denen 85 auf Wohlfahrtsunterstützung angewiesen waren.[113]

---

113 Geschäfts- u. Verwaltungsberichte 1933–1944. StA Dessau-Roßlau, NZ 13; Rund um Anhalt, in: Anhalter Woche, 02.12.1934; Dessau der Großstadt näher, in: Der Mitteldeutsche. Anhaltische Tageszeitung, 14.12.1934; Die Dessauer Arbeitslosen und der Zuzug von auswärts, in: Anhalter Woche, 20.01.1935; Wird Dessau noch eine Millionenstadt?, in: ebd., 24.02.1935; Zahlen reden, in: Anhalter Anzeiger, 12.07.1935.

III. Die Geheime Staatspolizei in Anhalt

III.1. Behördengeschichte

Organisation und Befugnisse der Polizei waren durch das anhaltische „Gesetz über die Polizeiverwaltung" aus dem Jahre 1864 geregelt.[114] Im Januar 1933 gab es verschiedene Polizeistrukturen: Neben der staatlichen Landespolizei (Anhaltische Schutzpolizei, jeweils eine Abteilung in Dessau und Bernburg) existierten bei den Kreisdirektionen in Dessau, Bernburg, Köthen, Zerbst und Ballenstedt Kreispolizeibehörden. Deren Exekutivbeamte gehörten der Landjägerei an. Die Polizeiverwaltungen der Städte hießen Ortspolizeibehörden. Diese beschäftigten uniformierte Polizeibeamte und nichtuniformierte Verwaltungsbeamte.[115]

Zunächst sei betont, dass es 1933 in Anhalt (noch) keine Gestapo gab. Oftmals wird angenommen, dass mit Gründung des Geheimen Staatspolizeiamtes Ende April 1933 und seiner regionalen Organe, der Staatspolizeistellen, eine solche Behörde auch in Dessau entstand. Anhaltische Kommunisten gaben nach dem Krieg an, bereits 1933 von der „Gestapo" verfolgt und inhaftiert worden zu sein. Tatsächlich existierte in Anhalt am 30. Januar 1933 nicht einmal eine Politische Polizei. Für „Verbrechen und Vergehen, die sich gegen den Bestand und die Sicherheit des Staates richten [, ...] sowie alle strafbaren Handlungen, die auf einen politischen Beweggrund zurückzuführen sind"[116], war die Landeskriminalpolizeistelle (LKPS) Magdeburg zuständig. Hierzu gab es eine Überein-

---

114 GSfA 1864, S. 181 ff.
115 Vgl. Handbuch über den Freistaat Anhalt 1929, hg. v. Anhaltischen Staatsministerium unter Mitwirkung des Anhalt. Statistischen Landesamtes, Dessau 1929, S. 35. Vgl. Andreas Vorwerk: Die Polizei des Freistaates Anhalt in der Weimarer Republik, in: MVAL 10/2002, S. 144–177.
116 MBliV 1925, Sp. 569 ff.

kunft zwischen der anhaltischen Regierung und dem Magdeburger Regierungspräsidenten.[117]
Erst im Juli 1933 gab es eine eigene Politische Polizei, die Abteilung Inneres (Landespolizei). Sie war der bedeutendere von zwei Gestapo-Vorläufern[118] und wurde offiziell zum 1. Juli, tatsächlich bereits einige Tage zuvor gegründet. Verantwortlich war sie für „Angelegenheiten auf politisch-polizeilichem Gebiete" sowie für die „Fahndung nach staatsfeindlichen Elementen". Genau diese Aufgaben erfüllten in Preußen die Anfang Mai 1933 errichteten Staatspolizeistellen.[119] Die Abteilung saß im Landesbehördenhaus I[120] und unterstand dem Leiter der Abt. Inneres Walther Ackermann.[121] Sie war nach ihrer Gründung u.a. in die Ermittlungen um den „Hecklinger Mordprozess" (Tod von Franz Cieslik am Abend des 11. Februar 1933 in Hecklingen) eingebunden, wobei die Leitung des Falls der LKPS Magdeburg oblag.[122] Für alles Politische war die Abteilung Inneres (Landespolizei) aber nicht zuständig. Über die Schutzhaft „staatsfeindlicher Personen" bestimmte der Oberstaatsanwalt in Dessau.[123] In Preußen

---

117 Vgl. LASA, C 20 I, Ib Nr. 1823, Bl. 54–57, 64–68, 97–100.
118 Der Autor behauptet im Beitrag Anhalt im Spiegel der Lageberichte der Geheimen Staatspolizei und des Staatsministers 1934 bis 1935, in: MVAL 14/2005, S. 229, dass die anhaltische Gestapo nur einen Vorläufer gehabt hätte. Inzwischen muss diese Behauptung revidiert werden.
119 Vgl. u.a. LASA, Z 141, Nr. 672, Bl. 147, 152, 157, 180; ebd., Z 149, Nr. 193, Bl. 365. Dass die Abteilung Inneres (Landespolizei) institutionell den Stapostellen gleichgestellt war, geht aus dem Verteiler eines Schreibens der Abwehrstelle Dresden vom 28.06.1933 hervor. Vgl. ebd., Nr. 218, Bl. 618.
120 Vgl. u.a. ebd., Z 116-1, V Nr. 22, Bl. 32f., 35, 38 (Eingangsstempel); ebd., Z 141, Nr. 672, Bl. 152; ebd., Z 149, Nr. 118, Bl. 46; ebd., Nr. 199, Bl. 45; ebd., Nr. 218, Bl. 618.
121 ABlfA 1932, S. 378. Zu Ackermann vgl. LASA, Z 149, Nr. 218, ab Bl. 380; ebd., E 138, Nr. 8, Bl. 6; Daniel Bohse: Tradition oder Neuanfang? Die Personal- und Säuberungspolitik der Bezirksverwaltung Dessau 1945–1947, in: MVAL 16/2007, S. 219.
122 Vgl. LASA, NS-Archiv des MfS, Nr. ZAst 149 Bd. 2, Bl. 15, 95ff.; ebd., Bd. 3; ebd., Bd. 9.
123 Siehe v.a. ebd., Z 141, Nr. 679, Bl. 32, 34; ebd., Z 257, Nr. 202, Bl. 1RS, 7f., 33; ebd., Nr. 209, Bl. 1.

Hotel „Goldener Beutel" in Dessau. Hier fand die Abschlussbesprechung zur Gründung der Gestapo in Anhalt statt.

herrschten zu dieser Zeit andere Gegebenheiten – hier entschieden Gestapo und SS, nicht die Justiz, über die Schutzhaft.
Der zweite, weniger bedeutendere Gestapo-Vorgänger war die am 9. Oktober 1933 ebenfalls bei der Abteilung Inneres errichtete Landeskriminalpolizeistelle. Ihre Geschäftsräume befanden sich auch im Landesbehördenhaus I. Aufgabe der von Oberstaatsanwalt Erich Lämmler[124] geleiteten LKPS war die „zentrale Zusammenfassung der kriminalpolizeilichen Tätigkeit nach näherer Anweisung der zuständigen Ministerialabteilung." Sie war berechtigt, „alle in kriminalpolizeilicher Hinsicht erforderlichen Maßnahmen zu treffen, sowie die Kreis- und Ortspolizeibehörden mit besonderen Anweisungen zur Verhütung und Feststellung strafbarer Handlungen zu versehen. Die Kreis- und Ortspolizeibehörden sowie die mit der Wahrnehmung kriminalpolizeilicher Dienstgeschäfte betrauten Beamten" hatten diesen Anweisungen Folge zu leisten.[125] Letztlich ging die Gestapo sowohl aus der Abteilung Inneres (Landespolizei) als auch der LKPS hervor. Dies verdeutlicht nicht nur das aus beiden Institutionen übernommene Personal, sondern auch eine Formulierung in der Gestapo-Gründungsverordnung. Im Übrigen blieb die LKPS „in beschränktem Umfange" als „Zentralstelle für landeskriminalpolizeiliche Angelegenheiten ohne besonderen politischen Charakter" bzw. „für besondere ihr übertragene Angelegenheiten" bestehen. In der „Verordnung über vorbeugende Polizeihaft und planmäßige Überwachung des Verbrechertums" vom 19. November 1934 kommt sie noch einmal zur Sprache; im März 1935 wurde sie aufgelöst.[126]

---

124 Vgl. ebd., Z 257, Nr. 202, Bl. 33. Zu Lämmler siehe Alexander Sperk: Konzentrationslager Roßlau – eine Bestandsaufnahme, in: MVAL 19/2010, S. 169–213, hier S. 183f. sowie Michael Viebig/Daniel Bohse (Bearb.): Justiz im Nationalsozialismus. Über Verbrechen im Namen des Deutschen Volkes. Sachsen-Anhalt, 2., überarb. u. erg. Aufl., Magdeburg 2015, S. 467.
125 ABlfA 1933, S. 297.
126 ABlfA 1934, S. 105; GSfA 1934, S. 35; ABlfA 1935, S. 59; Aufhebung der Landeskriminalpolizeistelle, in: Der Mitteldeutsche. Anhaltische Tageszeitung, 13.03.1935.

Am 20. Dezember 1933 ernannte das Staatsministerium „mit Zustimmung des Herrn Reichsstatthalters" den Reichsführer-SS Heinrich Himmler zum Kommandeur der Politischen Polizei in Anhalt. Die Ernennung hatte „keine Aenderung in der geschäftlichen Behandlung der polizeilichen Angelegenheiten in Anhalt" zur Folge; oberste Polizeibehörde blieb das Staatsministerium.[127] Himmlers Ernennung war in den nichtpreußischen Ländern der Regelfall. Mit Ausnahme von Preußen und dem unbedeutenden Schaumburg-Lippe übernahm er zwischen Januar 1933 und Januar 1934 – ausgehend von seiner Position als kommissarischer Polizeipräsident in München sowie als Politischer Polizeikommandeur Bayerns – Zug um Zug die Politischen Polizeien der deutschen Länder.[128] Dagegen erlangte die Gestapo in Preußen zwischen dem 30. November 1933 und dem 14. März 1934 Selbständigkeit innerhalb der Verwaltung. Die Staatspolizeistellen wurden aus den Bezirksregierungen herausgelöst und zu regionalen Hilfsorganen des Gestapa, der Zentralbehörde für Preußen.[129]

Im Januar 1934 äußerte der „Stellvertreter des Führers" Rudolf Heß gegenüber Loeper „den Wunsch", in Anhalt eine Geheime Staatspolizei aufzubauen. Loeper war einverstanden und organisierte mit Himmler den Aufbau der Institution. Am 16. Februar 1934 besuchte Himmler Dessau, wo im Hotel „Goldener Beutel" zwischen ihm, Loeper und Freyberg die Errichtung der neuen Dienststelle abschließend besprochen wurde.[130]

Am 29. März 1934 wurde die „Anhaltische Politische Polizei (Geheime Staatspolizei) Dessau" als „besondere Abteilung des Staatsministeriums" gegründet. Ihr Zweck bestand in der „ein-

---

127 Vgl. Anhaltische Tageszeitung, 21.12.1933; Von der politischen Polizei, in: ebd., 28.12.1933.
128 Vgl. Friedrich Wilhelm: Die Polizei im NS-Staat. Die Geschichte ihrer Organisation im Überblick, 2., durchg. u. verb. Aufl., Paderborn u.a. 1999, S. 40, 43 f.
129 Vgl. Pr. GS. 1933, S. 413; ebd. 1934, S. 143 f.; MBliV 1934, Sp. 469–473.
130 Treue, unbedingter Gehorsam, Kameradschaft, in: Der Mitteldeutsche. Anhaltische Tageszeitung, 17.02.1934, S. 1; Sonderarchiv Moskau, 720-5-9397, Bl. 13, 56.

heitlichen Bekämpfung aller staatsfeindlichen Bestrebungen innerer und äußerer Feinde". Zum „Geschäftsbereich" gehörten die „Erforschung aller staatsgefährlichen politischen Bestrebungen, [...] Sammlung und Auswertung des Ergebnisses, Bekämpfung der genannten Bestrebungen, Vornahme der erforderlichen Eingriffe in das Brief-, Post-, Telegraphen- und Fernsprechgeheimnis, Anordnung oder etwaige Bestätigung der Schutzhaft, [...] Verbot von periodischen Druckschriften und Beschränkungen des Eigentums [...], Erörterung der Fälle von Hochverrat, [...] Landesverrat, [...] Spionage [...]." Sie war allen Polizeien in Anhalt übergeordnet; ihre Weisungen oder Ersuchen waren zu befolgen. Die Polizeibehörden hatten die Pflicht, über zum Aufgabengebiet der Gestapo gehörenden Vorgänge „sofort und unaufgefordert" sowie „von sich aus unverzüglich" zu berichten.[131]

Die Gestapo-Gründung verlief in der letzten Phase anscheinend etwas hektisch. Bei der Verabschiedung des Haushaltes für Anhalt am 26. März 1934 ist sie gar nicht erwähnt. Vermutlich hing das mit Görings Runderlass vom 14. März 1934 zusammen, wonach die staatlichen Polizei-Verwaltungen ab 1. April keine Politischen Abteilungen mehr besitzen durften.[132] Erstmals taucht die neue Behörde beim Nachtragshaushalt vom 1. Oktober 1934 auf, wo für April bis Dezember 1934 Ausgaben von 20.595 RM angegeben wurden. Für das Jahr 1935 stellte das Staatsministerium 57.832 RM, für 1936 93.150 RM zur Verfügung.[133]

Auch wenn die Anhaltische Politische Polizei formal bis 1937 eine „besondere Abteilung des Staatsministeriums" und Alfred Freyberg de jure ihr Leiter war, so erhielt sie ihre Weisungen von Beginn an vom Gestapa, obwohl dies erst in Erlassen des Reichs- und Preußi-

---

131 Neuorganisation der Politischen Polizei in Anhalt, 29.03.1934. ABlfA 1934, S. 105; Chef der Geheimen Staatspolizei, An alle Staatspolizeistellen (u.a.), 06.07.1934. LASA, C 20 I, Ib Nr. 1824, Bl. 40–45.
132 Vgl. ebd., Bl. 31.
133 Vgl. GSfA 1934, S. 33f.; vgl. ebd. 1935, S. 31; vgl. ebd. 1936, S. 2, 18.

Erster, bis 1936 verwendeter Stempel der Dessauer Gestapo

schen Ministers des Innern (Wilhelm Frick[134]) vom 20. September bzw. des Chefs der Sicherheitspolizei (Reinhard Heydrich) vom 30. September 1936 fixiert wurde.[135] Zwar hatten die Gestapostellen den „Landesregierungen ihres Bezirks über alle wichtigen politisch-polizeilichen Angelegenheiten zu unterrichten" und waren „verpflichtet, Weisungen der Landesregierungen zu entsprechen". Weisungen des Staatsministeriums brauchte die Dessauer Gestapo aber nur dann zu befolgen, wenn sie Gestapa-Anordnungen nicht entgegenstanden. Otto Sens hatte mit Alfred Freyberg „engste Fühlung zu halten und [ihn] über alle wichtigen Beobachtungen und Vorgänge laufend zu unterrichten". Göring, zu der Zeit noch Gestapo-Chef, setzte eine „vertrauensvolle Zusammenarbeit und gegenseitige Unterstützung [...] als selbstverständlich voraus".[136]

Dessau beherbergte eine der kleineren Gestapostellen im Deutschen Reich. Bei ihrer Gründung arbeiteten hier vermutlich nur acht Beschäftigte: Otto Sens, Julius Dube, Walter Hofmeister, Friedrich Hübner, Ernst Kröning, Hermann Röselmüller, Friedrich Stracke und die Stenotypistin Salomon.[137] Otto Sens leitete „in Stellvertretung des [...] Staatsministers" die Behörde.[138] Zum 1. Oktober

---

134 Wilhelm Frick (1877–1946), 1933–1943 Reichsminister des Innern (seit 01.05.1934 auch Preuß. Minister des Innern), 1943–1945 Reichsprotektor in Böhmen und Mähren, 1946 hingerichtet. Vgl. Günter Neliba: Wilhelm Frick. Der Legalist des Unrechtsstaates. Eine politische Biographie, Paderborn u.a. 1992.
135 LASA, C 20 I, Ib Nr. 1824, Bl. 122, 124.
136 Runderlasse Görings, 08.03. u. 06.07.1934. LASA, C 20 I, Ib Nr. 1824, Bl. 28f., 40–45.
137 Berechnungen des Autors nach Auswertung unzähliger, hier aus Platzgründen nicht aufgeführter Akten aus BArch, BStU und Sonderarchiv Moskau.
138 Anhalt. Staatsministerium Abt. Inneres, An die Kreispolizeibehörden, Betr.:

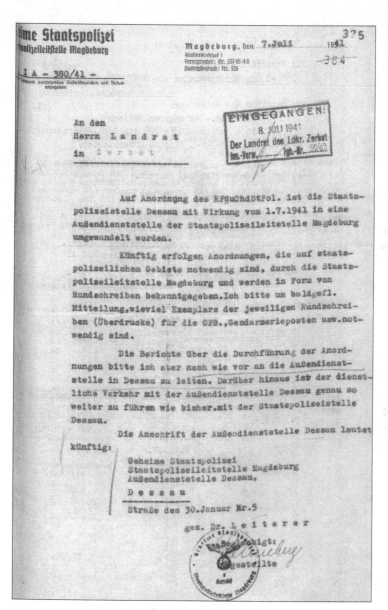

Anschreiben zur Umwandlung der Stapostelle Dessau in eine Außenstelle der Stapoleitstelle Magdeburg, 7. Juli 1941

1936 erfolgte auf Weisung von Reichsführer-SS Heinrich Himmler die Umbenennung der „Anhaltischen Politischen Polizei (Geheime Staatspolizei) Dessau" in „Geheime Staatspolizei Staatspolizeistelle Dessau". Anlass war Himmlers Einsetzung als Chef der Deutschen Polizei. Die „einheitliche Führung aller Zweige der Polizei" sollte auch in der Bezeichnung der Dienststellen zum Ausdruck kommen. Bis zu diesem Zeitpunkt existierten bei der Politischen Polizei 17 verschiedene Bezeichnungen.[139]

Durch das „Reichsgesetz über Finanzmaßnahmen auf dem Gebiete der Polizei" vom 19. März 1937[140] kam es mit Wirkung vom 1. April 1937 zur Übernahme der Gestapo-Beamten in den Reichshaushalt und zur Ausgliederung der Gestapo aus dem Staatsministerium.[141] Zu diesem Zeitpunkt zählte die Dessauer Dienststelle 21 Exekutiv-Polizisten im Außendienst.[142]

Mit 67 Mitarbeitern erreichte die Staatspolizei Dessau in der ersten Hälfte des Jahres 1941 den Höhepunkt ihres Personalbestandes.[143] Davon arbeiteten 49 Beamte und Angestellte als Exekutiv-Polizisten im Außendienst. Diese „Vollzugskräfte" befanden sich überwiegend im Beamtenstand und trugen Zivilkleidung. Sie führten Observierungen, Hausdurchsuchungen, Festnahmen, Verhöre oder Gefangenentransporte durch. Auch die Kraftfahrer zählten zum

---

Neuorganisation der Politischen Polizei, 04.04.1934. LASA, Z 149, Nr. 193, Bl. 370; StA Dessau-Roßlau, NZ 152.

139 Runderlass Reichsführer SS u. Chef der Deutschen Polizei im RMdI, 28.08.1936. BArch, R 58/241, Bl. 63–66; vgl. auch LASA, C 48, Ie Nr. 1132, Bl. 165 ff.

140 Vgl. RGBl. Teil I 1937, S. 325.

141 Vgl. BArch, R 58/1112, Bl. 34f. Die Gestapo beschäftigte auch Angestellte. Ihre Gesamtzahl konnte für Dessau nicht ermittelt werden. Nach einer Meldung des Polizeipräsidenten Magdeburg vom 22.03.1946 sollen bei der Stapo(leit-)stelle Magdeburg von 1933 bis 1945 insg. 129 männl. und 84 weibl. Angestellte beschäftigt gewesen sein. Vgl. LASA, K 14, Nr. 306, Bl. 12.

142 Vgl. www.geschichtsort-hotel-silber.de (Stand: 13.08.2018). Nicht feststellbar ist die Gesamtzahl der Beschäftigten zu diesem Zeitpunkt.

143 Vgl. BArch, R 58/856, Bl. 118. Es ist die einzige Quelle, die der Autor zur Personalstärke fand. Der genaue Zeitpunkt der Erhebung geht aus der Quelle nicht hervor, ebenso wenig wie Namen.

Außendienst. Die restlichen Beschäftigten im Innendienst waren zehn Verwaltungsbeamte und acht Geschäftszimmerangestellte. Sie tippten z.B. die Verhörprotokolle ab, werteten die Ämterkorrespondenz aus (Sekretärinnen, Stenotypistinnen), führten Recherchen durch, legten Karteien an, verwalteten Akten, verwalteten das Personal der Dienststelle, funkten oder übermittelten Nachrichten (Funker, Fernschreiber), übersetzten Verhöre ausländischer Häftlinge (Dolmetscher), fotografierten die Inhaftierten oder nahmen Fingerabdrücke.

Am 22. Mai 1941 fanden sich 31 Beschäftigte der Dessauer Gestapo in Düben (ab 1948 Bad Düben) ein, wo sie in einem vierwöchigen Lehrgang mit einer allgemeinen militärischen Ausbildung auf die „Tätigkeit" in den Einsatzgruppen der Sipo und des SD in der Sowjetunion vorbereitet wurden. Nach einer abschließenden medizinischen Untersuchung wurden „viele wieder zu ihren Dienstorten zurückgeschickt, da sie für die Teilnahme an [...] den bevorstehenden Aufgaben [...] untauglich waren".[144]

Mit Wirkung vom 1. Juli 1941 verlor die Dienststelle ihre Eigenständigkeit und wurde als Außendienststelle Dessau der Staatspolizeileitstelle Magdeburg unterstellt.[145] Anschließend reduzierte sich die Beschäftigtenzahl in Dessau drastisch. Im Schriftverkehr verwendete die Dienststelle die Vordrucke der Staatspolizeileitstelle, auf denen der Zusatz „Außendienststelle Dessau" vermerkt, der Ort „Magdeburg" durch „Dessau" ersetzt und die Magdeburger Adressdaten durchgestrichen wurde(n).[146] Anordnungen auf „staatspolizeilichem Gebiete" erfolgten nur noch durch Magdeburg. Berichte über die Durchführung der Anordnungen sollten aber weiterhin der

---

144 Vgl. BStU, MfS, HA XX, Nr. 3358, Bl. 159ff.
145 Der Chef der Sipo u. des SD, Suspendierung von Staatspolizeistellen u. SD-Abschnitten, 30.05.1941 u. 20.06.1941. BArch, R 58/241, Bl. 307f., 312f. Wie Dessau erging es noch zehn weiteren Stapostellen. Ebd.
146 Siehe u.a. Stapoleitstelle Magdeburg, Außendienststelle Dessau, An das Gerichtsgefängnis Schönebeck, Betr. Kaufm. Angest. Ludek Adamsky, 27.12.1944. Vgl. ebd., B Nr. 1.

Außendienststelle zugeleitet werden. Im Dienstverkehr zwischen Außendienststelle und Verwaltungsbehörden änderte sich nichts.[147] Natürlich entschied nun die Magdeburger Leitstelle, welche anhaltischen Fälle sie selber bearbeitete oder an die Außendienststelle abgab. Unbedeutende Vorkommnisse, bei denen geringe Schuldsprüche zu erwarten waren, überließ sie Dessau.[148] Fälle von Landesverrat, Verstößen gegen das Heimtückegesetz oder Wehrkraftzersetzung mit hoher Strafmaßaussicht bearbeitete sie selbst[149], wobei es in den letzten Kriegsmonaten Ausnahmen gab.[150]

Noch gravierendere Folgen für die Außendienststelle – insbesondere hinsichtlich ihres Macht- und Mitarbeiterverlustes – besaß eine Anordnung der Staatspolizeileitstelle Magdeburg vom 23. März 1942. Mit Wirkung vom 1. April 1942 war die Außendienststelle nur noch für das Stadtgebiet Dessau zuständig. Alle staatspolizeilichen Vorgänge im Land Anhalt außerhalb der „Gauhauptstadt"

---

147 Vgl. ebd., K 13 ZE, Nr. 119, Bl. 375.
148 Siehe u.a. der Diebstahl von zwei Stempeln in den Junkers-Werken Dessau. Ein Tscheche wurde vom AG Dessau am 29.08.1944 zu 4 Monaten Gefängnis verurteilt. Nach der Strafverbüßung überstellte die Außendienststelle Dessau den kaufmänn. Angestellten am 05.01.1945 in das AEL Hallendorf. Vgl. ebd., C 144 Magdeburg, B Nr. 1.
149 Siehe u.a. Gertrud Barthels (Zerbst) 14.09.1944 Verurteilung durch KG wegen Verstoßes gegen das Heimtückegesetz zu 3 Jahren Gefängnis. Ebd., B Nr. 8, Bl. 8; Marie Bergt (Zerbst) Verurteilung durch AG Magdeburg wegen Heimtücke. Ebd., B Nr. 35 [S. 1]; Berta Ernst (Köthen) Verurteilung durch AG Magdeburg wegen Heimtücke. Ebd., B Nr. 54; Dora Koch (Gröbzig) 15.09.1944 Verurteilung durch KG wegen Wehrkraftzersetzung zu 3 Jahren Zuchthaus. Ebd., B Nr. 121; Johannes Koek (Holländer, Köthen) 15.09.1943 Verurteilung durch KG wegen Landesverrats zu 1 Jahr 3 Monaten Gefängnis. Ebd., B Nr. 125. Vgl. auch ebd., K 13 ZE, Nr. 112, Bl. 58–63.
150 So verurteilte das KG am 13.12.1944 in Dessau die in Dessau-Ziebigk wohnende Elsa Steinhardt wegen Wehrkraftzersetzung zu 4 Jahren Zuchthaus. Sie hatte gegenüber einer Arbeitskollegin „staatsfeindliche Äußerungen" getan. Den Fall bearbeitete die Außendienststelle Dessau, die St. am 11.08.1944 zur U-Haft in das GG Dessau eingeliefert hatte. Von dort wurde sie am 27.02.1945 in das Strafgefängnis Magdeburg-Sudenburg überwiesen. Vgl. ebd., C 144 Magdeburg, B Nr. 248.

Auf dem Dokument ist u. a. der letzte von der Außendienstelle Dessau verwendete Stempel zu sehen.

übernahm die Magdeburger Leitstelle. Sie mussten durch Kreis- und Ortspolizeibehörden der Magdeburger Gestapo direkt zugeleitet werden. Allerdings machte die Leitstelle diese Beschränkung am 30. März 1944 teilweise wieder rückgängig, indem sie anwies, dass die Außendienststelle „aus Zweckmäßigkeitsgründen" mit Wirkung vom 1. April 1944 wieder für die Kreise Dessau-Köthen und Zerbst zuständig war.[151]

Im Zuge der Maßnahmen von Juli 1941 und April 1942 wurden rund zwei Drittel der Dessauer Mitarbeiter entweder nach Magdeburg oder zu anderen Staatspolizei(leit-)stellen versetzt bzw. abgeordnet. Im Zusammenhang mit der „Bekämpfung aller staatsfeindli-

---

151 Vgl. LASA, K 13 ZE, Nr. 119, Bl. 385, 425; vgl. StA Sandersleben, 19 Nr. 227, Bl. 415.

chen Bestrebungen" in Anhalt findet sich ab Sommer 1941 fast nur noch Schriftverkehr der Staatspolizeileitstelle Magdeburg. Zumindest bereitete die Gestapo Dessau die im Frühjahr 1942 anlaufenden Judendeportationen in den Osten organisatorisch vor. Alle Züge aus Anhalt fuhren nach Magdeburg, wo die dortige Staatspolizeileitstelle den Weitertransport übernahm. In einer Quelle wird der zweite Transport aus dem Kreis Zerbst beschrieben. Vermutlich haben sich alle Abtransporte in Anhalt so oder ähnlich abgespielt. Nach Aussage des Kreisrates Zerbst vom 29. September 1947 ging die Deportation so vor sich: „Sie wurden [vermutlich am 2. Juli 1942[152]] durch die Gestapo mit der Eisenbahn nach der Gestapo-Hauptstelle in Magdeburg [d.h. zur Staatspolizeileitstelle – A.S.] transportiert. Von hier aus wurden die bis zu 65 Jahre alten Juden nach dem Osten und die über 65 Jahre alten nach Theresienstadt geschafft. Sie durften nur 30 Pfund an Habseligkeiten pro Person mitnehmen. Diese Sachen wurden dann meist im letzten Wagen des Eisenbahnzuges verstaut, der dann irgendwo abgehängt wurde, sodass die Sachen für ihre Besitzer verloren waren."[153]

Im April 1945 endete die Behördengeschichte der Dessauer Gestapo. Hierzu ist ein Bericht von Gustav Gent überliefert, den er in sowjetischer Gefangenschaft, vermutlich 1946, schrieb.[154] Nach seinen Aussagen befanden sich Mitte April 1945 folgende Exekutiv-Bedienstete in Coswig (Anhalt): Otfried Rose, Albert Matthias, Paul Wurmstedt, Gustav Gent, Kurt Knoche, Walter Ruge, Wilhelm Sommer, Richard Steinbach, Erich Strübing, Barth und Pohle.[155] Hinzu kamen die Kraftfahrer Paul Rannefeld und Erich Weidenhausen, wobei Letzterer von Gent nicht erwähnt wird. Dolmetscher Fritz Franz, der Polnisch, Russisch und Tschechisch übersetzte, soll noch

---

152 Vgl. LASA, K 6, Nr. 11151, Bl. 331RS.
153 Ebd., K 13 ZE, Nr. 135, Bl. 273RS.
154 Eigenhändige Niederschrift des Häftlings Gent, Gustav, o.D. BStU, MfS, HA XX, Nr. 3358, Bl. 152–170.
155 Zu Barth und Pohle ließen sich trotz intensiver Recherchen keine weiteren Informationen ermitteln.

in Dessau zur Wehrmacht einberufen worden und in letzten Kriegstagen umgekommen sein.[156] Hausmeister Walter Strechel soll sich in seinem Geburtsort Gröbzig versteckt haben.[157] Der Bote Paul Peter blieb Gent zufolge in Dessau. Warum Gent Friedrich Bibusch und Rudolf Bolder nicht erwähnt, bleibt offen. Beide waren bei Kriegsende Angehörige der Außendienststelle.[158] Obwohl nicht vor Ort, zählten auch Heinrich Hämmerli und Emil Zander formal zur Dienststelle. Somit beschäftigte die Außendienststelle Dessau im April 1945 noch 15 Exekutiv-Polizisten. Sekretärinnen bzw. Stenotypistinnen erwähnt Gent im Bericht nicht.

In Coswig (Anhalt) schlossen sich Rose, Matthias, Barth, Gent, Knoche, Ruge, Sommer und Bolder am 25. April 1945 dem Roßlauer Pionier-Lehrbataillon Nr. 5 der Wehrmacht an. Bibusch, Steinbach, Strübing und Pohle versteckten sich in der Gegend. Als Wehrmachtangehörige getarnt, gerieten Rose, Gent, Knoche, Ruge, Rannefeld und Bolder Anfang Mai zwischen Jerichow und Fischbeck in amerikanische Gefangenschaft. Knoche und Ruge verlor Gent aus den Augen. Rose, Rannefeld und er kamen in das Gefangenenlager Sachau bei Gardelegen, wo Rose und Rannefeld von ihm getrennt wurden. Dagegen sollen Matthias, Sommer und Barth der Roten Armee in die Hände gefallen sein. Die folgenden Geschehnisse schilderte Gent wie Erich Herrscher (siehe dessen Biografie): Vor dem Abzug aus der SBZ stellten die Briten, die das Lager Sachau

---

156 Auf der Internetseite des Volksbundes Deutsche Kriegsgräberfürsorge (Gräbersuche Online) findet sich keine Bestätigung der Aussage (Stand: 05.03.2020).
157 Zu Walter Strechel ist nur bekannt, dass der am 12.12.1909 in Gröbzig geborene gelernte Gärtner ab 1941 als Hausmeister bei der Gestapo Dessau arbeitete. Seit 01.12.1931 gehörte er der NSDAP an (Beitritt in Gröbzig). Er war verheiratet und wohnte seit 1942 in Dessau, Quellendorfer Str. 43. Strechel verstarb am 06.03.1986 in Moers. Vgl. BStU, MfS, HA XX, Nr. 3358, Bl. 127, 196; BArch, R 9361-IX KARTEI W0060; StAmt Südliches Anhalt Gröbzig (E-Mail 23.04.2019).
158 Vgl. BStU, MfS, HA XX, Nr. 3358, Bl. 19; ebd., HA IX/11, AV 6/88, Bl. 112; ebd., HA IX/11, ZUV 23 A.23, Bd. 1, Bl. 13; LASA, K 6, Nr. 9309, Bl. 63; BArch, ZR 515 A.9; vgl. ebd., Z 42-II/2073, Bl. 2.

Anfang Juni übernommen hatten, die Gefangenen vor die Wahl, entweder in die britische Besatzungszone mitgeführt zu werden oder in dem Gebiet zu verbleiben, in das nun sowjetische Truppen einrückten. An diese würden die Briten sie übergeben. Da Gents Familie in Dessau wohnte, entschied er sich für die zweite Möglichkeit. Und er war nicht der Einzige. Die Gefangenen, die bleiben wollten, wurden nach Rätzlingen bei Oebisfelde gebracht, „wo sie von den russischen Organen übernommen werden sollten. Da sich aber um die Übernahme niemand kümmerte und sich die Sache hinzog, so folgten wir dem Rat unserer Offiziere und liefen auseinander und nach Hause."[159]

III.2. Aufgaben der Gestapo

„Die Geheime Staatspolizei hat die Aufgabe, alle staatsgefährlichen Bestrebungen im gesamten Staatsgebiet zu erforschen und zu bekämpfen, das Ergebnis der Erhebungen zu sammeln und auszuwerten, die Staatsregierung zu unterrichten und die übrigen Behörden über für sie wichtige Feststellungen auf dem laufenden zu halten und mit Anregungen zu versehen."[160] „Die wichtigste Aufgabe der Geheimen Staatspolizei" besteht „in der Verhütung politischer Straftaten durch lückenlose Präventiv-Massnahmen".[161] Sie sollte also „politische Straftaten" noch vor ihrer Entstehung verhindern. Während der NS-Diktatur wurde das „vorbeugende Verbrechensbekämpfung" genannt. Bis Kriegsbeginn bedeutete es vor allem – nicht ausschließlich – die Überwachung und Verfolgung jener Personengruppen, die in den Lageberichten genannt werden. Praktisch konnte jeder, der in „häßlicher und abfälliger Weise" Kri-

---

159 BStU, MfS, HA XX, Nr. 3358, Bl. 157 f.
160 Paragraph 1 des „Gesetzes über die Geheime Staatspolizei", 10.02.1936. Pr. GS. 1936, S. 21.
161 Der Chef der Sipo, Richtlinien für die Nachüberwachung, 17.02.1938. BArch, R 58/1027, Bl. 11.

tik am NS-Regime und seinen Vertretern übte, in das Visier der Gestapo geraten.[162] Ihr Aufgabengebiet dehnte sich bereits vor dem Krieg sukzessive aus. So gehörte z. B. die „Prüfung der politischen Zuverlässigkeit bei der Erteilung gewerberechtlicher Erlaubnisse" ab Februar 1939 zu den Aufgaben der Staatspolizei.[163] Ausländische Arbeitskräfte oder „Staatlose" kontrollierte und überwachte die Gestapo schon vor 1939.[164] Und obwohl die Überwachung der Sinti und Roma der Kriminalpolizei oblag, mischte sie sich auch hier teilweise ein.[165]

Mit Beginn des Zweiten Weltkrieges erweiterte sich das Aufgabenspektrum. Angehörige der Staatspolizei waren maßgeblicher Bestandteil der Einsatzgruppen der Sipo und des SD, die zunächst in Polen und später in der Sowjetunion Massenmorde unter der Zivilbevölkerung durchführten. Gestapo-Mitarbeiter bauten die neuen Staatspolizeistellen in den besetzten Gebieten auf. Die Staatspolizei organisierte die Deportation der jüdischen Bevölkerung in die Vernichtungslager. Sie war zuständig, wenn Zwangs- und Fremdarbeiter/-innen Delikte wie Arbeitsverweigerung, Arbeitsflucht, Diebstahl, Sabotage oder „geschlechtlicher Verkehr mit Volksdeutschen" vorgeworfen wurde (Aufbau einer Ausländerkartei).[166] In den Barackenlagern der Zwangs- und Fremdarbeiter/-innen warb die Gestapo Informanten an. Ebenso schaltete sie sich ab September 1939 bei deutschen „Gefolgschaftsmitgliedern" ein, wenn es um „Bummelschichten, Arbeitsvertragsbruch und Arbeitssabotage" ging.[167] Eine Anweisung der Kriminalpolizeistelle Magdeburg wies

---

162 Siehe z. B. den Fall des Dessauer Kaufmanns Ludwig Klingelhöfer. StA Dessau-Roßlau, NZ 80, Bl. 54–60.
163 Vgl. LASA, C 20 I, Ib Nr. 2523, Bd. 5, Bl. 39.
164 Vgl. ebd., Z 141, Nr. 2526; vgl. ebd., Z 149, Nr. 820, Bl. 404–412, 421 f.
165 Vgl. Lutz Miehe: Die Verfolgung der Sinti und Roma, in: Vom Königlichen Polizeipräsidium zur Bezirksbehörde der Deutschen Volkspolizei. Die Magdeburger Polizei im Gebäude Halberstädter Straße 2 zwischen 1913 u. 1989. Ministerium des Innern des Landes Sachsen-Anhalt (Hg.), Halle 2010, S. 62–77.
166 Vgl. u. a. LASA, Z 149, Nr. 823, Bl. 17; ebd., Nr. 824, Bl. 56 ff.
167 Vgl. ebd., F 407, Nr. 592, Bd. 1, Bl. 17.

Verhängung von „Überhaft" durch die Staatspolizeistelle Dessau

1940 darauf hin, dass die „Erfassung arbeitsscheuer Personen nicht zu dem Aufgabenkreis der Stapo gehört, sondern hierfür lediglich die Kriminalpolizeistelle zuständig ist".[168] Daraus geht her-

---

168 A.7 Einschreiten gegen Asoziale (arbeitsscheue Personen). Meldeblatt der Kriminalpolizeistelle Magdeburg, 01.03.1940. Ebd., C 29 Anhang I, Polizeipräsidium MD, Kriminaldirektion, Nr. 154, Bd. 10 (1940).

vor, dass die Gestapo auch diese Fälle an sich zog. Sie verfolgte zudem Homosexuelle und jene, die sich dem „totalen Krieg" an der „Heimatfront" widersetzten („Abhören ausländischer Sender", „Verbotener Umgang mit Kriegsgefangenen" usw.). Sie übernahm die Leitung der Arbeitserziehungslager (AEL).[169] Schwerpunkt der Tätigkeit der Dessauer Dienststelle war die Untersuchung aller Arten von Vorkommnissen in den Rüstungsbetrieben. Vorrangig ging es um vermeintliche oder tatsächliche Spionage und Sabotage. Ab 1940 gehörte speziell die Überwachung von Zwangs- und Fremdarbeiter/-innen in allen Junkers-Werken Anhalts zur Hauptaufgabe.[170] Aber selbst unpolitische Fälle „normaler" Kriminalität zog die Gestapo mit zunehmender Kriegsdauer an sich.[171] Ihre „schärfste Waffe" war die Verhängung der Schutzhaft, die sie zumeist in Konzentrationslagern verbüßen ließ.[172]

Besonders Personen, die wegen „Vorbereitung eines hochverräterischen Unternehmens" zu einer Haftstrafe einschließlich Polizeiaufsicht verurteilt wurden, überwachte die Staatspolizei nach der Strafverbüßung weiter („Nachüberwachung"). Letztere vereinfachte sich ab 1937 nicht nur für die Dessauer Gestapo. Denn das Reichsjustizministerium wies am 18. Januar 1937 alle Generalstaatsanwälte an, die Entlassungen von Strafhäftlingen, die

---

169 Siehe Gabriele Lotfi: KZ der Gestapo. Arbeitserziehungslager im Dritten Reich, Stuttgart/München 2000.
170 Siehe u.a. den Fall des Diebstahls von zwei Stempeln im Junkers-Werk Dessau. Vgl. LASA, C 144 Magdeburg, B Nr. 1. Aussagen Walter Hofmeister bei einer Vernehmung, 10.02.1948. BArch, Z 42-III/3274, Bl. 2RS.
171 Der Gefangenenkartei der Haftanstalten Magdeburg-Sudenburg und Magdeburg-Neustadt ist zu entnehmen, dass sich die Stapoleitstelle Magdeburg ab 1940 bei „deutschen Volksgenossen" auch um Straftatbestände wie „Amtsanmaßung", „Beihilfe zur Abtreibung", „Betrug", „Betrug im strafschärfenden Rückfall", „Diebstahl", „Hehlerei", „Notzucht" oder „Urkundenfälschung" „kümmerte". Vgl. LASA, C 144 Magdeburg, B Nr. 295a Gefangenenkartei, A–Z [91 Pakete].
172 Zum Thema siehe Alexander Sperk: Schutzhaft und Justiz im „Dritten Reich" auf dem Gebiet des heutigen Landes Sachsen-Anhalt, in: Viebig/Bohse, S. 46–57.

Verzicht auf „Überhaft" durch die Staatspolizeistelle Dessau

wegen Hoch- oder Landesverrats verurteilt worden waren, den zuständigen Staatspolizei(leit-)stellen mindestens einen Monat vorher mitzuteilen, damit diese „Vorbeugungsmassnahmen" treffen konnten.[173] Hierfür mussten die Vorstände der Haftanstalten

---

173 BArch, R 58/1027, Bl. 11–21; LASA, Z 259, Nr. 2068, Bl. 72f.

einen „kurzen Bericht über die Führung während der Strafhaft, insbesondere über die politische Einstellung", einreichen. Diese zumeist nur drei bis vier Sätze umfassenden Beurteilungen fielen in der Regel negativ aus.[174] Selbst bei einer positiven Einschätzung[175] entschied die Staatspolizeistelle Dessau bzw. ab 1941 die Staatspolizeileitstelle Magdeburg in der Regel – v.a. bei KPD- u. SPD-Funktionären, aber auch Zeugen Jehovas – auf „Überhaft". Dies bedeutete, dass in der Regel das Gestapa einen Schutzhaftbefehl erließ und der Häftling am Entlassungstag (oder einen Tag zuvor) entweder von einem Staatspolizei-Angehörigen aus der Haftanstalt – für anhaltische Häftlinge zumeist das Zuchthaus Coswig (Anhalt), in einigen Fällen der „Rote Ochse" Halle/S. oder die Gerichtsgefängnisse Magdeburg-Sudenburg und Gommern – abgeholt oder durch die Ortspolizeibehörde mit dem nächstmöglichen Sammeltransport in die von der Gestapo genutzten Polizeigefängnisse in Dessau oder Magdeburg verbracht wurde. Nur in wenigen Fällen folgte anschließend die Entlassung nach Hause. Oftmals überführte ihn die Gestapo wenige Tage später oder erst nach Wochen in ein KZ oder AEL. Manchmal sparte sich die Dessauer bzw. Magdeburger Staatspolizei den „Umweg" und wies die Vorstände der Haftanstalten an, den Inhaftierten direkt im Anschluss der Strafverbüßung in ein KZ/AEL zu überführen.[176] Wie lange er dort in Schutzhaft verblieb, war völlig unge-

---

174 Vgl. u.a. LASA, Z 259, Nr. 23; ebd., Nr. 652; ebd., Nr. 746; ebd., Nr. 823; ebd., Nr. 1111; ebd., Nr. 1476; ebd., Nr. 1510; ebd., Nr. 1531; ebd., Nr. 1672; ebd., Nr. 1868; ebd., Nr. 1869, Bl. 85; ebd., Nr. 2128; ebd., Nr. 2223; ebd., Nr. 2481, Bl. 50; Nr. 2893.
175 Vgl. ebd., Nr. 1866, Bl. 28; ebd., Nr. 2025, Bl. 41.
176 Vgl. ebd., Nr. 823, Bl. 48; ebd., Nr. 1510, Bl. 15, 73, 75f.; ebd., Nr. 1531, Bl. 26f.; ebd., Nr. 2128, Bl. 42; ebd., Nr. 2223, Bl. 37; ebd., Nr. 3035, Bl. 177f. (Spalte „Grund des Austritts"). Zu anhaltischen Fällen von „Überhaft" siehe u.a. ebd., Nr. 23, Bl. 26; ebd., Nr. 652, Bl. 26f.; ebd., Nr. 746, Bl. 3; ebd., Nr. 1111, Bl. 54; ebd., Nr. 1476, Bl. 53f.; ebd., Nr. 1672, Bl. 44, 47; ebd., Nr. 1868, Bl. 44; ebd., Nr. 2291, Bl. 28, 66; ebd., Nr. 2481, Bl. 52; ebd., Nr. 2893, Bl. 54; Stapoleitstelle MD, Außendienststelle Dessau, An das GG Schönebeck, Betr. Kaufm. Angest.

wiss, wobei ein „Schnellbrief" des Chefs der Sipo und des SD am 24. Oktober 1939 bestimmte: „Entlassungen von Häftlingen aus der Schutzhaft finden während der Kriegszeit im allgemeinen nicht statt."[177] Die Dessauer Gestapo gestattete bei Verurteilungsgrund „Vorbereitung zum Hochverrat" nur in wenigen Fällen die Entlassung nach Hause. Bei solchen Ausnahmen erfolgte stets die Anweisung, die Betroffenen seien „nochmals ernstlich zu verwarnen" und hätten sich innerhalb von 24 Stunden nach der Entlassung bei der Gestapo oder der Polizeibehörde des Heimatortes persönlich zu melden.[178]

Wenn bei diesen Schilderungen der Eindruck entsteht, die Gestapo war eine allmächtige und allwissende Institution, der man nicht entkommen konnte, ist dies ein Mythos, den die NS-Propaganda bewusst förderte. Die Bevölkerung sollte glauben, die Gestapo sei überall. Diese Verbreitung von Angst führte zur Einschüchterung, aber auch zur Überhöhung ihrer tatsächlichen Macht. Allein das Missverhältnis zwischen Mitarbeiter- und Einwohnerzahl – in Anhalt kamen 1941 auf einen Gestapo-Beschäftigten fast 6.500 Einwohner[179] – widerlegt das Bild von der allmächtigen Geheimpolizei. Sieht man vom Einsatz ihrer V-Leute ab, der für Anhalt auf Grund fehlender Überlieferungen nicht einschätzbar ist, beruhten

---

Ludek Adamsky, 27.12.1944. Ebd., C 144 Magdeburg, B Nr. 1; Paul Marschallek, geb. 19.06.1895 Dessau, aus Dessau, Zeuge Jehova, Anordnung Schutzhaft („Überhaft") durch Stapostelle Dessau am 23.03.1939 nach Strafverbüßung (Entlassung: 21.04.1939 aus GG MD-Sudenburg). Ebd., C 144 Magdeburg, B 02. Nr. 11, Bl. 2; ebd., B Nr. 295a Gefangenenkartei, Ma. „Überhaft" wurde auch bei kriminellen Häftlingen angewandt. Beispiele in ebd., B Nr. 295a Gefangenenkartei, A–Z [91 Pakete].

177 BArch, R 58/1027, Bl. 106.
178 Ebd., Bl. 13. Zu diesen Fällen siehe u. a. LASA, Z 259, Nr. 641, Bl. 55; ebd., Nr. 1072, Bl. 66; ebd., Nr. 1152, Bl. 50; ebd., Nr. 1882, Bl. 43; ebd., Nr. 2356, Bl. 45; ebd., Nr. 2646, Bl. 59.
179 Zum Vergleich: Das MfS besaß 1989 mit einer Quote von einem hauptamtlichen Mitarbeiter auf 180 Einwohner den bislang größten Geheimdienst-Apparat der Weltgeschichte.

viele „Erfolge" nicht auf eigener Ermittlungstätigkeit. Vielmehr halfen der Gestapo auch in Anhalt vor allem zwei Tatsachen: zum einen die ausgeprägte Denunziationsbereitschaft der Bevölkerung, zum anderen – wie im Fall der Zerschlagung der illegalen KPD – Verrat im weitesten Sinne.

III.3. Gliederung der Gestapo

Zunächst gliederten sich alle Gestapostellen in drei Abteilungen:
Abteilung I: Verwaltung (Haushalts-, Personal- und Wirtschaftsangelegenheiten). Gestapo-Mitarbeiter aus Dessau bezeichneten diese Abteilung in Befragungen bzw. Vernehmungen nach 1945 auch als „Wirtschaftsabteilung".
Abteilung II: Politische Angelegenheiten. Sie gliederte sich in die Sachgebiete II A 1 bis II A 5. Das Sachgebiet II A 1 war zuständig für „Kommunismus, Marxismus", also für die Verfolgung von KPD- und SPD-Mitgliedern.[180] Die restlichen Sachgebiete waren verantwortlich für „Freimaurertum, Emigranten und Juden", evangelische und katholische Kirche, „Bibelforscher und Sekten" oder „Heimtücke". Gestapo-Mitarbeiter aus Dessau bezeichneten diese Abteilung in Befragungen bzw. Vernehmungen nach 1945 auch als „innerpolitische Abteilung" oder „Linie Innenpolitik".
Abteilung III: Abwehr (Spionage). In Dessau gab es die Sachgebiete A bis F. Die Abt. III war u.a. ab Oktober 1939 für die Überwachung polnischer Kriegsgefangener zuständig. Oberbürgermeister und Landräte mussten der Stapo Anzahl und Unterbringungsort melden.[181] Mitarbeiter der Abt. III verfolgten u.a. den verbotenen Umgang von Deutschen mit Kriegsgefangenen bzw. deren strafbare Handlungen.[182]

---

180 Vgl. u.a. LASA, Z 259, Nr. 866, Bl. 46.
181 Vgl. ebd., Z 149, Nr. 235, ab Bl. 24.
182 Siehe ebd., Nr. 234 u. Nr. 235.

Diese Grundstruktur blieb auch nach der Gründung des Reichssicherheitshauptamtes (RSHA) 1939 bestehen, wobei eine weitere Detaillierung vorgenommen wurde. Aus den drei Abteilungen wurden sechs Referate, die wiederum in Sachgebiete unterteilt waren: IV 1 Opposition (Sachgebiete IV 1 a bis IV 1 c), IV 2 Sabotage (Sachgebiete IV 2 a und IV 2 b), IV 3 Abwehr (Sachgebiete IV 3 a bis IV 3 c), IV 4 Weltanschauliche Gegner (Sachgebiete IV 4 a und IV 4 b), IV 5 Sonderfälle (Sachgebiete IV 5 a und IV 5 b) und IV 6 Kartei, Akten, Schutzhaft (Sachgebiete IV 6 a und IV 6 b).[183] Der Zeitpunkt der Einführung des neuen Geschäftsverteilungsplanes war jedoch von Gestapostelle zu Gestapostelle unterschiedlich.[184] Wann er in Dessau eingeführt wurde, ist nicht überliefert. Auffällig ist, dass mit Ausnahme von Erich Strübing keiner der Dessauer Mitarbeiter nach 1945 die Referate und Sachgebiete erwähnte, sondern stets nur die drei Abteilungen.[185]

III.4. Sitz der Gestapo

Die Gestapo nahm ihren Sitz zunächst im Landesbehördenhaus I (Friedrichstraße 27) im 1. Stockwerk des linken Flügels. Ihre Büros wurden durch eine Glaswand vom Hauptflur getrennt.[186] Sie nutzte auch Räume im Keller- und anfänglich im Erdgeschoss. Im Raum 29

---

183 Vgl. ebd., Z 259, Nr. 866, Bl. 68; BArch, R 58/241, Bl. 144f., 258; ebd., R 58/1112, Bl. 37.
184 Siehe u.a. Staatspolizeileitstelle Stuttgart, wo der neue Geschäftsverteilungsplan erst ab April 1944 galt. Vgl. Ingrid Bauz/Sigrid Brüggemann/Roland Maier (Hg.): Die Geheime Staatspolizei in Württemberg und Hohenzollern, Stuttgart 2013, S. 441.
185 Vgl. v.a. BStU, MfS, HA XX, Nr. 3358, Bl. 152–203.
186 Vgl. u.a. LASA, Z 259, Nr. 641, Bl. 55; ebd., Nr. 1882, Bl. 43; ebd., Nr. 2356, Bl. 45; ebd., Z 143, I Nr. 1a Bd. XVII, Bl. 406ff.; BArch, R 58/241, Bl. 105; ebd., ZA DH, ZR 770 A.6; ebd., Z 42-IV/4531, Bl. 56; Adreßbuch Dessau und Dessau-Roßlau 1938, S. 9; Dessauer Adressbuch 1940, S. 7.

Ansichtskarte der Leopoldkaserne in Dessau

(Keller) führte sie z. B. „fotografische Arbeiten" durch.[187] Zudem sind übereinstimmende Aussagen früherer Mitarbeiter überliefert, wonach Beschäftigte der Abteilung III Sachgebiet F ihre Büros ab 1938 oder 1939 für etwa ein Jahr im Palais Reina (Friedrichstraße/ Ecke Kavalierstraße) hatten, anschließend in einem Gebäude „Zerbsterstraße am alten Markt".[188]
Etwa im Herbst 1940 verlegte die Staatspolizeistelle den Sitz in die Straße des 30. Januar Nr. 5 (vorher Mittelstraße, ab 1945 Berliner Straße, dann eingezogen), eine Verbindungsgasse zwischen Kavalier- und Wallstraße. Sie war zur Erinnerung an das Ernennungsdatum Adolf Hitlers zum Reichskanzler umbenannt worden. Das Haus Nr. 5 diente zuvor als Schulgebäude. Während das Erdge-

---

187 Vgl. LASA, Z 143, I Nr. 1a Bd. XVII, Bl. 331, 406f.; ebd., Z 141, Nr. 115, Bl. 11, 24.
188 Aussagen Richard Donat, Heinrich Hämmerli, Wilhelm Ebert, 28.03.1958. Vgl. LA NRW Abt. Rheinland, NW 130 Nr. 192.

schoss Geschäfte beherbergte, befanden sich in den beiden oberen Stockwerken neben der Gestapo weitere NS-Dienststellen bzw. anhaltische Landesbehörden.[189]

Die Gestapo verfügte nie über Haftzellen im Hause.[190] Sie inhaftierte ihre Festgenommenen im Polizeigefängnis Leopoldstraße 8 (Leopoldkaserne, heute Ferdinand-von-Schill-Straße), von dem sie „zum Zwecke ihrer Vernehmungen" in das Dienstgebäude transportiert wurden.[191] Ab Ende Januar 1939 brachte sie die Häftlinge im Gefängnis des neuen Polizeipräsidiums in der Wolfgangstraße 25 unter, das im Kellergeschoss lag, elf Zellen besaß und 32 Personen aufnehmen konnte.[192] Sie nutzte aber auch weiterhin die Leopoldkaserne, in der die anhaltischen Schutzhäftlinge der „Aktion Gitter" am 22. August 1944 inhaftiert waren.[193] Ehemalige Inhaftierte unterschieden stets zwischen „Gestapohaft" im Polizeigefängnis sowie Schutz- und/oder Untersuchungshaft im Gerichtsgefängnis (ab 1941 Landgerichtsgefängnis) in der Bismarckstraße 27 (heute Willy-Lohmann-Straße).[194] Denn 1934 und 1935 brachte die Gestapo ihre Schutzhäftlinge auch im Gerichtsgefängnis unter, das zum 31. August 1935 eine Belegfähigkeit für 88 Männer und 12 Frauen aufwies.[195]

---

189 Vgl. u.a. LASA, C 20 I, Ib Nr. 2523, Bd. 5, Bl. 35; Frank Kreißler: Dessau in Trümmern. Bilder aus Dessau 1940 bis 1947, Dessau 2004, S. 34, 45, 59; Adreßbuch Dessau u. Dessau-Roßlau 1936, Erster Teil, S. 2.
190 Vgl. u.a. Aussagen von Otto Sens nach 1945. BArch, Z 42-IV/4531, Bl. 66.
191 Vgl. u.a. LASA, Z 259, Nr. 2430, Bl. 76, 79RS.
192 Vgl. ebd., K 4, Nr. 597, Bl. 36.
193 Vgl. BArch, R 58/3739, Bl. 140, 144.
194 Zumindest 1936–1941 sowie 1944. Vgl. v.a. LASA, Z 149, Nr. 199, Bl. 402, 493RS; ebd., K 6, Nr. 11148, Bl. 247; ebd., Nr. 11150, Bl. 154; ebd., Bl. 225; ebd., Nr. 11153, Bl. 333; ebd., Nr. 11155, Bl. 136; ebd., Nr. 11159, Bl. 179; ebd., Nr. 11162, Bl. 71, 83; ebd., Nr. 11166, Bl. 212; ebd., Nr. 11169, Bl. 12; ebd., Nr. 11173, Bl. 17; ebd., Nr. 11174, Bl. 11; ebd., Nr. 11185, Bl. 134; ebd., Nr. 11189, Bl. 18; ebd., P 521, V/8/147.
195 GStA Naumburg, An sämtliche Gefangenenanstalten im OLG Bezirk Naumburg, 31.08.1935. Ebd., C 144 Magdeburg, A Nr. 12. Zur Geschichte des Gefängnis-

Ein verheerender Bombenangriff auf Dessau am 7. März 1945 traf v. a. die Innenstadt einschließlich der Straße des 30. Januar. Dabei wurde das Haus Nr. 5 zerstört.[196] Eine neue Unterkunft fanden die Gestapo-Mitarbeiter zunächst in der Hindenburg-Kaserne. Vor dem Einmarsch der Amerikaner in Dessau wurde der letzte Sitz der Außendienststelle dann Mitte April nach Coswig (Anhalt) in das Hotel „Zur Weintraube" verlegt.[197]

III.5. Mitarbeiter der Gestapo

Es konnten 85 Beschäftigte der anhaltischen Gestapo ermittelt werden. Insgesamt müssen jedoch noch etwas mehr Personen bei ihr gearbeitet haben. Wie die Biografien zeigen, war auch die Dessauer Staatspolizei wie alle Dienststellen durch eine hohe Mitarbeiter-Fluktuation gekennzeichnet.[198]
Da keine Überlieferungen gefunden wurden, in denen zu einem Stichtag Anzahl und Namen aller Mitarbeiter der Dessauer Dienststelle genannt werden und der Autor nur zu rund 60 der 85 Personen Biografien erstellen konnte, wird im Folgenden auf Prozentangaben verzichtet. Für die Zeit bis 1945 sind aber folgende Auffälligkeiten feststellbar:[199]
Fast alle aus der Region des heutigen Sachsen-Anhalt stammenden Mitarbeiter traten zwischen 1925 und 1931 aus wirtschaftlicher Not

---

  ses Mario Pinkert: Das Gerichtsgefängnis zu Dessau von 1886 bis 1997. Ein Gerichtsgefängnis im Wandel der Zeit, Dessau 1998.
196 Vgl. Kreißler, Dessau in Trümmern, S. 31 ff.; LASA, Z 273, Nr. 174, ab Nr. 1030.
197 Vgl. BStU, MfS, HA XX, Nr. 3358, Bl. 156; vgl. LASA, K 6, Nr. 9309, Bl. 216.
198 Die Staatspolizei(leit)stelle Magdeburg soll 1933 bis 1945 insg. 360 Personen beschäftigt haben. Vgl. ebd., K 14, Nr. 306, Bl. 12. Anfang bzw. Mitte 1941 hatte sie 172 Mitarbeiter. Vgl. BArch, R 58/856, Bl. 118.
199 Es ist aus Platzgründen unmöglich, alle Archivquellen anzugeben, auf die die Feststellungen basieren. Die einzelnen Signaturen können den Biografien entnommen werden.

oder Existenzangst in den Dienst der Polizei. Sie hatten ursprünglich andere Berufe erlernt, wurden aber entlassen oder waren von Entlassung bedroht und bekamen in ihren Berufen keine neue Stelle.

Fast alle Beschäftigten des Exekutivdienstes waren nach 1900 geboren. Zumeist liegen die Geburtsjahre der Mitarbeiter der unteren und mittleren Ebene zwischen 1904 und 1913.

Abgesehen von Willy Prautzsch stammten alle im Jahr 1934 beschäftigten Angehörigen der Gestapo aus Anhalt bzw. lebten und arbeiteten seit Jahren in der Region.

Bis 1935 setzte sich der Exekutivdienst der Gestapo Dessau fast ausschließlich aus früheren Schutzpolizisten zusammen.

Die zwischen 1934 und 1941 eingestellten Mitarbeiter der unteren und mittleren Ebene arbeiteten zuvor mehrheitlich bei der Anhaltischen Schutzpolizei. Dort waren sie überwiegend im Oktober 1928 eingestellt worden, d.h. viele kannten sich schon längere Zeit.

Der Grundsatz „Einmal Gestapo, immer Gestapo" trifft auf Anhalt nicht zu. Einige Polizisten bzw. Verwaltungsbeamte, die zur Gestapo versetzt oder abgeordnet waren, arbeiteten später (wieder) bei der Kriminalpolizei oder in der Verwaltung (Dr. Wilhelm Deutschbein, Ernst Kröning, Hermann Röselmüller, Friedrich Stracke, Karl-Heinz Tempel).

Die aus Anhalt stammenden Mitarbeiter traten bis auf vereinzelte Ausnahmen erst 1937 oder später in die NSDAP ein.

Für viele nicht aus der Region des heutigen Sachsen-Anhalt stammende Mitarbeiter der Laufbahngruppe des gehobenen Dienstes war die Dessauer Dienststelle nur Durchgangsstation für eine Leitungsposition bei einer größeren Staatspolizei(leit-)stelle bzw. beim RSHA. Die Dienstzeit in Dessau betrug wenige Wochen bis höchstens drei Jahre. Beispiele sind Thomas Ampletzer aus Bayern (siehe Biografie), der aus Hessen stammende Dr. Anton Fest (geb. 29.12.1908 Limburg an der Lahn, verst. 27.01.1998 Aachen, arbeitete nur im August 1937 in Dessau[200], später u.a. Leiter Staatspolizeistelle Schneidemühl) oder der Bayer Anton Weiß-Bollandt (geb. 17.06.1909 München, verst. 14.05.1985 Diez an der Lahn, 01.08 bis 15.09.1938 vertretungsweise Leitung Staatspolizeistelle Dessau[201], später u.a. Leiter Staatspolizeistellen Frankfurt am Main und Osnabrück). Dagegen verblieben die aus der Region Stammenden der unteren und mittleren Ebene in der Regel in Dessau oder wurden erst ab 1941/42 zu anderen Staatspolizei(leit-)stellen versetzt bzw. abgeordnet.

Anton Weiß-Bollandt

Bis Ende Juni 1941 (Unterstellung unter die Staatspolizeileitstelle Magdeburg) waren keine Versetzungen oder Abordnungen von den drei Staatspolizeistellen der benachbarten Provinz Sachsen zur Gestapo nach Dessau oder umgekehrt feststellbar.

Die Mehrheit der Mitarbeiter der unteren und mittleren Ebene gehörte ab 1941 den Einsatzgruppen der Sicherheitspolizei (Sipo) und des Sicherheitsdienstes (SD) in der Sowjetunion an: Paul Bendler, Friedrich Bibusch, Rudolf Bolder, Richard Donat, Julius Dube, Wilhelm Ebert, Kurt Finger, Walter Friedrich, Gustav Gent, Willi Kelterer, Kurt Knoche, Willy Knof, Ernst Mund, Robert Pfeiffer, Paul Prange, Paul Rannefeld, Alfons Reischmann, Ewald Reulecke, Walter Ruge, Willi Schmidt, Paul Schwarzwald, Fritz Schwichtenberg, Wilhelm Sommer, Otto Strafe, Erich Strübing, Heinz Tangermann, Karl-Heinz Tempel, Erich Weidenhausen und Paul Wurmstedt. Überwiegend wurden sie dem Einsatzkommando (EK) 12 der

---

200 Vgl. LASA, Z 259, Nr. 2356, Bl. 45; ebd., Z 141, Nr. 669, Bl. 131; ebd., Z 149, Nr. 820, Bl. 412; StA Sandersleben, 19 Nr. 223, Bl. 66.
201 Vgl. BArch, R 58/10967, Bl. 115; LASA, Z 141, Nr. 680, u.a. Bl. 132, 143; StA Sandersleben, 19 Nr. 227, Bl. 277. Weiß-Bollandt führte diesen Namen erst seit 1937 (vorher Weiß).

Einsatzgruppe (EG) D zugeteilt, das mehrere tausend Menschen ermordete.[202]

III.5.1. Die Leiter

Der erste, am längsten amtierende und einzig aus Anhalt stammende Leiter war Otto Sens.[203] Er hatte die Funktion bis Ende 1939 inne (29.03.1934 bis Ende März 1937 de facto, ab April 1937 de jure). Seine Biografie ist interessant, weil sie sich in wichtigen Merkmalen von den Lebensläufen der meisten Staatspolizeistellenleiter unterscheidet: Die Mehrheit war nach 1900 geboren worden, hatte nicht am Ersten Weltkrieg teilgenommen, besaß Abitur und eine juristische Hochschulausbildung, trat der NSDAP ab 1933 bei und leitete dieselbe Staatspolizeistelle durchschnittlich anderthalb bis zwei Jahre.[204] Sind diese Kriterien nur teilweise erfüllt, waren die ersten Gestapo-Leiter zumindest mit dem Polizeibereich vertraut bzw. erfahrene Verwaltungsbeamte.[205] Nicht eines dieser Merkmale trifft auf Otto Sens zu.

Sens erblickte am 14. April 1898 in Dessau als Sohn eines Schlossers das Licht der Welt. Da seine Eltern 1904 oder 1905 nach Harburg/Elbe (heute Stadtteil von Hamburg) übersiedelten, besuchte er dort die Realschule. Es fehlten noch zwei Klassen zum Abitur, als er die Schule 1915 mit der Obersekunda-Reife (Abschluss 11. Klasse) verließ, um wie viele Jugendliche freiwillig in den Krieg zu ziehen. Da er unbedingt auf See kämpfen wollte, ließ er sich zum Marine-Ingenieur ausbilden. Fast zwei Jahre lernte Sens in Ham-

---

202 Vgl. BStU, MfS, HA XX, Nr. 3358, Bl. 3–15. Zur EG D siehe Andrej Angrick: Besatzungspolitik und Massenmord. Die Einsatzgruppe D in der südlichen Sowjetunion 1941–1943, Hamburg 2003.
203 Da der Autor die Biografie bereits publiziert hat (Staatspolizeistellenleiter, Einsatzkommandoführer, Offizier im Sicherheitsdienst der SS – die Karriere des Otto Sens aus Dessau, in: Dessauer Kalender 2014, S. 68–87), wird hier eine gekürzte, aber ergänzte, aktualisierte bzw. überarbeitete Fassung präsentiert.
204 Vgl. Gerhard Paul: Ganz normale Akademiker, in: Paul/Mallmann, S. 238–246.
205 Vgl. Rupieper/Sperk, Bd. 1, S. 17f.; ebd., Bd. 2, S. 19f.; ebd., Bd. 3, S. 20ff.

burg Schiff- und Schiffmaschinenbau. Als Marineingenieuranwärter trat er am 1. Februar 1917 in die Kaiserliche Marine ein, wo er auf der S.M.S. „Fürst Bismarck" und der S.M.S „Zähringen" technisch und militärisch zum Marine-Ingenieur ausgebildet wurde. Von April bis Kriegsende 1918 war er auf der S.M.S „Moltke" an allen Kampfhandlungen in der Nord- und Ostsee beteiligt. Sein letzter Unteroffiziers-Dienstgrad war Marine-Ingenieur Oberapplikant (vergleichbar dem heutigen Obermaat). Nach Kriegsende geriet Sens in Gefangenschaft, kehrte aber bereits Anfang 1919 nach Deutschland zurück.[206] In Kiel trat er dem Freikorps der 3. Marine-Brigade unter Korvettenkapitän Wilfried von Loewenfeld bei. Von Juni 1919 bis Mai 1920 kämpfte Sens in Berlin, Oberschlesien, Breslau und im Ruhrgebiet.[207]

Nach Auflösung der Freikorps wurde Sens nicht in die Reichsmarine übernommen. Ende August 1920 kehrte er nach Dessau zurück, die Eltern folgten im selben Jahr. Der Vater – inzwischen Kaufmann – eröffnete eine Handlung für Papierwaren, Öle und Fette in der Zimmerstraße 1. Bis 1925 wechselte der Standort des Geschäftes endgültig in die Leopoldstraße 10 (heute Ferdinand-von-Schill-Straße).[208] Sens erlernte ebenfalls den Kaufmannsberuf und arbeitete als Gehilfe im Geschäft des Vaters. Zwischen 1923 und 1933 sind außer dem NSDAP-Eintritt am 01.08.1930 (Nr. 278.102) und dem in die SS am 30.11.1931 (Nr. 23.662) bzw. den Beförderungen – seit 09.11.1933 Sturmführer – keine biografischen Daten überliefert.[209]

Im September 1933 verließ Sens das väterliche Geschäft und nahm eine Stelle als kaufmännischer Angestellter bei der zur DCGG

---

206 Vgl. BArch, R9361-III/556560; vgl. ebd., R601/1815; vgl. ebd., R9361-III/192909; vgl. Sonderarchiv Moskau, 720-5-9397, Bl. 31, 31RS. Applikant: veraltet für Anwärter.
207 Vgl. BArch, R9361-III/556560.
208 StA Dessau-Roßlau (E-Mail Dr. Frank Kreißler 08.07.2013).
209 Vgl. BArch, R9361-VIII KARTEI R0094; ebd., R9361-IX KARTEI V0045; ebd., R9361-III/556560.

Otto Sens

gehörenden Elektro-Großhandel AG in Dessau-Jonitz an. Dort schied er nach nur fünf Monaten aus, da ihm am 16. bzw. 19. Februar 1934 „auf Vorschlag" Himmlers und mit „Billigung" Loepers „die Organisation und Leitung der Anhaltischen Politischen Polizei (Geheime Staatspolizei) in ständiger Stellvertretung des Anhaltischen Staatsministers übertragen wurde". Da Sens kein Beamter war, durfte er offiziell nicht als Leiter in Erscheinung treten. Nur Beamte durften Dienstgeschäfte in solch herausgehobener Stellung wahrnehmen.[210]

Warum gerade Sens die Leitung übertragen wurde, bleibt fraglich. Er besaß weder Polizei- noch Verwaltungserfahrung, keine Ämter in NSDAP oder SS, und in der „Kampfzeit" hatte er sich nicht hervorgetan.[211] Bekanntschaften zu führenden Nationalsozialisten gab es nicht. Denkbar wäre, dass die Marine- und Freikorpstätigkeit eine Rolle spielte. Vielleicht hielt Reinhard Heydrich, die „rechte Hand" Himmlers, Sens auf Grund dessen – Heydrich selbst war bei der Marine gewesen – für geeignet. Auch das Gestapa suchte Personen, die im Gegensatz zur Gestapo-Führungselite über keine akademische Ausbildung verfügten, aber militärisch auftraten, Befehle ausführten, diszipliniert waren und sich durchsetzen konnten. Ein Bericht des Sicherheitsdienstes (SD) der SS, dem Sens seit Gestapo-Eintritt ebenfalls angehörte, bescheinigte ihm „Wille: stark entwickelt, sodaß er in der Lage ist, Anordnungen und Entschließungen sicher durchzuführen". Zudem entsprach sein „rassisches Gesamt-

---

210 Sonderarchiv Moskau, 720-5-9397, Bl. 13, 56, 56RS; Lebenslauf, 23.03.1937. BArch, R 9361-III/556560.
211 Sens gab 1935 an, dass er keine „Verletzungen, Verfolgungen und Strafen im Kampfe für die Bewegung" erlitten hätte. BArch, R 9361-III/556560.

bild" den Vorstellungen der Nationalsozialisten: „nordischer Einschlag überwiegend (Größe etwa 1.70) nordische Schädelform mit dunkelblondem Haar".[212]

Im Februar 1934 begann unter Sens die Errichtung der Dienststelle. Dazu schrieb er 1935 in einem Lebenslauf: „[...] sodaß mir die Aufgabe zufiel, eine Behörde mit aufzubauen, die den besonderen Erfordernissen der Gegenwart Rechnung trug. Es dürfte wohl gelungen sein, diese Organisation durchzuführen. Die Anhaltische Politische Polizei ist heute in der Lage, ihre vielseitigen Aufgaben zu erfüllen."[213] Gestapa-Chef Heydrich äußerte im Oktober 1934, dass sich Sens „vorzüglich bewährt" habe. Freyberg meinte im November 1934, „Sens hat sich in seine Dienstgeschäfte schnell und gut eingearbeitet und hat sich in seinen bisherigen Leistungen durchaus bewährt".[214] Ein Bericht des SD vom Februar 1935 formuliert, dass Sens die ihm übertragende Aufgabe gemeistert habe und seine Vorgesetzten zufrieden mit ihm seien. Sein Charakter wäre „offen, ehrlich und gefestigt", er verfüge über einen „gesunden Menschenverstand" und zeige „ein besonderes Organisationsgeschick. Wissen und Bildung: gut. Auffassungsvermögen: gut. [...] Auftreten und Benehmen in und außer Dienst: einwandfrei, Mängel irgendwelcher Art sind nicht hervorgetreten. [...] Eignung [...] zur Beförderung: ja. [...] für welche Dienststellung: für leitende Stellung im Sicherheitsdienst."[215]

Damit stand einer Karriere nichts im Weg. Sens stieg in der SS schnell auf. Bereits sechs Monate nach der letzten Beförderung wurde er am 25. Mai 1934 zum SS-Obersturmführer (vergleichbar Oberleutnant), am 20. April 1935 zum SS-Hauptsturmführer (Hauptmann) und am 9. November 1936 zum SS-Sturmbannführer (Major) ernannt. Obwohl er nicht über die nötigen Voraus-

---

212 Personalbericht des SD, 16.02.1935. Ebd.
213 Vgl. ebd., R 9361-III/192909.
214 Sonderarchiv Moskau, 720-5-9397, Bl. 1 f.
215 BArch, R 9361-III/556560.

setzungen verfügte, setzte auch eine Beamten-Karriere ein. Im August 1935 wurde Sens rückwirkend zum 1. April verbeamtet und zum Regierungs- und Polizeirat im anhaltischen Landesdienst ernannt (zum 01.09.1935)[216], obwohl die Ernennung bereits am 4. April 1934 verkündet worden war. Dies war nur möglich, weil es einen gemeinsamen Erlass von Reichsinnen- und Reichsfinanzminister gab, der erlaubte, dass Personen aus freien Berufen und ohne Assessorexamen zu Regierungsräten oder diesen nach der Besoldungsordnung gleichstehenden Beamten ernannt werden konnten. Voraussetzung war allerdings, dass sie mindestens drei Jahre im Kommunal-, Staats- oder Reichsdienst gestanden hatten und mindestens 32 Jahre alt waren. Sens erfüllte nur Letzteres. Darum bat Freyberg beim RMdI Anfang November 1934 um eine Ausnahmeregelung, die jedoch verweigert wurde. Erst nach Gesprächen zwischen Freyberg und Frick lenkte das Ministerium im Mai 1935 ein und war bereit, die Ernennung zum Regierungs- und Polizeirat „beim Führer und Reichskanzler zu beantragen".[217] Damit war „der Fall des Beamten Sens" noch nicht abgeschlossen. Ende August 1935 begann zwischen dem Staatsministerium und dem Reichsfinanz- bzw. Reichsinnenministerium eine monatelange Auseinandersetzung um die Festsetzung des Besoldungsdienstalters (BDA). Der Zeitpunkt regelte die Höhe des Einkommens, d.h. umso früher das BDA einsetzte, umso mehr Geld erhielt Sens. Freyberg legte das BDA auf den 1. Februar 1928 fest. Dem widersprachen sowohl Reichsfinanz- als auch Reichsinnenministerium. Nach den Reichs- und anhaltischen Besoldungsvorschriften, so die beiden Ministerien, könnte das BDA erst mit dem Tag des Beginns der planmäßigen Stelle als Regierungs- und Polizeirat einsetzen. Diesmal setzten sich die Reichsministerien durch – im Mai 1936 wurde das BDA auf den 1. April 1935 festgesetzt.[218]

---

216 Vgl. ABlfA 1935, S. 257.
217 Vgl. BArch, R 9361-III/556560; Sonderarchiv Moskau, 720-5-9397, Bl. 1–42.
218 Vgl. ebd., Bl. 43–67.

Nur Sekundärquellen lassen Rückschlüsse auf die Amtsführung von Sens zu. So finden sich für die Dessau-Zeit drei Misshandlungsvorwürfe gegen seine Untergebenen: Friedrich Stracke (1935)[219], ein namentlich ungenannter Mitarbeiter (1936) und Albert Matthias (1937).[220] Todesfälle unter Gestapo-Gefangenen sind für diese Zeit nicht bekannt. Bereits für Anhalt kann konstatiert werden, dass Sens als Gestapochef kaum auffiel. Inhaftierte konnten sich nach 1945 an ihn nicht erinnern, da Sens nie Verhöre durchführte oder an diesen teilnahm. Seine Untergebenen erwähnten Sens in ihren Entnazifizierungsverfahren nicht, wurden nach ihm aber auch nicht gefragt.[221] Als das Spruchgericht Bielefeld (dazu später mehr) 1947 und 1948 das Kriminalamt Dessau um „Belastungsmaterial" zu Sens bat, erhielt es die Antwort, dass die Ermittlungen ergebnislos verlaufen wären. In der früheren Wohngegend könne keiner über ihn Auskunft geben. Sens äußerte sich gegenüber dem Spruchgericht nur einmal zur Tätigkeit in Dessau: Zum einen hätte er sich intensiv mit dem täglichen Posteingang beschäftigt. Dabei habe er sich auf zentrale Erlasse des Gestapa und an ihn als Leiter adressierte Schreiben konzentriert. Zum anderen hätten „Besprechungen mit anderen Behörden, [...] beispielsweise den Junkerswerken" bzw. die täglichen Empfänge der drei Abteilungsleiter, die ihm berichteten, „was sie für wichtig hielten", den Großteil des Dienstes beansprucht. Letztere Treffen dauerten zwischen zehn Minuten und über eine Stunde.[222]

Im August 1935 ehelichte Sens in Sierksdorf, einem an der Ostsee nördlich von Lübeck gelegenen Fischerdorf, die acht Jahre jün-

---

219 Vgl. LASA, K 6, Nr. 11148, Bl. 20RS; ebd., Nr. 11154, Bl. 293; ebd., Nr. 11170, Bl. 103; ebd., Nr. 11175, Bl. 65; vgl. SAPMO-BArch, DY 55/V 278/2/91 (Achtert, Heinrich).
220 Vgl. LASA, K 6, Nr. 11159, Bl. 188; ebd., Nr. 11193, Bl. 14.
221 Vgl. u.a. BArch, Z 42-II/2073; ebd., Z 42-II/2090; ebd., Z 42-III/3002; ebd., Z 42-III/3274; vgl. BStU, MfS, HA XX, Nr. 3358, Bl. 153, 184–204.
222 BArch, Z 42-IV/4531, Bl. 10, 66.

gere Laborantin Irmgard Jaeger aus Dessau.²²³ Im März 1937 kam ein Sohn, ein Jahr später eine Tochter zur Welt. Im Jahr 1937 trat Sens aus der evangelischen Kirche aus und wurde „gottgläubig".²²⁴ Dies war ein religiöses Bekenntnis, das durch Erlass des RMdI vom 26. November 1936 eingeführt worden war. Als „gottgläubig" galt, wer sich von anerkannten Religionsgemeinschaften abwandte, jedoch nicht glaubenslos wurde. Insbesondere von leitenden SS- und SD-Angehörigen erwartete der einst gläubige Katholik Himmler den Kirchenaustritt.²²⁵

Für den Polenfeldzug, der am 1. September 1939 den Zweiten Weltkrieg auslöste, wurden Einsatzgruppen aus Angehörigen der Gestapo und Kripo gebildet und der Wehrmacht unterstellt. Fachliche Weisungen erhielten sie jedoch von Himmler. Ihre Aufgabe bestand in der „Bekämpfung aller reichs- und deutschfeindlichen Elemente rückwärts der fechtenden Truppe". Diesen bewusst schwammig formulierten Auftrag konkretisierte Heydrich am 7. September, indem er den Einsatzgruppenleitern befahl, „die führende Bevölkerungsschicht in Polen [...] so gut wie möglich unschädlich zu machen".²²⁶ Als Führer der Einsatzgruppen bzw. -kommandos fungierten oftmals Leiter von Staatspolizeistellen. Sens leitete das Einsatzkommando I (EK I) der Einsatzgruppe II. Er war wie alle Führer von Reinhard Heydrich und Werner Best (Heydrichs Stellvertreter in der Führung des SD und Personalchef im Gestapa) persönlich ausgewählt worden.²²⁷ In den Tagesberichten des EK I taucht Sens nicht auf. Was vermerkt ist, sind die Standorte des EK I und dessen „Tätigkeit". Am 20. November 1939 wurden die Einsatzgruppen aufgelöst. Wie viele Menschen das EK I

---

223 Vgl. ebd., R 9361-III/192909.
224 Vgl. ebd., R 9361-III/556560; ebd., R 601/1815.
225 Vgl. Peter Longerich: Heinrich Himmler. Biographie, München 2008.
226 Vgl. u.a. Klaus-Michael Mallmann/Jochen Böhler/Jürgen Matthäus: Einsatzgruppen in Polen. Darstellung und Dokumentation, Darmstadt 2008, S. 27.
227 Vgl. Michael Wildt: Generation des Unbedingten. Das Führungskorps des Reichssicherheitshauptamtes, Hamburg 2002, S. 423.

tötete, ist unbekannt. Die Tätigkeit des EK I war in der Bundesrepublik erst 1967 Gegenstand von Vorermittlungen der Zentralen Stelle der Landesjustizverwaltungen zur Aufklärung von NS-Verbrechen in Ludwigsburg. Dabei fanden sich keine Hinweise, dass Sens an Verbrechen beteiligt gewesen war oder solche befohlen hätte. Darum kam es zunächst zu keinem Ermittlungsverfahren. Sens wurde dazu nie vernommen, obwohl die Ludwigsburger Zentralstelle seit 1963 wusste, dass er das EK I geleitet hatte. Erst nach seinem Tod führten Vorermittlungen in Ludwigsburg zur Eröffnung zweier Ermittlungsverfahren, die Verbrechen durch Angehörige der Einsatzgruppe II behandelten. Die Aussagen der Vernommenen glichen sich in allen Fällen: Keiner konnte sich an Otto Sens erinnern.[228] Es bleibt also offen, ob Sens Erschießungen befohlen oder durchgeführt hat. Sicher ist, dass er als Führer des EK I genau wusste, was sich in Polen abspielte.

Sens blieb zunächst in Polen und wurde am 8. November „zur Dienstleistung" beim Befehlshaber der Sipo und des SD (BdS) im Generalgouvernement in Krakau abgeordnet.[229] Er fungierte dort als Vertreter des BdS. Auch in Krakau scheint Sens unauffällig agiert zu haben. Als das Ministerium für Staatssicherheit in den 1970er Jahren einen früheren Beschäftigten der Krakauer Dienststelle vernahm, konnte sich dieser an die persönlichen Daten aller leitenden Mitarbeiter erinnern. Nur bei Sens war er unsicher und gab beim Vornamen an „vermutlich Otto [...,] Weimar oder Dessau wohnhaft".[230] Was Sens in Krakau tat, verschweigen die Überlieferungen. Die Dienststelle besaß v.a. folgende Aufgaben: „Germanisierung" des Generalgouvernements, d.h. die Vertreibung der

---

228 Vgl. BArch, 205 AR-Z 300/67; ebd., 206 AR-Z 61/77; ebd., B 162/1197, Bl. 94; ebd., B 162/4062, Bl. 54; ebd., B 162/7701, Bl. 5, 39; ebd., B 162/7702, Bl. 230–355; LA NRW Abt. Westfalen, Q 234, Zentralstelle für NS-Verbrechen 327, Bl. 30–41. Der Autor dankt Lars Skowronski für die Hilfe.
229 BArch, R 601/1815. „Abordnung" bedeutet, dass Sens formal Gestapo-Chef in Dessau blieb.
230 Vgl. BStU, MfS, HA IX/11, ZUV Nr. 9, Bd. 6, Bl. 15f.

Juden vom Land, ihre Ghettoisierung in Städten und schließlich ihre Deportation nach Restpolen. Diese Maßnahmen wurden von Massenerschießungen begleitet. Zum anderen war die Dienststelle an der Organisierung der zwangsweisen Verbringung polnischer Arbeitskräfte in das Deutsche Reich beteiligt.[231] Auch Sens muss in diese Aufgaben involviert gewesen sein. Allerdings oblag dem BdS die verwaltungsmäßige, dem unterstellten Kommandeur der Sipo und des SD (KdS) Krakau die sicherheitspolizeiliche Durchführung dieser Aufgaben.[232] In Krakau wurde Sens am 27. März rückwirkend zum 1. Februar 1940 zum Oberregierungsrat ernannt. Am 1. Oktober 1940 erfolgte die Beförderung zum SS-Obersturmbannführer (vergleichbar dem heutigen Oberstleutnant).[233]

Mit Wirkung vom 1. Dezember 1940 leitete Sens die Staatspolizeistelle Kattowitz. Gleichzeitig fungierte er als politischer Referent des Präsidenten des Regierungsbezirkes Kattowitz.[234] Es sollte seine kürzeste Dienststellung werden – bereits am 17. Februar 1941 wurde er aus Kattowitz abberufen.[235] In der Regel stellte ein Großteil des Führungspersonals der Einsatzgruppen auch das leitende Personal des 1939 gegründeten RSHA.[236] Es kann nur spekuliert werden, warum Sens keine solche Stellung im RSHA erhielt. Vermutlich hing das neben dem fehlenden akademischen Hintergrund auch mit seiner „zurückhaltenden" Dienstdurchführung zusammen. Offiziell begründet wurde die Abberufung aus Kattowitz mit „schlechter Amtsführung".[237] Gemeint war offenbar, dass

---

231 Vgl. Wildt, S. 473–499.
232 Vgl. BStU, MfS, HA IX/11, ZUV Nr. 9, Bd. 6, Bl. 15.
233 Vgl. BArch, R 9361-III/556560.
234 Vgl. ebd., R 58/241, Bl. 212; Sonderarchiv Moskau, 720-5-9398, Bl. 1.
235 Vgl. BArch, R 58/1112, Bl. 278; https://forum.axishistory.com/viewtopic.php?f=5&t=11314 (Stand: 01.06.2018). In einigen Veröffentlichungen wird behauptet, Sens sei von Okt. 1940 bis Juni 1941 Leiter der Stapoleitstelle Kattowitz gewesen. Weder Zeitraum noch Bezeichnung sind korrekt; erst 1942 erhielt Kattowitz Leitstellen-Status. Vgl. BArch, R 58/1112, Bl. 283.
236 Vgl. Wildt, S. 485.
237 Sybille Steinbacher: „… nichts weiter als Mord". Der Gestapo-Chef von Ausch-

Sens „zu weich" war und sich nicht für das brutale Vorgehen gegen die polnische Bevölkerung eignete. Für die These spricht v. a. der Umstand, dass er ab 1941 im Gegensatz zu vielen früheren Einsatzgruppen-Angehörigen in Polen für die Einsatzgruppen in der Sowjetunion keine Berücksichtigung fand.

Mit Wirkung vom 1. März 1941 übertrug man Sens die Leitung der Staatspolizeistelle Koblenz, die für den gleichnamigen Regierungsbezirk zuständig war.[238] Sie beschäftigte im November 1940 mit 72 etwa so viele Bedienstete wie Dessau.[239] Da er nach eigenen Angaben für seine Familie in Koblenz keine Wohnung fand, fuhr Sens ab und zu übers Wochenende nach Hause. In diese Zeit fielen die von der Gestapo auszuführenden Deportationstransporte von Juden aus dem Regierungsbezirk Koblenz „in den Osten". Sens war bei keinem der Abtransporte auf dem Bahnhof anwesend. Woher hätte er wissen sollen, behauptete er nach 1945, dass die Juden ermordet werden sollten?[240] Auch führte die Koblenzer Staatspolizei mehrere Hinrichtungen von Zwangs- und Fremdarbeitern durch, die angeblich oder tatsächlich sexuellen Kontakt mit Deutschen gehabt hatten. Dazu nutzte sie einen fahrbaren Galgen, mit dem sie in der Umgebung von Koblenz vor allem Polen erhängte. In die Amtszeit von Sens fielen fünf oder sechs Exekutionen – an fast allen nahm er teil. Zwar hatte er die Tötungen nicht angeordnet, führte sie aber pflichtbewusst durch.[241]

---

witz und die bundesdeutsche Nachkriegsjustiz, in: Norbert Frei/Sybille Steinbacher/Bernd C. Wagner (Hg.): Ausbeutung, Vernichtung, Öffentlichkeit: Neue Studien zur nationalsozialistischen Lagerpolitik, München 2000, S. 265–298, hier S. 271.
238 Vgl. BArch, ZA DH, ZR 523 A.1, Bl. 62; ebd., R 601/1815. Für die Beschaffung von Material zum Abschnitt Koblenz dankt der Autor außer dem StA (Dr. Petra Weiß) v. a. Joachim Hennig.
239 Vgl. BArch, R 58/1112, Bl. 11–15.
240 Aussage Otto Sens, 19.02.1969. Vgl. ebd., B 162/4062, Bl. 56.
241 Vgl. Landeshauptarchiv Koblenz, Best. 441 Nr. 44977; ebd., Nr. 44978; Günther Salz: Zwangsarbeiter in Engers und Umgebung 1940–1945, in: Heimat-Jahrbuch des Landkreises Neuwied, 1997, S. 27–34, hier S. 31 ff.

Aus der Koblenz-Zeit sind zu Sens durch die Ermittlungen des Spruchgerichts Bielefeld einige Dinge bekannt. Allerdings müssen diese kritisch hinterfragt werden. Denn vielen Nationalsozialisten in leitender Position wurden sogenannte Persilscheine ausgestellt: NS-Täter wurden durch Aussagen früherer Kollegen, Anwohner, Nachbarn oder sogar Opfer entlastet und von ihrer Schuld „reingewaschen". Deshalb verhängten Spruchkammern bzw. -gerichte[242] milde Urteile, wie bei den Biografien der Dessauer Gestapo-Mitarbeiter der unteren und mittleren Ebene noch gezeigt werden wird. Bei Sens entsprachen die Aussagen früherer Untergebener – Stenotypistinnen, Kriminalangestellte, Kraftfahrer und Hausmeister der Dienststelle – dem bislang dargestellten Bild: Sens habe nie Verhöre vorgenommen oder sich für diese interessiert. Er sei ein „ungewöhnlich ruhiger Dienststellenleiter" gewesen. Die Beschäftigten „merkten kaum etwas von ihm". Sie wussten, dass Sens von Misshandlungen an Inhaftierten nichts erfahren durfte, „weil er so etwas nicht dulden würde". Er hätte einmal einen Mitarbeiter gemaßregelt, weil der einen Häftling geohrfeigt habe. Laut Aussage der früheren Vorzimmer-Stenotypistin hätte Sens v. a. Verwaltungssachen bearbeitet und als „Exekutivbeamter wenig Ahnung" gehabt. Er habe seine Mitarbeiter „ziemlich in Ruhe" gelassen. Täglich empfing er die Abteilungsleiter einzeln in seinem Büro, die Besprechungen dauerten über eine Stunde. Rücksprachen mit den Referatsleitern der Abteilungen seien selten gewesen. An „Aktionen" habe er sich nie beteiligt, „dazu besaß er nicht die nötige Härte". Ermittlungen der Sicherheitspolizei der Militärregierung in Koblenz nach 1945 ergaben, dass Sens kaum jemand kannte. Weder die Polizei noch die VVN konnten Feststellungen machen, ob in der Amtszeit von Sens „Misshandlun-

---

242 Nur die britische Besatzungsbehörde richtete neben Spruchkammern auch Spruchgerichte ein, die keine Entnazifizierungsausschüsse, sondern Strafgerichte waren, die über die individuelle Schuld der Mitglieder der für „verbrecherisch" erklärten Organisationen (u. a. Gestapo) entschieden.

gen und Brutalitäten an Schutzhäftlingen" vorgekommen seien.[243] Nur in einem Fall kam es vor dem Spruchgericht zu einer belastenden Aussage. Der Kommunist Hugo Salzmann behauptete, Sens während der Untersuchungshaft in Koblenz persönlich kennengelernt zu haben.[244] Er bezeichnete ihn als „brutalen Menschen", der für mindestens zwei Todesurteile von Kommunisten verantwortlich gewesen sei und der unter den Gefangenen ein Spitzelsystem aufgebaut habe. Belege für die Beschuldigungen hatte Salzmann nicht; auch das Spruchgericht fand keine. Sens bestritt, Salzmann je gesehen zu haben.[245]

Am 3. Dezember 1943 beauftragte man Sens mit der Wahrnehmung der Dienstgeschäfte des Inspekteurs der Sicherheitspolizei und des SD (IdS) für den Wehrkreis II in Stettin. Die Stelle trat er erst am 9. Januar 1944 an.[246] Die IdS sollten für „engstes und verständnisvolles Zusammenarbeiten" zwischen Sipo und Polizei sowie den Zentralstellen der Verwaltung, mit den Gauleitern und den Dienststellen der Wehrmacht sorgen. In den Wehrkreisen waren sie die obersten Vertreter von Gestapo, SD und Kripo, besaßen Weisungsbefugnis gegenüber diesen Stellen und vertraten sie gegenüber zentralen Behörden, Wehrmacht und NSDAP-Dienststellen.[247] Die IdS-Berufung verdeutlicht, dass die Vorgesetzten Sens als loyalen, Befehle ausführenden Verwaltungsbeamten, aber nicht als „Mann der Tat" einstuften. Man war mit ihm zufrieden, wie eine RSHA-Beurteilung vom 31. März 1944 zeigt: „Sens ist ein bewährter Nationalsozialist, seit 1934 bei der Sicherheits-

---

243 Vgl. BArch, Z 42-IV/4531, Bl. 8, 8RS, 15RS, 17, 17RS, 38, 40–43, 48, 105, 159f.
244 Zu den Umständen der Haft vgl. Joachim Hennig: Widerstand gegen den Nationalsozialismus im Koblenzer Raum, in: Jahrbuch für westdeutsche Landesgeschichte, 31 (2005), S. 381–423, hier S. 409ff.
245 Vgl. BArch, Z 42-IV/4531, Bl. 111, 134f., 161RS, 162, 171; Erinnerungen Hugo Salzmann, Manuskript, o.D., S. 86, 88. Im Besitz des Sohnes von Hugo Salzmann. Der Autor dankt Joachim Hennig für die Einsicht in das Manuskript.
246 Vgl. BArch, R9361-III/556560; ebd., R601/1815.
247 Vgl. ebd., R58/241, Bl. 67ff.

polizei, der sich in allen Verwendungen innerhalb der Sicherheitspolizei bewährt hat. Aufgrund seiner guten Haltung und Leistung wurde er [...] mit der Wahrnehmung der Geschäfte des Inspekteurs der Sicherheitspolizei und des SD, Stettin, beauftragt." Hier erfolgte mit Wirkung vom 20. April 1944 sowohl die Beförderung zum SS-Standartenführer (zweithöchster SS-Offiziersrang) als auch durch das RMdI bzw. den „Führer" die Ernennung zum Regierungsdirektor.[248]

Für die Stettin-Zeit ist nur bekannt, dass Sens den Dienst- und gleichzeitig Wohnsitz in der Arndtstraße 30 nur sieben Monate nutzen konnte, denn im Januar und August 1944 war Stettin Ziel von Bombenangriffen der Royal Air Force, denen die Altstadt zu 90%, das übrige Stadtgebiet zu 70% zum Opfer fielen. Beim Bombardement im August wurde das Haus Arndtstraße 30 zerstört. Sens bezog im September 1944 im 110 km entfernten Neustrelitz einen neuen Dienst- und Wohnort. Bereits im Dezember 1943 hatte er seine Familie nach Sierksdorf „umquartieren" lassen, wo er sie am Wochenende ab und zu besuchte.[249]

Bevor die Rote Armee Neustrelitz am 29. April 1945 erreichte, hatte sich Sens nach Sierksdorf abgesetzt. Hier erfolgte wegen des Ranges als SS-Standartenführer am 17. Mai der „automatische Arrest" durch den britischen Militärgeheimdienst. Wen sie wirklich vor sich hatten, wussten die Briten zu diesem Zeitpunkt nicht. Sens gab bei der Festnahme nämlich an, er sei Regierungsinspektor bei der Stadtverwaltung Klütz.[250] Die Zeit bis Anfang Juni verbrachte er in Gefängnissen in Lübeck. Dann begann die Haft in verschiedenen britischen Internierungslagern: Gadeland (bis September 1946), Eselheide (bis Dezember 1947), Staumühle (bis August 1948) und Esterwegen (bis 29. November 1950), das

---

248 Ebd., R 9361-III/556560.
249 Vgl. ebd.; Aussage Otto Sens, 19.02.1969. Vgl. ebd., B 162/4062, Bl. 56.
250 Vgl. LA Schleswig-Holstein, Abt. 458 Nr. 1326. Der Autor dankt Sven Schoen (LASH) sowohl für die Recherche als auch die unbürokratische Bereitstellung der Akte.

zu dieser Zeit als Strafvollzugslager (d.h. wie ein Strafgefängnis) genutzt wurde.[251]

Im Juli 1947 begann das Ermittlungsverfahren des Spruchgerichts Bielefeld. Die Aussagen von Sens entsprachen fast nie den Tatsachen. Er verstehe nicht, weshalb er interniert sei und gegen ihn ermittelt werde. Er hätte keine Gesetze gebrochen, nichts Unrechtes getan und nur Befehle aus Berlin befolgt.[252] Diese Strategie – Lügen, Verschweigen, Verschleiern, Rechtfertigen, Darstellung als unschuldiger und korrekter Polizeibeamter, der für das eigene Handeln nicht verantwortlich war – wandten, wie noch gezeigt werden wird, alle früheren Dessauer Gestapo-Beschäftigten nach 1945 an.

Am 9. August 1948 verhängte das Spruchgericht Bielefeld wegen Zugehörigkeit zur Gestapo und SS „in Kenntnis der verbrecherischen Verwendung dieser Organisationen" eine Freiheitsstrafe von vier Jahren und sechs Monaten. Da Sens „eine persönliche Beteiligung an grausamen oder unmenschlichen Handlungen nicht nachzuweisen" war, rechnete das Gericht drei Jahre Internierungshaft auf die Strafe an. Sens akzeptierte das Urteil nicht und legte Revision ein. Daraufhin hob der Oberste Spruchgerichtshof Hamm das Urteil im November 1948 auf und wies das Spruchgericht Bielefeld zu einer Neuverhandlung an. Dieses verschärfte im Januar 1949 das Urteil: vier Jahre Freiheitsstrafe unter Anrechnung von nur noch zwei Jahren Internierungshaft. Das Spruchgericht rechnete die Internierungshaft deshalb nicht mehr in vollem Umfang an, weil es überzeugt war, dass „der Angeklagte erheblich mit der Wahrheit zurückgehalten und dadurch die Wahrheitsfindung erschwert hat". Mit einer dreijährigen Bewährungsfrist wurde Sens nach zahlreichen Gnadengesuchen am 29. November 1950 vorzeitig (eigentliches Strafende 19.01.1951) entlassen. Nach Dessau kehrte er nicht

---

251 Vgl. DRK-SM (Schreiben 15.12.2008).
252 Vgl. BArch, Z 42-IV/4531, Bl. 3RS, 4, 4RS, 5, 28, 66ff., 70–74, 94ff., 102–106, 170RS.

zurück, obwohl er im Mai 1948 die Stadt als „Heimatort" bezeichnete.[253]

Sens lebte in Sierksdorf „sehr zurückgezogen". Bis Juni 1952 ging er einer nicht näher bekannten Beschäftigung nach, dann war er länger erwerbslos. Es fanden sich keine Unterlagen, wonach er sich nach Erlass des „Gesetzes zur Regelung der Rechtsverhältnisse der unter Artikel 131 des Grundgesetzes fallenden Personen" (künftig „131er-Gesetz") 1951 um eine Wiedereinstellung bei der Polizei bzw. im Öffentlichen Dienst bemüht hätte. Im Dezember 1952 starb seine Frau. Sieben Jahre später – Sens lebte mittlerweile in Hamburg-Blankenese – heiratete er erneut. Zu dieser Zeit arbeitete er als Versicherungsangestellter. Wenige Wochen später siedelte er mit seiner Ehegattin nach Hannover über.[254]

Im Jahr 1966 leitete die Staatsanwaltschaft Koblenz wegen der Judendeportationen ein Ermittlungsverfahren gegen Sens ein. Das Verfahren wegen des „Verdachts der Beihilfe zum Mord" richtete sich gegen mehrere Mitarbeiter der Staatspolizeistelle Koblenz. Erst im Februar 1969 vernahm ihn die Staatsanwaltschaft ein einziges Mal. Er müsse reiflich überlegen, „um zu den einzelnen mir gestellten Fragen richtig Stellung nehmen zu können, […] zumal seit der damaligen Zeit ca. 27 Jahre vergangen sind". Sens erklärte wie schon 1947/48, dass ihm das Ziel der „Judenumsiedlung" nicht bekannt gewesen sei. Er hätte nur von einem „Umsiedlungstransport" nach Theresienstadt gewusst. Zudem wäre er noch immer „der Meinung, daß die aus dem Koblenzer Raum umgesiedelten Juden nicht umgebracht worden sind". Zu allem anderen, was ihm im Zusammenhang mit der Koblenzer Gestapozeit vorgehalten wurde, konnte er „keine näheren Angaben mehr machen". Im Juli 1969 stellte die Staatsanwaltschaft das

---

253 Vgl. ebd., Bl. 44, 102–109, 131, 156–163RS, 172, 195 ff.
254 Vgl. ebd., Bl. 220, 220RS, 9RS; StA Hannover (E-Mails 17. u. 18.01.2013); StAmt Hamburg-Altona (Schreiben 04.04.2013). Der Autor dankt Lena Rosahl (StA Hannover) für die Hilfe bei den Recherchen.

Verfahren ein, und am 7. April 1970 verstarb Otto Sens in Hannover.[255]

Sein Nachfolger in Dessau hieß Josef Gmeiner, am 22. Dezember 1904 als Sohn eines Kriminalpolizisten in Amberg (Oberpfalz) geboren.[256] Gmeiners Biografie entspricht im Gegensatz zu der von Sens den erwähnten übereinstimmenden Hauptmerkmalen der meisten Staatspolizeistellenleiter. Gmeiner, der in einem katholischen Elternhaus aufwuchs, legte im März 1923 in seiner Heimatstadt das Abitur ab und schloss sich ab Mai dem Freikorps „Bund Oberland" an, mit dem er im November 1923 am „Hitler-Putsch" teilnahm. Nach dessen Scheitern wurde Gmeiner verhaftet und zwei Tage arretiert. Anschließend studierte er vier Jahre an den Universitäten München und Erlangen Rechtswissenschaft. Im Februar 1927 legte er in Erlangen die Erste juristische (Referendar) und im April 1930 in München die Zweite juristische Staatsprüfung (Assessor) ab, promovierte zum Dr. jur. und war danach als Rechtsanwalt in Amberg tätig. Im Oktober 1931 heiratete er Margarete Knarr (geb. 27.06.1906 in Bayreuth). Aus der Ehe gingen 2 Töchter (geb. 1933, 1938) und 1 Sohn (geb. 1936) hervor. Am 19. Februar 1934 trat er in Amberg in die SS ein (Nr. 186.633) und arbeitete als Rechtsberater der 68. SS-Standarte Oberpfalz, die ebenfalls ihren Sitz in Amberg hatte. Mitglied der NSDAP wurde er am 1. Mai 1935

---

255 BArch, B 162/4062, Bl. 52–57; ebd., 415 AR 846/64; StAmt Hannover (Schreiben 18.12.2006).
256 Für die Biografie wurden folgende Unterlagen verwendet: BArch, R 9361-III/55171; ebd., R 9361-III/526520; ebd., R 3001/57467; BStU, MfS, HA IX/11, AS 218/68, Bd. 64, Bl. 4f.; ebd., HA XX, Nr. 3358, Bl. 111; Militärhistorisches Archiv der Tschechischen Republik Prag, Karton 26, 11/13, Bl. 172; LASA, K 13 ZE, Nr. 111, Bl. 141; ebd., Nr. 116, Bl. 270; ebd., Nr. 119, Bl. 349; ebd., Z 140, Nr. 34, Bl. 140; ebd., Nr. 35, Bl. 6; ebd., Z 149, Nr. 199, Bl. 379; ebd., Nr. 234, Bl. 98, 130, 168, 186, 189; ebd., Nr. 235, Bl. 157RS, 168; ebd., Nr. 824, Bl. 53, 56; ebd., Z 259, Nr. 1672, Bl. 44; ebd., C 144 Magdeburg, B 02. Nr. 11, Bl. 25; Angrick, S. 774; Michael Stolle: Die Geheime Staatspolizei in Baden. Personal, Organisation, Wirkung und Nachwirken einer regionalen Verfolgungsbehörde im Dritten Reich, Konstanz 2001, S. 405.

(Nr. 3.656.472). Seit 9. November 1937 bekleidete Gmeiner den Rang eines SS-Untersturmführers.
Zur Gestapo kam Gmeiner erst 1938 – als Regierungsassessor trat er am 16. August in die Dienste der Staatspolizeistelle Neustadt an der Weinstraße. Bereits am 21. Oktober versetzte man ihn zur neu errichteten Staatspolizeistelle Karlsbad (Sudetenland). Mit nur 16 Monaten Diensterfahrung übertrug das RSHA am 18. Dezember 1939 Gmeiner die Leitung der Staatspolizeistelle Dessau, die er bis zum 30. September 1941 innehatte.

Josef Gmeiner

Die Stelle trat er jedoch erst im Januar 1940 als SS-Sturmbannführer (seit 01.01.1940) und Regierungsrat an. Da der amtierende Leiter Otto Sens wegen des Einsatzes in Polen ab Ende August 1939 abwesend war, leitete Hans Henschke (1908–1987) bis Mitte Dezember 1939 vertretungsweise die Dienststelle. Henschke arbeitete nur vier Monate in Dessau (15.08. bis 15.12.1939).[257]

Wie viele seiner Untergebenen gehörte auch Gmeiner ab Juni 1941 den Einsatzgruppen der Sipo und des SD in der Sowjetunion an. In einem Telegramm des RSHA vom 31. Mai 1941 an ihn – er hielt sich zu diesem Zeitpunkt im Vorbereitungslager in Düben auf – wurde er angewiesen, seine Lebensmittelkarten abzugeben, sich beim Wehrmeldeamt abzumelden und sich mit „feldgrauer Uniform", Turnschuhen, Koffer und Stiefeln im RSHA einzufinden – der Abtransport in die Sowjetunion stand bevor. Gmeiner diente allerdings nur bis Ende September 1941 in den Einsatzgruppen C und D (EK 11a). Zuletzt war er Verbindungsoffizier der EG D zur

---

257 Vgl. LASA, C 134 Halle, Nr. 620/1, Bl. 2; vgl. BArch, R 9361-III/530464. Eine Vorstellung von Henschke unterbleibt, weil er nur sehr kurz in Dessau war und seine Biografie im Internet einsehbar ist.

11. Armee. Denn mit Wirkung vom 1. Oktober 1941 wurde er Leiter der Staatspolizeistelle Karlsbad. Diese Funktion übte er bis zum Wechsel in das RSHA 1943 aus (21.06.1943 Beförderung zum SS-Obersturmbannführer).
Mit Wirkung vom 1. Juli 1944 übertrug man Gmeiner die Leitung der Staatspolizeileitstelle Karlsruhe, die er tatsächlich bereits seit Februar 1944 innehatte. Zusätzlich stand er ab 10. November 1944 der neuen Dienststelle des KdS für Baden und Elsass vor. Im Januar 1945 wurde er zum Oberregierungsrat ernannt. Den Auflösungserscheinungen des NS-Staates versuchte er mit rücksichtsloser Gewalt und unbedingter Pflichterfüllung entgegenzuwirken. So erteilte er 1944 den Befehl zur Tötung eines aus dem Kriegsgefangenenlager geflohenen Offiziers der Royal Air Force, die nach Wiederergreifung durch Genickschuss vollzogen wurde. Dies brachte Gmeiner Ende 1944 das Kriegsverdienstkreuz I. Klasse ein. Im Juli 1945 wurde er am Bodensee festgenommen. Nach zwei Jahren U-Haft verurteilte ein britisches Militärgericht Gmeiner in Hamburg am 3. September 1947 wegen der Ermordung des Offiziers zum Tode. Das Urteil wurde am 26. Februar 1948 im Zuchthaus Hameln vollstreckt.
Der dritte Gestapo-Chef in Dessau hieß Erich Herrscher und wurde am 15. September 1897 in Bant[258] (heute Stadtteil von Wilhelmshaven) geboren.[259] Seine Eltern betrieben das Bahnhofshotel. Von

---

258 H. gab Rüstringen als Geburtsort an, was nicht korrekt ist. Denn erst 1902 schlossen sich die Gemeinden Bant, Heppens und Neuende zum Amt Rüstringen (ab 1911 Stadt Rüstringen) zusammen.
259 Für die Biografie wurden folgende Unterlagen verwendet: BArch, R 9361-VIII KARTEI I0002; ebd., R 9361-III/530789; ebd., R 9361-III/74171; ebd., ZA DH, ZR 523 A.1, Bl. 176; LASA, K 13 ZE, Nr. 119, Bl. 429; ebd., Z 141, Nr. 680, u. a. Bl. 51, 68, 72, 132, 191; ebd., Z 140, Nr. 325, Bl. 39RS; ebd., Z 149, Nr. 199, Bl. 306, 493; ebd., Nr. 239, Bl. 107; ebd., Nr. 823, Bl. 11; ebd., Z 259, Nr. 253, Bl. 140; ebd., Nr. 746, Bl. 3; ebd., Nr. 1403, Bl. 101; ebd., Nr. 2481, Bl. 52; ebd., Nr. 2889, Bl. 51; ebd., P 521, V/8/192 (Schmitt, Wilhelm); ebd., C 144 Magdeburg, B 02. Nr. 11, Bl. 26; StA Sandersleben, 19 Nr. 208, Bl. 257; ebd., 25 Nr. 047, Bl. 58; BStU, MfS, HA IX/11, AS 218/68, Bd. 74, Bl. 4; Staatsarchiv Ham-

1903 bis 1906 besuchte er die Volksschule, 1907 bis 1912 die Bürger- und Realschule seines Heimatortes. Um später das elterliche Hotel zu übernehmen, erlernte er in Wilhelmshaven das Konditorhandwerk. Im Mai 1915 ging er nach Hamburg, um als Konditorgehilfe zu arbeiten. Exakt ein Jahr später wurde er zum Infanterieregiment 132 nach Straßburg eingezogen, nahm als Frontkämpfer (Musketier) am Ersten Weltkrieg teil (u.a. E.K. II. Klasse, Ehrenkreuz für Frontkämpfer) und geriet im Oktober 1917 in französische Gefangenschaft, aus der er im November 1919 floh. Offiziell entließ ihn die Reichswehr am 22. Januar 1920. Danach übte er noch einmal den Konditor-Beruf in Hamburg aus. Ab 1921 besuchte er eine Polizeifachschule, schloss sie erfolgreich ab und arbeitete seit November 1922 als Unterwachtmeister bei der Hamburger Ordnungspolizei. Damit war Herrscher unter den vier Gestapo-Leitern in Dessau der einzige, der vor 1933 als Polizist gearbeitet hatte. Nach Wachtmeister (Sept. 1923), Oberwachtmeister (Juli 1924) und Zugwachtmeister (Juni 1927) wurde er im April 1931 zum Hauptwachtmeister befördert. Im Juli 1928 hatte er geheiratet, die Frau starb im März 1932. Aus der Ehe stammten 2 Jungen (geb. 1929, 1931). In Kiel heiratete er im Juni 1933 Maria Barkow (geb. 15.02.1902 Kiel, verst. 26.05.1979 Hamburg), die ihm 1934 und 1942 zwei weitere Söhne schenkte.

Am 1. November 1933 wechselte Herrscher unter Ernennung zum Kriminalassistenten von der Hamburger Ordnungs- zur Kriminalpolizei. Zwei Monate später, am 1. Januar 1934, erfolgte die Abordnung zur Geheimen Staatspolizei Hamburg. Im November oder Dezember 1933 hatte er die NSDAP-Mitgliedschaft beantragt. Trotz Aufnahmesperre nahm die Partei ihn auf; der Beitritt wurde auf den 1. Mai 1933 zurückdatiert. Ab Januar 1935 leitete Herrscher das Sachgebiet C der Abt. III, und im Juli desselben

burg, 131-11_4032; ebd., 131-11_486; HStA Hannover, Nds. 100 Acc. 2003/139 Nr. 12, Bl. 35; StAmt Wilhelmshaven (E-Mail 08.01.2007); BArch Ludwigsburg (E-Mail Dr. Peter Gohle 01.04.2019).

Erich Herrscher, 1938

Jahres wurde er zum Kriminalsekretär befördert. Nachdem er im März 1936 an der Polizeischule Hamburg die Prüfung zum Kriminalkommissar bestanden hatte, stieg er in die Laufbahngruppe des gehobenen Dienstes auf. Am 1. Oktober 1937 wurde er Mitglied der SS (Nr. 402.338).

Herrscher kam am 1. Januar 1938 zur Staatspolizeistelle Dessau. Er wurde zum Kriminalkommissar auf Probe – die Beförderung zum Kriminalobersekretär war übersprungen worden – ernannt und zunächst in der Abt. II eingesetzt. Die endgültige Ernennung zum Kriminalkommissar erfolgte am 1. August 1938. Obwohl er nach 1945 keine Angaben zur Dessau-Zeit machte, muss er auf Grund der gehobenen Dienstlaufbahn und des Dienstgrades umgehend eines der Sachgebiete der Abt. II geleitet haben. Definitiv übernahm er nach dem Weggang von Willy Prautzsch im Juli 1939 die Leitung der Abt. III.

Herrscher wohnte in Dessau Parkstraße 8. Zum SS-Obersturmführer wurde er am 31. Mai 1941 befördert. Vier Monate später machte er den nächsten Schritt auf der Karriereleiter – das RSHA berief ihn mit Wirkung vom 1. Oktober 1941 zum Leiter der Außendienststelle Dessau. Vermutlich hatte er die Position bereits seit Juni (Abwesenheit von Gmeiner) kommissarisch inne. Einschränkend ist zu berücksichtigen, dass dies auf Grund der am 1. Juli 1941 verlorengegangenen Eigenständigkeit der anhaltischen Gestapo und der mit Wirkung vom 1. April 1942 begrenzten Zuständigkeit der Dienststelle auf Dessau kein wirklicher Karrieresprung war. Herrscher unterstanden kaum noch Bedienstete, denn viele der Dessauer Mitarbeiter befand sich entweder bei den Einsatzgruppen der Sipo und des SD in der Sowjetunion oder bei anderen Staatspolizei(leit-)stellen. Dennoch darf nicht vergessen werden, dass in

Herrschers Leiterzeit die im Frühjahr 1942 anlaufenden Judendeportationen fielen, für die die Außendienststelle organisatorisch zuständig war.

Herrscher – am 20. April 1942 zum SS-Hauptsturmführer befördert – wurde im Oktober 1942 zur Staatspolizeileitstelle Magdeburg versetzt, wo er bis Kriegsende verblieb und das Referat IV 3 (Abwehr) leitete. Im November 1943 wurde er zum Kriminalrat befördert. Nach der Zerstörung seiner Wohnung in Magdeburg 1945 durch einen Bombenangriff kam er mit seiner Familie in Eilenstedt (50 km westlich von Magdeburg) unter. Ab 13. April schloss er sich wie viele Magdeburger Kollegen kämpfenden Wehrmachtseinheiten an, bevor er am 7. Mai in amerikanische Gefangenschaft geriet. Er wurde an die Briten übergeben, die ihn in ein Gefangenenlager bei Salzwedel brachten. Wie Gustav Gent schildert auch Herrscher, dass die britischen Truppen beim Abzug aus dem Norden des heutigen Sachsen-Anhalt Ende Juni ihre Kriegsgefangenen, die nicht in ihre Besatzungszone mitkommen wollten, sich selbst überließen. Auch Herrscher wollte nicht mitgehen und begab sich „beim Herannahen der Russen" zu seiner Familie nach Eilenstedt.

Herrschers Aussagen im Dezember 1952 zum fast zweijährigen Aufenthalt in dem kleinen Ort müssen allerdings in das Reich der Phantasie verwiesen werden: Demnach will er bis Mai 1947 nicht nur unter seinem richtigen Namen dort gewohnt sowie in der Landwirtschaft und später in einer Bäckerei unbehelligt gearbeitet haben. Mehr noch: Der kommunistische Bürgermeister, die Einwohner, die Polizei und der sowjetische Geheimdienst hätten gewusst, dass er ein früherer Gestapo-Beamter der Staatspolizeileitstelle Magdeburg sei. Dennoch habe man ihn völlig in Ruhe gelassen.

Die Angaben sind Unsinn. Herrscher wäre sofort verhaftet worden, hätte man seine wahre Identität gekannt. Wie es ihm gelang, so lange unerkannt in dem Ort zu wohnen, bleibt offen. Fest steht, dass er ohne Familie am 1. Juni 1947 nach Hamburg ging – anscheinend wurde ihm in der SBZ der „Boden zu heiß". Seine Frau und die vier Söhne kamen im September 1949 nach. Zwar entging Herrscher so der Internierung, aber nicht der Entnazifizierung. Zunächst stufte ihn der Entnazifizierungsausschuss in Hamburg im November 1949 als „Mitläufer" (Kategorie IV) ein. Das milde Urteil kam zustande, weil Herrscher alles Belastende verschwieg. Er gab zu, bei der Gestapo gearbeitet zu haben, verschwieg aber seine leitenden Stellungen. Dennoch verhängte der Ausschuss zwei Einschränkungen: „Keine Tätigkeit im Öffentlichen Dienst" und „Keine Tätigkeit bei der Polizei". Dagegen legte Herrscher Berufung ein. Die Hamburger Zentralstelle für Berufungsausschüsse hob daraufhin im Februar 1950 die Einschränkung „Keine Tätigkeit im Öffentlichen Dienst" auf, bestätigte wegen der SD-Zugehörigkeit aber den Ausschluss vom Polizeidienst.

Auch dieser Ausschluss galt ab den 11. Mai 1951 nicht mehr. Denn wie alle in der Bundesrepublik lebenden früheren Gestapo-Beamten fiel Herrscher unter das an diesem Tag unterzeichnete „131er-Gesetz". Es verlieh Beamten, die weder als „Hauptschuldige" noch als „Belastete" eingestuft worden waren, den Rechtsanspruch auf Rückkehr in den Öffentlichen Dienst. Bis zur Wiedereinstellung durften sie ihre alte Amtsbezeichnung mit dem Zusatz „z. Wv." („zur Wiederverwendung") führen und erhielten Übergangsgeld, vorausgesetzt, sie konnten zehn Dienstjahre vorweisen. Zwar fielen frühere Gestapo-Angehörige ausdrücklich nicht unter die Regelungen des Gesetzes, aber für sie existierte ein „Schlupfloch": Wer „von Amts wegen" – die Formulierung wurde interpretiert als „gegen seinen Willen" – von der vermeintlich „sauberen" Ordnungs-, Schutz- oder Kriminalpolizei zur Gestapo versetzt worden war, konnte in die Polizei zurückkehren. Schon während der Spruchkammerverfahren hatten die früheren Gestapo-Beschäftigten behauptet, dass sie gegen ihren Willen versetzt worden waren. Tatsächlich hatten die meisten um Versetzung gebeten, weil die Gestapo die neue Polizei-Elite war, man dort mehr Geld verdienen und schneller befördert werden konnte.

Herrscher stellte einen Antrag auf Wiederverwendung, aber die Polizei-Rückkehr gelang ihm nicht. Auch Bewerbungen auf Einstellung in den Öffentlichen Dienst der Stadt Hamburg blieben erfolglos. Die Einstufung in die unterste Entnazifizierungs-Kategorie V „Entlastete" im Januar 1953 half ihm ebenfalls nicht. Ab 1947 schlug er sich mit kurz- und längerfristigen Stellen in der freien Wirtschaft durch (Waldarbeiter, Bauhilfsarbeiter, Pharmaberater, Aushilfsarbeiter bei Shell, Kassierer in einem Tanzlokal, Vertreter bei einem Großhändler); zeitweise war er erwerbslos. Als ihm auf Grund des fortschreitenden Alters die Aussichtslosigkeit einer Wiedereinstellung bewusst wurde, beantragte er ab 1956 wegen „Dienstunfähigkeit" die vorzeitige Versetzung in den Ruhestand. Amtsärztliche Gutachten stellten jedoch keine „Dienstunfähigkeit" fest. Schließlich gelang ihm im Oktober 1959 die Versetzung in den Ruhestand. Zuvor hatte er es mit unzähligen Anträgen und Einsprüchen geschafft, dass ihm die Gestapo-Dienstzeit beim Ruhegehalt anerkannt wurde. Die Anerkennung der Beförderungen zum Kriminalkommissar und Kriminalrat lehnte die Oberfinanzdirektion Hamburg allerdings ab. Herrscher, der mehrmals innerhalb Hamburgs umzog und zuletzt in der Osterbekstraße 114 wohnte, trat so als „Kriminalobersekretär a.D." in den Ruhestand. Erich Herrscher war nie Beschuldigter eines Ermittlungsverfahrens in der Bundesrepublik und starb am 27. Dezember 1968 in Hamburg.
Der letzte Leiter der anhaltischen Gestapo war der aus dem Ruhrgebiet stammende Otfried Rose. Er wurde am 6. November 1905 in Hoerde (jetzt Dortmund) als Sohn eines Lehrers geboren.[260] Nach Ablegung des Abiturs 1925 studierte Rose bis 1929 acht Semester Philologie an den Universitäten Bonn und Münster, brach das

---

260 Für die Biografie wurden folgende Unterlagen verwendet: BArch, R 9361-III/167087; ebd., R 9361-III/551184; LASA, K 13 ZE, Nr. 119, Bl. 392; ebd., K 6, Nr. 9309, Bl. 63; ebd., Nr. 11185, Bl. 134; StA Köthen, 001/1613/G105; StA Sandersleben, 19 Nr. 227, Bl. 459; BStU, MfS, HA IX/11, AS 218/68, Bd. 74, Bl. 4; ebd., HA IX/11, AV 10/89, Bl. 87; ebd., HA XX, Nr. 3358, Bl. 154–158; DRK-SM (Schreiben 10.12.2008).

Otfried Rose

Studium jedoch „aus finanziellen Gründen" ab. Von 1929 bis 1931 arbeitete er als Kohlenhauer im Bergwerk. Am 1. Oktober 1931 trat er in Dortmund in die SS ein (Nr. 26.583) – bis September 1935 gehörte Rose dem 12. Sturm der 30. SS-Standarte an. Am 1. Dezember 1931 wurde er auch Mitglied der NSDAP (Nr. 817.082). Was Rose beruflich zwischen 1931 und 1933 machte, verrät sein Lebenslauf nicht. Ab September 1933 arbeitete er als Finanzwart beim Holzarbeiterverband und seit 1934 als Kassenwalter bei der DAF. Schließlich trat er am 1. September 1935 in die Dienste der Gestapo, und zwar bei der Staatspolizeistelle Liegnitz. Zwei Monate später ging beim Rasse- und Siedlungshauptamt der SS ein Heiratsgesuch des SS-Unterscharführers Otfried Rose ein – seit Mai 1934 war er mit Gerda Ellerbrock (geb. 30.09.1912 in Berghofen) verlobt.

Im Februar 1936 wurde Rose in die Heimat versetzt, zur Staatspolizeistelle Dortmund. Zu dieser Zeit war der 1,73 m große und 87 kg schwere Rose noch immer SS-Unterscharführer und Kriminalassistenten-Anwärter auf Probe. Nachdem das Rasse- und Siedlungshauptamt der Vermählung zugestimmt hatte, heiratete er Mitte Oktober 1936 in Dortmund Gerda Ellerbrock. Aus der Ehe gingen ein im Dezember 1937 geborener Junge (im August 1939 verstorben) und ein im Juni 1940 geborenes Mädchen hervor.

Wie es sich für SS-Mitglieder gehörte und von Heinrich Himmler erwartet wurde, trat Rose am 26. Januar 1938 aus der evangelischen Kirche aus und wurde „gottgläubig". Im September 1938 erfolgte die Beförderung zum SS-Oberscharführer, Ende April 1941 zum SS-Untersturmführer. Ein Jahr später erhielt er die am 30. Januar 1938 von Adolf Hitler per Verordnung gestiftete Polizei-Dienstauszeichnung III. Stufe, eine Auszeichnung für Polizeivollzugsbeamte mit acht vollendeten Dienstjahren. Dafür rechnete man Rose auch andere Zeiten an, denn 1942 war er erst sieben Jahre bei der Polizei tätig. Schließlich kam Rose, der wie sein Vorgänger Erich Herrscher nicht zu den Einsatzgruppen der Sipo und des SD in die Sowjetunion abkommandiert wurde, am 9. Februar 1942 als Kriminalkommissar-Anwärter zur Außendienststelle Dessau (Laufbahn des gehobenen Dienstes). Am 9. November 1942 folgte die Beförderung zum SS-Obersturmführer. Sieben Tage später taucht Rose in den Archivquellen als Leiter der Außendienststelle und als Kriminalkommissar auf. Da Erich Herrscher aber im Oktober versetzt worden war, dürfte Rose ab diesem Zeitpunkt als Leiter fungiert haben. Was die Bedeutung des Amtes anbelangt, gilt für Rose dasselbe wie für Herrscher, auch wenn ab April 1944 die Kreise Dessau-Köthen und Zerbst wieder zur Zuständigkeit der Außendienststelle gehörten. Als Wohnung gab Rose den Sitz der Gestapo, die Straße des 30. Januar Nr. 5, an.

Nachdem Rose Mitte April 1945 den provisorischen Sitz der Dienststelle nach Coswig (Anhalt) verlegt hatte, schloss er sich mit den meisten seiner Untergebenen wenig später dem Pionier-Lehrbataillon Nr. 5 an. Mit solchen Aktionen versuchten Nationalsozialisten in den letzten Kriegstagen, in der Masse der Wehrmachtsoldaten unterzutauchen, um bei der zu erwartenden Gefangenschaft nicht aufzufallen. Dafür hatten sich Gestapo-Mitarbeiter falsche Ausweispapiere besorgt, mit denen sie in der Regel nur kurzzeitig Erfolg hatten. Denn der US-Abwehrdienst CIC (Counter Intelligence Corps) hatte sich auf den Einsatz in Deutschland vorbereitet. Er besaß Namenlisten von Stapo-Beschäftigten. Wurden sie in den Kriegsgefangenenlagern entdeckt, kamen sie in „automatischen Arrest". Die Amerikaner nahmen sie beim Abzug aus der SBZ mit und brachten sie in einem Internierungslager unter.

Otfried Rose dagegen hatte Glück. Zwar geriet er am 6. Mai zwischen Jerichow und Fischbeck in amerikanische Gefangenschaft, wurde jedoch an die Briten übergeben und durchlief bis Ende Juni verschiedene Lager im Raum Stendal und Gardelegen (u. a. auch

Sachau). Die Briten nahmen ihn beim SBZ-Abzug mit, und ab da saß Rose in niedersächsischen Lagern: Fallersleben, Wolfenbüttel, Klein Denkte, Faßberg und Unterlüß. Dies waren jedoch keine Internierungslager, d.h. Rose war es gelungen, seine wahre Identität zu verbergen. Am 27. August 1947 wurde er aus der Haft entlassen und ließ sich in Unterlüß nieder. Ab da verliert sich seine Spur.[261] Fest steht nur, dass er in der Bundesrepublik nie Beschuldigter eines Ermittlungsverfahrens wegen Kriegsverbrechen war.[262] Otfried Rose starb am 23. Februar 1970 in seiner Wohnung in Unterlüß. Laut Sterbebuch war er zuletzt als kaufmännischer Angestellter tätig und gehörte der evangelischen Kirche an.[263]

III.5.2. Die Abteilungsleiter

Die Abteilung I führte bis Februar 1941 Walter Hofmeister, der zugleich als Stellvertreter von Otto Sens fungierte.[264] Der am

---

261 In einschlägigen Veröffentlichungen taucht er nicht auf. Anfragen beim HStA Hannover bzw. bei der Abt. Wolfenbüttel sowie beim Kreisarchiv Celle blieben erfolglos. Zum Teil ist das auch dadurch erklärlich, weil die britische Militärregierung in ihrer Zone (Schleswig-Holstein, Niedersachsen, Nordrhein-Westfalen, Hamburg) keine flächendeckende Entnazifizierung durchführte. Darum fehlen bei ehem. Gestapo-Mitarbeitern aus Dessau, die nach 1945 dort lebten, oftmals solche Archivunterlagen. Für den Hinweis dankt der Autor Dr. Jessica Jakubiak (LA NRW Abt. Rheinland).
262 BArch Ludwigsburg (E-Mail Dr. Peter Gohle 01.04.2019).
263 StAmt Dortmund (Schreiben 22.03.2007 einschl. Kopie Geburtseintrag); StAmt Unterlüß (Schreiben 10.05.2007 einschl. Kopie Sterbebuch).
264 Für die Biografie wurden folgende Unterlagen verwendet: BArch, R 9361-VIII KARTEI J0022; ebd., R 9361-III/79979; ebd., R 9361-III/531946; ebd., R 3018/9440, Bl. 12; ebd., Z 42-IV/4531, Bl. 66; ebd., Z 42-III/3274, Bl. 1–90; ebd., B 162/7909; LA NRW Abt. Rheinland, BR 2418 Nr. 65; LASA, Z 110, Nr. 826, Bl. 34; ebd., Z 116-1, V Nr. 22, Bl. 48; ebd., Z 141, Nr. 669, Bl. 99; ebd., Nr. 680, u.a. Bl. 58, 115, 144; ebd., Nr. 1971, Bl. 350; ebd., Z 149, Nr. 122, Bl. 100; ebd., Nr. 199, Bl. 271RS; ebd., Nr. 218, Bl. 13, 23, 26, 45, 111, 119ff., 179, 294; ebd., Z 257, Nr. 14, Bl. 43; ebd., E 111, Nr. 6, Bl. 1; ebd., E 138, Nr. 7, Bl. 4, 6; ebd., C 127, Justiz PA, D Nr. 15, Bd. 4, Bl. 118ff., 122f.; ebd., K 70 NS-Archiv des MfS, Nr. ZAst 149, Bd. 9, Bl. 332f., 335; ABlfA 1931, S. 281; DRK-SM (Schreiben 02.12.2008); StA Bonn (E-Mails 05.03. u. 15.10.2019). Im LA NRW

17. Dezember 1896 in Dessau als Sohn eines Fleischers Geborene schloss Ostern 1914 die Oberrealschule mit dem Abitur ab und trat im April 1914 bei der Anhaltischen Regierung in den Vorbereitungsdienst für die Laufbahn des gehobenen mittleren Verwaltungsdienstes ein. Nach Ausbruch des Ersten Weltkrieges meldete er sich freiwillig und kam im Oktober 1914 zum Feldartillerieregiment 55 nach Naumburg (S.). Nach dreimonatiger Ausbildung kämpfte Hofmeister von Januar 1915 bis 1918 an der Front und wurde dreimal verwundet (April 1918 Eisernes Kreuz II. Klasse). Ende 1918 wurde er als Unteroffizier aus dem Heeresdienst entlassen und setzte den Vorbereitungsdienst in Dessau fort. Hofmeister war nach 1918 als Schwimmer und Ruderer aktiv und nahm an Wettkämpfen teil. Die Prüfung für den gehobenen mittleren Verwaltungsdienst legte er am 28.07.1920 ab. Zwei Jahre später berief ihn das Anhaltische Staatsministerium in die Präsidialabteilung. Seine endgültige Anstellung erfolgte zum 01.05.1923 als Oberregierungssekretär. Zumindest seit 1929 war er auch mit Polizeiaufgaben betraut (zuständig für Spionageabwehr und ausländische Deserteure). Im Juni 1931 heiratete er Helene Heinemann (geb. 26.04.1907 in Roßlau/E.), die zwei Jahre später eine Tochter zur Welt brachte. Mit Wirkung vom 01.09.1931 erfolgte die „bevorzugte Beförderung" zum Oberministerialsekretär. Einer Partei gehörte Hofmeister vor 1933 nicht an.

Im Jahr 1933 erhielt Hofmeisters Karriere einen kurzzeitigen Knick. Zwar beförderte man ihn zum Ministerialinspektor und die NSDAP nahm ihn am 01.05.1933 als Mitglied auf (Nr. 2.049.885, wohnhaft Dessau, Großkühnauer Weg 50). Im Juli musste er die Präsidialabteilung aber verlassen. Außer dem Sympathisieren mit Sozialdemokraten warfen ihm die neuen Machthaber v. a. die frühere Zusammen-

---

Abt. Rheinland sind weitere Akten zu H. überliefert (NW 1000 Nr. 23729, NW 1051 Nr. 1981, NW 1037-BIII Nr. 7113). Sie wurden nicht verwendet, weil sie für die Zeit bis 1948 nichts Neues beinhalten. Für letztere Auskunft (E-Mail 26.09.2019) dankt der Autor Dr. Jessica Jakubiak (LA NRW Abt. Rheinland).

arbeit mit dem jüdischen Ministerialrat Franz Siegfried vor. Hofmeister wurde zur Abteilung Inneres (Landespolizei), der Gestapo-Vorläuferorganisation, in untergeordnete Stellung als „Sachbearbeiter für politisch-polizeiliche Fragen" versetzt. Mit Gründung der Anhaltischen Politischen Polizei wurde er von dieser übernommen. Wann er zum Leiter der Abt. I aufstieg, geht aus den Quellen nicht hervor. In den Überlieferungen taucht er erstmals Ende November 1934 bei der Abt. I auf. Interessant ist, dass er

Walter Hofmeister, 1938

1934 auch Verhöre durchführte. Hofmeister war am 21.11.1933 auch in die SA eingetreten, aus der er am 27.06.1935 wieder austrat, um am 16.07.1935 SS-Mitglied zu werden (Nr. 280.371). In kurzer Folge wurde er am 01.04.1937 erst zum Polizeiinspektor und bereits am 01.01.1938 zum Polizeioberinspektor befördert. Die Ernennung zum SS-Hauptsturmführer erfolgte am 09.11.1938.

Am 5. Februar 1941 wurde Hofmeister zum Beauftragten des Chefs der Sipo und des SD (BdS) in Belgien und Nordfrankreich nach Brüssel abgeordnet, wo er ebenfalls als Leiter der Abteilung I (Personal- und Wirtschaftsangelegenheiten) tätig war. Nach drei Monaten Dienst in Brüssel wurde er zum Polizeirat ernannt. Aus der evangelischen Kirche trat Hofmeister 1941 aus. Seine Familie, die inzwischen im Waldkaterweg 8 wohnte, blieb in Dessau, wo seine Frau am 17.06.1942 an einer Hirnhautentzündung verstarb. Am 22.07.1944 heiratete er die Belgierin Cecile Roussel (geb. 03.10.1917). Am 08.08.1944 folgte die Abordnung zur Staatspolizeistelle Koblenz. Hier arbeitete er erneut als Abteilungsleiter. In Koblenz gebar seine Frau im Oktober 1944 einen Jungen.

In den Wirren am Ende des Krieges kam Hofmeister zurück nach Dessau und versuchte, in der Region unterzutauchen. Am 17. Mai 1945 verhafteten ihn die Amerikaner in Wolfen. Er kam zunächst in

das Gefangenenlager Naumburg (S.), ab 25. Mai nach Ohrdruf. Die Amerikaner nahmen ihn beim Abzug aus der SBZ mit, um ihn ab Juli in den Internierungslagern Kornwestheim (bis Juni 1946), Nürnberg-Langwasser (bis Sept. 1946), Regensburg (bis Sept. 1947) und Neuengamme (bis 02.04.1948) unterzubringen. Sieben Monate nach der Freilassung aus der Internierungshaft verurteilte das Spruchgericht Hamburg-Bergedorf Hofmeister am 01.11.1948 nur wegen der SS-Zugehörigkeit zu einer Geldstrafe von 800 Mark (mit der Internierungshaft verbüßt) und stufte ihn in die Kategorie IV „Mitläufer" ein. Von der Anklage „Gestapo-Zugehörigkeit" sprach das Spruchgericht ihn frei, weil er zahlreiche Entlastungszeugnisse vorgelegt hatte, auch vom Kriminalamt Dessau. Sie bestätigten, dass er 1933 unfreiwillig von der Präsidialabteilung zur Politischen Polizei versetzt worden war. Auch das Bemühen, später den Dienst in der Gestapo zu quittieren und wieder in eine „reine Verwaltungsbehörde" zu gelangen, konnte er belegen, ebenso wie Differenzen mit Otto Sens und Josef Gmeiner. Dennoch empfand Hofmeister das Urteil als zu streng und legte Revision ein, die er im Dezember 1948 zurückzog. Er lebte in Bad Godesberg (ab 1969 ein Stadtbezirk von Bonn). Wo er nach 1948 arbeitete, konnte nicht ermittelt werden. Zumindest ist durch Adressbücher bekannt, dass es ihm gelang, nach Erlass des „131er-Gesetzes" wieder in den Öffentlichen Dienst eingestellt zu werden: Dort taucht er erst als „Polizeirat a.W." (auf Widerruf), später als Angestellter bzw. Verwaltungsangestellter und ab 1966 als Regierungsoberinspektor auf. Von den bundesdeutschen Justizbehörden wurde er 1967 als Zeuge vernommen; es ging um die Aufklärung von Tötungsverbrechen an Häftlingen im Auffanglager Breendonk (Belgien). Hofmeister verstarb am 27. Juni 1979 in Bonn. Wer ihm im Amt des Verwaltungsleiters in Dessau folgte, konnte nicht festgestellt werden.
Leiter der Abteilung II war bis Februar 1939 und von Mai 1941 bis 1945 Albert Matthias.[265] Er fungierte nach 1941 auch als stellver-

---

265 Für die Biografie wurden folgende Unterlagen verwendet: BArch, R9361-IX KARTEI O0043; ebd., R9361-III/542405; ebd., R3018/9440, Bl. 7; ebd.,

tretender Leiter der Außendienststelle. Matthias stammte aus der Region; er wurde am 17. Mai 1897 in Plötzkau geboren. Nach dem Ende der achtklassigen Volksschule erlernte er den Beruf des „herrschaftlichen Dieners". Von 1916 bis 1918 nahm er im 1. Garde-Regiment zu Fuß am Ersten Weltkrieg teil (Eisernes Kreuz II. Klasse). Anschließend wechselte er den Beruf und trat am 5. September 1919 in die städtische Polizei Bernburg ein. Unter den Dessauer Abteilungsleitern war er neben Willy Prautzsch der erfahrenste Polizist. Am 25. Februar 1922 heiratete der 1,78 m große Matthias die am 02.02.1900 in Magdeburg geborene Selma Eschmann. Das Ehepaar hatte eine Tochter (geb. 1933) und wohnte bis 1934 in Bernburg, Hohestraße 36.

Als Hauptwachtmeister wurde Matthias am 23. April 1933 auf der Jahreshauptversammlung der „Kameradschaftlichen Vereinigung der Polizei-Beamten Anhalts e.V." (Aufgaben der Vereinigung: Pflege der Kameradschaft und Weiterbildung ihrer Mitglieder) in Bernburg als 2. Schriftführer in den Vorstand gewählt. Wann genau er von der Bernburger Polizei zur Gestapo nach Dessau wechselte, ist unbekannt. Zu den „Gründungsmitarbeitern" gehörte er nicht, aber im November 1934 wird er erstmals als Kriminalsekretär erwähnt. Unklar ist, ob er bereits zu diesem Zeitpunkt die Abteilung II leitete. Sicher ist, dass er der anhaltischen Gestapo von 1934 bis 1945 ununterbrochen angehörte und sich am 1. Oktober 1934 um die Aufnahme in die SS bewarb (SS-Bewerber). Wann er Mitglied wurde, ist unbekannt, im Gegensatz zur

---

R 58/3739, Bl. 123f., 137; ebd., Z 42-IV/4531, Bl. 66; LASA, K 6, Nr. 11185, Bl. 114; ebd., K 6-1, Nr. 5705, Bl. 30; ebd., K 6, Nr. 11193, Bl. 14; ebd., Z 149, Nr. 199, Bl. 42, 493RS; ebd., K 13 ZE, Nr. 119, Bl. 392; Adreßbuch der Stadt Bernburg, Ausgabe 1932/33; S. XII, 104; ebd., Ausgabe 1934/35, S. XII, 107; BStU, MfS, HA IX, Nr. 23303, Bl. 23; GARF, 9409/1/345, Bl. 19; Betriebsgeschichte VEB Spinndüsenfabrik Gröbzig, hg. v. d. BPO VEB Spinndüsenfabrik Gröbzig, im Auftrag der SED-Kreisleitung Köthen, Bitterfeld 1979, S. 15; StAmt VGem Saale-Wipper Güsten (Schreiben 07.02.2007); DRK-SM (Schreiben 08.12.2008). Der Autor dankt Dr. Daniel Bohse, Leiter Gedenkstätte Moritzplatz Magdeburg, für die GARF-Informationen.

SS-Mitgliedsnummer (Nr. 272.346). Er zog mit seiner Familie nach Dessau, Alexandrastraße 14 und nach 1940 in die Goethestraße 5. Als Kriminalsekretär beantragte er am 3. Juli 1937 die Aufnahme in die NSDAP; die Mitgliedschaft wurde rückwirkend zum 1. Mai 1937 (Nr. 5.566.011) vollzogen. Aus demselben Jahr stammt ein Misshandlungsvorwurf gegen Matthias, der nach 1945 von einem Gestapo-Inhaftierten vorgebracht wurde. Es ist der einzige Hinweis auf seine Dienstdurchführung. Aus den Überlieferungen geht nur hervor, dass Matthias zahlreiche Vernehmungen durchgeführt hat.

Im Jahr 1938 – im Januar war er aus der evangelischen Kirche ausgetreten – erhielt er die von Adolf Hitler gestiftete

Thomas Ampletzer in der Uniform eines SS-Untersturmführers, 1939

Polizei-Dienstauszeichnung II. Stufe, eine Auszeichnung für Polizeivollzugsbeamte mit 18 vollendeten Dienstjahren. In der NS-Zeit erhielt er zudem das Ehrenkreuz für Frontkämpfer, eine Auszeichnung für Frontkämpfer des Ersten Weltkrieges. Am 9. November 1938 wurde er in der SS letztmalig befördert (Untersturmführer). Die letzte Polizei-Beförderung erfolgte zwischen Februar 1940 und August 1941 (Kriminalobersekretär, d.h. Aufstieg in die Laufbahn des gehobenen Dienstes). Er gehörte zu den wenigen Dessauer Mitarbeitern der Exekutive, die nicht zu den Einsatzgruppen der Sipo und des SD in die Sowjetunion abkommandiert wurden.

Wie erwähnt schloss sich Matthias am 25. April 1945 dem Pionier-Lehrbataillon Nr. 5 der Wehrmacht an. Was in den nächsten Wochen mit ihm geschah, bleibt im Dunkeln. Bekannt ist nur, dass er Anfang August mit seiner Familie wieder in der Hohestraße 36 in Bernburg wohnte. Dort nahm ihn die sowjetische Besatzungsmacht am 3. August fest. Sie lieferte Matthias in den „Roten Ochsen" Halle/S. ein, der seit Juli dem Geheimdienst NKWD sowohl als Sammel- und Durchgangsgefängnis als auch als Untersuchungshaftanstalt diente. Als Verhaftungsgrund geben die sowjetischen Quellen „SS-Untersturmführer und NSDAP-Mitglied seit 1937" an, d. h. dem NKWD war nicht bekannt, dass er einen Abteilungsleiter der Gestapo gefasst hatte. Am 27. Oktober 1945 wurde Matthias aus dem „Roten Ochsen" nach Mühlberg (E.) in das NKWD-Speziallager Nr. 1 überführt. Dort verstarb er am 29. Dezember 1946. Als Todesursache ist „Dystrophie 3" angegeben.

Von März 1939 bis April 1941 leitete der aus Bayern stammende Thomas Ampletzer die Abteilung II.[266] Er wurde am 7. November 1913 in Pöring (Landkreis Ebersberg) als Sohn eines späteren Postsekretärs geboren. Mit 25 Jahren war er der mit Abstand jüngste Abteilungsleiter in Dessau. Sein Lebenslauf verdeutlicht, dass junge Männer ohne polizeiliche oder akademische Ausbildung, aber mit der richtigen Weltanschauung und SS-Unterstützung bei der Geheimen Staatspolizei schnell Karriere machen konnten.

Nach dem Besuch der Volks- und Mittelschule kam Ampletzer durch die Versetzung seines Vaters 1926 nach München. Hier schloss er 1934 die Oberrealschule mit dem Abitur ab. Anstatt zu studieren oder einen Beruf zu erlernen, entschied er sich für eine hauptamtliche Anstellung beim SS-Amt in München. Der SS gehörte er seit 20. April 1933 (Nr. 83.736), der NSDAP seit 1. März 1933

---

266 Für die Biografie wurden folgende Unterlagen verwendet: BArch, R 9361-IX KARTEI A0024; ebd., R 9361-III/2250; ebd., R 9361-III/514521; BArch-MA Freiburg, ZR 164; LASA, Z 140, Nr. 34, Bl. 88; ebd., Nr. 325, Bl. 364, 675; ebd., DE, Z 141, Nr. 646, Bl. 61; ebd., Z 149, Nr. 124, Bl. 243; ebd., Nr. 199, Bl. 450, 479, 483; ebd., Nr. 234, Bl. 177; ebd., Nr. 239, Bl. 106RS; ebd., Nr. 823, Bl. 207–210; ebd., Nr. 824, Bl. 48; ebd., Z 259, Nr. 1010, Bl. 42; ebd., Nr. 1476, Bl. 53; ebd., Nr. 2430, Bl. 76RS; ebd., Z 260, Nr. 888, Bl. 10; ebd., C 134 Halle, Nr. 620/1, Bl. 19; BStU, MfS, HA IX, Nr. 22372, Bl. 188 f.; Heinz Höhne: ptx ruft moskau. Die Geschichte des Spionageringes „Rote Kapelle". 6. Fortsetzung: Die Verhaftungsaktion der Gestapo, in: DER SPIEGEL Nr. 27/1968, S. 84; WASt (Schreiben 30.06.2008). Der Autor dankt Lars Skowronski für die Unterlagen aus Freiburg.

(Nr. 1.508.138) an. Im November 1934 versetzte man ihn zum SS-Hauptamt nach Berlin. Von Juni 1935 bis Juli 1936 leistete Ampletzer freiwillig seinen Wehrdienst bei der SS-Verfügungstruppe, Standarte Germania, in Hamburg ab. Anschließend war er erneut im SS-Hauptamt tätig (Personalamt). Im Mai 1936 bewarb er sich bei der Gestapo und wurde am 1. Dezember 1936 der Staatspolizei Hannover als Kriminalkommissar-Anwärter „zur Ausbildung zugeteilt." Im Mai 1938 erfolgte die Kommandierung zur Führerschule der Sipo Berlin-Charlottenburg, wo er den für die Laufbahn des gehobenen Dienstes (Kriminalkommissar) obligatorischen Lehrgang von neun Monaten absolvierte und diesen Anfang Februar 1939 mit bestandener Prüfung abschloss. Die zweite Voraussetzung der Laufbahnrichtlinien des gehobenen Dienstes – 13 Monate praktische Ausbildung in einer Gestapostelle – hatte Ampletzer bereits erfüllt. Die körperliche Leistungsfähigkeit hatte er durch Erlangung des SA- und Reichssportabzeichens nachgewiesen. Damit stand der Ernennung zum Hilfskriminalkommissar und Beamten auf Widerruf im Februar 1939 nichts mehr im Wege. Zum selben Zeitpunkt erfolgte die Beförderung zum SS-Untersturmführer.

Am 1. März 1939 versetzte man Ampletzer zur Staatspolizeistelle Dessau, wo er sofort als Leiter der Abteilung II eingesetzt wurde. Er wohnte in der Karlstraße 1. Die Ernennung zum Kriminalkommissar erfolgte am 16. Januar, die zum SS-Obersturmführer am 20. April 1940. Gestapo-Chef Josef Gmeiner beurteilte Ampletzer im Juli 1940 so: „Er ist Leiter der innerpolitischen Abteilung. In dieser Eigenschaft hat er selbständig und zielbewusst gearbeitet, bei der Erledigung schwieriger Arbeiten hat er Geschick und Umsicht gezeigt. […] Seine dienstlichen Leistungen liegen über dem Durchschnitt. […] Seine weltanschauliche Gesamthaltung ist einwandfrei."

Thomas Ampletzer ist der einzige Gestapo-Angehörige, dem während des Dienstes in Dessau ein Tötungsverbrechen nachgewiesen werden kann. Auf Grund seiner Anweisung wurde am 15. November 1940 um 9.30 Uhr in Nutha (Kreis Zerbst) am sogenannten Wiegehäuschen ein Pole aufgehängt. Der Vorwurf lautete

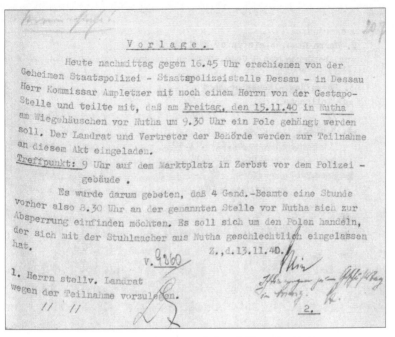

Vorlage zur Teilnahme an der Hinrichtung eines Polen, 13. November 1940

„Geschlechtsverkehr mit einer Deutschen aus Nutha". Der Landrat und der stellvertretende Landrat von Zerbst sowie der Amtsvorsteher von Nutha nahmen auf Einladung Ampletzers an der Hinrichtung teil.

Dessau war für Ampletzer nur eine Durchgangsstation. Zum 1. Mai 1941 erfolgte die Versetzung zum Referat IV A 2 „Sabotageabwehr, Sabotagebekämpfung" des RSHA, bei dem er bis Kriegsende verblieb. Hier war er 1942 als Sachbearbeiter für Funkangelegenheiten auch an der Zerschlagung der Widerstandsgruppe „Rote Kapelle" beteiligt. Im August 1941 heiratete er in Hannover Gertrud Meyer (geb. 25.10.1914 in Hannover), die im Februar 1943 eine Tochter gebar. Am 20. April 1943 erfolgte die Beförderung zum SS-Hauptsturmführer. Zumindest Mitte August 1944 bekleidete er den Dienstgrad Kriminalrat. Thomas Ampletzer kam in den letzten Kriegstagen bei den Kämpfen in Berlin ums Leben. So entschied es im Juli 1950 das Amtsgericht Berlin-Charlottenburg, welches ihn für tot erklärte. Als Zeitpunkt des Todes wurde der 1. Mai 1945 festgestellt.

Der Leiter der Abteilung III bis Juni 1939 hieß Willy Prautzsch.[267] Da Anhalt über wichtige Rüstungsbetriebe verfügte, war diese Funktion eine bedeutende. Der am 11. Februar 1890 in Kathewitz (Kreis Torgau) geborene Prautzsch war der älteste Abteilungsleiter in Dessau und was den Polizeidienst anbelangt mit Albert Matthias der erfahrenste. Prautzsch besuchte die Volksschule seines Heimatortes und war anschließend zunächst als Musiker tätig. Am 02.10.1908 trat er in das 1. Königlich Sächsische Ulanen-Regiment Nr. 17 ein, dem er bis zum 21.08.1914 angehörte. Einen Tag vor dem Regiments-Abschied heiratete er Anna Belke (geb. 04.01.1891). Das Paar hatte zwei Kinder. Zwar war Prautzsch von 1914 bis 1918 im Ersten Weltkrieg an der Front, nahm aber nicht an Kampfeinsätzen teil, sondern war Angehöriger der Feldbäckerei Nr. 34. Von April bis November 1919 kämpfte er in einem Freikorps und gehörte dann bis Dezember 1920 dem Grenzjäger-Regiment 38 der Vorläufigen Reichswehr an. Nach zwölf Jahren Militärdienst wechselte Prautzsch Anfang 1921 zur sächsischen Polizei. Er ließ sich an der Landgendarmerieschule ausbilden, wurde Hauptwachtmeister der Landpolizei und als solcher 1924 in die Kriminalpolizei Leipzig übernommen. Als Kriminalkommissar trat er am 01.12.1931 in Leipzig in die NSDAP ein (Nr. 824.641).

Nach der Machtübernahme Hitlers ließ sich Prautzsch 1933 zur Kri-

---

267 Für die Biografie wurden folgende Unterlagen verwendet: BArch, R 9361-VIII KARTEI M0090; ebd., R 9361-IX KARTEI R0021; ebd., R 9361-III/548373; ebd., Z 42-IV/4531, Bl. 66; StA Sandersleben, 19 Nr. 227, Bl. 300; Tiroler LA, Landesgericht Innsbruck, Akt 10 Vr 4703/47; Steuer- u. StAmt Burgberg (E-Mail 20.02.2019); Einwohnermeldeamt Ulm (telefonische Auskunft 25.02.2019); Staatsarchiv Ludwigsburg, EL 904/2 Nr. 52358; Andreas Eichmüller: Keine Generalamnestie. Die Strafverfolgung von NS-Verbrechen in der frühen Bundesrepublik, München 2012, S. 411.

minalpolizei Dresden versetzen. Von dort kam er im Sommer 1934 zur Dessauer Gestapo, um die Leitung der Abteilung III zu übernehmen. Interessant ist, dass Prautzsch in Dessau „nur" mit dem Dienstgrad Kriminalsekretär anfing, obwohl er bereits 1931 Kriminalkommissar gewesen war. Er muss also degradiert worden sein. In den Überlieferungen findet sich dazu aber nichts. In der Muldestadt beantragte Prautzsch, der in der Johannisstraße 13 wohnte, am 01.10.1934 die Aufnahme in die SS (SS-Bewerber). Für die Zeit in Anhalt ist nur bekannt, dass Prautzsch Ende 1936 aus der evangelischen Kirche austrat („gottgläubig") und etwa in dieser Zeit auch SS-Mitglied wurde (Nr. 272.474).
Im Juli 1939 wurde Prautzsch als SS-Untersturmführer bei gleichzeitiger Beförderung zum Kriminalobersekretär zur Staatspolizeistelle Innsbruck versetzt. Hier leitete er zeitweilig das Referat II D (Schutzhaft) und ab 1942 (Beförderung zum Kriminalinspektor, 20.04.1942 Beförderung zum SS-Obersturmführer) das Referat II E (ab Ende 1943 Referat IV 1c). Letzteres beschäftigte sich mit „Arbeitsvertragsbruch", „gemeinschaftswidrigen Verhalten" und Delikten von Zwangs- und Fremdarbeiter/-innen. Sitz des Referats war ab 1942 das AEL Reichenau, das der Staatspolizeistelle direkt unterstand und außerhalb Innsbrucks lag. Es diente v. a. der „Umerziehung der im Gau Tirol/Vorarlberg wegen Arbeitsvertragsbruchs, Blaumacherei oder Dienstpflichtverweigerung auffallenden männlichen Personen". Es wurden jedoch auch Frauen, politische Häftlinge oder Juden eingeliefert.[268]
Im Gegensatz zu Dessau sind zur Amtsführung von Prautzsch in Innsbruck zahlreiche übereinstimmende Aussagen von Kollegen und Häftlingen überliefert. Demnach war er der „gefürchtetste Gestapobeamte in Innsbruck, der als ausgesprochener Schläger und vor nichts zurückscheuendes, radikales Element galt". Er war „ein äußerst brutaler und roh veranlagter Mensch". Vor allem

---

268 Siehe Johannes Breit: Das Gestapo-Lager Innsbruck-Reichenau. Geschichte, Aufarbeitung, Erinnerung, Innsbruck 2017.

hasste er Ausländer. „Das Selbstschlagen und Schlagenlassen gehörte bei P[rautzsch] zu dessen allgemeiner Amtshandlung und er bediente sich dabei vielmals gedungener Ausländer und Mithäftlinge." Prautzsch galt als fanatischer Nazi. Fast täglich misshandelte er ausländische Häftlinge bei „verschärften Vernehmungen". Er ordnete Foltermethoden wie das sogenannte Abspritzen an: Der Häftling wurde mit Wasser abgespritzt und anschließend so lange in einer ungeheizten Baracke der Kälte ausgesetzt, bis er starb. Als offizielle Todesursache wurde in solchen Fällen „akute Lungenentzündung" angegeben. Selbst bei einigen Gestapo-Kollegen war Prautzsch gefürchtet und unbeliebt.

Kurz vor Kriegsende ordnete Prautzsch eine öffentliche Hinrichtung von mehreren Personen der Widerstandsbewegung im AEL Reichenau an, die im letzten Moment vom Leiter der Staatspolizeistelle Innsbruck verhindert wurde. Am 2. Mai 1945 floh Prautzsch nach Westendorf, einer Gemeinde in Tirol. Von dort – so seine Aussage – reiste er nach Dessau, um sich den Westalliierten zu stellen. Die Amerikaner stellten ihn unter „automatischen Arrest"; anschließend durchlief er Gefangenen- und Internierungslager wie Ohrdruf, Ziegenhain, Zuffenhausen und Dachau. Wegen eines schweren Herzleidens entließen ihn die Amerikaner 1947 aus der Haft. Prautzsch ließ sich in der Gemeinde Burgberg im Allgäu nieder.

Etwa zur selben Zeit hatte der Untersuchungsrichter des Landesgerichts Innsbruck so viele Zeugenaussagen über Prautzschs Verbrechen vorliegen, dass er im April 1948 Haftbefehl erließ und bei der amerikanischen Besatzungsmacht die Auslieferung beantragte. Die Amerikaner ignorierten das Begehren. Zwar stufte die Spruchkammer Sonthofen Prautzsch nach der Entlassung aus der Internierungshaft in die Kategorie I „Hauptschuldige" ein und verurteilte ihn zu sieben Jahren Arbeitslager. Da Prautzsch gegen das Urteil Berufung einlegte, alle Vorwürfe bestritt und nachweisen konnte, dass er „schwer herzkrank" und „Versehrter der Stufe III" war, musste er die Strafe nicht verbüßen.

Was dann geschah, ist ein Paradebeispiel für das Versagen der bundesdeutschen Justiz bei der Verfolgung von NS-Verbrechern in den 1950er Jahren. Obwohl übereinstimmende Zeugenaussagen zu den Verbrechen in Innsbruck vorlagen – nicht nur von Opfern, sondern auch von früheren Gestapo-Kollegen, – wurde Prautzsch nicht zur Rechenschaft gezogen. So leitete das Landgericht Kempten zwar 1951 ein Strafverfahren wegen Mordes ein. „Mangels ausreichender Beweise" blieb am Tag des Urteils, am 18. Juli 1955, der Vorwurf der „Aussagenerpressung" übrig. Gegenstand der Verhandlung war ein Verhör vom April 1945, bei dem es zu einer „geringfügigen" Misshandlung gekommen war. Das Gericht sah dies als „einmalige Entgleisung" an, weil alle im Prozess gehörten Zeugen – der Geschlagene (ein ehem. Informant von Prautzsch!), der frühere Leiter der Innsbrucker Gestapo, der ehem. NSDAP-Kreisleiter und ein früherer Untergebener im Referat IV 1c – übereinstimmend falsch aussagten, dass „Prautzsch in Innsbruck nicht als Schläger bekannt war". Daraufhin wurde das Verfahren „auf Kosten der Staatskasse eingestellt".

Sechs Jahre später musste Prautzsch befürchten, doch noch bestraft zu werden. Im Mai 1961 erhob der Oberstaatsanwalt beim Landgericht Kempten Anklage wegen „Beihilfe zum Mord", aber die Strafkammer lehnte die Eröffnung des Hauptverfahrens ab und stellte das Verfahren mit der Begründung: „Ein sicherer Nachweis sei mit den vorhandenen Zeugenaussagen nicht zu führen", ein.[269] Auch die Staatsanwaltschaft Innsbruck stellte daraufhin die Strafverfolgung ein. Prautzsch verzog im April 1970 nach Ulm, Stadtteil Wiblingen. Ein Jahr später, am 29. März 1971, verstarb er in Immenstadt im Allgäu. Nach Prautzsch übernahm Erich Herrscher die Leitung der Abt. III in Dessau.[270]

---

[269] Die Verfahrensakten des LG Kempten (Az. 1 Js 106/60 bzw. KLs 37/54 sowie Ks 3/61) lagern im Staatsarchiv Augsburg. Für den Hinweis dankt der Autor Dr. Peter Gohle (BArch Ludwigsburg).
[270] Vgl. HStA Hannover, Nds. 100 Acc. 2003/139 Nr. 12, Bl. 35.

III.5.3. Mitarbeiter der unteren und mittleren Ebene

Nicht nur in Dessau gehörte die Mehrheit der Gestapo-Bediensteten der unteren und mittleren Ebene an: Angestellte (v. a. Stenotypistinnen, Kraftfahrer, Boten, Dolmetscher, Hausmeister) und Beamte des mittleren Vollzugs- und Verwaltungsdienstes. Neben dem Edieren der Lageberichte besteht ein Hauptanliegen dieses Buches darin, Lebenswege solcher Mitarbeiter vorzustellen, da sie bislang in der Forschung vernachlässigt wurden.[271] Insgesamt werden 49 Biografien präsentiert.[272] Dabei liegt das spezielle Interesse auf den Lebensläufen nach Kriegsende. Sie sind für diese Mitarbeiter, die auf dem späteren Gebiet der SBZ arbeiteten, bisher im Detail nicht untersucht worden. Dennoch gehen Veröffentlichungen davon aus, dass diese Beschäftigten kurz vor Eintreffen der Roten Armee mehrheitlich in die westlichen Besatzungszonen flohen.[273] Im Folgenden wird u. a. gezeigt, dass dies weder für die früheren noch für die letzten Beschäftigten der anhaltischen Gestapo zutrifft.

III.5.3.1. Tod vor 1945

Julius Dube und Walter Posch erlebten das Ende des NS-Regimes nicht. Julius Dube wurde am 1. März 1904 in Magdeburg geboren und heiratete am 1. Juni 1933 in Dessau-Ziebigk Friederike Auguste Martha Gerhardt (geb. 27.08.1906 in Zerbst). Zu diesem

---

[271] Für die Gestapo in Württemberg und Hohenzollern finden sich solche Biogramme – nicht so ausführlich wie hier – bei Sarah Kleinmann: „Ich fühle mich nicht schuldig" – Personal und Wahrnehmung der Gestapo nach 1945, in: Bauz/Brüggemann/Maier, S. 414–439, hier S. 428–435.

[272] Bei einigen Mitarbeitern sowie fast allen Stenotypistinnen konnte der Autor nur den Namen ermitteln. Recherchen sind aber nur mit möglichst vollständigen Geburtsdaten erfolgreich.

[273] Vgl. Hans-Dieter Schmid: Gestapo Leipzig. Politische Abteilung des Polizeipräsidiums und Staatspolizeistelle Leipzig 1933–1945, Beucha 1997, S. 68, 77; Andreas Theo Schneider: Die Geheime Staatspolizei im NS-Gau Thüringen. Geschichte, Struktur, Personal und Wirkungsfelder, Frankfurt am Main 2008, S. 328.

Zeitpunkt arbeitete er als Oberwachtmeister in der Verwaltung der Anhaltischen Schutzpolizei, Abteilung Dessau. Dube gehörte 1934 zu den ersten Gestapo-Mitarbeitern. Er war auch hier in der Verwaltung (Abt. I) tätig. Am 1. Oktober 1934 beantragte er die Aufnahme in die SS (SS-Bewerber) und wurde später (Datum unbekannt) auch Mitglied (Nr. 272.344). Im Juni 1936 taucht er in den Überlieferungen als Kriminalassistent auf. Die NSDAP-Mitgliedschaft beantragte er am 17. Juni 1937 (Mitglied seit 01.05.1937, Nr. 5.720.084). In der SS wurde er letztmalig am 10. September 1939 befördert (Untersturmführer), und spätestens Ende 1939 war er Kriminalsekretär. Dube wohnte zunächst in Dessau-Ziebigk, Kirchstraße 13, zuletzt Dessau, Stephanweg 6. Er wurde 1941 in die Sowjetunion zu den Einsatzgruppen der Sipo und des SD abkommandiert. Im Gegensatz zu den meisten Dessauer Kollegen kehrte er „aus dem Osten" nicht zurück, sondern wurde Ende 1942 oder Anfang 1943 in das Generalgouvernement versetzt bzw. abgeordnet. Hier leitete er als Kriminalobersekretär die Gestapo-Außenstelle Sielce (polnisch: Siedlce). Dort ist er am 15. Dezember 1943 „gefallen". Laut Gräbernachweis des Volksbundes Deutsche Kriegsgräberfürsorge „ruht [Dube] auf der Kriegsgräberstätte in Joachimow-Mogily [...] Endgrablage: Tafel 72 Reihe 7 Grab 53/1".[274]

Walter Posch

Walter Posch, geboren am 28.07.1903 in Berlin-Charlottenburg, besuchte die

---

[274] Vgl. LASA, Z 116-1, V Nr. 22, Bl. 39; vgl. ebd., Z 141, Nr. 598, Bl. 119f.; vgl. ebd., Z 257, Nr. 14, Bl. 6; vgl. ebd., Nr. 213, Bl. 16; vgl. ebd., K 70 NS-Archiv des MfS, Nr. ZAst 149 Bd. 9, Bl. 332; vgl. BArch, R 9361-VIII KARTEI F0055; vgl. BStU, MfS, HA XX, Nr. 3358, Bl. 108, 185.

Volksschule zunächst in Berlin. Da sein bei der Eisenbahn arbeitender Stiefvater 1915 nach Altona versetzt wurde, beendete er dort 1918 die Schule. Im April 1918 trat er in die Unteroffizier-Schule in Mölln ein. Nach seinen Aussagen musste er durch den „politischen Umsturz" Ende 1918 die Militärlaufbahn beenden und sah sich „gezwungen, einen bürgerlichen Beruf zu ergreifen". Mit dem Stiefvater ging er zurück nach Berlin und beendete eine dreijährige Lehre mit der Gesellenprüfung. Welchen Beruf er erlernte, verrät Posch im Lebenslauf nicht. Anschließend arbeitete er in verschiedenen Städten. Den Wunsch, eine Militärlaufbahn einzuschlagen, hatte er nicht aufgegeben. Darum trat er im Oktober 1923 beim 12. Infanterie-Regiment in Halberstadt als Freiwilliger in die Reichswehr ein. Nach der Ausbildung versetzte man ihn zur 1. Kompanie des Regiments nach Dessau. Hier beförderte man Posch 1930 zum Unteroffizier, 1932 zum Unterfeldwebel und im Oktober 1934 zum Feldwebel. Im Oktober 1933 heiratete er Charlotte Bahn (geb. 02.04.1913 in Dessau); ein Kind ging aus der Ehe hervor. Mit „Umstellung des Heeres" wurde Posch zur 2. Kompanie des Infanterie-Regiments 33 – es wurde am 15. Oktober 1935 in Dessau neu aufgestellt – versetzt und sechs Tage später aus der Wehrmacht entlassen. Zurück in Berlin, arbeitete er ab 1. Dezember 1936 bei der dortigen Staatspolizeileitstelle (Laufbahn im mittleren Vollzugsdienst). „Nach bestandener Fachprüfung" kam er 1937 als Kriminalassistent zur Staatspolizeistelle Dessau. Laut NSDAP-Mitglieds-Nr. 4.357.360 trat er im selben Jahr in die Partei ein (Datum unbekannt). Er wohnte in der Roonstraße 19. Zumindest im Februar 1939 war Posch Kriminaloberassistent und SS-Bewerber; am 7. August1939 trat er aus der evangelischen Kirche aus und wurde „gottgläubig". Als Kriminalsekretär nahm er ab Mai 1941 am Vorbereitungslehrgang der Einsatzgruppen der Sipo und des SD in Düben teil. Ob er in die Sowjetunion abkommandiert wurde, ist nicht bekannt. Sicher ist, dass er bis 1943 der Dessauer Gestapo und später der Staatspolizeileitstelle Posen (SS-Sturmscharführer) angehörte. Laut Volksbund Deutsche Kriegsgräberfürsorge verstarb Walter Posch am 23. Mai 1944, 23.35 Uhr in einem Lazarett in Bjelovar (Kroatien).[275]

III.5.3.2. Selbstmord bei Kriegsende
Drei Gestapo-Männer begingen Suizid: Paul Hopstock wurde am 13. Mai 1945 in seiner Wohnung Bernburg, Antoinettenstraße 6b um 21.00 Uhr erhängt aufgefunden. Paul Prange, wohnhaft Dessau-Großkühnau, Masurenstraße 45, erhängte sich am 1. Juli 1945 um 18.00 Uhr ebenfalls in der Wohnung. Paul Wurmstedt wurde am 27. April 1945 mit seiner Familie in der Wohnung Coswig (Anhalt), Zerbster Straße 18 tot aufgefunden. Er hatte nicht nur sich selbst, sondern seine Frau Lisbeth sowie die Töchter Bärbel (geb. 1933), Christel (geb. 1936) und Sohn Dieter (geb. 1934) erschossen.[276]

Paul Hopstock

Paul Hopstock, am 12.01.1913 als Sohn eines Postassistenten in Bernburg geboren, besuchte die neunstufige Knabenmittelschule seiner Geburtsstadt und schloss nach der Schulentlassung eine Lehre als Kaufmann bei Hermann Schütze Dampfsägewerk und Holzhandlung Bernburg erfolgreich ab. Danach arbeitete er ein Jahr als Gehilfe im Lehrbetrieb. Bereits im März 1930 trat er in die Hitler-Jugend, am 1. Januar 1931 sowohl in die NSDAP (Nr. 400.732) als auch in die SA ein. Ende März 1931 musste ihn der Betrieb „wegen schlechter

---

275 Vgl. BArch, R 9361-III/154358; vgl. LASA, K 6, Nr. 11162, Bl. 71RS (hier fälschlicherweise „Bosch"); vgl. BStU, MfS, HA IX/11, AS 218/68, Bd. 74, Bl. 4; vgl. ebd., HA XX, Nr. 3358, Bl. 159.
276 Vgl. LASA, Z 273, Nr. 9, Bl. 393; ebd., Nr. 174, Lfd.Nr. 1609, ebd., Nr. 138, Lfd. Nr. 248–249, 251–253.

wirtschaftlicher Lage" entlassen; er blieb erwerbslos. Von November 1932 bis Januar 1934 diente er im FAD Abt. 3 Leopoldshall, zwischen Mai 1934 und Februar 1937 arbeitete er in der Deutschen Solvay-Werke AG Bernburg. Anfang 1936 hatte Hopstock beim Staatsministerium, Abt. Inneres, Zentralvormerkungsstelle die „Vormerkung für die den alten Kämpfern im Bereiche des Freistaates Anhalt vorbehaltenen Stellen des einfachen mittleren nichttechnischen Büro- und Kassendienstes" beantragt. Im April 1936 heiratete er in Bernburg, aus der Ehe ging ein Kind hervor. Nachdem Hopstock 1937 kurzzeitig Büroangestellter beim Sächsisch-Anhaltischen Verein zur Prüfung und Überwachung von Dampfkesseln in Bernburg bzw. Stadtassistent bei der Stadtverwaltung Aschersleben gewesen war, begann er im Dezember 1937 bei der Polizei Bernburg als Kriminalassistentenanwärter im Vorbereitungsdienst (i.V.). Seit 15.02.1938 war er Mitglied der SS (Nr. 290.618). Im Dezember 1940 wohnte Hopstock in Bernburg, Antoinettenstraße 25, war SS-Staffel-Rottenführer und Kriminalassistent. Zumindest im August 1941 arbeitete er als Kriminalassistent bei der Kriminalpolizeistelle Dessau. Anschließend – Datum unbekannt – wechselte er zur Dessauer Gestapo-Außendienststelle (Kriminaloberassistent), bei der er 1945 nicht mehr tätig war.[277]

Paul Prange

Paul Prange, geboren am 27.05.1904 in Magdeburg, besuchte 1910 bis 1917 die Volksschule Magdeburg-Neustadt. Da sein Vater, ein Zimmermann, Kriegsinvalide war, beendete er die Schule vorzeitig, weil er und seine Brüder die Familie ernähren mussten. Aus die-

---

277 Vgl. BArch, R 9361-IX KARTEI I0062; vgl. ebd., R 9361-III/81503; vgl. ebd., R 9361-II/442250; vgl. LASA, C 134 Magdeburg, Nr. 127, Bl. 1.

sem Grund erlernte er auch keinen Beruf; er war als Arbeitsbursche tätig. Dennoch besuchte er von 1918 bis 1921 die Gewerbliche Fortbildungsschule in Magdeburg. Von 1921 bis 1925 arbeitete Prange als Ungelernter bei verschiedenen Firmen. Im Jahr 1925 bewarb er sich erfolgreich bei der damaligen Anhaltischen Staatlichen Ordnungspolizei, absolvierte bis 1926 die Polizeischule Dessau und fing als Unterwachtmeister bei der Abteilung Dessau an. Im Jahr 1930 wurde er zum Wachtmeister, 1932 zum Oberwachtmeister befördert. Im Oktober 1932 ging er zum Polizeipräsidium Dessau. Im selben Monat heiratete Prange in Dessau-Ziebigk Luise Bebber (geb. 05.08.1907 in Dessau). Bis Januar 1939 gingen aus der Ehe drei Kinder hervor.

Prange, 1937 zum Polizeihauptwachtmeister befördert, gehörte zu jenen Beamten des Polizeipräsidiums, die sich beim „Einsatz in Österreich bewährt und vollauf ihre Pflicht erfüllt" hatten. Gemeint war seine Mitwirkung beim Anschluss Österreichs an das Deutsche Reich im März 1938, wofür er 1939 die „Medaille zur Erinnerung an den 13. März 1938" erhielt. Am 28.01.1939 beantragte er die SS-Aufnahme (SS-Bewerber), und im Laufe des Jahres 1940 wechselte er zur Staatspolizeistelle Dessau. Zu dieser Zeit wohnte er in Dessau-Ziebigk, Privatstraße 8. Ab 1941 nahm er als SS-Hauptscharführer im EK 12 der EG D an Verhaftungen und Vernehmungen, wahrscheinlich auch an Erschießungen in der Sowjetunion teil. Nach der Rückkehr 1942 wurde Prange vermutlich zur Staatspolizeileitstelle Magdeburg versetzt. Zuletzt war er Kriminalsekretär.[278]

Paul Wurmstedt war am 08.10.1909 in Hoym als drittes Kind eines Hofmeisters geboren worden. Er besuchte die achtstufige Bürgerschule[279] in Hoym und absolvierte danach eine erfolgreich abgeschlossene dreijährige Kaufmanns-Lehre in der Eisenhandlung Hein-

---

278 Vgl. BArch, R9361-III/154778; Vorschlagsliste Nr. 049 für die Verleihung der Medaille [...], 10.03.1939. Vgl. ebd., VBS 1003 (@)/ZD 9183 A.10/001-105; vgl. BStU, MfS, HA XX, Nr. 3358, Bl. 54, 159, 190.
279 In solchen Schulen wurden Kinder auf praktische Berufe im kaufmännischen und handwerklichen Bereich vorbereitet.

rich Schimmelpfennig Aschersleben. Nachdem er ein halbes Jahr als Lagerist in Leimbach gearbeitet hatte, fing er im Oktober 1928 bei der damaligen Anhaltischen Staatlichen Ordnungspolizei (später Schutzpolizei) in Dessau als Polizeischüler an. Nach einem Jahr Ausbildung an der Dessauer Polizeischule übernahm ihn im Oktober 1929 die Abteilung Bernburg der Anhaltischen Schutzpolizei, wo er v. a. im Straßen- und Bereitschaftsdienst eingesetzt wurde. Als die Abteilung Bernburg im Oktober

Paul Wurmstedt, 1940

1934 aufgelöst wurde, versetzte man Wurmstedt zur Abteilung Dessau. Im Oktober 1934 heiratete er in Hoym Lisbeth Rienecker (geb. 07.07.1912 in Bernburg) aus Bernburg. Nach dem Besuch verschiedener Lehrgänge ließ sich Wurmstedt 1936 zur Polizei-Funkstelle Dessau versetzen. Auf seine Bewerbung hin wechselte er im Februar 1941 als Revier-Oberwachtmeister und SS-Bewerber zur Staatspolizeistelle Dessau. Hier arbeitete er zunächst als Funker (Kriminaloberassistent zur Probe). Einige Monate später gehörte Wurmstedt den Einsatzgruppen der Sipo und des SD in der Sowjetunion an. Nach der Rückkehr (Datum unbekannt) setzte man ihn bei der Spionageabwehr ein. Ihm oblag zumindest ab 1944 die V-Leute-Arbeit der Außendienststelle Dessau; er führte auch die Dessauer V-Leute-Kartei. In Dessau existierte eine Wohnung, in der sich Wurmstedt, zuletzt Kriminalsekretär, mit den V-Leuten traf.[280]

III.5.3.3. Zum Tode verurteilt und hingerichtet

Walter Friedrich, Walter Ruge und Karl-Heinz Tempel wurden zum Tode verurteilt und hingerichtet. Walter Friedrich, am 06.12.1908 als

---

[280] Vgl. LASA, Z 116-1, V Nr. 22, Bl. 42RS; vgl. BArch, R 9361-III/231059; vgl. BStU, MfS, HA XX, Nr. 3358, Bl. 132, 155.

Sohn eines Maurers in Jeßnitz geboren, erlernte nach Abschluss der Mittelschule in Raguhn ab 1923 im Betriebsbüro Raguhn des Elektrizitätswerkes Bitterfeld das Elektroinstallations-Handwerk (Beruf: Elektriker).[281] Nach der Gesellenprüfung 1926 arbeitete Friedrich im Kraftwerk Zschornewitz, im Lehrbetrieb und in Delitzsch zwei Jahre in seinem Beruf. Er bewarb sich bei der Anhaltischen Staatlichen Ordnungspolizei, wurde angenommen und besuchte von Oktober 1928 bis Oktober 1929 die Polizeischule Dessau. Anschließend kam er zur Anhaltischen Schutzpolizei, Abteilung Dessau. Nach vierjähriger Dienstzeit erfolgte die Beförderung zum Wachtmeister und im Januar 1936 die Beförderung zum Revier-Oberwachtmeister. In Dessau heiratete er im Mai 1937 die 1914 geborene Ruth Müller; im Januar 1940 kam eine Tochter zur Welt. Die Familie wohnte in der Teichstraße 53. Im Februar 1938 wechselte Friedrich zur Staatspolizeistelle Dessau, wo er in der Abt. III arbeitete und die Kriminalassistenten-Laufbahn einschlug. Im selben Jahr bewarb er sich um die SS-Mitgliedschaft (SS-Bewerber). Ende November 1938 schloss er den obligatorischen achtwöchigen Kriminalassistentenanwärter-Lehrgang an der Führerschule der Sipo Berlin-Charlottenburg erfolgreich ab. Die vorgeschriebenen neun Monate praktische Ausbildung in einer Gestapostelle hatte er absolviert, so dass der Ernennung zum Kriminalassistenten im Mai 1939 nichts im Wege stand. Der NSDAP gehörte Friedrich seit 01.12.1939 (Nr. 7.282.518, Aufnahme beantragt 30.10.1939), der SS seit 1940 an. Über seine Zeit bei einer Einsatzgruppe der Sipo und des SD in der Sowjetunion ist Näheres nicht überliefert.
Nach Kriegsende wohnte Friedrich mit seiner Familie in Bernburg, Stiftstraße 10, wo er am 2. Juli 1945 von sowjetischen Soldaten festgenommen wurde. Nach kurzer Haft in Bernburg kam

---

[281] Für die Biografie wurden folgende Unterlagen verwendet: BArch, R 9361-IX KARTEI F0006; ebd., R 9361-III/48038; ebd., R 58/10735, Bl. 168–173; BStU, MfS, HA XX, Nr. 3358, Bl. 110; DRK-SM (Schreiben 02.12.2008); Rotes Kreuz Moskau (Schreiben 01.06.2009 an DRK-SM, Kopie im Besitz des Autors).

Walter Friedrich

Friedrich erst in das NKWD-Speziallager Nr. 5 Ketschendorf, später in das NKWD-Speziallager Nr. 2 Buchenwald. Ein Sowjetisches Militärtribunal (SMT) verurteilte ihn am 28.11.1945 gemäß Artikel 58 – 6 StGB der RSFSR zum Tod durch Erschießen. Das Urteil wurde am 12.12.1945 an unbekanntem Ort vollstreckt. Die Hauptmilitärstaatsanwaltschaft der Russischen Föderation rehabilitierte Walter Friedrich am 15.10.2001.

Wie das von Walter Friedrich endete auch das Leben von Walter Ruge, der am 23.11.1911 in Erfurt als Sohn eines Postassistenten geboren wurde.[282] Nach zwei Jahren Bürger-, drei Jahren Mittel- und vier Jahren Oberrealschule in Erfurt absolvierte Ruge 1927 bis 1930 in seiner Geburtsstadt eine abgeschlossene Maurer-Lehre. Auf Grund der schlechten Wirtschaftslage arbeitete er nie in dem Beruf. 1930 bis 1936 war er mit kurzzeitigen Unterbrechungen bei der Deutschen Reichspost in Erfurt als Posthelfer tätig. In dieser Zeit trat er im Oktober 1931 in den Jungstahlhelm, am 15.09.1932 sowohl in die NSDAP als auch in die SS (Nr. 52.662) ein. Im Juli 1936 siedelte er nach Dessau über, weil er beim Werkschutz der Junkers-Werke eine Anstellung erhalten hatte. Am 2. Dezember 1936 begann Ruge als Kriminalangestellter bei der Staatspolizeistelle Dessau (Abt. II). Ab Mai 1938 war er Kriminalassistentenanwärter im Vorbereitungsdienst (i.V.) (Übernahme in das Beamtenverhältnis), und am 22.12.1938 heiratete er Else Mosbach. Als SS-Rottenführer schloss er im April 1939 den achtwöchigen Kriminalassistentenanwärter-Lehrgang an der

---

282 Für die Biografie wurden folgende Unterlagen verwendet: BArch, R 9361-III/169197; ebd., R 58/11542, Bl. 3–34; DRK-SM (Schreiben 24.11.2008); Rotes Kreuz Moskau (Schreiben 01.06.2009 an DRK-SM, Kopie im Besitz des Autors).

Führerschule der Sipo Berlin-Charlottenburg ab. Die neun Monate praktische Ausbildung in einer Gestapostelle hatte er auch hinter sich. Damit waren die Voraussetzungen erfüllt, um im Oktober 1939 zum außerplanmäßigen (apl.) Kriminalassistenten ernannt zu werden. Bis 1939 wohnte er mit seiner Frau in der Zerbster Straße 25, anschließend in der Lutherstraße 14. Im Jahr 1941 erfolgte als SS-Unterscharführer die Abordnung zu den Einsatzgruppen der Sipo und des SD in die Sowjetunion.

Walter Ruge

Wie geschildert, gehörte Ruge zu den letzten Bediensteten der Außendienststelle Dessau. Am 6. Mai 1945 geriet er in amerikanische Gefangenschaft, kam jedoch wenig später frei und versteckte sich in Thüringen. Am 9. August 1946 nahmen ihn Angehörige der sowjetischen Besatzungsmacht in Pferdingsleben (Kreis Gotha) fest. Das SMT des Landes Thüringen verurteilte ihn gemäß Artikel 58 – 2 StGB der RSFSR am 21.12.1946 zum Tod durch Erschießen; die Urteilsvollstreckung erfolgte am 13.01.1947 in Weimar. Am 27.05.2003 bestätigte die Hauptmilitärstaatsanwaltschaft der Russischen Föderation das Urteil, womit eine Rehabilitierung von Walter Ruge nicht in Betracht kam.

Über Karl-Heinz Tempel, dem jüngsten ermittelten Gestapo-Mitarbeiter in Dessau (geb. 14.04.1916 in Kiel) ist nur bekannt, dass er 1941 als außerplanmäßiger Kriminalassistent bei der Staatspolizei Dessau arbeitete und ab 22. Mai 1941 am Vorbereitungslehrgang der Einsatzgruppen der Sipo und des SD in Düben teilnahm.[283] Als Angehöriger des SK 11b der Einsatzgruppe D war er ab 1941 in Odessa, Berislaw und Simferopol an der Ermordung von tausen-

---

283 Vgl. BStU, MfS, HA XX, Nr. 3358, Bl. 160.

den Sowjetbürgern beteiligt. Zwischen August 1942 und November 1944 wurde Tempel „im Osten" mehrfach versetzt. Im Dezember 1944 und im Januar 1945 arbeitete er bei der Kriminalpolizei Allenstein (Ostpreußen). Zuletzt war Tempel zur SS nach Königsberg kommandiert. SS-Oberscharführer Karl-Heinz Tempel wurde am 12. April 1945 im Raum Königsberg festgenommen und am 5. Juli 1945 vom SMT der 3. Belorussischen Front zum Tod durch Erschießen verurteilt. Die Vollstreckung des Urteils ist nicht gesichert.[284]

III.5.3.4. In amerikanischen/britischen Internierungslagern
Etliche Beschäftigte gerieten bei Kriegsende in amerikanische oder britische Gefangenschaft und danach in eines ihrer Internierungslager. Die Haft endete mit der Entnazifizierung durch eine Spruchkammer bzw. ein Spruchgericht.
In diese Kategorie fällt Rudolf Bolder, geboren am 21.10.1906 in Magdeburg.[285] Sein Vater war Klempner. Vom 6. bis 14. Lebensjahr besuchte er die Mittelschule in Magdeburg und ließ sich dann zum Motoren-, Bau-, Werkzeugmaschinen- und Werkzeugschlosser bzw. zum Dreher und Schmied ausbilden. 1924 bis 1925 besuchte er in Abendlehrgängen die Staatliche Maschinenbauschule Magdeburg, 1925 bis 1927 eine Fortbildungsschule. Zuletzt arbeitete er als Werkzeugkontrolleur. Als Polizeianwärter trat Bolder im Oktober

---

284 Vgl. Todesurteile sowjetischer Militärtribunale gegen Deutsche (1944–1947) Eine historisch-biographische Studie, hg. v. Andreas Weigelt, Klaus-Dieter Müller, Thomas Schaarschmidt, Mike Schmeitzner, Göttingen 2015, S. 700f.
285 Für die Biografie wurden folgende Unterlagen verwendet: LASA, Z 116-1, V Nr. 22, Bl. 40RS; BArch, R 9361-III/17892; ebd., Z 42-II/2073, Bl. 1–100; ebd., B 162/1150, Bl. 1275–1295; ebd., ZR 517 A.12; BStU, MfS, HA XX, Nr. 3358, Bl. 20; ebd., HA IX/11, AV 6/88, Bl. 113; ebd., HA IX/11, AS 218/68, Bd. 74, Bl. 4; ebd., HA IX/11, RHE West 491, Bd. 2, Bl. 175, 177–184; ebd., HA IX/11, ZUV 23 A.16, Bl. 214; DRK-SM (E-Mail 16.12.2011); StA Hofheim a.T., Nachlass Gustav Kyritz, Landsbergbuch 13; Verdiente Polizisten, in: Höchster Kreisblatt, 31.03.1967, S. 7; Zu Freunden Hofheims geworden, in: Hofheimer Zeitung, 05.04.1967; StAmt Magdeburg (E-Mail 10.11.2011). Der Autor dankt Matthias Bartsch (StA Hofheim a.T.) für die hilfreichen Nachforschungen.

1927 in die Anhaltische Staatliche Ordnungspolizei (später Schutzpolizei) ein, besuchte ein Jahr die Polizeischule und kam im Oktober 1928 als Unterwachtmeister zur Abteilung Dessau. In den Folgejahren wurde er nicht nur in allen Zweigen des Außendienstes eingesetzt, sondern u.a. als Hilfslehrer an der Polizeischule Dessau sowie als Zugführer und Hilfslehrer an der Polizeischule Burg (ab April 1934 Landespolizeischule). Als Sachbearbeiter für Polizeiangelegenheiten wechselte er im März 1935 zum Anhaltischen Staatsministerium. Im September 1935 heiratete er in Dessau Gertrud Opitz. Das dritte und letzte Kind des Ehepaares wurde 1941 geboren.

Der seit 1937 in der Ruststraße 6b wohnende Bolder wurde am 01.02.1938 zur Dessauer Staatspolizeistelle abkommandiert (Laufbahn im mittleren Vollzugsdienst, Abt. II). Einen Monat später beantragte er sowohl die Aufnahme in die NSDAP (Mitgliedschaft zurückdatiert auf 01.05.1937, Nr. 5.726.402, Übernahme des Parteiamtes Blockleiter) als auch in die SS (Mitglied seit 1939, Nr. 385.562). Am Kriminalassistentenanwärter-Lehrgang der Sipo-Führerschule Berlin-Charlottenburg nahm er von Oktober bis Dezember 1938 teil und wurde im März 1939 (Ernennung zum Kriminalassistenten) von der Gestapo übernommen. Wegen der zwölfjährigen Dienstzeit erfolgte bereits im Oktober 1939 die Kriminaloberassistenten-Beförderung. Im gleichen Jahr trat Bolder aus der ev. Kirche aus und wurde „gottgläubig".

Am 01.01.1940 wurde er zur Staatpolizeileitstelle Brünn abgeordnet, wo er „im Rahmen einer Sonderkommission" zum Einsatz kam. Worum es sich handelte, geht aus den Akten nicht hervor. Mit Aufhebung der Abordnung kehrte Bolder Anfang Juni 1941 nach Dessau zurück, um sofort nach Düben und von dort in die Sowjetunion zum EK 12 der EG D der Sipo und des SD abkommandiert zu werden. Im EK 12 – so Bolders Aussagen in einem 1961 einsetzenden Ermittlungsverfahren der Staatsanwaltschaft München gegen Angehörige des EK 12 – sei er als SS-Sturmscharführer und ab 01.11.1941 als Kriminalsekretär nur in den Schreibstuben beim

Rudolf Bolder

Spieß bzw. des Kommandostabes eingesetzt gewesen. Er habe ausschließlich Schreibarbeiten erledigt, die im Zusammenhang mit Unterkunft, Verpflegung oder Personal gestanden hätten. Dass er während des Einsatzes das Kriegsverdienstkreuz II. Klasse erhalten hätte, sei nichts Besonderes gewesen, denn fast alle EG-Mitglieder hätten es erhalten. Anfang Oktober 1942 kehrte Bolder zur Außendienststelle Dessau zurück, von der er im Mai 1943 zur Staatspolizeileitstelle Magdeburg abgeordnet wurde. Ein Jahr später hob man die Abordnung auf. Kurzzeitig verrichtete Bolder im Juni 1944 Dienst beim BdS Serbien in Belgrad. In Dessau und Magdeburg bearbeitete er v. a. „Heimtückesachen".

Als Unteroffizier geriet Bolder, seit 1944 in Roßlau, Biethestraße 55 wohnhaft, am 5. Mai in amerikanische Gefangenschaft und wurde sofort an die Briten übergeben. Sie brachten ihn bis 16. Mai im Gefangenenlager Kalbe/Milde, bis 30. Mai im Gefangenenlager Hannover-Botfeld, Juni bis Oktober im Internierungslager Westertimke und Oktober 1945 bis Ende Januar 1948 im Internierungslager Fallingbostel unter. Während der Haft – in Fallingbostel traf er auf den früheren Kollegen Fritz Schwichtenberg – begannen die Ermittlungen des Spruchgerichts Benefeld-Bomlitz. Dieses fragte bei den Kriminalämtern Dessau und Magdeburg an, doch beide Ämter konnten kein Belastungsmaterial zur Verfügung stellen. Das Spruchgericht verurteilte Bolder am 29. Januar 1948 wegen Gestapo-, SD- und SS-Zugehörigkeit zu einer Gefängnisstrafe von zwei Jahren und sechs Monaten. Nur zwei Jahre galten durch die Internierungshaft als verbüßt, d. h. Bolder musste noch sechs Monate in Haft bleiben. Erfolglos legte er Revision gegen das Urteil ein. Er wurde in das Strafvollzugslager Esterwegen überführt, aus dem man ihn am 28.07.1948 entließ. Er ließ sich in Goslar nieder, wo er als Schlosser und Hausverwalter bei einer britischen Militäreinheit arbeitete. Im Zusammenhang mit dem „131er-Gesetz" gelang Bolder im Juni 1955 die Einstellung bei der Ortspolizeibehörde Hofheim am Taunus. Im September 1957 war er Polizeimeister, im August 1962 Polizeiobermeister und zum 1. April 1967 ging Bolder als Polizeihauptmeister gemeinsam mit Richard Donat (siehe nächste Biografie) in den „wohlverdienten" Ruhestand. Anlässlich des Ereignisses fand eine „kleine Feierstunde" im Büro des Bürgermeisters statt, die sich in zwei Zeitungsartikeln niederschlug. Die Beiträge thematisieren das dienstliche und private Leben der beiden „verdienten Polizisten", bei denen man bedauere, solch „gute Mitarbeiter und Mitstreiter verlieren zu müssen". Von der Gestapo-Zugehörigkeit, der SS-Mitgliedschaft oder dem Einsatz in der Sowjetunion ist in den Artikeln keine Rede. Rudolf Bolder verstarb am 7. Juli 1990 in Hofheim am Taunus.

Hier verstarb auch Richard Donat, der am 25.12.1906 in Essen als Sohn eines Schlossers geboren worden war.[286] Der Sterbeort ist

---

[286] Für die Biografie wurden folgende Unterlagen verwendet: StA Köthen, 001/1248/H104; LASA, Z 116-1, V Nr. 22, Bl. 40RS; ebd., Z 141, Nr. 115, Bl. 25; ebd., Nr. 198, Bl. 189; ebd., Nr. 669, Bl. 80, 89, 92, 95, 97, 104, 106, 108, 110, 113f., 116; ebd., Nr. 673, Bl. 820; ebd., Z 149, Nr. 125, Bl. 9; ebd., Nr. 235, Bl. 353; ebd., Z 260, Nr. 756, Bl. 13; ebd., K 13 ZE, Nr. 119, Bl. 55; ebd., K 70 NS-Archiv des MfS, Nr. ZAst 149 Bd. 9, Bl. 333; ebd., P 521, V/8/22 (Erdmann, Friedrich); ebd., C 127, Justiz PA, D Nr. 15, Bd. 4, Bl. 119; BArch, R 9361-VIII KARTEI F0013; ebd., R 9361-III/33115; ebd., R 58/3739, Bl. 76, 92; BStU, MfS, HA XX, Nr. 3358, Bl. 108, 159, 187; DRK-SM (Schreiben 02.12.2008); Staatsarchiv Darmstadt, H 3 Darmstadt Nr. 18224; HStA Wiesbaden, Abt. 520/05 Nr. 28402; ebd., Abt. 527 Liste V Nr. 6769; ebd., 650 B Nr. 10012; Eidesstattliche Erklärung für Erich Giersbeck, 10.09.1957. LA NRW Abt. Rheinland, NW 130 Nr. 192; StA Hofheim a.T. (E-Mail 26.07.2019); ebd., Nachlass Gustav Kyritz, Landsbergbuch 13; Zu Freunden Hofheims geworden, in: Hofheimer Zeitung, 05.04.1967; StAmt Essen (Schreiben 09.01.2007); StAmt Hofheim a.T. (E-Mail 15.03.2007). Der Autor dankt den hilfreichen Nachforschungen von Matthias Bartsch (StA Hofheim a.T.).

nicht die einzige Gemeinsamkeit, die er mit Rudolf Bolder teilt. Donat hatte fünf Geschwister und verbrachte die ersten Lebensjahre in Essen. Wegen der neuen Arbeitsstelle des Vaters in der Deutschen Solvay-Werke AG siedelte die Familie 1912 nach Bernburg über. Hier besuchte Donat bis 1921 die Knabenmittelschule und absolvierte dann eine vierjährige Feinmechaniker-Lehre (einschl. Fortbildungsschule). Nach der Gesellenprüfung arbeitete er im Bernburger Lehrbetrieb, bevor er eine Stelle bei der Firma Schulze & Co. in Köthen fand, die ihn im Mai 1927 wegen Arbeitsmangels entlassen musste. Da er keine neue Arbeit fand, bewarb sich Donat im September 1927 auf Grund eines Inserats bei der Anhaltischen Staatlichen Ordnungspolizei, die ihn im Oktober – gemeinsam mit Rudolf Bolder – als Polizeischüler aufnahm. Donat nahm sich eine Wohnung in Dessau, absolvierte die einjährige Ausbildung an der Polizeischule und kam im Oktober 1928 zur Abteilung Dessau, wo er u. a. auf Grund seines früheren Berufes in der Fahrrad-Reparaturwerkstatt und in der Waffenmeisterei eingesetzt wurde. Im Dezember 1933 heiratete er in Bernburg die Schneiderin Margarete Hubert (geb. 28.04.1908 in Bernburg).

Als Revier-Oberwachtmeister der Schutzpolizei wurde Donat im August 1934 zur Gestapo Dessau abkommandiert (Laufbahn im mittleren Vollzugsdienst). Wie alle „Neuen" durchlief er zu Ausbildungszwecken die drei Abteilungen der Dienststelle, bevor ihn die Stapo als Kriminalassistenten im August 1936 endgültig übernahm. Im gleichen Monat wurde er SS-Mitglied (Nr. 316.097, I. Sturmbann Dessau der 59. SS-Standarte). Die NSDAP-Aufnahme beantragte er am 18.06.1937; die Mitgliedschaft wurde auf den 01.05.1937 zurückdatiert (Nr. 5.728.371). Mit Frau und zwei Kindern wohnte er in Dessau Wasserstadt 46. Ab 1936 arbeitete Donat in der Abt. II. Anfänglich war er im Sachgebiet „Kirchen" tätig, später kontrollierte und beschlagnahmte er Zeitungen und Bücher, ab 1941 befasste er sich mit der Nachüberwachung entlassener Häftlinge. Im Jahr 1938, in dem er aus der evangelischen Kirche austrat und „gottgläubig" wurde, erfolgten die Beförderungen zum Krimi-

Haftfoto Richard Donat,
1. November 1946

naloberassistenten und SS-Sturmscharführer (letzte SS-Beförderung). Ende Oktober 1939 gebar seine Frau das dritte Kind, einen Jungen.

Ab Juli 1941 befand sich Donat im „Osteinsatz". Nach seinen Angaben war er in der Sowjetunion nur im Innendienst tätig („[...] wurde ich im Einsatz mit der listenmässigen Erfassung der Volksdeutschen und der statistischen Erfassung der vorhanden gewesenen Wirtschaftskapazität am Einsatzort beauftragt."). Im November 1941 beförderte man ihn zum Kriminalsekretär. Im Januar 1942 kehrte er nach Dessau zurück, um einen Monat später zur Staatspolizeileitstelle Magdeburg versetzt zu werden, wo er bis Kriegsende blieb. Nach eigenem Bekunden führte er in Magdeburg zunächst dieselben Aufgaben durch wie zuletzt in Dessau. Ab November 1943 will er v. a. Diebstähle in den „Ausländerlagern" bearbeitet haben. Von Juni 1944 bis April 1945 soll er im Referat „Nachrichtenwesen" tätig gewesen sein. Bereits im Dezember 1943 war Donat von Dessau (Roonstraße 6) nach Magdeburg (Hindenburgstraße 63) übergesiedelt.

Donat zog im April 1945 mit seiner Familie nach Bernburg in die Zepziger Straße 45. Obwohl er die Gestapo-Zugehörigkeit verheimlichte, kam der CIC ihm auf die Spur und nahm ihn am 15. Juni fest. Zunächst im Gerichtsgefängnis Bernburg in Haft, wurde er ab 24.06.1945 im Lager Ohrdruf, ab 01.07.1945 im Internierungslager Ziegenhain und ab 12.03.1946 im Internierungslager Darmstadt inhaftiert. Hier traf er auf die früheren Dessauer Kollegen Heinrich Hämmerli, Ernst Mund und Heinz Tangermann. Seit Juli 1946 arbeitete Donat innerhalb und außerhalb des Lagers freiwillig als Klempner.

Wie alle früheren Kollegen wandte auch Donat vor der Spruchkammer die Strategie des Verschweigens und der Falschaussage an. Dieses Vorgehen hatte deshalb Erfolg, weil 1947/48 keine belastenden Unterlagen zu Gestapo-Mitarbeitern der unteren und mittleren Ebene vorlagen. Das Schrifttum der Staatspolizei nebst Personalunterlagen war fast restlos vernichtet worden. Erkenntnisse über die Verbrechen der Einsatzgruppen in der Sowjetunion waren zu diesem Zeitpunkt gering. Zwar kannten die Amerikaner das Führungspersonal (Einsatzgruppen-Prozess in Nürnberg September 1947 bis April 1948), aber nicht die Masse der „normalen" Angehörigen. Zudem legten frühere Gestapo-Mitarbeiter zahlreiche Eidesstattliche Erklärungen („Persilscheine") vor, deren Wahrheitsgehalt nicht überprüft werden konnte. Heute ist es unbegreiflich, dass sich Gestapo-Kollegen gegenseitig Entlastungszeugnisse ausstellen durften und die Entnazifizierungskammern diese annahmen. Im Fall der Dessauer Mitarbeiter kam noch hinzu, dass sie in der NS-Zeit nicht dort gewohnt und gearbeitet hatten, wo sie jetzt entnazifiziert wurden. Und da einige gemeinsam in Internierungslagern saßen, sprachen sie ihr Vorgehen gegenüber den Kammern ab, was schon daran zu erkennen ist, dass ihre „Persilscheine" inhaltlich nahezu identisch sind. So gab Donat zwar zu, ab August 1936 bei der Gestapo gearbeitet zu haben, verheimlichte jedoch die vorangegangenen zwei Jahre der Abordnung. Und seine Angabe, er habe die gesamte Zeit in Dessau nur „allgemeine Kartei- und Aktenführung sowie Registraturarbeiten" durchgeführt, war gelogen. Die Spruchkammer Darmstadt-Lager stufte Donat am 11. Juni 1948 – einige Wochen zuvor war er aus dem Internierungslager entlassen worden und wohnte im Flüchtlingslager Auerbach – in die Kategorie III „Minderbelastete" ein. Er erhielt eine sechsmonatige Bewährungsfrist und musste einen Sühnebetrag von 300 Mark leisten. Seine Familie lebte zu dieser Zeit in Bernburg. Donat wohnte später im Flüchtlingslager Trautheim und arbeitete bei der amerikanischen Militärregierung in Nieder-Ramstadt. Nach Ablauf der Bewährung kam er in die Kategorie IV „Mitläufer".

Mit dem Chef in der Mitte, kameradschaftlich vereint, traf unser Reporter die in den Ruhestand getretenen Beamten, Polizeiobermeister Donath (rechts) und Polizeihauptmeister Bolder. Zwischen ihnen der Leiter der Hofheimer Polizeistation, Hauptkommissar Schake.   Foto: Bertram

Zeitungsfoto anlässlich des Ruhestands von Richard Donat und Rudolf Bolder, 1967

Wie Erich Giersbeck (siehe nächste Biografie) kämpfte auch Donat, der inzwischen in Darmstadt wohnte, nach Erlass des „131er-Gesetzes" um Anerkennung der Gestapo-Dienstzeit und -Beförderungen, die ihm das Landespersonalamt Hessen zunächst verweigerte. Aber im Gegensatz zu Giersbeck gelang es ihm nach jahrelangen Einsprüchen und der Beibringung fragwürdiger Leumundszeugnisse (u. a. Willy Prautzsch) im November 1954, dass der „Ausnahmeparagraf" 67 des „131er-Gesetzes" bei ihm teilweise Anwendung fand. Obwohl er wie Giersbeck keine Belege beibringen konnte, dass er während des Staatspolizei-Dienstes „angeordnete Gewaltmaßnahmen verhindert oder wesentlich gemildert" hatte, erkannte das Landespersonalamt Hessen sowohl die Gestapo-Dienstzeit als auch den Rechtsstand als Beamter auf Lebenszeit als „ruhegehaltsfähig" an. Keine Anerkennung fanden die Beförderungen – er blieb Polizeirevieroberwachtmeister zur Wiederverwendung.

Nachdem seine Familie aus Bernburg zu ihm übergesiedelt war, zogen die Donats im Oktober 1955 nach Hofheim am Taunus, weil ihn die dortige Polizei eingestellt hatte. Hier traf er Rudolf Bolder wieder, mit dem er im Oktober 1927 bei der Polizei in Dessau angefangen hatte. Wie erwähnt gingen sie auch gemeinsam im April 1967 in den Ruhestand – Richard Donat als Polizeiobermeister. In Hofheim am Taunus verstarb er am 29.10.1970.

Der erwähnte Erich Giersbeck erblickte am 02.12.1906 in Wahlitz (heute Ortsteil der Stadt Gommern) das Licht der Welt.[287] Sein Vater, ein Weichensteller, war vor der Geburt an einer Lungenentzündung gestorben. Von 1913 bis 1921 besuchte Giersbeck die Volksschule Wahlitz und absolvierte dann eine dreieinhalbjährige Schlosser-Lehre bei August Kauert in Gommern. Nach der Gesellenprüfung arbeitete er als Schlossergeselle bei vier verschiedenen Firmen, u. a. ein Jahr bei seinem Lehrmeister. Da ihm der Beruf zu unsicher war, bewarb er sich bei der Polizei und begann im Oktober 1928 seine einjährige Ausbildung an der Polizeischule Dessau. Im Oktober 1929 trat er als Unterwachtmeister seinen Dienst bei der Anhaltischen Schutzpolizei, Abteilung Dessau, an. Giersbeck wurde v. a. zum Wachdienst, Straßen- und Patrouillendienst und zur Ausbildung von Hilfskräften herangezogen. Kurze Zeit war er auch in der Waffenmeisterei beschäftigt. Im Oktober 1932 folgte die Beförderung zum Wachtmeister, und Anfang Oktober 1934 hei-

---

287 Für die Biografie wurden folgende Unterlagen verwendet: LASA, Z 116-1, V Nr. 22, Bl. 40RS; BArch, R 9361-IX KARTEI F0062; ebd., R 9361-III/53969; ebd., R 58/10962, Bl. 151–155; Staatsarchiv Ludwigsburg, EL 903/4 Bü 368; ebd., EL 904/2 Nr. 19543; ebd., EL 904/2a Nr. 532; ebd., EL 904/7 Nr. 532; ebd., EL 904/10 Nr. 3725; LA NRW Abt. Rheinland, NW 130 Nr. 192; StAmt VGem Biederitz-Möser (Schreiben 06.10.2008); StAmt Marl (E-Mail 17.10.2008). Im Staatsarchiv Bremen ist die Spruchkammer-Akte überliefert (4,66-I-3477). Sie wurde nicht verwendet, weil sie Bekanntes aus der Zeit bis 1948 beinhaltet.

ratete er in Leitzkau Luise Schmidt (geb. 05.10.1910 in Werder). Der Ehe entsprangen drei Söhne, von denen der Letztgeborene (1941) 1948 verstarb. Im April 1935 wurde er zum Oberwachtmeister und Ende Januar 1936 zum Revier-Oberwachtmeister befördert. Die Familie wohnte in Dessau-Ziebigk, Privatstraße 12. Giersbecks Versetzung zur Staatspolizeistelle Dessau unter gleichzeitiger Ernennung zum Kriminalassistenten erfolgte am 01.02.1938. Von Oktober bis Dezember 1938 besuchte er den Kriminalassistentenanwärter-Lehrgang an der Führerschule der Sipo Berlin-Charlottenburg, und nach einjähriger Probezeit übernahm ihn die Gestapo im Februar 1939 endgültig. Giersbeck war in den Abt. II und III tätig. Nach derzeitigen Erkenntnissen war Giersbeck neben Otto Sens der einzige Dessauer Gestapo-Mitarbeiter, der 1939 einer Einsatzgruppe in Polen angehörte. Nach Auflösung der Einsatzgruppen blieb Giersbeck bis 27.02.1940 bei der Sipo in Polen (SS-Oberscharführer). Nach Dessau zurückgekehrt, beantragte er am 26.03.1940 gleichzeitig die Aufnahme in die NSDAP (Beginn Mitgliedschaft 01.04.1940, Nr. 7.608.855) und in die SS (SS-Bewerber). Im Oktober 1940 wurde er – bei gleichzeitiger Übernahme als Beamter auf Lebenszeit – zum Kriminaloberassistenten befördert. Zu den Einsatzgruppen der Sipo und des SD in die Sowjetunion kommandierte man Giersbeck nicht ab.
Im April 1942 wurde Giersbeck zur Staatspolizeistelle Bremen versetzt. Dort blieb er bis 1945, wobei seine Familie weiterhin in Dessau wohnte. Auch in Bremen arbeitete er in den Abt. II und III. Er behauptete 1955, er hätte in Dessau und Bremen nur „einige Fälle […] staatsfeindlicher Äußerungen", größtenteils aber „Mietstreitigkeiten, Anfragen und Weiterleitungen"

Erich Giersbeck

bearbeitet. Letztere Aussage war gelogen, da sich die Gestapo mit „Mietstreitigkeiten" natürlich nicht beschäftigte. Im Januar 1943 wurde Giersbeck zum Kriminalsekretär befördert. Zumindest zu diesem Zeitpunkt war er auch SS-Mitglied.
In Bremen – er wohnte in der Bleicherstraße 45, seine Familie wohnte wegen der Zerstörung der Dessauer Wohnung seit März in Leitzkau – nahm ihn der CIC am 23.05.1945 wegen Gestapo- und SD-Zugehörigkeit fest. Anschließend lag er bis 02.05.1946 in einem amerikanischen Hospital in Karlsruhe, von dem er in das Internierungslager Ludwigsburg (bis 24.04.1947), von dort kurzzeitig in das Internierungslager Festung Hohenasperg (bis 21.06.1947), dann wieder zurück nach Ludwigsburg und am 28.10.1947 erneut in das Lager Festung Hohenasperg verlegt wurde. Am 09.02.1948 kam er in das Internierungslager Bremen, aus dem er am 21.09.1948 entlassen wurde. Am selben Tag stufte ihn die I. Spruchkammer Bremen als „Mitläufer" ein. Als Sühnemaßnahmen verhängte sie zwei Jahre Sonderarbeit, drei Jahre Bewährung und 500 Mark Geldstrafe. Alle Sühnemaßnahmen galten durch die Internierungshaft als verbüßt.
Zunächst fand Giersbeck eine nicht genannte Arbeit, wurde aber nach wenigen Wochen entlassen. Im Jahr 1949 verzog er mit der Familie, die kurz zuvor aus der SBZ zu ihm übergesiedelt war, von Bremen nach Marl (Nordrhein-Westfalen), wo er eine Stelle als Betriebswerker fand. In diversen Schreiben betonte er, dass er sehr wenig verdiene, Schulden habe, die Familie an der Armutsgrenze lebe und er mehrere Wochen im Jahr wegen Krankheit nicht arbeiten könne. Trotz aller Bemühungen gelang es ihm nicht, bei der Polizei eingestellt zu werden – er blieb Revier-Oberwachtmeister zur Wiederverwendung.
Erstmalig beantragte Giersbeck im April 1949 die Zahlung von Versorgungsbezügen. Der Antrag wurde mehrfach abgelehnt. Daraufhin klagte er 1952 beim Landesverwaltungsgericht. Es folgte ein achtjähriges Verwaltungsstreitverfahren um die Anerkennung der Gestapo-Dienstzeit als „ruhegehaltsfähig". Denn das Land Nord-

rhein-Westfalen verweigerte Giersbeck die Versorgungsbezügen nach dem „131er-Gesetz", weil er bis zur Gestapo-Versetzung nur neun Jahre und 123 Tage Dienst geleistet hatte (Voraussetzung: zehn Dienstjahre) und die Anstellung als Beamter auf Lebenszeit erst bei der Gestapo erfolgte. Eine Ausnahme wäre gemäß §67 des „131er-Gesetzes" und §110 des Bundesbeamtengesetzes nur dann möglich gewesen, wenn Giersbeck hätte nachweisen können, dass er „angeordnete Gewaltmaßnahmen verhindert oder wesentlich gemildert" habe. Solches Material konnte er nicht vorlegen. Zum Rechtsstreit ist im Landesarchiv Nordrhein-Westfalen, Abt. Rheinland eine umfangreiche Akte überliefert. Das Verfahren, in dem auch frühere Dessauer Gestapo-Mitarbeiter als Zeugen aussagten, ging über den Tod Giersbecks am 22. Februar 1957 hinaus – er starb in der Paracelsus-Klinik von Marl an Lungenkrebs. Seine Witwe führte es weiter, letztlich erfolglos. Die Gestapo-Dienstzeit ihres Mannes wurde ebenso wenig als „ruhegehaltsfähig" anerkannt wie die in dieser Zeit erfolgten Beförderungen. Bedeutend an dem Rechtsstreit ist die Tatsache, dass er am 08.09.1960 durch ein Urteil des Bundesverwaltungsgerichtes abgeschlossen wurde und das Urteil für gleichartige Fälle fortan Präzedenzcharakter trug. Eine untypische Biografie ist die von Heinrich Hämmerli, der am 29.12.1906 in Salder (jetzt Salzgitter) als siebentes Kind von Schweizer Staatsangehörigen geboren wurde.[288] Er wuchs auf dem Land auf, besuchte die Volksschule seines Heimatdorfes und erlernte 1921 bis 1925 in Burgdorf bei Hannover das Wagner- und Stellma-

---

288 Für die Biografie wurden folgende Unterlagen verwendet: BArch, R 9361-VIII KARTEI G0150; ebd., R 9361-III/63752; ebd., B 162/3682, Bl. 91–96; ebd., B 162/6124, Bl. 1065–1067; ebd., B 162/16191, Bl. 274–276; ebd., B 162/19311, Bl. 924–935; LASA, Z 116-1, V Nr. 22, Bl. 40RS; ebd., Z 141, Nr. 669, Bl. 129; ebd., Z 149, Nr. 122, Bl. 363; ebd., Z 149, Nr. 820, Bl. 404; ebd., K 6-1, Nr. 4369; StA Sandersleben, 19 Nr. 208, Bl. 199; Staatsarchiv Ludwigsburg, EL 904/2 Nr. 22736; HStA Wiesbaden, Abt. 520/05 Nr. 23408; Eidesstattliche Erklärung Heinrich Hämmerli für Erich Giersbeck, 12.10.1957. LA NRW Abt. Rheinland, NW 130 Nr. 192; StAmt Salzgitter (Fax 08.01.2007).

cherhandwerk (einschl. Städtische Berufsschule). Drei Jahre war er als Geselle tätig. Wegen der Schweizer Staatsangehörigkeit leistete er dort 1926 den dreimonatigen Militärdienst ab und arbeitete ein halbes Jahr in der Schweiz. „Wegen günstigerer Arbeitsverhältnisse" kehrte er nach Hannover zurück. Doch auch hier wechselten sich Berufstätigkeit und Arbeitslosigkeit ständig ab, so dass sich Hämmerli bei der Polizei bewarb, um sich „eine Lebensstellung zu sichern". Da er viel Sport trieb, hatte er es diesen Leistungen zu verdanken (u.a. Jugendmeister im Zehnkampf), dass ihn die Anhaltische Staatliche Ordnungspolizei trotz Nichterfüllung der Mindestgröße im Oktober 1928 annahm. Er siedelte nach Dessau über (bis 1935 wohnhaft Leopoldkaserne) und kam nach der Ausbildung im Oktober 1929 als Unterwachtmeister zur Abteilung Dessau. Da es nicht erlaubt war, als Schweizer Staatsbürger bei der deutschen Polizei zu arbeiten, musste sich Hämmerli 1929 einbürgern lassen, behielt aber das Schweizer Bürgerrecht.

Auch Hämmerlis Dienst war untypisch: Die meiste Zeit durfte er trainieren, um die Dessauer Polizei bei Wettkämpfen im In- und Ausland zu vertreten. Manchmal war er tagelang unterwegs. Er nahm an den Polizeimeisterschaften im Fünfkampf und im Pistolenschießen teil. Zudem spielte er in Handball- und Faustballmannschaften und war u.a. Mitglied im Turnverein Dessau 1861. Ende Mai 1935 heiratete er in Dessau Margarete Klaus (geb. 11.10.1908 in Dessau), Deutsche Meisterin im Faustball, mit der er nach Dessau-Waldersee, Rathausstraße 19 zog. Das Ehepaar hatte drei Kinder.

Sportlich änderte sich nichts, als Hämmerli nach der im Januar 1936 erfolgten Beförderung zum Revier-Oberwachtmeister (Einsatz im Verkehrsdienst) als solcher im Mai 1937 zur Staatspolizeistelle Dessau abkommandiert wurde. Nach 1945 gab Hämmerli an, „nicht freiwillig" zur Gestapo gekommen zu sein. Eigentlich sollte er zur Kriminalpolizei nach Bernburg versetzt werden. Dafür hätte er aus dem Polizeisportverein Dessau austreten und die Sportkarriere aufgeben müssen, was er auf keinen Fall wollte. So blieb nur die Gestapo-Lösung. Die Formulierung, er wäre „plötzlich zu mei-

Heinrich Hämmerli

nem eigenen Erstaunen [...] ohne mein Zutun" zur Staatspolizei gekommen, ist also nicht zutreffend. Wie alle „Neuen" durchlief er zur Ausbildung die drei Abteilungen. Im August 1937 stellte Hämmerli einen NSDAP-Aufnahmeantrag, weil er, wie er später zu Protokoll gab, von den Vorgesetzten dazu „immer wieder aufgefordert wurde". Die Mitgliedschaft wurde auf den 1. Mai 1937 zurückdatiert (Nr. 6.044.460). In der Partei übte er bis 1939 das Amt des Zellenleiters aus. Ebenfalls im August 1937 erfolgte die „Einberufung" als Kriminalassistent auf Probe. Nachdem er im März und April 1938 am Lehrgang der Sipo-Führerschule Berlin-Charlottenburg teilgenommen hatte, übernahm ihn die Gestapo 1938 als Kriminalassistenten endgültig. Er arbeitete in der Abt. III, wo er auf Grund der häufigen sportbedingten Abwesenheit nur im Innendienst Verwendung fand (Führung des Tagebuches, Pflege der Karteien, Verwaltung der Akten). Am 1. März 1938 bewarb er sich um Aufnahme in die SS (SS-Bewerber). Wann die Mitgliedschaft zustande kam, ist nicht überliefert; spätestens 1940 war Hämmerli SS-Mitglied. Ab Oktober 1939 wohnte er in der Parkstraße 8 – wie Erich Herrscher. Am 16.11.1939 trat er aus der evangelischen Kirche aus und wurde „gottgläubig".

„Nach freiwilliger Meldung zum Osteinsatz" wurde Hämmerli am 1. Februar 1940 zum KdS Warschau abkommandiert und im selben Jahr zum Kriminaloberassistenten befördert. Er arbeitete in der Abt. 4, wo er sich v.a. mit Arbeiten in der Registratur beschäftigte. Zeitweise gehörte er dem Referat Schutzhaft, später dem Referat Reichs- und Volksdeutsche an. Von Januar bis Dezember 1940 setzte man ihn in der Außenstelle Malkinia des KdS Warschau ein

(100 km östlich von Warschau). Auch in Polen trainierte Hämmerli während des Dienstes und nahm an Wettkämpfen teil. Die gesamte Zeit leitete er den Dienstsport der Polizei, und ein Jahr war er als Sportlehrer an der deutschen Oberschule in Warschau eingesetzt. Bis Mitte 1943 wohnte auch seine Familie (zu diesem Zeitpunkt zwei Töchter) in Warschau (Villenstraße 6). Hämmerli beteuerte 1963, 1966 und 1972, als er in Ermittlungsverfahren als Zeuge zur Zeit in Warschau befragt wurde, dass er nie einer Einsatzgruppe in Polen angehört habe und die Sipo an der Auflösung des Warschauer Ghettos im Sommer 1942 nicht beteiligt und ihm diese „Aktion" nicht bekannt gewesen sei.

Zum 1. November 1942 beförderte man Hämmerli zum Kriminalsekretär, kurz darauf zum SS-Oberscharführer und im Oktober 1943 zum Kriminalobersekretär (Aufstieg in die Laufbahn des gehobenen Dienstes). Mit Auflösung der KdS-Dienststelle Warschau erfolgte Anfang September 1944 die Abkommandierung zum KdS Krakau, wo er nach eigenem Bekunden im Verwaltungsinnendienst tätig war. Zunächst in Sochaczew arbeitend, kam er im Oktober 1944 nach Zakopane. Wie Heinz Tangermann wurde Hämmerli im gleichen Monat als SS-Hauptscharführer dem Einsatzkommando z.b.V. (zur besonderen Verwendung) 27 der Sipo und des SD zugeteilt. Das EK z.b.V. 27 war in der Ostslowakei an der Niederschlagung des slowakischen Nationalaufstandes beteiligt und ermordete mindestens 158 Menschen. Als er im Juli 1970 von der Staatsanwaltschaft Hamburg als Zeuge in einem Ermittlungsverfahren zum EK z.b.V. 27 befragt wurde, wich er immer dann aus, wenn es um seine Tätigkeit ging. Er behauptete, dass er im EK „keinen Dienst wahrgenommen" habe. In der Ostslowakei hätte es keine Juden gegeben und er hätte auch keine Juden festgenommen oder erschossen.

Nach Hämmerlis unbestätigten Angaben saß er kurzzeitig im Gefängnis, bevor ihn das SS- und Polizeigericht Krakau wegen „Gefangenenbegünstigung" im Dezember 1944 einem Bewährungsbataillon der Feldgendarmerie überstellte. In dem Bataillon soll er von Januar bis Kriegsende an der Front gekämpft haben. Da die Außendienststelle Dessau Hämmerlis Heimatdienststelle war, kehrte er zur Familie nach Dessau zurück und meldete sich bei den Amerikanern, die ihn am 02.06.1945 inhaftierten. Vom 02.07.1945 bis 16.03.1946 befand er sich im Internierungslager Ziegenhain, danach im Internierungslager Darmstadt. In Ziegenhain arbeitete er als Küchenhilfskraft, in Darmstadt als Koch in der Küche des Lager-Hospitals. Hämmerli verschwieg der Spruchkammer drei urteilsverschärfende Tatsachen: die SS-Mitgliedschaft, das Amt als NSDAP-Zellenleiter und den Einsatz im EK z.b.V. 27. Darum reihte ihn die Spruchkammer Darmstadt-Lager am 09.09.1947 „nur" in die Kategorie III „Minderbelastete" ein, u.a. mit den Sühnemaßnahmen zwei Jahre Bewährung und Zahlung von 500 Mark. Er wurde am gleichen Tag entlassen und ließ sich in Wiesbaden nieder. Gegen den Spruch legte er erfolgreich Berufung ein, da er zahlreiche Eidesstattliche Erklärungen einreichte. Sie stammten u.a. von zwei Bürgern jüdischer Herkunft aus Dessau, aber auch von Heinz Tangermann und Richard Donat (ebenfalls Internierungslager Darmstadt). Am 03.06.1948 stufte ihn die Berufungskammer Frankfurt am Main ohne Sühnemaßnahmen in die unterste Kategorie „Entlastete" ein. Ab November 1948 arbeitete Hämmerli beim hessischen Landeskriminalamt in Wiesbaden. Zumindest im Oktober 1957 wohnte er in der Karl-Boos-Straße 4 und war Kriminalobersekretär (Februar 1963 Kriminalobermeister), und zumindest im Mai 1972 befand er sich als Kriminalhauptmeister im Ruhestand. Heinrich Hämmerli verstarb am 5. Oktober 1994 in Wiesbaden.

Im Gegensatz zu Hämmerli stammte Willy Knof aus Anhalt. Er wurde am 29.04.1908 in Arensdorf bei Köthen als Sohn eines Reichsbahnbeamten (Zugführer) geboren.[289] Zunächst wohnten die

---

[289] Für die Biografie wurden folgende Unterlagen verwendet: Generallandesarchiv Karlsruhe, 465 i Nr. 6354; BArch, R 58/10949, Bl. 38–43; ebd., VBS 1003 (@)/ ZB 0052 A.7; BStU, MfS, HA XX, Nr. 3358, Bl. 159; ebd., HA IX/11, AK 3516/88, Bl. 1–14; StA Köthen (E-Mail 11.06.2019).

Eltern in Köthen, wo Knof im April 1914 eingeschult wurde. Weil die Familie wegen Versetzung des Vaters im Juli 1914 nach Dessau zog, besuchte er bis 1922 dort die Volksschule. Bei Polysius schloss er im September 1928 eine Maschinenschlosser-Lehre ab, fand aber keine Anstellung. Darum arbeitete er ab Dezember 1928 als Büro- bzw. Kassenbote beim Energieversorger Überlandzentrale Anhalt bzw. Überlandzentrale Ostharz AG Dessau. Hauptsächlich las er Stromzähler ab, rechnete Stromverbräuche aus und zog Geld per Inkasso ein. Am 1. August 1932 trat er in Dessau der NSDAP und der SA bei, von der er im November 1933 zur SS wechselte (höchster Rang ab 1942 Scharführer). Im selben Jahr heiratete er; aus der Ehe gingen vier Kinder hervor. Das erste wurde 1935, das letzte – ein Junge – 1946 geboren. Von Januar 1935 bis April 1938 wohnte die Familie in Schadeleben.

Wegen des geringen Verdienstes bewarb sich Knof bei der Gestapo; am 1. Mai 1938 fing er als Kriminalangestellter bei der Staatspolizeistelle Dessau an. Er zog nach Dessau (zunächst August-Bebel-Str. 14, ab Januar 1939 Luisenstr. 20). Nachdem er im Mai 1940 die Eignungsprüfung für den mittleren Vollzugsdienst bestanden hatte und im September 1940 in das Beamtenverhältnis übernommen worden war, besuchte er von Oktober 1940 bis Februar 1941 den dazugehörigen Lehrgang (Grenzpolizeischule Pretzsch). Wenig später wurde er zum Kriminalassistenten ernannt. Knof arbeitete in der Abt. III ausschließlich im Innendienst, und zwar in der Kartei und Registratur (Führung des Tagebuches) bzw. in der Aktenverwaltung. Dennoch gehörte er ab 22.05.1941 zu den Teilnehmern des Vorbereitungslehrganges der Einsatzgruppen der Sipo und des SD in Düben und wurde anschließend bis März 1942 in die Sowjetunion abkommandiert. Hier – so seine Aussagen nach 1945 – will er nur im Innendienst tätig gewesen sein (Anfertigung von Protokollen und Lageberichten). Nach der Rückkehr absolvierte Knof einen zweimonatigen Lehrgang zur weiteren Kriminalassistenten-Ausbildung an der Sicherheitspolizeischule Drögen in Fürstenberg/Havel. Nach der Abschlussprüfung arbeitete er als außerplanmäßiger Kriminalassistent.

Im Februar 1943 versetzte das RSHA Knof zum KdS Paris. Auch hier, so Knof später, hätte er nur in der Kartei gearbeitet. Er räumte ein, an drei Razzien (Durchkämmung eines Waldes nach Partisanen) beteiligt gewesen zu sein, bei denen aber nichts geschehen sei. Im August 1943 erfolgte die Abkommandierung zur Gestapo Lyon, wo er nur acht Tage Dienst versah. Denn beim Reinigen der Dienstpistole löste sich versehentlich ein Schuss und traf sein linkes Bein, so dass Knof ab 2. September 1943 in verschiedenen Lazaretten behandelt und ihm der linke Unterschenkel amputiert werden musste. Da die Wohnung in Dessau am 07.03.1945 zerstört wurde, erfolgte die Evakuierung der Familie nach Badeborn, Zehlinger Weg 148c. Dort traf Knof am 16. April 1945 ein, und dort nahmen ihn die Amerikaner am 19. Juni fest. Nach dem SBZ-Abzug kam er zunächst in das Internierungslager Ludwigsburg. Dort blieb er nur kurz, denn wegen der Amputation und notwendiger Folgeoperationen lag er bis März 1947 im Internierungskrankenhaus 2 in Karlsruhe, von dem er als 60%-Kriegsversehrter in das DRK-Kriegsversehrtenheim Marxzell kam.

Willy Knof

Dennoch musste auch Knof die Entnazifizierung über sich ergehen lassen. Überraschend stufte ihn die Spruchkammer IV Karlsruhe am 12.03.1948 in die zweithöchste Kategorie „Belastete" ein und erlegte ihm den Einzug von 30% des Vermögens (mindestens 500 Mark) sowie zwei Jahre Sonderarbeit auf. Knof ging in Berufung. Ihm wäre keine individuelle Schuld nachzuweisen, und er hätte bei der Gestapo nur im Verwaltungsinnendienst in untergeordneter Stellung gearbeitet. Im August 1948 zog er in das Versehrtenheim nach Karlsruhe, Marienstr. 90. Die Berufungskammer II Karlsruhe hob im November 1948 den Spruch auf und stufte Knof als „Minderbelasteten" ein und erlegte ihm einen einmaligen Beitrag von 50 Mark auf; wegen der Kriegsversehrtheit musste er keine Sonderarbeit leisten. Als Knof im März 1949 aufgefordert wurde, das Geld zu zahlen, begründete er detailliert, warum er nicht in der Lage sei, die Summe aufzubringen, obwohl er seit Dezember 1948 in einer Gießerei als Werkschreiber arbeitete. Am Ende bat er die Zentral-Spruchkammer Nordbaden, ihn von der „Zahlung des Sühnebetrages zu entbinden". Daraufhin erließ ihm der Minister für politische Befreiung Württemberg-Baden im Juli 1949 die Sühnemaßnahme und die Verfahrenskosten. Und für Knof, der inzwischen in der Werderstr. 12 in Karlsruhe wohnte, kam es noch besser. Die Zentral-Spruchkammer Nordbaden stufte ihn am 05.10.1949 nur noch als „Mitläufer" ein, da zu erwarten sei, dass er „seine Pflichten als Bürger eines friedlichen demokratischen Staates erfüllen werde". Nach Erlass des „131-Gesetzes" beantragte er die Wiederverwendung – mit Erfolg: Die Kriminalpolizei Karlsruhe stellte ihn ein. In Pension (Jahr unbekannt) ging er als Kriminaloberrat (d.h. zuletzt im höheren Polizeivollzugsdienst). Willy Knof verstarb am 07.06.1988 in Karlsruhe.

Ernst Mund, am 05.01.1912 in Kroppenstedt geboren, kam erst 1940 zur Gestapo.[290] Der Sohn eines Dachdeckers besuchte bis Ostern 1926 die Volksschule des Heimatortes und erlernte im Geschäft seines Vaters (Meister) das Dachdecker-Handwerk. Nach Lehrabschluss 1929 arbeitete er – soweit Aufträge vorlagen – im väterlichen Betrieb. Vor allem im Winter verdiente er sich den Lebensunterhalt in der Landwirtschaft oder als Bau- und Lagerarbeiter. Mit 18 Jahren trat er am 1. Mai 1930 der NSDAP (Nr. 238.041) und der SA in Kroppenstedt bei, wobei ihn die Partei sechs Monate später ausschloss und er am 1. August 1932 wieder eintrat. Nach eige-

---

290 Für die Biografie wurden folgende Unterlagen verwendet: BArch, R 9361-III/137578; LASA, Z 149, Nr. 234, Bl. 168, 177; ebd., Nr. 824, Bl. 48; BStU, MfS, HA IX/11, AV 10/89, Bl. 7; DRK-SM (Schreiben 15.05.2012); HStA Wiesbaden, Abt. 520/05 Nr. 29816; Staatsarchiv Hamburg, 213-12_0042; StAmt Verbandsgemeinde Westliche Börde Gröningen (Fax 20.06.2012).

nen Angaben begründete Mund in „Kroppenstedt und Umgegend" im April 1933 die Hitler-Jugend (Scharführer). „Um zu einem gesicherten Lebensunterhalt zu kommen", bewarb er sich bei Junkers und arbeitete seit März 1937 als Wachmann im Werkschutz der Junkers-Werke Dessau, Abt. Flugzeugbau. Er wohnte in der Friedhofstraße 20a. In Dessau heiratete er im November 1939 Herta Graefe (geb. 26.08.1910 in Dessau). Das Ehepaar hatte drei Kinder. Auf Grund seiner Bewerbung stellte ihn die Staatspolizeistelle Dessau am 18. März 1940 als Fernschreiber (Kriminalangestellter) ein. Da er am 1. Juli 1940 die SS-Mitgliedschaft beantragte (SS-Bewerber), trat er aus der SA aus (zuletzt Oberscharführer). Der evangelischen Kirche gehörte er bereits seit 9. Januar 1939 nicht mehr an („gottgläubig").

Erst im Oktober 1941 wurde Mund in die Sowjetunion abkommandiert, wo er als SS-Scharführer der EG A angehörte. Nach 1945 gab er stets an, ausschließlich als Fernschreiber beim KdS Lettland in Riga tätig gewesen zu sein. Im April 1943 kehrte Mund nach Dessau zurück und wurde einen Monat später als Polizeiassistentenanwärter zur Staatspolizeileitstelle Magdeburg versetzt. Die Ernennung zum außerplanmäßigen (apl.) Polizeiassistenten folgte im September 1944. Auch in Magdeburg, wo er zur Untermiete wohnte; seine Familie blieb in Dessau, war Mund als Fernschreiber tätig.

Bei Kriegsende kehrte Mund zur Familie nach Dessau zurück, wo die Wohnung im März durch einen Luftangriff zerstört worden war. In Dessau nahmen ihn die Amerikaner am 30. Mai fest. Bis 26. Februar 1946 saß er im Internierungslager Ziegenhain, dann im Internierungslager Darmstadt, während seine Familie in Kroppenstedt wohnte. In den Lagern arbeitete er als Dachdecker, zum Teil als Maurer. Die Spruch-

Ernst Mund

kammer Darmstadt-Lager, die Mund als einen Menschen „von nur schlichten Geistesgaben" bezeichnete, stufte ihn am 24. August 1948 – wenige Tage zuvor war er entlassen worden – in die Kategorie IV „Mitläufer" ein. Er musste einen Sühnebetrag von 100 Mark leisten. Was aus ihm wurde, konnte nicht ermittelt werden. Bekannt ist nur, dass er im August 1949 noch immer im Flüchtlingslager Trautheim wohnte. Zudem war er ab 1960 einer von 841 Beschuldigten, gegen die die Staatsanwaltschaft Hamburg wegen der Beteiligung an Massenerschießungen der jüdischen Bevölkerung in Riga und Umgebung ermittelte. Mund wurde vorgeworfen, im November und Dezember 1941 an der Räumung des Ghettos Riga beteiligt gewesen zu sein. Weil ihm dies jedoch nicht nachgewiesen werden konnte, musste das Ermittlungsverfahren eingestellt werden. Ernst Mund verstarb am 19. November 1997 in Traisa (Ortsteil der Gemeinde Mühltal, Hessen).

Fritz Schwichtenberg wurde am 07.05.1911 als Sohn eines Formers in Magdeburg geboren.[291] Der gelernte Schriftsetzer arbeitete zwei Jahre in seinem Beruf. Im April 1931 trat er in die Dienste der Anhaltischen Schutzpolizei, Abteilung Dessau. Von Oktober 1934 bis September 1936 war er bei der Reichswehr bzw. Wehrmacht (Infanterie Regiment 12 in Quedlinburg bzw. Blankenburg/Harz, zuletzt Unteroffizier). Im Oktober 1936 wechselte Schwichtenberg zur städtischen Polizei Dessau (zuletzt 3. Polizeirevier, Revier-Oberwachtmeister im Straßendienst). Er gehörte zu den Beamten des Polizeipräsidiums, die sich beim „Einsatz in Österreich bewährt und vollauf ihre Pflicht erfüllt" hatten (Mitwirkung beim Anschluss Österreichs im März 1938). Dafür erhielt er 1939 die „Medaille zur Erinnerung

---

291 Für die Biografie wurden folgende Unterlagen verwendet: BArch, R 9361-III/190708; Vorschlagsliste Nr. 049 für die Verleihung der Medaille […], 10.03.1939. Ebd., VBS 1003 (@)/ZD 9183 A.10/001-105; ebd., Z 42-II/2090, Bl. 46, 92, 95, 100; ebd., B 162/21191, Bl. 209f.; ebd., B 162/21193, Bl. 285; ebd. B 162/7857; ebd., B 162/7858, Bl. 219f.; SAPMO-BArch, DY 55, V 278/4/81; StAmt Magdeburg (Schreiben 05.01.2007); Ordnungsamt Röthenbach an der Pegnitz (E-Mail 20.03.2019).

an den 13. März 1938". Im Mai 1939 heiratete er in Dessau, und ab September 1939 war er bei der Gestapo in der Abt. II, Sachgebiet A „Kommunismus, Marxismus" bzw. Abt. III tätig. Als SS-Oberscharführer war er ab 1941 zum EK 12 der EG D abkommandiert. Im März 1942 wurde er zur Staatspolizeileitstelle Magdeburg versetzt. In Dessau bearbeitete er Fälle des „Verbotenen Umgangs mit Kriegsgefangenen", und in Magdeburg setzte man ihn – ab April 1943 Kriminaloberassistent, ab November 1943 SS-Hauptscharführer – bei der Verfolgung von Kommunisten ein (Sachgebiet IV 1 a).

Da Schwichtenberg bei Kriegsende weder floh noch sich einer Wehrmachteinheit anschloss, verhafteten ihn die Briten am 30. Mai in seiner Magdeburger Wohnung, Holsteiner Straße 32 und nahmen ihn beim Abzug aus der SBZ mit. Zuletzt befand er sich im Internierungslager Fallingbostel. Das Spruchgericht Benefeld-Bomlitz verurteilte ihn am 15. Juli 1948 wegen Gestapo-, SS- und SD-Zugehörigkeit zu einem Jahr sechs Monaten Gefängnis. Die Strafe war mit der Internierungshaft verbüßt – Schwichtenberg kam einen Tag nach dem Urteil frei. Während der Ermittlungen war es zu ambivalenten Zeugenaussagen über sein dienstliches Verhalten gekommen. Ehemals inhaftierte Kommunisten, Sozialdemokraten, jüdische „Mischlinge 1. Grades" und seine Stenotypistin in Magdeburg sagten positiv, andere wiederum äußerst negativ zu Schwichtenberg aus. Sein anschließender Lebensweg konnte nicht ermittelt werden. Zumindest wohnte er im August 1971 in Röthenbach an der Pegnitz. Im Rahmen von Vorermittlungen in Ludwigsburg (Tätigkeit der Einsatzgruppen) wurde er 1972 und 1973 als Zeuge mehrmals vernommen. Fritz Schwichtenberg starb am 5. Mai 1979 in Bad Homburg vor der Höhe.

Fritz Schwichtenberg

Ähnlich verlief der Weg von Erich Strübing.[292] Der am 30.01.1904 in Magdeburg-Buckau als Arbeitersohn Geborene lernte nach Ende der Volksschule 1918 bis 1922 Werkzeugschlosser (einschl. Fortbildungsschule). Vier Jahre verblieb er als Geselle bei der Lehrfirma Schäffer & Budenberg Magdeburg-Buckau. Ab April 1926 besuchte er die Polizeischule Dessau, und im Oktober 1927 teilte man ihn der Anhaltischen Staatlichen Ordnungspolizei, Abteilung Dessau zu (ab 1930 Wachtmeister, ab 1933 Oberwachtmeister, ab 1934 Revier-Oberwachtmeister). Strübing war mit Gertrud Sarnes verheiratet; aus der Ehe ging ein Kind hervor. Ab November 1937 arbeitete er bei der Dessauer Verkehrspolizei. Zum Hauptwachtmeister wurde er im April 1938 ernannt. Der NSDAP gehörte er seit 01.11.1939 an (Nr. 7.267.775). Strübings Probedienst bei der Gestapo Dessau, für den er sich 1939 beworben hatte, begann im März 1940. Anfang 1941 beantragte er die Aufnahme in die SS, wobei seinen Aussagen zufolge die Mitgliedschaft nie zu Stande kam. Nach Beendigung des Probedienstes übernahm ihn die Gestapo im März 1941 endgültig (Ernennung zum Kriminaloberassistenten). Er arbeitete in der Abt. III als Sachbearbeiter für Industrieangelegenheiten. Ab Juni 1941 gehörte er dem EK 12 der EG D in der Sowjetunion an. Als SS-Hauptscharführer war er an der Ermordung von Juden beteiligt. Im April 1943 wurde er zu einem Einsatzkommando der Sipo und des SD nach Kroatien abkommandiert und im August zum SS-Sturmscharführer und Kriminalsekretär befördert. Im Februar 1944 kehrte er nach Dessau zurück und arbeitete im Referat IV 2 Sabotage bzw. im Referat IV 3 Abwehr Sachgebiet „Werkschutz und Werksicherung". Zuletzt wohnte er in Dessau, Quellendorfer Straße 47. Kurzzeitig gelang es Strübing unterzutauchen, aber die Amerikaner nahmen ihn am 7. Juni 1945 in Magdeburg fest und beim Abzug

---

292 Für die Biografie wurden folgende Unterlagen verwendet: LASA, Z 116-1, V Nr. 22, Bl. 40RS; BArch, R 9361-IX KARTEI W0068; ebd., Z 42-III/3002, Bl. 1–48; BStU, MfS, HA XX, Nr. 3358, Bl. 193; ebd., HA IX/11, ZUV 23 A.16, Bl. 9; Kasseler Adressbuch 1955, 3. Teil, S. 283; ebd. 1967, 2. Teil, S. 498; DRK-SM (Schreiben 15.05.2012); StAmt Magdeburg (E-Mail 22.06.2012).

aus der SBZ mit. Zuletzt befand er sich im Internierungslager Neuengamme. Das Spruchgericht Hamburg-Bergedorf verurteilte ihn am 9. Juli 1948 wegen Gestapo- und SD-Zugehörigkeit zu einer zweijährigen Gefängnisstrafe, die mit der Internierungshaft verbüßt war – Strübing kam drei Tage nach dem Urteil frei und ließ sich in Göttingen nieder. Von der Anklage der SS-Mitgliedschaft sprach ihn das Gericht frei, weil es ihm diese nicht nachweisen konnte. Im Prozess hatte Strübing u.a. hartnäckig behauptet, niemals davon gehört zu haben, dass sich die Einsatzgruppen in der Sowjetunion an der Judenverfolgung beteiligt hätten. Die meisten Aussagen schätzte das Spruchgericht als „unglaubwürdig" ein. Seit 1955 wohnte Strübing in Kassel. In den Adressbüchern findet sich bis 1967 der Eintrag „Pol.-Beamter z. Wv." (Polizei-Beamter zur Wiederverwendung), d.h. Strübings Bemühungen, auf Basis des „131er-Gesetzes" wieder in den Öffentlichen Dienst eingestellt zu werden, blieben erfolglos. Er starb am 4. Januar 1978 in Bruck an der Großglocknerstraße (Österreich).

Die Biografie von Emil Zander unterscheidet sich von denen der anderen Mitarbeiter in Dessau. Zander wurde als Sohn eines Dachdeckermeisters am 10.04.1894 in Eschwege (Hessen) geboren.[293] Er war der zweitälteste Dessauer Beschäftigte der mittleren Ebene. Sein Vater besaß eine Dachdecker-Firma. Bis 1908 besuchte Zander die Bürgerschulen in Eschwege und Raguhn. Anschließend absolvierte er eine Dachdecker-Lehre im Betrieb des Vaters, den er übernehmen sollte. Nach deren Ende arbeitete er in der Firma des Vaters. Von 1914 bis 1918 nahm Zander im Jäger-Bataillon Nr. 4 am Ersten Weltkrieg teil (Vizefeldwebel). Danach arbeitete er ab Januar 1919 als Eisenbahn-Anwärter auf dem Bahnhof in Raguhn. Da ihm die Tätigkeit aber nicht zusagte, bewarb er sich erfolgreich bei der

---

293 Für die Biografie wurden folgende Unterlagen verwendet: BStU, MfS, HA IX/11, AS 218/68, Bd. 74, Bl. 4; ebd., HA IX/11, AV 10/89, Bl. 208; ebd., HA XX, Nr. 3358, Bl. 188; Staatsarchiv Ludwigsburg, EL 903/2 Bü 1557; ebd., 905/4 Bü 1693; ebd., EL 50/1 I Bü 3322; ebd., EL 50/1 II Bü 3407; DRK-SM (Schreiben 15.05.2012); StA Eschwege (E-Mail 09.07.2012).

Stadtverwaltung Raguhn auf die Stelle eines „Polizeiwachtmeisters auf Lebenszeit", die er im Mai 1921 antrat. Zuvor hatte er 1920 geheiratet. Der Ehe entsprangen zwei Kinder (geb. 1920 und 1927). Zudem war Zander seit 1921 Mitglied der DDP. Nach Beförderungen 1924 zum Oberwachtmeister und 1927 zum Hauptwachtmeister trat Zander am 1. Mai 1933 in die NSDAP ein (Nr. 2.052.088). Seit 1933 wohnte er mit seiner Familie in Raguhn, Gartenstraße 23. Nach der „Machtergreifung" der Nationalsozialisten 1933 schritt Zander als Polizist wiederholt gegen SA-Mitglieder ein, die in Raguhn willkürliche Übergriffe verübten. Diese Zivilcourage, die damals in der Polizei unüblich war, brachte ihm zunächst Ärger mit der örtlichen NSDAP- und SA-Führung sowie im Dezember 1934 eine Strafversetzung zur Bernburger Polizei ein. Gegen diese legte Zander beim Staatsministerium Einspruch ein und bat zugleich um Versetzung zur Kriminalpolizei Dessau. Dem Einspruch und der Bitte gab das Staatsministerium statt. Doch zwei Monate nach der Versetzung zur Dessauer Kripo am 1. Mai 1935 als Kriminaloberassistent erfolgte die Abkommandierung zur Gestapo, wo er ab 1. Juli 1935 in der Abt. II Fälle „widernatürlicher Unzucht" (Homosexualität) bearbeitete. Bei der Gestapo durchlief Zander die Laufbahn im mittleren Vollzugsdienst; im Oktober 1938 erfolgte die Beförderung zum Kriminalsekretär. Weder bewarb er sich um Aufnahme in die SS noch trat er aus der evangelischen Kirche aus. Zander blieb in Raguhn wohnhaft.

Vor Beginn des Zweiten Weltkriegs wurde Zander am 15. August 1939 zur Wehrmacht einberufen und der Geheimen Feldpolizei (GFP) zugeteilt. Er war der einzige Dessauer Mitarbeiter, der zur GFP – der Militärpolizei der Wehrmacht – abgeordnet wurde. Es folgten Einsätze in Polen, Frankreich und der Sowjetunion. Bis 15. Mai 1941 gehörte Zander als Feldpolizei-Sekretär (Leutnant) zur Gruppe Geheime Feldpolizei 576, dann bis 1945 als Feldpolizei-Kommissar (Hauptmann) zur Gruppe Geheime Feldpolizei 726. Was er bei der GFP tat, ist nicht überliefert. Formal blieb er Angehöriger der Dessauer Gestapo, bei der im Oktober 1944 das letzte

Emil Zander

Mal zum Kriminalobersekretär befördert wurde.

Am 13. Mai 1945 wurde Zander in Bischofshofen (Österreich) von den Amerikanern festgenommen und in folgenden Gefangenen- bzw. Internierungslagern untergebracht: bis 01.06.1945 Bischofshofen, bis 15.07.1945 Augsburg, bis 30.09.1946 Ludwigsburg, bis 02.04.1947 Nürnberg-Langwasser, bis 02.10.1947 Dachau und zuletzt bis 30.06.1948 erneut Ludwigsburg. Seine Ehefrau wohnte zu dieser Zeit in Raguhn, seine beiden Kinder lebten in den westlichen Besatzungszonen. Während der Internierung erstellte Zander zahlreiche Entlastungsschreiben. Gleichzeitig gingen bei der Spruchkammer etliche Eidesstattliche Erklärungen von Personen aus Raguhn, Dessau oder auch die seines Vorgesetzten bei der GFP ein, die Zander entlasteten. Er konnte nachweisen, dass er gegen SA-Ausschreitungen vorgegangen war, dass er nicht freiwillig zur Gestapo gelangt war, dass er sich trotz Aufforderung nicht um eine SS-Aufnahme beworben hatte bzw. nicht aus der evangelischen Kirche ausgetreten war und dass er während der Gestapo-Zeit Inhaftierten geholfen hatte. Die Polizei in Raguhn und das Kommissariat 5 (K5) in Dessau konnten 1947 bzw. 1948 auf Anforderung der Spruchkammer „nichts Negatives" zu Zander mitteilen. Darum stufte die Spruchkammer der Internierungslager Ludwigsburg Zander am 28. Juni 1948 als „Mitläufer" Kategorie IV ein und verurteilte ihn zur Zahlung von 100 Mark. Zwei Tage nach dem Urteil kam er frei und ließ sich zunächst in Ludwigsburg-Eglosheim nieder.

Zander legte Berufung ein; er wollte in die unterste Kategorie „Entlastete" eingestuft werden. Die Berufungskammer Ludwigsburg verwarf den Antrag mit der Begründung, dass allein die NSDAP-

Mitgliedschaft bzw. die Gestapo- und GFP-Zugehörigkeit „die Gewaltherrschaft des Nationalsozialismus gestützt" habe. Daher wäre eine weitere „Milderung des Spruches [...] unangebracht." Daraufhin wandte sich Zander an die Zentralberufungskammer Nord-Württemberg. Hier erzielte er einen Teilerfolg: Die Kammer änderte am 7. Februar 1949 den Spruch dahingehend ab, dass die Sühnemaßnahme (Zahlung 100 Mark) annulliert wurde.

Im Februar 1949 setzte in Karlsruhe Zanders „weitgehend flach verlaufene Karriere bei der Organisation Gehlen" ein,[294] dem Vorläufer des Bundesnachrichtendienstes (BND). Für den Nachrichtendienst arbeitete er ab November 1949 auch in Stuttgart, wo er im Stadtbezirk Zuffenhausen, Schozacherstraße 30 wohnte. Er war erwerbslos und bemühte sich seit 1951 auf Grundlage des „131er-Gesetzes", als Kriminalbeamter des Landes Baden-Württemberg wiederverwendet zu werden. Im August 1955 bewarb er sich um Übernahme in den zukünftigen BND. Da er aber mit 61 Jahren keine Chance mehr auf eine Wiederverwendung besaß, drängte ihn das Regierungspräsidium Nordwürttemberg, die Pensionierung zu beantragen. Dem kam Zander nach und ging am 1. Juni 1957 als Kriminalobersekretär a.D. in den Ruhestand, d.h. im Gegensatz zu Erich Herrscher waren ihm die Gestapo-Beförderungen anerkannt worden. Bereits im August 1955 hatte das Innenministerium Baden-Württembergs die Gestapo-Jahre als „ruhegehaltsfähige Dienstzeit" zugelassen. Bei Zugeständnissen dieser Art „half" die Organisation Gehlen ihren Angehörigen. Im Dezember 1957 beantragte Zander beim BND, von der Planstelle abgelöst und als freier Mitarbeiter im selben Aufgabenbereich weiterverwendet zu werden – dem wurde stattgegeben. Bis zu seinem Tod am 21. Juni 1961 in Grassau (Bayern) führte der BND Emil Zander als freien Mitarbeiter.

---

294 Ausführlich Gerhard Sälter: Phantome des Kalten Krieges. Die Organisation Gehlen und die Wiederbelebung des Gestapo-Feindbildes „Rote Kapelle", Berlin 2016, S. 294 ff. (hier auch ein Foto von 1955).

III.5.3.5. In sowjetischen NKWD-Speziallagern

Im Vergleich zur Festnahme durch Amerikaner oder Briten fielen wenige Beschäftigte der mittleren Ebene der Roten Armee in die Hände, was entweder ihre Hinrichtung (Walter Friedrich, Walter Ruge, Karl-Heinz Tempel) oder die Einlieferung in ein NKWD-Speziallager bedeutete. Dort war die Sterberate sehr hoch; ein Drittel der Insassen überlebte die Haft nicht. Mit einer Ausnahme überlebten alle Mitarbeiter die Speziallager – wie Gustav Gent, der Verfasser des Berichtes über das Ende der Außendienststelle Dessau.[295] Der am 6. Januar 1906 in Brandenburg/Havel als Sohn eines Eisenbahnschaffners geborene Gustav Gent erlernte das Tischlerhandwerk und arbeitete in Magdeburg und Rathenow. Nach mehreren Monaten Erwerbslosigkeit und ohne Aussicht auf eine neue Stelle, trat er im Oktober 1927 in die Anhaltische Staatliche Ordnungspolizei ein. Nach einem Jahr Ausbildung kam er zur Abteilung Dessau (v. a. Einsatz im Außendienst). Im März 1934 heiratete er Erna Hölzke (geb. 15.08.1909 in Aken/E.). Das Ehepaar wohnte mit den zwei Söhnen in der Ruststraße 6b. Als Revier-Oberwachtmeister (seit 31.12.1935) wurde Gent mit Wirkung vom 26. Februar 1936 von der Dessauer Gestapo übernommen. Der Dienststelle gehörte er mit kurzen Unterbrechungen (1938 Staatspolizeistelle Düsseldorf, 1944 Staatspolizeileitstelle Mag-

Gustav Gent

---

295 Für die Biografie wurden folgende Unterlagen verwendet: Vgl. BArch, R 9361-IX KARTEI F0049; ebd., R 9361-III/52622; ebd., R 58/10962, Bl. 114–124; BStU, MfS, HA IX/11, ZUV 23 A.16, Bl. 546, 557 ff.; ebd., HA IX/11, RHE 112/76 Teil 2, Bl. 6; ebd., HA XX, Nr. 3358, Bl. 152 ff.; LASA, Z 149, Nr. 125, Bl. 25; ebd., Nr. 823, Bl. 22, 40; ebd., Z 141, Nr. 669, Bl. 122; ebd., Z 259, Nr. 641, Bl. 55; ebd., Nr. 2646, Bl. 59; DRK-SM (Schreiben 02.12.2008); StAmt Duisburg-Mitte (Schreiben 23.01.2007 einschl. Kopie Sterbebuch).

deburg) bis 1945 an. Erst arbeitete er als Kurier in der Registratur und im Geschäftszimmer der Abt. I, ab 1937 als Exekutiv-Beamter in der Abt. II Sachgebiet „Kirchliche Angelegenheiten und Sekten". Sein unmittelbarer Vorgesetzter war Friedrich Hübner, auf den noch eingegangen wird. Gent beschritt die Laufbahn im mittleren Vollzugsdienst. Die hierzu erforderlichen neun Monate praktische Ausbildung in einer Gestapostelle hatte er geschafft. Die zweite Voraussetzung – Abschluss des dreimonatigen Kriminalassistentenanwärter-Lehrgangs an der Führerschule der Sipo Berlin-Charlottenburg – erfüllte er Ende Oktober 1937. Bereits vor dem Lehrgang trug er die Amtsbezeichnung Kriminalassistent a. Pr. (auf Probe), an der sich auch danach nichts änderte. Die Ernennung zum Kriminalassistenten erfolgte erst im Oktober 1939. Ferner wurde er bei der Kriminalpolizeistelle Dessau im Erkennungsdienst ausgebildet. Zumindest im Juli 1940 war Gent Kriminaloberassistent und SS-Bewerber. Von Juni 1941 bis Dezember 1943 gehörte er zum EK 12 der EG D (SS-Hauptscharführer). Dort will er ausschließlich für die Verpflegung und das Rechnungswesen (Fourier) zuständig gewesen sein. Ab 1944 beschäftigte er sich in der Abt. II mit „Fragen des Abhörens von ausländischen Sendern durch die Bevölkerung" und „Ausländersachen". Zuletzt war er Kriminalsekretär.

Nach dem ausführlich geschilderten Freikommen aus britischer Gefangenschaft blieb Gent wie seine Familie, die nach Aken (Elbe) verzogen war, in der SBZ. Mit gefälschten Papieren tauchte er in Domersleben (nördlich von Wanzleben) unter, wo er als Maschinist in der Landwirtschaft arbeitete. Hier nahm ihn die SMA am 22. Februar 1946 fest. Anschließend durchlief er folgende Haftstätten: „NKWD-Gefängnis Quedlinburg" (bis Nov. 1946), Gefängnis Magdeburg (bis Juli 1947), NKWD-Speziallager Nr. 1 Mühlberg (Elbe) (bis Nov. 1948), NKWD-Speziallager Nr. 2 Buchenwald (bis Jan. 1950), Gefängnis Weimar (bis April 1950), „Roter Ochse" Halle/S. (bis 28.07.1950). Im „Roten Ochsen" verurteilte ihn ein SMT wegen Gestapo-Zugehörigkeit und „besonders schwerer Verbrechen gegen die Sowjetunion" (Tätigkeit im EK 12) zu einer unbekannten Strafe; üblich waren 25 Jahre Haft in einem Besserungsarbeitslager. Vom „Roten Ochsen" brachte man Gent in das Gefängnis Berlin-Lichtenberg, wo nach drei Tagen der Abtransport in das Lager Workuta erfolgte, das Gent ebenfalls überlebte. Am 15. Oktober 1955 entließen ihn die Sowjets, und am 14. November 1955 wurde er in Frankfurt/O. „den DDR-Organen übergeben". Noch am selben Tag erreichte er das Grenzdurchgangslager Friedland. Etwa zur selben Zeit übersiedelte seine Familie von Aken (E.) nach Duisburg, wohin Gent im Dezember 1955 entlassen wurde. Bis zu seinem Tod am 26. Februar 1973 lebte Gustav Gent in Duisburg, wo er nach 1956 wieder bei der Polizei, zuletzt als Polizeiobermeister, arbeitete.

Auch der am 01.06.1910 in Dessau geborene Kurt Knoche floh nicht in die westlichen Besatzungszonen.[296] Knoche, dessen Vater Herzoglicher Haushofmeister bei Friedrich II., Herzog von Anhalt war, besuchte von 1917 bis 1921 die Mittelschule I und danach die Handwerksschule Dessau. Er beendete die Schule im März 1928 mit der Obersekundarreife und ging im Oktober 1928 zur Anhaltischen Staatlichen Ordnungspolizei. Nach einjähriger Ausbildung gehörte er bis 1933 der Abteilung Bernburg bzw. ab 1934 der Abteilung Dessau der Anhaltischen Schutzpolizei an. Als Revier-Oberwachtmeister wurde er im August 1937 zur Staatspolizeistelle

Kurt Knoche

---

296 Für die Biografie wurden folgende Unterlagen verwendet: BStU, MfS, HA IX/11, ZUV 22 A.3, Bl. 126; ebd., HA IX/11, RHE 112/71 SU, Bd. 1, Bl. 9; BArch, R 9361-III/99604; Namentliche Aufstellung einiger Angehöriger des SK IV b des SD und ihrer Tätigkeit, o.D. Ebd., ZA DH, ZB II 3059 A.2; DRK-SM (Schreiben 19.12.2011); StAmt Dessau-Roßlau (E-Mail 06.05.2009); StAmt Soltau (E-Mail 11.05.2009).

Dessau abgeordnet und am 01.02.1938 endgültig von der Gestapo übernommen. Knoche, der in der Abt. II arbeitete, wohnte mit Ehefrau Gertrud Knabe (geb. 14.02.1910 in Loburg) und den Kindern in Dessau, Steinstraße 64. Ab Juni 1941 gehörte er zum Sonderkommando (SK) 4b der EG C in der Sowjetunion, und seit Januar 1942 war er als SS-Hauptscharführer Spieß des SKs (Regelung von Unterkunfts-, Verpflegungs- und Personalangelegenheiten). Doch v. a. führte Knoche die Erschießungslisten und beteiligte sich in Tarnopol, Winniza, Kirowograd, Poltawa, Losowoja, Kramatorsk und Gorlowka an unzähligen Exekutionen. Das SK 4b ermordete zwischen Mitte Juli 1941 und Anfang Juni 1942 über 5.000 Menschen, fast ausschließlich Juden, politische Funktionäre, geistig Behinderte und Partisanen. Nach eigenen Angaben gehörte Knoche dem SK 4b bis April 1943 an, kehrte dann aus der Sowjetunion zurück und arbeitete als Kriminalsekretär erst bei der Staatspolizeileitstelle Münster, 1944 bis 1945 dann bei der Staatspolizeileitstelle Magdeburg im Referat IV 1 Opposition (früher Abt. II). Kurz vor Kriegsende versetzte man Knoche zurück nach Dessau.

Nach der Gefangennahme im Mai 1945 kam Knoche wenig später überraschend frei (keine weiteren Informationen) und tauchte unter. Er arbeitete in der Landwirtschaft und als Förster, bevor er entdeckt und am 14.11.1945 in Hundisburg (heute ein Stadtteil von Haldensleben) von der SMA festgenommen wurde. Bis 1950 brachte der NKWD Knoche in folgenden Gefängnissen und Lagern unter: bis Februar 1946 „NKWD-Gefängnis Quedlinburg", bis Mai 1946 Gefängnis Magdeburg, bis September 1948 NKWD-Speziallager Nr. 1 Mühlberg (Elbe), bis Februar 1950 NKWD-Speziallager Nr. 2 Buchenwald, März bis August 1950 „Roter Ochse" Halle/S. Dort verurteilte ihn ein SMT am 24.06.1950 gemäß Artikel 58 – 6 StGB der RSFSR zu 25 Jahren Haft in einem Besserungsarbeitslager. Nach kurzem Aufenthalt im Gefängnis Berlin-Lichtenberg im September 1950 kam Knoche über Moskau und Wologda in das Lager Workuta (Lager 9, Schacht 8) – auch dieses überlebte er. Auf Erlass des Präsidiums des Obersten Sowjets der UdSSR wurde er

Im Namen des Führers und Reichskanzlers

ernenne ich
unter Berufung in das Beamtenverhältnis
auf Lebenszeit

den Kriminalassistenten

Robert Pfeiffer

zum Kriminaloberassistenten.

Ich vollziehe diese Urkunde in der Erwartung, daß der Ernannte getreu seinem Diensteide seine Amtspflichten gewissenhaft erfüllt und das Vertrauen rechtfertigt, das ihm durch diese Ernennung bewiesen wird. Zugleich darf er des besonderen Schutzes des Führers und Reichskanzlers sicher sein.

Berlin, den 17.Oktober 1939.

Der Reichsminister des Innern

Im Auftrage

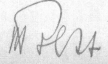

Beförderungsurkunde für Robert Pfeiffer, 17. Oktober 1939

am 16.09.1955 aus der Haft entlassen. Einen Monat später erreichte er das Grenzdurchgangslager Friedland, das er wenig später in Richtung Wolfsburg verließ, da dort inzwischen seine Familie lebte. Noch in den 1950er Jahren siedelten sie nach Soltau über. Der weitere Lebensweg konnte nicht ermittelt werden. Kurt Knoche, der von der bundesdeutschen Justiz für die Verbrechen im SK 4b nicht zur Rechenschaft gezogen wurde, verstarb am 18. Oktober 1978 in Soltau.

Robert Pfeiffer erging es nach 1945 zunächst ähnlich wie Gustav Gent und Kurt Knoche. Von ihm sind Vernehmungsprotokolle aus sowjetischer Gefangenschaft überliefert, in denen er insbesondere Gestapo-Angehörige in Dessau und Magdeburg sowie Geschehnisse beim EK 12 nennt.[297] Pfeiffer, am 17.10.1906 in Bernburg als Sohn eines Tischlers geboren, besuchte bis 1921 die Knabenmittelschule in Bernburg.[298] Er erlernte bis 1925 in der Bernburger Firma Keilmann & Völker das Schlosser- und Elektrikerhandwerk. Nach der Gesellenprüfung arbeitete er als Schlosser bei verschiedenen Firmen in der Region, bevor er 1926 arbeitslos wurde. Vorübergehend betätigte er sich als Aushilfe im Fotogeschäft Treffon Bernburg und ging dann, als es ihm aussichtslos erschien, wieder Arbeit im erlernten Beruf zu finden, im November 1926 nach Magdeburg. Dort ließ er sich zum Schwimmlehrer ausbilden. Im Mai 1927 übernahm er die Badeanstalt des Schwimmklubs „Neptun" in Bernburg und gab Schwimmunterricht an den Schulen. Im gleichen Jahr bewarb er

---

297 Vgl. BStU, MfS, HA XX, Nr. 3358, Bl. 171–212.
298 Für die Biografie wurden folgende Unterlagen verwendet: LASA, Z 116-1, V Nr. 22, Bl. 40RS; ebd., Z 257, Nr. 14, Bl. 7–10; BStU, MfS, HA IX/11, ZUV 23 A.26, Bl. 118; ebd., HA IX/11, RHE Nr. 112/76, Teil 2, Bl. 6; ebd., HA IX/11, RHE West 491, Bd. 4, Bl. 85; ebd., HA XX, Nr. 3358, Bl. 11, 166, 171–183, 215f.; StA Dessau-Roßlau, NZ 91; BArch, R 9361-VIII KARTEI L0134; ebd., R 9361-IX KARTEI Q0073; ebd., R 9361-III/150652; ebd., ZA DH, ZR 523 A.1, Bl. 272; DRK-SM (Schreiben 10.12.2008); Gedenkstätte Bautzen (aus GARF, 9409/1/191, Liste 5, Lfd.Nr. 375); StAmt Leipzig (Schreiben 30.12.2008 einschl. Kopie Sterbeurkunde). Für die Hilfe bei der Suche von Nachkriegsdaten dankt der Autor Dr. Daniel Bohse.

sich erfolgreich bei der Anhaltischen Staatlichen Ordnungspolizei, besuchte ab Oktober 1927 die Polizeischule Dessau und fing nach einjähriger Ausbildung als Unterwachtmeister bei der Abteilung Dessau an. Im Jahr 1933 heiratete er die Bernburgerin Erna Faaz (geb. 06.03.1908) und zog mit ihr und der 1930 geborenen Tochter nach Dessau, Wörlitzer Straße 15.

Als Wachtmeister wurde Pfeiffer im Juni 1934 zur Dessauer Gestapo kommandiert, im Dezember 1935 zum Revier-Oberwachtmeister befördert und als Kriminalassistent (ab 05.08.1936) Ende August 1936 endgültig übernommen. Nach eigenen Aussagen war er der einzige „technische Beamte" der Dienststelle; er unterstand direkt dem Leiter. Pfeiffer fotografierte sowohl Inhaftierte als auch illegale KPD-Schriften, nahm Fingerabdrücke, machte Tatortfotos, hörte Telefonate ab, führte eine Kartei mit Personen, die der „Schädlingstätigkeit" verdächtig waren, und kontrollierte anonyme Briefe. Für Letzteres sammelte er Handschriften, um die Urheber der Schreiben zu ermitteln. Er nahm aber auch Festnahmen oder Hausdurchsuchungen vor. Für die Bewältigung dieser Aufgaben musste er 1935 bis 1938 mehrmals ein- bis zweiwöchige Lehrgänge und Seminare besuchen.

Pfeiffer beantragte am 20.07.1937 die NSDAP-Aufnahme, die Mitgliedschaft wurde auf den 01.05.1937 zurückdatiert (Nr. 6.042.533). Zu diesem Zeitpunkt wohnte er in Dessau-Waldersee, Kiesweg 50. Bereits ein Jahr zuvor war Pfeiffer Mitglied der SS geworden (I. Sturmbann Dessau der 59. SS-Standarte, ab November 1938 Sturmmann, ab Mai 1939 Rottenführer). Die Ernennung zum Kriminaloberassistenten erfolgte am 17.10.1939 (Berufung in das Beamtenverhältnis auf Lebenszeit).

Pfeiffer nahm ab 22. Mai 1941 in Düben am Vorbereitungslehrgang für den Einsatz in der Sowjetunion teil. Neun Tage nach Lehrgangsbeginn wurde er zur Staatspolizeileitstelle Magdeburg versetzt. Seine Familie blieb in Dessau. Bis zur Auflösung am 10.12.1943 gehörte er dem EK 12 der EG D (13.12.1941 Ernennung zum Kriminalsekretär) an. In sowjetischer Haft sagte er aus, dass seine „hauptsächliche Tätigkeit" in der „Registrierung

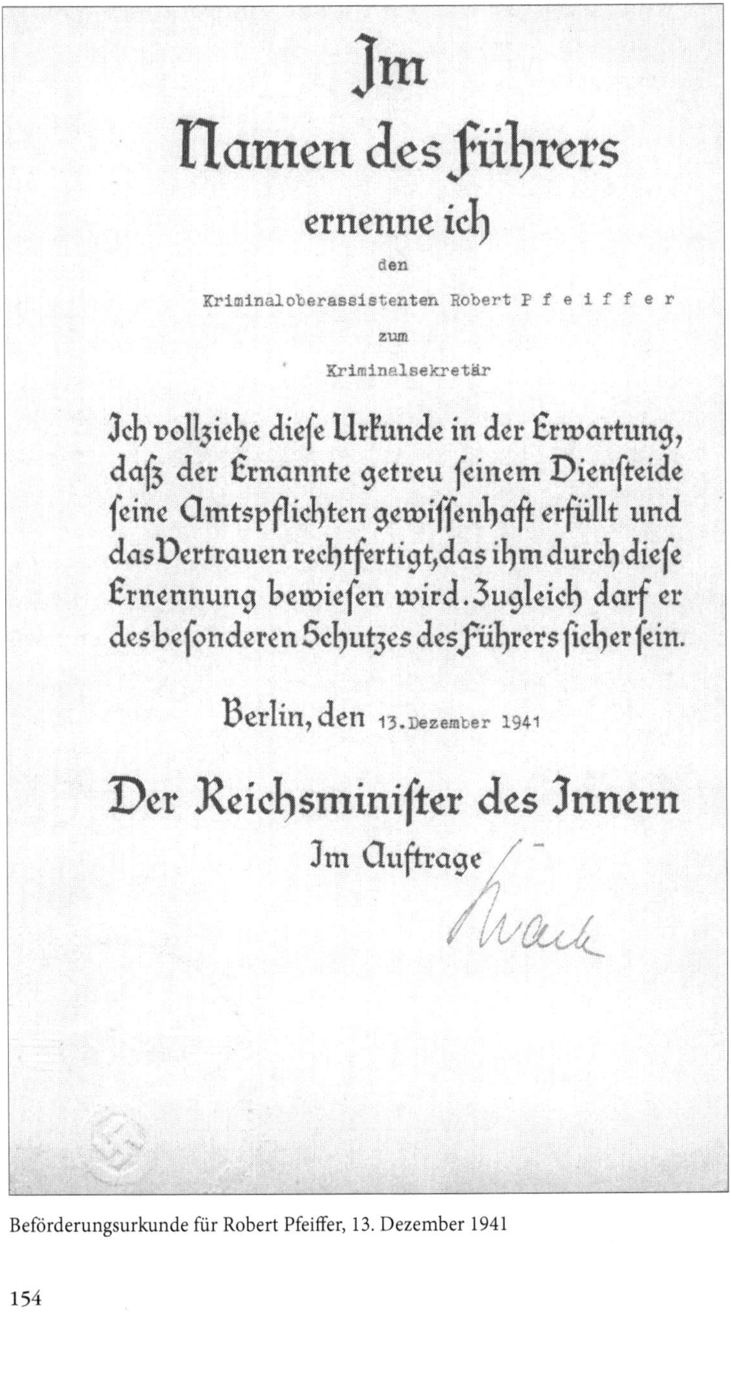

Im Namen des Führers

ernenne ich

den

Kriminaloberassistenten Robert P f e i f f e r

zum

Kriminalsekretär

Ich vollziehe diese Urkunde in der Erwartung, daß der Ernannte getreu seinem Diensteide seine Amtspflichten gewissenhaft erfüllt und das Vertrauen rechtfertigt, das ihm durch diese Ernennung bewiesen wird. Zugleich darf er des besonderen Schutzes des Führers sicher sein.

Berlin, den 13. Dezember 1941

Der Reichsminister des Innern

Im Auftrage

Beförderungsurkunde für Robert Pfeiffer, 13. Dezember 1941

der jüdischen Bevölkerung und in der Gewährleistung des Sammelns der Juden für den Abtransport zur Exekution" bestanden hätte. Pfeiffer verschwieg, dass er von August 1942 bis Dezember 1943 ein Teilkommando des EK 12 leitete. Als Befehlsgeber und Ausführender war er an der Ermordung tausender Menschen beteiligt. Dass er „sowjetische Staatsbürger" erschossen habe, gab Pfeiffer zu. Er konnte sich allerdings nur noch an „10–12 Personen" erinnern. Grotesk, aber wahr: Durch Zufall nahmen ihn Rotarmisten Anfang September 1942 gefangen. Ein Oberleutnant fragte ihn, „ob die Deutschen tatsächlich die russischen Offiziere erschießen" würden. Natürlich verneinte Pfeiffer. Daraufhin ließ ihn der Offizier frei. Im „Nachrichtenblatt der Staatspolizeistelle Litzmannstadt" vom 18.09.1942 war zu lesen, dass die Dienstmarke Nr. 3508 des SS-Sturmscharführers und Kriminalsekretärs Robert Pfeiffer verlorengegangen sei. „Pfeiffer, der vorübergehend in russischer Gefangenschaft geriet, mußte sich bei der Flucht seiner Dienstmarke entledigen."

Vor dem Eintreffen der Amerikaner in Magdeburg ließ sich Pfeiffer falsche Papiere auf den Namen Richard Peters anfertigen. Da sein Haus in Dessau im März 1945 zerstört worden war, hatte er seine Familie nach Magdeburg geholt. In der Elbestadt wollte er nicht bleiben, weil er als Gestapo-Mann zu bekannt war. Darum tauchte er in Großjena (heute ein Ortsteil von Naumburg/S.) bei einer Bäuerin unter. Ende 1945 oder Anfang 1946 zog er zu seiner Familie, die inzwischen in Bernburg, Hallesche Straße 75 wohnte, wo seine Frau bereits bis 1933 gelebt hatte. Hier wurde Pfeiffer 1946 von der SMA entdeckt und verhaftet. Am 25.04.1947 verurteilte ihn das SMT der Provinz Sachsen zum Tode. Bevor das Urteil vollstreckt werden konnte, beschloss das Präsidium des Obersten Sowjets der UdSSR am 26.05.1947 die Abschaffung der Todesstrafe. Daraufhin änderte ein SMT am 05.06.1947 das Urteil in 25 Jahre Haft in einem Besserungsarbeitslager. Wo er ab 1946 inhaftiert war, ist unbekannt. Nach unbestätigten Hinweisen soll er 1950 im NKWD-Speziallager Nr. 4 Bautzen bzw. in der Haftanstalt Bautzen I gewe-

Robert Pfeiffer in der Uniform eines SS-Sturmscharführers, 1942

sen sein. Robert Pfeiffer verstarb am 17. Januar 1952 im Haftkrankenhaus Leipzig Klein-Meusdorf an Leukämie. Ebenso wenig Glück hatte Ernst Kröning, der mit Abstand älteste ermittelte anhaltische Gestapo-Beschäftigte (geb. 18.10.1883).[299] Zu ihm konnte Biografisches erst für die Zeit ab Juli 1932 ermittelt werden. Zu diesem Zeitpunkt arbeitete er als Kriminalassistent bei der Kriminalpolizei Dessau. Im Juli 1933 wechselte Kröning erst zur Abteilung Inneres (Landespolizei) und wurde Ende März 1934 von der gegründeten Gestapo übernommen. Mitte Juni 1934 erwähnen ihn Archivquellen als Kriminalsekretär. Der NSDAP trat er zum 01.05.1937 bei (Nr. 4.844.019, Aufnahmeantrag: 01.09.1937). Zu der Zeit war er noch immer bei der Staatspolizeistelle Dessau als Kriminalsekretär tätig und wohnte in Dessau, Herzog-Friedrich-Ring 17. Im Jahr 1938 zog er in die Saarstraße 47. Zumindest im Dezember 1943 taucht Kröning als Kriminalsekretär auf, aber wieder bei der Dessauer Kriminalpolizei. Dort arbeitete er auch bei Kriegsende (Kriminalobersekretär, d. h. Aufstieg in die Laufbahn des gehobenen Dienstes). Wegen seiner Kripo-Zugehörigkeit nahm ihn die SMA am 28.08.1945 fest. Ernst Kröning verstarb am 02.12.1948 im NKWD-Speziallager Nr. 2 Buchenwald. Offizielle Todesursache: Magenkrebs.

---

299 Für die Biografie wurden folgende Unterlagen verwendet: LASA, C 128 MD, Nr. 658, Bl. 5/1; ebd., K 6-1, Nr. 8897, Bl. 32RS.; ebd., Z 257, Nr. 90, Bl. 6–16; ebd., Nr. 96, Bl. 6, 35; ebd., Nr. 104, Bd. 1, Bl. 121, 373; ebd., K 12 Dessau, Nr. 797, Bl. 176; AELKA, B 5 Ev. LKR 1919–1945 (Fragment), K 28 138 III; BArch, R 9361-IX KARTEI M0017; DRK-SM (Schreiben 08.12.2008). Der Geburtsort gibt Rätsel auf. Kröning gab Kaakstedt bei Templin an. Beim zuständigen Standesamt liegt jedoch kein Geburtsnachweis vor.

Für Wilhelm Sommer, der am 08.05.1908 in Barleben als Sohn eines Maurers zur Welt kam, lief es nach 1945 besser.[300] Von 1914 bis 1922 besuchte er die Volksschule des Geburtsortes und schloss 1925 eine Lehre als Kaufmann bei den Kakao- und Schokoladenwerken Gebrüder Spoer Barleben ab, wo er als kaufmännischer Angestellter weiterarbeitete. Im Oktober 1928 ging er zur Anhaltischen Staatlichen Ordnungspolizei. Nach einjähriger Ausbildung fand er von Oktober 1929 bis Dezember 1936 bei der Abteilung Dessau im Innen- und Außendienst Verwendung (ab Okt. 1932 Wachtmeister, ab Jan. 1936 Revier-Oberwachtmeister). Anfang Dezember 1936 heiratete er Ida Henschel (geb. 28.01.1908), die 1937 einen Sohn gebar. Am 01.01.1937 wurde Sommer zur Staatspolizeistelle Dessau abgeordnet. Hier arbeitete er in der Abt. III als Kriminalassistent auf Probe. Der NSDAP gehörte er ab 01.05.1937 an (Nr. 4.641.900), und am 01.03.1938 wurde er SS-Bewerber. Wenig später, am 01.06.1938, übernahm ihn die Gestapo endgültig (Ernennung zum Kriminalassistenten). Zu der Zeit wohnte die Familie in Dessau-Ziebigk, Memeler Straße 13.

Wilhelm Sommer

Mit der gesamten Familie trat Sommer am 18.09.1941 aus der evangelischen Kirche aus und wurde „gottgläubig". Anschließend (Datum

---

300 Für die Biografie wurden folgende Unterlagen verwendet: LASA, Z 116-1, V Nr. 22, Bl. 39; ebd., K 6-1, Nr. 2447, Bl. 21; BArch, R 9361-III/195715; ebd., R 9361-III/557219; BStU, MfS, HA XX, Nr. 3358, Bl. 126, 157 ff., 190 f.; ebd., HA IX/11, ZUV 23 A.23, Bd. 1, Bl. 12; ebd., HA IX/11, AV 6/88, Bl. 143; ebd., AV 10/89, Bl. 143; Bürgerbüro Königslutter am Elm (E-Mail Marco Wolff 06.09.2019); Jörg Günsche, Bildarchivar Stadt Königslutter am Elm (E-Mail 12.09.2019 einschl. Zeitungsausschnitte); StAmt Barleben (E-Mail 24.09.2015 einschl. Kopie Geburtseintrag).

unbekannt) war er kurzzeitig zum KdS Krakau abgeordnet, wo er als Kriminalsekretär auftaucht. Von Dezember 1941 bis Dezember 1943 gehörte er als SS-Hauptscharführer dem EK 12 der EG D in der Sowjetunion an. Er soll ausschließlich in der Wirtschaftsverwaltung tätig gewesen sein. Nachdem er nach Dessau zurückgekehrt war, folgte am 20.04.1944 die Abordnung zum RSHA. Zu diesem Zeitpunkt taucht Sommer als SS-Mitglied auf (Untersturmführer, Nr. 399.903). Wann die Abordnung aufgehoben wurde, ist unbekannt. Zumindest bei Kriegsende war Sommer wieder bei der Außendienststelle Dessau. Nach Gustav Gent fiel Sommer „den Russen in die Hände". Recherchen in diese Richtung blieben lange erfolglos, bis eine Anfrage bei der Stadt Königslutter am Elm Aufklärung brachte: Dort lebte Sommer bis 1957 unter dem Namen Wilhelm Staufer. Er war Ende Juni 1949 aus Lelm (damals eine eigenständige Gemeinde bei Königslutter) nach Königslutter am Elm, Neue Straße 46, gezogen. Hier betrieb er mit seiner Frau ein Textilwarengeschäft. Ein Ermittlungsverfahren wegen falscher Namensführung, das er selber beantragt hatte, wurde 1958 eingestellt. Sommer hatte angegeben, 1946 aus einem NKWD-Speziallager geflohen zu sein und „aus Gründen der persönlichen Sicherheit unter falschem Namen" gelebt zu haben. Im November 1966 verlegte das Ehepaar den Wohn- und Geschäftssitz („Damenkleider, auch Zwischengrößen, Ober- und Unterbekleidung für Damen, Herren und Kinder, Textilien aller Art") in die Westernstraße 20, wo Wilhelm Sommer am 30.11.1981 verstarb.

III.5.3.6. Haft in der Tschechoslowakei
Zwei Mitarbeiter kamen bei Kriegsende in der Tschechoslowakei in Haft, da sie zuletzt bei der Staatspolizei Brünn arbeiteten. Einer von ihnen war der am 04.06.1905 in Salbke (heute Magdeburg) als Sohn eines Drehers geborene Paul Bendler.[301] Von 1911

---

301 Für die Biografie wurden folgende Unterlagen verwendet: BArch, R 9361-VIII KARTEI B0057; ebd., R 9361-IX KARTEI B0016; ebd., R 9361-III/10719; ebd., R 58/10872, Bl. 25, 25RS; ebd., B 162/1150, Bl. 1279, 1300; LASA, Z 116-1, V Nr. 22,

bis 1919 besuchte er die Volksschule in Salbke, und von 1919 bis 1923 absolvierte er eine Maschinen- und Bauschlosser-Lehre im Reichsbahnausbesserungswerk Magdeburg (einschl. Gewerbliche Fortbildungsschule). Nach dem Abschluss war Bendler von September 1923 bis September 1924 erwerbslos, bevor er als Schlosser bei einigen Magdeburger Hoch- und Tiefbaufirmen bzw. in der Pionierkaserne Magdeburg arbeitete. Weil ihm der Beruf zu unsicher war, bewarb er sich bei der Polizei, wurde angenommen, und im April 1925 begann die einjährige Ausbildung bei der Anhaltischen Staatlichen Ordnungspolizei, wo er als Unterwachtmeister ab April 1926 bei der Abteilung Dessau arbeitete. Bendler wurde im Außen-, Ausbildungs- und Gendarmeriedienst eingesetzt (ab April 1929 Wachtmeister, ab Sept. 1932 Revier-Oberwachtmeister). Im Oktober 1933 heiratete er in Dessau die Kontoristin Margarete Hadert (geb. 22.02.1909 in Dessau). Das kinderlose Ehepaar wohnte in der Blumenthalstraße 11.

Bendler wechselte im April 1937 als Kriminaloberassistent auf Probe zur Dessauer Kriminalpolizeistelle. Nach einjährigem Probedienst und erfolgreichem Abschluss des dreimonatigen Kriminalassistentenanwärter-Lehrgangs an der Führerschule der Sipo Berlin-Charlottenburg wurde Bendler im April 1938 endgültig übernommen. Im selben Jahr traten er und seine Ehefrau aus der evang. Kirche aus und wurden „gottgläubig". Im Januar 1939 bewarb sich Bendler um die SS-Aufnahme (SS-Bewerber). Mitte März 1939 hatte er

---

Bl. 40; ebd., C 134 Halle, Nr. 620/1, Bl. 1, 32RS; BStU, MfS, HA IX/11, ZR 166, Bl. 24ff.; ebd., HA IX/11, ZUV 23 A.10, Bl. 57; ebd., ZUV 23 A.23, Bd. 1, Bl. 76f.; ebd., HA IX/11, ZR 912 A.1, Bl. 19; ebd., HA IX/11, AS 218/68, Bd. 74, Bl. 2; ebd., HA XX, Nr. 3358, Bl. 18, 188; DRK-SM (Schreiben 02.12.2008); StA Bremerhaven, Amt 11 PA Nr. 105; ebd., PA Art. 131 GG/Kartei; ebd., Protokolle Personal- und Polizei-Ausschuss; Polizeimuseum Bremerhaven, Aktensammlung; Niedersächsisches LA Abt. Stade, Rep. 275 II Nr. 43896; StAmt Magdeburg (E-Mails 08.10. u. 21.10.2008); StAmt Bremerhaven (Schreiben 16.10.2008 einschl. Kopie Sterbeurkunde). Der Autor dankt Uwe Jürgensen (StA Bremerhaven) sowie Holger Sachse und Horst Brinkmann (Förderverein für polizeiliche Prävention und Polizeigeschichte Bremerhaven e.V.) für die freundliche Unterstützung.

Paul Bendler

alle „arischen" Nachweise für die Mitgliedschaft erbracht. Spätestens 1941 war er SS-Mitglied. Im September 1939 wurde Bendler als Kriminaloberassistent zur Staatspolizeistelle Dessau abkommandiert, wo er in der Abt. II arbeitete. Kurz darauf, am 13.10.1939, beantragte er die NSDAP-Mitgliedschaft, die auf den 01.01.1940 datiert wurde (Nr. 7.794.490). Ob und wann er von der Gestapo übernommen wurde – er hatte die Übernahme schriftlich beantragt – ist nicht überliefert. Belegt ist dagegen, dass Bendler im EK 12 der EG D in der Sowjetunion Dienst tat. Nach Aussagen von Rudolf Bolder soll Bendler 1941 bis 1942 Spieß des EK 12 gewesen sein. Mehr ist nicht bekannt. Nach Rückkehr aus der Sowjetunion erfolgte 1942 oder 1943 eine kurzzeitige Abordnung zur Staatspolizeileitstelle Magdeburg, wo er zumindest im April 1943 als Kriminalsekretär und SS-Sturmscharführer auftaucht. Anschließend – noch im Jahr 1943 – ordnete man Bendler zur Staatspolizeistelle Brünn ab. Als Angehörigen der „Armee Schörner" nahmen die Amerikaner Bendler am 08.05.1945 in der Tschechoslowakei fest, übergaben ihn den Sowjets, die ihn an die Einheimischen auslieferten. Bis 16.08. saß er im Gefangenenlager Nr. 66, vom 17.08.1945 bis Mai 1947 im Gefangenenlager Prosecnice und von Mai 1947 bis 28.01.1949 im Lager Brno. Zuvor hatte ihn das außerordentliche Volksgericht Brno am 06.10.1946 unter Anrechnung der bisherigen Haft wegen der Gestapo- und SS-Zugehörigkeit zu fünf Jahren „schwerem Kerker" verurteilt. Am 05.02.1949 entließen ihn die Tschechen vorzeitig aus der Haft nach Deutschland. Bendler ließ sich in Stubben, einem kleinen Ort etwa 20 km südöstlich von Bremerhaven, nieder und arbeitete in einer Bremerhavener Hanf- und Drahtseilfabrik. Der Entnazifizierungs-Hauptausschuss des Regierungsbezirkes Stade stufte ihn im Januar 1950 in die unterste Kategorie V „Entlastete" ein, weil Bendler wahrheitswidrig angegeben hatte, er sei erst im September 1943 gegen seinen Willen und aushilfsweise als Sachbearbeiter im Karteiwesen zur Gestapo sowie erst im Dezember 1944 zur „Sicherheitspolizei Brünn" abgeordnet worden. Ob er dort wirklich nur in der Kartei und „Werkschutzbearbeitung" eingesetzt worden war, wie er behauptete, ist zu bezweifeln. Die SS-Mitgliedschaft verschwieg er ganz.

Im Zusammenhang mit dem „131er-Gesetzes" gelang es Bendler im August 1953, als Kriminaloberassistent auf Widerruf in die Kriminalpolizei Bremerhaven eingestellt zu werden. In der Bewerbung hatte er den Gestapo-Dienst nicht angegeben. Wiederum verneinte er ausdrücklich die SS-Mitgliedschaft. Sämtliche Anstellungs- und Beförderungsurkunden seien „infolge Kriegseinwirkung und restloser Ausplünderung meiner Wohnung durch die russische Besatzungsmacht" vernichtet worden. Sein früherer Kollege Heinz Böhm, der inzwischen bei der Kriminalpolizei Düsseldorf arbeitete und bei der Einstellung die Gestapo-Zugehörigkeit ebenso verschwiegen hatte, stellte ihm eine falsche Eidesstattliche Erklärung aus: Bendler sei 1937 bis 1945 ununterbrochen bei der Kriminalpolizei Dessau beschäftigt gewesen. Der Magistrat Bremerhavens forderte zwar die Unterlagen des Entnazifizierungs-Hauptausschusses an und bemerkte den Widerspruch, war aber der Auffassung, dass Bendler gezwungenermaßen nur kurze Zeit zur Gestapo abgeordnet gewesen wäre und keine Planstelle innegehabt hätte. Darum würden Beschränkungen nicht gelten. Da auch seitens der Kriminalpolizei keine Bedenken bestanden, erfolgte die „Wiederverwendung". Im Juni 1954 beförderte man Bendler bei gleichzeitiger Anstellung auf Lebenszeit zum Kriminalsekretär. Im selben Monat siedelte er nach Bremerhaven über (Rickmersstraße 79 b). Die letzte Beförderung zum Kriminalobersekretär (Sept. 1957 Umbenennung in Kriminalobermeister) erfolgte im Mai 1956. Zuletzt arbeitete er im 3. Kommissariat, das sich mit Betrugsdelikten beschäftigte. Im Oktober 1965 ging Bendler in den

Haftfoto Friedrich Hübner, 10. September 1945

Ruhestand. In den MfS-Überlieferungen findet sich ein Vermerk, dass er 1975 in die DDR einreisen wollte, und zwar zu seinem in Magdeburg lebenden Bruder und dessen Ehefrau. Ob der Besuch stattfand, ist nicht überliefert. Paul Bendler verstarb als Witwer im Alter von 90 Jahren am 15.11.1995 in Bremerhaven. Er wurde anonym beigesetzt; eine Trauerfeier fand nicht statt.

Auch der am 20.08.1903 in Hellefeld (Provinz Posen) geborene Friedrich Hübner war zuletzt bei der Staatspolizei Brünn.[302] Nach der Volksschule arbeitete er im landwirtschaftlichen Betrieb seines Vaters. Von 1925 bis 1933 gehörte er der Anhaltischen Staatlichen

---

302 Für die Biografie wurden folgende Unterlagen verwendet: LASA, Z 116-1, V Nr. 22, Bl. 40; ebd., Z 140, Nr. 34, Bl. 130; ebd., Z 141, Nr. 669, Bl. 1, 13, 57–71; ebd., Nr. 672, Bl. 147–164, 191; ebd., Z 143, I Nr. 1a Bd. XVII, Bl. 331; ebd., Z 149, Nr. 352, Bl. 174, 178, 181; ebd., Nr. 118, Bl. 46; ebd., Nr. 218, Bl. 618, 688, 708, 732, 783; ebd., Nr. 239, Bl. 87; ebd., Z 257, Nr. 31, Bl. 83; ebd., Nr. 213, Bl. 15, 26f.; ebd., Nr. 14, Bl. 43; ebd., Nr. 74, Bl. 98, 100; ebd., Nr. 119, Bl. 190; ebd., K 6-1, Nr. 827, Bl. 51; ebd., K 70 NS-Archiv des MfS, Nr. ZAst 149, Bd. 2, Bl. 15; BArch, R 9361-VIII KARTEI J0107; ebd., R 58/3230, Bl. 59, 285; ebd., R 58/3739, Bl. 22; StA Köthen, 001/63/G101; AELKA, B 5 Ev. LKR 1919–1945 (Fragment), K 28 138 III; BStU, MfS, HA XX, Nr. 3358, Bl. 153; ebd., AP 14775/62, Bl. 6; ebd., BV Halle, AOP 188/61, Bd. 1, Bl. 88–94; ebd., AOP 188/61, Bd. 2, Bl. 27, 32, 35, 56, 124f., 155; ebd., AIM 1095/69, P-Akte, Bl. 38f.

Ordnungspolizei bzw. Anhaltischen Schutzpolizei, Abteilung Dessau und ab Juli 1933 dem Gestapo-Vorläufer, der Abteilung Inneres (Landespolizei) an. Er wurde als Oberwachtmeister Ende März 1934 von der gegründeten Gestapo übernommen. Im Juli 1934 heiratete er Else Hempel, die er fünf Jahre zuvor in einem Stenografen-Verein kennen gelernt hatte, und zog mit ihr in die Kaiserstraße 1. Aus der Ehe gingen zwei Kinder hervor (geb. 1937 und 1944). Ab August 1934 war Hübner Kriminalassistent auf Probe, und am 01.10.1934 bewarb er sich um SS-Mitgliedschaft (SS-Bewerber). Zwar ist die SS-Mitgliedsnummer bekannt (Nr. 272.344), doch nicht das Aufnahmedatum. Zunächst arbeitete er in der Abt. I, wechselte aber 1934 zur Abt. II Sachgebiet „Kirchliche Angelegenheiten und Sekten", das er spätestens ab 1937 als Kriminalsekretär leitete. Den NSDAP-Aufnahmeantrag stellte er am 16.06.1937; ab 01.05.1937 lief die Mitgliedschaft (Nr. 4.514.182). SS-Untersturmführer wurde Hübner am 10.09.1939. Schließlich kam er im Mai 1941 zur Staatspolizeistelle Brünn. Hier arbeitete er zunächst im Referat IV 1a (linke Opposition), und ab Anfang 1942 bearbeitete er im Innendienst Disziplinarangelegenheiten. Im Jahr 1944 wurde Hübner zur Wehrmacht einberufen. Nach Kriegsende blieb er in Brünn/Brno, schickte aber seine Frau und die Kinder Mitte April zu seinem Bruder nach Duisburg. Wegen der Gestapo-Zugehörigkeit wurde Hübner von Angehörigen der Tschechoslowakischen Exilarmee inhaftiert. Er verstarb am 14.11.1945 im Gefängnis Brno, offiziell an Typhus.

III.5.3.7. Verurteilungen in der Bundesrepublik

Nur zwei Dessauer Mitarbeiter der mittleren Ebene wurden in der Bundesrepublik juristisch belangt, allerdings nicht für die Gestapo-Tätigkeit. Wilhelm Ebert, geboren am 18.08.1904 in Wolmirstedt als Sohn eines Eisenhoblers, war der eine.[303] Er besuchte von 1910

---

303 Für die Biografie wurden folgende Unterlagen verwendet: BStU, MfS, HA IX/11, RHE West 650, Bd. 2, Bl. 88f.; ebd., HA IX/11, ZUV 22 A.14, Bl. 3; ebd., ZUV 22 A.3, Bl. 284, 288, 295; ebd., ZUV Nr. 6, Bd. 9, Bl. 1; BArch, R 9361-

bis 1914 die Volksschule seiner Geburtsstadt und nach dem Umzug der Familie bis 1918 jene in Magdeburg-Fermersleben. Bis März 1922 (Gesellenprüfung) ging er in der Maschinen- und Armaturenfabrik Magdeburg-Buckau als Mechaniker in die Lehre. Während dieser Zeit besuchte Ebert Abendkurse einer Maschinenbauvorschule mit dem Ziel, Ingenieur zu werden. Durch die schlechte Wirtschaftslage konnte er die Ausbildung nicht fortsetzen. Er arbeitete als Mechaniker bei verschiedenen Firmen. Nach einer Bewerbung begann er im April 1925 seine Ausbildung bei der Anhaltischen Staatlichen Ordnungspolizei. Ein Jahr später teilte man ihn als Unterwachtmeister der Abteilung Dessau zu. Im September 1932 heiratete er Martha Werner (geb. 23.10.1904 in Dessau); das Ehepaar hatte zwei Mädchen (geb. 1934 und 1936).

Als Revier-Oberwachtmeister (seit 1932) erfolgte im Oktober 1934 die Abkommandierung zur Dessauer Gestapo. Im Januar 1935 wurde Ebert zum Probedienst einberufen, und nach Ablauf desselben übernahm ihn die Staatspolizei im Juli 1935 als Kriminalassistenten. Im selben Monat beantragte er die SS-Aufnahme (SS-Bewerber); 1937 wurde er SS-Mitglied (Nr. 280.122, ab 09.11.1938 Hauptscharführer). Ab 01.04.1937 war er „gottgläubig" (Austritt aus der ev. Kirche). Auf Grund der 12-jährigen Dienstzeit ernannte man ihn im April 1937 zum Kriminaloberassistenten. Ebert arbeitete in der Abt. III. Hier leitete er ab Ende 1937 das Sachgebiet f („Überprüfung der Arbeitnehmer geschützter Betriebe"). Der NSDAP gehörte er ab 01.05.1937 an (Nr. 6.042.771). Am 01.04.1939 wurde er zum Kriminalsekretär sowie am 10.09.1939 zum SS-Untersturmführer befördert. Er wohnte in Dessau, Ruststraße 6b, wo auch die Kollegen Gustav Gent und Rudolf Bolder lebten.

III/522303; ebd., R 58/10686, Bl. 39–46; Namentliche Aufstellung einiger Angehöriger des SK IV b des SD und ihrer Tätigkeit, o.D. Ebd., ZA DH, ZB II 3059 A.2; LA NRW Abt. Rheinland, NW 544 Nr. 24; ebd., NW 130 Nr. 192; Christina Ullrich: „Ich fühl‹ mich nicht als Mörder". Die Integration von NS-Tätern in die Nachkriegsgesellschaft, Darmstadt, 2011, v.a. S. 248f.; StAmt Dormagen (E-Mail 11.05.2009).

Zur Staatspolizeileitstelle Brünn wurde Ebert am 01.01.1940 abkommandiert, wobei er im März 1941 zur Heimatdienststelle zurückkehrte. Im April und Mai 1941 war er nach Paris abgeordnet. Was er dort tat, ist nicht bekannt. Auch Ebert bereitete sich ab 22.05.1941 in Düben auf die „Tätigkeit" in der Sowjetunion vor. Wie Kurt Knoche teilte man ihn als SS-Untersturmführer dem Sonderkommando (SK) 4b der EG C zu. Im Herbst 1942 kehrte er zurück und nahm an einem Lehrgang an der Polizeischule für Hundewesen in Grünheide teil. Dann wurde Ebert mit der Leitung der im Aufbau befindlichen Kriminalpolizeidienststelle Kiew betraut. Im Juni 1943 versetzte man ihn zur Staatspolizeileitstelle Magdeburg. Die Beförderung zum Kriminalobersekretär fünf Monate später bedeutete den Aufstieg in die Laufbahn des gehobenen Dienstes. Was Ebert bis 1945 in Magdeburg tat, ist unbekannt.

Wilhelm Ebert

Ebert tauchte bei Kriegsende in der Wehrmacht unter. Als Feldwebel einer Pioniereinheit geriet er am 7. Mai in amerikanische Gefangenschaft. Beim Abzug aus der SBZ mitgeführt, entließen ihn die Amerikaner bereits im Juli in Freiheit, da sie seine wahre Identität nicht herausbekamen. Ebert ließ sich in Waltrop (Nordrhein-Westfalen) nieder. Bis 1947 – in diesem Jahr holte er die in Sachsen-Anhalt lebende Familie zu sich – arbeitete Ebert in der Landwirtschaft, dann als Bergarbeiter in Castrop-Rauxel. Auf Grund des „131er-Gesetzes" versuchte er seit 1951, wieder in den Polizeidienst zu kommen (u.a. 1952 Bewerbung beim Bundeskriminalamt). Schließlich gelang es Ebert auch mit Hilfe falscher Eidesstattlicher Erklärungen früherer Dessauer Kollegen wie Heinrich Hämmerli, Heinz Böhm und Kurt Finger, im Juli 1955 als Hauptwachtmeister in die Kreispolizeibehörde Recklinghausen eingestellt zu werden, wobei er sowohl den Gestapo-Dienst als auch den

Einsatz in der Sowjetunion verschwieg. 1956 wurde er zum Polizeimeister, 1961 zum Polizeiobermeister befördert.
Doch die Vergangenheit holte Ebert ein. Am 20.03.1963 wurde er vorläufig festgenommen und in das Gerichtsgefängnis Düsseldorf-Derendorf eingeliefert (U-Haft). Gleichzeitig eröffnete der Polizeipräsident in Recklinghausen wegen der „Schwere der erhobenen Anschuldigungen" ein förmliches Disziplinarverfahren. Unter Einbehaltung von 40% seiner monatlichen Bezüge wurde Ebert vom Dienst suspendiert. Da der Leitende Oberstaatsanwalt in Dortmund umfangreiche Ermittlungen durchführte, begann erst acht (!) Jahre später, am 25.03.1971, vor dem Landgericht Düsseldorf der Prozess gegen Ebert und zehn weitere Angehörige des SK 4b. Ebert hatte nach der vorläufigen Entlassung aus der U-Haft 1964 Arbeit bei einer Erdölchemie-Firma gefunden, befand sich als Polizeibeamter im Ruhestand (seit Oktober 1964) und wohnte mit seiner Frau in Dormagen (Stadtteil Rheinfeld Hitdorfer Straße 1). Wegen des noch immer gegen ihn schwebenden Disziplinarverfahrens wurden 20% der monatlichen Versorgungsbezüge nicht ausbezahlt. Das Gericht konnte ihm die Beteiligung an der Exekution von mindestens 603 Menschen nachweisen. Zwischen Juli 1941 und Mitte 1942 hatte er in Winniza, Kirowograd, Poltawa und Gorlowka die Ermordung von Juden, Kommunisten und Partisanen zum Teil geleitet und selbst vorgenommen. Er hatte dafür gesorgt, dass sich Juden, darunter Frauen und Kinder, unter dem Vorwand der Registrierung bei ihm meldeten. Alle wurden durch Genickschüsse getötet, oftmals durch Ebert selbst. Zudem hatte er die Tötung von psychisch Kranken beaufsichtigt und eigenhändig durchgeführt. Ebert, der während des Prozesses als „geistig ziemlich primitiv" eingeschätzt wurde, war nach Aussagen früherer SK-4b-Angehöriger ein „harter Mann" gewesen, der Häftlinge bei Vernehmungen misshandelte und sich besonders bei Exekutionen hervortat. Das Gericht stellte fest, dass er die Tötungen „bereitwillig ausgeführt" habe und mit einer „geradezu unglaublichen Rohheit und Brutalität" vorgegangen sei. Am 12.01.1973 verurteilte ihn das Landgericht Düsseldorf

wegen Beihilfe zum Mord unter Anrechnung der U-Haft zu einer fünfjährigen Freiheitsstrafe. Selbst vor Gericht log Ebert weiter: Er sei erst im Juli 1936 zur Gestapo abkommandiert und erst im April 1937 von dieser übernommen worden. Der SS habe er nicht angehört. Er verschwieg die Leitungstätigkeit in Dessau und die Versetzung zur Staatspolizeileitstelle Magdeburg.

Ebert legte Revision gegen das Urteil ein, die vom Bundesgerichtshof am 01.04.1976 als unbegründet verworfen wurde. Er blieb aber in Freiheit, da die Haftstrafe dauerhaft ausgesetzt wurde. Somit verbrachte er lediglich 17 Monate im Gefängnis (März 1963 bis August 1964 sowie 9 Tage im April 1970). Trotzdem besaß das Urteil negative Folgen: Wegen der verhängten Freiheitsstrafe erloschen gemäß Landesbeamtengesetz von Nordrhein-Westfalen mit Wirkung vom 01.04.1976 alle Rechte als Ruhestandsbeamter, d.h. Wilhelm Ebert erhielt nie wieder Versorgungsbezüge. Er verstarb mit 90 Jahren zwischen dem 31.03.1995, 21 Uhr und dem 01.04.1995, 2.13 Uhr in Dormagen (Stadtteil Rheinfeld).

Der zweite Fall betrifft Heinz Tangermann.[304] Geboren am 25.04.1912 in Dalherda/Rhön (Kreis Fulda) als Sohn eines Försters, war er einer der jüngsten Gestapo-Männer in Dessau. Wegen der Versetzung des Vaters nach Wippershain 1913, besuchte er 1918 bis 1922 die dortige Volksschule, 1922 bis 1924 das Gymnasium Hersfeld (seit 1949 Bad Hersfeld) und wegen des Umzugs der Eltern nach Eisenach 1924 bis 1927 dort das Gymnasium, ohne das Abitur abzulegen. Eine Schlosser-Lehre in Eisenach schloss er 1930 mit der Gesellenprüfung

---

304 Für die Biografie wurden folgende Unterlagen verwendet: BArch, R 9361-IX KARTEI W0085; ebd., R 9361-III/559309; ebd., R 58/11533, Bl. 1–17; BStU, MfS, HA IX/11, AV 10/89, Bl. 167; ebd., HA IX/11, RHE 46/72, Bl. 4f., 6f., 14, 141; ebd., RHE 105/76, Bd. 1, Bl. 144, 154–164, 178–191; ebd., HA IX/11, FV 123/69, Bd. 1, Bl. 50; ebd., HA IX/11, AS 218/68, Bd. 74, Bl. 2; ebd., Allg.P. 9946/79, Bl. 66–72; Staatsarchiv Hamburg, 213-12_0415; Ullrich, Mörder, v.a. S. 274ff.; Klaus-Michael Mallmann: Die Türöffner der ‚Endlösung'. Zur Genesis des Genozids, in: Paul/Mallmann: Die Gestapo im Zweiten Weltkrieg. „Heimatfront" und besetztes Europa, Darmstadt 2000, S. 461f.; StAmt Ebersburg (Schreiben 13.02.2007).

ab (Dreher und Maschinenbauer). Nach einem halben Jahr Arbeit wurde er erwerbslos und blieb es bis 1933.

Tangermann war unter den Dessauer Beschäftigten der mittleren Ebene der Einzige, der sich nicht nur früh in der NS-Bewegung engagierte, sondern sich zugleich an Straßenkämpfen gegen „Marxisten" beteiligte. Seit Oktober 1929 gehörte er in Eisenach der Hitler-Jugend und seit März 1930 der SA an, von der er im August 1930 zur SS wechselte (Nr. 5.108, nach seinen Angaben Mitbegründer der SS in Eisenach). Mitglied der NSDAP war er seit 01.11.1930 (Nr. 374.488). Ab März 1933 gehörte er zunächst der Hilfspolizei Gotha an, und seit Juni 1933 war er Aufseher im SS-Arbeitslager Trügleben. Im August 1933 kommandierte ihn die SS zur Flugplatzwache Gotha ab. Dann arbeitete er von April bis Juni 1934 als Bauschlosser in der Gothaer Waggonfabrik und von Juni 1934 bis Dezember 1935 als Dreher bei BMW in Eisenach. Nach einer Bewerbung stellte man ihn am 15.12.1935 bei der Dessauer Gestapo ein. Zunächst war er als Kraftfahrer, 1936 bis Ende Juni 1938 als Fernschreiber (jeweils Kriminalangestellter) tätig. In Dessau heiratete er im Oktober 1936 Helene Segieth (geb. 16.01.1914 in Berching), die ab 1940 als Sekretärin bzw. Stenotypistin ebenfalls in der Dessauer Gestapo-Dienststelle arbeitete. Das Ehepaar hatte ein Kind (geb. 1937) und wohnte bis 1943 in Dessau-Ziebigk, Privatstraße 18.

Da Tangermann beruflich aufsteigen wollte, beschritt er die Laufbahn im mittleren Vollzugsdienst. Im September 1937 wurde er zum SS-Untersturmführer befördert, im Juli 1938 in das Beamtenverhältnis übernommen, im gleichen Jahr kurzzeitig erst zum Devisenfahndungsamt nach Feldkirch (Österreich) und zur Gestapo-Außenstelle Bad Nauheim abgeordnet, und im Juli 1939 schloss er den Kriminalassistentenanwärter-Lehrgang an der Führerschule der Sipo Berlin-Charlottenburg erfolgreich ab. Die neun Monate praktische Ausbildung in einer Gestapostelle hatte er mehr als erfüllt. So folgte Ende Juli 1939 die Ernennung zum außerplanmäßigen (apl.) Kriminalassistenten. Nach der Teilnahme am Vorberei-

Heinz Tangermann

tungslehrgang in Düben befand sich Tangermann ab Juli 1941 in der Sowjetunion. Wegen des SS-Ranges Untersturmführer (Leutnant) leitete er im EK 9 der EG B ein Teilkommando. Nach Rückkehr in die Außendienststelle Dessau im Februar 1943 wurde er einen Monat später zur Staatspolizeileitstelle Münster versetzt, die bis Kriegsende seine Heimatdienststelle blieb. Zur „Bandenbekämpfung" wurde er im Oktober 1943 zum KdS Lublin, Außendienststelle Radzyn abkommandiert (bis mindestens April 1944 Leiter der Außendienststelle). Wie Heinrich Hämmerli gehörte auch Tangermann ab Herbst 1944 dem Einsatzkommando z.b.V. (zur besonderen Verwendung) 27 der Sipo und des SD an, das in der Ostslowakei an Tötungsverbrechen beteiligt war.

Nach eigenen Angaben kam Tangermann, inzwischen Kriminaloberassistent, im März 1945 in ein Lazarett nach Dessau. Anfang Juni flüchtete er mit seiner Frau nach Hersfeld, wo beide im Dezember 1945 von den Amerikanern festgenommen und in das Internierungslager Darmstadt eingeliefert wurden. Hier saßen seine früheren Kollegen Richard Donat, Heinrich Hämmerli und Ernst Mund. Während Helene Tangermann in das Internierungslager Ludwigsburg überstellt und aus diesem im September 1946 entlassen wurde, blieb ihr Ehemann bis Juli 1948 in Darmstadt. Am 21. Juni 1948 verurteilte ihn die Spruchkammer Darmstadt-Lager wegen Gestapo- und SS-Zugehörigkeit zu einer Freiheitsstrafe (mit der Internierungshaft verbüßt) und stufte ihn in die Kategorie II „Belastete" ein. Nach der Entlassung aus dem Lager arbeitete Tangermann erst als Dreher, später als technischer Angestellter in der Maschinenbau Kupfermühle Bad Hersfeld. Da er in die Kategorie II eingestuft worden war, fiel er nicht unter das „131-Gesetz".

Nachdem ab 1962 Ermittlungen gegen ihn liefen, wurde Tangermann am 15. Februar 1965 verhaftet (U-Haft). Die Anklage warf ihm vor, als Teilkommandoführer des EK 9 von März bis Mai 1942 für die Ermordung von rund 14.000 Juden der weißrussischen Ghettos Lepel und Glubokoje mitverantwortlich gewesen zu sein. Wegen Beihilfe zum Mord verurteilte ihn das Landgericht Berlin am 6. Mai 1966 zu sechs Jahren Zuchthaus. Es hatte ihm die Beteiligung an der Tötung von 1.100 Personen im Ghetto Lepel nachgewiesen. Nach der vorzeitigen Entlassung auf Bewährung im September 1969 arbeitete er bis zum Ruhestand 1976 als Monteur beim früheren Arbeitgeber. Ab 1976 war er Beschuldigter in einem Ermittlungsverfahren der Staatsanwaltschaft Hamburg. Sie warf ihm vor, als Mitglied des EK z.b.V. 27 einen Ingenieur erschossen zu haben. Die Tat konnte ihm nicht nachgewiesen werden; das Verfahren wurde eingestellt. Heinz Tangermann starb am 28. März 1999 in Bad Hersfeld.

III.5.3.8. Unerkannt in der DDR
Drei Dessauer Mitarbeiter lebten in der DDR und schafften es, ihre Gestapo-Vergangenheit zu verbergen. Ihre Lebenswege nach 1945 konnten jedoch nicht ermittelt werden.
Willi Kelterer, am 19.09.1910 als Sohn eines Bäckermeisters in Barleben geboren, besuchte bis 1924 die siebenstufige Volksschule in Barleben und lernte dann im Heimatort Kaufmann. Hier war er kurzzeitig als kaufmännischer Angestellter beschäftigt. Im Oktober 1928 trat Kelterer bei der Anhaltischen Staatlichen Ordnungspolizei ein, absolvierte die einjährige Ausbildung und wurde im Anschluss der Abteilung Dessau zugeteilt. Von Oktober 1933 bis Juli 1937 arbeitete Kelterer bei der Bernburger Abteilung, an der Polizeischule Burg (ab April 1934 Landespolizeischule) und beim Kommando der Schutzpolizei, Abteilung Luftschutz. Ende Januar 1935 hatte er geheiratet; die Ehe blieb bis 1940 kinderlos. Als Revier-Oberwachtmeister wurde er im August 1937 zur Staatspolizeistelle Dessau „einberufen" (Laufbahn mittlerer Vollzugsdienst). Den Kriminalassistenten-

anwärter-Lehrgang an der Führerschule der Sipo Berlin-Charlottenburg schloss er Ende April 1938 ab, und im November wurde er zum Kriminalassistenten, später zum Kriminaloberassistenten ernannt. Er arbeitete in der Abt. III und wohnte in Dessau, Haideburger Straße 119. Bereits mit 46 Jahren verstarb Kelterer unbehelligt am 22.08.1957 in Barleben, obwohl er sowohl Mitglied der NSDAP (seit 01.05.1937) als auch der SS (Hauptscharführer) sowie Angehöriger des EK 12 der EG D gewesen war. Beim EK 12 wurde er jedoch wegen einer Erkrankung nie eingesetzt.[305]

Willi Kelterer

Der am 06.05.1903 in Burg bei Magdeburg geborene Paul Rannefeld verstarb ebenfalls in der DDR, und zwar am 22.01.1975 im brandenburgischen Teltow. Auch bei ihm stießen die ostdeutschen Behörden nicht auf die Gestapo-Vergangenheit. Der gelernte Schlosser, der in Coswig (Anhalt) wohnte, war bei der Dessauer Gestapo von 1935 bis 1945 als Kraftfahrer (Kriminalangestellter) beschäftigt. Seit 1937 gehörte er der NSDAP an. Als Kraftfahrer setzte man ihn ab 1941 auch beim EK 12 der EG D in der Sowjetunion ein.[306]

Bei Johannes Franke konnte nicht zweifelsfrei festgestellt werden, ob er in der DDR lebte. Falls ja, dann ist es den DDR-Organen ebenfalls nicht gelungen, ihn als Gestapo- und SS-Mann zu enttarnen. Er wurde am 09.04.1910 in Dessau geboren. Der Vater, ein Tischler, verstarb 1924 während seiner Schulzeit, die Mutter 1927 während seiner Kaufmanns-Lehre. Franke ging im Oktober 1928 zur spä-

---

305 Vgl. LASA, Z 116-1, V Nr. 22, Bl. 40RS; vgl. BStU, MfS, HA XX, Nr. 3358, Bl. 43, 190; vgl. BArch, R 9361-III/93469; StAmt Barleben (E-Mail 06.07.2012).
306 Vgl. BArch, R 9361-IX KARTEI R0051; vgl. BStU, MfS, HA IX/11, AS 218/68, Bd. 74, Bl. 4; ebd., HA XX, Nr. 3358, Bl. 125; Kreisarchiv Jerichower Land / StA Burg (Schreiben 17.09.2015).

teren Anhaltischen Schutzpolizei, wo er zumindest im Juli 1933 bei der Abteilung Bernburg als Wachtmeister auftaucht. Nach Auflösung der Abteilung 1934 arbeitete er ab Oktober beim Kommando der Schutzpolizei Dessau, zuletzt als Revier-Oberwachtmeister. Am 30.10.1937 heiratete er die Friseuse Gertrud Ludwig (geb. 12.07.1914 in Eisenberg). Beide wohnten ab November 1937 in Dessau, Lutherstraße 14 und zogen später in die Karlstraße 34. Franke gehörte zu den Beamten

Johannes Franke

des Polizeipräsidiums, die sich beim „Einsatz in Österreich bewährt und vollauf ihre Pflicht erfüllt" hatten (Anschluss Österreichs im März 1938). Dafür erhielt er 1939 die „Medaille zur Erinnerung an den 13. März 1938". Am 28.01.1939 beantragte er die Aufnahme in die SS (SS-Bewerber), deren Mitglied er 1941 wurde. Die „Freigabe" der Mitgliedschaft erfolgte nach Prüfung der „Erbgesundheit" erst im Februar 1941, weil eine Schwester der Mutter Frankes, die 1922 in der Heil- und Pflegeanstalt Bernburg verstorben war, an einer Unterform der Schizophrenie gelitten hatte. Der Bruder der Mutter war seit 1938 wegen „Schwachsinn mittleren Grades mit schizophrenen Zügen" in der Landessiechenanstalt Hoym untergebracht. Im Laufe des Jahres 1940 wechselte Franke zur Staatspolizeistelle Dessau und trat im selben Jahr in die NSDAP ein (Nr. 7.631.255). Im Februar 1941 taucht er als Kriminaloberassistent auf. Später (Datum unbekannt) wurde er zur Staatspolizeileitstelle Magdeburg versetzt und arbeitete dort als Kriminalsekretär. Johannes Franke verstarb am 3. Juni 2000 in Roßlau (Elbe).[307]

---

307 Vgl. LASA, Z 116-1, V Nr. 22, Bl. 42RS; vgl. BArch, R 9361-III/46385; Vorschlagsliste Nr. 049 für die Verleihung der Medaille […], 10.03.1939. Vgl. ebd., VBS 1003 (@)/ZD 9183 A.10/001-105; vgl. BStU, MfS, HA IX/11, ZM 1625, Akte 149-151, Bd. 37, Bl. 24; StAmt Dessau-Roßlau (E-Mail 12.11.2013).

III.5.3.9. Inoffizielle Mitarbeiter des MfS

Andere Gestapo-Mitarbeiter blieben in der DDR nicht unerkannt. Zu ihnen gehört Ludwig Rößner, geboren als Sohn eines Kriminalsekretärs am 05.01.1910 in Frankfurt am Main.[308] Nach dem Besuch der Volksschule absolvierte er in der Geburtsstadt ab 1924 eine dreijährige Lehre als kaufmännischer Angestellter in einer Eisenwarenhandlung, in der er dann weiterarbeitete und 1935 zum „ersten Verkäufer" aufstieg. Zum 01.05.1937 trat er in die NSDAP ein (Nr. 4.370.338). Rößner wollte jedoch als Fernschreiber zur Polizei und besuchte im März und April 1938 in Berlin einen solchen Lehrgang. Die Staatspolizeistelle Weimar stellte ihn am 02.05.1938 als Fernschreiber (Kriminalangestellter), was er bis Kriegsende blieb, ein. Noch im November desselben Jahres wurde er zur Staatspolizeistelle Dessau versetzt. Im Jahr 1942 erfolgte erst die Versetzung zur Staatspolizeileitstelle Magdeburg und dann zum RSHA. In Berlin geriet Rößner am 04.05.1945 in sowjetische Gefangenschaft, überlebte drei Lager in der UdSSR und wurde am 09.04.1950 aus dem Lager Nr. 7270/1 in Borowitschi entlassen. Er kehrte zur Familie – seine Frau hatte er 1940 in Dessau geehelicht, der Sohn war 1941 geboren worden – zurück, die in Dessau-Ziebigk, Schulstraße 31 lebte. Ende April fing er beim VEB Gärungschemie im Magazin I als Lagerarbeiter an. Die frühere Gestapo-Tätigkeit hatte er im Lebenslauf angegeben. Das fiel der Dessauer MfS-Kreisdienststelle erst im Juli 1953 anlässlich einer Routinekontrolle der Personalakten im Nachgang der Ereignisse des 17. Juni auf. Inzwischen arbeitete Rößner als stellv. Lagerleiter. Ende August 1953 warb die Staatssicherheit ihn als Inoffiziellen Mitarbeiter (IM) an (Geheimer Informator).[309]

---

308 Für die Biografie wurden folgende Unterlagen verwendet: BArch, R 9361-IX KARTEI S0043; LASA, Z 140, Nr. 34, Bl. 28, 36; DRK-SM (Schreiben 10.12.2008); BStU, MfS, BV Halle, AIM 3521/69, P-Akte, Bl. 12–77; ebd., AIM 3521/69, Teil II, Bde. 1–4 (RF); ebd., AIM 3521/69, Handakte für GMS, Bl. 3–28; StAmt Höchst Frankfurt am Main (E-Mail 04.02.2009); StAmt Dessau-Roßlau (Fax 16.02.2009).

309 Zum Umgang mit früheren Gestapo-Mitarbeitern siehe Henry Leide: NS-Verbrecher und Staatssicherheit. Die geheime Vergangenheitspolitik der DDR,

Die IM-Akte verdeutlicht, dass Rößner aus Angst mit dem Geheimdienst zusammenarbeitete. Der MfS-Mitarbeiter wies ausdrücklich auf die frühere Gestapo-Tätigkeit hin; er hätte „etwas gutzumachen". Daraufhin entgegnete Rößner, dass er mit der schweren Arbeit in der Sowjetunion in gewisser Hinsicht seine Schuld abgebüßt habe. Er wäre nur Fernschreiber gewesen; man hätte ihm „nichts Schlechtes" nachgewiesen. Die Angst vor Strafverfolgung war so groß, dass er der Anwerbung zustimmte. Er wählte den Decknamen „Georg Schneider".

Das MfS ließ Rößner v. a. über Stimmungen und Vorkommnisse im Betrieb berichten und war sehr zufrieden mit der inoffiziellen Zusammenarbeit. Er erschien pünktlich zu den alle drei bis vier Wochen stattfindenden Treffs mit seinem Führungsoffizier und berichtete ehrlich, ausführlich und objektiv. Die ihm gestellten Aufgaben erfüllte er äußerst gewissenhaft. Als Anerkennung erhielt er kleinere Geldbeträge (20 Mark). Rößners Führungsoffiziere stellten jedoch immer wieder fest, dass „Georg Schneider" ein

Ludwig Rößner

„sehr ängstlicher Mensch" sei. Dies zeigte sich in den ersten Jahren bei Aufträgen, wo er gezielt über Personen berichten sollte. Für solche Aufträge, so die MfS-Beurteilung, war er ungeeignet. Dies änderte sich jedoch im Laufe der Jahre. Ab den 1960er Jahren berichtete Rößner auch über Personen, die er mit den Einschätzungen belastete. Er trat „gesellschaftspolitisch nicht in Erscheinung", kam „nicht gern auf seine Vergangenheit [bei der Gestapo] zu sprechen". Er qualifizierte sich in seinem Betrieb weiter und

---

2., durchges. Aufl., Göttingen 2006, S. 54f.; ders.: Auschwitz und Staatssicherheit. Strafverfolgung, Propaganda und Geheimhaltung in der DDR, Berlin 2019, S. 177–203.

arbeitete später als Material-Buchhalter. Obwohl Rößner katholisch war, setzte ihn das MfS ab 1962 auch in der evangelischen Christuskirche in Dessau-Ziebigk zur Beobachtung der Gottesdienste ein. Ende November 1969 registrierte ihn die Staatssicherheit auf Grund seines bereits zwei Jahre zuvor erfolgten Wechsels zur Hydraulik KG Pottin & Gruhn Dessau (später VEB Maschinenfabrik und Eisengießerei, Werk IV) und der damit verbundenen begrenzten Informationsgewinnung zum Gesellschaftlichen Mitarbeiter für Sicherheit (GMS)[310] um. Nun hatte er die „politisch-operative Aufgabe", die Produktion des Betriebes abzusichern. Bis Juni 1972 berichtete Rößner regelmäßig, dann beendete die MfS-Kreisdienststelle aus Alters- und Gesundheitsgründen die inoffizielle Zusammenarbeit. Im Dezember 1980 – Rößner war längst Rentner – archivierte sie den GMS-Vorgang. Drei Wochen nach dem Mauerfall am 25. November 1989 verstarb Ludwig Rößner in Dessau.

Rößner blieb nicht der einzige Gestapo-Beschäftigte, den das MfS als IM anwarb. Auch die am 08.09.1912 in Oranienbaum geborene Else Groß arbeitete als Geheimer Informator für die Dessauer Kreisdienststelle.[311] Im Gegensatz zu Rößner hatte sie ihre Gestapo-Tätigkeit verheimlicht. Zufällig hatte die Abt. V der MfS-Bezirksverwaltung Halle bei der „operativen Bearbeitung" einer Person, die sich als früherer Gestapo-Mitarbeiter entpuppte, ermittelt, dass Groß eine Bekannte dieser Person war. Daraufhin „bearbeitete" der Geheimdienst ab Mai 1960 auch Else Groß „operativ" und bekam heraus, dass sie als Else Hübner vom 05.09.1939 bis

---

310 GMS waren MfS-Informanten, bei denen die Anforderungen hinsichtlich der Einhaltung konspirativer Regeln geringer ausfielen als bei den übrigen IM-Kategorien. Die Aktenführung war anders, und oftmals verzichtete das MfS auf die Vergabe eines Decknamens. GMS sollten in der Regel nicht zur direkten „Bearbeitung feindlich-negativer Personen" eingesetzt werden.

311 Für die Biografie wurden folgende Unterlagen verwendet: BStU, MfS, BV Halle, AIM 1095/69, P-Akte, Bl. 8–88; ebd., Teil II, Bd. 1 (RF), Bl. 1–150; ebd., BV Halle, AGMS 2218/83, Bl. 3–48; StAmt Stadt Oranienbaum-Wörlitz (E-Mail 08.09.2015).

30.04.1941 als Stenotypistin bei der Staatspolizeistelle Dessau gearbeitet hatte. Hier erledigte sie vorwiegend das Schreiben von Karteikarten und die Anfertigung von Reinschriften. Außerdem fand sie in der Registratur Verwendung, wo sie das Tagebuch führte, Personalakten anlegte und die Post versendete. Bald wusste das MfS auch von der Gestapo-Zugehörigkeit ihres ersten Ehemannes Friedrich Hübner (Siehe S. 162f.), den sie im Juli 1934 unter dem Mädchennamen Hempel geheiratet hatte. Sie stammte aus einer Zigarrenmacherfamilie und war gelernte Buchhalterin und Stenotypistin. Nach der Heirat stellte sie die Erwerbstätigkeit zunächst ein. Das erste Kind kam 1937 zur Welt. Schließlich arbeitete sie ab 1939 auf Vermittlung ihres Mannes bei der Gestapo. Im Mai 1941 ging sie mit ihm und ihrer Mutter nach Brünn und arbeitete dort in einem Textilwarengeschäft als Kontoristin. Im Jahr 1944 gebar sie ihr zweites Kind. Wie erwähnt schickte sie ihr Ehemann bei Kriegsende mit den Kindern nach Duisburg. Nach zwei Monaten in Duisburg kehrte sie zu ihrer Mutter zurück, die wieder in Oranienbaum wohnte. Else Hübner arbeitete als Stenotypistin bei verschiedenen Dessauer Betrieben und trat 1949 in die SED ein. Nachdem sie 1953 erneut geheiratet hatte, hieß sie Groß. Seit 1957 war sie Steno-Sekretärin beim Arbeitsdirektor des VEB Baukombinat Dessau. Nach der „operativen Bearbeitung" warb die Abt. III der MfS-Bezirksverwaltung Halle Else Groß am 31.08.1961 als Geheimen Informator mit dem Decknamen „Arbeit" an und übergab sie im November der Kreisdienststelle Dessau.

Auch Groß arbeitete nicht freiwillig mit dem MfS zusammen, wobei die Geheimpolizei ihr nicht nur die verschwiegene Gestapo-Tätigkeit vorhielt. Sie besaß „kompromittierendes Material" und erpresste sie zusätzlich damit, dass ihr der SED-Ausschluss, die fristlose Kündigung des Arbeitsvertrages und die Nichtzulassung ihres Sohnes zu einem Hochschulstudium angedroht wurden. Laut IM-Akte brach sie nach der „Nennung dieser Konsequenzen" in Tränen aus und konnte sich lange Zeit nicht beruhigen. Als der MfS-Offizier ihr erklärte, dass sie mit ihrer IM-Arbeit „an der Wie-

Else Groß

dergutmachung ihrer Fehler" arbeiten könne, erklärte sie sich bereit, „alles zu tun".
Der Geheimdienst war mit der inoffiziellen Zusammenarbeit sehr zufrieden. Groß erschien pünktlich zu den anfänglich alle zwei bis drei Wochen stattfindenden Treffs, löste die ihr übertragenen Aufgaben „mit Interesse", entwickelte sich „zu einem zuverlässigen IM" und berichtete über Personen in ihrem Arbeitsumfeld. „Durch die Wachsamkeit des GI konnte [...] wertvolles operatives Material erarbeitet werden". Da Groß 1965 in die Kaderabteilung des VEB Ipro Dessau wechselte, schätzte das MfS ein, dass „die Möglichkeiten zur effektiven inoffiziellen Arbeit stark eingeschränkt" waren. „Der Kontakt zu negativen Personen wurde durch das zunehmend progressive Auftreten des GI mehr und mehr unmöglich." Für das MfS hatte der GI „Arbeit" in diesem Umfeld „keine Perspektive", was nicht bedeutete, dass es die inoffizielle Zusammenarbeit beenden wollte. Für die „kadermäßige Analysetätigkeit und Ermittlungen" im neuen Arbeitsbereich genügte die inoffizielle Zusammenarbeit als GMS. So wurde 1969 aus dem GI der GMS „Arbeit", MfS-intern „Umregistrierung" genannt.
Else Groß berichtete noch bis 1972 aus der Kaderabteilung des VEB Ipro Dessau, allerdings sehr selten. Die Staatssicherheit setzte sie v. a. für Ermittlungen im Betrieb und „zur Wahrung der Sicherheitsbestimmungen für den Geheimnisschutz im Bereich Kader" ein. Ihre Aufträge erledigte sie „zufriedenstellend." Im Jahr 1972 ging sie in Rente, arbeitete aber noch ab und zu im Betrieb. Eigentlich wollte das MfS die Zusammenarbeit beenden, nahm aber nach elf Jahren „Funkstille" im März 1983 noch einmal Kontakt auf. Bei den drei Treffs stellte der Geheimdienst fest, dass sich Groß „gegenüber dem Mitarbeiter des MfS unehrlich verhielt". Sie ver-

schwieg die Verbindungen zu ihrer in der Schweiz lebenden Tochter und zu einem in der Bundesrepublik lebenden Bekannten. Da sie „keine operativ bedeutsamen Informationen" mehr erarbeiten konnte, „unehrlich" und gesundheitlich angeschlagen war, beendete die MfS-Kreisdienststelle Dessau Ende August 1983 die inoffizielle Zusammenarbeit. Da beim Geburtsstandesamt kein Sterbehinweis vorliegt, ist anzunehmen, dass Else Groß zwischen 1983 und 1989 entweder in die Bundesrepublik oder in die Schweiz übersiedelte.[312]

III.5.3.10. Schicksal nach 1945 ungeklärt
Einige Dessauer Gestapo-Beschäftigte gelten seit 1945 als vermisst wie der am 13.01.1911 in Dresden geborene Arthur Granert.[313] Sein Vater, ein Kaufmann, war bei der Geburt bereits verstorben. Vom 6. bis 14. Lebensjahr besuchte Granert die 48. Volksschule in Dresden. Zur Vorbereitung auf eine Beamtenlaufbahn ging er drei Jahre in einer Rechtsanwaltskanzlei in Dresden in die Lehre und arbeitete im Anschluss ein Jahr als Kanzleigehilfe. Auf eigenen Wunsch schied er im Februar 1929 aus, um als Kontorist bei einer Dresdener Zigaretten-Speditionsgesellschaft tätig zu werden. In Folge „Umorganisierung der Zentrale" kündigte man ihm Ende März 1930; Granert war ein Jahr erwerbslos. Er bewarb sich bei der Polizei – ab April 1931 besuchte er die Landespolizeischule Meißen. Im April 1932 fing Granert im Polizeipräsidium Leipzig an und ließ sich im Juli 1934 zum Polizeipräsidium Dresden versetzen. Nach „Auflösung der sächsischen Landespolizei" ging er im Oktober

---

312 Bis 1989/90 waren Standesämter in der Bundesrepublik nicht verpflichtet, den Geburtsstandesämtern in der DDR den Sterbefall zu melden, taten dies aber in zahlreichen Fällen dennoch. Für die Aufklärung sei Michael Viebig herzlich gedankt.
313 Für die Biografie wurden folgende Unterlagen verwendet: LASA, G 6, Nr. 2092; BStU, MfS, HA XX, Nr. 3358, Bl. 111, 191; BArch, R 9361-III/57948; Vorschlagsliste Nr. 049 für die Verleihung der Medaille [...], 10.03.1939. Ebd., VBS 1003 (@)/ZD 9183 A.10/001-105; StAmt Dresden (E-Mail 05.07.2012).

Arthur Granert

1935 zur Wehrmacht. Dort schied er auf eigenen Wunsch Ende September 1936 aus, um ab Oktober beim Polizeipräsidium Dessau als Wachtmeister zu arbeiten (ab Juli 1937 Oberwachtmeister, ab April 1938 Revier-Oberwachtmeister). Im Oktober 1937 heiratete er Margarete Schönert (geb. 05.04.1913 in Weinböhla); aus der Ehe ging ein Kind hervor. Granert gehörte zu jenen Beamten des Polizeipräsidiums, die sich beim „Einsatz in Österreich bewährt und vollauf ihre Pflicht erfüllt" hatten (Anschluss Österreichs im März 1938), wofür er 1939 die „Medaille zur Erinnerung an den 13. März 1938" erhielt. Zu dieser Zeit wohnte er in Dessau-Waldersee, Kiesweg 56, war SS-Bewerber, aber (noch) evangelisch.

Zwischen Januar und Juli 1939 wechselte Granert zur Staatspolizeistelle Dessau. Hier schlug er in der Abt. II die Laufbahn im mittleren Vollzugsdienst ein. Als Kriminalassistent wurde er 1941 „nach Westdeutschland kommandiert", kehrte 1943 kurzzeitig zur Außendienststelle Dessau zurück, um 1943 oder 1944 zur Staatspolizeileitstelle Magdeburg versetzt zu werden. Dort war er bis Kriegsende tätig (Kriminaloberassistent). Sein weiteres Schicksal ist unbekannt. Am 31.12.1950 erklärte das Kreisgericht Meißen Arthur Granert für tot.

Auch der am 13.10.1912 in Wernigerode als Sohn eines Eisenbahnschaffners geborene Ewald Reulecke wird seit 1945 vermisst.[314]

---

314 Für die Biografie wurden folgende Unterlagen verwendet: BArch, R 58/11555, Bl. 24–28; ebd., R 9361-IX KARTEI S0001; ebd., R 9361-III/162321; LASA, Z 140, Nr. 34, Bl. 18, 34, 53, 62, 80, 89; ebd., Z 149, Nr. 352, Bl. 182; ebd., Z 259, Nr. 1403, Bl. 101; ebd., Nr. 2481, Bl. 52; BStU, MfS, HA XX, Nr. 3358, Bl. 55; WASt (Schreiben 25.05.2007), DRK-SM (Schreiben 10.12.2008); Gespräch mit Klaus Reulecke (Holzwickede) am 05.10.2009 in Halle/S. Der Autor dankt

Die ersten Lebensjahre verbrachte er in Wernigerode. Im Jahr 1916 wurde sein Vater nach Sangerhausen versetzt. Hier besuchte er die neunstufige Mittelschule, die er 1928 mit dem Zeugnis der mittleren Reife abschloss. Anschließend – wegen einer erneuten Versetzung des Vaters wohnte er inzwischen in Güsten – absolvierte er ab Juni 1928 eine kaufmännische Lehre bei der Deutschen Tiefbohr AG Aschersleben und arbeitete von 1931 bis Februar 1934 als Buchhalter in der Lehrfirma. In diese Zeit fielen sowohl die NSDAP- (01.05.1933, Nr. 2.065.184) als auch die SS-Mitgliedschaft (23.06.1933, Nr. 133.348). Nach sieben Monaten im FAD wechselte Reulecke im Oktober 1934 in die Askania-Werke Dessau, um wiederum als Buchhalter zu arbeiten. „Durch Vermittlung der SS" kam er im April 1935 zur Gestapo Dessau, wo er als Fernschreiber (Kriminalangestellter) tätig war. Seit 1936 wohnte er in Dessau-Ziebigk, Privatstraße 15. Im April 1936 heiratete er in Güsten Elisabeth Zimmer (geb. 20.11.1914 in Güsten). Aus der Ehe ging Sohn Klaus (geb. 1937) hervor. Ende 1938 trat Reulecke mit der Familie aus der evangelischen Kirche aus. Nach vier Jahren als Fernschreiber begann im April 1939 der Vorbereitungsdienst für die mittlere Verwaltungsbeamten-Laufbahn (Polizeiassistentenanwärter). Ende März 1940 bestand Reulecke, der zu diesem Zeitpunkt SS-Scharführer war, die Polizeisekretärprüfung, worauf er im April 1940 als außerplanmäßiger (apl.) Polizeiassistent angestellt wurde.

Auch Reulecke gehörte ab Juli 1941 in der Sowjetunion zum EK 12 der EG D. Als SS-Oberscharführer soll er ausschließlich im Verwaltungsdienst eingesetzt gewesen sein. Laut einer WASt-Auskunft war er vom 29.08 bis 11.09.1941 in einem Lazarett. Dies ist die letzte dienstliche Meldung. Nach Aussagen des Sohnes Klaus Reulecke wurde die Familie im Sommer 1943 von Dessau nach Sangerhausen zu den Eltern Ewald Reuleckes evakuiert. Zu diesem Zeitpunkt befand er sich im Rang eines Polizeisekretärs. Aus die-

---

Klaus Reulecke für die Bereitstellung privater Unterlagen zu seinem Vater bzw. der Genehmigung, sie veröffentlichen zu dürfen.

Ewald Reulecke in der Uniform eines SS-Sturmscharführers, 1943

ser Zeit stammt das hier abgebildete Foto. Das letzte Lebenszeichen von Ewald Reulecke ist ein am 27.02.1945 in Oberlungwitz abgestempelter Brief an seine Eltern, Absender Chemnitz, Kaßbergstraße 22a. Dies war der Sitz der Staatspolizeistelle Chemnitz, bei der er anscheinend zuletzt tätig war. Zwischen dem 10. und 16. April 1945 soll Reulecke in Chemnitz in einen nach Prag fahrenden Zug eingestiegen sein. Das Kreisgericht Dessau erklärte Ewald Reulecke 1977 für tot.

Das Schicksal von Friedrich Stracke, geboren am 13.06.1898 in Elberfeld (jetzt Wuppertal), ist ebenso ungeklärt.[315] Nach Abschluss der Volksschule absolvierte er erfolgreich eine Kaufmanns-Lehre. Von 1915 bis 1918 besuchte er die Unteroffiziersschule in Essen und kämpfte ab 1917 an der Front als Unteroffizier in den Infanterie-Regimentern 67 und 56. Von Februar 1919 bis März 1920 schloss er sich dem Freikorps Lüttwitz an. Am 23.03.1920 trat Stracke in die Dienste der Anhaltischen Staatlichen Ordnungspolizei. Damit gehörte er unter den Gestapo-Mitarbeitern zu den erfahrensten. Im Jahr 1923 ließ er sich zur städtischen Polizei Dessau versetzen, und im März 1924 heiratete er Helene Richter (geb. 06.12.1901 in Dessau). Aus der Ehe ging eine Tochter hervor (geb. 1926). Als Hauptwachtmeister

---

315 Für die Biografie wurden folgende Unterlagen verwendet: BArch, R 9361-III/558672; ebd., R 9361-III/201907; LASA, Z 257, Nr. 47, Bl. 3; ebd., Nr. 57, Bl. 4RS–7; ebd., Nr. 65, Bl. 35RS; ebd., Nr. 104, Bd. 1, Bl. 176RS; ebd., K 6, Nr. 11148, Bl. 20RS; ebd., Nr. 11154, Bl. 293; ebd., Nr. 11170, Bl. 103; ebd., Nr. 11175, Bl. 65; SAPMO-BArch, DY 55/V 278/2/91 (Achtert, Heinrich); DRK-SM (Schreiben 08.12.2008); StAmt Wuppertal (Schreiben 21.02.2007 einschl. Kopie Personenstandsbuch).

wechselte Stracke im Oktober 1930 zur Dessauer Kriminalpolizei und im Juli 1933 zur Abteilung Inneres (Landespolizei) – Ende Juli taucht er hier als Kriminalassistent auf. Ende März 1934 übernahm ihn die Anhaltische Politische Polizei.

Friedrich Stracke, 1938

In den Jahren 1933 und 1934 wird er des Öfteren gemeinsam mit Hermann Röselmüller erwähnt, auf den noch eingegangen wird. Nach 1945 warfen Gestapo-Inhaftierte Stracke vor, dass er sie 1935 misshandelt habe.

Warum Stracke, inzwischen Kriminalsekretär, 1938 als Leiter eines Sachgebietes – welches, verrät er im Lebenslauf nicht – von der Staatspolizeistelle zurück zur Kriminalpolizeistelle Dessau wechselte, bleibt offen. Erst danach – am 01.01.1939 – bewarb er sich um Aufnahme in die SS (SS-Bewerber). Aus der evangelischen Kirche war er bereits am 05.03.1938 ausgetreten („gottgläubig"). Den NSDAP-Aufnahmeantrag reichte er am 10.10.1939 ein; die Mitgliedschaft begann am 01.01.1940 (Nr. 7.794.489). Zu diesem Zeitpunkt wohnte er in Dessau, Herzogsallee 14. Die Beförderung zum SS-Untersturmführer erfolgte am 30.01.1943. Als Kriminalobersekretär und Angehöriger der Kriminalpolizei Dessau war Stracke bei Kriegsende an der Führerschule der Sipo Berlin-Charlottenburg tätig. Nach der Festnahme soll er in einem Gefangenenlager gewesen und in Spandau zu Tode gekommen sein. Friedrich Stracke wurde durch Beschluss des Kreisgerichts Dessau vom 22.09.1959 für tot erklärt. Als Zeitpunkt des Todes wurde der 31.07.1949 festgelegt.

Was aus Franz Thiede, geboren am 25.10.1909 in Bernburg, wurde, ist ebenfalls offen.[316] Kurz nach der Geburt verzogen die Eltern – der

---

316 Für die Biografie wurden folgende Unterlagen verwendet: BArch, R 9361-

Vater war Arbeiter – nach Neumark bei Merseburg. Dort besuchte Thiede die achtklassige Volksschule und beendete danach eine dreieinhalbjährige Lehre als Schlosser und Dreher. Da sich die Wirtschaftslage weiter verschlechterte, bewarb er sich bei der Anhaltischen Staatlichen Ordnungspolizei. Ab Oktober 1928 besuchte er die Polizeischule Dessau und fing ein Jahr später bei der Abteilung Dessau an. Nach Beförderungen zum Wachtmeister (Oktober 1932), Oberwachtmeister (April 1935) und Revier-Oberwachtmeister (Januar 1936) sowie der Heirat mit Lisbeth Puhlmann aus Dessau 1936 ließ sich Thiede 1937 beim Staatsministerium für die Laufbahn im mittleren Vollzugsdienst vormerken. Am 15.03.1938 erfolgte die Versetzung zur Staatspolizeistelle Dessau. Im selben Jahr schloss Thiede den Lehrgang an der Führerschule der Sipo Berlin-Charlottenburg erfolgreich ab und wurde am 17.05.1939 zum Kriminalassistenten ernannt. 1939 stellte er einen SS- (SS-Bewerber) und am 11.10.1939 einen NSDAP-Aufnahmeantrag; letztere Mitgliedschaft begann am 01.12.1939 (Nr. 7.305.383). Zu dieser Zeit wohnte er in Dessau, Bernburgerstraße 6. Er gehörte zu den Dessauer Gestapo-Bediensteten, die nicht

Franz Thiede

zu den Einsatzgruppen der Sipo und des SD abkommandiert wurden. Ein letztes Lebenszeichen findet sich im Juni 1943: Thiede arbeitete als Kriminaloberassistent bei der Außendienststelle Dessau. Später wurde er noch zum Kriminalsekretär befördert. Wo er im April 1945 tätig war, konnte nicht ermittelt werden. Franz Thiede gilt seit 1945 als vermisst.

III/206794; ebd., R 9361-IX KARTEI X0005; BStU, MfS, HA IX/11, AS 218/68, Bd. 74, Bl. 4; StAmt VGem Bernburg (Schreiben 19.02.2007).

III.5.3.11. Unvollständige Biografien
In diese Rubrik fallen vor allem die Personen, bei denen es nicht gelang, die Lebenswege nach 1945 in Erfahrung zu bringen. So wie bei Friedrich Bibusch, der nach 1945 seinen Nachnamen in Biebusch änderte.[317] Er wurde am 08.10.1913 in Wehdem (Westfalen) geboren. Nach Beendigung einer Gärtner-Lehre und dem Besuch einer Gartenbaufachschule war er seit 1932 als Gehilfe und Verkäufer in einigen Gartenbaufirmen in Deutschland sowie im Geschäft seiner Eltern tätig. Bereits im August 1931 trat er der Hitler-Jugend und im Oktober 1931 der SA bei. Ab April 1932 leitete er die SA in dem kleinen Ort Hunteburg bei Osnabrück. Im August 1933 trat er aus der SA aus. Ende 1932 – ein genaues Datum gab er nie an – wurde er NSDAP-Mitglied (Nr. 1.444.853). In den Jahren 1937 und 1938 ließ sich Bibusch zum Kaufmann ausbilden, und 1938 siedelte er nach Dessau über, um ab Mai als kaufmännischer Angestellter und Kontorist im Fotogeschäft Tieck zu arbeiten. In der NSDAP-Ortsgruppe Dessau, Horst-Wessel-Platz übte er von Mai 1938 bis Februar 1940 das Amt des Blockwalters aus. Die Staatspolizeistelle Dessau stellte ihn am 01.09.1939 als Kriminalangestellten ein. Er wohnte in der Wolfgangstraße 11. Nach fünf Monaten in der Abt. II begann im Februar 1940 als Kriminalassistenten-Anwärter der Vorbereitungsdienst für die Laufbahn des mittleren Vollzugsdienstes. Seit 01.04.1940 war Bibusch SS-Bewerber und „gottgläubig". Nach vier Monaten in der Wehrmacht besuchte Bibusch von September bis Dezember 1940 den Ausbildungslehrgang für Kriminalassistenten-Anwärter an der Grenzpolizeischule Pretzsch. Währenddessen heiratete er im Oktober 1940 in Dessau Elisabeth Schulz (geb. 06.04.1916 in Dessau). Aus der Ehe gingen drei Kinder hervor.

---

317 Für die Biografie wurden folgende Unterlagen verwendet: BStU, MfS, HA IX/11, AV 6/88, Bl. 112; ebd. HA IX/11, ZUV 23 A.23, Bd. 1, Bl. 13; ebd., HA IX/11, RHE West 491/2, Bl. 69–77; ebd., HA XX, Nr. 3358, Bl. 19, 191; LASA, K 6, Nr. 9309, Bl. 63; ebd., Nr. 11151, Bl. 125; BArch, R 9361-III/13433; ebd., R 58/10817, StAmt Stemwede (Schreiben 30.01.2012).

Auch Bibusch gehörte ab 1941 dem EK 12 der EG D an. Als SS-Oberscharführer beteiligte er sich in der Sowjetunion an Erschießungen von Juden. Ende 1942 kehrte er auf Grund eines Magenleidens vom „Osteinsatz" zurück und lag bis Anfang 1943 in einem Lazarett bei Stuttgart. Anschließend wurde er zur Staatspolizeileitstelle Magdeburg versetzt, wo er bei Vernehmungen des Öfteren zuschlug. Die Rückversetzung zur Außendienststelle Dessau, bei der er bis zum Schluss als Kriminalassistent arbeitete, erfolgte am 01.04.1944.

Nach Angaben der Ehefrau bei einer Vernehmung durch die Kriminalpolizei Dessau am 01.09.1945 versteckte sich Bibusch seit Kriegsende in der Nähe von Dessau. Ende Juni tauchte er kurz in der Wohnung Dessau-Haideburg, Holunderweg 24 auf und sagte seiner Ehefrau, er würde zu einem Bauern nach Rosenburg (südlich von Barby) gehen.

Friedrich Bibusch

Dort tauchte er jedoch nie auf. Am 19. August teilte eine Verwandte der Ehefrau bei einem Besuch mit, dass sich Bibusch bei ihr in Bitterfeld verstecke. Daraufhin fuhr die Ehefrau noch am selben Tag zu ihrem Mann, der ihr sagte, er würde Bitterfeld am nächsten Tag verlassen. Was danach mit ihm geschah, konnte nicht ermittelt werden. Mit 52 Jahren verstarb Friedrich Bibusch am 29.06.1966 in Bad Wildungen (Hessen), ohne von der Justiz für die Verbrechen in der Sowjetunion belangt worden zu sein.

Ein weiteres Beispiel ist Willi Dankert, der nicht zu den Mitarbeitern der mittleren Ebene zählt, in Dessau aber auch keine leitende Stellung bekleidete.[318] Er war der einzige Gestapo-Angehörige,

---

318 Für die Biografie wurden folgende Unterlagen verwendet: StA Sandersleben,

der in Anhalt geboren worden war und eine juristische Ausbildung besaß, was ihn bei der Gestapo zur Laufbahn des gehobenen Dienstes befähigte. Dankert wurde am 20.03.1907 in Leopoldshall als Sohn eines Arbeiters geboren. Der Vater arbeitete später als Kaufmann und verstarb 1930. Von 1916 bis 1926 besuchte Dankert das Realgymnasium in Staßfurt, wo er das Abitur ablegte. Von 1926 bis 1931 studierte er Rechtswissenschaft an den Universitäten München und Halle/S. Da er im November 1930 die Erste juristische Staatsprüfung nicht bestanden hatte, musste er ein Semester dranhängen, wobei er die Wiederholungsprüfung am OLG Naumburg im Juli 1931 bestand. Bis 1934 absolvierte der in Staßfurt wohnende Dankert die Ausbildung als Referendar am Amtsgericht Staßfurt, Landgericht Magdeburg, Landesarbeitsgericht Magdeburg, Schöffengericht Magdeburg, in der Rechtsanwalts- und Notariatspraxis Dr. Friedrich Hampel Bernburg, am Amtsgericht Bernburg und OLG Naumburg. Am 01.11.1933 war er der SA beigetreten.

Willi Dankert in der Uniform eines SA-Scharführers

Dankert gelang es nicht, die Ausbildung zu beenden – im Januar und November 1935 fiel er durch die Zweite juristische Staatsprüfung. Kurze Zeit arbeitete er bei der DAF-Gauwaltung Magde-

---

19 Nr. 223, Bl. 64; ebd., 19 Nr. 225, Bl. 8, 21; ebd., 25 Nr. 038, Bl. 82; LASA, C 127, Justiz PA, D Nr. 15, Bd. 1, Bl. 1–36; ebd., Bd. 2, Bl. 1–66; ebd., Bd. 3, Bl. 1–27; ebd., Bd. 4, Bl. 1–123; ebd., Bd. 5, Bl. 1–33; BArch, R 9361-VIII KARTEI E0040; ebd., R 9361-IX KARTEI D0002; ebd., R 9361-III/28585; ebd., R 9361-III/520662; ebd., R 58/259; StAmt Staßfurt (E-Mail 08.12.2009); StA Düsseldorf (E-Mail 16.12.2009).

burg-Anhalt (Personalabteilung), bevor er am 04.08.1936 bei der Staatspolizeistelle Dessau anfing und die Laufbahn des gehobenen Dienstes einschlug. Er arbeitete in der Abt. II und blieb in Staßfurt, Gollnowstraße 2a wohnen. Als er am 15.08.1937 die NSDAP-Mitgliedschaft beantragte – rückwirkende Aufnahme zum 01.05.1937 (Nr. 4.843.421) – war er Kriminalkommissar-Anwärter. Zur weiteren Ausbildung kommandierte man ihn von Sommer 1938 bis Februar 1939 zur Führerschule der Sipo Berlin-Charlottenburg ab. Kurz bevor er im Februar 1939 in Rudolstadt Gisela Beyer (geb. 22.02.1912 in Rudolstadt) heiratete, nahm ihn die SS am 20.01.1939 als Mitglied auf (Nr. 314.106, seit 04.02.1939 Untersturmführer). Die Tochter des Ehepaars kam 1942 zur Welt.

Dankerts Dienst in Dessau endete im März 1939 – er wurde zur Staatspolizeileitstelle Breslau versetzt und am 01.10.1940 zum SS-Obersturmführer befördert. Als Angehöriger dieser Gestapostelle und Kriminalkommissar war er zumindest im Winterhalbjahr 1940/41 zur Grenzpolizeischule Pretzsch als Lehrkraft (Staatspolizeidienstkunde) und Dozentenführer abgeordnet. Abgesehen von der Beförderung zum SS-Hauptsturmführer am 30.01.1943 konnte der weitere Lebensweg nicht ermittelt werden. Willi Dankert verstarb am 10.01.1968 in Düsseldorf-Benrath (Städtisches Krankenhaus).

Was nach 1945 aus dem am 05.08.1899 in Halberstadt als Sohn eines Tapeziermeisters geborenen Alfred Reimert wurde, konnte ebenfalls nicht recherchiert werden.[319] Er besuchte vom 6. bis 14. Lebensjahr die Volksschule in Magdeburg und schloss eine Lehre als Buchdrucker ab. Mitte September 1917 berief man ihn zum Heeresdienst ein, wo er von Januar bis November 1918 als Kanonier bei der Artillerie (zuletzt Obergefreiter) vor Verdun

---

319 Für die Biografie wurden folgende Unterlagen verwendet: StA Köthen, 001/1248/H104; Norbert Postler (E-Mail 13.07.2013); LASA, G 6, Nr. 2092; BStU, MfS, HA XX, Nr. 3358, Bl. 195; BArch, R 9361-III/160567; ebd., R 9361-III/549707; StAmt Halberstadt (E-Mail 12.05.2009).

(Verleihung E.K. II. Klasse) und im Elsass kämpfte. Nach dem Krieg war er Schreiber beim Garnisons-Kommando Magdeburg, bevor er im Juli 1920 bei der Anhaltischen Staatlichen Ordnungspolizei anfing. Damit gehörte er zu den erfahrensten Polizisten. Im August 1926 heiratete er Hedwig Brehme (geb. 02.03.1903 in Bernburg); aus der Ehe ging ein Sohn hervor (geb. 1928). Als Oberwachtmeister verließ Reimert im Januar 1931 Anhalt und ging zur Sächsischen Landgendarmerie nach Zittau, wo er am 01.07.1932 der Nationalsozialistischen Betriebszellenorganisation (NSBO), Fachschaft Polizei, beitrat. Reimert kehrte im Februar 1933 nach Anhalt zurück und arbeitete als Leiter des politischen Dezernats bei der Kriminalpolizei Köthen. Obwohl er eine Kriminalassistenten-Stelle besetzte, blieb er zunächst Hauptwachtmeister. In Köthen stellte er am 01.03.1933 den NSDAP-Aufnahmeantrag; der Beginn der Mitgliedschaft wurde auf den 1. Mai datiert. Am 06.12.1934 verlieh man ihm das Ehrenkreuz für Frontkämpfer (des Ersten Weltkriegs). Entweder 1935 oder 1936 zum Kriminalassistenten ernannt, wechselte er im September 1936 „probeweise" zur Dessauer Staatspolizei, die ihn Ende Dezember 1936 endgültig übernahm (Abt. III). Vorerst blieb er in Köthen wohnen. Am 01.04.1937 beantragte er die Aufnahme in die SS (SS-Bewerber) und trat zwei Monate später aus der evangelischen Kirche aus („gottgläubig").
In Folge einer Operation starb am 28.12.1937 Reimerts Ehefrau. Im August 1938 zog er nach Dessau, Schlageterallee 62, und zwei Monate später heiratete er Erika Wechsung (geb. 01.05.1908 in Nordhausen), die 1940 einen Jungen gebar. Kurz darauf wurde Reimert, inzwischen Kriminalsekretär, am 20.04.1940 SS-Mitglied (Nr. 308.135). Die sofortige Beförderung zum niedrigsten SS-Offiziersrang Untersturmführer blieb die einzige. Reimert wurde 1941 nicht zu den Einsatzgruppen der Sipo und des SD abkommandiert. Im Laufe des Jahres 1942 versetzte man ihn zur Staatspolizeileitstelle Magdeburg, wo er bis Kriegsende bei der Spionageabwehr arbeitete. Alfred Reimert verstarb am 07.04.1960 in Bad Harzburg.

Von dem am 10.05.1903 geborenen Alfons Reischmann (Geburtsort unbekannt) ist nur überliefert, dass er 1941 von der Dessauer Gestapo zur Staatspolizeileitstelle Magdeburg wechselte. Als Kriminalangestellter war er im Referat IV 1 Opposition tätig. Reischmann beteiligte sich von 1941 bis 1943 im EK 12 der EG D an der Ermordung von Juden (SS-Oberscharführer). Danach arbeitete er wieder bei der Magdeburger Staatspolizeileitstelle. Bei Kriegsende floh er nach Quedlinburg (Steinweg 74). Später ging er zurück nach Magdeburg und starb dort im Oktober 1945 unter ungeklärten Umständen.[320]

Alfred Reimert

Auch die Biografie von Hermann Röselmüller ist bruchstückhaft. Sie ragt aus der Masse heraus, weil sein Name in der Anfangszeit für Brutalität steht. Röselmüller wurde am 27.06.1905 in Dessau geboren. Sein Vater, der denselben Vornamen trug, war Musiker, Geigenbauer und Mitglied des Dessauer Theaters. Die Eltern starben 1957 in Dessau.[321] Über Schule oder Ausbildung ist nichts bekannt. Erst im März 1933 taucht er in Akten im Zusammenhang mit der Verfolgung politischer Gegner der neuen Machthaber in verschiedenen Schreibweisen (Rösselmüller, Resemüller, Rosemüller) bzw. mit wechselnden Amtsbezeichnungen oder Dienstgraden auf. Auch wird er als „SS-Mann" bezeichnet – Belege der Mitgliedschaft fehlen. Ab August 1933

---

320 Vgl. BStU, MfS, HA XX, Nr. 3358, Bl. 125, 201; ebd., HA IX/11, ZUV 23 A.23, Bd. 1, Bl. 350 ff.
321 Dessauer Adressbücher ab 1904; StA Dessau-Roßlau (E-Mail 01.12.2009).

Otto Marx, Lagerkommandant des KZ Roßlau

findet man ihn als Kriminalassistenten bzw. Kriminalassessor der Kripo bzw. LKPS. Im August und September unterschrieb er Schriftstücke mit „H. B." (Hilfsbeamter), im Oktober mit „H. K. A." (Hilfskriminalassistent). Ein Rechtsanwalt bezeichnete ihn im November 1933 als „Beamten der politischen Polizei".[322] Sicher ist, dass Röselmüller in der Abteilung Inneres (Landespolizei) arbeitete[323] und von der Gestapo übernommen wurde. Als „K.A.A." (Kriminalassistentenanwärter) taucht er hier Ende August 1934 das letzte Mal auf.[324] Offen bleibt, wann er zur Kriminalpolizei Dessau wechselte[325].

Eines war immer gleich: Röselmüller fiel durch zahlreiche brutale Misshandlungen an Häftlingen auf, die er v. a. im Polizei- und Gerichtsgefängnis Dessau, in der Strafanstalt Coswig (Anhalt), im Polizeigefängnis Magdeburg oder im KZ Roßlau durchführte. Seine Folterungen waren gefürchtet; etliche Betroffene berichteten nach 1945 darüber.[326] Aus diesem Grund wurde er mit sei-

---

322 Vgl. u.a. LASA, Z 257, Nr. 47, Bl. 3, 4RS; ebd., Nr. 107, Bl. 10RS, 13RS, 16, 20RS, 22RS, 24, 42RS, 43RS, 44RS, 45; ebd., Nr. 76, Bl. 75.

323 R. schlug den Dessauer Kommunisten Paul Keim nach der Festnahme am 5. März 1934 auf der Polizeiwache Kirchhof ins Gesicht. Vgl. ebd., K 6, Nr. 11166, Bl. 187; ebd., K 6-1, Nr. 8897, Bl. 32RS.

324 R. hatte am 31.08.1934 eine Versammlung der Bekenntnis-Gemeinde „vertraulich überwacht" und einen 3-seitigen Bericht verfasst. Vgl. AELKA, B 5 Ev. LKR 1919–1945 (Fragment), K 28 138 III.

325 Vgl. ebd.; vgl. LASA, Z 257, Nr. 14, Bl. 31, 31RS; ebd., Nr. 104, Bd. 1, Bl. 388RS, 390.

326 U.a. Hermann Eschberger, Dessau („Treten m. den Füßen u. schlagen"). Ebd., K 6, Nr. 11154, Bl. 293; Josef Gatniejewski, Dessau-Alten („Röselmüller [hat]

nem Kollegen Ernst Kröning am 27.10.1933 kurzzeitig in Schutzhaft genommen, nachdem beide die Ehefrau des Kommunisten Paul Wolle (siehe Biografischer Anhang), Agnes Wolle, bei einer Vernehmung mehrfach geschlagen hatten.[327] Unter anderem wandte sich der Rechtsanwalt Dr. Friedrich Stock als Vertreter des Försters Erich Schütze an das Staatsministerium. Sein Mandant beschuldigte „den Kriminalbeamten" Röselmüller, ihn im KZ Roßlau, in das er am 23.09.1933 überführt worden war, „geradezu unmenschlich misshandelt" zu haben. Eine Untersuchung durch Landrat Dr. Rudolf Hinze ergab, dass Röselmüller Schütze sowie die Schutzhäftlinge Fritz Rappsilber (seit 27.09.1933 im KZ) und Ernst Schulze (seit 04.10.1933 im KZ) in der Wachstube des KZ

---

die Leute geschlagen"). Ebd., Nr. 11157, Bl. 69; Rudolf Hernig, Dessau. Ebd., Nr. 11159, Bl. 184; Otto Huth, Dessau („Der Genannte hat die Gefangenen mit Gummiknüppeln mißhandelt (stark geschlagen)." Ebd., Bl. 175; Paul Keim, Dessau („schwere Schläge m. Faust i. Gesicht"). Ebd., Nr. 11166, Bl. 187; Richard Kaplick, Dessau („Schläge mit Beine und Peitschen"). Ebd., Bl. 188; Fritz Krüger, Dessau. Ebd., Bl. 214; Lorenz Seufert, Dessau. Ebd., Nr. 11169, Bl. 18; Franz Matthay, Dessau. Ebd., Nr. 11170, Bl. 103; Richard Nagel, Dessau („durch Mißhandlungen Geständnisse erpreßt"). Ebd., Nr. 11173, Bl. 17; Willi Pippig, Dessau („wurde […] mehrmals besinnungslos geschlagen um mir ein Geständnis zu erpressen"). Ebd., Nr. 11175, Bl. 65; Otto Rothe, Dessau-Alten („Am 28.9.1933 bin ich [in der Strafanstalt Coswig] von 4 SS + SA Leuten schwer misshandelt worden. Namen Röselmüller"). Ebd., Nr. 11178, Bl. 87RS; Otto Schröter, Dessau. Ebd., Nr. 11185, Bl. 115; Willy Schröter, Dessau. Ebd., Bl. 154; Friedrich Scheffler, Dessau („Bei meiner Festnahme wurde ich im Walde von den Gestapomann Röselmüller mit noch 3 anderen in Zivil mit Gummiknüppeln und vorgehaltenen Revolver geschlagen." Röselmüller „hat täglich die Gefangenen mit SA u. SS Leuten verprügelt. Dasselbe hat er auch in der Strafanstalt Coswig […] getan."). Ebd., Bl. 158, 158RS; Kurt Ullrich, Dessau. Ebd., Nr. 11188, Bl. 10; Hermann Weiland, Dessau. Ebd., Nr. 11190, Bl. 115; Christoffer Zingel, Hornhausen („Bei meiner Verhaftung [Dez. 1933 in Oschersleben] wurde ich in meiner Wohnung von dem Röselmüller geschlagen, daß das Blut aus Mund und Hals kam."). Ebd., Nr. 11193, Bl. 1, 1RS; Franz Bauer, Dessau („Im Gefängnis wurde mir vom Gestapomann Röselmüller aus Dessau der Daumen der rechten Hand so verletzt, daß ich mir […] das erste Glied des Daumens operativ entfernen lassen mußte.") Ebd., P 521, Nr. V/8/4, Bl. 86.

327 Vgl. ebd., Z 257, Nr. 210, Bl. 1–13.

„mit einer Hundepeitsche in das Gesicht geschlagen" hatte, „und zwar sehr häufig".[328]
Erst 1937 taucht Röselmüller in Überlieferungen wieder auf. Ein Gericht in Dessau verurteilte ihn am 09.04.1937 wegen Betruges zu 1 Jahr 9 Monaten Gefängnis (abzüglich 2 Monaten U-Haft). Zu dieser Zeit war er Kriminalassistentenanwärter, ledig, evangelisch und wohnte in Dessau, Heinrichstraße 11. Vom Gerichtsgefängnis Dessau überführte man ihn am 14.05.1937 zur Strafverbüßung in das Gerichtsgefängnis Magdeburg-Sudenburg, aus dem er am 29.11.1938 entlassen wurde.[329] Anschließend verliert sich seine Spur erneut. Zwei Jahre nach Kriegsende war er Hauptperson eines Ermittlungsverfahrens der Staatsanwaltschaft Dessau. Sie eröffnete gegen ihn und drei weitere Personen im April 1947 ein Vorverfahren wegen „Verbrechen gegen die Menschlichkeit und KG Nr. 10". Ihnen wurde vorgeworfen, Inhaftierte misshandelt zu haben. Nur gegen Röselmüller erhob die Staatsanwaltschaft Anklage. Da er nicht in der SBZ wohnte, kam das Hauptverfahren nie zustande.[330] Es blieb das einzige Dessauer Ermittlungsverfahren gegen frühere Gestapo-Angehörige in Anhalt.[331] Zu Röselmüller fanden sich noch zwei Puzzleteile: Im Jahr 1966 wohnte er in Düsseldorf, Karolingerstraße 97.[332] Er verstarb am 19.10.1985 in Bad Reichenhall.[333]

---

328 Ebd., Z 149, Nr. 1597, Bl. 176ff.
329 Vgl. ebd., C 144 Magdeburg, B Nr. 295a Gefangenenkartei, Ro.
330 Vgl. ebd., K 19, Nr. 27, Bl. 83RS, 84. Zu den drei Personen konnten weder Vornamen noch sonstige Informationen ermittelt werden, weshalb sie hier nicht genannt werden. Es ist unwahrscheinlich, dass sie Beschäftigte der Politischen Polizei bzw. der Gestapo gewesen sind.
331 Vgl. Bestand „K 19 Staatsanwaltschaft am Landgericht Dessau (Oberstaatsanwalt)" im LASA. Die Dessauer Staatsanwaltschaft hätte alle Fälle, in denen sie und das ermittelnde Kriminalamt Dessau folternde Polizisten gemäß KD Nr. 38 als „Hauptverbrecher" einstufte, – dies wäre wie bei Otto Marx (Kommandant KZ Roßlau, s. Foto S. 190) und Rudolf Wehrmann (Wachmann KZ Roßlau, vgl. Sperk, Konzentrationslager Roßlau, S. 169–213, hier S. 200, 207) immer der Fall gewesen – an die zuständige Staatsanwaltschaft in Magdeburg abgeben müssen.
332 WASt (Schreiben 02.02.2010).
333 StAmt Bad Reichenhall (E-Mail 02.12.2009).

Willi Schmidt

Zu Willi Schmidt, geboren am 04.11.1905 in Dessau, ist mehr überliefert.[334] Sein Vater, ein Kaufmann, war Inhaber eines Getreide- und Futtermittelgeschäftes. Der Sohn besuchte bis zum 15. Lebensjahr die Friedrichs-Oberrealschule in Dessau und dann ein Jahr lang einen kaufmännischen Fachkurs. Obwohl er danach als ausgebildeter Kaufmann galt, schloss er noch eine dreijährige Lehre als Konditor ab. In diesem Beruf arbeitete er bis 1930 bei verschiedenen Firmen Nord- und Mitteldeutschlands. Nachdem der Vater 1930 an einer Lungenentzündung verstorben war, kehrte Schmidt nach Dessau zurück, um das Geschäft weiterzuführen. Am 01.11.1933 trat er in die SA ein, aus der er am 05.10.1934 wieder austrat. Von 1934 bis 1939 war er als kaufmännischer Angestellter in der Sicherheitsdirektion der Junkers Flugzeugwerke Dessau tätig. In dieser Zeit beantragte er am 01.10.1936 die Aufnahme in die SS (SS-Bewerber, zumindest 1940 SS-Anwärter). Vor 1940 trat er der NSDAP bei (Datum und Mitglieds-Nr. unbekannt). Schließlich wurde er am 05.09.1939 als Kriminalangestellter zur Staatspolizeistelle Dessau dienstverpflichtet (Abt. II). Im Jahr darauf trat er aus der evangelischen Kirche aus und wurde „gottgläubig". Im November 1940 heiratete er in Döben (Kreis Grimma). Das Ehepaar wohnte in Dessau, Chaponstraße 14. Als SS-Oberscharführer gehörte Schmidt ab 1941 dem EK 12 der EG D an. Danach war er beim KdS Simferopol sowie beim BdS

---

334 Für die Biografie wurden folgende Unterlagen verwendet: BArch, R 9361-III/180047; LASA, C 134 Halle, Nr. 620/1, Bl. 10; ebd., K 6, Nr. 11150, Bl. 154RS; BStU, MfS, HA XX, Nr. 3358, Bl. 128, 193f.; ebd., HA IX/11, AV 6/88, Bl. 145; ebd., HA IX/11, RHE 4/85 SU, Bd. 5, Bl. 57; DRK-SM (E-Mail 31.01.2012); Stadt Wolfsburg, Geschäftsbereich Kultur und Bildung (E-Mail 23.01.2012).

Ukraine eingesetzt (keine weiteren Daten). Anfang 1943 kehrte er zur Außendienststelle Dessau zurück, und 1944 wurde er aus der Gestapo entlassen. Vom weiteren Lebensweg ist nur bekannt, dass er Dessau am 02.05.1946 verließ und nach Mariental-Horst (Kreis Helmstedt), Tulpenhof 3 zog. Willi Schmidt verstarb am 13.05.1963 im Stadtkrankenhaus Wolfsburg. Laut Sterbeurkunde war er kaufmännischer Angestellter und wohnte in Vorsfelde (heute Ortsteil Wolfsburg), Schlesierstraße 33.

Eine interessante, aber ebenfalls unvollständige Biografie ist jene von Paul Schwarzwald, der am 19.12.1914 in Güsten als Sohn eines Schlossers geboren wurde. Von den ermittelten Beschäftigten in Dessau war er der zweitjüngste.[335] Schwarzwald beendete 1929 die Mittelschule in Güsten und absolvierte von April 1929 bis Ostern 1932 in der Heimatstadt eine Lehre als Drogist in der „Germania"-Drogerie. Während der Ausbildung besuchte er die Drogistenfachschule sowie die Kaufmännische Fortbildungsschule in Magdeburg. Bereits 1931 trat er in die Hitler-Jugend ein, und am 28.06.1933 – mit 18 Jahren – wurde er SS-Mitglied (Nr. 172.792, Sturmmann). Im Lehrbetrieb arbeitete er von April 1932 bis September 1933 als 2. Gehilfe und von September bis November 1933 als Gehilfe in der Flora-Drogerie Könnern, bevor er „wegen Arbeitsmangels" entlassen wurde. Bis Mitte Februar 1934 blieb er erwerbslos, dann fand Schwarzwald als Kontorist im Baugeschäft August Burau & Sohn Güsten wieder Arbeit. Diese gab er auf, um sich am 01.10.1934 für sechs Monate im FAD zu verpflichten (Arbeitsdienstabteilung 1/135 „Reichsarbeitsführer Hierl" Dessau-Großkühnau). Nachdem er ab 01.04.1935 Mitarbeiter beim Stab des I. Sturmbanns Dessau der 59. SS-Standarte war, stellte ihn die Gestapo mit 20 Jahren am 20.05.1935 als Kriminalangestellten ein.

---

335 Für die Biografie wurden folgende Unterlagen verwendet: BArch, R 9361-III/190171; BStU, MfS, HA IX/11, ZUV 15 A.1, Bl. 215; ebd., ZUV 15 A.3, Bl. 328f., ebd., ZUV 15 A.7, Bl. 153; ebd., ZUV 15 A.10, Bl. 403–407; ebd., ZUV 15 A.14, Bl. 189f.; Dessauer Adreßbuch 1940, S. 233; StAmt VGem Saale-Wipper Güsten (E-Mail 07.05.2009); StAmt Hessisch-Oldendorf (E-Mail 11.05.2009).

Paul Schwarzwald

Über den weiteren Lebensweg existieren nur Puzzleteile. Vieles stammt nicht aus amtlichen Dokumenten, sondern basiert auf Aussagen von Josef Blösche.[336] Bei dessen Vernehmungen durch das MfS sagte er 1967/68 über Schwarzwald, mit dem er zeitweise in Warschau arbeitete, Folgendes aus: Schwarzwald, laut Eintrag im Dessauer Adressbuch 1940 „Krim.-Beamter, Privatstraße 2", sei „vor 1941" von der Staatspolizeistelle Dessau zum KdS Warschau abgeordnet worden, wo er im Referat A „Volksdeutsche – Reichsdeutsche" als Kriminalassistent arbeitete. Auch seine Frau Helene Lampe (geb. 10.02.1911 in Güsten) und der Sohn wohnten längere Zeit in Warschau. Schwarzwald habe v.a. Vernehmungen von Polen und Deutschen durchgeführt, sei aber auch bei Deportationen von Juden aus dem Warschauer Ghetto eingesetzt worden. Von Juli bis September 1941 gehörte er als SS-Oberscharführer einem Einsatzkommando der Sipo und des SD in der Sowjetunion an. Laut Blösche sei Schwarzwald zuletzt Kriminaloberassistent und nach dem Warschauer Aufstand (Oktober 1944) nicht mehr in Warschau gewesen. Ansonsten konnte nur ermittelt werden, dass Paul Schwarzwald am 04.01.1958 in Hessisch-Oldendorf ein weiteres Mal heiratete und mit 55 Jahren am 05.04.1970 in Minden (Westfalen) verstarb.

Richard Steinbach, am 03.01.1906 in Leipzig als achtes von zehn Kindern eines Landwirts bzw. Gutsinspektors geboren, besuchte vom 6. bis 14. Lebensjahr Volksschulen in Leipzig und Dessau.[337]

---

336 Zur Biografie von Josef Blösche (1912–1969) siehe www.wikipedia.de.
337 Für die Biografie wurden folgende Unterlagen verwendet: LASA, Z 116-1, V

Nach dreieinhalb Jahren schloss Steinbach eine Tischler-Lehre ab und lernte zusätzlich das Bildhauerhandwerk, in dem er zeitweise tätig war. Da er eine sichere Stellung anstrebte, begann er im Oktober 1928 die Ausbildung an der Polizeischule Dessau. Ein Jahr später fing er als Unterwachtmeister bei der Abteilung Bernburg der Anhaltischen Schutzpolizei an. Nach Auflösung der Bernburger Abteilung 1934 wechselte er als Wachtmeister zur Abteilung Dessau. Am 29.12.1934 heiratete er die Verkäuferin Elsa Jammermann; das Ehepaar hatte einen Sohn (geb. 1937). Im Jahr 1935 wurde er zum Oberwachtmeister befördert. Zumindest 1938 arbeitete er im Polizeipräsidium Dessau, da er zu jenen Beamten gehörte, die sich beim „Einsatz in Österreich bewährt und vollauf ihre Pflicht erfüllt" hatten (Anschluss Österreichs im März 1938), wofür er 1939 die „Medaille zur Erinnerung an den 13. März 1938" erhielt. Zumindest im November 1938 war Steinbach als Revier-Oberwachtmeister auf dem 3. Revier tätig, und im Januar 1939 – er wohnte in der Karlstraße 44 – bewarb er sich um Aufnahme in die SS (SS-Bewerber). Im Laufe des Jahres 1940 wechselte er zur Staatspolizeistelle Dessau, wo er in der Abt. II arbeitete, zuletzt als Kriminaloberassistent. Im April 1945 zu den letzten Beschäftigten der Außendienststelle gehörend, schloss er sich keiner Wehrmachteinheit an, sondern tauchte unter. Wie es mit ihm bis zu seinem Tod am 27.08.1984 in Goslar weiter ging, konnte nicht ermittelt werden.

Ein „Flickenteppich" ist der Lebenslauf von Otto Strafe, am 29.03.1903 in Seebigau/Guben geboren. Von ihm konnten keine Sterbedaten ermittelt werden.[338] Der gelernte Kaufmann gehörte

---

Nr. 22, Bl. 42RS.; BArch, R 9361-III/199472; Krankenblatt Staatskrankenhaus der Polizei, Innere Abteilung, Nov./Dez. 1938. Ebd., R 19/3110; Vorschlagsliste Nr. 049 für die Verleihung der Medaille […], 10.03.1939. Ebd., VBS 1003 (@)/ ZD 9183 A.10/001-105; BStU, MfS, HA XX, Nr. 3358, Bl. 127, 194f.; StAmt Goslar (E-Mail 27.06.2012).

338 Das rund 100 Einwohner zählende Dorf Seebigau (heute polnisch: Ziębikowo) gehörte vor 1945 zum Kreis Guben. Das zuständige StAmt war das von Ossig. Da Seebigau und Ossig seit Kriegsende zu Polen gehören, befindet sich dieser

ab 01.08.1932 der NSDAP (Nr. 1.268.896) und ab 26.06.1933 der SS an (Nr. 146.910). Im Jahr 1940 kam er als Kriminalangestellter zur Staatspolizeistelle Dessau (Abt. II). Als Angehöriger des EK 12 der EG D war er in der Sowjetunion an Exekutionen beteiligt (SS-Oberscharführer). Im Jahr 1943 nach Dessau zurückgekehrt, wurde Strafe erst zur Staatspolizeileitstelle Magdeburg, später zur Staatspolizeileitstelle Berlin versetzt.[339]

Richard Steinbach

Die letzte unvollständige Biografie stammt von Erich Weidenhausen, der am 10.10.1909 in Frankfurt am Main als Sohn eines Oberleutnants bzw. Kasseninspektors zur Welt kam.[340] In der Geburtsstadt besuchte er 1916 bis 1920 die Mittelschule bzw. 1921 bis 1927 die Höhere Privatschule, an der er eine Ausbildung als Kaufmann beendete. Nach einer undefinierten selbst gewählten Auszeit („Ich blieb zunächst zu Hause") war er zwei Jahre als Kaufmann und „zum wiederholten Male" als Posthelfer im Postamt 9 Frankfurt am Main tätig. „In der übrigen Zeit blieb ich arbeitslos." Bereits seit 01.07.1932 gehörte Weidenhausen der SS (Nr. 35.634) und seit etwa Oktober 1932 der NSDAP (Nr. 1.336.372) an. Im Frühjahr 1933 zog er mit den Eltern nach Dessau, und ab August arbeitete er im Junkers-Flugzeugwerk. Im Juni 1937 wohnte Weidenhausen im Giebelweg 15, war SS-Scharführer und „gottgläu-

---

Teil der Standesamtsbücher nicht in Guben. Im Stadtarchiv ist keine Sterbefallanzeige von St. vorhanden. StA Guben (E-Mail 07.09.2015).
339 Vgl. BArch, R 9361-II/990375; vgl. BStU, MfS, HA IX/11, AV 6/88, Bl. 147; vgl. ebd., HA IX/11, AK 589/77, Bl. 2; vgl. ebd., HA XX, Nr. 3358, Bl. 192.
340 Für die Biografie wurden folgende Unterlagen verwendet: BArch, R 9361-III/220113; BStU, MfS, HA IX/11, AS 218/68, Bd. 74, Bl. 4; ebd., HA IX/11, AV 10/89, Bl. 193; ebd., HA XX, Nr. 3358, Bl. 65, 125, 195f.

Erich Weidenhausen, 1937

big". Kurze Zeit später heiratete er die in Dessau wohnhafte Kontoristin Melitta Hauptmann (geb. 16.12.1911 in Köthen). Weidenhausen fing 1940 bei der Staatspolizeistelle Dessau als Kraftfahrer (Kriminalangestellter) an. In dieser Funktion war er 1941 bis 1943 beim EK 12 der EG D in der Sowjetunion (SS-Oberscharführer) sowie bis April 1945 in der Außendienststelle Dessau tätig. Mit nur 50 Jahren starb Erich Weidenhausen am 02.09.1960 in Wolfsburg.

III.5.3.12. Sonstige Fälle

Am Ende werden Biografien vorgestellt, die in keine der vorangegangenen Schemen passen wie zum Beispiel die von Heinz Böhm.[341] Er ist einer der wenigen Dessauer Mitarbeiter, dem es nach 1945 gelang, die Gestapo-Zugehörigkeit zu verschweigen. Geboren wurde Böhm am 31.08.1908 in Dessau als Sohn eines Brauers. Nach Beendigung der Knabenmittelschule II 1923 schloss er eine dreieinhalbjährige Maschinenbau-Lehre bei Polysius ab. Zwei Jahre arbeitete Böhm im Lehrbetrieb und kündigte dann von sich aus, um nach einer Bewerbung im Oktober 1928 bei der Anhaltischen Staatlichen Ordnungspolizei anfangen zu können. Nach der einjährigen Ausbildung an der Polizeischule

---

341 Für die Biografie wurden folgende Unterlagen verwendet: LASA, Z 116-1, V Nr. 22, Bl. 42RS; ebd., Z 149, Nr. 199, Bl. 306; ebd., Z 259, Nr. 23, Bl. 26; ebd., C 134 Halle, Nr. 724/1, Bl. 9; ebd., Nr. 952/1, Bl. 2–5; BArch, R 9361-VIII KARTEI C0046; ebd., R 9361-IX KARTEI B0063; ebd., R 9361-III/16610; ebd., 505 AR 664/60 (Karte 1); ebd., B 162/4483, Bd. 2, Bl. 292f.; ebd., B 162/3652, Bd. 2, Bl. 339–342; ebd., VI 117 AR 995/70 (Karte 2); BStU, MfS, HA IX/11, AS 218/68, Bd. 74, Bl. 4; ebd., HA IX/11, RHE West 491, Bd. 2, Bl. 165–169; StAmt Dessau (Schreiben 21.03.2007).

Dessau teilte man ihn im Oktober 1929 der Abteilung Bernburg zu (ab Okt. 1932 Wachtmeister). Nachdem die Abteilung Bernburg 1934 aufgelöst wurde, kam Böhm zur Abteilung Dessau der Anhaltischen Schutzpolizei. Im Januar 1935 heiratete er die Verkäuferin Erna Richter (geb. 07.12.1911 in Dessau), und ein Jahr darauf erfolgte die Beförderung zum Revier-Oberwachtmeister. Am 20.07.1937 stellte Böhm einen NSDAP-Aufnahmeantrag; Die Mitgliedschaft wurde auf den 01.05.1937 (Nr. 4.986.441) zurückdatiert. Zu dieser Zeit wohnte das Ehepaar Böhm in Dessau, Gutenbergstraße 16.

Heinz Böhm

Nachdem sich Böhm Ende 1937 bei der Gestapo um Einstellung im mittleren Vollzugsdienst beworben hatte, wurde er am 1. Februar 1938 zur Staatspolizeistelle Dessau „einberufen" (Abt. II). Nach einjährigem Probedienst und Besuch der Sipo-Führerschule Berlin-Charlottenburg wurde er am 1. April 1939 (Ernennung zum Kriminalassistenten) von der Gestapo übernommen. Zumindest zwischen April 1940 (bereits aus der ev. Kirche ausgetreten und „gottgläubig") und April 1942 war er SS-Bewerber. Als Kriminalassistent erfolgte 1943 die Versetzung zur Staatspolizeileitstelle Magdeburg. Ab da konnten keine Dokumente ermittelt werden, die über Böhms Dienst Auskunft geben. Es liegen nur seine Nachkriegsangaben vor, die nicht der Wahrheit entsprechen. Demnach sei er „während des Krieges" von der Kriminalpolizei Dessau zum KdS Italien abgeordnet worden. Dann habe er von Juni bis Dezember 1944 an einem Kriminalkommissar-Lehrgang in Bad Rabka (Polen) teilgenommen. Nach Ernennung zum Kriminalkommissar auf Probe will er von Januar 1945 bis Kriegsende bei der Kriminalpolizei Weimar gearbeitet haben. Diese Aussagen sind schon deshalb unglaubhaft, weil Böhm 1944 nicht die Voraussetzungen für eine Kriminalkommissar-Laufbahn besaß. Später gab er im Widerspruch dazu an, bei Kriegsende Bataillonsführer des Volkssturms im tschechischen Neuern (heute Nýrsko) gewesen zu sein.

Sicher ist nur, dass Böhm vor August 1953 (Kriminalobersekretär) bei der Kriminalpolizei Düsseldorf eingestellt wurde (1961 Kriminalkommissar). Unterlagen über Internierungslager-Haft oder ein Spruchkammer-Urteil fanden sich nicht. Als Zeuge befragte man ihn in zwei Ermittlungsverfahren wegen Nationalsozialistischer Gewaltverbrechen (NSG) 1961 und 1968; es ging um die Zeit in Bad Rabka und Weimar. Im November 1968 befand sich Böhm als Kriminalhauptkommissar a.D. im Ruhestand. Die Staatsanwaltschaft München vernahm ihn im September 1970 als Beschuldigten in einem NSG-Verfahren, das aber Ende Oktober eingestellt wurde. Heinz Böhm verstarb am 28.10.1993 in Düsseldorf.

Wilhelm Deutschbein, 1939

Dr. jur. Wilhelm Deutschbein war einer der Beschäftigten, der nur zeitweise zur Dessauer Gestapo abgeordnet war und in die frühere Stellung zurückkehrte.[342] Er wurde am 06.07.1903 in Röschwoog

---

342 Für die Biografie wurden folgende Unterlagen verwendet: LASA, Z 116-1, II D Nr. 17; ebd., Z 141, Nr. 669, Bl. 69f., 113; ebd., Z 149, Nr. 193, Bl. 366f.; ebd., E 138, Nr. 6, Bl. 16RS; ebd., Nr. 8, Bl. 101; StA Sandersleben, 19 Nr. 217, Bl. 170; ebd., 19 Nr. 223, Bl. 43, 43RS, ebd., 19 Nr. 245, Bl. 14, 16, 18ff., 22, 25, 36; ebd., 25 Nr. 036, Bl. 26; ebd., 25 Nr. 038, Bl. 1, 20, 22, 24; ABlfA 1933, S. 303; ABlfA

(Elsass) als Sohn eines Eisenbahnbeamten geboren, besuchte die Volksschule in Teterchen und das Gymnasium in Buchsweiler. Wegen des Versailler Vertrages musste die Familie 1919 das Elsass verlassen und siedelte nach Roßlau (E.) über, wo der Vater eine Anstellung bei der Reichsbahn fand. Deutschbein legte 1923 in Dessau das Abitur ab und studierte Rechts- und Staatswissenschaft an den Universitäten Göttingen, Leipzig und Halle/S. Nach Referendarexamen im Juli 1926 (Erste jurist. Staatsprüfung) und Doktorexamen im Jahr darauf (beides in Halle/S.) war er im juristischen Vorbereitungsdienst in Anhalt tätig. Im Januar 1930 legte er in Berlin die Zweite jurist. Staatsprüfung ab (Gerichtsassessor) und arbeitete dann als Vertreter von Rechtsanwälten in Dessau sowie als Gerichtsassessor an den Amtsgerichten Dessau und Köthen bzw. am Dessauer Landgericht. Von Juli 1931 bis Dezember 1932 war er Hilfsarbeiter in der Abt. Inneres des Anhaltischen Staatsministeriums, bevor er sich im Januar 1933 in Roßlau als selbständiger Rechtsanwalt niederließ. Er wohnte bei den Eltern (Roßlau Steutzer Straße 5/6). Deutschbein gehörte seit 01.05.1933 sowohl der NSDAP (Nr. 2.014.289) als auch der SA an (ab 1939 Truppführer). Im Oktober 1933 gab er die Selbständigkeit wieder auf und trat als Regierungsassessor erneut in die Dienste des Staatsministeriums (Übernahme in den Staatsdienst). Er arbeitete in der Abt. Allgemeine Staatsverwaltung und Justiz (Referent für Personalangelegenheiten), wurde aber auch in der Präsidialabteilung sowie in den Abteilungen Inneres und Wirtschaft eingesetzt. Zum 01.12.1933 ernannte man ihn zum Regierungsrat.

Ab November 1934 war Deutschbein zur Dessauer Gestapo abgeordnet, wo er im Innendienst der Abteilungen I und II mit juristischen bzw. Verwaltungsaufgaben betraut wurde. Ende August 1936 hob das Staatsministerium die Abordnung auf, und Deutschbein kehrte in die Abt. Allgemeine Staatsverwaltung zurück. Ver-

---

1940, S. 51; BArch, R 9361-VIII KARTEI E0092; ebd., R 1501/ZA VI 0179 A.4; Staatsarchiv Ludwigsburg, EL 902/1 Bü 10703.

Der Reichsstatthalter
in Braunschweig und Anhalt

Tagebuch-Nr. D.15.
Bitte Tagebuch-Nr.
bei Antwort angeben

Dessau, den 15. Januar 1940.
Haus des Reichsstatthalters
Fernruf 3195
Postschließfach 205

An IIa

den Herrn Reichsminister des Innern,
B e r l i n NW 40,
Königsplatz 6.

Der Oberbürgermeister der Reichsmessestadt Leipzig Staatsminister a.D. Freyberg hat den Wunsch geäußert, den Regierungsrat Dr. Deutschbein mit nach Leipzig nehmen zu können. Ich habe diesem Wunsche vorbehaltlich Ihrer Zustimmung entsprochen und Dr. Deutschbein zur dienstlichen Verwendung beim Oberbürgermeister der Reichsmessestadt Leipzig beurlaubt. Dr. Deutschbein hat nunmehr seine Entlassung aus dem Anhaltischen Landesdienst mit Wirkung vom 1.1.1940 beantragt. Ich bitte diesem Antrage stattzugeben und seine Entlassung aus dem Anhaltischen Landesdienst dem Führer vorzuschlagen. Eine Antragsliste nach Muster D 32 sowie der Entwurf einer Entlassungsurkunde in zweifacher Ausfertigung ist beigefügt.

Anlagen

Schreiben des Reichsstatthalters in Braunschweig und Anhalt an den Reichsinnenminister bezüglich Wilhelm Deutschbein, 15. Januar 1940

mutlich hing dies mit der Übernahme der Leitung der Zweigstelle Dessau der „Verwaltungs-Akademie für die Provinz Sachsen und Anhalt" ab dem Wintersemester 1936/37 zusammen.[343]

Auf eigenen Antrag schied Deutschbein zum 01.01. bzw. 29.03.1940 aus dem Landesdienst aus, weil Alfred Freyberg als Oberbürgermeister von Leipzig ihn zum Stadtdirektor ernannt hatte. Da Deutschbein kurz vor Kriegsausbruch zur Wehrmacht einberufen worden war, konnte er das Amt nie antreten. Bis zur Gefangennahme im Mai 1945 in Österreich diente er als Offizier (seit Juli 1944 Hauptmann) und Batterieführer bei einem Flak-Regiment der Luftwaffe (ab 1941 in Griechenland, ab 1944 auf dem Balkan). Im Juli wurde er aus amerikanischer Gefangenschaft entlassen und ließ sich in Sindolsheim (Baden) nieder. Hier arbeitete er bis Mai 1946 in der Landwirtschaft, dann als Büroangestellter in einem Briefmarkenversandhaus in Wasseralfingen (Württemberg).[344]

Auf Grund der NSDAP- und SA-Mitgliedschaft – die Gestapo-Abordnung hatte er verschwiegen – stufte die Spruchkammer Aalen Deutschbein am 14.04.1947 in die Kategorie IV „Mitläufer" ein und belegte ihn mit einem Sühnebeitrag von 500 Mark. Die Berufung wurde zum Misserfolg. Zwar änderte die Berufungskammer Stuttgart den Spruch im November 1947 dahingehend ab, dass sie Deutschbein in die Kategorie III „Minderbelastete" einstufte, doch der Sühnebeitrag blieb. Sie verschärfte den Spruch andererseits sogar, indem sie ihm zusätzlich drei Monate Sonderarbeit und eine zweijährige Bewährungsfrist einschließlich Wahlrechtsentzug auferlegte. Deutschbein stellte ein Gnadengesuch und legte weitere Entlastungszeugnisse vor. Daraufhin stufte die Spruchkammer Aalen ihn im April 1948 zwar wieder in die Kategorie IV hoch, erließ ihm aber alle Sühneleistungen. Deutschbein ließ sich als Rechtsanwalt in Aalen nieder und verstarb am 28.12.1986 in Aalen-Wasseralfingen.

---

343 Vgl. Ulbrich, Antisemitismus, S. 41f.
344 Wasseralfingen ist heute ein Stadtbezirk von Aalen.

Eine Ausnahme unter den Dessauer Bediensteten ist der Lebensweg von Kurt Finger nach 1945. Er wurde am 20.05.1908 im anhaltischen Steckby als Sohn eines Gast- und Landwirtes geboren und evangelisch getauft.[345] Von 1914 bis 1922 lernte er an der Volksschule Steckby und arbeitete danach in den Betrieben seines Vaters. Von 1924 bis 1926 besuchte er die Landwirtschaftsschule in Zerbst. Da drei Geschwister (ein Bruder, zwei Schwestern) bereits in der Gast- und Landwirtschaft des Vaters tätig waren, ging Finger zur Polizei. Von Oktober 1927 bis Oktober 1928 Polizeischüler in Dessau, wurde er als Unterwachtmeister der Abteilung Dessau der Anhaltischen Staatlichen Ordnungspolizei zugeteilt.

Als Revier-Oberwachtmeister wurde er am 15.09.1936 zur Staatspolizeistelle Dessau abkommandiert. Zehn Tage später heiratete Finger die Bürogehilfin Juliane Fuchs (geb. 24.04.1910 in Groß Quenstedt), und sieben Tage nach der Hochzeit übernahm die Gestapo Finger bereits als Kriminalassistenten endgültig. Zu dieser Zeit wohnte das Ehepaar in Dessau-Ziebigk, Bromberger Straße 7. Noch im Dezember 1936 stellte Finger einen SS-Aufnahmeantrag (SS-Bewerber, I. Sturmbann Dessau der 59. SS-Standarte). Fest steht, dass er zumindest im August 1940 SS-Mitglied war. Nach eigenen Angaben war der die Laufbahn des mittleren Vollzugsdienstes einschlagende Finger „einige Monate" in der Registratur (Abt. I) und dann in der Abt. III tätig. Zu seinen Aufgaben gehörten zunächst „weniger wichtige Spionageabwehrvorgänge". Später wurden ihm „die Bearbeitung der Sabotage-Vorgänge in Rüstungsbetrieben und die Überprüfung der Arbeitnehmer der wehrwirtschaftlich

---

345 Für die Biografie wurden folgende Unterlagen verwendet: LASA, Z 116-1, V Nr. 22, Bl. 40RS; u.a. ebd., K 6, Nr. 11151, Bl. 125; BArch, R 9361-III/43505; BStU, MfS, HA IX/11, AV 6/88, Bl. 118; ebd., HA IX/11, AS 218/68, Bd. 74, Bl. 4; ebd., HA IX/11, ZUV 23 A.16, Bl. 441; ebd., ZUV 23 A.23, Bd. 1, Bl. 46; ebd., HA XX, Nr. 3358, Bl. 28, 110, 187; DRK-SM (E-Mail 16.12.2011); Eidesstattliche Erklärung für Erich Giersbeck, 28.08.1957. LA NRW Abt. Rheinland, NW 130 Nr. 192; HStA Hannover, Nds. 100 Acc. 2003/139 Nr. 11, Bl. 1–75; ebd., Acc. 2003/139 Nr. 12, Bl. 1–72; StAmt Zerbst (E-Mail 28.06.2012).

geschützten Betriebe übertragen." Seit 01.05.1937 gehörte Finger der NSDAP an (Nr. 6.042.495, Aufnahme beantragt 21.06.1937). Nach 12-jähriger Dienstzeit wurde er im Oktober 1939 unter Ernennung zum Beamten auf Lebenszeit zum Kriminaloberassistenten befördert. Finger wurde 1941 in die Sowjetunion abkommandiert, wo er als SS-Hauptscharführer dem EK 12 der EG D angehörte (ab Okt. 1942 Kriminalsekretär). Anfang 1943 kehrte er nach Dessau zurück, um im Mai 1943 zur Staatspolizeileitstelle Magdeburg versetzt zu werden.

Kurt Finger

Bei Kriegsende wohnte er in Badersleben, Holzweg 147. Auch in Magdeburg bearbeitete Finger Spionage- und Sabotagevorgänge. Ebenso setzte man ihn im Referat IV 1 Opposition bei der Verfolgung von KPD- und SPD-Mitgliedern ein oder bei der Bearbeitung von Verstößen gegen das Heimtückegesetz. Laut Nachkriegsbefragungen von Inhaftierten schlug Finger in Magdeburg bei Verhören des Öfteren zu.

Wie alle Gestapo-Kollegen besorgte sich Finger vor Eintreffen der Amerikaner falsche Ausweispapiere, ging nach Dessau und schloss sich im April dem Pionierbataillon Ost der Wehrmacht an, das in Roßlau zusammengestellt worden war (Angaben Kurt Finger). Bei Angern geriet er als Unteroffizier am 7. Mai in amerikanische Gefangenschaft und kam in das Gefangenenlager Sachau bei Gardelegen. Da er hier seinen richtigen Namen einschließlich korrekter Geburtsdaten angab, sich aber als „Landwirt" ausgab, entließen ihn die Amerikaner bereits am 26. Mai aus der Gefangenschaft. Mit seiner Frau ging er nach Niedersachsen in die britische Besatzungszone, wo er ab 7. Juli nur wenige Kilometer hinter der Zonengrenze in Schöningen, Büddenstedter Straße 50 wohnte.

Finger kam weder in ein Internierungslager, noch musste er sich vor einer Spruchkammer verantworten. Er arbeitete als Samenkontrolleur und Saatzuchtgehilfe in der Saatzuchtwirtschaft Strube in Schöningen. Erst mit Erlass des „131er-Gesetzes" im Mai und der Erwerbslosigkeit ab Juli 1951 gab Finger seine Gestapo-Tätigkeit preis und schilderte den Werdegang bei der Schutz- und Staatspolizei, allerdings nicht immer ehrlich. Die SS-Mitgliedschaft oder den Einsatz in der Sowjetunion verschwieg er. Ab September 1951 bemühte er sich zunächst erfolglos, bei der Polizei wieder eingestellt zu werden. Auch Eidesstattliche Erklärungen früherer Kollegen aus Dessau und Magdeburg, die natürlich nur Gutes beinhalteten, halfen dem „Revier Oberwachtmeister der Schutzpolizei zur Wiederverwendung" erst einmal nicht. Immerhin erkannte das niedersächsische Innenministerium im April 1956 die Gestapo-Dienstzeit und den Rechtsstand als Beamter auf Lebenszeit an. Und schließlich wurde er im Mai 1958 bei der Schutzpolizei Niedersachsens als Polizeihauptwachtmeister eingestellt. Ein Jahr später wurde er Beamter auf Lebenszeit, und im April 1960 folgte die Beförderung zum Polizeimeister.

Was dann geschah, macht die Biografie unter den Dessauer Stapo-Männern einzigartig. Im Januar 1963 nahm das niedersächsische Innenministerium die Anerkennung der Gestapo-Dienstzeit und den Rechtsstand Beamter auf Lebenszeit zurück. Warum? Finger war im August 1962, er wohnte in Wolfsburg, Berliner Ring 28, durch eine Sonderkommission des LKA im Zusammenhang mit der juristischen Aufarbeitung der Einsatzgruppen-Verbrechen vernommen worden. Dabei gab er zu, von Juli 1941 bis Anfang 1943 dem EK 12 angehört zu haben. Zudem sei er zuvor in Rumänien bei der „Partisanenbekämpfung" eingesetzt gewesen. Da er diese „auswärtigen Einsätze" verschwiegen hatte und sie als „rechtsstaatswidrige Maßnahmen" galten, wurde der Bescheid vom April 1956, der auf einer Ausnahmeregelung basierte, zurückgenommen. Wegen Verschweigens der Einsatzgruppen-Zeit hatte er bereits im November 1962 die Aberkennung des Beamten-Status hinnehmen müssen. Fingers

Arno Riecke, 1939

eingelegter Widerspruch wurde im Februar 1963 zurückgewiesen. Dagegen und gegen den Rücknahmebescheid vom Januar 1963 klagte er beim Verwaltungsgericht Braunschweig. Beide Klagen wies das Gericht im November 1963 ab, wogegen Finger Berufung einlegte. Am Tag des Termins vor dem Oberverwaltungsgericht Lüneburg am 28.09.1965 nahm Finger vor Beginn der Verhandlung beide Berufungen zurück. Damit galten die Entscheidungen bzw. Urteile als rechtskräftig. Dies hatte zur Folge, dass er ab 1967 auch die auf Grund der Regelungen des „131er-Gesetzes" gezahlten Versorgungsbezüge (1953 bis 1958: 6.115,75 DM) zurückzahlen musste. Kurt Finger verstarb am 16.06.1992 in Wolfsburg.

Arno Riecke, als drittes Kind eines Zugbegleiters am 30.06.1908 in Hohendodeleben geboren, ist der einzige ermittelte Dessauer Mitarbeiter, dessen Leben in einem Gefangenenlager in der UdSSR endete.[346] Riecke hatte von 1914 bis 1922 die Volksschule in Magdeburg besucht und dann eine dreijährige Lehre als Kaufmann abgeschlossen. Von 1925 bis 1928 arbeitete er als kaufmännischer Angestellter in seiner Magdeburger Lehrfirma (Handlungsgehilfe), bevor er im Oktober 1928 zur Anhaltischen Staatlichen Ordnungspolizei ging. Nach dem Ausbildungsjahr kam Riecke zur Abteilung Dessau. Hier arbeitete er die meiste Zeit (1930 bis 1935) als Ausbilder an der

---

[346] Für die Biografie wurden folgende Unterlagen verwendet: BArch, R 9361-VIII KARTEI M0140; ebd., R 9361-IX KARTEI S0015; ebd., R 9361-III/163493; BStU, MfS, HA IX/11, AK 5355/85, Bl. 91, 134, 159; ebd., HA XX, Nr. 3358, Bl. 125, 195; DRK-SM (Schreiben 15.05.2012). Der Autor dankt Dr. Daniel Bohse für die Hilfe bei den Dokumenten im Besitz des DRK-SM.

Polizeischule Dessau. Riecke ließ sich im Februar 1936 als Revier-Oberwachtmeister „auf eigenen Wunsch" zur Staatspolizei Dessau abkommandieren (Laufbahn im mittleren Vollzugsdienst). Er heiratete im Juli desselben Jahres Liselotte Busse (geb. 29.04.1914 in Nürnberg); das Ehepaar hatte drei Söhne (geb. 1937, 1939, 1942). Nach dem Besuch der Führerschule der Sipo Berlin-Charlottenburg 1937 übernahm ihn die Gestapo endgültig (Abt. III). Auf seine „freiwillige Meldung" hin wurde Riecke im August 1939 als Kriminalassistent zur Außendienststelle Jitschin der Staatspolizeileitstelle Prag abkommandiert (Dez. 1939 endgültige Versetzung, zuletzt Kriminalsekretär). Seine Familie wohnte weiter in Dessau, Askanische Straße 53. In Jitschin beantragte er am 08.11.1939 die Mitgliedschaft in der NSDAP, die rückwirkend zum 01.04.1939 (Nr. 7.400.672) vollzogen wurde. Im Jahr 1940 – er war bereits aus der ev. Kirche ausgetreten und „gottgläubig" – stellte er einen SS-Aufnahmeantrag (SS-Bewerber); Ende 1942 wurde er Mitglied.

Als Soldat in einer Kfz-Instandsetzungs-Kompanie tauchte Riecke bei Kriegsende in der Wehrmacht unter und geriet in Pilsen am 10.05.1945 in sowjetische Gefangenschaft. Erfolgreich verschwieg er die Gestapo-Zugehörigkeit und gab stattdessen an, von 1925 bis zur Wehrmacht-Einberufung 1944 als Verkäufer gearbeitet zu haben. Vom 13.10.1945 bis 15.06.1948 befand sich Riecke im Kriegsgefangenenlager Nr. 238 Saratow. Dann transportierte man ihn in das „Hospital Nr. 1691" des Kriegsgefangenenlagers Wolsk, wo er am 26.08.1948 an „Dystrophie 2. und 3. Stufe" verstarb. Laut „Bescheinigung" des „Hospitals Nr. 1691" wurde Arno Riecke „im Quadrat Nr. 30 im Grab Nr. 24 in der Grabstätte mit dem Erkennungszeichen 24/30 beigesetzt".

III.6. Das Berichtswesen der Gestapo

Durch Erlasse des Gestapa wurde das Berichtswesen der Gestapostellen ständig neu geregelt und immer weiter perfektioniert.

Das Ziel bestand darin, alles politisch und polizeilich Wichtige zu berichten, um die Möglichkeit zur sofortigen Reaktion zu besitzen.[347] Schließlich erschien der Erlass vom 23. Dezember 1933, nachdem die Berichte in formaler und inhaltlich-stilistischer Hinsicht nach folgenden Anforderungen zu modifizieren waren: „Die Berichte müssen ein erschöpfendes und getreues Bild der wirklichen politischen Lage geben. Die Darstellung ist klar und übersichtlich zu halten. Jede Weitschweifigkeit ist zu vermeiden. [...] Wesentlich ist, daß zu allen aktuellen politischen Fragen eingehend Stellung genommen wird." Folgende Gliederung wurde empfohlen:

1.) Gegner des Staates und der Bewegung
2.) Die Bewegung und ihre Organisationen
3.) Wirtschafts- und Sozialpolitik
4.) Besondere Beobachtungen.

Eine nochmalige und im Wesentlichen endgültige Korrektur erfuhr das Schema durch einen Erlass vom 24. Mai 1934:

A. Allgemeines
B. Kommunistische Bewegung
C. Sonstige marxistische Bewegungen
D. Katholische Bewegung
E. Evangelische Bewegung
F. Juden und Freimaurer
G. Sonstiges.

Diese Lageberichterstattung mussten die Gestapostellen auf Anweisung des Gestapa vom 9. April 1936 mit sofortiger Wirkung ein-

---

347 Vgl. u.a. LASA, C 20 I, Ib Nr. 643, Bl. 183, 186ff.

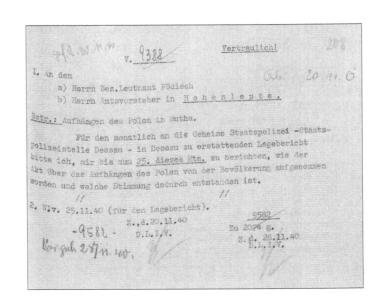

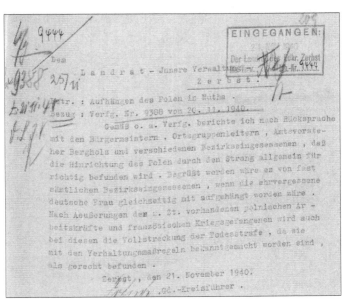

Vertrauliche Anfrage bezüglich der Hinrichtung eines Polen und deren Beantwortung, November 1940

stellen.[348] Auch Tagesmeldungen hatten zu unterbleiben.[349] Dessen ungeachtet ging die monatliche Berichtserstattung der anhaltischen Oberbürgermeister und Landräte an die Staatspolizei in Dessau weiter.[350] Allerdings gelten diese Berichte als vernichtet.

---

348 Vgl. Manfred Müller: Zustimmung und Ablehnung, Partizipation und Resistenz. Die preußische Provinz Sachsen im Spiegel geheimer Gestapo- und Regierungsberichte 1933–1936, Frankfurt am Main u. a. 2000, S. 26.
349 Gestapa Berlin (Heydrich), Betr.: Tagesmeldungen, 08.04.1936. BArch, NS 10/51, Bl. 93.
350 Vgl. LASA, Z 149, Nr. 823, Bl. 208. Die Niederschrift einer Behördenleiterbesprechung am 02.02.1942 in Gernrode enthält einen Redebeitrag über die „Ausgestaltung der Monatlichen Lageberichte", was belegt, dass sie noch immer erstellt wurden. Ebd., Z 110, Nr. 419, Bl. 186.

IV. Berichterstatter der allgemeinen Verwaltung

IV. 1. Staatsminister Alfred Freyberg[351]

Alfred Freyberg wurde am 12.07.1892 in Harsleben bei Halberstadt geboren. Er wuchs in einem evangelischen Elternhaus unter einfachen Verhältnissen auf. Sein Vater, ein Landwirt, verstarb 1907, die Mutter 1915. „Durch Eintragung des von meinen verstorbenen Eltern geerbten Bauernhofes in das gerichtliche Verzeichnis der Erbhöfe" wurde er nach 1933 zum „Erbhofbauern".
Freyberg besuchte die Volksschule in Harsleben und das Realgymnasium in Halberstadt. Nach dem Abitur zu Ostern 1912 begann er ein Studium der Rechtswissenschaft, das er unterbrach, um sich am 14.08.1914 als Kriegsfreiwilliger zu melden. Er wurde bei der Ersatzabteilung des Feldartillerie-Regiments 40 Burg ausgebildet und kam

---

351 Für die Biografie wurden folgende Unterlagen verwendet: BArch, R 9361-IX KARTEI F0001; ebd., R 9361-III/47025; ebd., R 9361-I/58898; ebd., R 9361-III/524937; ebd., R 3001/56320; ebd., R 5101/23788, Bl. 1; ebd., NS 51/276; LASA, C 127, Justiz PA, F Nr. 311, Bde. 1–2; ebd., C 20 I, Ib Nr. 2049, Bd. 1, Bl. 78 f.; ebd., Z 134, Nr. 217/2, Bl. 26; ebd., E 138, Nr. 6, Bl. 33; ebd., E 144, Nr. 172 (Zeitungsartikel); Fritz Hesse: Aus den Jahren 1925 bis 1950, Erinnerungen an Dessau, Bd. 2, Dessau 1995, S. 43; Dokumente zur Kirchenpolitik des Dritten Reiches. Bd. 4 1937–1939, Gütersloh 1994, S. 431; Ziegler, Land- und Reichstagsabgeordneten, S. 14, 57 f.; Torsten Kupfer: Wilhelm Friedrich Loeper (1883–1935): NSDAP-Gauleiter und Reichsstatthalter, in: MVAL 11/2002, S. 164; Klee, S. 165; Robert Giesel: Leipzigs nationalsozialistische Bürgermeister (1937–1945), in: Leipziger Stadtgeschichte. Jahrbuch 2011, Beucha 2012, S. 171–232, hier S. 216–230; Joachim Lilla (Bearb.): Statisten in Uniform. Die Mitglieder des Reichstags 1933–1945. Ein biographisches Handbuch, Düsseldorf 2004, S. 157 f.; Bernd G. Ulbrich: Dessau im 20. Jahrhundert. 800 Jahre Dessau-Rosslau. Eine Stadtgeschichte, Band 2, Halle 2013; ders., Antisemitismus, S. 41–53; Wolfgang Schilling (Hg.): NAPOLA. Verführte Elite im Harz, Wernigerode 2018; Dessauer Adressbuch 1944/45, S. XXI; StAmt VGem Bode-Holtemme Wegeleben (Schreiben 08.01.2007); StAmt Leipzig (E-Mail 01.03.2007).

dann zum Reserve-Feldartillerie-Regiment 6. Erst kämpfte er an der Ost-, später an der Westfront und erhielt im Juli 1916 das Eiserne Kreuz II. Klasse. Mit der Beförderung zum Leutnant am 03.03.1917 erreichte Freyberg den höchsten Dienstgrad. Laut seiner SS-Personalakte zog er sich „während der Kämpfe vor Verdun im Sommer 1917" einen Herzfehler zu, der ihn zu längeren Lazarett- und Genesungsheimaufenthalten zwang. Die gesundheitliche Einschränkung hinderte ihn an der Ablegung verschiedener NS-Sportabzeichen. Bis zur Entlassung aus der Reichswehr am 18.12.1918 war Freyberg bei der Ersatzabteilung des Feldartillerie-Regiments 39 Perleberg beurlaubt. Dies ermöglichte ihm 1917 die Wiederaufnahme seines Studiums. Letztlich studierte er an den Universitäten Genf, Königsberg, München und Halle/S. Im Übrigen hat Freyberg nie promoviert, auch wenn das oftmals in der Literatur zu lesen ist.
Nach der Ersten juristischen Staatsprüfung am OLG Naumburg am 02.03.1918 (Prädikat „ausreichend") absolvierte der 1,80m große Freyberg seit 07.05.1918 den Vorbereitungsdienst als Referendar an den Amtsgerichten Perleberg und Wernigerode (bis 01.07.1919), am Landgericht Halberstadt (bis 01.01.1920), bei der Staatsanwaltschaft Halberstadt (bis 01.05.1920), bei dem Geheimen Justizrat Dr. Fromme in Halberstadt (bis 05.09.1920), beim Amtsgericht Halberstadt (bis 06.04.1921), beim OLG Naumburg (bis 12.07.1921) und erneut beim Amtsgericht Halberstadt (bis April 1922). In diese Zeit fiel am 11.07.1920 die Hochzeit mit der am 16.02.1896 in Ringelheim/Harz geborenen Magdalena Schwanneke, der Tochter eines Kaufmanns und Mühlenbesitzers. Aus der Ehe gingen die in Quedlinburg geborenen Wilhelm Friedrich (23.09.1923) und Barbara (25.09.1925) hervor.
Die Zweite juristische Staatsprüfung legte Freyberg am 04.02.1922 in Berlin ab (Prädikat „ausreichend"). Im Anschluss ernannte man ihn zum Gerichtsassessor. Um die Kenntnisse des Steuerrechts zu erweitern, arbeitete er ab Mai 1922 zunächst probeweise bei der Reichsfinanzverwaltung (Geschäftsbereich der Besitz- und Verkehrssteuern), und zwar in der Abt. I des Landesfinanzamtes Mag-

deburg. Hierfür beurlaubte ihn der OLG-Präsident. Am 01.02.1923 übernahm die Reichsfinanzverwaltung Freyberg endgültig als Regierungsassessor, d.h. er schied aus dem preußischen Justizdienst aus. Zur weiteren Ausbildung trat er Stellen bei den Finanzämtern Quedlinburg und Halberstadt, bei der Landesfinanzverwaltung Halberstadt sowie beim Finanzgericht Magdeburg an. Als er am 01.08.1924 zum Regierungsrat ernannt wurde, arbeitete Freyberg gerade beim Finanzamt Quedlinburg.

Nach eigenem Bekunden hatte Freyberg vor dem Krieg der Politik „nur ein geringes Interesse entgegengebracht. Dieses Interesse wuchs während des Krieges und wurde wach gerufen durch den Zusammenbruch im November 1918. Einer politischen Partei habe ich mich jedoch nicht angeschlossen, da alle Parteien, die damals bestanden, meinen Anschauungen nicht entsprachen. [...] Ich gründete dann, es war wohl 1920, eine Ortsgruppe des Stahlhelm in meinem Heimatort Harsleben [...]. Als ich 1922 von Harsleben verzog, bin ich dort aus dem Stahlhelm ausgeschieden. [...] Ich beschäftigte mich dann mit den völkischen Strömungen in Deutschland. Der sog. Hitlerputsch machte mich auf unseren Führer aufmerksam, von dem ich bis dahin nur wenig gehört hatte. Ich war, ohne Hitler zu kennen oder gehört zu haben, bald ganz in seinem Bann."

Nach Neugründung der NSDAP im Februar 1925 wurde Freyberg am 27.05.1925 ihr Mitglied (Nr. 5.880). Er hatte eine niedrigere Mitgliedsnummer als Wilhelm Friedrich Loeper (Nr. 6.980). Für das frühe Eintrittsdatum erhielt er später das Goldene Parteiabzeichen. Freyberg war 1925 Mitbegründer der NSDAP-Ortsgruppe Quedlinburg und ihr Ortsgruppenleiter. Seine Frau trat am 01.12.1931 in die NSDAP ein (Nr. 795.969). Tochter Barbara beantragte vor ihrem 18. Geburtstag am 14.01.1943 die Mitgliedschaft, die am „Führergeburtstag" 20.04.1943 offiziell begann (Nr. 9.352.665).

Freyberg verließ am 30.09.1926 die Reichsfinanzverwaltung, um kurzzeitig im Anwaltsbüro des tödlich verunglückten Rechtsanwalts Kaufmann in Thale zu arbeiten. Im Dezember 1926 ließ er sich als Rechtsanwalt in Quedlinburg nieder. Das Amt des NSDAP-Bezirksleiters der NSDAP-Kreise Quedlinburg und Ballenstedt (Sitz Quedlinburg) hatte er von 1927 bis 1929 inne. Als NSDAP-Fraktionsführer saß er ab 1929 u. a. mit dem späteren Oberbürgermeister von Dessau Hanns Sander als Stadtverordneter im Quedlinburger Stadtparlament. Ab 16.04.1928 arbeitete Freyberg auch als Notar im OLG-Bezirk Naumburg (vertretungsweise, ab 15.04.1929 endgültig). Somit war er Staatsbeamter. Da durch Erlass des Preußischen Staatsministeriums vom 25.06.1930 Beamten die NSDAP-Zugehörigkeit verboten war (Grund: Die Partei strebt den gewaltsamen Umsturz der bestehenden Staatsordnung an), erklärte Freyberg nach vorheriger Absprache mit Gauleiter Loeper zum Schein am 01.09.1930 öffentlich seinen Parteiaustritt. Die LKPS Magdeburg fiel auf den Schachzug herein, wie ein Verzeichnis über die Gliederung der NSDAP im Landeskriminalpolizeibezirk Magdeburg mit Stand Januar 1931 offenbart, wo Freybergs Name nicht mehr auftaucht.

Natürlich blieb Freyberg in der Stadtverordnetenversammlung in „auffälliger Weise durch Wort und Tat" im Sinne der Hitler-Partei tätig. Dass der Austritt nur eine Farce war, stellte auch die „Republikanische Beschwerdestelle" bald fest und forderte das Preußische Justizministerium im Juli 1931 zum „Eingreifen" auf. Bevor die Ermittlungen zur Einleitung eines Disziplinarverfahrens führten, wurde Freyberg, der der NSDAP am 01.03.1932 wieder beigetreten war, im Mai 1932 zum Ministerpräsidenten gewählt. Dennoch bekam er 1934 kurzzeitig Schwierigkeiten mit dem NSDAP-Schatzmeister, der sowohl einen Mitglieds- als auch einen Beitragsnachweis von Freyberg für die beschriebenen anderthalb Jahre forderte. Die Nationalsozialisten erreichten bei den Landtagswahlen in Anhalt am 24.04.1932 die meisten Stimmen. Der neue Landtag konstituierte sich aber erst am 18.05.1932, weil sich die neue Koalition auf keinen Ministerpräsidenten einigen konnte. Eigentlich sollte Loeper das Amt übernehmen, der jedoch ablehnte. Dann brachte die NSDAP Anfang Mai den nicht aus Anhalt stammenden und auf der Landesebene politisch völlig unbekannten Alfred Freyberg zum Vorschlag, den der Landtag am 21.05.1932 mit der Mehrheit von NSDAP und Nationaler Arbeitsgemeinschaft zum ersten nationalsozialistischen Ministerpräsidenten eines deutschen Landes wählte. Bereits Anfang Mai war Freyberg von Quedlinburg nach Dessau gezogen; er wohnte im Landesbehördenhaus I. Zu seinen ersten Amtshandlungen zählte die Gründung des Arbeitsdienstes auf staatlicher Grundlage – ebenfalls eine Premiere im Deutschen Reich. Darum ernannte Reichsarbeitsführer Hierl Freyberg Anfang Oktober 1934 zum „Ehren-Gauarbeitsführer" im Arbeitsgau XIII (NSDAP-Gau Magdeburg-Anhalt).[352]

Der reichsweiten „Machtergreifung" der Nationalsozialisten am 30. Januar 1933 folgte die auf regionaler und kommunaler Ebene. Dazu dienten u. a. das „Vorläufige Gesetz zur Gleichschaltung der Länder mit dem Reich" vom 31.03.1933 (Auflösung aller kommunaler Selbstverwaltungskörper zum 31.03.1933) sowie das „Zweite Gesetz zur Gleichschaltung der Länder mit dem Reich" („Reichsstatthaltergesetz") vom 07.04.1933.[353] Folge der beiden Reichsgesetze war das anhaltische „Gesetz über das Staatsministerium" vom 13.04.1933.[354] Mit ihm setzten die Nationalsozialisten ihre Ankündigung um, dass es wie vor 1914 in Anhalt nur noch einen Minister geben sollte, d. h. das Amt des Ministerpräsidenten wurde abgeschafft und durch das des Staatsministers als Leiter der Staatsverwaltung ersetzt. Die Ernennung und Entlassung erfolgte durch den Reichsstatthalter. Daraufhin wurde Freyberg am 09.05.1933 von Reichsstatthalter Wilhelm Friedrich Loeper, dem er unterstand, im Landtagssitzungssaal zum Anhaltischen Staatsminister vereidigt. Dennoch findet man auch in der Folgezeit immer wieder in den anhaltischen Tageszeitungen die Titulierung „Ministerpräsident Freyberg".

---

352 Zu Freybergs Politik zwischen Mai 1932 und 1933 siehe Abschnitt II.
353 RGBl. 1933 Teil I, S. 153, 173.
354 GSfA 1933, S. 34.

Alfred Freyberg in der Uniform eines SS-Brigadeführers, 1937

Auf Grund des frühen NSDAP-Eintritts und des staatlichen Amtes verlief Freybergs Karriere in der SS zügig und steil. Gleich zu Beginn der Mitgliedschaft am 22.11.1933 (Nr. 113.650) erhielt er den Rang eines Obersturmbannführers. Seither zeigte er sich bei öffentlichen Auftritten zumeist in SS-Uniform. Bereits am 20.04.1934 zum Standartenführer befördert, folgte mit Wirkung vom 01.01.1935 die Beförderung zum Oberführer. Am 09.11.1936 – seit dem Jahr gehörte er auch dem Reichstag an (Wahlkreis 10/Magdeburg) – wurde er Brigadeführer. Etwa zu dieser Zeit trat Freyberg aus der evangelischen Kirche aus und wurde „gottgläubig". Am 12.07.1942 erfolgte die letzte Beförderung zum SS-Gruppenführer. Der Rang entsprach bei der Wehrmacht dem eines Generals. Betreffend SS-Dienststellung war Freyberg ab 28.10.1942 „Führer beim Stab des SS-Oberabschnitts Elbe" in Dresden. Zudem war er Inhaber des Ehrendegens des Reichsführers-SS und des Totenkopfringes der SS sowie Mitglied des Lebensborn e.V. (Stand: 01.12.1938).

Als Staatsminister setzte Freyberg die zentralen nationalsozialistischen Vorgaben für Anhalt um, auch die Bestimmungen zur Judenpolitik. Gleichzeitig wehrte er sich erfolgreich gegen die Einverleibung des Landes durch Preußen. Er amtierte als überzeugter Nationalsozialist und kompetenter Verwaltungsfachmann. Auf Freyberg gehen die Schaffung von staatlichen Schullandheimen und auch der Bau der „Nationalpolitischen Erziehungsanstalt Anhalt" in Ballenstedt zurück. Ebenso werden ihm die Umgestaltung des Polytechnikums in Köthen in die „Staatliche Hochschule für angewandte Technik" sowie der Bauschule in Zerbst in die „Landesbauschule Zerbst" zugeschrieben. Er nahm als Staatsminister an repräsentativen Terminen teil, saß in verschiedenen Gremien oder sprach als Dozent der „Verwaltungs-Akademie für die Provinz Sachsen und Anhalt" über Themen wie den „Führergedanken im Dritten Reich". All das ist unzähligen Zeitungsartikeln zu entnehmen. Im Januar 1936 ernannte ihn der damalige stellvertretende Gauleiter Joachim Albrecht Eggeling zum „Gaubeauftragten für Kirchenfragen" im Gau Magdeburg-Anhalt. Damit fungierte Freyberg als eine Art Sachbearbeiter für das Reichskirchenministerium. Im Mai 1938 ließ Freyberg die nach ihm benannte Stiftung gründen, der er als Stiftungsführer vorstand. Sie fasste die Betriebe des Anhaltischen Serum-Instituts zusammen und sollte eine „neuartige Schöpfung auf der Grundlage nationalsozialistischer Weltanschauung" sein.

Trotz gemeinsamer NS-Gesinnung kam es zwischen Freyberg auf der einen sowie den Reichsstatthaltern und Gauleitern Loeper und Jordan auf der anderen Seite zu Kompetenz- und Zuständigkeitsdifferenzen. Freyberg wurde durch den Reichsstatthalter – höchster Repräsentant des Reiches und damit Vorsteher der braunschweigischen und anhaltischen Staatsverwaltung – an Profilierungsmöglichkeiten gehindert. Der grobschlächtige Loeper, der Freyberg intellektuell nicht gewachsen war, beanspruchte auch die Oberhoheit über Entscheidungen der anhaltischen Landesverwaltung. Der selbstbewusste Freyberg wollte sich in seine Amtsgeschäfte nicht reinreden lassen. Mehrmals schaltete er Reichsbehörden ein, um sich gegen die Eingriffe Loepers zu wehren. Zum Verhältnis Freyberg – Loeper gibt es unterschiedliche Aussagen. So schrieb Dessaus Oberbürgermeister Fritz Hesse, dass Freyberg „stets die Hacken zusammen" nahm, „wenn Loeper in seinem Amtszimmer erschien". Freilich kann sich Hesses Einschätzung nur auf die Zeit bis 1933 beziehen. Dagegen formulierte Engelbert Roenick (seit 1931 Bürodirektor Abt. Inneres, seit 1934 Bürodirektor Abt. Inneres und Wirtschaft), dass sich Freyberg bezüglich Loeper durchaus

„gegen direkte Eingriffe in Verwaltungsvorgänge [...] erfolgreich zu wehren" wusste. Zudem nahm Freyberg „seine" Beschäftigten im Staatsministerium „gegen unberechtigte Vorwürfe in Schutz". Freyberg sei unter Loeper „niemals nur [...] Befehlsempfänger" gewesen. Nach Roenicks Aussage soll das Verhältnis Freyberg – Jordan schwierig gewesen sein, denn „ihre Auffassung über die Art der durchzuführenden Politik stimmte nicht durchweg überein".

Im Jahr 1938 bestanden auch zwischen Freyberg und Oberbürgermeister Hanns Sander „erhebliche Differenzen", die keinen politischen, sondern einen privaten Hintergrund hatten. Sander fühlte sich durch Äußerungen Freybergs über das Vorleben seiner Ehefrau in der Ehre schwer beleidigt und schaltete das SS-Ehrengericht ein. Daraufhin nahm Freyberg die „abfällige Äußerung [...] mit dem Ausdruck des Bedauerns zurück". Aus Überlieferungen geht jedoch hervor, dass es noch andere Differenzen zwischen den beiden gegeben haben muss, deren Art aber nicht genannt wird.

Auf Grund der dauernden Querelen war Freyberg mit seinem Amt unzufrieden. Bereits seit Dezember 1934 bemühte er sich um eine „anderweitige Beschäftigung" außerhalb Anhalts. Im Sommer 1939 endete Freybergs Dienstzeit in Dessau; das Staatsminister-Amt wurde nicht neu besetzt. Hitler beauftragte am 28.12.1939 Rudolf Jordan, seit April 1937 Reichsstatthalter in Braunschweig und Anhalt sowie NSDAP-Gauleiter von Magdeburg-Anhalt, zum 01.01.1940 mit der Führung der anhaltischen Staatsverwaltung. Deren Bezeichnung lautete nun „Der Reichsstatthalter in Braunschweig und Anhalt (Landesregierung Anhalt)"[355] – die Verschmelzung von Partei und Staat war vollendet. Freyberg hatte mit Unterstützung von Hitler, Reichsinnenminister Frick und Sachsens Gauleiter und Reichsstatthalter Mutschmann im April 1939 das Auswahlverfahren um die vakante Oberbürgermeister-Stelle von Leipzig gewonnen. Am 28. Juli berief man Freyberg zum Oberbürgermeister der „Reichsmessestadt"; das Amt trat er am 21. August

---

355 ABlfA 1940, S. 3.

1939 an. Fortan durfte er sich „Ministerpräsident a.D. und Oberbürgermeister" nennen.

Als Oberbürgermeister von Leipzig – er wohnte in der Villa Girbardt, Karl-Tauchnitz-Straße 17 – übernahm Freyberg zahlreiche Parteiämter: Präsident der Deutsch-Italienischen-Gesellschaft, Präsident der Deutsch-Japanischen-Gesellschaft, Vorsitzender des Verwaltungsrates des Reichsmesseamtes, Vorsitzender des Verwaltungsrates des Deutschen Instituts für Länderkunde oder Vorsitzender des Prüfungsamtes für Diplomkaufleute. Ebenso bekleidete er staatliche Ämter wie das des Leiters der Zweigstelle Leipzig des Reichsverbandes Deutsche Verwaltungsakademie oder das des Vorsitzenden des Kuratoriums der Forschungs- und Lehranstalt für das Buchgewerbe Leipzig. Natürlich betrieb Freyberg auch hier Parteipolitik; eine Trennung von Partei- und Staatsinteressen gab es nicht mehr.

Nach 1941 bemühte sich Freyberg um den „Erwerb eines Bauernhofes in den Ostgebieten". Er wollte ihn gegen den 40 Hektar umfassenden „Erbhof" in Harsleben eintauschen, den er verpachtet hatte. Ihm schwebte eine Ansiedlung „im Baltikum oder im Warthegau" vor, denn „der Wunsch, wieder zum Bauerntum zurückzukehren, ist bei mir um so lebendiger, als ich hoffe, daß mein Sohn noch einmal Neigung zur Landwirtschaft bekommt". Der „Reichskommissar für die Festigung deutschen Volkstums", an den das Schreiben vom 20.10.1941 weitergeleitet wurde, bemerkte im Januar 1942, dass Freybergs Wunsch, seinen „derzeitigen kleinen und schwer lebensfähigen Erbhof zu vertauschen gegen einen anderen, in den neuen Ostgebieten gelegenen, der eine breitere Lebensgrundlage gewährt, völlig durchführbar ist. [...] Die hiesige Dienststelle gestattet sich daher die Bitte, zur Erfüllung Ihres durchaus verständlichen Wunsches nach Beendigung des Krieges erneut an sie heranzutreten."

Am 17.03.1943 verlieh ihm der König von Italien das Groß-Offizierskreuz des römischen Adlerordens. Zu den zahlreichen Auszeichnungen, die Freyberg darüber hinaus in der NS-Zeit erhielt, gehörten u.a. das Ehrenkreuz für Frontkämpfer (des Ersten Welt-

kriegs, am 16.12.1934 durch Hanns Sander überreicht), das Kriegsverdienstkreuz 1. und 2. Klasse, das Groß-Offizierskreuz des bulgarischen Volksordens für Zivildienst sowie das Groß-Offizierskreuz des Italienischen Ordens vom Römischen Adler mit Stern. Im Juni 1944 musste Freyberg einen familiären Schicksalsschlag hinnehmen: Sein 20-jähriger Sohn, Leutnant der Wehrmacht, war an der Ostfront gefallen. Er hatte sich bereits 1941 als Kriegsfreiwilliger gemeldet und war nach Ablegung des Abiturs am 01.04.1942 sofort eingezogen worden. Freyberg kam der „Pflicht zur Meldung von Personalveränderungen" im September nach, in dem er dem Chef des SS-Personalhauptamtes „ein Gedenkblatt über die letzten Kampftage meines Sohnes" übersandte.
Nach den verheerenden Bombenangriffen auf Dresden im Februar 1945 beurlaubte Gauleiter und Reichsstatthalter Mutschmann den Oberbürgermeister Dresdens, Dr. Hans Nieland, und übertrug Freyberg am 23./24.02.1945 kommissarisch das Amt. Für Mutschmann bot Freyberg „nach seinen Eigenschaften und vor allem nach seinen bisherigen Erfahrungen die nötige Gewähr [...], daß die Leitung der Sofortmaßnahmen [nach den Luftangriffen – A. S.] mit der notwendigen Energie durchgeführt wird". Freyberg nahm die Tätigkeit in Dresden sofort auf. Am Tag des Einmarsches der Amerikaner in Leipzig, am 18.04.1945, beging Freyberg in seinem Büro im Neuen Rathaus Selbstmord – er vergiftete sich sowie Ehefrau und Tochter.

IV.2. Das Berichtswesen der allgemeinen Verwaltung

Ungeachtet der Gestapo-Berichte ordnete Reichsinnenminister Frick am 07.07.1934 an, dass die Ober-, Regierungs- und Ministerpräsidenten monatlich eigene Lageberichte einzureichen hatten. Auch sie sollten ein erschöpfendes und wahrheitsgemäßes Bild der Lage darstellen. Alle Rücksichten waren im Interesse der ungeschminkten Unterrichtung der Reichsregierung auszuschalten. Rückhaltlos sollte über politisch maßgebliche Ereignisse und die Stimmung im Lande berichtet werden. Die Meldungen waren geheim zu halten. Im Vergleich zu den Gestapoberichten gab Frick ein wesentlich differenzierteres Schema vor:

1. Allgemeine Übersicht über die innerpolitische Entwicklung im Berichtsmonat.
2. Stand und Tätigkeit der staatsfeindlichen Bestrebungen:
   a) Marxismus und Kommunismus, SAP;
   b) Monarchistische Bestrebungen, Ultramontanismus und Liberalismus;
   c) Opposition (Schwarze Front, Tannenbergbund usw.).
3. Kirchenpolitik:
   a) Evangelische Kirche;
   b) Katholische Kirche;
   c) Deutsche Glaubensbewegung.
4. Wirtschafts- und Agrarpolitik.
5. Kulturpolitik (insbesondere Presse).
6. NSDAP und ihre Gliederungen.
7. Juden, Freimaurer.
8. Ausländer, Spionage, Landesverrat.[356]

Die Berichte waren erstmals am 01.08.1934 vorzulegen; Freybergs erster Bericht stammt vom 8. August. Mitarbeiter im Reichsinnenministerium erstellten Kurzfassungen von etwa drei Seiten. Diese Extrakte überprüften Ministerialdirektor Kurt Daluege und Staatssekretär Ludwig Grauert, bevor sie auf Fricks Schreibtisch landeten. Bis auf drei formale Änderungen wurde bis 1936 in diesem Schema berichtet. Bereits am 01.08.1934 wies das RMdI die erste Korrektur an. Künftig hatten die Punkte 3 (Kirchenpolitik) und

---

356 Vgl. GStAPK, I.HA Rep. 90 Annex P Geheime Staatspolizei, Nr. 1 Heft 1, Bl. 129–134.

6 (NSDAP und ihre Gliederungen) in gesonderten Berichten zu erscheinen.[357] Mit einem weiteren Erlass vom 01.11.1934 waren die Berichte nur noch alle zwei Monate zu erstatten und durften im Interesse einer umfassenden Berichterstattung das Schema auch durchbrechen bzw. erweitern, sofern sie klar gegliedert blieben.[358] Freyberg nutzte diese Möglichkeit. Die anhaltischen Gestapo- und Staatsministerberichte glichen sich immer mehr an, bis sie ab Juli 1935 praktisch identische Abschnittsüberschriften trugen.

Auch die Berichterstattung der Ober-, Regierungs- und Ministerpräsidenten musste wie die der Gestapo plötzlich eingestellt werden. Durch einen Erlass Hermann Görings vom 02.04.1936 wurden die Präsidenten mit sofortiger Wirkung ihrer Berichterstattungspflicht enthoben. Göring begründete die Einstellung damit, dass die Berichte häufig Anlass zur Kritik geboten hätten. Missstände wären nur nach oben gemeldet worden, ohne sie mit eigener Initiative zu bekämpfen. Einzelfälle wären hochgespielt und verallgemeinert worden. Oft seien die Berichte betont pessimistisch ausgefallen. Die NSDAP kenne die Stimmung besser als die Bürokraten. Darum werde die Partei künftig selbst für die Unterrichtung des Führers sorgen.

Die Kritik enthüllt zum Teil die Gründe der Aufhebung. Seit Herbst 1935 hatte sich die Stimmung in der Bevölkerung wegen Versorgungsengpässen und anhaltend niedrigen Löhnen verschlechtert, was auch die Berichte wiedergaben. Damit standen sie im Widerspruch zur NS-Propaganda. Der ausschlaggebende Punkt scheint jedoch ein anderer gewesen zu sein. Der Kreis, der mit den Berichten in Berührung kam, war zu groß geworden, v. a. in den staatlichen Verwaltungen. Es bestand die Gefahr, dass der Inhalt aus den als „geheim" eingestuften Berichten an die Öffentlichkeit gelangen könnte. Hitler war sich der Lage bewusst. Zwar behauptete er, die Stimmung sei gut; er wisse es besser. Die Berichte würden sie

---

357 Vgl. ebd., Bl. 140.
358 Vgl. Müller, S. 35 f.

nur schlecht machen. In Wirklichkeit hatte er erkannt, wie die Versorgungskrise die Popularität des NS-Regimes beeinträchtigte. Er maß den Berichten große Bedeutung bei. Sie waren derart sensibel geworden, dass sie nur noch von loyalen NSDAP-Stellen erstellt werden sollten. Am 09.06.1936 übertrug Hitler dem Sicherheitsdienst der SS (SD) die Lageberichterstattung, wobei die Berichte von 1936 bis 1939 als verschollen gelten.[359] Erst in den Kriegsjahren findet Anhalt in den SD-Berichten vereinzelt Erwähnung.[360]

---

359 Vgl. ebd., S. 36ff. Siehe Heinz Boberach (Hg.): Meldungen aus dem Reich. Auswahl aus den geheimen Lageberichten des Sicherheitsdienstes der SS von 1939–1944, München 1968; ders. (Hg.): Meldungen aus dem Reich 1938–1945. Die geheimen Lageberichte des Sicherheitsdienstes der SS, 17 Bde., Herrsching 1984.
360 Vgl. ebd., Bd. 3, S. 492, 515, 565, 843; Bd. 4, S. 1257.

V. Die Lageberichte zu Anhalt – Forschungsergebnisse zum KPD- und SPD-Widerstand bis 1936

Die Verfolgung von Mitgliedern der KPD stand zunächst im Vordergrund der Gestapo-Tätigkeit und spielt die Hauptrolle in der Berichterstattung. Dabei muss berücksichtigt werden, dass die Lageberichte erst im April 1934 einsetzen. Die Masseninhaftierungen von KPD-Mitgliedern im Frühjahr 1933, die zweite Verhaftungswelle im Sommer 1933 sowie die damit verbundenen Gerichtsprozesse Ende 1933 bzw. Anfang 1934 können nicht auftauchen. Darüber hinaus werden einige „Kommunistenprozesse" in den Berichten nicht erwähnt wie der Prozess des Kammergerichts in Dessau gegen elf Kommunisten aus Dessau, Zerbst, Coswig, Köthen und Roßlau wegen „Vorbereitung eines hochverräterischen Unternehmens" am 29.05.1934. Drei Tage später verhandelte das Kammergericht gegen 18 Kommunisten aus dem Kreis Ballenstedt, die v.a. aus Rieder stammten. Ebenso verschweigen die Berichte den „Hochverratsprozess" gegen fünf Zerbster Kommunisten am 16.10.1934 in Bernburg.[361]

Die Forschungen zum KPD-Widerstand in Anhalt sind ungenügend. Zwar gibt es Horst Engelmanns Publikation „'Sie blieben standhaft'. Der antifaschistische Widerstandskampf in Dessau unter Führung der Kommunistischen Partei Deutschlands" (1965, überarbeitete Neuauflage 1983). Solche Bücher erschienen aber im Auftrag und unter strenger Kontrolle der SED. Neben der ideologischen Instrumentalisierung im Namen des staatlich verordneten Antifaschismus sowie der Skepsis gegenüber einigen Angaben

---

[361] Zu den Prozessen siehe Der Mitteldeutsche. Anhaltische Tageszeitung, 30.05.1934; ebd., 02.06.1934; Ende des Bernburger Kommunistenprozesses, in: ebd., 18.10.1934.

fällt auf, dass das Werk fast ausschließlich auf Erinnerungsberichten basiert. Viele Aussagen sind nicht nachprüfbar. Dabei standen Engelmann Quellen zur Verfügung, denn er hat im damaligen Zentralen Parteiarchiv (ZPA) der SED Akten des Bestandes „NJ" („Nazi-Justiz", Strafprozessakten zu KPD- und SPD-Mitgliedern) mit Bezügen zu Dessau eingesehen.[362] Durfte er die Unterlagen nicht verwenden, weil sie nicht in das politische Bild der SED passten?

Im Laufe der Forschungen des Autors zu den in den Berichten genannten Kommunisten kristallisierte sich heraus, dass die illegale Arbeit in Anhalt nicht jene Qualität besaß wie z.B. in der Provinz Sachsen.[363] Anders ausgedrückt: Anhalt war keine Hochburg des KPD-Widerstandes. Speziell in den Junkers-Werken Dessau, die in der SED-Geschichtsschreibung zu einem Widerstandszentrum hochstilisiert wurden[364], beschränkte sich der „Widerstand" zumeist auf das Beschreiben von Klosettüren mit KPD-Parolen.[365] Zwar stellte die Reichsleitung des BB-Apparates[366] im Februar 1935 eine Verbindung zu dem bei Junkers arbeitenden Otto Schirow jun. her, doch der weigerte sich, Betriebsdaten auszuspionieren. Auch eine im Juli 1935 hergestellte Verbindung zum Leiter des KPD-Unterbezirkes Dessau Wilhelm Lebe hielt nicht lange, da er im März 1936 verhaftet wurde. Lebe hatte bei Junkers eine 4-Mann-

---

362 Das ist den „Benutzerkarteien" der Akten zu entnehmen, die sich heute im BArch (R 3018) befinden. Die Abt. 11 der Hauptabteilung IX des MfS fertigte Kopien der NJ-Akten an. Darum gibt es die Unterlagen auch in der BStU-Behörde. Vgl. Leide, S. 159f.
363 Siehe v.a. Rupieper/Sperk, Bd. 2.
364 Vgl. u.a. Engelmann, S. 53, 59f.
365 Vgl. u.a. die Tagesmeldungen der Dessauer Gestapo in BArch, R 58/3739.
366 Dem Betriebsberichterstatter-Apparat (BB-Apparat) maß die Gestapo besondere Bedeutung bei. Er war Teil des KPD-Nachrichtendienstes und weitgehend für den sowjetischen Geheimdienst tätig. Er sollte v.a. geheime Informationen aus Rüstungsbetrieben sammeln. Vgl. u.a. Autorenkollektiv u.d. Leitung v. Bernd Kaufmann (u.a.): Der Nachrichtendienst der KPD 1919–1937, Berlin 1993, S. 352–359.

Zelle aufgebaut.[367] Eine nachweisbare Tätigkeit der Gruppe ist den Überlieferungen nicht zu entnehmen.

Glaubt man den Lageberichten, befanden sich die Zentren des illegalen KPD-Kampfes in Dessau und Umgebung (insbesondere Oranienbaum: 16.06.1933: 3.481 Einwohner) sowie in Jeßnitz (16.06.1933: 6.659 Einwohner[368]). Im Fall von Jeßnitz handelte es sich oft um KPD-Mitglieder, die in den Großbetrieben des Regierungsbezirkes Merseburg arbeiteten. In Jeßnitz hatte die NSDAP zu den Reichstagswahlen am 5. März 1933 nur 27,7 % der Stimmen erhalten.[369] Als die Gestapo mit Hilfe von Gustav Ponanta und Wilhelm Lebe[370] im April 1936 insgesamt 18 Personen der Unterbezirksleitung Dessau festnahm, war der organisierte KPD-Widerstand endgültig zerschlagen.[371]

In dem Zusammenhang fällt auf, dass die Gerichte bei anhaltischen Kommunisten für die Urteilsbegründung oftmals Taten heranzogen, die diese vor 1933 begangen hatten. Zudem konnte festgestellt werden, dass im Vergleich zur Provinz Sachsen bei anhaltischen KPD-Mitgliedern Zuchthausstrafen, insbesondere längere, seltener verhängt wurden. Häufig blieb es bei Gefängnisstrafen bis zu anderthalb Jahren. Es soll nicht unerwähnt bleiben, dass sich in der Zeit die Gefängnis- gravierend von der Zuchthausstrafe unterschied: Mindestens die ersten sechs Monate verbrachten Zuchthaus-Gefangene in Einzelhaft. In dieser Zeit durften sie keine Post empfangen, nicht schreiben und auch keinen Besuch erhalten. Erst nach dieser Frist

---

367 Wilhelm Lebe (geb. 20.06.1890 in Beiersdorf, verst. 10.01.1974 in Dessau) war nach der Festnahme von Richard Krauthause von Februar 1935 bis 05.03.1936 (Festnahme) Politischer Leiter des KPD-UB Dessau. Vgl. LASA, K 6, Nr. 11169, Bl. 16f.; ebd., P 522, IV/8/666.
368 ABlfA 1933, S. 364f.
369 LASA, Z 141, Nr. 4, Bl. 29.
370 „Aufgrund der Aussagen der jetzt festgenommenen Funktionäre Lebe und Ponanta gelang es nun, [...] den gesamten illegalen Apparat der KPD, UB-Dessau, aufzurollen." Anklageschrift des GStA bei dem KG, 07.07.1936. LASA, P 25, V/3/8/120.
371 Vgl. BArch, R 58/3739, Bl. 90–93.

konnten sie Anträge auf Hafterleichterung stellen, deren Genehmigung v.a. von der Zustimmung der Anstaltsbeamten abhing. Zuchthaus-Gefangene mussten zudem körperlich schwer arbeiten.[372]
Das niedrigere Strafmaß war auch der Grund, weshalb viele Kommunisten, die in den Lageberichten auftauchen, keinen „blauen" Wehrmacht-Ausschließungsschein erhielten („wehrunwürdig"). Sie wurden früh einberufen und etliche kamen im Krieg um. Ebenso bemerkenswert ist, dass die Mehrheit der Kommunisten aus Anhalt, die in den Lageberichten erwähnt werden, im Gegensatz zu vielen ihrer Genossen aus der früheren Provinz Sachsen nicht in hohe Funktionen im Partei- und Sicherheitsapparat der SBZ/DDR aufstieg. Diese kommen in der antifaschistischen Erinnerungskultur der DDR kaum bis gar nicht vor. Zudem wurde Ponantas und Lebes „Verrat" bei der Gestapo, obwohl durch Dokumente belegt, nach 1945 nicht thematisiert. War ihr Verhalten in der NS-Zeit der Grund, warum sie trotz ihrer illegalen Führungspositionen in den DDR-Veröffentlichungen zum KPD-Widerstandskampf nur eine untergeordnete Rolle spielten? Dass zu einigen Inhaftierten aus Anhalt in den Archiven keine Entschädigungsunterlagen vorliegen, hat gesetzliche Hintergründe. Gemäß der „Anordnung zur Sicherung der rechtlichen Stellung der anerkannten Verfolgten des Naziregimes" vom 05.10.1949 bzw. der Durchführungsbestimmungen vom 10.02.1950 erkannte die DDR nur jene politischen Häftlinge als OdF/VdN an, die eine Haftzeit von mindestens sechs Monaten oder eine aktive illegale Tätigkeit nachweisen konnten. Personen, die „wegen sonstiger antifaschistischer Handlungen" in Haft gewesen waren (religiöse oder rassische Gründe bzw. Verurteilung nach Heimtückegesetz oder wegen Wehrkraftzersetzung), mussten 18 Monate Haft nachweisen. Ausnahmen galten nur bei schweren Gesundheitsschäden in Folge der Haft.[373] Nicht wenige anhaltische KPD- und SPD-Mitglieder hatten

---

372 Vgl. LASA, Z 259, Nr. 253, Bl. 77, 121.
373 Mit den Durchführungsbestimmungen vom 10.02.1950 wurden die „Opfer des Faschismus" (OdF) in „Verfolgte des Naziregimes" (VdN) umbenannt.

nur wenige Tage oder Wochen in Schutz- und/oder Untersuchungshaft gesessen bzw. konnten keine aktive illegale Tätigkeit nachweisen. Deswegen erkannte das SED-Regime etlichen von ihnen nach 1949 den VdN-Status wieder ab (siehe Biografischer Anhang). Im Gegensatz zu den Kommunisten werden die SPD-Anhänger in den Lageberichten nur selten erwähnt. Das überrascht zunächst, galten die Sozialdemokraten in der Weimarer Republik doch als führende politische Kraft in Anhalt. Augenscheinlich verhielt sich die Mehrheit der SPD-Mitglieder ab 1933 systemkonform, hielt offenen Widerstand für zwecklos und zog sich ins Private zurück, ohne allerdings die persönlichen Kontakte abzubrechen.[374] Eine straff gelenkte und zentral organisierte Untergrundarbeit wie bei der KPD gab es bei der SPD nicht. Dennoch – sowohl neuere Forschungen als auch die Recherchen zu den Lageberichten belegen das – entstanden seit 1933 in Anhalt einzelne Widerstandsgruppen, deren geschicktes Agieren von der Gestapo nicht wahrgenommen wurde.[375] Im Übrigen fand während der Anfangsphase des „Dritten Reiches" in Dessau keine organisierte Zusammenarbeit zwischen KPD und SPD statt. Zwar gab es seitens der KPD „Kontakt zur SPD", der aber „nur in gelegentlichen Treffs zum Austausch von Informationen" bestand.[376]

Vgl. DDR-Gesetzblatt 14/1950, in: LASA, K 6, Nr. 8048, Bl. 17RS oder ebd., Nr. 10542, Bl. 344.
374 Vgl. Müller, S. 75f.
375 Vgl. Beatrix Herlemann: „Wir sind geblieben, was wir immer waren, Sozialdemokraten". Das Widerstandsverhalten der SPD im Parteibezirk Magdeburg-Anhalt gegen den Nationalsozialismus 1930–1945, Halle 2001.
376 LASA, P 517 Dessau, IV/C-4/06/138 (letztes Blatt der Akte).

Editionsprinzipien

Die Edition der Lageberichte wendet sich nicht nur an das Fachpublikum, sondern an eine breite Öffentlichkeit. Daher werden auch bekannte historische Sachverhalte erläutert. Die Berichte sollen so authentisch wie möglich vorgelegt werden. Darum erfolgte nur eine behutsame Bearbeitung. Schreibweise und Unterstreichungen wurden beibehalten. Dagegen blieben Hervorhebungen durch Sperrungen unberücksichtigt. Auch Punktsetzungen bei Organisationsabkürzungen (K.P.D. usw.) und am Ende der Überschriften wurden weggelassen. Offensichtliche Tippfehler sowie kleinere orthografische und grammatische Unregelmäßigkeiten wurden stillschweigend berichtigt. Bei gröberen Verstößen wird in eckigen Klammern darauf hingewiesen.
Eigentlich sollten alle in den Lageberichten vorkommenden Personen – ob namentlich genannt oder nicht – identifiziert und biografisch erschlossen werden. Diese Zielstellung bestand auch bei nicht näher bezeichneten Ereignissen, Betrieben etc. pp. Dies ist nicht gelungen. In solchen Fällen wird in der Regel nicht extra in einer Fußnote darauf hingewiesen. Konnte ein Name nicht mit hundertprozentiger Sicherheit recherchiert werden, unterbleibt die Nennung. Bei allen bekannten Personen wie Adolf Hitler usw. fehlen bewusst Biografien. Eine Aufnahme in den „Biografischen Anhang" unterblieb nur dann, wenn keine Daten recherchiert werden konnten, Biografien bereits mehrfach veröffentlicht worden sind, der Autor nichts bedeutend Neues ermitteln konnte und Personen mit dem heutigen Bundesland Sachsen-Anhalt in keinerlei Verbindung stehen. In diesen Fällen erfolgen „nur" Hinweise in den Fußnoten.

Edition der Dokumente

Nr. 1

Aus dem Halbmonatslagebericht der Anhaltischen Politischen Polizei (Geheime Staatspolizei) Dessau für die Zeit vom 15. bis 30. April 1934

Bundesarchiv, R 58/3739, Bl. 20–21

[ohne Absender und Empfänger]   [ohne Datum]

A. Allgemeines

Hinsichtlich der allgemeinen politischen Lage ist wesentlich Neues nicht zu berichten. Die Stimmung in der Bevölkerung ist im grossen und ganzen nach wie vor zuversichtlich. Allerdings verdient bemerkt zu werden, dass sich jetzt häufiger Zeichen des Unwillens über diese und jene Erscheinungen im öffentlichen Leben bemerkbar machen. Man hört vielfach Klagen über allzu viele Veranstaltungen, zu deren Teilnahme mehr oder weniger mit besonderem Nachdruck aufgefordert wird. Daher ist eine gewisse Ermüdung der Bevölkerung festzustellen.

Die Bevölkerung stand in den letzten Monatstagen mehr oder minder unter dem Eindruck der Vorbereitungen für die Maifeier. Besondere Störungen der Vorbereitungen, insbesondere von kommunistischer Seite, sind in Anhalt nicht beobachtet worden.[377]

---

[377] Aus Propagandazwecken erklärte das NS-Regime den 1. Mai zum gesetzlichen Feiertag („Tag der nationalen Arbeit"). Die Arbeiter, so erklärte es, bräuchten nicht mehr für ihre Rechte zu kämpfen. Der Tag besaß für die Arbeiterparteien eine besondere Bedeutung. Seit 1890 (Kundgebungen in allen Ländern zur Einforderung des Acht-Stunden-Arbeitstages) war der Tag das Symbol der Arbeiter für ihren Kampf um soziale Forderungen. V.a. die KPD nutzte ihn ab

B. Staatsfeindliche Bewegungen

1. KPD

In unseren Vorberichten ist mehrfach die Rede von einem Aufflackern der kommunistischen Bewegung in einem Bergbaubezirk in der Gegend von Preusslitz (Kreis Dessau-Köthen) gewesen. Nachdem auch in der letzten Zeit wieder in dem fraglichen Betrieb Sabotageakte vorgekommen sind, die zweifellos auf kommunistischen Ursprung zurückzuführen sind (Einwerfen von Sand in Maschinen, Ausschrauben von Sicherungen), haben wir Veranlassung genommen, eingehende Nachforschungen in diesem Bezirk in die Wege zu leiten.

2. SPD   Fehlanzeige

1933 für Aktionen, um zu zeigen, dass sie von der Gestapo noch nicht vernichtet worden war. Vgl. Dieter Fricke: Kleine Geschichte des Ersten Mai. Die Maifeier in der deutschen und internationalen Arbeiterbewegung, Berlin 1980. Die Anhaltische Politische Polizei hatte am 30.04.1934 einen Eilbrief an die Kreispolizeibehörden versandt, in dem sie „nochmals" darauf hinwies, „dass den kommunistischen Klebe- und Schmierkolonnen sowie Flugblätterverteilern am 1. Mai 1934 grösste Aufmerksamkeit zu widmen ist. [...] Gegen Staatsfeinde ist mit aller Strenge vorzugehen. Wichtige Ereignisse [...] sind sofort [...] zu melden." Bis 03.05. war ein „genauer Bericht über den Verlauf des 1. Mai" einzureichen. LASA, Z 141, Nr. 675, Bl. 252.

Nr. 2

Aus dem Lagebericht der Anhaltischen Politischen Polizei (Geheime Staatspolizei) Dessau für April 1934

Bundesarchiv, R 58/3739, Bl. 16–19

[ohne Absender und Empfänger] [ohne Datum]

[A. Allgemeines]
Wesentlich neue Beobachtungen über die illegale Tätigkeit der KPD und sonstiger staatsfeindlicher Organisationen sind im Berichtsmonat nicht gemacht worden. Immerhin zeigen die in den letzten Halbmonatsberichten erwähnten einzelnen Vorkommnisse, dass gegenwärtig eine verstärkte Propaganda-Tätigkeit der KPD stattfindet und dieser Organisation jetzt schärfste Aufmerksamkeit zugewendet werden muss.

Die Stimmung in der städtischen Bevölkerung kann im grossen und ganzen als gut bezeichnet werden. Vereinzelte Klagen, wie sie hin und wieder über allzu reichliche Inanspruchnahme der Bevölkerung durch Sammlungen, Spenden usw.,[378] oder auch auf Grund unrichtigen Verhaltens einzelner Unterführer erhoben werden, vermögen diesen Gesamteindruck nicht zu trüben. In der Landbevölkerung wird über die Absatzschwierigkeiten des Viehs, insbesondere über die zu niedrigen Schweinepreise geklagt.[379] Die warme Witterung hat schnellste Bestellung der Äcker erfordert, sodass die ländliche Bevölkerung in besonderem Masse durch Arbeit in Anspruch genommen war.

---

378 Die Missstimmung betr. Spenden und Sammlungen kommt auch im April-Monatsbericht 1934 der Stapostelle Erfurt zum Ausdruck. Vgl. Rupieper/Sperk, Bd. 3, S. 85f.
379 Zu niedrige Schweinepreise werden ebenfalls im April-Monatsbericht 1934 erwähnt. Vgl. ebd., S. 87.

Nr. 3

Aus dem Halbmonatslagebericht der Anhaltischen Politischen Polizei (Geheime Staatspolizei) Dessau für die Zeit vom 1. bis 14. Mai 1934

Bundesarchiv, R 58/3739, Bl. 17–19

[ohne Absender und Empfänger] [ohne Datum]

A. Allgemeines

Die Stimmung in der Bevölkerung ist auch weiterhin als zuversichtlich zu bezeichnen. In die Berichtszeit fiel die Feier des 1. Mai. Sie ist in allen Orten Anhalts programmmässig und ohne Störungsversuche verlaufen. Die Rede des Führers hat einen nachhaltigen Eindruck hinterlassen.[380] Die Bevölkerung hat regen Anteil an den Feiern genommen. In einigen Orten wird allerdings darüber geklagt, dass die Feiern im Hinblick auf die am Tage herrschende Hitze für manche der Beteiligten wohl eine etwas zu grosse Anstrengung bedeutet haben, denn die Sanitätskolonne musste in einer nicht geringen Anzahl von Fällen zur Hilfeleistung gerufen werden. Über das Tragen von blankgeputzten Maiplaketten zur Kennzeichnung von Anhängern der KPD folgt Sonderbericht zu B. 1.

B. Staatsfeindliche Bewegungen

1. KPD

Der Geheimen Staatspolizei hat vor kurzem ein beim Postamt

---

380 Hitler hielt die Rede vor – laut „Völkischer Beobachter" – zwei Millionen Menschen auf dem Tempelhofer Feld in Berlin, wo der Staatsakt zum „Feiertag der nationalen Arbeit" stattfand. U.a. rechtfertigte er die Zerschlagung der Gewerkschaften und Parteien. Vgl. Manfred Overesch/Friedrich Saal: Das III. Reich 1933–1939. Eine Tageschronik der Politik Wirtschaft Kultur, Augsburg 1991, S. 133.

in Coswig eingesteckter Zettel vorgelegen, auf dem mit Kopierstift geschrieben stand:

> „Die Strasse frei den roten Bataillonen, Rotfront marschiert mit sicherm festen Schritt, Kameraden, die die braune Mordpest hat erschossen, Marschier'n im Geist in unsern Reihen mit."[381]

Ermittlungen nach dem Täter sind eingeleitet.

Von der Staatspolizeistelle Frankfurt war durch Funkspruch am 30. April 1934 mitgeteilt worden, dass die illegale Leitung der KPD[382] die Weisung herausgegeben habe, dass ihre Anhänger am 1. Mai die Plakette[383] in blankgeputzter Form tragen sollten. In Anhalt wurde daraufhin das Tragen solcher Plaketten einmal in Leopoldshall und dann in Coswig und dem in der Nähe von Coswig gelegenen Dorf Griebo festgestellt. In Leopoldshall handelte es sich durchweg um Einwohner aus der benachbarten preussischen Stadt Stassfurt. In diesem Falle sind die weiteren Ermittlungen durch die zuständigen preussischen Behörden geführt worden.[384]

In Griebo und Coswig sind von hier aus weitere Feststellungen ein-

---

381 Kommunistische Anspielung auf die erste Strophe des Horst-Wessel-Liedes: „Die Fahne hoch! Die Reihen dicht geschlossen! SA marschiert mit mutig-festem Schritt. Kameraden, die Rotfront und Reaktion erschossen, marschier'n im Geist in unseren Reihen mit." Horst Wessel (1907–1930), Student und Führer des SA-Sturms 5 in Berlin, war am 14.01.1930 unter bis heute nicht eindeutig geklärten Umständen angeschossen worden und am 23.02.1930 verstorben. Da ein Kommunist die Tat begangen haben soll, wurde er von der NSDAP zum „Blutzeugen der Bewegung" hochstilisiert. Das auf einen Text Wessels zurückgehende SA-Lied wurde im selben Jahr in den Rang eines Parteiliedes erhoben. Es zählte zu den wichtigsten Liedern der NS-Bewegung. Seit 1933 avancierte es zur zweiten Nationalhymne – es wurde jeweils nach dem Deutschlandlied gesungen. Siehe u.a. Heinz Knobloch: Der arme Epstein. Wie der Tod zu Horst Wessel kam, Berlin 1993.

382 Es existierte sowohl eine Auslands- als auch eine Inlandsleitung der KPD.

383 Am 26.04.1934 begann der Verkauf des NS-Symbols für den 1. Mai: eine runde Ansteckplakette mit dem Hakenkreuz in der Mitte sowie links einem Hammer und rechts einer Sichel. Die „Festplakette", die jeder zu tragen hatte, kostete 20 Pfennig.

384 Staßfurt gehörte zum Regierungsbezirk Magdeburg, d.h. die Untersuchung oblag der Stapostelle Magdeburg.

Blick auf das Zuchthaus Coswig (Anhalt), welches sich im Schloss befand, Ende 1930er Jahre

geleitet. Es wird von uns vermutet, dass der Ursprung dieser kommunistischen Propaganda aus den in der Nähe liegenden Stickstoffwerken Piesteritz herrührt.

2. SPD Fehlanzeige

6. Sonstige staatsfeindliche oder oppositionelle Bewegungen
Fehlanzeige

C. Ausland
Fehlanzeige

D. Halbmonatsstatistik

In der Berichtszeit sind in Anhalt Festnahmen wegen staatsfeindlicher Betätigung nicht erfolgt.

Aus der Schutzhaft[385] entlassen wurde eine Person.

---

385 Zum Thema siehe Sperk, Schutzhaft, S. 46–57. SA, SS, Polizei, Hilfspolizei und Gestapo missbrauchten die Schutzhaft als willkürliche Inhaftierungsmaßnahme

E. Verschiedenes
Fehlanzeige

für die Ausschaltung politischer Gegner und anderer „unerwünschter" Personen. Sie wurden ohne Gerichtsverfahren, Beweise oder Rechtsbeistand auf unbestimmte Zeit festgehalten. Beschwerderecht oder gerichtliche Kontrolle wurden außer Kraft gesetzt. Schutzhäftlinge aus Anhalt kamen in der Regel bis Sept. 1933 – einschl. der Polizei- u. Gerichtsgefängnisse sowie der provisorischen Schutzhaftlager Schloss Dornburg u. „Zeize" Zerbst – in das KZ Oranienburg, von Sept. 1933 bis Juli 1934 in das KZ Roßlau und 1934 bis 1937 in das KZ Lichtenburg. In Ausnahmefällen kam es zu Überstellungen in das KZ Sachsenhausen und in das Frauen-KZ Moringen. Schutzhaft bis drei Wochen wurde bis 1937 aber auch weiter in den Gerichtsgefängnissen Anhalts durchgeführt. Vgl. LASA, Z 260, Nr. 790, Bl. 140–143; ebd., Nr. 872, Bl. 1–4. Nach 1937 überführte die Stapo Schutzhäftlinge aus Anhalt in die KZ Buchenwald u. Sachsenhausen. Vereinzelt nutzte sie das KZ Flossenbürg (ebd., C 144 Magdeburg, B 02. Nr. 11, Bl. 2) oder das Zuchthaus Coswig (Anhalt) (ebd., Z 260, Nr. 790, Bl. 114; BArch, R 58/1027, Bl. 60f.). Am 04.08.1934 – das KZ Roßlau war am 31.07.1934 aufgelöst worden – wies die anhaltische Gestapo die Kreispolizeibehörden an, „Schutzhaft bis zur Dauer von 14 Tagen [...] tunlichst in den Gerichtsgefängnissen" zu vollstrecken. LASA, Z 141, Nr. 672, Bl. 187. Nach einem RMdI-Erlass an das Gestapa vom 25.01.1938 war die Schutzhaft „grundsätzlich in staatlichen Konzentrationslagern" durchzuführen. BArch, R 58/1027, Bl. 3. Während der ersten Vernehmungstage, die ebenfalls zur Schutzhaft zählten, sperrte die Gestapo Personen aus Anhalt zunächst in das Dessauer Polizeigefängnis.

Nr. 4

Lagebericht des Anhaltischen Staatsministers für Juli 1934

Bundesarchiv, R 58/3625, Bl. 1–10

Anhaltisches Staatsministerium,   DESSAU, den 8. August 1934
Abteilung Inneres

An
    den Herrn Reichsminister des Innern
    Berlin
    z. Hd. Dr. Gisevius[386]

[...]

In der Anlage überreichen wir den Bericht über die politische Lage in Anhalt im Juli 1934 in 5-facher Ausfertigung. Kirchenpolitische Erscheinungen, die staatliche Belange berührten, sind nicht beobachtet worden; ebenso hat das Verhältnis der Gliederungen der NSDAP zu staatlichen Dienststellen keinen Anlaß zu besonderen Erörterungen gegeben.

Anhaltisches Staatsministerium,
Abteilung Inneres
[Unterschrift: Freyberg]

[...]

---

386 Dr. Hans Bernd Gisevius (1904–1974), Studium der Rechtswissenschaft, ab 1930 Stahlhelm-Mitglied, Juni 1933 Zweite jurist. Staatsprüfung, ab Aug. 1933 Assessor in der Politischen Abt. des Polizeipräsidiums Berlin, Referatsleiter im Gestapa, Ende 1933 Versetzung in das RMdI, 1934 Leiter der Abt. Polizei im RMdI, 1935 Versetzung zum preuß. Landeskriminalamt, Juli 1936 Entlassung aus der Polizei. 1946 gab Gisevius seine Erinnerungen „Bis zum bitteren Ende. Bericht eines Augenzeugen aus den Machtzentren des Dritten Reiches" heraus. Für die Biografie bis 1933 siehe BArch, R 3001/57357 bis R 3001/57360. Vgl. Klee, S. 185.

1. Allgemeine Übersicht über die innerpolitische Entwicklung im Berichtsmonat

Die Bevölkerung stand in der letzten Zeit völlig unter dem Eindruck der Maßnahmen, die vom Führer anläßlich der Säuberungsaktion in der SA um die Monatswende ergriffen waren.[387] Das Vertrauen in die Person des Führers ist infolge seines persönlichen Eingreifens hierbei in allen Kreisen der Bevölkerung, insbesondere aber in den Handarbeiterkreisen, sehr stark gestiegen. Die Handarbeiter haben sich zum Teil bisher offenbar abwartend verhalten, um die nationalsozialistische Regierung nach ihren Taten zu beurteilen. Man hat bei den Parteiversammlungen[388] und auch bei den öffentlichen politischen Versammlungen immer nur verhältnismäßig wenig Handarbeiter beobachten können, obwohl insbesondere

---

387 Gemeint ist der sog. Röhm-Putsch. Ernst Röhm (1887–1934), seit Jan. 1931 Stabschef der SA, strebte einerseits eine „zweite Revolution" an (restlose Revolutionierung der Gesellschaft durch Ablösung alter Eliten und Einsatz von SA-Mitgliedern an maßgeblichen Stellen), andererseits sollte die SA als Kern eines NS-Volksheeres an die Stelle der Reichswehr treten. Hitler, der der Reichswehr zugesichert hatte, dass sie die einzige bewaffnete Armee bleibe, konnte Röhm von seinen Plänen nicht abbringen. Einen Putsch gegen Hitler plante Röhm jedoch nicht. Am 30.06.1934 ließ Hitler die SA-Führung durch die SS verhaften und Röhm sowie einige SA-Führer und unbeteiligte, aber dem Regime missliebige Oppositionelle, insgesamt mindestens 85 Personen, erschießen. Ziel war es, den Störfaktor SA auszuschalten, Hitlers Macht zu festigen und die Reichswehr von der Sorge vor einem Konkurrenten zu befreien. Nach den Ereignissen verlor die SA rapide an Bedeutung und die SS, die bislang der SA unterstanden hatte, wurde eigenständige Organisation. Vgl. Peter Longerich: Die braunen Bataillone. Geschichte der SA, München 1989, S. 206–219; Reinhard Opitz: Die „Röhm-Affäre", Marburg 1999. Die Auswirkungen des Röhm-Putsches in Anhalt sind unbekannt, was auch so bleiben wird. Denn die Gestapo Dessau wies am 02.07.1934 alle Polizeiverwaltungen in Anhalt an, „sämtliche Aufzeichnungen (Schreiben, Funksprüche, Durchschlagspapier usw.), die auf die Säuberungsaktion und ihre Ausführung Bezug nehmen, […] sofort restlos durch Verbrennen zu vernichten." Der Zerbster Landrat Dr. Rudolf Hinze hatte die Unterlagen „persönlich entgegengenommen" und „unter Verschluss gehalten". In einem Schreiben an die Gestapo versicherte er, sie sofort zu vernichten. LASA, Z 149, Nr. 1597, Bl. 229, 229RS.

388 Gemeint sind NSDAP-Versammlungen.

bei den Reden anläßlich des Feldzuges gegen Miesmacher, Kritikaster[389] und Reaktion[390] in besonderem Maße auf die Spießbürger geschimpft und dadurch um die Gunst der Handarbeiter wenigstens indirekt geworben wurde. Diese Reden haben aber wahrscheinlich bei denjenigen Handarbeitern, die noch abwartend beiseite standen, ebensowenig gewirkt, wie die letzten Reden in öffentlichen Versammlungen vor der Machtergreifung des Führers. Das erklärt sich zum Teil schon aus dem Fehlen derjenigen, denen die Ziele der nationalsozialistischen Bewegung[391] auch innerlich fremd sind. Das rücksichtslose Vorgehen des Führers gegen die Schlemmerei und die Verschwendung innerhalb der Kreise, die Röhm nahestanden, und der Erlaß des Führers gegen den übermäßigen Aufwand hat dagegen offenbar manchen Zweifel in den Handarbeiterkreisen, nicht an des Führers gutem Willen, der wohl nie bezweifelt worden ist, sondern an der Fähigkeit, solche Auswüchse niederzuhalten, überwunden. Das Mißtrauen eines Teils der Handarbeiterschaft dürfte auf den traurigen Erfahrungen beruhen, die diese mit ihren eigenen früheren Führern bei der SPD 15 Jahre lang gemacht hat. Offenbar wird erwartet, daß mit den bisherigen Maßnahmen die Säuberung innerhalb der Partei nicht beendet ist, sondern vielmehr auch in allen Kreisen der Partei Ernst damit gemacht wird. Die in vielen Kreisen der Bevölkerung entstandenen Gerüchte über

---

389 „Wortschöpfung" von Joseph Goebbels (1897–1945), Reichsminister für Volksaufklärung und Propaganda. Mitte Mai 1934 begann eine reichsweite Propagandakampagne „gegen Miesmacher und Kritikaster". Mit ihr sollte der wachsenden Unzufriedenheit in der Bevölkerung über ausbleibende Erfolge der NS-Regierung entgegengetreten werden. Goebbels beendete sie Anfang Juli 1934. Vgl. Overesch/Saal, S. 145.
390 Als „Reaktion" galten v.a. Stahlhelm, Tannenbergbund bzw. Ludendorff-Bewegung, Schwarze Front, Alldeutscher Verband und die monarchistischen Organisationen wie der Bund Königin Luise.
391 Hitler verstand die NSDAP nicht als Partei im herkömmlichen Sinne. Er verachtete die bürgerlichen Parteien, in denen er nur eigensüchtige Interessenverbände sah. Die NSDAP sollte eine „Bewegung" sein, die alle Menschen erfasste und über Rang- und Standesunterschiede hinweg vereinte.

das Ausmaß der Maßnahmen des 30. Juni 1934[392] haben sich nach der Reichstagsrede des Führers gelegt und einer ruhigen und verständigen Beurteilung der Ereignisse Platz gemacht. Auch die Vorgänge in Österreich werden zuversichtlich beurteilt und trotz der schwierigen außenpolitischen Verhältnisse bestehen in der Bevölkerung keine Zweifel, daß es der Klugheit des Führers gelingen werde, außenpolitische Verwicklungen zu vermeiden.[393] Offenbar mißgestimmt sind wohl nur die innerlich unverbesserlich kommunistisch eingestellten Kreise der Bevölkerung, was man rein äußerlich unter ander[e]m daran erkennen kann, daß manche Arbeiter, die in der ersten Zeit nach der Machtergreifung des Führers z.B. die Landjäger freiwillig und freudig mit dem Hitlergruß[394] begrüßten, heute keinem den Gruß mehr erweisen, sondern wieder so fremd und unfreudig an ihnen vorübergehen wie früher.

---

392 Wie viele Personen in Folge des Röhm-Putsches ermordet wurden, ist bis heute strittig, da eine Ereignis-Zuordnung und die Zeitdauer der Aktion nicht exakt definiert werden können. Hitler, der die Aktion am 2. Juli für beendet erklärte, gab in der angesprochenen Reichstagsrede am 13. Juli 77 tote NSDAP- und SA-Mitglieder bekannt. Einschließlich der Regimegegner ist von mindestens 85 Opfern auszugehen, darunter 50 SA-Angehörige. Vgl. Overesch/Saal, S. 148; Enzyklopädie des Nationalsozialismus, hg. v. Wolfgang Benz, Hermann Graml u. Hermann Weiß, 3. Aufl., Stuttgart 1998, S. 704. In der Literatur schwanken die Angaben zwischen 83 und 1.000 Ermordeten. Vgl. u.a. Longerich, S. 219; Henrik Eberle/Matthias Uhl (Hg.): Das Buch Hitler, Bergisch-Gladbach 2005, S. 40 (Fußnote 7).
393 Am 25.07.1934 scheiterte ein Putschversuch österreichischer Nationalsozialisten mit dem Ziel, die Regierung zu übernehmen, um Österreich an Deutschland anzuschließen. Italiens Diktator Mussolini ließ Truppen an der österreichisch-italienischen Grenze aufmarschieren, um zu signalisieren, dass er eine Machtausweitung Deutschlands nach Süden nicht dulden werde. Hitler dementierte wahrheitswidrig jede Beteiligung am Putsch.
394 Der sogenannte Deutsche Gruß „Heil Hitler!" (Hitlergruß) war die anfänglich nur bei NSDAP-Mitgliedern übliche, ab 1933 bei allen Deutschen erwünschte, aber nicht durch ein reichsweites Gesetz verordnete Grußform. Die „deutschen Behörden" hatten den Hitlergruß „gegenüber allen deutschen Staatsangehörigen" anzuwenden. Die Nichterweisung des Grußes galt als Zeichen der Ablehnung des NS-Regimes.

In reaktionären Kreisen scheint man hier und da der Auffassung zu sein, durch die Aufdeckung der Mißstände in der SA hätten der Stahlhelm[395] und die ihm Nahestehenden gewisses Oberwasser bekommen. Vereinzelt ist hier sogar von ehemaligen Stahlhelmern[396] die Äußerung gefallen, daß das 4. Reich[397] von ihnen erkämpft werden würde. Auch der Vorfall zwischen Stahlhelm und SA bezw. Hitlerjugend in Schönebeck[398] und die

---

395 Stahlhelm, Bund der Frontsoldaten, im Dez. 1918 in Magdeburg gegründeter Wehrverband (1930: über 400.000 Mitglieder). Zunächst nur für Angehörige der Fronttruppen des Ersten Weltkrieges gedacht, stand er seit 1924 auch Nichtkriegsteilnehmern offen. Er vertrat konservativ-nationalistische Positionen und tendierte politisch seit 1930 immer mehr zur NSDAP. Zwar betonte er nach 1933 seine Loyalität zum NS-Regime, stemmte sich aber gegen dessen Totalitätsanspruch, was zu ständigen Konflikten und im Nov. 1935 zu seiner Auflösung führte. Vgl. Volker R. Berghahn: Der Stahlhelm. Bund der Frontsoldaten 1918–1935, Düsseldorf 1966; Bernhard Mahlke: Stahlhelm – Bund der Frontsoldaten (Stahlhelm) 1918–1935, in: Lexikon zur Parteiengeschichte. Die bürgerlichen und kleinbürgerlichen Parteien und Verbände in Deutschland (1789–1945), hg. v. e. Autorenkollektiv u. d. Leitung v. Dieter Fricke, Bd. 4, Leipzig 1986, S. 145–158.
396 Am 26.06.1933 wurden die unter 35-jährigen Stahlhelm-Mitglieder (Wehrstahlhelm) in die SA eingegliedert. Die weiter eigenständige, aber gleichgeschaltete Restorganisation der über 35-Jährigen (Kernstahlhelm) wurde am 28.03.1934 in Nationalsozialistischer Deutscher Frontkämpferbund (Stahlhelm) (NSDFB) umbenannt. Bereits am 11.11.1933 war der Kernstahlhelm als SA-Reserve I der SA unterstellt worden. Vgl. Mahlke, S. 155; Kernstahlhelm wird SA-Reserve I, in: Anhaltische Tageszeitung, 17.11.1933. Anhalt entsprach der SA-Brigade 39.
397 Anspielung auf das „Dritte Reich", eine häufig verwandte, aber seit 1939 untersagte Bezeichnung für den NS-Staat. Zum Schlagwort wurde der Begriff durch Arthur Moeller van den Brucks (1876–1925) gleichnamiges Werk von 1923, in dem er das Heilige Römische Reich Deutscher Nation (962–1806) als Erstes und das Bismarck-Reich (1871–1918) als Zweites Reich bezeichnete und ein Drittes Reich prophezeite. Hitler nahm den Begriff für Propagandazwecke in Anspruch.
398 Am 10.06.1934 kam es in Schönebeck anlässlich eines NSDFB-Aufmarsches zu „Zusammenstößen" zwischen Angehörigen des NSDFB und jenen von SA und HJ. „Durch das Eingreifen der Führer wurden die Streitigkeiten beigelegt."

Bluttat an dem SA-Sturmführer Moltzahn in Quetzin[399] haben den Stahlhelmkreisen in Anhalt reichlichen Stoff zur Agitation gegeben. In Köthen wurden am 30. Juni 1934 bei dem Geschäftsführer des NSDFB (Stahlhelm)[400] mehrere tausend Flugblätter, enthaltend die auch in der Presse veröffentlichte Erklärung des NSDFB (Stahlhelm) über die letzterwähnten Vorfälle, beschlagnahmt. Eine Anzahl dieser Flugblätter war bereits an Ortsgruppen des Kreises Köthen zum Versand gekommen. Ihre nachträgliche Beschlagnahme ist in die Wege geleitet. Gleichzeitig mit den Flugblättern wurde auch eine Anzahl von Vervielfältigungen der Marburger Rede des Vizekanzlers von Papen[401] gefunden und beschlagnahmt.[402]

Zwischenfall in Schönebeck, in: Der Mitteldeutsche. Anhaltische Tageszeitung, 11.06.1934, S. 1.

[399] Am 23.06.1934 hatte das Stahlhelm-Mitglied Erich Kummerow in Quetzin (Krs. Kolberg/Pommern) den SA-Sturmführer Fritz Moltzahn niedergestochen, der wenige Tage später den Verletzungen erlag. Ausführlich dazu Thévoz/Branig/Lowenthal-Hensel, Bd. Darstellung, S. 83.

[400] Trotz intensiver Recherchen unter Mithilfe von Monika Knof, Leiterin StA Köthen, der ich dafür herzlich danke, konnte der Name nicht ermittelt werden. Das Zentrum des Stahlhelms in Anhalt, der hier eine große Tradition besaß, war Köthen, wo im Januar 1919 reichsweit die zweite Ortsgruppe entstand und wo bis 1933 die Gauleitung Anhalt ihren Sitz in der Wallstraße 58 hatte. Vgl. Adreßbuch für Stadt und Land Köthen 1933, S. 102; Sechs Jahre Stahlhelm in Mitteldeutschland, hg. v. Stahlhelm u. Landesverband Mitteldeutschland (früher Halle-Merseburg), 2. Aufl., Halle 1926, S. 200–215.

[401] Franz von Papen (1879–1969), Mitglied der Zentrumspartei, Juni bis Nov. 1932 Reichskanzler, 30.01.1933 bis 31.07.1934 Vizekanzler, 1946 Freispruch im Nürnberger Kriegsverbrecherprozess, 1947 Spruchkammer-Verurteilung zu acht Jahren Arbeitslager, 1949 Entlassung. Vgl. Joachim Petzold: Franz von Papen. Ein deutsches Verhängnis, München u.a. 1995.

[402] Von Papen hielt am 17.06.1934 in Marburg eine Aufsehen erregende Rede, in der er Kritik am NS-Regime übte. Die Verbreitung der Rede wurde verboten und von Papen wenig später als Vizekanzler abgesetzt. Der Verfasser der Rede, der Schriftsteller Edgar Jung (1894–1934), wurde während des Röhm-Putsches erschossen. Ausführlich dazu Joachim Fest: Hitler. Eine Biographie, Frankfurt am Main u.a. 1973, S. 631f., 638.

2. Stand und Tätigkeit der staatsfeindlichen Bestrebungen
   a) Marxismus und Kommunismus, SAP[403]

Es ist nicht zu verkennen, daß die KPD in letzter Zeit, d.h. seit der Niederschlagung der Röhm-Revolte, eine regere Tätigkeit entfaltet. In der Nacht vom 3. zum 4. Juli 1934 wurde in einigen Straßen Dessaus und vor den Junkers-Flugzeugwerken ein Flugblatt der KPD, betitelt „Hinweg mit Hitler! Die Kommunisten an die Macht!" Unterschrieben KPD Magdeburg-Anhalt, verstreut.[404] Die Ermittlungen nach den Flugblattverteilern sind bisher ergebnislos geblieben. Ferner mußten 3 Personen im Kreise Zerbst wegen kommunistischer bezw. staatsfeindlicher Äußerungen in Schutzhaft genommen werden. In einem ländlichen Orte hat ein früherer Kommunist, jetziger SA-Mann, nachdem er in betrunkenem Zustande den Gastwirt wiederholt mit Schlägen bedrohte und sich dem [NSDAP-]Ortsgruppenleiter gegenüber grob und ungehörig benommen hatte, durch Ausstoßen des Rufes „Freiheit" unliebsames Aufsehen erregt.

Einem Arbeiter in Bobbau, Kreis Dessau, früherer Funktionär der „Freien Landarbeiterschaft Anhalts", sind aus Zürich mittels verschlossenen Briefumschlags je ein Exemplar der „Sozialistischen Aktion"[405] vom 27. Mai, 10. und 24. Juni 1934 und ein

---

403 Sozialistische Arbeiterpartei Deutschlands, im Oktober 1931 von linksorientierten Sozialdemokraten gegründete sozialistische Splittergruppe. Sie vertrat ähnliche Ziele wie die KPD, die sie jedoch nicht durch eine Revolution, sondern auf friedlich-demokratischem Wege erreichen wollte. Schon vor 1933 war sie durch innerparteiliche Streitigkeiten so zerfallen, dass sie keine politische Bedeutung mehr besaß. Einzelne Gruppen arbeiteten nach 1933 illegal gegen das NS-Regime. Vgl. Hanno Drechsler: Die Sozialistische Arbeiterpartei Deutschlands (SAPD), Meisenheim/Glan 1965; Helmut Arndt/Heinz Niemann (Hg.): Auf verlorenem Posten? Zur Geschichte der Sozialistischen Arbeiterpartei, Berlin 1991.
404 Siehe dazu Engelmann, S. 57f.
405 Die „Sozialistische Aktion" wurde von dem ins Prager Exil übergesiedelten SPD-Vorstand (Sopade) für den illegalen Vertrieb im Deutschen Reich hergestellt. Vom 29. Okt. 1933 bis Febr. 1934 erschien sie wöchentlich, bis Juli 1935 vierzehntägig, bis Dez. 1937 monatlich. Danach gab es noch eine Ausgabe im März 1938. Vgl. Buchholz/Rother, S. XXXVII, 46.

Flugblatt, betitelt „Deutsches Volk!", unterschrieben „Es lebe der Sozialismus, es lebe die freie deutsche Republik! Berlin, den 1. Juli 1934!", zugesandt worden. Da der Empfänger der Druckschriften diese sofort freiwillig abgeliefert hat, ist von Maßnahmen gegen ihn abgesehen worden.

b) <u>Monarchistische Bestrebungen usw.</u>[406]
   Fehlanzeige

c) <u>Opposition (Schwarze Front</u>[407]<u>, Tannenbergbund</u>[408] <u>usw.)</u>

---

[406] Das Anhaltische Staatsministerium Abt. Inneres hatte per Erlass am 05.02.1934 die monarchistischen Vereinigungen in Anhalt aufgelöst, verboten und ihr Vermögen beschlagnahmt. Auch jedwede mündliche wie schriftliche „monarchistische Propaganda" war zu unterbinden, ansonsten drohte ein Verbot der jeweiligen Druckschrift. ABlfA 1934, S. 41; StA Dessau-Roßlau, NZ 152. Reichsweit erfolgte das Verbot durch das RMdI am 02.02., durch das Gestapa am 11.02.1934. Vgl. LASA, C 20 I, Ib Nr. 1831, Bd. 3, Bl. 54f.

[407] Im Juli 1930 gründete sich auf Initiative von Dr. Otto Straßer (1897–1974) die „Kampfgemeinschaft Revolutionäre Nationalsozialisten". Es handelte sich um Vertreter eines linken NSDAP-Kurses, die nach einem Zerwürfnis über ideologische Fragen von Hitler ausgebootet und aus der Partei ausgetreten waren. Sie schlossen sich im Sommer 1931 mit verschiedenen anderen Angehörigen rechter Strömungen zur Schwarzen Front (SF) zusammen. Die SF, die nie mehr als 5.000 Mitglieder besaß, war auf Grund divergierender Ziele ihrer führenden Köpfe derart zerstritten und vom Zerfall bedroht, dass sie keinen Einfluss erlangte. Im Februar 1933 wurde die SF verboten und fristete nach diversen Verhaftungswellen im Untergrund ein Schattendasein. Vgl. Patrick Moreau: Nationalsozialismus von links. Die „Kampfgemeinschaft Revolutionäre Nationalsozialisten" und die „Schwarze Front" Otto Straßers 1930–1935, Stuttgart 1985.

[408] Im Jahr 1925 gegründete Dachorganisation völkischer Wehrverbände zum Kampf gegen „überstaatliche Mächte" (Jesuiten, Juden, Freimaurer, Marxisten), benannt nach dem Ort des deutschen Sieges über russische Truppen im August 1914, Schirmherr: Erich Ludendorff (1865–1937, darum auch Ludendorff-Bewegung genannt). Vor 1933 galt der Tannenbergbund der NSDAP als willkommener Partner, wobei seine antikatholische Stoßrichtung nach 1933 wegen Rücksichtnahme auf die katholischen Wähler für die NSDAP unerwünscht war. Darum wurde er reichsweit am 22.09.1933 verboten. Vgl. Kurt

Der Ludendorff-Verlag GmbH, München[409], hat jetzt in Dessau eine Handelsvertretung zur Verteilung dieser Schriften eingerichtet. Polizeiliche Beobachtungen sind in die Wege geleitet.

3. Wirtschafts- und Agrarpolitik

Was die wirtschaftliche Lage anbelangt, so scheint erwähnenswert, daß nach uns vorliegenden Berichten im Großhandel Preissteigerungen von durchschnittlich 10 – 15% festgestellt wor-

---

Finker: Tannenberg-Bund. Arbeitsgemeinschaft völkischer Frontkrieger und Jugendverbände (TB) 1925–1933, in: Lexikon der Parteiengeschichte, Bd. 4, S. 180–183. In Anhalt erfolgte das Verbot durch die Abt. Inneres des Anhaltischen Staatsministeriums bereits am 23.06.1933. Das Vermögen wurde zu Gunsten des anhaltischen Staates beschlagnahmt und eingezogen. Vgl. StA Dessau-Roßlau, NZ 152.

409 Durch Herausgabe von Schriften des Volkswarte-Verlages (im Lagebericht Ludendorff-Verlag genannt) – Nachfolgeorganisation des verbotenen Tannenbergbundes bzw. Bundes Deutsche Gotterkenntnis – sowie durch Vorträge verbreiteten Ludendorff und seine Ehefrau Mathilde (1877–1966) die Ideen ihrer Organisationen weiter. Zunächst duldete das NS-Regime mit Einschränkungen den Volkswarte-Verlag, auch wenn in dessen Schriften teilweise „der nationalsozialistische Staat und seine Führer angegriffen und herabgesetzt" wurden. So erging am 12.04.1934 durch die anhaltische Gestapo an alle Kreispolizeibehörden die Weisung, „jede weitere politische Betätigung von Personen oder Konventikeln im Sinne des verbotenen Tannenberg-Bundes zu unterdrücken und insbesondere Druckschriften des Ludendorff Volkswarte-Verlags zu beschlagnahmen, wenn sie sich gegen den nationalsozialistischen Staat richten". LASA, Z 141, Nr. 672, Bl. 180. Grundsätzlich durften Vertreter des Verlages Vorträge halten, aber in den Formulierungen der Themen durfte der Name Ludendorff nicht auftauchen. In den Vorträgen selbst war die Nennung eingeschränkt statthaft. Vgl. StA Sandersleben, 19 Nr. 221, Bl. 217. Schließlich verbot das Gestapa am 22.11.1935 die Veranstaltungen des Verlages. Vgl. LASA, C 48, Ie Nr. 1169, Bl. 47. Am 11.05.1937 hob es das Verbot insoweit wieder auf, dass „dem Hause Ludendorff […] die Abhaltung von geschlossenen Versammlungen (Werbeabende, Schulungsvorträge der Ludendorff-Verlag GmbH, Versammlungen der Anhänger des Hauses Ludendorff, Deutsche Gotterkenntnis) in gleichem Masse wie den anderen deutschgläubigen Gemeinschaften gestattet" wurde. Zudem wies das Gestapa die Stapostellen an, eventuell bestehende Redeverbote gegen Ludendorff-Anhänger aufzuheben. Vgl. ebd., C 20 I, Ib Nr. 1831, Bd. 4, Bl. 62f.

den sind[410] und in der Geschäftswelt die Meinung vorherrscht, daß die Preise demnächst tatsächlich anziehen werden. Die bäuerliche Bevölkerung leidet unter der Mißernte. An staatliche Dienststellen sind Forderungen herangetragen [worden], die auf eine Senkung der Pachtzinsen für die fiskalischen Ländereien abzielen. Desgleichen wird gewünscht, daß eine Senkung der Grundwertsteuern nach dem Ausmaß der Schädigung der einzelnen Gebietsteile vorgenommen werden möge. Über Kartoffelknappheit ist in Anhalt bisher nicht geklagt worden. Vereinzelt verkaufen Landwirte mehr Vieh, als vielleicht unbedingt geboten wäre, weil sie befürchten, es nicht durchfüttern zu können.[411]

Im Ballenstedter Kreise wird über erneute Zunahme der Arbeitslosen geklagt und hierfür die allenthalben zu beobachtende Beendigung der Gebäude-Instandsetzungsarbeiten als im wesentlichen ausschlaggebend bezeichnet.[412]

---

410 „Die Anhaltische Industrie- und Handelskammer gibt bekannt: ‚Obwohl der Reichswirtschaftsminister bereits in mehreren Verlautbarungen nachdrücklich gewarnt hat, sind in der letzten Zeit doch erneut Klagen über Preiserhöhungen in einigen Wirtschaftszweigen laut geworden. […] Sollte sich erweisen, daß unberechtigte Preissteigerungen vorgekommen sind, so wird mit aller Strenge eingegriffen werden. […]'". Gegen unberechtigte Preissteigerungen, in: Der Mitteldeutsche. Anhaltische Tageszeitung, 08.08.1934.
411 Durch anhaltende Trockenheit kam es 1934 nicht nur in Anhalt (siehe u.a. LASA, Z 134, Nr. 224, Bl. 335; Der Saatenstand in Anhalt, in: Der Mitteldeutsche. Anhaltische Tageszeitung, 04.08.1934), sondern im gesamten Deutschen Reich zu einer Missernte, die sich 1935 wiederholte und der zahlreiche Probleme folgten. So kam es u.a. zu einer Verknappung von Futtergetreide. Dieser Mangel bewirkte wiederum eine Verringerung des Viehbestandes durch Notschlachtungen. Vgl. Gustavo Corni/Horst Gies: Brot Butter Kanonen. Die Ernährungswirtschaft in Deutschland unter der Diktatur Hitlers, Berlin 1997, S. 267f., 358.
412 Am 31.01.1933 zählte der Kreis Ballenstedt (16.06.1933: 32.254 Einwohner) etwa 2.400 Arbeitslose. Bis 30.09.1933 reduzierte sich die Zahl auf 1.376 (davon erhielten 120 Arbeitslosen- und 505 Krisenunterstützung, 527 Wohlfahrtserwerbslose, 224 Personen ohne jede Unterstützung). Bis 11.11.1933 sank die Zahl auf 1.256, um bis 13.01.1934 wieder auf 1.731 anzusteigen. Nach Beginn eines Arbeitsbeschaffungsprogramms Ende Febr. 1934 (v.a. die im Lagebericht

4. Kulturpolitik (insbesondere Presse)
Fehlanzeige

5. Juden, Freimaurer[413]

beschriebenen Instandsetzungs- und Ergänzungsarbeiten bzw. Um- und Ausbauten an Wohn- und Wirtschaftsgebäuden sowie Instandsetzungsarbeiten an zahlreichen Straßen, vgl. LASA, Z 134, Nr. 224, Bl. 368ff.) sank die Arbeitslosenzahl bis 16.06.1934 auf den bis dato niedrigsten Stand von 362. Der Satz im Lagebericht ist also zunächst nicht nachvollziehbar. Die Klage wird erst dann erklärlich, wenn man weiß, dass sie sich auf den erneuten Anstieg der Erwerbslosenzahl zwischen dem 16. Juni und der Erstellung des Lageberichts (8. August) bezieht. Denn bis 04.08.1934 – also innerhalb von anderthalb Monaten – hatte sich die Zahl im Kreis Ballenstedt nahezu verdoppelt (643). Vgl. ebd., Bl. 143, 334, 366f., 376. Nach weiteren Schwankungen 1934 und 1935 sank die Zahl seit März 1936 kontinuierlich (bis auf einzelne Ausnahmen) auf unter 100. Vgl. ebd., Bl. 376–383. Am 26.03.1938 meldete Landrat Dr. Heinrich Reuß 31 Arbeitslose im Kreis Ballenstedt. Da für ihn damit keine Arbeitslosigkeit mehr bestand und zur „Vermeidung unnötigen Schreibwerks", bat er das Anhaltische Statistische Landesamt, keine Nachweisung der Arbeitslosenzahlen mehr einreichen zu müssen. Der Bitte wurde am 06.04.1938 entsprochen. Vgl. ebd., Bl. 383–386.

413 Den Nationalsozialisten galten die Freimaurer wegen ihrer „Überstaatlichkeit", des Geheimbundcharakters sowie als Förderer der Judenemanzipation als gefährlich. Sie fürchteten eine „jüdisch-freimaurerische Weltverschwörung". Nach 1933 zunächst nur schikaniert, führte staatlicher Druck zur Selbstauflösung der Logen, die trotz Umbenennung in „Deutsch-Christliche Orden" im gesamten Deutschen Reich am 17.08.1935 verboten wurden. Ihr Vermögen wurde beschlagnahmt und enteignet, v.a. die Logenhäuser. Vgl. Ralf Melzer: Konflikt und Anpassung. Freimaurerei in der Weimarer Republik und im „Dritten Reich", Wien 1999; Helmut Neuberger: Winkelmaß und Hakenkreuz. Die Freimaurerei und das Dritte Reich, München 2001. Die Logen „Ludwig zum Palmenbaum" in Köthen und „Friedrich zur Beständigkeit" in Zerbst stellten bis Ende Aug. 1933 ihre Tätigkeit ein bzw. lösten sich auf. Vgl. Anhalter Woche, 03.09.1933. Die Dessauer Loge „Esiko zum aufgehenden Licht" löste sich am 14.02.1934 auf. Vgl. Peter König: Freimaurerlogen in den Ländern Anhalts ab dem 18. Jahrhundert, in: Dessauer Kalender 2012, S. 62–83, hier S. 74. Die andere Dessauer Loge „Zu den drei Säulen" stellte offiziell 1933 ihren Betrieb ein, führte aber ihre Aktivitäten unter dem Namen „Casinoverein" weiter, der 1935 aufgelöst und verboten wurde. Vgl. http://www.freimaurerei.de/index.php?id=1114 (Stand: 30.10.2007). Am hartnäckigsten wehrte sich die Bern-

In mehreren Orten Anhalts sind Ende Juni d.J. nachts in erheblichem Umfange an Privathäusern, Anschlagsäulen, insbesondere aber an jüdischen Geschäften, Plakate und Zettel angeklebt worden, die zum Boykott der Juden auffordern. Von wem die Anweisung zum Ankleben der Plakate ausgegangen ist, konnte nicht festgestellt werden.

6. Ausländer, Spionage, Landesverrat

Ein Angestellter der Junkers-Flugzeugwerke AG hat hier gegen einen Arbeitskameraden Anzeige wegen Werksspionage erstattet. Es sind von uns umfangreiche Ermittlungen angestellt worden. Die Angelegenheit ist nach Abschluß dieser Ermittlungen dem Herrn Oberreichsanwalt vorgelegt [worden], der vor kurzem Haftbefehl gegen den Beschuldigten erhoben hat.

----

burger Loge „Alexius zur Beständigkeit", die sich erst dem reichsweiten Verbot im August 1935 beugte.

Nr. 5

Lagebericht des Anhaltischen Staatsministers für August 1934

Bundesarchiv, R 58/3625, Bl. 11–13

[ohne Absender und Empfänger] [ohne Datum]

1) <u>Allgemeine Übersicht über die innerpolitische Entwicklung im Berichtsmonat</u>

Die innerpolitische Entwicklung im letzten Monat war wesentlich beeinflußt durch zwei Ereignisse: Einmal das Ableben des Herrn Reichspräsidenten[414] und ferner die Volksabstimmung am 19. August d. Js.[415] Das Ableben des Herrn Reichspräsidenten wurde in allen Kreisen der Bevölkerung betrauert. Die Trauerfeierlichkeiten in Anhalt verliefen ohne jede Störung. Die Vereinigung des Amtes des Reichspräsidenten mit dem des Reichskanzlers ist allgemein begrüßt worden. Die Volksabstimmung am 19.8. d. Js. ergab ein überwältigendes Vertrauensvotum für den Füh-

---

414 Paul von Beneckendorff und von Hindenburg (1847–1934) starb am 2. August. Als Oberkommandierender führte er die siegreiche Schlacht bei Tannenberg Ende August 1914; danach entstand der Hindenburgmythos. Seit 1925 Reichspräsident, galt er in der Zeit der ständig wechselnden Reichsregierungen als Integrationsfigur. Mit den zunehmenden Problemen im Deutschen Reich war er schon auf Grund seines Alters überfordert. Er ließ sich überreden, Hitler zum Reichskanzler zu bestimmen, dessen Regierung er durch seine Autorität Ansehen verschaffte. Vgl. Wolfram Pyta: Hindenburg. Herrschaft zwischen Hohenzollern und Hitler. Berlin 2007.

415 Einen Tag vor dem Tod Hindenburgs beschloss die Reichsregierung, die Ämter des Reichspräsidenten und des Reichskanzlers zu vereinigen (Gesetz über das Staatsoberhaupt), womit die letzte verfassungsmäßige Schranke für die Hitler-Diktatur fiel. Um die Vereinigung demokratisch zu legitimieren, ließ Hitler für den 19.08.1934 eine Volksabstimmung über das Gesetz ansetzen.

rer und Reichskanzler. Was die sich auf etwa 10% belaufenden Nein- und ungültigen Stimmen anbelangt, so herrscht vielfach die Meinung, daß diese Stimmen weniger aus Arbeiter-, als aus reaktionären und katholischen Kreisen herrühren. Der Wahlsonntag selbst ist in Anhalt ruhig verlaufen. Irgendwelche Zwischenfälle haben sich nicht ereignet. Die Wahlbeteiligung setzte gleich nach Öffnung der Wahllokale stark ein. Das Wahlergebnis in Anhalt ist erheblich günstiger als der Durchschnitt im Wahlkreis Magdeburg-Anhalt.[416] Von 260.062 Stimmberechtigten haben 254.325 (97,63%) ihre Stimme abgegeben. Die Zahl der Ja-Stimmen betrug 234.064 (92,03%), die Zahl der Nein-Stimmen 16.966 (6,67%) und die Zahl der ungültigen Stimmen 3.295 (1,30%).[417] Bei Betrachtung des Wahlergebnisses ist noch zu berücksichtigen, daß von rund 2.500 Sonderzug-Teilnehmern aus Berlin 14,75% mit „Nein" gestimmt haben.

2) Stand und Tätigkeit der staatsfeindlichen Bestrebungen
   a) Marxismus und Kommunismus, SAP
In der Nacht vom 17. zum 18. August 1934 ist in Dessau eine Anzahl kommunistischer Flugblätter mit der Parole „Stimme mit Nein!" auf die Straße geworfen worden.[418] Wie nachträglich festgestellt worden ist, sind die gleichen Flugblätter auch in Magdeburg verteilt worden. Hier wurden 7 Personen festgenommen, die wahrscheinlich auch als Hersteller und Verbreiter der Flugblätter in Dessau in Frage kommen. In einigen Vororten Dessaus wurden mehrere Plakate beschädigt, indem man den Kopf des Führers und das Wort „ja" herausriß.

---

416 Im Wahlkreis Magdeburg (Regierungsbezirk Magdeburg und Anhalt) gab es 91,1% Ja-Stimmen. Zu Stimmberechtigten, Wahlbeteiligung usw. siehe Overesch/Saal, S. 156.
417 Das Wahlergebnis in den Städten und Kreisen Anhalts in: Der Mitteldeutsche. Anhaltische Tageszeitung, 20.08.1934. Vgl. auch LASA, Z 118, Nr. 77, Bl. 19.
418 Die „Aktion" zielte auf die Volksabstimmung am 19. August 1934.

Bei der Firma Heerbrandt AG[419] in Raguhn wurden am 17. August d. Js. auf einem Klosettdeckel geschrieben die Worte vorgefunden „Prolet geh nicht zur Wahl". Als der Tat dringend verdächtig erschien der Schlosser Paul Schneidereit, wohnhaft in Alt-Jeßnitz (Kreis Bitterfeld). Schneidereit ist in Schutzhaft genommen und die Angelegenheit der Staatsanwaltschaft übergeben worden.

    b) Monarchistische Bestrebungen usw.   Fehlanzeige

    c) Opposition (Schwarze Front, Tannenbergbund usw.)
                                                                                   Fehlanzeige

3) <u>Wirtschafts- und Agrarpolitik</u>   Fehlanzeige
4) <u>Kulturpolitik (insbesond[ere] Presse)</u>   Fehlanzeige

5) <u>Juden, Freimaurer</u>   Fehlanzeige

6) <u>Ausländer, Spionage, Landesverrat</u>   Fehlanzeige

---

419 Bis Mai 1936 hieß die Firma Maschinenbau und Metalltuchfabrik AG, von Mai 1936 bis März 1943 Maschinenbau und Metalltuchfabrik AG vorm. Gottlieb Heerbrandt, danach Heerbrandt-Werke AG.

Nr. 6

Aus dem Lagebericht der Anhaltischen Politischen Polizei (Geheime Staatspolizei) Dessau für September 1934

Bundesarchiv, R 58/3739, Bl. 25–26

Anhaltische Politische Polizei Dessau, 5. Oktober 1934
(Geheime Staatspolizei) Dessau

[ohne Empfänger]

1. KPD

Am 4. September dieses Jahres ist in einem Hausflur in der Amalienstrasse in Dessau ein Exemplar der „Tribüne"[420] vorgefunden worden. Die Zeitung muss von einem Unbekannten in den Hausflur geworfen worden sein. Die von der örtlichen Polizeiverwaltung angestellten Ermittlungen sind bisher ergebnislos geblieben.

Vom 17. – 20. September d.J. hat in Dessau das Berliner Kammergericht getagt.[421] 17 Personen – frühere Kommunisten und Mitglieder des RFB[422] – wurden wegen Vorbereitung zum Hochverrat

---

[420] Tageszeitung der KPD-BL Magdeburg-Anhalt. Nach dem Verbot aller KPD-Zeitungen erschien sie bis 1935 mit 15 bis 16 Auflagen zu je 400 bis 500 Exemplaren illegal. Vgl. Meißner/Bursian/Kahmann, S. 53.

[421] Höchstes Justizorgan für die Provinz Sachsen und Anhalt war das OLG Naumburg, das allerdings nur bis Ende 1933 politische Verfahren behandelte. Hierfür standen Sondergerichte (ab 1933), das Kammergericht (ab 1934) und in „besonders schweren Fällen" von „Hoch- und Landesverrat" der Volksgerichtshof (ab 1934) bereit. Vgl. Daniel Bohse/Alexander Sperk (Bearb.): Der ROTE OCHSE Halle (Saale). Politische Justiz 1933–1945, 1945–1989, Katalog zu den Dauerausstellungen, Berlin 2008, S. 140–155.

[422] Roter Frontkämpferbund, im Juli 1924 gegründeter Wehrverband der KPD. Der RFB wurde infolge einer Auseinandersetzung zwischen Polizei und KPD-Demonstranten in Berlin (33 Tote) im Mai 1929 verboten und arbeitete fortan

zu Zuchthaus- und Gefängnisstrafen[423] von 2 Jahren bis 10 Monaten verurteilt. 16 Personen wurden von der erhobenen Anklage wegen nicht ausreichenden Beweises freigesprochen, obwohl das Kammergericht alle für hinreichend verdächtig hielt. Freigesprochen wurde u.a. auch der seit Juni d.J. in Untersuchungshaft sitzende frühere kommunistische Landtagsabgeordnete Paul Kmiec.[424]

2. SPD   Fehlanzeige
3. Katholische Organisationen   Fehlanzeige
4. Evangelische Organisationen

Auf Ersuchen des Geheimen Staatspolizeiamtes Berlin sind anlässlich der Einführung des Reichsbischofs[425] am Sonntag, den

---

in der Illegalität. Zum Zeitpunkt des Verbots besaß er 215.000 Mitglieder. Im Jahr 1935 hörte der RFB auf, als selbständiger Verband zu existieren. Vgl. u.a. Rudolf Engelhardt/Herbert Matthias/Werner Oberländer: Kampfbereit an der Seite der Partei! Zur Geschichte des Roten Frontkämpferbundes im Bezirk Magdeburg-Anhalt, hg. v.d. Bezirksleitung Magdeburg der SED, Magdeburg 1974; Kurt G.P. Schuster: Der Rote Frontkämpferbund 1924–1929, Düsseldorf 197. Bereits im August 1924 gab es in Dessau eine RFB-Ortsgruppe. Vgl. LASA, C 20 I, Ib Nr. 815, Bd. 1, Bl. 67RS.

423 Der Lagebericht formuliert nicht korrekt, denn keiner der Angeklagten erhielt eine Zuchthausstrafe.

424 Urteile vom 18.09.1934 (alle Personen aus Dessau): Willi Pippig, Fritz Krüger, Franz Matthay, Richard Kaplick, Max Fuhrmann, Rudolf Hernig, Herbert Bethe, Johann Heinen, Otto Schirow jun., Franz Strowicki jun., Walter Matthias, Kurt Ullrich, Walter Krüger, Otto Gleissenring, Franz Strowicki sen., Alfred Röhr, Karl-Otto Lemnitz, Erich Zabel, Arthur Gleissenring, Max Petermann. Urteile vom 20.09.1934 (außer Jean Meier Oranienbaum alle Personen aus Dessau): Franz Westphal, Jean Meier, Gustav Zabel, Friedrich Meier, Erich Heise, Paul Thormann, Karl Denkewitz, Erich Pannier, Heinrich Achtert, Ernst Stolze, Hermann Weiland, Paul Kmiec. Verurteilte Kommunisten, in: Der Mitteldeutsche. Anhaltische Tageszeitung, 19.09.1934; Letzte Sitzung des Berliner Kammergerichts, in: ebd., 21.09.1934.

425 Ludwig Müller (1883–1945), 27.09.1933 Wahl zum Reichsbischof der Deutschen Ev. Kirche, seit Herbst 1935 völlige Entmachtung, amtierte aber nominell weiter, 1945 Festnahme, wenig später Selbstmord. Vgl. Thomas Martin Schneider: Reichsbischof Ludwig Müller. Eine Untersuchung zu Leben, Werk und Persönlichkeit, Göttingen 1993.

23. September d.J. die Gottesdienste in den evangelischen Kirchen überwacht worden. Hierbei sind Kanzelabkündigungen, die geeignet wären, die öffentliche Sicherheit und Ordnung zu stören und den Kirchenakt des Reichsbischofs herabzusetzen, nicht festgestellt worden.

Am 21. September 1934 fand im Evangelischen Vereinshaus in Dessau eine geschlossene Versammlung der Bekenntnisgemeinschaft[426] der evangelischen Kirche statt, zu der etwa 500 Perso-

---

[426] Gemeint sind Anhänger der sich Ende Mai 1934 aus dem Pfarrernotbund gebildeten Bekennenden Kirche (BK). Sie war eine theologisch heterogene oppositionelle Bewegung, die sich gegen die den Nationalsozialismus bejahenden Deutschen Christen (DC) und die NS-Kirchenpolitik wandte. Die BK bildete eine Gegenkirche zur staatlich anerkannten DC-Reichskirchenregierung und verweigerte den Machthabern den Gehorsam. Deshalb gelang es dem NS-Regime nie, die Ev. Kirche gleichzuschalten. Ohne politischen Widerstand leisten zu wollen, galt die BK als staatsfeindlich, und ihre Vertreter waren Verfolgung ausgesetzt. Der „Pfarrernotbund Landesgruppe Anhalt" mit 32 Mitgliedern hatte sich am 12.12.1933 im Köthener Landbundhaus gegründet. Vgl. AELKA, B 17 (Nachlass Martin Müller), Dokumentation des Kirchenkampfes […], Nr. 28. Nach Auskunft des Bezirksbruderrates Anhalt der BK vom 19.12.1934 gehörten von den 122 Pfarrern in Anhalt 41 der BK und 36 den DC an, der Rest seien Vertreter der Mitte. Vgl. ebd., Mappe 3, Nr. 152. Der Ev. LKR für Anhalt – die offizielle, aber im Juli 1933 nicht demokratisch gewählte Kirchenregierung Anhalts, die aus fünf DC bzw. Nationalsozialisten bestand – schätzte in einem Schreiben an den Minister für kirchliche Angelegenheiten im Mai 1936 ein, dass „die Zahl der Bekenntnispfarrer in der Anhaltischen Landeskirche ungefähr 1/7 der Pfarrerschaft" betrage. Vgl. BArch, R 5101/23788, Bl. 28. Einen Monat später gab er gegenüber dem Reichskirchenausschuss an, dass es „etwa 1/5 der Pfarrerschaft", also „etwa 20" von 114 derzeit im Amt befindlichen Pfarrern in Anhalt wären. Vgl. AELKA, B 5 Ev. LKR 1919–1945 (Fragment), L 11 Nr. 50 Bd. I. Im Januar 1939 ging er davon aus, dass „fast 60%" aller Geistlichen der Anhaltischen Landeskirche DC-Anhänger seien. Vgl. BArch, R 5101/23788, Bl. 151. Der Landesbruderrat Anhalt der BK hingegen meinte im Juni 1936, dass mit den im Ruhestand befindlichen Pfarrern 39 der BK und 32 der DC angehören würden, der Rest Vertreter der Mitte seien. Vgl. AELKA, B 5 Ev. LKR 1919–1945 (Fragment), L 11 Nr. 50 Bd. I. Nach Meier waren von den 130 Pfarrern in Anhalt 1933/34 ein Drittel DC-Anhänger und zwei Drittel BK-Pfarrer bzw. Vertreter der Mitte. Kurz vor Kriegsbeginn 1939 ging der LKR von 51% DC-Pfarrern aus. Vgl. Meier, Bd. 2, S. 248. Zum Thema

nen beiderlei Geschlechts zugegen waren. Etwa 2/3 davon waren Frauen. Als erster Redner des Abends sprach Pastor Müller[427] von der St. Johannisgemeinde in sachlicher Form über das Thema „Kirche und Bekenntnis". Der zweite Redner, Pastor Schmidt[428] von der St. Georgen-Gemeinde, behandelte die augenblickliche kirchliche Lage. Seine Ausführungen stellten zum Teil eine Anklage gegen die Reichskirchenregierung und ihre Massnahmen dar. Zum Schluss seiner Rede forderte der Redner die Anwesenden auf, gemeinsam das Vaterunser zu beten. Die Versammlung gab zu einem Einschreiten keinen Anlass.[429]

---

siehe Die Evangelische Landeskirche Anhalts in der Zeit des Nationalsozialismus (1933 bis 1945), hg. v.d. Kirchengeschichtlichen Kammer der Ev. Landeskirche Anhalts, Dessau-Roßlau 2019.

427 Martin Müller (1903–1989), 1929–1945 Zweiter Pfarrer an St. Johannis Dessau, seit Dez. 1933 Vors. des Pfarrernotbundes bzw. seit 1934 des Landesbruderrates der BK Anhalts. Vgl. Peter Rauch: Dr. theol. Martin Müller, Dessau Zwischen Ordinationsgelübde und Beamteneid, in: MVAL 12/2003, S. 60–92.

428 Martin Schmidt (1903–1957).

429 Der ausführliche Gestapo-Überwachungsbericht vom 22.09.1934, verfasst von Friedrich Hübner, findet sich in AELKA, B 5 Ev. LKR 1919–1945 (Fragment), K 28 138 III.

Nr. 7

Lagebericht des Anhaltischen Staatsministers für September 1934

Bundesarchiv, R 58/3625, Bl. 14–20

[ohne Absender und Empfänger]   [ohne Datum]

1. Allgemeine Übersicht über die innerpolitische Entwicklung im Berichtsmonat

Über die allgemeine politische Lage läßt sich zusammenfassend sagen, daß der Verlauf des Reichsparteitages 1934[430] allenthalben mit größtem Interesse verfolgt worden ist. Der An- und Rücktransport der Teilnehmer ist unter Anteilnahme der Bevölkerung reibungslos vor sich gegangen. Nach den innerpolitischen Ereignissen (Volksabstimmung, Reichsparteitag) wendet sich das Interesse der Bevölkerung wieder mehr den Hauptgegenständen unserer Außenpolitik (Saargebiet[431], Memelland[432]) zu. Im Vertrauen auf die Maßnahmen der Reichsregierung wird allgemein eine befriedigende Lösung dieser Fragen erhofft. Während die Stimmung in der Stadtbevölkerung im allgemeinen als zuversichtlich bezeichnet werden kann, wird sie in der bäuerlichen Bevölkerung durch die Futtermittelknappheit und die Dürreschäden beeinflußt. Auf dem Lande bringt man aus diesem Grunde kein Verständnis für den in Dessau beabsichtigten Theaterbau auf.[433] Die finanzielle

---

430 6. Reichsparteitag der NSDAP in Nürnberg (04.09. bis 10.09.1934).
431 Gemeint ist die NS-Propaganda im Vorfeld der Saarabstimmung am 13.01.1935.
432 Anspielung auf die zunehmenden Spannungen zwischen Litauen und dem Deutschen Reich hinsichtlich des Memelgebietes seit der „Machtergreifung" Hitlers 1933.
433 Der Neubau des Anhaltischen Landestheaters (heute Anhaltisches Theater Dessau) wurde am 29.05.1938 als „Dessauer Theater" in Anwesenheit von Hitler und Goebbels eingeweiht (Grundsteinlegung 12.11.1935). Siehe Bestand

Ansichtskarte des Anhaltischen Landestheaters in Dessau

Leistungsfähigkeit der Bauern ist gesunken, was insbesondere bei den Zuchtviehversteigerungen beobachtet werden kann. Die hier erzielten Preise decken kaum die Kosten der Aufzucht. Häufig werden Gebote überhaupt nicht abgegeben. Es wird sich nicht umgehen lassen, daß der Staat in besonderen Fällen durch Niederschlagung von Steuer helfend eingreifen muß.

Besondere Ordnungsstörungen haben sich in der Berichtszeit nicht ereignet.

2. Stand und Tätigkeit der staatsfeindlichen Bestrebungen
   a) Marxismus und Kommunismus, SAP

Am 4. September d. Js. ist in einem Hausflur in der Amalienstraße in Dessau ein Exemplar der „Tribüne" vorgefunden worden. Die Zeitung muß von einem Unbekannten in den Hausflur geworfen worden sein. Die von der örtlichen Polizeiverwaltung angestellten Ermittlungen sind bisher ergebnislos geblieben.

„Archiv des Anhaltischen Theaters Dessau" (1794–1945) im StA Dessau-Roßlau.

Am 10. September 1934 wurde der frühere Krankenpfleger Max Albrecht[434] in Köthen wegen staatsfeindlichen Äußerungen festgenommen und dem Amtsgericht in Köthen zugeführt. Albrecht hatte in einer Gastwirtschaft folgendes geäußert: „Ich bin Kommunist! Wir schlafen nicht, in nächster Zeit geht es los, wir kommen ans Ruder, und der Führer Adolf Hitler ist ein Idiot!" Er führte weiter aus, daß, wenn sie (gemeint sind die Kommunisten) ans Ruder kämen, wieder Köpfe rollen würden. Sie hätten alle schon namentlich aufgeführt, die aufgehängt werden sollen. Den Besitzer der fraglichen Gastwirtschaft wollte er für seinen Bund (KPD) werben.[435] Gegen Albrecht ist inzwischen Haftbefehl erlassen worden.

Am 4. September 1934 sind in einem in Bernburg eingehenden leeren Eisenbahnwagen der Deutschen Reichsbahn 2 Briefumschläge, enthaltend die „Sozialistische Aktion" vom Anfang August 1934, und mehrere Flugblätter, überschrieben „Deutsches Volk", „Katholiken" und „SA, denk an den 30.6.1934[436]", schließend mit der Aufforderung, am 19. August 1934 gegen Hitler zu stimmen, vorgefunden worden. Die Briefe waren hinter einer in dem Wagen befindlichen Leiste mit einem Nagel befestigt. Der fragliche Eisenbahnwagen ist am 1. September 1934 mit dem Güterzug Nr. 7565 als Eilgut-Ortswagen von Magdeburg-Sudenburg kommend in Bernburg eingetroffen. Die Nr. des Wagens ist Stettin 16910. Nachforschungen in der Angelegenheit sind in die Wege geleitet.

Vom 17. – 20. September d.J. hat in Dessau das Berliner Kammergericht getagt. 17 Personen – frühere Kommunisten und Mit-

---

434 Max Albrecht (1900–1965).
435 Es hat in der NS-Zeit keinen organisierten KPD-Widerstand in Köthen gegeben, auch wenn vereinzelt Köthener Kommunisten vom Kammergericht wegen „Vorbereitung eines hochverräterischen Unternehmens" abgeurteilt wurden. Die Ortsgruppe der Partei galt in der Weimarer Republik als politisch schwächste Organisation in Anhalt. Vgl. Alexander Sperk: „Im Vordergrund unseres gemeinsamen Handelns steht das, was uns eint, nämlich Alles!!!" – Die Vereinigung von KPD und SPD in Köthen 1945/46, in: MVAL 12/2003, S. 93–112; ders.; Entnazifizierung, S. 35 (Fußnote 101).
436 Gemeint ist der Röhm-Putsch.

glieder des RFB – wurden wegen Vorbereitung zum Hochverrat zu Zuchthaus- und Gefängnisstrafen von 2 Jahren bis 10 Monaten verurteilt. 16 Personen wurden von der erhobenen Anklage wegen nicht ausreichenden Beweises freigesprochen, obwohl das Kammergericht alle für hinreichend verdächtig hielt. Freigesprochen wurde u. a. auch der seit Juni d. J. in Untersuchungshaft sitzende frühere kommunistische Landtagsabgeordnete Paul Kmiec.

b) Monarchistische Bestrebungen usw.   Fehlanzeige

c) Opposition (Schwarze Front, Tannenbergbund usw.)

Am 8. September 1934 sprach in einer Versammlung der hiesigen Handelsvertretung des Ludendorff Volkswarte-Verlages der Schriftsteller Dr. Gerstenberg[437] über das Thema „Deutsche Gotterkenntnis".[438] Der Redner behandelte eingehend die von der Frau Mathilde Ludendorff hierüber vertretenen Anschauungen, nämlich, daß jeder Mensch nur das Glauben könne, was er selbst mit seinem Verstand und seines Sinnesgaben als tatsächlich wahr und echt erkennen würde. Seiner Auffassung nach gäbe es keinen Gott, der das Geschick der Menschen lenken und bestimmen würde, sondern jede trage seinen eigenen Gott in sich und hätte diesem Gott zu leben und zu glauben. Der Tod sei nicht von jeher in der Welt gewesen, sondern sei erst später durch Selbstüberzüchtung auf die Welt gekommen. Die Versammlung war besucht von ca. 200 Personen, sie gab zu Beanstandungen keinen Anlaß.

---

437 Dr. med. Karl Friedrich Gerstenberg (1893–1981) aus Göttingen. Nach Aufhebung des Verbots von Veranstaltungen der Ludendorff-Bewegung am 11.05.1937 durch das Gestapa war er wieder ein „autorisierter" Redner der Ludendorff-Verlag GmbH. Vgl. LASA, C 20 I, Ib Nr. 1831, Bd. 4, Bl. 97.

438 Der Bund Deutsche Gotterkenntnis, eine vom Gedankengut Mathilde Ludendorffs (1877–1966, zweite Ehefrau Erich Ludendorffs) geprägte völkisch-religiöse, rassistische und antichristliche Sekte, wurde 1933 zunächst verboten, weil seine Tätigkeit der NS-Religionspolitik widersprach, aber 1937 wieder zugelassen. Vgl. Enzyklopädie, S. 408.

Am 21. September 1934 fand in Dessau eine Versammlung der Handelsvertretung des Ludendorff-Volkswarte Verlages statt. Die Rednerin, Frau Ilse Wentzel[439], sprach über das Thema „Rasseerwachen". Sie schilderte, daß das Rasseerwachen jetzt wieder im Volke lebendig geworden ist. Wir müßten für die Erforschung der Rasse dankbar sein. Die Rednerin führte weiter aus, daß wir heute noch Gesetze haben, welche die Frauen unterjochen. Die öffentliche Anerkennung der Frau würde heute noch verweigert. Dadurch erlösche aber das Verantwortungsgefühl derselben. In dieser Beziehung seien noch Aufgaben im Volke zu erledigen. Die Versammlung war besucht von ca. 100 Personen, sie gab zu Beanstandungen keinen Anlaß.

Am 19. September 1934 wurde in Köthen der Polizei-Hauptwachtmeister i. R. Keller[440] dabei betroffen, wie er an einem Schalter des Postamts Geld für die Wachtturm-Gesellschaft[441] in Basel (Schweiz) einzahlen wollte. Keller, der als fanatischer Anhänger der Internationalen Vereinigung Ernster Bibelforscher[442] bekannt

---

439 Ilse Wentzel (geb. 07.04.1888 Sprottau, verst. 04.09.1962 Blankenburg/Harz) aus Blankenburg/Harz – vor 1933 Angehörige des Tannenbergbundes – bereiste auch die Provinz Sachsen. Vgl. Rupieper/Sperk, Bd. 2, S. 294; ebd., Bd. 3, S. 203, 239. Zur Veranstaltung in Dessau siehe Das Rasseerwachen der deutschen Frau, in: Der Mitteldeutsche. Anhaltische Tageszeitung, 22.09.1934. Nach Aufhebung des Verbots von Veranstaltungen der Ludendorff-Bewegung am 11.05.1937 war sie wieder eine „autorisierte" Rednerin der Ludendorff-Verlag GmbH. Vgl. LASA, C 20 I, Ib Nr. 1831, Bd. 4, Bl. 95.
440 Otto Keller (1897–1977).
441 Wachtturm- Bibel- und Traktat-Gesellschaft, Verlags- und Vertriebsunternehmen der Ernsten Bibelforscher bzw. Zeugen Jehovas. Als Zweig des amerikanischen Verlagsunternehmens Watch Tower Bible and Tract Society besaß das Unternehmen den Status einer Tochtergesellschaft einer amerikanischen Körperschaft, was den Nationalsozialisten das Verbot erschwerte. Vgl. Detlef Garbe: Zwischen Widerstand und Martyrium. Die Zeugen Jehovas im „Dritten Reich", München 1993, S. 61, 102–105.
442 Die aus den USA stammende, aber weltweit verbreitete radikal pazifistische Religionsgemeinschaft der Ernsten Bibelforscher, deren Mitglieder sich in der Internationalen Bibelforscher-Vereinigung (IBV) organisierten, nannte sich seit 1931 Zeugen Jehovas. In Deutschland, wo die Gemeinschaft seit 1902 ansäs-

ist, gab bei seiner Vernehmung zu, in der letzten Zeit mehrfach Beträge an die genannte Gesellschaft abgeschickt zu haben. Da der Verdacht bestand, daß Keller illegal eine Fortsetzung der verbotenen Internationalen Vereinigung Ernster Bibelforscher betreibt, ist über ihn von der Polizeiverwaltung Köthen Schutzhaft verhängt und die Angelegenheit der Staatsanwaltschaft übergeben worden.

3. <u>Wirtschafts- und Agrarpolitik</u>   Fehlanzeige

4. <u>Kulturpolitik (insbesondere Presse)</u>

Die Nr. 9 des Nachrichtenblattes der Kreisgruppe Köthen des NSDFB vom 1. September 1934 mußte von uns beschlagnahmt und eingezogen werden. In der Druckschrift waren Veröffentlichungen über die wehrsportliche Betätigung des NSDFB enthalten. Diese Veröffentlichungen standen nicht nur im Widerspruch zu den Vereinbarungen zwischen dem Stabschef der SA[443] und dem Bundesführer des Stahlhelm[444], sondern waren auch im Hinblick auf die

---

sig war, setzte sich die Umbenennung erst nach 1945 durch. Die Zeugen Jehovas – 1933 lebten im Deutschen Reich 25.000 bis 30.000 – wurden in der NS-Zeit als „staatsfeindliche Sekte" unerbittlich verfolgt, weil sie den Wehrdienst, jeglichen Eid, den Deutschen Gruß sowie die Mitarbeit in NS-Organisationen verweigerten. Etwa 10.000 waren in Haft, über 1.200 kamen in Gefängnissen und KZ ums Leben, rund 250 wurden v. a. wegen Wehrdienstverweigerung hingerichtet. Vgl. Garbe, S. 488; vgl. auch Falk Bersch: Aberkannt! Die Verfolgung von Jehovas Zeugen im Nationalsozialismus und in der SBZ/DDR, Berlin 2017. Ihr Verbot war zunächst Ländersache. Anhalt gehörte zu den ersten Ländern, in denen die Tätigkeit der Bibelforscher untersagt wurde; Verbot sowie Beschlagnahme und Einziehung des Vermögens datieren vom 15.05.1933. ABlfA 1933, S. 161. Am 13.10.1933 hob die Abt. Inneres (Landespolizei) die Vermögensbeschlagnahme für Anhalt aus „diplomatischen" Gründen auf. Vgl. StA Sandersleben, 19 Nr. 217, Bl. 126f. Schließlich wurden die Zeugen Jehovas am 01.04.1935 im gesamten Deutschen Reich verboten.

443 Neuer Stabschef der SA wurde nach Röhms Ermordung Viktor Lutze (1890–1943).

444 Franz Seldte (1882–1947), 1918 Mitbegründer und seit 1924 Bundesführer des Stahlhelms bzw. seit 1934 des NSDFB, 1933–1945 Reichs- u. Preuß. Arbeitsminister, bis 1934 FAD-Reichskommissar. Vgl. Magdeburger Biographisches Lexi-

außenpolitische Lage geeignet, lebenswichtige Interessen des Reiches und damit die öffentliche Sicherheit und Ordnung zu gefährden. Über die weiter erscheinenden Nummern der Zeitung ist die Vorzensur verhängt worden.

5. Juden, Freimaurer

Die von den Juden anläßlich des Neujahrsfestes veranstalteten kirchlichen Feiern sind in Anhalt ohne Störungen verlaufen.

6. Ausländer, Spionage, Landesverrat

In der Berichtszeit ist festgestellt worden, daß der schon seit 1926 in der französischen Fremdenlegion befindliche Paul Schönemann aus Bernburg seit 2 Jahren ständiger Bezieher des Anhalter Kuriers[445] in Bernburg ist. Ob der Bezug für Zwecke des französischen Nachrichtendienstes erfolgt, kann mit Sicherheit nicht gesagt werden. Immerhin wird veranlaßt werden, daß künftig die Übersendung der Zeitung an Schönemann aufhört. Es wird auch vermutet, daß Schönemann andere junge Männer in Bernburg zum Eintritt in die Fremdenlegion beeinflußt hat. So ist am 12. September d. Js. der SS-Angehörige, Kaufmannslehrling Willy Gebhardt in Bernburg, nach Unterschlagung von 1.000,- RM auf dem kürzesten Wege durch das Saargebiet nach Frankreich geflüchtet, um dort in die Fremdenlegion einzutreten. Die Vermutung ist nicht von der Hand zu weisen, daß Gebhardt seine in der SS erworbenen Kenntnisse im Auslande zum Nachteil Deutschlands verwerten wird.

---

kon. 19. und 20. Jahrhundert. Biographisches Lexikon für die Landeshauptstadt Magdeburg und die Landkreise Bördekreis, Jerichower Land, Ohrekreis und Schönebeck, hg. v. Guido Heinrich u. Gunter Schandera, Magdeburg 2002, S. 678.

445 Die seit 1873 existierende Tageszeitung – vollständig „Anhalter Kurier. Bernburger Tageblatt und General-Anzeiger für Anhalt" – galt politisch als liberal. Ihr Erscheinen wurde „aus Gründen der Kriegsnotwendigkeit" am 31.03.1943 eingestellt bzw. sie wurde mit dem NSDAP-Organ „Anhalter Nachrichten" zusammengelegt. „Anhalter Kurier. Bernburger Tageblatt und General-Anzeiger für Anhalt", 31.03.1943, S. 1.

In Verfolg einer im Einvernehmen mit dem Geheimen Staatspolizeiamt Berlin durchgeführten Aktion sind am 26. September 1934 in Dessau 2 Personen festgenommen worden, und zwar:
1. ein tschechoslowakischer Staatsangehöriger, dem einwandfrei Verbindung zum französischen Nachrichtendienst nachgewiesen werden konnte und
2. ein stellungsloser Kaufmann aus Dessau-Törten, der in dem Verdacht steht, dem Erstgenannten Beihilfe geleistet zu haben. – Über beide Personen ist bis zum Abschluß der polizeilichen Ermittlungen Schutzhaft verhängt worden. Die Angelegenheit wird in den nächsten Tagen dem Oberreichsanwalt zur Erwirkung eines Haftbefehls übergeben werden.

Nr. 8

Aus dem Halbmonatslagebericht der Anhaltischen Politischen Polizei (Geheime Staatspolizei) Dessau für den 1. bis 14. Oktober 1934

Bundesarchiv, R 58/3739, Bl. 27

[ohne Absender und Empfänger]   [15. Oktober 1934]

B. Staatsfeindliche Bestrebungen
1. KPD

Anfang Oktober 1934 ist in einem Postbriefkasten in Dessau ein Exemplar der „Tribüne" aufgefunden worden. Die Ermittlungen nach dem Täter sind bisher ohne Erfolg geblieben.

Am 28. September 1934 wurde eine Schreibmaschine, die vor der nationalen Erhebung[446] von dem kommunistischen Stadtverordneten Wilhelm Trebing[447], wohnhaft in Bernburg, Wettinerstrasse 15, im Interesse der KPD benutzt wurde und die auch zweifellos Eigentum der KPD war, bei dem Arbeiter Walter Ebeling[448] in Bernburg, Siedlung 13, beschlagnahmt. Ebeling hat die Schreibmaschine nach seinen Angaben kurz nach der nationalen Erhebung auf Anordnung des Trebing aus dessen Wohnung abgeholt und in einer Futterkiste an seiner Arbeitsstelle beim Juden Rohprodukthändler Katzenstein[449], Hallesche Strasse 43, verborgen gehalten. Dort ist die Maschine von dem Dienstmädchen des Katzenstein gefunden worden. Beim Fortbringen aus dem Katzenstein'schen Grundstücke wurde Ebeling die Maschine abgenommen. Gegen Ebeling und Trebing ist ein Verfahren eingeleitet [worden], wel-

---

446 Begriff der NS-Propaganda, der auf den Amtsantritt der Regierung Hitler am 30. Januar 1933 abzielt.
447 Wilhelm Trebing (1895–1973).
448 Walter Ebeling (1899–1945).
449 Alfred Katzenstein (1880–1941).

ches beim Generalstaatsanwalt beim Kammergericht in Berlin schwebt.[450]

Auf der Baustelle in Kapen bei Dessau[451] sind vor kurzem Schmierereien wie: „Proletarier aller Länder vereinigt Euch!" und „Die SA ist der Träger des Kommunismus"[452] festgestellt worden. Die Ermittlungen sind eingeleitet.

---

[450] Bei Trebing kam es zu keinem Prozess, wobei er wegen der Beschlagnahme der Schreibmaschine „nochmals verhaftet", aber am selben Tag wieder freigelassen wurde. Lebenslauf [...] Wilhelm Trebing [...], 01.12.1947 u. 11.04.1949. Vgl. LASA, K 6-1, Nr. 5346. Wie mit Walter Ebeling verfahren wurde, ist unbekannt.

[451] Welche Baustelle gemeint ist, bleibt unklar. Dort fanden im Oktober 1934 „Kabelverlegungsarbeiten" statt. Vgl. Anhalter Woche, 14.10.1934. Um die Heeresmunitionsanstalt kann es sich nicht handeln, da deren Bau erst im Oktober 1935 beschlossen wurde. Vgl. LASA, Z 141, Nr. 646, Bl. 108.

[452] Die Angst vor einer Unterwanderung der SA durch Kommunisten war bei den Nationalsozialisten stark ausgeprägt. Die KPD verstärkte diese Angst durch gezielt gestreute Gerüchte und Aussagen in illegalen Schriften. In der Realität blieben Eintritte von Kommunisten in die SA selten, obwohl die KPD diese Taktik des „Trojanischen Pferdes" seit 1934 verfolgte. Vgl. Longerich, S. 192f. Siehe auch LASA, C 48, Ie Nr. 1166, Bl. 6ff., 23; BArch, R 1501/125671, Bl. 39–45. In Dessau schleuste die KPD Karl Geisendorf in die SA ein.

Nr. 9

Lagebericht des Anhaltischen Staatsministers für Oktober und November 1934

Bundesarchiv, R 58/3625, Bl. 21–26

Anhaltisches Staatsministerium, DESSAU, den 11. Dezember 1934
Abteilung Inneres

An
das Reichs und Preußische Ministerium des Innern
z. Hd. Herrn Regierungsrat Dr. Gisevius
in Berlin
Unter den Linden 72/74
[...]

In der Anlage überreichen wir den Bericht über die politische Lage in Anhalt im Oktober – November 1934 in doppelter Ausfertigung.

Anhaltisches Staatsministerium, Abteilung Inneres
[Unterschrift: Freyberg]
[...]

1. <u>Allgemeine Übersicht über die innerpolitische Entwicklung im Berichtsmonat</u>

Die Stimmung in der Bevölkerung, besonders in der Stadt Dessau, ist in der letzten Zeit etwas beeinträchtigt worden durch Gerüchte der verschiedensten Art, die von gewissenlosen Elementen über den Reichsstatthalter Loeper[453] verbreitet worden sind.

---

453 Wilhelm Friedrich Loeper (1883–1935), 1926 stellv. Gauleiter Magdeburg-Anhalt (damals Anhalt-Sachsen-Nord), 1927–1935 Gauleiter NSDAP-Gau Magdeburg-Anhalt, seit Mai 1933 zugleich Reichsstatthalter in Braunschweig und Anhalt. Siehe Kupfer, Wilhelm Friedrich Loeper, S. 155–165.

Es ist behauptet worden, daß der Reichsstatthalter an Gelagen im „Goldenen Beutel" teilgenommen habe, daß hierbei Winterhilfsgelder[454] verpraßt worden seien, daß er zur Reichswehr versetzt werde und ähnliches.[455] Auf Anordnung des Reichsstatthalters sind wegen der Verbreitung dieser Gerüchte 5 Personen in Schutzhaft genommen worden. Die Betreffenden sind im Schnellverfahren zu Gefängnisstrafen von 1–6 Monaten verurteilt worden.[456] Die Bevöl-

---

454 Das Winterhilfswerk (WHW) organisierte zur Entlastung der Arbeitslosenfürsorge und Stärkung der „Volksgemeinschaft" in den Winterhalbjahren Sammlungen (Kleidung, Kohlen, Lebensmittel usw.), Geldspenden, Lohnverzicht sowie freiwillige Arbeits- und Dienstleistungen für Bedürftige. Das NS-Regime machte daraus eine große Propagandaaktion – die „Volksgemeinschaft" sollte sich als „Opfergemeinschaft" verstehen. Das NSDAP-Gauorgan „Der Mitteldeutsche" rief im Winter fast täglich zu WHW-Spenden auf. Die gewaltigen Spendenleistungen waren nicht immer freiwillig; Repression, Schikane, Korruption und Unterschlagung begleiteten das WHW. Vgl. Herwart Vorländer: Die NSV. Darstellung und Dokumentation einer nationalsozialistischen Organisation, Boppard am Rhein 1988; ders.: NS-Volkswohlfahrt und Winterhilfswerk des deutschen Volkes, in: Vierteljahreshefte für Zeitgeschichte, 34 (1986), S. 341–380.
455 Loeper nahm zu den Gerüchten in einem „Aufruf!" im NSDAP-Gauorgan Stellung. Vgl. Der Mitteldeutsche. Anhaltische Tageszeitung, 24.11.1934, S. 1.
456 Im Nov. 1934 nahm die Gestapo den Arbeiter Carl Beier (geb. 1879) aus Dessau und den Glasbläser Kurt Paitz (24 Jahre) aus Zerbst in Schutzhaft. Inschutzhaftnahmen wegen Verleumdung der Herrn Reichsstatthalters, in: Der Mitteldeutsche. Anhaltische Tageszeitung, 15.11.1934, S. 1. In Schutzhaft kamen auch Martin Kersten (21 Jahre) aus Jeßnitz, Walter Duve (25 Jahre) aus Dessau und Hans Schröder aus Magdeburg. Am 24.11.1934 verurteilte das SchöG Dessau wegen Beleidigung nach § 186 StGB Beier zu zwei Monaten, Paitz zu einem Monat, Kersten zu sechs Monaten und Duve zu drei Monaten Gefängnis. Das Verfahren gegen Schröder wurde abgetrennt. Der Staatsanwalt legte wegen der geringen Strafmaße Berufung gegen die Urteile ein. Schnellverfahren gegen verantwortungslose Verleumder, in: ebd., 24.11.1934; Eingelegte Berufung, in: ebd., 26.11.1934, S. 1. In der Berufungsverhandlung verschärfte das LG Dessau die Urteile am 18.12.1934 bei Beier auf vier, bei Paitz auf sieben sowie bei Kersten und Duve auf jeweils neun Monate Gefängnis. Verleumder des Reichsstatthalters vor Gericht, in: ebd., 19.12.1934. Ebenfalls im Nov. 1934 wurde Curt Hoede (geb. 1894)

kerung hat das schnelle Zugreifen und die sofortige Aburteilung der Verleumder mit Befriedigung aufgenommen.

Der geringe Besuch von Parteiveranstaltungen ist bereits im letzten Monatsbericht erwähnt worden. Auch diesmal muß über mangelndes Interesse einzelner Teile der Bevölkerung an öffentlichen Veranstaltungen geklagt werden. So hatten z. B. die Bauern in Ankuhn (Zerbster Stadtteil), obwohl ihnen zurzeit durch Verbesserung ihrer Wiesen durch den Freiwilligen Arbeitsdienst[457] wirt-

---

wegen „Beleidigung des Reichsstatthalters" verurteilt. Carl Beier und Curt Hoede siehe Biografischer Anhang.

457 Mit der Verordnung „Über die Förderung des Freiwilligen Arbeitsdienstes" vom 23.07.1931 führte das Deutsche Reich den freiwilligen Arbeitsdienst ein. Vgl. LASA, Z 149, Nr. 118, Bl. 23. Am 18.07.1932 erschien im RGBl. Teil 1, S. 352 die „Verordnung über den freiwilligen Arbeitsdienst vom 16. Juli 1932". Der am selben Tag in Anhalt gegründete erste FAD im Deutschen Reich wurde am 01.10.1933 als „Gruppe 135 Anhalt" dem Arbeitsgau XIII (entsprach NSDAP-Gau Magdeburg-Anhalt, Sitz: Landesbehördenhaus I Dessau) eingegliedert und „der Verwaltung des Reiches übergeben". Anhaltische Tageszeitung, 01.10.1933. Mit dieser Neuorganisation (Erlass der FAD-Reichsleitung vom 30.05.1933) wurden bis 30.09.1933 kleine Arbeitsdienstlager in Anhalt geschlossen. Vgl. LASA, Z 150, Nr. 371, Bl. 80, 124. Arbeitsdienstlager in Anhalt (Stand: 31.01./30.05.1934): Ballenstedt (Abt. 5/134), Dessau-Großkühnau-Königendorf (Abt. 1/135, trägt später den Namen „Reichsarbeitsführer Hierl", nur Männer), Bernburg-Köthen (Abt. 2/135), Leopoldshall (Abt. 3/135), Zerbst (Abt. 4/135, Biaserstraße), Jeßnitz-Schillingsbusch (Abt. 5/135), Coswig (Abt. 6/135). Vgl. ebd., Z 149, Nr. 118, Bl. 58f. Das mit rund 200 Männern belegte Lager Coswig erhielt am 19.01.1935 den Namen „Reichsstatthalter Hauptmann Loeper". Vgl. Anhalter Woche, 03.02.1935; LASA, E 144, Nr. 172 (Zeitungsartikel „Arbeitsdienst ist Ehrendienst" 21.01.1935). Ab 07.02.1935 existierte in Senst ein Lager des Deutschen Frauenarbeitsdienstes (Lager 7/81 im Gebäude der ehem. Oberförsterei). Vgl. ebd., Z 150, Nr. 371, Bl. 213–230, 388f., 391ff., 402–415, 422–425; ebd., Z 149, Nr. 120. Bl. 31. Am 16.03.1935 wurde ein neues Lager in einem Wald bei Jeber Bergfrieden eingeweiht. Es erhielt den Namen „Staatsminister Freyberg". Vgl. Anhalter Anzeiger, 18.03.1935. Im Juli 1935 gab es in Quellendorf ein Frauenarbeitsdienstlager mit 26 Frauen. Zahlen reden, in: ebd., 12.07.1935. Ende Sept. 1935 verlegte die Abt. 2/135 Bernburg ihr Lager in den Harz (Bau von Talsperren). Der Arbeitsdienst verlässt Bernburg, in: ebd., 21./22.09.1935. Zum FAD in Anhalt siehe auch LASA, Z 257, Nr. 95, Bl. 104RS;

schaftliche Vorteile zugewendet werden, am 9. November d. Js. zu Ehren der Gefallenen der Bewegung[458] fast gar keine Fahnen gesetzt. Auch die Teilnahme an den aus diesem Anlaß abgehaltenen Veranstaltungen war sehr gering. Eine parteifeindliche Einstellung kann wohl nicht angenommen werden; vielmehr der Grund dafür, daß die Gassen menschenleer waren, scheint darin zu liegen, daß allzuviele Veranstaltungen stattfinden, daß die Menschen zu mannigfaltig organisiert sind. Die Unlust und der passive Widerstand werden zunehmen, wenn immer noch mehr organisiert wird und die kaum noch vorhandene Freizeit der in Arbeit stehenden Bevölkerung noch stärker von Parteiveranstaltungen in Anspruch genommen wird.

2. <u>Stand und Tätigkeit der staatsfeindlichen Bestrebungen</u>
   <u>a) Marxismus und Kommunismus, SAP</u>

Auch in Anhalt mehren sich die Anzeichen dafür, daß die KPD eine wesentlich verstärkte Tätigkeit entfaltet, obwohl über einen organisatorischen illegalen Zusammenschluß Bestimmtes bisher nicht festgestellt worden ist. Begünstigt wird die Arbeit der KPD dadurch, daß besonders in Dessau und Umgebung eine Reihe größerer Betriebe im Entstehen bezw. im Ausbau begriffen sind, die

---

Arbeitsdienst-Quartiere, in: Anhalter Woche, 14.01.1934; Ein neues Geschlecht wächst heran, in: Der Mitteldeutsche. Anhaltische Tageszeitung, 21.07.1934; Der Arbeitsdienst in Anhalt, in: ebd., 13.10.1934; Gemeinsame Arbeit für Nation und Volk, in: ebd., 19.01.1935. Mit dem Reichsarbeitsdienstgesetz vom 26.06.1935 wandelte die NS-Regierung den FAD zum dienstpflichtigen Reichsarbeitsdienst (RAD) um. Vgl. v.a. LASA, Z 117-7, VII Nr. 41; ebd., VII Nr. 43; ebd., VII Nr. 44; ebd., VII Nr. 52; ebd., VII Nr. 57-60; ebd., VII Nr. 63; ebd., VII Nr. 71.

458 „Hitler-Putsch". Hitler und Ludendorff hatten am 08./09.11.1923 einen Putsch mit dem Ziel angeführt, eine Rechtsdiktatur im Deutschen Reich zu errichten. Am 09.11. wurde der Demonstrationszug vor der Feldherrnhalle in München mit Gewalt aufgelöst. 15 Aufrührer, vier Polizisten und ein Unbeteiligter kamen ums Leben. Hitler verwandelte den Putsch nach 1933 zu einem Triumph, der alljährlich mit dem inszenierten „Marsch zur Feldherrnhalle" gefeiert wurde.

einen erheblichen Zustrom fremder Arbeitskräfte mit sich gebracht haben. Unter diesen befindet sich zweifellos auch eine Reihe staatsfeindlicher Elemente, deren Feststellung und Beobachtung den hiesigen Polizeibehörden dadurch außerordentlich erschwert ist, weil ihnen bei der Masse der Hinzugezogenen über die Gesinnung und die politische Vergangenheit des Einzelnen nichts bekannt sein kann. Es darf auch nicht verkannt werden, daß die Löhne der Arbeiterschaft im allgemeinen doch recht niedrig sind und diese Tatsache in Verbindung mit der unzweifelhaft eingetretenen Verteuerung auf einzelnen Gebieten des Lebensunterhalts[459] einen geeigneten Nährboden für die kommunistische Propagandatätigkeit bildet. Im einzelnen sind aus der Berichtszeit folgende Vorkommnisse zu melden:

Der frühere Ortsgruppenleiter der KPD in Dessau[460] hatte mehrere kommunistische Druckschriften, darunter die Druckschrift „Inprekor[r]"[461] und den bekannten Kruse-Brief über den

---

459 Durch den Gegensatz zwischen Überproduktion an Rüstungs- und Mangel an Verbrauchsgütern musste die NS-Regierung die Löhne und damit die Kaufkraft niedrig halten. Auf diese Weise sollte verhindert werden, dass die Kaufkraft zu stark stieg, was wiederum eine erhöhte Erzeugung von Verbrauchsgütern zu Lasten der Rüstungswirtschaft nach sich gezogen hätte. Zwar stiegen die nominalen Bruttowochenlöhne der Industriearbeiter von ihrem Tiefpunkt 1932 bis 1938 um 26%, doch ging der Anstieg größtenteils auf die Verlängerung der Arbeitszeit zurück. Die Stundenlöhne erhöhten sich im gleichen Zeitraum lediglich um 8%. Der Ansteig des Nettoverdienstes blieb marginal, weil die Abzüge, die bereits vor 1933 ein hohes Niveau aufwiesen, weiter zunahmen (Erhöhung der Sozialversicherungsbeiträge, zahlreiche Abzüge für DAF, WHW, KdF). Da auch die Lebenshaltungskosten durch erhöhte Preise stiegen, gelang es dem NS-Regime nicht, aufzurüsten und gleichzeitig den Lebensstandard der meisten Familien zu verbessern. Vgl. Christoph Buchheim: Die Wirtschaftsentwicklung im Dritten Reich – mehr Desaster als Wunder. Eine Erwiderung auf Werner Abelshauser, in: Vierteljahreshefte für Zeitgeschichte, 49 (2001) Heft 4, S. 653–664.
460 Paul Kmiec.
461 Abk. für „Internationale Pressekorrespondenz", seit 1921 von der Kommunistischen Internationale (Komintern) herausgegeben. Sie erschien ein- bis viermal wöchentlich.

Reichstagsbrand[462], unter Arbeitskollegen bei den Junkerswerken verbreitet. Er und 4 andere Personen[463] sind in Schutzhaft genommen, Strafverfahren ist eingeleitet worden.

Am 15.11.1934 haben sich die Berliner Arbeiter, welche im Rahmen des Göring-Planes[464] in Dessau Notstandsarbeiten[465] ver-

---

462 Die illegale KPD-BL Halle-Merseburg hatte am 20.10.1934 an 200 NSDAP-Funktionäre den „Brief des SA-Mannes Kruse, ein Reichstagsbrandstifter schrieb an Hindenburg" versendet. Die zweiseitige Agitationsschrift behandelte die Hintergründe des Reichstagsbrandes und Röhm-Putsches aus KPD-Sicht. Der Brief rief nicht nur zum Kampf gegen das NS-Regime auf, sondern forderte, SA- und SS-Mitglieder für diesen Kampf zu gewinnen. Vgl. Gegen Faschismus und Krieg – Die KPD im Bezirk Halle-Merseburg 1933 bis 1945. Autorenkollektiv u. d. L. v. Karl-Heinz Leidigkeit, hg. v. d. Bezirksleitung Halle der SED, Halle 1983, S. 213.

463 Außer Paul Kmiec konnte nur Otto Holz (1902–1963) ermittelt werden.

464 Eine seit 17.05.1934 mit großem Propagandaaufwand betriebene Arbeitsbeschaffungsinitiative zur Bekämpfung der Arbeitslosigkeit in Berlin. Der Göring-Plan führte zur zwangsweisen Beschäftigung von Berliner Arbeitslosen außerhalb der Stadt; sie waren in sog. Göring-Lagern untergebracht. Vgl. Reichsanstalt für Arbeitsvermittlung und Arbeitslosenversicherung (Hg.): Göring-Plan. Beschäftigung von Notstandsarbeitern aus Groß-Berlin bei auswärtigen Maßnahmen, Berlin-Charlottenburg o. J. (ca. 1936); Günter Morsch: Arbeit und Brot. Studien zu Lage, Stimmung, Einstellung und Verhalten der deutschen Arbeiterschaft 1933–1936/37, Frankfurt am Main u. a. 1993, S. 126, 129. Im Übrigen handelte es sich um Berliner Arbeiter, die im Rahmen der Schaffung eines neuen Hauptabwasserkanals seit Sept. 1934 in Dessau arbeiteten. Untergebracht waren sie im stillgelegten BAMAG-Werk I in der Franzstraße. Ende Febr. 1935 waren 266 Berliner Arbeiter im Rahmen des „Göring-Planes" in Dessau beschäftigt. Dessau bekommt einen neuen Hauptkanal, in: Der Mitteldeutsche. Anhaltische Tageszeitung, 30.08.1934; Besuch im Dessauer Göring-Lager, in: ebd., 20.09.1934; Beginn des Dessauer Kanalbaues, in: ebd., 21.09.1934; Ein Kampfplatz der Arbeit, in: ebd., 26.10.1934; Das Arbeitsamt Dessau meldet, in: ebd., 13.03.1935.

465 Unter die Arbeitsbeschaffungsmaßnahmen des NS-Regimes zur Reduzierung der Massenarbeitslosigkeit fielen auch die als „produktive Arbeitslosenfürsorge" bezeichneten Notstandsarbeiten („Gesetz zur Verminderung der Arbeitslosigkeit", 01.06.1933 bzw. Durchführungsbestimmungen, 28.06.1933). Dadurch konnten Erwerbslose für bestimmte Tätigkeiten zwangsverpflichtet werden (v. a. ungelernte Arbeiten beim Autobahnbau oder in der Landwirtschaft). Lehnten sie ab, sperrte man ihnen die Erwerbslosenunterstützung. Untergebracht in Lagern

richten, geweigert, Mittagessen zu empfangen. Das Essen soll angeblich schlecht gewesen sein. Als auf Anordnung des Arbeitsamtes und der ausführenden Firma die Haupthetzer aus dem Arbeitsverhältnis entlassen wurden, legten ungefähr 15 Personen die Arbeit nieder. Dieser Entschluß war bereits vorher für den Fall der Entlassung von Arbeitern gefaßt worden. Die Angelegenheit erweckt den Eindruck, wie man ihn früher bei kommunistisch organisierten Streiks wahrnehmen konnte. Erst als die Führer in Schutzhaft genommen und nach Verwarnung nach Berlin abgeschoben wurden, trat Ruhe unter den übrigen Arbeitern ein und die Arbeit wurde wieder aufgenommen.

Ende November d. Js. ist festgestellt worden, daß unter Arbeitern und Angestellten der Junkerswerke der bekannte Kruse-Brief in mehreren Exemplaren verbreitet worden ist. Durch die sofort angestellten Ermittlungen wurde als Verteiler dieser Druckschriften ein Student aus Berlin festgestellt, der bei den Junkerswerken als Praktikant arbeitete. Dieser gab bei seiner Vernehmung zu, schon seit längerer Zeit regelmäßig kommunistische Druckschriften in Berlin von einem Funktionär der KPD empfangen und auf seiner Arbeitsstelle, meistens durch Liegenlassen auf den Aborten, weiter verbreitet zu haben. Außer ihm sind noch 3 weitere Personen wegen Weiterverbreitung dieser Schriften festgenommen worden. Strafverfahren ist eingeleitet.

Am Totensonntag ist in Jeßnitz am Grabmal der im Jahre 1920 gefallenen kommunistischen Putschisten[466] ein Kranz mit roten Schleifen und roten Herzen niedergelegt worden. Die Schlei-

---

weit ab vom Heimatort, sahen sie selten ihre Familien. Der Lohn für Notstandsarbeiter überschritt die Wohlfahrtsunterstützung nur unwesentlich. Bei verheirateten Notstandsarbeitern mit mehr als zwei Kindern lag er teilweise sogar darunter. Vgl. Morsch, Arbeit, S. 38–49, 69f., 149–152.
466 Vermutlich ist der Kapp-Putsch (März 1920) gemeint. Zu den Ereignissen in Jeßnitz LASA, Z 257, Nr. 109.

fen trugen die Aufschrift „Rot Front"[467]. Die Ermittelungen nach den Tätern waren bisher ergebnislos.

In Dessau ist am 29. November 1934 in den frühen Morgenstunden ein Exemplar der „Tribüne" auf einen Milchwagen geworfen worden. Die Ermittlungen nach dem Verbreiter der Schrift waren ergebnislos.

b) Monarchistische Bestrebungen usw.   Fehlanzeige

c) Opposition (Schwarze Front, Tannenbergbund usw.)

Der Pfarrer Schröter[468] aus Wörbzig hatte in Versammlungen der Bekenntnisgemeinde in der letzten Zeit Ausführungen gemacht, die über den Rahmen einer sachlichen Auseinandersetzung über den Kirchstreit[469] hinausgingen und versteckte Angriffe gegen den nationalsozialistischen Staat und seine Organe enthielten. Da zu befürchten war, daß künftig bei derartigen Versammlungen durch Missfallenskundgebungen Andersdenkender Störungen der öffentlichen Sicherheit und Ordnung hervorgerufen würden, ist gegen den Genannten ein Redeverbot erlassen worden.[470]

Der Kirchenstreit wird weiter auch auf das platte Land hinausgetragen und schafft dort Beunruhigung. Die dem Notbund[471] angehörenden Pfarrer benutzen zum Teil auch die Organisation „Frauenhilfe"[472], um für ihre Ziele Boden zu gewinnen.

---

467 Zunächst RFB-Gruß, später allgemeine Begrüßungs- und Erkennungsformel unter Kommunisten.
468 Lic. Dr. theol. Fritz Schröter (1904–1973).
469 Für den Konflikt zwischen DC und BK wird heute der Begriff Kirchenkampf verwendet.
470 Nach Anordnung der Anhaltischen Politischen Polizei vom 01.12.1934 waren „öffentliche Versammlungen der Bekenntnisgemeinde, bei denen Pfarrer Schröter aus Wörbzig zu sprechen beabsichtigt, [...] vorbeugend zu verbieten." StA Dessau-Roßlau, NZ 152.
471 Bereits Ende Mai 1934 hatte sich der Pfarrernotbund zur Bekennenden Kirche formiert.
472 1899 aus ev. Frauenvereinen entstandene karitative Frauenorganisation, später in Evangelische Frauenhilfe umbenannt. Sie kümmert sich bis heute um Arme,

3. Wirtschafts- und Agrarpolitik

In der Stadt Coswig sind kürzlich die Bäckereibetriebe darauf untersucht worden, ob das Brot das vorgeschriebene Gewicht hatte. Dabei ist in 10 von 28 Bäckereien festgestellt [worden], daß das Brot ein Mindergewicht, in einzelnen Fällen bis zu 200 Gramm hatte. Gegen die betreffenden Bäckermeister sind Geldstrafen in Höhe von 40,- bis 70,- RM verhängt worden.

In der bäuerlichen Bevölkerung herrscht wegen der hohen Strohpreise eine gewisse Mißstimmung. Man greift deshalb den Reichsnährstand[473] an, der hier keine Abhilfe schafft. Auch die hohen Beiträge zum Reichsnährstand geben in diesen Kreisen zu Kritik Anlaß.[474]

5. Juden, Freimaurer

Am 7. November 1934 fand in Zerbst eine Versammlung der Ortsgruppen- und Amtsleiter des Kreisstabes statt, in der u.a.

Notleidende und Kranke, denen sie das Evangelium nahebringt. In der NS-Zeit versuchte die Organisation im Kirchenkampf neutral zu bleiben. Jeder Territorialverband entschied, wie er zur BK und zu den DC stand, wobei die Mehrheit mit der BK sympathisierte. Vgl. Christine Busch (Hg.): 100 Jahre Evangelische Frauenhilfe in Deutschland. Einblicke in ihre Geschichte, Düsseldorf 1999.

473 Am 13.09.1933 zwangsweise geschaffene Standesorganisation derjenigen, die mit der Beschaffung von Lebensmitteln zu tun hatten (Bauern sowie alle in der Landwirtschaft, Fischerei und im Gartenbau Tätigen). Hauptaufgabe: Lenkung und Kontrolle von Produktion, Vertrieb und Preisen. Besoners die Bauern mussten eine bürokratische Steuerung von Erzeugung und Absatz ihrer Produkte hinnehmen. Ihre Unzufriedenheit über die Politik des Reichsnährstandes kommt in den Lageberichten oft zum Ausdruck, wobei durch diese Politik auch ihr Verdienst gesichert war. Vgl. Horst Gies: Die Rolle des Reichsnährstandes im nationalsozialistischen Herrschaftssystem, in: Gerhard Hirschfeld/ Lothar Kettenacker (Hg.): Der „Führerstaat". Mythos und Realität. Studien zur Struktur und Politik des Dritten Reiches, Stuttgart 1981, S. 270–303.

474 Mit der „1. Durchführungsverordnung zum Reichsnährstandsgesetz" (08.12.1933) erhob der Reichsnährstand von seinen zwangsweise organisierten Mitgliedern Beiträge. RGBl. 1933 Teil I, S. 1060. Für Landwirtschafts- und Fischereibetriebe berechnete er ab Sept. 1934 Beiträge von zwei RM pro 1.000 RM Einheitswert, die die Finanzämter einzogen. Vgl. Corni/Gies, S. 105 f.

bekanntgegeben wurde, daß zum Winterhilfswerk auch bei Juden gesammelt werden sollte. Diese Anordnung rief allgemein Unwillen hervor und ist fast unverständlich.[475]

6. Ausländer, Spionage, Landesverrat   Fehlanzeige

---

[475] Zunächst sammelte das WHW auch bei der jüdischen Bevölkerung und betreute diese. Ab Okt. 1935 waren Juden vom WHW ausgeschlossen – sowohl als Spender als auch als Empfänger. Vgl. S. Adler-Rudel: Jüdische Selbsthilfe unter dem Naziregime 1933–1939. Im Spiegel der Berichte der Reichsvertretung der Juden in Deutschland, Tübingen 1974, S. 162.

Nr. 10

Aus dem Halbmonatslagebericht der Anhaltischen Politischen Polizei (Geheime Staatspolizei) Dessau für die Zeit vom 16. bis 31. Januar 1935

Bundesarchiv, R 58/2054, Bl. 29-30

[ohne Absender und Empfänger]   [ohne Datum]

B. Staatsfeindliche Bestrebungen

1. KPD

Der Arbeiter Max Heese aus Vockerode (Kreis Dessau-Köthen) hatte am 19. Januar 1935 in der Stehbierhalle eines Hotels in Dessau verächtliche Äusserungen zum Nachteile der nationalen Regierung getan. U.a. hatte er geäussert, dass das Unkraut, gemeint war die jetzige Regierung, genau so wieder untergeht, wie es hochgekommen ist. Gleichzeitig hatte Heese hierbei die Hand geballt und „Rot Front" gerufen, dabei sang er die russische Nationalhymne. Der Genannte wurde nach erfolgter Vernehmung dem hiesigen Gerichtsgefängnis zugeführt; die Angelegenheit selbst ist der Staatsanwaltschaft übergeben worden. Eine weitere Tätigkeit der KPD ist in dieser Berichtszeit in Anhalt nicht festgestellt worden.

2. SPD

In Dessau hat sich erstmalig nach der nationalen Erhebung eine grössere Agitation der illegalen SPD bemerkbar gemacht, und zwar sind in verschiedenen Gegenden der Stadt Streuzettel mit der Aufschrift „Freiheit" verbreitet worden. Einzelheiten hierüber sind in unserer Tagesmeldung vom 24. Januar d[es] J[ahres] geschildert.

Nr. 11

Lagebericht des Anhaltischen Staatsministers für Dezember 1934 und Januar 1935

Bundesarchiv, R 58/3625, Bl. 27–35

Anhaltisches Staatsministerium, DESSAU, den 11. Februar 1935
Abteilung Inneres
[...]
An
das Reichs und Preußische Ministerium
des Innern,
z. Hd. Herrn Regierungsrat Dr. Gisevius,
Berlin
Unter den Linden 72/74

In der Anlage überreichen wir den Bericht über die politische Lage in Anhalt im Dezember 1934 und Januar 1935 in doppelter Ausfertigung.

Anhaltisches Staatsministerium,
Abteilung Inneres
[Unterschrift: Freyberg]
[...]

1. <u>Allgemeine Übersicht über die innerpolitische Entwicklung im Berichtsmonat</u>

Das Winterhilfswerk, das in diesem Jahre zu Weihnachten besonders in Erscheinung getreten ist, hat die Stimmung in weiten Kreisen der Bevölkerung in günstigem Sinne beeinflußt, indem es ermöglichte, daß jede, auch die ärmste Familie ein Weihnachtsfest feiern konnte. Der Sammeltätigkeit für Zwecke der Winterhilfe wird allgemein Verständnis entgegengebracht, wenn es natürlich auch hin und wieder Leute gibt, die über die „ewige Bettelei" nörgeln. Die Opferwilligkeit läßt jedoch im allgemeinen nichts zu wünschen übrig; hierbei tritt besonders der Tag der nationalen Solidarität durch ein gutes Sammelergebnis in Erscheinung.[476] Das Ergebnis der Volksabstimmung an der Saar[477] ist von allen Teilen der Bevölkerung mit großer Freude begrüßt worden. Man war sich im allgemeinen wohl darüber klar, daß das Ergebnis der Abstimmung zu Gunsten Deutschlands ausfallen würde, daß die für Deutschland abgegebenen Stimmen aber einen derartig hohen Prozentsatz ausmachen würden, hatten wohl die wenigsten geglaubt. Kurze Zeit nach Beendigung der Rede des Reichsministers Dr. Göbbels am 15.1.1935 waren die Städte und Ortschaften in ein Flaggenmeer gehüllt.[478] Auch die Beteiligung der Bevölkerung an den Feiern am Abend des gleichen Tages war außerordentlich rege. Zu irgendwelchen Zwischenfällen ist es hierbei nicht gekommen.

Erfreulicherweise haben auch die in Dessau und Umgebung umherlaufenden verleumderischen Gerüchte über den Herrn Reichsstatthalter und andere führende Persönlichkeiten aufgehört. Es ist auch allgemein begrüßt worden, daß der Reichsstatthalter zum Weihnachtsfest eine Amnestie zugunsten der wegen Beleidigung seiner Person verurteilten Personen erlassen hat.[479]

---

476 Der „Tag der nationalen Solidarität", eine WHW-Sammelaktion, fand am 05.12 und 08.12.1934 statt. Im Gau Magdeburg-Anhalt sollen an beiden Tagen 163.782,44 RM gesammelt worden sein. Beispielloses Bekenntnis zur Opferbereitschaft, in: Der Mitteldeutsche. Anhaltische Tageszeitung, 10.12.1934, S. 1.
477 Bei der Volksabstimmung am 13.01.1935 entschieden sich 90,8% der Saarbevölkerung für eine Rückgliederung des Saargebietes an das Deutsche Reich, 8,8% für den Status quo und 0,4% für den Anschluss an Frankreich. Vgl. Heinz Höhne: Die Zeit der Illusionen. Hitler und die Anfänge des Dritten Reiches 1933–1936, Düsseldorf u.a. 1991, S. 285f.
478 Der Völkerbund hatte das Abstimmungsergebnis am 15.01.1935 um 8.15 Uhr bekannt gegeben. Goebbels hatte daraufhin in einer Rundfunkrede das „ganze deutsche Volk" aufgefordert, „in einer halben Stunde muß ganz Deutschland in ein Flaggenmeer verwandelt sein." Reichminister Dr. Goebbels zum Siege Deutschlands an der Saar, in: Der Mitteldeutsche. Anhaltische Tageszeitung, 15.01.1935.
479 Loeper gab die Amnestie am 21.12.1934 auf S. 1 in „Der Mitteldeutsche. Anhaltische Tageszeitung" bekannt.

Die Weihnachtsfeiertage sind ruhig und ohne irgendwelche Störungen von seiten kommunistischer Elemente verlaufen.

2. Stand und Tätigkeit der staatsfeindlichen Bestrebungen
a) Kommunismus, Marxismus, SAP

In der Berichtszeit hat sich in Anhalt auch eine rege Tätigkeit der KPD bemerkbar gemacht. So sind in einem Schacht der ehemaligen Salzwerke in Leopoldshall an einen Pfeiler geschrieben die Worte „Gebt uns Thälmann wieder"[480] vorgefunden worden. Auch soll unter den dortigen Arbeitern, die früher der kommunistischen Partei angehört haben, ein gegenseitiger Austausch von kommunistischen Büchern und Zeitschriften stattfinden. Eine Untersuchung der Angelegenheit ist in die Wege geleitet.

Ein Bootsmann aus Aken, der auch auf einem Elbkahn tätig war, mußte in Wallwitzhafen festgenommen werden, weil er an eine Bretterplanke mit Kreide folgende Worte geschrieben hatte: „Rotfront lebt trotz alledem". Daneben hatte er einen Hammer und eine Sichel[481] angemalt. Strafverfahren ist eingeleitet.[482]

Am 11. Januar ds. Js. ist in einem Briefkasten des Hauptpostamts in Dessau ein Exemplar der kommunistischen Zeitschrift „Die

---

480 Der KPD-Vorsitzende Ernst Thälmann (1886–1944) war am 03.03.1933 festgenommen worden. Die Nationalsozialisten, die nie Anklage gegen ihn erhoben, wandelten 1935 die U-Haft in Schutzhaft um. Thälmann wurde bis zu seiner Ermordung im KZ Buchenwald am 18.08.1944 in verschiedenen Zuchthäusern und KZ gefangen gehalten. Vgl. Peter Monteath (Hg.): Ernst Thälmann. Mensch und Mythos, Amsterdam u.a. 2000.
481 Neben dem roten Stern waren Hammer und Sichel die Symbole der sowjetischen Nationalflagge.
482 Es handelt sich um Franz Bär, dessen Festnahme am 18.12.1934 erfolgte (Einlieferung GG Dessau). Bereits in Lübeck hatte er die Losung an einem Schleppkahn angebracht. Kommunistische Umtriebe, in: Der Mitteldeutsche. Anhaltische Tageszeitung, 19.12.1934; Anhalter Anzeiger, 19.12.1934; SAPMO-BArch, KzPuSdaW. Da Aken (E.) zum Regierungsbezirk Magdeburg gehörte, war die Stapostelle Magdeburg zuständig. Vgl. BArch, R 58/2056. Bl. 184; Rupieper/Sperk, Bd. 1, S. 481. Bär (geb. 11.09.1914 in Schwarmitz) fiel als Obergefreiter am 29.09.1942 in Polen. www.volksbund.de/graebersuche.

Tribüne" vom Januar 1935 mit der Aufschrift „An den Volksbetrüger Loeper" vorgefunden worden. Die Ermittlungen nach dem Verbreiter der Druckschrift, die bisher ohne Erfolg waren, werden fortgesetzt.

Am 19. Januar 1935 hat ein Arbeiter aus Vockerode[483] in der Stehbierhalle eines Hotels in Dessau verächtliche Äußerungen über die nationalsozialistische Regierung getan. Gleichzeitig hatte er hierbei die Hand geballt, „Rot Front" gerufen und die russische Nationalhymne gesungen. Der Täter ist dem Gerichtsgefängnis zugeführt worden, die Angelegenheit selbst wurde der Staatsanwaltschaft übergeben.

Bei einer Angestellten des Medizinischen Warenhauses in Dessau ist am 18.12.1934 die Broschüre „Oranienburg"[484], verfaßt von dem ehemaligen sozialdemokratischen Abgeordneten Seger[485], vorgefunden worden. Die betreffende Angestellte befand sich bereits wegen Verdachts hochverräterischer Betätigung in Untersuchungshaft.

In Dessau hat sich erstmalig nach der nationalen Erhebung eine größere Agitation der SPD bemerkbar gemacht, und zwar sind in verschiedenen Gegenden der Stadt Streuzettel, versehen mit der Aufschrift „Freiheit" und 3 Pfeilen[486], verbreitet worden. Derartige

---

483 Gemeint ist Max Heese. Siehe Gestapo-Halbmonatslagebericht Nr. 10.
484 Das Buch „Oranienburg. Erster authentischer Bericht eines aus dem Konzentrationslager Geflüchteten" von Gerhart Seger erschien Anfang 1934 in Karlsbad. Es wurde in sechs Sprachen übersetzt und erreichte noch 1934 eine Auflage von 250.000.
485 Gerhart Seger (1896–1967), einer der geistigen SPD-Führer in Anhalt, war am 12.03.1933 in Leipzig festgenommen, tags darauf in das GG Dessau und am 14.06.1933 in das KZ Oranienburg (Schutzhaft) überführt worden. Er hatte das Buch nach der Flucht am 04.12.1933 von einem Außenkommando in der Tschechoslowakei geschrieben. Es war die erste umfassende Darstellung eines KZ aus der Sicht eines Gefangenen. Siehe u. a. Torsten Kupfer: Seger, Gerhart, in: Manfred Asendorf/Rolf von Bockel (Hg.): Demokratische Wege. Deutsche Lebensläufe aus fünf Jahrhunderten, Stuttgart/Weimar 1997, S. 580f.
486 Symbol der Eisernen Front, einer im Dez. 1931 gegründeten Organisation, die aus SPD, Gewerkschaften, Arbeitersportverbänden und dem Reichsban-

Zettel sind auch in Postbriefkästen sowie in Briefkästen von amtlichen und Parteidienststellen vorgefunden worden.[487]

Ferner sind in der Umgebung von Dessau in der letzten Zeit einige einzelstehende Gebäude (Wallwachhäuser, Jugendherbergen) mit drei Pfeilen und dergl[eichen] Aufschrift beschmiert worden. Ermittlungen nach den Tätern sind in die Wege geleitet.

b) Monarchistische Bestrebungen

Über die Abhaltung von Kaiser-Geburtstagsfeiern[488] ist in Anhalt in diesem Jahre nichts bekannt geworden. Einen Zwischenfall hat es lediglich in Ballenstedt gegeben, wo ein dortiger Einwohner sich geweigert hatte, einer polizeilichen Anordnung, die ihm die Einziehung der aus Anlaß dieses Tages gehißten schwarz-weiß-roten Flagge auferlegte, nachzukommen.[489]

---

ner bestand. Die drei Pfeile symbolisierten die politische (SPD), wirtschaftliche (Gewerkschaften) und physische (Reichsbanner) Macht der Arbeiterklasse. Vgl. Für eine starke Republik! Reichsbanner Schwarz-Rot-Gold 1924–1933, Katalog zur Ausstellung, Berlin 2004, S. 48 ff.

487 Wenige Tage nach dem Vorkommnis vom 24.01.1935 (siehe Hinweis auf die Gestapo-Tagesmeldung im Halbmonatslagebericht Nr. 10) tauchte in den Dessauer Junkers-Werken ein Flugblatt mit einem Gedicht auf, dessen Inhalt sich ebenfalls mit der Eisernen Front beschäftigte. Vgl. Herlemann, S. 215.

488 Der letzte Deutsche Kaiser Wilhelm II. (1859–1941), der seit der Abdankung 1918 im niederländischen Exil lebte, feierte am 27.01.1935 seinen 76. Geburtstag. Laut Verfügung der Anhaltischen Politischen Polizei vom 25.01.1935 galten für die Kaisergeburtstagsfeiern folgende Richtlinien: „Feiern in geschlossenem Kreise sind nicht zu verhindern. Veranstaltungen in größerer Aufmachung, größeren Sälen usw. haben zu unterbleiben. Es soll aber bei Anordnungen der Eindruck vermieden werden, als ob in der Veranstaltung eine Gefährdung der Staatssicherheit zu erblicken sei. Die etwa stattfindenden Veranstaltungen sind, soweit möglich, durch Beamte zu überwachen." StA Dessau-Roßlau, NZ 152.

489 Der „Einwohner" war Generalmajor z.D. (zur Disposition) Wolfgang Freiherr von Salmuth (geb. 23.03.1870 Ballenstedt, verst. 24.02.1944 Ballenstedt, vgl. Gerhard Seibold: Die Salmuth. Entwicklungsgeschichte einer Familie, Neustadt a.d. Aisch 1996, S. 10, 154, 158 f., 173), der den Zwischenfall so schilderte: Das polizeiliche Verbot der Fahnenhissung sei ihm durch ein 15-jähriges Mädchen übermittelt worden, worauf er die Korrektheit der Aussage angezweifelt und deshalb die Fahne nicht eingezogen hätte. Als ein Polizist erschien und ihm das

c) Opposition (Schwarze Front, Tannenbergbund usw.)

Im Monat Januar 1935 ist die von dem General Ludendorf[f] in Tutzing verfaßte und von dem Ludendorf[f]-Verlag in München herausgegebene Druckschrift „Ein Trauerspiel in drei Aufzügen und ein Zwischenspiel" einer großen Anzahl von Personen, insbesondere Polizeibeamten, durch die Post zugestellt worden. Die Briefe trugen den Poststempel Dessau und sind wahrscheinlich durch die hiesige Handelsvertretung des Ludendorf[f]-Volkswarteverlags aufgegeben worden. Die Schrift befaßt sich mit Vorgängen in der Schlacht bei Tannenberg. Da sie erhebliche Angriffe gegen den verstorbenen Reichspräsidenten von Hindenburg enthält, ist ihre Beschlagnahme angeordnet worden.

Über eine Betätigung der Schwarzen Front ist in Anhalt in der Berichtszeit nichts ermittelt worden.

3. Wirtschafts- und Agrarpolitik

In der Stimmung der bäuerlichen Bevölkerung sind in letzter Zeit gewisse Wandlungen festzustellen. Es herrscht allenthalben Mißstimmung und Verdrossenheit, die in der Hauptsache auf die ungünstigen Ernteergebnisse und auf die verhältnismäßig geringen Preise, die die Bauernschaft für ihre Erzeugnisse erhält, zurückzu-

---

Verbot kundtat, habe er die Entfernung der Fahne durch den Polizisten ohne geringsten Widerstand geduldet. Vgl. LASA, Z 134, Nr. 76, Bl. 45f., 56f., 78. Nach einem Erlass des Reichspräsidenten vom 12.03.1933 wurden die Hakenkreuzfahne und die schwarz-weiß-rote Fahne des Kaiserreichs „bis zur endgültigen Regelung der Reichsfarben" an Nationalfeiertagen bzw. zu besonderen Anlässen gemeinsam gehisst. RGBl. 1933 Teil I, S. 103. Am 17.04.1935 wurde diese Regelung insoweit präzisiert, als nach dem RMdI-Runderlass „Beflaggung der Dienstgebäude" der Hakenkreuzfahne die erste Stelle gebührte. War nur ein Mast vorhanden, war an ihm die Hakenkreuzfahne zu hissen, während die schwarz-weiß-rote Fahne an der Hauptfront des Gebäudes auszuhängen war. ABlfA 1935, S. 133. Von Salmuth, ab Frühjahr 1935 Mitglied des Landesbruderrates der BK Anhalts, hätte also – um sich „politisch korrekt" zu verhalten – beide Fahnen hissen müssen, da es als Ablehnung des NS-Regimes galt, nur Schwarz-Weiß-Rot zu flaggen.

führen sind. Geradezu erbittert ist man in Bauernkreisen darüber, daß, während die Beiträge an den früheren Landbund[490] verhältnismäßig gering waren, diese für den Reichsnährstand schon jetzt das drei- bis vierfache erreichen. Die Bevölkerung wundert sich über die immer weiter zunehmende Ausdehnung der Dienststellen des Reichsnährstandes.

Über die Preisentwicklung ist im allgemeinen nichts Ungünstiges zu sagen. Die Eierverwertungsgenossenschaften arbeiten anscheinend noch immer nicht so, daß den Verbrauchern in den Geschäften tatsächlich frische Eier zum Verkauf angeboten werden. Es ist beobachtet worden, wie ein Kunde in einem Geschäft nach frischen Eiern fragte und nach Verständigung mit dem Verkäufer durch Augenzwinkern aus einem Nebenraum des Ladens ungestempelte frische Eier bekam. Auf Befragen wurde bestätigt, daß das abgestempelte deutsche Frischei in zahlreichen Fällen tatsächlich nicht frisch sei.[491]

4. Kulturpolitik (insbesondere Presse) Fehlanzeige

---

490 Reichslandbund (Kurzbezeichnung Landbund), 1921 gegründeter wirtschaftspolitischer Landwirtschafts-Verband, der 1933 im Reichsnährstand aufging. Am 07.11.1933 fand im Landbundhaus zu Köthen die „feierliche Eingliederung des Landbundes Anhalt in die Landesbauernschaft Anhalt" statt. Eingliederung in den Landstand, in: Anhaltische Tageszeitung, 05.11.1933.

491 Durch das „Gesetz über den Verkehr mit Eiern" vom 20.12.1933 und die Durchführungsverordnung vom 21.12.1933 (RGBl. 1933 Teil I, S. 1094 u. 1104) entstand die „Reichsstelle für Eier". Sie hatte im Febr. 1934 ihre reglementierenden Eingriffe verschärft, indem sie den Direktverkauf an die Endverbraucher ab 01.03.1934 untersagte. Die Bauern mussten nun die Eier bei Kennzeichnungsstellen abliefern. Hier wurden sie nach Größen sortiert, gekennzeichnet und an die Geschäfte weitergegeben. Die Regelung verlängerte die Absatzwege (keine frischen Eier), verursachte Mehrkosten und schuf regionale Handelsmonopole. Vgl. Corni/Gies, S. 150f., 328, 351. Die „amtlich beauftragte Kennzeichnungsstelle" für die Kreise Dessau, Zerbst und Köthen sowie Teile der Kreise Bitterfeld und Calbe/Saale war die Anhaltische Eier- und Geflügelverwertungsgenossenschaft Dessau. Das Eiergesetz in Kraft, in: Der Mitteldeutsche. Anhaltische Tageszeitung, 01.03.1934.

5. Juden, Freimaurer

Vor Weihnachten sind von einzelnen nationalsozialistischen Gliederungen vor verschiedenen jüdischen Geschäften und Kaufhäusern Posten aufgestellt worden, die feststellen sollten, ob und in welchem Umfange Angehörige der NSDAP oder nationalsozialistischer Verbände bei Juden kaufen. Zu irgendwelchen Zwischenfällen ist es anläßlich dieser Kontrollmaßnahmen nicht gekommen. Jüdische Geschäftsleute haben sogar erklärt, daß irgendein Geschäftsausfall gegenüber dem Vorjahre nicht eingetreten sei.

Die Juden scheinen ihre Versammlungstätigkeit langsam wieder aufzunehmen. So veranstaltete u.a. die Ortsgruppe Dessau der Zionistischen Vereinigung[492] am 6.1.1935 in Zerbst eine Filmvorführung, die von Ansprachen des ehemaligen Landgerichtsdirektors Alterthum[493] und des Vorsitzenden der Dessauer Ortsgruppe[494]

---

492 Zionismus: Bewegung im Judentum mit dem Ziel der Rückkehr nach Palästina mit dem religiös-politischen Mittelpunkt Jerusalem (Zion). Die Zionistische Vereinigung für Deutschland (ZVfD) – bis 1933 unbedeutend in den weitgehend assimilierten jüdischen Gemeinden – gewann nach 1933 durch die Errichtung der Heimstätte der Juden in Palästina und v.a. durch den Antisemitismus zunehmend an Einfluss. Das NS-Regime unterstützte die Zionisten und unterdrückte jene Organisationen, die sich für ein Verbleiben der Juden in Deutschland einsetzten. Vgl. Enzyklopädie des Holocaust. Die Verfolgung und Ermordung der europäischen Juden, hg. v. Eberhard Jäckel, Peter Longerich u. Julius H. Schoeps, Bd. 2, München/Zürich 1995, S. 702, 710 ff.; ebd., Bd. 3, S. 1636 f. Die zionistische Bewegung war in der Jüdischen Gemeinde Dessaus (in der Stadt lebten 1933 noch etwa 400 Juden) zwar eine Minderheit, aber eine aktive. Vgl. Ulbrich, Antisemitismus, S. 6, 55–59. Am 18.02.1935 verbot die Gestapo Dessau „bis auf weiteres" alle jüdischen Versammlungen, in denen „Propaganda für das Verbleiben in Deutschland gemacht werden soll". StA Sandersleben, 19 Nr. 222, Bl. 17.
493 Martin Alterthum (1887–1976).
494 Dr. med. Heinrich Wahl (1898–1949). Wahl hatte sich erst im März 1933 als Arzt in Dessau niedergelassen (Kavalierstr. 8) und war ab 1934 Vors. der ZVfD-Ortsgruppe Dessau. Im Jahr 1935 emigrierte er nach Palästina. Vgl. Werner Grossert: Dessauer in Erez Israel. Eine Dokumentation, Dessau-Roßlau 2010, S. 51 ff. Für die Hilfe bei der Suche nach dem Namen dankt der Autor Dr. Bernd G. Ulbrich.

begleitet war. Zur Vorführung gelangte ein Palästinafilm. Die Veranstaltungen der Juden sind stets rechtzeitig und ordnungsmäßig angemeldet worden. Zu einem polizeilichen Einschreiten lag bisher kein Grund vor.

Zu einer Protestkundgebung der Bevölkerung gegen einen jüdischen Angestellten der IG Farben in Wolfen[495], der in Dessau eine Werkswohnung inne hat, kam es am 24.1. d.J. Als dieser gegen Abend nach Hause kam, ist er von einer großen Zahl von Personen, die sich vor seinem Hause versammelt hatten, empfangen und beschimpft worden. Man erklärte ihm, daß man es nicht dulden werde, daß ein Jude bei der heutigen Wohnungsknappheit eine aus städtischen Mitteln erbaute Wohnung inne habe. Das inzwischen herbeigerufene Überfallkommando stellte die Ruhe wieder her; der Jude mußte mit seiner Frau die Nacht in der Stadt verbringen.

6. Ausländer, Spionage, Landesverrat

Am 13. Dezember 1934 ist in Köthen ein Student festgenommen worden, der Beziehungen zum tschechischen Nachrichtendienst in die Wege geleitet hatte. Das Verfahren schwebt augenblicklich beim Oberreichsanwalt in Berlin.[496]

7. Sonstiges

Im evangelischen Kirchenstreit ist durch den Erlaß, betr. das Verbot öffentlicher Veranstaltungen kirchlich-konfessionellen Charakters,[497] die immer mehr zunehmende Versammlungstätigkeit der

---

495 Filmfabrik Wolfen, die seit 1925 zur IG Farben AG gehörte. Vgl. Erhard Finger: Die Filmfabrik Wolfen. Portrait eines traditionsreichen Unternehmens, Wolfen 1994; Industrie- und Filmmuseum Wolfen e.V. (Hg.): Die Filmfabrik Wolfen. Aus der Geschichte, Heft 1, Wolfen 1997.
496 Ob es sich um einen Studenten der „Staatlichen Gewerbehochschule" Köthen handelte, ist unklar. Recherchen im Archiv der Fachhochschule Anhalt Köthen – der Autor dankt der Leiterin Frau Dobbert – blieben erfolglos.
497 Am 07.12.1934 verbot der Preuß. Ministerpräsident Hermann Göring öffentli-

Bekenntnisgemeinde unterbunden [worden] und damit wenigstens äußerlich eine gewisse Beruhigung eingetreten.
In der Nacht vom 7. bis 8. Januar 1935 sind auf Anordnung des Herrn Reichsstatthalters die Pfarrer Luppe[498] und Mörchen[499] in Jeßnitz zu ihrer eigenen Sicherheit in Schutzhaft genommen worden. Veranlassung zu dieser Inschutzhaftnahme gab die starke Erregung, die durch einen vom Pfarrer Mörchen im Gemeindeblatt der Kirchengemeinden Jeßnitz und Bobbau veröffentlichten Artikel mit der Überschrift „Ein neues Jahr" entstanden war. Die Bevölkerung zog mit Drohrufen vor die Wohnung der beiden Pfarrer. In der Wohnung des Pfarrers Luppe wurde eine Fensterscheibe eingeschlagen. Die Geistlichen sind nach erfolgter Warnung am andern Tage wieder aus der Schutzhaft entlassen worden. Die noch vorhandenen Exemplare des Gemeindeblattes sind sichergestellt und beschlagnahmt worden.[500]

---

che Veranstaltungen kirchlich-konfessionellen Charakters außerhalb der Kirchen. Der Erlass, der zunächst nur für Preußen galt – später schlossen sich andere Länder dem Verbot an –, zielte v.a. auf die Behinderung der BK. Vgl. LASA, C 48, Ie Nr. 1180, Bl. 487. Bereits am 06. und 07.11.1934 hatte das RMdI in zwei Runderlassen die öffentliche Thematisierung des Kirchenkampfes in jeder Form untersagt. Vgl. ebd., C 20 I, Ib Nr. 5080.

498 Hermann Luppe (1892–1939).
499 Siegfried Mörchen (1909–1940).
500 Im Artikel wurde weder gegen politische noch kirchenpolitische Gegebenheiten polemisiert. Vielmehr ging die „starke Erregung" auf den „pessimistischen Inhalt" der ersten Sätze des Artikels zurück, „welcher der gegenwärtigen Lage im neuen Reich nicht gerecht würde"; „Es beginnt wieder ein neues Jahr. 1935. [...] Ein Jahr, das **anders** sein wird, als das vergangene? Geh von Haus zu Haus und frag die Menschen, ob sie das glauben. Ob sie glauben, daß das neue Jahr wirklich ein neues und besseres sein wird, ein befriedigenderes und glücklicheres als das vergangene. Und kaum ein einiges Mal wirst Du die Antwort hören: Ja, das glaube ich. Statt dessen wirst Du auf Schritt und Tritt der **Sorge** begegnen, wie sie den Menschen Angst macht vor der kommenden Zeit. Wie eine ansteckende Krankheit wütet die Sorge in den Häusern und Familien. Sie legt uns alle lahm. Auch dich. [...]" Gemeinde-Blatt für Jeßnitz und Bobbau, hg. v. den Geistlichen der Gemeinden, Nr. 109, Januar 1935, in: AELKA, B 6 Ev. LKR

Der NSDFB (Stahlhelm) ist in der Berichtszeit durch eine rege Versammlungstätigkeit hervorgetreten. Am 2. Dezember 1934 fand in Dessau in Anwesenheit des Reichsministers Seldte ein Gauappell [statt]. Die Veranstaltung begann mittags mit einem Appell auf dem Marktplatz, bei dem neben dem Gauführer Pastor Friedrich[501] der Stahlhelmbundesführer Seldte und der Reichsstatthalter Loeper das Wort ergriffen. Im Anschluß daran erfolgte ein Vorbeimarsch in Sechserkolonnen vor dem Bundesführer und dem Reichsstatthalter und einer Anzahl von Ehrengästen, der etwa 45 Minuten in Anspruch nahm. Die Veranstaltung nahm ihren Abschluß mit einem Deutschen Abend, bei dem Graf Luckner[502] einen Vortrag über seine Auslandsreisen hielt.[503] Der Aufmarsch und die übrigen Veranstaltungen wurden programmmäßig abgewickelt. Die in der Presse angegebene Teilnehmerzahl mit 18.000 dürfte wohl als etwas zu hoch geschätzt anzusehen sein. Die Stadtteile, die der Zug berührte, hatten reichlichen Flaggenschmuck angelegt. Im Vergleich zu anderen Veranstaltungen sah man hier sehr viele schwarz-weiß-rote Fahnen.[504] Die weiter abgelegenen Teile der Stadt waren wenig beflaggt. Die Teilnahme der Bevölkerung an den öffentlichen Veranstaltungen war rege. Der größte Teil der auswärtigen Teilnehmer verließ Dessau bereits im Laufe des späten Nachmittags. Sämtliche Veranstaltungen sind im allgemeinen ohne Zwischenfälle verlaufen. Lediglich in einem Falle ist es zu einer Schlägerei zwischen Stahlhelmer[n] und SA Angehörigen in Zivil gekommen, bei dem

---

1945–1970, Generalia, L 15 10 I. Siehe auch ebd., B 17 (Nachlass Martin Müller), Dokumentation des Kirchenkampfes […], Mappe 3, Nr. 179.
501 Willy Friedrich (1892–1984).
502 Felix Graf Luckner (1881–1966). Vgl. Alexander Sperk/Daniel Bohse: Legende, Opportunist, Selbstdarsteller. Felix Graf Luckner und seine Zeit in Halle (Saale) 1919–1945, Halle 2016.
503 Vgl. Minister Seldte zum Staatsbesuch beim Reichsstatthalter, in: Der Mitteldeutsche. Anhaltische Tageszeitung, 03.12.1934, S. 1.
504 Das Zeigen der schwarz-weiß-roten Fahne des Kaiserreichs war zwar (noch) erlaubt, bedeutete aber bei NSDFB-Veranstaltungen eine gezielte Provokation der NS-Machthaber, die die Hakenkreuzfahne sehen wollten.

ein SA Mann nicht unerheblich verletzt worden ist. Die Täter sind ermittelt, ein Strafverfahren ist eingeleitet worden.[505]

Eine weitere größere Veranstaltung des NSDFB (Stahlhelm) fand am 17.1.1935 in Zerbst im Hotel „Goldener Löwe" statt. Der Redner des Abends, Landesführer Karl Huhold[506] aus Magdeburg, nahm in seinen Ausführungen Stellung gegen den Führer der SA Brigade R 37, Standartenführer von Rabenau[507], der ihm unkameradschaftliches Verhalten hinsichtlich der Behandlung organisatorischer Fragen vorgeworfen hatte. Nach ihm sprach der Gauführer Pastor Friedrich, Dessau. Die Veranstaltung gab zu Beanstandungen keinen Anlaß.

---

505 Die Gleichschaltung des Stahlhelms bzw. seine Eingliederung in die SA sorgte in beiden Organisationen für dauerhafte Spannungen. Die Stahlhelm-Mitglieder sahen sich von Hitler in ihrer Bedeutung zurückgesetzt und wollten den NSDAP-Führungsanspruch nicht anerkennen. Die proletarisch geprägten SA-Mitglieder wiederum konnten mit dem elitär-konservativen Auftreten vieler Stahlhelmer nichts anfangen. Zu den Gründen der Spannungen siehe Berghahn, S. 231–267; Longerich, S. 192; Falk Burkhardt: National-konservative Kräfte und das Konzentrationslager Bad Sulza. Stahlhelm – Bund der Frontsoldaten, in: Udo Wohlfeld/Falk Burkhardt: Das Netz. Die Konzentrationslager in Thüringen 1933–1937. Eine Dokumentation zu den Lagern Nohra, Bad Sulza und Buchenwald, Weimar 2000, S. 260–282. Die Differenzen zwischen Stahlhelm und SA entstanden auch in Anhalt früh, wie einem Schreiben des Anhaltischen Staatsministeriums an die Kreispolizeibehörden vom 25.06.1933 zu entnehmen ist. Vgl. LASA, Z 149, Nr. 122, Bl. 50.
506 Karl Huhold (1897–1961).
507 Kurt von Rabenau (1883–1941).

Nr. 12

Aus dem Lagebericht der Anhaltischen Politischen Polizei (Geheime Staatspolizei) Dessau für Februar 1935

Bundesarchiv, R 58/3739, Bl. 28–29

[ohne Absender und Empfänger] [ohne Datum]

B. Staatsfeindliche Bewegungen
1. KPD

Der Berichtsmonat hat gezeigt, dass die Bestrebungen der KPD, auch in Anhalt wieder festen Fuss zu fassen, nicht nur anhalten, sondern auch von Tag zu Tag intensiver werden. Die Abwehrarbeit der Staatspolizei kann in diesem Monat auf eine Anzahl schöner Erfolge zurückblicken. So ist z. B. in Oranienbaum (Kreis Dessau-Köthen) eine grössere Aktion gegen die dort schon seit längerer Zeit illegal arbeitende „Rote Hilfe"[508] unternommen worden, in deren Verlauf 14 Personen festgenommen worden sind.[509] Wei-

---

508 Rote Hilfe (RH, auch Rote Hilfe Deutschlands RHD), 1921 gegründete, offiziell von der KPD unabhängige Solidaritätsgemeinschaft zur materiellen, juristischen und moralischen Hilfe von KPD-Mitgliedern bzw. -Sympathisanten in Rechtsstreitigkeiten mit der Justiz. Obwohl kommunistisch gelenkt, unterstützte sie ungeachtet der Parteizugehörigkeit alle politischen Gefangenen. Ab 1928 verlor sie ihre Überparteilichkeit und entwickelte sich zum KPD-Instrument. Ab 1933 arbeitete die RH illegal weiter und wurde von der Gestapo 1935/36 zerschlagen. Vgl. u.a. Nikolaus Brauns: Schafft Rote Hilfe! Geschichte und Aktivitäten der proletarischen Hilfsorganisation für politische Gefangene in Deutschland (1919–1938), Bonn 2003. Zu den Aktivitäten der RH in Anhalt vor 1933 vgl. LASA, Z 116-1, V Nr. 20, Bd. 2.

509 Richard Niesler, Helene Meier, Erich Hillner, Franz Busse, Karl Herrmann, Richard Muck, Walter Sczyrba, Otto Huth, Kurt Höhse, Willy Carl, Albert Johannes, Willi Hempel, Hermann Franke, Oskar Böhm (alle Oranienbaum). Vgl. BArch, R 58/3739, Bl. 30 ff. Die Schutzhäftlinge Hillner, Böhm, Höhse, Hempel, Herrmann, Muck, Sczyrba, Huth, Franke, Busse und Seufert wurden wegen Überfüllung des GG Dessau am 25.03.1935 in das KZ Lichtenburg überführt. Vgl. LASA, P 521, V/8/44 (Kurt Höhse).

ter konnten im Februar d.J. in Dessau verschiedene Festnahmen wegen Verbreitung illegaler kommunistischer Druckschriften vorgenommen werden. Allerdings ist der Arbeiter Gustav Ponanta[510], der in dem dringenden Verdacht steht, die Schriften durch einen Kurier empfangen und den Vertrieb organisiert zu haben, flüchtig geworden und konnte bisher nicht ergriffen werden. P[onanta] hat auch Anfang Januar d.J. in Dessau die sogenannte Thälmann-Plakette zur Stärkung des Kampffonds für die politischen Gefangenen vertrieben. Nach längeren Beobachtungen ist es auch gelungen, in dem Zimmermann Richardt [richtig: Richard] Krauthause[511], Dessau, den Verbreiter der illegalen Druckschrift „Die Tribüne", Organ der BL der KPD im Bezirk Magdeburg-Anhalt, zu ermitteln. Die Schriften sind durch einen besonderen Kurier von Magdeburg nach Dessau gebracht und hier dem Krauthause übergeben worden, der alsdann für ihre Weiterverbreitung gesorgt hat. Bei einem der Treffs ist auch über die Reorganisation des illegalen Parteiapparates für den Bezirk Dessau[512] gesprochen worden. Der Stadtbezirk Dessau sollte im Maßstab der früheren Unterbezirke für sich organisiert werden. Als Org[anisations]-Leiter war Krauthause vorgesehen, der auch die notwendigen Kassierergeschäfte zunächst selbst besorgen und sich weitere zuverlässige Personen für die Mitarbeit heraussuchen sollte. Durch die Festnahme dieser mit Krauthause in Verbindung stehenden Personen hat jedenfalls die in Aussicht genommene Reorganisation der KPD in Dessau eine empfindliche Störung erfahren. Im Zusammenhang mit diesen Ermittlun-

---

510 Gustav Ponanta (1902–1967).
511 Richard Krauthause (1905–1994).
512 Es ist der KPD-Unterbezirk Dessau gemeint, dessen letzter Parteitag am 20.10.1932 in Dessau stattfand. In Anhalt gab es bis 1933 nur zwei KPD-UB: Dessau (mit 32 Ortsgruppen) und Bernburg (mit 22 Ortsgruppen). Vgl. LASA, C 20 I, Ib Nr. 2003, Bd. 8, Bl. 37; ebd., P 25, V/3/1/54, Bl. 17. Der illegale KPD-UB Dessau umfaßte seit der Neuorganisation 1933 zunächst nur die Stadt Dessau, im Laufe der Zeit kamen die Ortsgruppen Zerbst, Köthen, Bernburg, Roßlau, Oranienbaum und Jeßnitz hinzu. Vgl. Engelmann, S. 20f., 52f. Zum Organisationsaufbau LASA, P 25, V/3/1/54, Bl. 66, 76.

gen sind insgesamt 10 Personen festgenommen worden.[513] Es steht fest, dass auch in einigen anderen Ortschaften Anhalts Zellen der KPD[514] bestehen, in denen Beiträge kassiert,[515] Druckschriften verbreitet werden usw. Es ist daher nach Abschluss der noch laufenden vertraulichen Ermittlungen mit weiteren, grösseren Aktionen in Anhalt zu rechnen. Erfasst sind im Laufe des Monats folgende kommunistische Druckschriften:

1. „Die Rote Fahne"[516] (Reichsausgabe Ende November 1934)
2. „Romanperlen" Band 899 (Das Glück der Schwester Ellen Smith)[517]
3. „Tribüne" (Ausgabe vom November 1934)
4. " (" " Januar 1935)
5. " (" " Februar 1935)
6. „Die junge Garde"[518] (Ausgabe Ende August 1934)

---

513 Otto Rohde, Fritz Böhlmann (beide Roßlau), Otto Johannes, Charlotte Blumtritt, Richard Krauthause, Elsa Körner, Friedrich Nierenberg, Alfred Arndt, Lorenz Seufert, Robert Schirrmacher (alle Dessau). Vgl. BArch, R 58/3739, Bl. 30 ff., 34.

514 Die KPD probierte verschiedene Organisationsmethoden aus. Zunächst arbeitete sie mit Fünfergruppen, d.h. fünf Personen bilden die kleinste Organisationseinheit, die Zelle. Im Sommer 1933 führte sie Dreiergruppen ein. Da diese Systeme die Partei zu stark zersplitterten, wurden sie Anfang 1934 aufgegeben. Seitdem umfassten KPD-Zellen bis zu neun Personen. Vgl. Horst Duhnke: Die KPD von 1933 bis 1945, Köln 1972, S. 115.

515 Sowohl Gestapo als auch KPD maßen der Kassierung von KPD-Mitgliedsbeiträgen eine große Bedeutung bei, denn dies war der Beleg, dass sich Kommunisten in der Illegalität für die Partei betätigten.

516 KPD-Zentralorgan, erschien ab März 1933 illegal und unregelmäßig, anfänglich sechsmal wöchentlich, Auflage 1933: ca. 300.000, 1934/35 ca. 52.000, ab 1936: 30.000 Exemplare.

517 KPD-Tarnschrift (16 Seiten). Eigentlicher Inhalt: Josef Liebert: Drei Fragen an die Februar-Schutzbundkämpfer und eine Antwort. Vgl. Heinz Gittig: Bibliographie der Tarnschriften 1933–1945, München u.a. 1996, S. 50; vgl. Meißner/Bursian/Kahmann, S. 56.

518 Sowohl Zentralorgan des Kommunistischen Jugendverbandes Deutschlands (KJVD, Jugendorganisation der KPD) als auch Zeitung der KJVD-Bezirksorganisation Magdeburg-Anhalt. Mehrere KJVD-Zeitungen vor und nach 1933 erschienen unter diesem Namen.

7. Druckschrift „Der Thälmann-Prozess beginnt" (vom November 34)
8. „Klassenkampf"[519] (vom Februar 1935)
9. „Illustrierte Zeitung AIZ"[520], die auf der Titelseite das Bild Thälmanns, unterschrieben „Freiheit für Ernst Thälmann", trägt.
10. Druckschrift „Der Kampf gegen den Faschismus, der Kampf um die Macht, der Kampf um die Arbeiter- und Bauernrepublik in Spanien" (vom 5. Dezember 1934)

---

[519] Tageszeitung der KPD-BL Halle-Merseburg, ab Aug. 1933 illegaler Druck in monatlicher Auflage von 5.000, ab 1934 von 1.000 bis 2.000 Exemplaren. Vgl. Gegen Faschismus, S. 144f.; LASA, P 524, V/5/56. Vor und nach 1933 existierten mehrere KPD-Schriften, Flugblätter usw. mit diesem Namen.

[520] Arbeiter-Illustrierte-Zeitung, kommunistische Wochenzeitschrift, erschien bis Okt. 1938 in Prag, Auflage 1936: 12.000.

Nr. 13

Lagebericht des Anhaltischen Staatsministers für Februar und März 1935

Bundesarchiv, R 58/3625, Bl. 36–44

Anhaltisches Staatsministerium Dessau, den 15. April 1935
    Abteilung Inneres

[...]

An
das Reichs und Preußische Ministerium des Innern,
z. Hd. des Herrn Regierungsrat Dr. Gisevius,
Berlin,
Unter den Linden 72/74

[...]

In der Anlage überreichen wir den Bericht über die politische Lage in Anhalt in den Monaten Februar und März 1935 in doppelter Ausfertigung.

Anhaltisches Staatsministerium,
Abteilung Inneres
[Unterschrift: Freyberg]

[...]

A. Allgemeines

An größeren Veranstaltungen haben in der Berichtszeit stattgefunden:

die Saarbefreiungsfeier am 1.3.35[521]
die Heldengedenkfeier am 17.3.35[522]

---

521 An diesem Tag erfolgte durch den Völkerbund die offizielle Rückgabe des Saargebietes an das Deutsche Reich. Anlässlich der „Heimkehr der Saardeutschen" fanden auch in Anhalt „Saar-Rückgliederungsfeiern" statt. Vgl. u.a. „Die Heimat, Illustrierte Beilage des Anhalter Anzeigers", 09.03.1935.

522 Zu Ehren der Toten des Ersten Weltkrieges war der fünfte Sonntag vor Ostern

die Protestkundgebungen gegen das Kownoer Urteil am 27.3.35[523]

Die Veranstaltungen sind in Anhalt ohne Störungen verlaufen. Die Teilnahme der Bevölkerung besonders an den beiden ersten Veranstaltungen war außerordentlich rege. Die Verkündung der allgemeinen Wehrpflicht[524] ist vom größten Teil des Volkes mit besonderer Befriedigung aufgenommen worden. Bei den einzelnen Veranstaltungen der Vereine und Verbände war zu beobachten, daß gerade die Einführung der allgemeinen Wehrpflicht als ganz besonders erhebendes Ereignis gewürdigt wurde. Die aus einzelnen Orten gemeldete geringe Beteiligung an der Protestkundgebung am 27.3. dürfte in der Hauptsache darauf zurückzuführen sein, daß die Veranstaltung zu kurz anberaumt war.

Die Stimmung in der Bevölkerung ist im großen und ganzen als gut zu bezeichnen. Das Winterhilfswerk, das in der Berichts-

---

seit 1923 Volkstrauertag. Das NS-Regime benannte ihn 1934 in Heldengedenktag um. Er galt nun auch den Toten, die in der „Kampfzeit" (1919 bis 1933) für die NSDAP ihr Leben gelassen hatten. Der Heldengedenktag war einer von drei nationalen Feiertagen. Zu den Heldengedenkfeiern in Anhalt siehe Anhalter Anzeiger, 18.03.1935.

523 Die NS-Propaganda machte daraus das „Kownoer Schandurteil". Der Versailler Vertrag trennte 1919 das Memelland vom Deutschen Reich ab; es kam unter internationale Verwaltung. Seit 1924 gehörte es als Autonomiegebiet zu Litauen. Die Einwohner waren zur Hälfte Deutsche und Litauer. Nach 1933 wurden die vier deutschen Parteien durch zwei von der NSDAP gelenkte Parteien ersetzt, die von den litauischen Behörden verboten wurden. In einem Landesverratsprozess (14.12.1934 bis 26.03.1935) klagte das oberste litauische Kriegsgericht 126 Parteimitglieder der Gründung einer NS-Geheimorganisation an, die das Ziel gehabt hätte, das Memelgebiet von Litauen loszureißen. Am 26.03.1935 verhängte das Gericht in Kowno (heute Kaunas) vier Todes- (später in lebenslang umgewandelt) und langjährige Zuchthausstrafen; 37 Angeklagte sprach es frei. Vgl. u.a. Der Mitteldeutsche. Anhaltische Tageszeitung, 27.03.1935; Anhalter Anzeiger, 28.03.1935.

524 Hitler gab am 16. März die Wiedereinführung der allgemeinen Wehrpflicht bekannt – ein Bruch des Versailler Vertrages. Völkerbund und Westmächte waren sich im Vorgehen gegen Deutschland uneins und ließen es bei „drohenden Warnungen" bewenden.

zeit letztmalig in Erscheinung trat, hat in den meisten Orten mit einer erfreulichen Mehreinnahme gegenüber den Vormonaten abgeschlossen. Wie schon mehrfach erwähnt, findet trotz der Häufigkeit, mit der Sammlungen usw. in diesem Winter veranstaltet worden sind, der Appell an die Opferwilligkeit in den breiten Volksschichten immer wieder Anklang; und gerade die ärmsten Kreise der Bevölkerung sind es, die für die Not ihrer Mitmenschen, im Verhältnis zu ihrem Einkommen gerechnet, das Meiste übrig haben. Verständlich wird es hiernach aber, wenn allgemeine Empörung sich gegen Elemente richtet, die glauben, eine günstige Konjunktur zur Bereicherung ihrer Geldbeutel ausnutzen oder Handlungen begehen zu können, die dem heutigen Volksempfinden ins Gesicht schlagen. Zwei Fälle dieser Art führten im letzten Monat zur Verhängung von Schutzhaft über die beteiligten Personen , und zwar handelt es sich in dem einen Falle um eine Hauswirtin in Dessau, die die hier bestehende Wohnungsknappheit in der unverschämtesten Weise ausgenutzt und von ihren Mietern, teils in ärmlichen Verhältnissen lebende Personen, Mieten gefordert hatte, die in keinem Verhältnis zu der Sachleistung standen, in dem anderen Falle um einen jüdischen Studenten aus Köthen, gegen den ein Verfahren wegen Sittlichkeitsverbrechen eingeleitet worden war. Als der Jude zur Wahrnehmung eines Termins in seiner Strafsache aus dem Auslande kommend in Köthen eingetroffen war, bildeten sich vor seiner elterlichen Villa Ansammlungen. Es wurden sämtliche Fensterscheiben des Hauses eingeworfen, auch ist mehrfach in die Wohnung geschossen worden. Erst nach Inschutzhaftnahme des Juden trat wieder Beruhigung in der Bevölkerung ein.[525]

B. Staatsfeindliche Bestrebungen
<u>1. KPD</u>

Die Bestrebungen der KPD in Anhalt halten nicht nur an, son-

---

525 Der „jüdische Student" war Felix Friedheim (1914–1988). Zum Vorfall siehe Biografischer Anhang.

Entlassungsschein des KZ Lichtenburg, 28. Oktober 1935

dern werden von Tag zu Tag intensiver. Die Abwehrarbeit der Staatspolizei kann in der Berichtszeit auf eine Anzahl schöner Erfolge zurückblicken. So ist z.B. in Oranienbaum (Kreis Dessau-Köthen) eine größere Aktion gegen die dort schon seit längerer Zeit illegal arbeitende „Rote Hilfe" unternommen worden, in deren Verlauf 14 Personen festgenommen worden sind. Weiter konnten im Februar d. Js. in Dessau verschiedene Festnahmen wegen Verbreitung illegaler kommunistischer Druckschriften vorgenommen werden. Allerdings ist der Arbeiter Gustav Ponanta, der in dem dringenden Verdacht steht, die Schriften durch einen Kurier empfangen und den Vertrieb organisiert zu haben, flüchtig geworden und konnte bisher nicht ergriffen werden. P[onanta] hat auch Anfang Januar d. Js. in Dessau die sogenannte Thälmann-Plakette zur Stärkung des Kampffonds für die politischen Gefangenen vertrieben. Nach längeren Beobachtungen ist es auch gelungen, in dem Zimmermann Richard

Krauthause, Dessau, den Verbreiter der illegalen Druckschrift „Die Tribüne", Organ der BL der KPD im Bezirk Magdeburg-Anhalt, zu ermitteln. Die Schriften sind durch einen besonderen Kurier von Magdeburg nach Dessau gebracht und hier dem Krauthause übergeben worden, der alsdann für ihre Weiterverbreitung gesorgt hat. Bei einem der Treffs ist auch über die Reorganisation des illegalen Parteiapparates für den Bezirk Dessau gesprochen worden. Der Stadtbezirk Dessau sollte im Maßstab der früheren Unterbezirke für sich organisiert werden. Als Organisationsleiter war Krauthause vorgesehen, der auch die notwendigen Kassierergeschäfte zunächst selbst besorgen und sich weitere zuverlässige Personen für die Mitarbeit heraussuchen sollte. Durch die Festnahme dieser mit Krauthause in Verbindung stehenden Personen hat jedenfalls die in Aussicht genommene Reorganisation der KPD in Dessau eine empfindliche Störung erfahren. Im Zusammenhang mit diesen Ermittlungen sind insgesamt 10 Personen festgenommen worden.

Ende März ist von der Anhaltischen Politischen Polizei eine größere Aktion im Süden von Dessau unternommen worden.[526] Durch Monatelange vertrauliche Beobachtungen war festgestellt worden, daß ein illegaler Wiederaufbau der KPD besonders in Jeßnitz und Raguhn unter Fühlungnahme mit der BL Halle-Merseburg vorbereitet worden war, auch sollten Beiträge kassiert und mit der BL Halle[-Merseburg] verrechnet, ferner kommunistische Druckschriften von Halle aus eingeführt worden sein. Im Verlaufe der Aktion sind 33 Personen festgenommen worden.[527] Bei den gleich-

---

526 Die „größere Aktion" fand in der Nacht vom 27. zum 28. März statt. Vgl. BArch, R 58/3739, Bl. 37.
527 Hermann Salomon, Arthur Oschmann, Alfred Macheleidt, Osmar Heinze, Anna Bobowski, Oskar Donner, Willi Niemann (alle Raguhn), Emil Herre, Friedrich Wittig, Paul Wittig, Wilhelm Bär, Franz Schröter, Wilhelm Schüler, Otto Ziegler, Stephan Bobowski, Richard Bär, Ernst Henze, Karl Thieme, Friedrich Winkemüller, Iwan Zinzinatow, Arno Schröter, Willi Heyer, Friedrich Neubert, Otto Krüger, Otto Pawlicki, Gustav Wittig, Franz Thieme, Otto Rechner, Kurt Schilbach, Frieda Wilke, Walter Scheller, Kurt Dost (alle Jeßnitz), Paul Rückwardt (Altjeßnitz). Ebd., Bl. 35 f. Die „Aktion" wird auch im Lagebericht der Stapo-

zeitig durchgeführten Durchsuchungen konnte allerdings außer einem Exemplar des „Inprekor[r]" vom Juli 1934 weiteres belastendes Material aus neuerer Zeit nicht gefunden werden. Es besteht aber die Vermutung, daß die beteiligten Personen von der durch die Staatspolizeistelle Halle durchgeführten Aktion gegen die illegale KPD in Mitteldeutschland Kenntnis erhalten[528] und rechtzeitig noch alles belastende Material bei Seite geschafft haben. Die Ermittlungen gestalten sich bei der Hartnäckigkeit, mit der die festgenommenen Personen jede illegale Betätigung abstreiten, außerordentlich schwierig. Als Pol[itischer] und Prop[aganda] Leiter ist der Maurer Gustav Wittig aus Jeßnitz anzusehen, der bisher eine Verbindung mit einem Halleschen Kurier und eine Weiterverbreitung von Druckschriften zugegeben hat. Die festgenommenen Personen sind fast durchweg ehemalige Funktionäre der KPD, die sich in den meisten Fällen in den Jahren 1933 und 34 für längere Zeit in Schutzhaft befunden haben.

Erfaßt sind im Laufe der Berichtszeit folgende kommunistische Druckschriften:
1. „Die Rote Fahne" (Reichsausgabe Ende November 1934)
2. „Romanperlen" Band 899 (Das Glück der Schwester Ellen Smith)
3. „Tribüne"   (Ausgabe vom November 1934)
4.   "   (Ausgabe vom Januar 1935)
5.   "   (Ausgabe vom Februar 1935)
6. „Die junge Garde" (Ausgabe Ende August 1934)
7. Druckschrift „Der Thälmann-Prozeß beginnt" (vom November 1934)

---

stelle Halle für April 1935 erwähnt. Dort heißt es, dass „auf Grund der Ermittlungen der Stapo Halle" die Dessauer Gestapo die 33 Personen festnehmen konnte. Vgl. Rupieper/Sperk, Bd. 2, S. 352.
528 Die „Aktion" der Staatspolizei Halle begann mit der Festnahme der illegalen KPD-BL Halle-Merseburg am 26.01.1935. In den nächsten Wochen kam es v.a. durch Verrat zur Aushebung der illegalen KPD-Organisation Halle-Merseburg (Vgl. ebd., S. 280–285, 311–316), die auch Auswirkungen auf den KPD-Bezirk Magdeburg-Anhalt besaß.

8. „Klassenkampf" (vom Februar 1935)
9. „Illustrierte Zeitung" AIZ, die auf der Titelseite das Bild Thälmanns, unterschrieben „Freiheit für Ernst Thälmann", trägt.
10. Druckschrift „Der Kampf gegen den Faschismus, der Kampf um die Macht, der Kampf um die Arbeiter- und Bauernrepublik in Spanien" (vom 5. Dezember 1934)
11. „Inprekor[r]" (vom Juli 1934)

2. SPD

Bei Durchsuchung der Wohnung eines ehemaligen Gewerkschaftssekretärs in Bernburg[529] sind illegale Druckschriften vorgefunden worden:
„Sozialistische Aktion" vom Dezember 1934 und
„Gegen Hunger und Kälte, opfert für das Winterhilfswerk 34/35".[530]

Hierbei ist festgestellt worden, daß die Nachrichtenübermittlung und Einführung sowie Verbreitung der illegalen SPD-Druckschriften aus der Tschechoslowakei vorwiegend durch frühere Gewerkschaftsangestellte, insbesondere des Metallarbeiterverbandes, besorgt wird.

Bei der Aktion in Jeßnitz ist auch der Buchdrucker Emil Herre festgenommen worden, der schon seit längerer Zeit unter dem Verdacht stand, unter dem Deckmantel der Werbetätigkeit für die Zeitschrift „Blick in die Zeit"[531] Propaganda für die illegale SPD

---

529 Dietrich Rüter (1880–1937). Vgl. Anna-Cathrine Aumüller: Dietrich Rüter, in: Siegfried Mielke/Stefan Heinz (Hg.) u. M. v. Marion Goers: Funktionäre des Deutschen Metallarbeiterverbandes im NS-Staat, Widerstand und Verfolgung, Berlin 2012, S. 480–482.
530 Tarnschrift (16 Seiten). Eigentlicher Inhalt: Anprangerung des WHW. Vgl. Gittig, S. 26.
531 Blick in die Zeit. Pressestimmen des In- und Auslandes zu Politik, Wirtschaft und Kultur, Wochenschrift von Funktionären der verbotenen sozialdemokratischen Kinderfreunde-Bewegung. Erscheinungsort: Berlin-Grunewald, Juni 1933 bis Aug. 1935, Auflage: ca. 100.000. Dazu ausführlich Herlemann, S. 123–129; Buchholz/Rother, S. 41. Vgl. auch Herbert Stapel: Rote Falken in Magde-

getrieben zu haben. Herre war früher Filialleiter des sozialdemokratischen Volksblattes[532] in Jeßnitz und hatte sich vor der Machtübernahme als besonders übler Hetzer gegen die NSDAP hervorgetan. Das bei ihm beschlagnahmte Material beweist, daß sich der Leserkreis der genannten Zeitschrift fast ausschließlich aus ehemaligen Marxisten[533] zusammensetzt. Hiernach dürften Verdachtsgründe obenerwähnter Art, besonders bei einem Mann wie Herre, der heute noch genau so wie früher dem Nationalsozialismus ablehnend gegenübersteht, nicht von der Hand zu weisen sein, selbst wenn die bisherigen Ermittlungen bestimmte Anhaltspunkte hierfür nicht gegeben haben. Auf jeden Fall scheint es angezeigt, den Vertretern und Kolporteuren der Zeitschrift „Blick in die Zeit" besonderes Augenmerk zu widmen.

C. Evangelische Kirche

Durch das auch in Anhalt ergangene Verbot der Abhaltung kirchlich konfessioneller Veranstaltungen in profanen Räumen[534] ist nach außen hin im evangelischen Kirchenstreit eine gewisse Beruhigung eingetreten. Dies darf aber nicht darüber hinwegtäuschen, daß der Kampf der Meinungen unter der Oberfläche desto heftiger weitergeführt wird. Hinzu kommt, daß die sogenannte bekennende Kirche einen immer größeren Zulauf von reaktionären und oppositionellen Elementen erhält, die in der Erörterung des Kirchenstreits nur eine willkommene Plattform für eine allmähliche Ingangsetzung des politischen Meinungsstreites und für

---

burg. Erinnerungen an die Kinderfreunde-Bewegung in Magdeburg 1920–1933, Oer-Erkenschwick 1996.
532 „Volksblatt für Anhalt": Tageszeitung der freien Gewerkschaften bzw. der SPD, Verbreitungsorte: Dessau, Zerbst, Roßlau, Coswig (Anhalt) und Jeßnitz.
533 In der Regel steht „Marxismus" in den Lageberichten für SPD, vereinzelt auch für beide Arbeiterparteien. Eine strikte Unterscheidung zwischen KPD- und SPD-Angehörigen nahm die Gestapo nicht immer vor.
534 Siehe Fußnote 497.

eine erhoffte Verbreitung ihrer politischen Ansichten und Wünsche erblicken. Wenn von diesen Kreisen mit offensichtlicher Genugtuung darauf hingewiesen wird, daß die Deutschen Christen[535] sich nicht durchzusetzen vermögen, so darf aus diesem Unvermögen keinesfalls der Schluß gezogen werden, als ob die evangelische Bevölkerung der Bekenntnisfront zugetan sei. Eine etwaige Abstimmung würde sofort das Gegenteil beweisen. Wenn es zugelassen würde, daß an die Spitze der Reichskirchen-Regierung Männer der Bekenntnisfront kämen, so würde das im Volke ohne allen Zweifel als ein Sieg der Reaktion aufgefaßt werden.

Die Bekenntnisgemeinde entfaltet durch Abhaltung von geschlossenen Mitgliederversammlungen usw. nach wie vor eine rege Tätigkeit. In Köthen ist bei einer solchen Gelegenheit eine Druckschrift an die Mitglieder, betitelt „Wider die falschen Götter", Verlag Rhein. Westf. Gemeindetag „Unter dem Wort", verteilt worden. Da die Ausführungen in der Schrift über den Rahmen einer sachlichen Auseinandersetzung über den Kirchenstreit hinauszugehen [richtig: hinausgehen] und Angriffe gegen den Staat und seine Organe enthalten, ist die Beschlagnahme und Einziehung der Druckschrift angeordnet worden. In einem anderen Fall haben die Anhänger der Bekenntnisgemeinde in ihrem Betätigungsdrang sogar die gesetzlichen Vorschriften außer Acht gelassen. Bei einer öffentlichen Sitzung des Landeskirchentages in Dessau am 12.3.35 ist eine Druckschrift, die Ausführungen über die Rechtswirksamkeit der Eingliederung der evangelischen Landeskirche Anhalts in

---

535 Bereits 1930 entstandene Bewegung, die sowohl eine Synthese von Nationalsozialismus und Christentum als auch den Zusammenschluss der 29 ev. Landeskirchen zu einer Reichskirche anstrebte. Im Juli 1933 gewannen die DC die Kirchenwahlen und besetzten fortan Schlüsselstellungen in den Landeskirchen. Zudem verfügten sie über die Mehrheit in der Generalsynode der Ev. Kirche. Im Nov. 1933 spalteten sie sich in Kirchenbewegung DC und Reichsbewegung DC. Mit der Spaltung sank auch ihre Wirkung. Die Forschung geht davon aus, dass etwa ein Drittel der Pfarrer DC-Anhänger oder -Sympathisanten war. Vgl. Kurt Meier: Die Deutschen Christen. Das Bild einer Bewegung im Dritten Reich, Halle 1964.

die evangelische Kirche der altpreußischen Union enthält, auch an Zuhörer verteilt worden. Da sich auf der Druckschrift keine Angabe über den Drucker befindet, liegt ein Verstoß gegen die pressgesetzlichen Vorschriften vor. Die Untersuchung der Angelegenheit ist im Gang. Alles dies und insbesondere auch der Verlauf der aus Anlaß der Herausgabe der Kanzelabkündigung der Bekenntnissynode vom 5.3.35[536] getroffenen Maßnahmen lassen erkennen, daß eine endgültige Beilegung des Kirchenstreites letzten Endes nur durch staatliches Eingreifen möglich ist. – Von den anhaltischen Geistlichen hatten drei Pfarrer in Dessau ihre Unterschrift zu der am 16.3.1935 geforderten Erklärung verweigert. Sie wurden in Schutzhaft genommen. Ihre Entlassung erfolgte am 18. März 1935, nachdem sie die Erklärung unterschrieben hatten.[537] Auf Grund der zwischen dem Präses der Bekenntnisgemeinde[538] und dem Reichsinnenminister getroffenen Vereinbarungen gaben einige Zeit später drei Pfarrer, unter ihnen der bereits am 16.3. in Schutzhaft genommene Pfarrer Hoffmann in Dessau, eine Erklärung ab, daß sie die

---

536 Die 2. Bekenntnissynode der Ev. Kirche der altpreuß. Union beschloss für den Heldengedenktag am 17.03.1935 eine Kanzelabkündigung gegen die NS-Rassenideologie und das „völkische Neuheidentum" (Deutsche Glaubensbewegung). Reichsinnenminister Frick verbot die Verlesung. Ein Teil der Pfarrer weigerte sich, eine schriftliche Verpflichtung zu unterschreiben, die Kanzelabkündigung nicht zu verlesen. Ein anderer Teil unterschrieb, verlas sie aber dennoch. Daraufhin nahm die Gestapo einige Geistliche in Schutzhaft. Vgl. Meier, Kirchenkampf, Bd. 2, S. 158. Der Text der Kanzelabkündigung in LASA, C 48, Ie Nr. 1180, Bl. 133f.

537 Am 16.03.1935 wurden die Pastoren Gerhard Hoffmann (1880–1962) und Georg Fiedler (1888–1949), einen Tag später der Pfarrer Martin Schmidt, alle Dessau, in Schutzhaft genommen. Am 18.03. erklärte Loeper in einem Erlass an den LKR u.a., er werde „jedem Versuch der Auflehnung gegen das Kirchenregiment oder Beunruhigung der Bevölkerung, von welchen Seiten er auch kommen möge, unverzüglich mit den schärfsten staatlichen Mitteln begegnen". LASA, Z 134, Nr. 76, Bl. 37.

538 Karl Koch (1876–1951), u.a. 1934–1936 Vors. des Bruderrates der Kirche der altpreuß. Union und Präses ihrer Bekenntnissynoden bzw. der Reichsbekenntnissynoden. Vgl. u.a. Biographisch-Bibliographisches Kirchenlexikon, Bd. 4, Herzberg 1992, Sp. 215–220.

damals geleistete Unterschrift zurückzögen und die eingegangene Verpflichtung für sie nicht mehr bindend sei.[539] Der Reichsstatthalter in Braunschweig und Anhalt, dem dies inzwischen zur Kenntnis gelangt war, ordnete die sofortige Inschutzhaftnahme der in Betracht kommenden Geistlichen an.[540] Die Schutzhaft sollte nach Anordnung des Reichsstatthalters solange aufrechterhalten werden, bis die Pfarrer endgültig darauf verzichteten, die Kanzelabkündigung zu verlesen. Die drei Geistlichen gaben, als ihnen die Auffassung des Reichsstatthalters bekannt gegeben wurde, eine erneute schriftliche Erklärung in dem bezeichneten Sinne ab. Sie wurden darauf nach kurzer Inhaftierung wieder freigelassen.

D. Politischer Katholizismus

Wenn die katholische Aktion[541] in Anhalt bisher nicht besonders in Erscheinung getreten ist, so lag dies in der Hauptsache daran, daß Katholiken in Anhalt nur 2,5% der Gesamtbevölkerung ausmachen.[542] Immerhin verdient Beachtung, daß in einem kleine-

---

539 Die Angabe im Lagebericht ist vermutlich falsch. Wie den umfangreichen Überlieferungen von Martin Müller zu entnehmen ist, nahmen nur zwei Pfarrer ihre Unterschrift zurück: Gerhard Hoffmann und Bruno Hoffmann (1875–1957). Vgl. AELKA, B 17 (Nachlass Martin Müller), Dokumentation des Kirchenkampfes [...], Mappe 3, Nr. 223, Nr. 224, Nr. 225, Nr. 228.

540 Auch Pastor Bruno Hoffmann aus Ballenstedt kam am 29.03.1935 für einige Stunden in Schutzhaft, nachdem er in einem Schreiben an die Polizeiverwaltung Ballenstedt vom 27.03.1935 das Verlesen der Kanzelabkündigung angekündigt hatte. Vgl. LASA, Z 134, Nr. 76, Bl. 45.

541 Katholische Laienbewegung, die von bischöflicher Kontrolle weitgehend unabhängig war und eine christliche Gesellschaft anstrebte. Nach Ende des politischen Katholizismus (Verbot bzw. Selbstauflösung des Zentrums und der Bayerischen Volkspartei Juli 1933) bekämpfte das NS-Regime die Bewegung vehement. Sie wird in den Lageberichten auch als „politischer Katholizismus" tituliert. Vgl. Enzyklopädie, S. 542.

542 Nach der Volkszählung vom 16.06.1933 lag der Anteil bei 3,6%. Vgl. ABlfA 1933, S. 366ff.

ren Orte Anhalts durch den dortigen katholischen Geistlichen[543] kürzlich erst ein katholischer Frauen- und Mütterverein neu gebildet wurde.[544]

E. Juden und Freimaurer

Von allen Seiten wird über die zunehmende Versammlungstätigkeit der Juden berichtet. Manchmal haben jüdische Vereinigungen wöchentlich 1 – 2 Veranstaltungen abgehalten. Meistens sind hierbei Vorträge über die jüdische Geschichte, Gemeindeangelegenheiten und Schulungsvorträge für die jüdische Jugend über Auswanderungsmöglichkeiten nach Palästina gehalten worden. Ausführungen von symptomatischer Bedeutung oder solche, die zu polizeilichem Einschreiten Veranlassung gegeben hätten, sind in den Versammlungen nicht gemacht worden. Mit Rücksicht auf Überwachungsschwierigkeiten ist den Juden in den größeren Orten eine Einschränkung ihrer Versammlungstätigkeit auferlegt worden. Die Durchführung des Flaggenerlasses des Politischen Polizeikommandeurs vom 12.2.1935[545] hat unter den Juden großen Unwillen hervorgerufen und zahlreiche schriftliche Eingaben und persönliche Vorstellungen, teils sogar bei den Reichsinstanzen in

---

543 Albert Bartels (1906–1944), Pfarrvikar in Görzig. Für die Identifizierung des Geistlichen sowie dessen Biografie dankt der Autor Lic.iur.can. Daniel Lorek, Bistumsarchivar des Bistums Magdeburg.
544 Mit dem „kleineren Orte" ist Görzig gemeint. Siehe Lagebericht Nr. 14 „D. Politischer Katholizismus".
545 Das Gestapa hatte per Erlass vom 12.02.1935 Juden das Hissen der Reichsflaggen – zu diesem Zeitpunkt der Hakenkreuz- und der schwarz-weiß-roten Fahne des Kaiserreichs – an ihren Wohnungen und Geschäften untersagt. Vgl. Joseph Walk (Hg.): Das Sonderrecht für die Juden im NS-Staat. Eine Sammlung der gesetzlichen Maßnahmen und Richtlinien – Inhalt und Bedeutung, Heidelberg/Karlsruhe 1981, S. 105. Am 27.04.1935 bekräftigte Reichsinnenminister Frick den Erlass, indem er anordnete, dass das Hissen der Reichsflaggen, insbesondere der Hakenkreuzfahne, durch Juden zu unterbleiben habe. Vgl. BArch, R 72/1319; LASA, C 48, Ie Nr. 1171, Bl. 113.

Berlin, zur Folge gehabt. Auch den Behörden bereitete die Durchführung des Erlasses mit Rücksicht auf die ihnen kurz hintereinander zugehenden aufhebenden bezw. wieder inkraftsetzenden Anordnungen nicht unbeträchtliche Schwierigkeiten.

Es ist beobachtet worden, daß sich die Angehörigen der ehemaligen Freimaurerlogen in zunehmendem Maße in losen Vereinigungen, angeblich mit dem Ziele der Pflege der Geselligkeit, zusammenschließen. Der Verdacht ist nicht von der Hand zu weisen, daß hiermit Bestrebungen verfolgt werden, die sich mit den heutigen Staatsinteressen nicht in Einklang bringen lassen. Es ist daher angeordnet worden, daß alle Versammlungen und Veranstaltungen dieser Vereinigungen zu überwachen und die Namen der Teilnehmer durch Einzeichnung in einer Anwesenheitsliste festzustellen sind.

In Anhalt hat sich nur eine Freimaurerloge, und zwar die Loge Alexius zur Beständigkeit in Bernburg[546], formell noch nicht aufgelöst. Nachdem jetzt die altpreußischen Logen ihre Bereitwilligkeit zur Auflösung erklärt haben,[547] ist zu hoffen, daß nunmehr auch die Bernburger Loge endgültig verschwinden wird.

F. Kulturpolitik (insbesondere Presse)

---

546 Die Loge wurde 1817 gegründet und hatte 1933 124 Mitglieder. Am 15. bzw. 21.07.1935 löste sie sich selbst auf bzw. wurde aufgelöst und verboten, ihr Vermögen konfisziert. Vgl. Karl Heinz Francke/Ernst-Günther Geppert: Die Freimaurer-Logen Deutschlands und deren Grosslogen 1737–1985. Matrikel und Stammbuch, Bayreuth 1988, S. 75; vgl. Gerd Scharfenberg: Die Bernburger Freimaurerloge „Alexius zur Beständigkeit", in: Bernburger Heimatblätter 1995, S. 16–19. Siehe auch www.alexius-zur-bestaendigkeit.de.
547 Die altpreußischen Logen lösten sich am 21.07.1935 auf. Vgl. Overesch/Saal, S. 222.

G. Wirtschafts- und Agrarpolitik

Die Arbeitsmarktlage in Anhalt kann im allgemeinen als durchaus günstig bezeichnet werden. Es ist ein ständiger und außerordentlich beachtenswerter Rückgang der Arbeitslosigkeit zu verzeichnen.[548] Hierbei muß besonders hervorgehoben werden, daß Notstandsmaßnahmen in diesem Winter in geringerem Umfange als im Vorjahre durchgeführt worden sind, daß also feststeht, daß die private Wirtschaft immer mehr den Arbeitsmarkt zu entlasten in der Lage ist. In Dessau herrscht sogar ein fühlbarer Mangel an guten Kräften.[549] Facharbeiter müssen teilweise sogar von auswärts herangezogen werden. In Zerbst befanden sich am Ende der Berichtszeit etwa 450 männliche und 50 weibliche Arbeitslose. Die männlichen Arbeitslosen setzen sich nach wie vor in der Hauptsache aus ungelernten Arbeitern, Glasbläsern und Tischlern zusammen. Bei den Frauen handelt es sich insbesondere um solche, die in Gärtnereibetrieben arbeiten und voraussichtlich in allernächster Zeit wieder in den Arbeitsprozeß eingereiht werden können. Lediglich in Bernburg ist die Zahl der Erwerbslosen immer noch verhältnismäßig groß. Trotz angestrengter Bemühungen aller beteiligten Stellen ist es bisher nicht möglich gewesen, neue Industriezweige in Bernburg zu errichten.[550] Auch der Beschäftigungsgrad

---

548 Zur Reduktion der Arbeitslosen in den Arbeitsamtsbezirken Dessau und Bernburg von Jan. 1934 bis Juni 1935 siehe Lageberichte Nr. 16 u. Nr. 17 jeweils „G. Wirtschafts- und Agrarpolitik".
549 Zu Beginn des Jahres 1935 stellte sich im gesamten Deutschen Reich in verschiedenen Wirtschaftsbereichen ein allmählicher Fachkräftemangel ein. Ursache war die angelaufene Rüstungsproduktion.
550 Ende Dez. 1934 waren im Bezirk des Arbeitsamtes Bernburg-Stadt (ca. 38.000 Einwohner) 2.083, Ende Jan. 1935 sogar 2.552 Erwerbslose gemeldet (Arbeitslosenquote 6,7%). Die Stadt lag über der durchschnittlichen Arbeitslosenquote in Anhalt, die Ende Jan. 1935 unter 5% lag. Vgl. LASA, Z 109, Nr. 2045, Bl. 121, 125f. Die wichtigsten Säulen der Wirtschaft waren der größte Betrieb der Stadt, die Solvay-Werke, sowie die 1913 begonnene Kalisalzförderung, wobei zahlreiche Bergwerke der Umgebung stilllagen. Erst ab 1936 gelang es durch die

in den dort bestehenden Industriezweigen ist gegen den Vormonat nicht günstiger geworden.

H. Verschiedenes

Ansiedlung einer Endmontagefabrik der Junkers-Werke in Bernburg-Strenzfeld (vgl. u.a. Auf der Suche nach der Wahrheit. Der Fliegerhorst Bernburg und die Junkers Flugzeug- und Motorenwerke AG, Flugzeugbau, Zweigwerk Bernburg 1936–1945, Bernburg 1997; Jakob Kachelmann: Das ehemalige Werksgelände der Junkers Flugzeug- und Motorenwerke in Bernburg-Strenzfeld aus heutiger Sicht, in: Bernburger Heimatblätter 1999, S. 55–60, siehe auch Arbeitskreis „Junkerswerk und Fliegerhorst Bernburg", der eine ständige Ausstellung in der Strenzfelder Allee 28, Haus 3, Kellergeschoss betreut) sowie dem Einzug der Fliegergarnison in Bernburg-Waldau am 18.04.1936 (vgl. u.a. Bernburg, die jüngste deutsche Fliegergarnison, in: Der Mitteldeutsche. Anhaltische Tageszeitung, Sonderbeilage „Unsere Wehrmacht", 20.04.1936) die Arbeitslosigkeit in Bernburg zu verringern.

Nr. 14

Lagebericht des Anhaltischen Staatsministers für April und Mai 1935

Bundesarchiv, R 58/3625, Bl. 45–54

Anhaltisches Staatsministerium   Dessau, den 14. Juni 1935
    Abteilung Inneres
                [...]
  An
    das Reichs- und Preußische Ministerium
      des Innern,
    z. Hd. des Herrn Regierungsrat Dr. Gisevius,
             <u>Berlin,</u>
       Unter den Linden 72/74
               [...]

In der Anlage überreichen wir den Bericht über die politische Lage in Anhalt in den Monaten April und Mai 1935 in doppelter Ausfertigung.

        Anhaltisches Staatsministerium,
            Abteilung Inneres
       [Unterschrift: Freyberg]
               [...]

A. Allgemeines

Wesentliches im Hinblick auf die innerpolitische Entwicklung ist in der Berichtszeit nicht vorgefallen. Der Geburtstag des Führers fand, wie alles, was Adolf Hitler angeht, freudigen Widerhall in der Bevölkerung, wofür die durchweg gute Beflaggung als Kennzeichen gelten kann.

Einweihungsfeier der „Brücke der SA" in Bernburg am 14. April 1935: Von links u. a. Oberbürgermeister Max Eggert, Alfred Freyberg, Wilhelm Friedrich Loeper, Oberpräsident Curt von Ulrich, Viktor Lutze

Die „Brücke der SA" in Bernburg, Foto von 1935

Die Vertrauensratswahlen[551] sind ordnungsgemäß und ohne Störungen verlaufen. Nur in einem größeren Betriebe in Coswig wurde die Wahl auf Anordnung des Treuhänders der Arbeit[552] nicht durchgeführt und von diesem ein kommissarischer Vertrauensrat eingesetzt, weil vor der Wahl die im Betrieb ausgehängte Liste der vorgeschlagenen Personen mehrfach durchstrichen worden und durch Anschreiben von Wahlparolen an Bretterzäunen in der Nähe des Werkes öffentlich gegen den Wahlvorschlag Stellung genommen [worden] war. Die angestellten Ermittlungen ergaben, daß diese Propaganda nicht auf Einflüsse kommunistischer oder sonstiger staatsfeindlicher Elemente, sondern darauf zurückzuführen war, daß ein großer Teil der Belegschaft die Liste aus dem Grunde beanstandete, weil bei ihrer Aufstellung nicht der jetzige Betriebs-

---

551 Die Vertrauensräte, eine obligatorische Einrichtung für Betriebe mit über 20 Beschäftigten, wurden mit dem „Gesetz zur Ordnung der nationalen Arbeit" vom 20.01.1934 (RGBl. 1934 Teil I, S. 45) geschaffen. Von den Belegschaften erstmals im April 1934 für jeweils ein Jahr gewählt, ersetzten sie die aufgelösten Betriebsräte, verfügten jedoch nicht über deren Mitwirkungsrechte. Vgl. Matthias Frese: Nationalsozialistische Vertrauensräte. Zur Betriebspolitik im „Dritten Reich", in: Gewerkschaftliche Monatshefte, 43 (1992) Heft 4/5, S. 281–297. Die zweiten Wahlen fanden am 12.04.1935 statt. Trotz strenger Kontrollen sprachen sich rund 25 % der Wahlberechtigten durch Nein- und ungültige Stimmen bzw. Fernbleiben gegen die NS-Kandidaten aus. Die DAF gab ein manipuliertes Ergebnis von 84,5 % Ja-Stimmen bekannt. Vgl. Overesch/Saal, S. 204 f. Für den Gau Magdeburg-Anhalt vermeldete sie 86 % Ja-Stimmen. Die Front des Vertrauens, in: Der Mitteldeutsche. Köthener Tagespost, 29.04.1935. Zu den Meldungen über Wahlergebnisse in einzelnen Betrieben Anhalts siehe ebd., 13./15.04.1935; Die Deutsche Arbeitsfront, Kreis Köthen, im Monat April, in: ebd., 07.05.1935; Die Vertrauensratswahlen, in: Anhalter Anzeiger, 18.04.1935; BArch, R 58/3739, Bl. 44.
552 Das Ziel der mit „Gesetz über Treuhänder der Arbeit" vom 19.05.1933 (RGBl. 1933 Teil I, S. 285) geschaffenen Einrichtung war die „Erhaltung des Arbeitsfriedens". Als staatliche Organe überwachten die Treuhänder die Einhaltung der Tarifverträge, überarbeiteten diese und erließen neue Tarifordnungen (sämtliche Tarifverträge wurden am 01.05.1934 aufgehoben). Damit wurde die Tarifautonomie beseitigt. Sie wachten über die Vertrauensräte und die Einhaltung der Betriebsordnungen und konnten in Streitfällen oder Entlassungsfragen entscheiden. Vgl. Enzyklopädie, S. 697.

zellenobmann[553], ein alter Parteigenosse[554], sondern der damalige Obmann, ein Nichtparteigenosse, mitgewirkt hatte und dabei auch Leute aufgestellt [worden] waren, deren politische Vergangenheit zu Bedenken Anlaß gab.

In Bernburg fand am 14.4.1935 in Anwesenheit des Stabschefs der SA Lutze und des Reichsstatthalters in Braunschweig und Anhalt die Einweihung der neuen Brücke (Brücke der SA) statt, an der nicht nur die gesamte Bevölkerung Bernburgs, sondern auch eine große Anzahl auswärtiger Volksgenossen teilnahm.[555] Dem Aufruf der Stadtverwaltung, zu Ehren des Stabschefs und des Reichsstatthalters die Gebäude zu schmücken und zu beflaggen, war die Bevölkerung restlos nachgekommen. Im Anschluß an die Brückenweihe wurde das sogenannte Richtfest im großen und kleinen Saal des Kurhauses gefeiert, das infolge seiner Zusammensetzung aus allen Kreisen der Bevölkerung, und zwar vom Reichsstatthalter, Stabschef, von Vertretern der Reichsministerien, der Wehrmacht, der nationalen Verbände, Spitzen vieler Behörden, Vertretern aus

---

553 Die Nationalsozialistische Betriebszellenorganisation (NSBO) entstand 1928 aus den in Großbetrieben gebildeten NSDAP-Betriebsgruppen. Sie sollte keine Gewerkschaftsarbeit leisten, sondern möglichst viele Arbeiter für die NSDAP gewinnen. Obwohl sie 1932 etwa 300.000 Mitglieder hatte, besaß sie keinen größeren Einfluss. Seit Mai 1933 übernahm die DAF ihre Aufgaben, in der sie schließlich aufging. Vgl. Volker Kratzenberg: Arbeiter auf dem Weg zu Hitler? Die Nationalsozialistische Betriebszellen-Organisation. Ihre Entstehung, ihre Programmatik, ihr Scheitern 1927–1934, Frankfurt am Main u.a. 1987.
554 Parteigenosse (Pg.), Mitglied der NSDAP.
555 Die neue, 61,5 m lange Brücke – seit Januar 1934 im Bau – war seit 01.09.1934 für Fußgänger und Radfahrer, seit 31.12.1934 auch für den Autoverkehr freigegeben. Mit Fertigstellung wurde die alte Saalebrücke abgerissen. Wegen Loepers Anordnung Anfang Dezember 1934, das Bauwerk „Brücke der SA" zu nennen (ursprünglich sollte sie seinen Namen tragen), fand die feierliche Einweihung erst am 14.04.1935 statt. An der Brücke wurde die Statue eines überlebensgroßen SA-Mannes mit der Inschrift: „Der Furcht so fern, dem Tod so nah. Heil Dir, SA!" aufgestellt. Am 12. und 13.04.1945 wurde die Brücke gesprengt. „Brücke der SA", in: Der Mitteldeutsche. Anhaltische Tageszeitung, 10.12.1934, S. 1; Die Brücke der SA fertig, in: ebd., 31.12.1934; Brückenweihe in Bernburg, in: Anhalter Anzeiger, 15.04.1935; vgl. Ebersbach, S. 207f., 258.

Industrie, Handel, Handwerk bis zu allen Arten von Arbeitnehmern in zwanglosem Beisammensein unter ausdrücklicher Weglassung einer Tischordnung, einen Ausdruck wahrer Volksverbundenheit darstellte.

Der 1. Mai ist in Anhalt ruhig und ohne Störungen verlaufen. Die Beteiligung der Bevölkerung an den offiziellen und inoffiziellen Feiern war außerordentlich rege, selbst wenn man bedenkt, daß die Veranstaltungen im Freien, sowohl was die Teilnehmerzahl als auch die Stimmung anbelangt, durch die kalte Witterung etwas ungünstig beeinflußt wurden. Die Beflaggung und Ausschmückung der Häuser ließ kaum etwas zu wünschen übrig. Mehr und mehr fühlt man, vornehmlich in den Kreisen unserer deutschen Handarbeiterschaft, daß dieser Tag ihr Festtag ist.

Mit großer Spannung ist in der Bevölkerung die Rede des Führers und Reichskanzlers am 21. Mai 1935[556] erwartet worden. Die Rede hat überall großen Eindruck hinterlassen. Man hofft, daß durch die Ausführungen des Führers das Ausland Verständnis für die von der Reichsregierung am gleichen Tage beschlossenen gesetzlichen Maßnahmen (Wehrgesetz)[557] aufbringen wird und daß sich auch neue Wege für ein friedliches Zusammenarbeiten der Völker finden werden.

---

556 Hitler hielt an dem Tag eine Rede zur Begründung der deutschen Wehrpolitik, in der er 13 Punkte zur Außenpolitik und „Erhaltung des Friedens" verkündete. Im Ergebnis der Rede wurde nicht nur das Wehrgesetz, sondern auch das geheime Reichsverteidigungsgesetz erlassen, das die Wirtschaft zur Rüstungsproduktion verpflichtete. Zugleich kam es zur Ernennung des Reichs- und Preuß. Wirtschaftsministers Hjalmar Schacht zum „Generalbevollmächtigten für die Kriegswirtschaft". Vgl. Overesch/Saal, S. 212.
557 Nach dem Wehrgesetz vom 21.05.1935 bestand die einjährige Wehrpflicht vom 18. bis zum 45. Lebensjahr. Oberster Befehlshaber der Wehrmacht war Hitler. „Arische" Abstammung war Voraussetzung für den aktiven Wehrdienst; Juden waren von ihm ausgeschlossen. Im Kriegsfall konnte jeder Deutsche zur „Dienstleistung für das Vaterland verpflichtet" werden. RGBl. 1935 Teil I, S. 609.

B. Staatsfeindliche Bestrebungen
1. KPD – SPD

Hinsichtlich der illegalen Tätigkeit der KPD sind bemerkenswerte Feststellungen in der Berichtszeit nicht gemacht worden. Es hat den Anschein, also ob die in den Vormonaten von der Anhaltischen Politischen Polizei unternommenen größeren Aktionen abschreckend gewirkt haben und dadurch, wenn schließlich auch nur vorübergehend, einige Ruhe eingetreten ist.

Am 14. Mai 1935 ist in Dessau das kommunistische Flugblatt „Zum 1. Mai" erfaßt worden. Ein Lastzug aus Berlin hatte an dem Tage bei einer hiesigen Firma Kabel abgeliefert.[558] Kurz nach der Weiterfahrt des Lastzuges ist auf der Abladestelle das bezeichnete Flugblatt vorgefunden worden. Es besteht der dringende Verdacht, daß die Druckschrift von dem Führer oder Begleiter des Lastzuges absichtlich dort liegengelassen worden ist. Ermittlungen sind in die Wege geleitet worden.

Im Verlaufe eines Ermittlungsverfahrens wegen Verbreitung kommunistischer Druckschriften sind
der Dachdecker Albert Böhlmann[559], geb. 31.3.05 in Dessau und
der Arbeiter Max Back[560], geb. 20.11.02 in Groß-Räschen
hier festgenommen worden. Back hatte von dem Arbeiter Gustav Ponanta aus Dessau, der zur Zeit flüchtig ist, im Januar d. Js. eine Anzahl kommunistischer Schriften erhalten und diese an Böhlmann und noch zwei weitere Personen, die sich bereits in Untersuchungshaft befinden, weitergeleitet. Die aus dem Vertrieb der Schriften vereinnahmten Gelder hat Ponanta in Empfang genommen. Dieser konnte trotz Ausschreibens im Steckbriefregister bisher nicht ermittelt werden.

---

558 Es handelt sich um die Berliner Firma Adolf Koch sowie um die Elektro-Großhandel AG in Dessau-Jonitz. Vgl. BArch, R 58/2107d, Bl. 9.
559 Albert Böhlmann (1905–1975).
560 Max Back (1902–1959).

Vom Kammergericht Berlin sind wegen Vorbereitung zum Hochverrat bestraft worden:
der Wagenlackierer Paul Wolle[561], Dessau, zu 2 Jahren Gefängnis,
der Bauarbeiter Robert Schirrmacher, Dessau-Ziebigk, zu 2 Jahren 6 Monaten Zuchthaus,
der Zimmermann Richard Krauthause, Dessau, zu 3 Jahren 6 Monaten Zuchthaus.

Am 29. Mai ist der in den Junkerswerken beschäftigte Helfer Kurt Meier[562], geb. 27.3.1914, wegen Verübung eines Sabotageaktes festgenommen worden. Meier hatte an einem Flugzeug zwei zur Steuerung gehörige Muttern mit den Splinten entfernt, und zwar in der Absicht, dem Flugzeugführer beim nächsten Flug Schwierigkeiten zu bereiten, evtl. auch, um das Flugzeug abstürzen zu sehen. Meier hatte wegen unbefugten Mitfliegens mit seiner Entlassung aus dem Werk zu rechnen. Er behauptete, die Tat aus Rache verübt zu haben. In politischer Hinsicht ist Nachteiliges bisher über Meier nicht bekannt, es haben sich bisher auch keine Anhaltspunkte dafür ergeben, daß er im Auftrage anderer Personen gehandelt hat. Die Angelegenheit ist der Staatsanwaltschaft zugeleitet worden.

In der Nacht vom 8. zum 9. v. Mts. sind auf die Hauptverkehrsstraßen zwischen Dessau und Zerbst an 10 Stellen, die sich auf eine Strecke von 4 km verteilen, quer über die Fahrbahn, zum Teil auch an die Kante der Fahrbahn, eine Anzahl großer Pflastersteine niedergelegt worden, jedenfalls in der Absicht, Unglücksfälle hervorzurufen. Die Steine sind den rechts und links der Straße zur Hauptpflasterung der Fahrbahn angesammelten Steinhaufen entnommen worden. Der Kraftwagenverkehr auf dieser Straße ist außerordentlich lebhaft. Die Steine waren so wohl überlegt verteilt, daß zum mindesten bei Begegnung von Kraftfahrzeugen an den betreffenden Stellen Unglücksfälle hätten entstehen müssen. Es lag hier also

---
561 Paul Wolle (1887–1939).
562 Kurt Meier (1914–1972).

nicht etwa ein dummer Jungenstreich, sondern eine wohlüberlegte verbrecherische Transportgefährdung vor. Leider sind die Ermittlungen nach den Tätern ergebnislos geblieben. Unglücksfälle konnten durch rechtzeitige Beseitigung der Steine vermieden werden.

C. Evangelischer Kirchenstreit

Die unter den Pastoren bestehenden Meinungsverschiedenheiten wirken sich jetzt anscheinend dahin aus, daß das Interesse der Bevölkerung an der Kirche mehr und mehr abnimmt. Der Besuch der Gottesdienste wird von manchen Stellen als geradezu trostlos bezeichnet.

Ein für den 15. Mai in Köthen angesetzter Pfarrerbrudertag ist von der örtlichen Polizeibehörde verboten worden, weil versäumt worden war, die Veranstaltung polizeilich anzumelden.

Über den Bekenntnispfarrer Waldemar Schröter[563] aus Bernburg, dessen Betätigung im Kirchenstreit schon mehrfach zu Beanstandungen geführt hatte, wurde jetzt ein Redeverbot verhängt.[564] Den äußeren Anlaß gab hierzu, daß er am 3. Mai eine Versammlung der Bekenntnisgemeinde in Köthen ohne die vorgeschriebene polizeiliche Anmeldung durchgeführt hatte.

Die Nr. 5 des Gemeindeblattes für Jeßnitz und Bobbau vom Mai 1935 mußte wegen eines darin veröffentlichten Artikels „Deutscher Glaube" polizeilich beschlagnahmt werden.[565]

In Dessau wurde am 28.4.1935 in den Abendstunden eine Druckschrift, betitelt „Still gestanden", herausgegeben vom Jugend-

---

563 Waldemar Schröter (1901–1986).
564 Das Gestapo-Schreiben stammte vom 22.05.; Schröter erhielt es am 26.05.1935. Das Redeverbot berührte allerdings nicht die „Tätigkeit als Pfarrer in Predigt, Amtshandlungen und Konfirmandenunterricht". Vgl. AELKA, B 17 (Nachlass Martin Müller), Dokumentation des Kirchenkampfes [...], Nr. 86.
565 Der Artikel stammte vom früheren Pfarrer und Kirchenrat in Jeßnitz, Dr. theol. Ewald Stier (1864–1946), der sich seit 1933 im Ruhestand befand und im Nov. 1938 aus der BK austrat. Inhaltlich richtete er sich gegen die Kirchenpolitik der Nationalsozialisten. Vgl. ebd., B 17 (Nachlass Martin Müller), Dokumentation des Kirchenkampfes [...], Mappe 3, Nr. 256; ebd., Mappe 10, Nr. 1627.

bundverlag, Woltersdorf bei Erkner, auf den Straßen verteilt. Die örtliche Polizeibehörde hat auf Grund des §7 der Verordnung vom 4.2.1933 die Beschlagnahme und Einziehung der Druckschrift angeordnet, ferner auch auf Grund des §1 der genannten Verordnung[566] einen für den 30. Mai in der Nähe des Forsthauses Bocksbrändchen geplanten öffentlichen Waldgottesdienst untersagt.

D. Politischer Katholizismus

Bei der Caritas-Sammlung am 18. und 19. v. Mts. haben sich hier irgendwelche Zwischenfälle nicht ergeben. In Osternienburg wurde trotz des ergangenen Verbots ein Flugblatt, betitelt „Der Deutsche Caritas-Volkstag", verbreitet. Ermittlungen sind in die Wege geleitet.

Von einer auffälligen Betriebsamkeit des Wolfener katholischen Geistlichen[567] wird aus Jeßnitz berichtet. Dort ist jetzt der Geistliche sehr häufig auf seinem Leichtmotorrad in den Straßen der Stadt zu sehen.

Schon seit längerer Zeit ist aufgefallen, daß ein katholischer Vikar in Görzig[568] (Kreis Köthen) eine außerordentlich rege Tätigkeit entfaltet, trotzdem die Bevölkerung des Ortes überwiegend evangelischer Konfession ist. Nachdem erst kürzlich von dem Geistlichen ein „Katholischer Frauen- und Mütterverein" gegründet worden ist, hat die Katholische Kirche jetzt ein größeres Grundstück gekauft und es für ihre Zwecke hergerichtet.

---

566 Verordnung des Reichspräsidenten zum Schutze des Deutschen Volkes, 04.02.1933. RGBl. 1933 Teil I, S. 35–40. §7, Abs. 1: „Druckschriften, deren Inhalt geeignet ist, die öffentliche Sicherheit und Ordnung zu gefährden, können polizeilich beschlagnahmt und eingezogen werden." §1 regelte Anmeldung und Verbot „öffentlicher politischer Versammlungen", die eine „unmittelbare Gefahr für die öffentliche Sicherheit" sind.
567 Pfarrvikar Stefan Huppertz (1907–1985). Für die Identifizierung des Geistlichen und dessen Biografie dankt der Autor Lic.iur.can. Daniel Lorek, Bistumsarchiv des Bistums Magdeburg.
568 Albert Bartels; siehe Lagebericht Nr. 13 „D. Politischer Katholizismus".

E. Juden, Freimaurer

Die Versammlungstätigkeit der Juden hielt sich in der Berichtszeit in mäßigen Grenzen. In Dessau z.B. hat nur je eine Versammlung der Zionistischen Ortsgruppe und der jüdischen Frauen[569] stattgefunden. In beiden Veranstaltungen wurde die Auswanderung nach Palästina besprochen.

In der Nacht vom 4. zum 5. Mai 1935 sind in Dessau die Schaufenster einer Anzahl jüdischer Geschäfte mit einer ätzenden Flüssigkeit beschmiert worden. In den meisten Fällen ist das Wort „Jude" in einer Größe von etwa 60 – 70 cm aufgetragen worden. Die bisherigen Ermittlungen nach den Tätern waren ergebnislos.

Anfang Mai ist eine Sitzung der Loge „Alexius zur Beständigkeit" in Bernburg durch die dortigen SS-Formationen ausgehoben worden.[570] Die Aktion hatte der Gau I-Referent der Deutschen Arbeitsfront[571] in Dessau veranlaßt, angeblich aus dem Grunde, weil ihm Nachrichten über Geheimsitzungen, Verbreitung von Geheimschriften bei den Logenangehörigen zugegangen seien. Die Logenmitglieder, die an dem Abend in dem Logengebäude angetroffen wurden, sind unter Hinzuziehung eines Polizeibeamten einer Leibesvisitation unterzogen, das gesamte Material ist beschlagnahmt,

---

569 Wahrscheinlich ist der Israelitische Frauenverein gemeint.

570 Aus dem Lagebericht der Stapostelle Halle für April 1935: „Im Nachbarbezirke Anhalt ist [richtig: hat] eine SS-Formation eine Sitzung der Loge ‚Alexius zur Beständigkeit' in Bernburg kurzerhand ausgehoben, weil ihre Geheimsitzungen und die Verbreitung von Geheimschriften eine ständige Beunruhigung der Bevölkerung bildet. Die Logenmitglieder sind unter Hinzuziehung eines Polizeibeamten eingehend durchsucht worden; alles vorgefundene Material wurde beschlagnahmt und das Logengebäude selbst geschlossen." Rupieper/Sperk, Bd. 2, S. 366.

571 Die am 10.05.1933 als „Ersatz" für die zerschlagenen Gewerkschaften gegründete Deutsche Arbeitsfront (DAF) war die größte NS-Massenorganisation. Das Zwangseinheitsgebilde aller Arbeitnehmer und -geber wurde ein bürokratisch aufgeblähtes Imperium, das in nahezu alle Felder der NS-Wirtschafts- und Sozialpolitik eindrang. Entscheidenden Einfluss auf materielle Belange wie Lohnerhöhungen erlangte die DAF jedoch nicht. Vgl. Rüdiger Hachtmann: Das Wirtschaftsimperium der Deutschen Arbeitsfront 1933–1945, Göttingen 2012.

das Gebäude selbst geschlossen worden. Die Anhaltische Politische Polizei hat von der Unternehmung erst am nächsten Tage Kenntnis erhalten.

F. Kulturpolitik (insbesondere Presse)

G. Wirtschafts- und Agrarpolitik

Die Arbeitsmarktlage ist nach wie vor in Anhalt als günstig zu bezeichnen.[572] Der im Vorbericht bereits erwähnte Mangel an Facharbeitern geht jetzt sogar soweit, daß von den Junkerswerken Vertreter nach auswärts gesandt werden müssen, um Facharbeiter anzuwerben. Die Zahl der Wohlfahrtserwerbslosen[573] in Anhalt ist nach vorübergehendem Anstieg in den Wintermonaten ständig wieder zurückgegangen. Auch in Bernburg ist eine leichte Besserung des Arbeitsmarktes zu verzeichnen.

Mit der Belebung des Arbeitsmarktes tritt leider auch eine unangenehme Erscheinung hervor: die immer noch mehr zunehmende Wohnungsnot. Neu hinzuziehenden Personen ist es, besonders in Dessau, selbst nach Monatelangen Bemühungen nicht möglich, eine Familienwohnung zu erlangen. Besonderer Mangel

---

572 Siehe u. a. Günstige Arbeitslage im April im Bezirk des Arbeitsamtes Bernburg, in: Der Mitteldeutsche. Köthener Tagespost, 18.04.1935.
573 Erwerbslose im NS-Staat erhielten eine dreifach abgestufte Unterstützung. Zunächst zahlte die Reichsanstalt für Arbeitsvermittlung und Arbeitslosenversicherung sechs Wochen Arbeitslosenunterstützung. Dann finanzierte sie gemeinsam mit den Kommunen die deutlich geringere Leistungen umfassende Krisenunterstützung. Nach frühestens 20, spätestens 58 Wochen setzte die Wohlfahrtsunterstützung ein. Wohlfahrtserwerbslose bekamen von den Wohlfahrtsämtern Zuwendungen wie Bargeld, Mietbeihilfe, Milch- oder Fettverbilligung. Allerdings legten die Kommunen Höhe und Art der Unterstützung selbst fest – dahingehend waren die Erwerbslosen weitgehend rechtlos. Vgl. Hans-Werner Schmuhl: Arbeitsmarktpolitik und Arbeitsverwaltung in Deutschland 1871–2002. Zwischen Fürsorge, Hoheit und Markt, Nürnberg 2002, S. 162–167, 185–191.

herrscht an kleineren und mittleren Wohnungen. Auch die Unterbringung der obdachlos gewordenen Personen gestaltet sich hierdurch immer schwieriger.

Aus dem Gebiete der Landwirtschaft ist noch folgendes zu erwähnen:

Sehr viele Bauern versuchen jetzt, die Eier unmittelbar an die Verbraucher zu verkaufen. Wilde Aufkäufer bieten für die Eier etwas mehr als den vorgeschriebenen Preis. Die Bauern klagen darüber, daß die Aufkäufer der Eierverwertungsgenossenschaft unregelmäßig kommen, nicht wöchentlich wenigstens einmal, sondern mitunter nur aller zwei Wochen. Viele Bauern sind deshalb aus der Genossenschaft wieder ausgetreten, so daß für sie der Ablieferungszwang nicht mehr besteht. Ein großer Teil der Bauern ist auch, wie vorauszusehen war, unzufrieden, weil sie von den Molkereien für die Milch weniger Geld bekommen als vorher im freien Handel.[574] Auch die Zuteilung der Bauern zu den einzelnen Genossenschaften findet nicht immer Zustimmung.

Häufig sind Klagen über die hohen Gehälter der leitenden Angestellten der Junkerswerke zu hören. Es nimmt nicht wunder, wenn in der Arbeiterschaft Mißstimmung darüber herrscht, daß auf der einen Seite Riesengehälter gezahlt werden, die in keinem Verhältnis zur Leistung stehen, und auf der anderen Seite der Arbeiter gerade das Allernotwendigste zum Lebensunterhalt verdient. Vielfach wird die Meinung vertreten, daß es für einen Reichsbetrieb, und als solchen spricht man in der Bevölkerung die Junkerswerke ganz allgemein an,[575] unerhört sei, ein schlech-

---

574 Durch die NS-Agrarpolitik kam es in der Milchwirtschaft u.a. zur Pflichtablieferung an Molkereien (ab 25.08.1934 Verbot des Direktverkaufs an Endverbraucher), Einführung von Festpreisen und dadurch zu Gewinneinbußen. Vgl. Corni/Gies, S. 53ff., 150ff., 319–363; LASA, C 48, Ie Nr. 1137, Bd. 2, Bl. 80.

575 Hugo Junkers wurde 1933 von den Nationalsozialisten unter Androhung eines Landesverratsprozesses zwangsenteignet. Die 1934 erfolgte „Verstaatlichung" seines Unternehmens machte den Weg frei für den Aufbau einer neuen Luftwaffe. Vgl. u.a. Helmut Erfurth: Hugo Junkers. Wissenschaftler, Konstrukteur,

tes Beispiel von Werksgemeinschaft hinsichtlich der Bezahlung zu geben.

Auf agrarpolitischem Gebiet ist der nachfolgende Bericht des Landrats in Zerbst[576] von Interesse:

„In diesem Jahre hatte der Reichsnährstand Maßnahmen zur Bekämpfung der Rübenblattwanze vorgesehen. Es war der erste Versuch, in größerem Umfange die Bekämpfung eines der großen landwirtschaftlichen Schädlinge durchzuführen. Die organisatorischen Vorbereitungen dürften auch nicht in jeder Beziehung ausreichend gewesen sein. Im allgemeinen sind die vorgeschriebenen Maßnahmen, insbesondere die Anlegung von Fangstreifen und das Warten mit dem Drillen der Rüben bis [zur] allgemeinen Freigabe durch die Landesbauernschaft[577] im Kreise Zerbst, von den Bauern befolgt worden. Als aber Anfang Mai eine hinreichende Erwärmung des Bodens nicht eintrat, als sogar eine ausgesprochene und langandauernde Frostperiode einsetzte, war an vielen Orten festzustellen, daß die Rübenblattwanze die Winterquartiere noch nicht verlassen hatte, sodaß das Drillen der Rüben nicht freigegeben werden konnte. Infolgedessen wurden die Bauern von Tag zu Tag ungeduldiger, und es haben auch im Zerbster Kreise tatsächlich einige Bauern vor der Erteilung der Erlaubnis durch den Reichsnährstand Rüben gedrillt, obwohl dies durch die

---

Visionär, in: Manfred Sundermann (Hg.): Junkers. Dessau – mechanische Stadt?, Dessau 2002, S. 51–72.
576 Dr. Rudolf Hinze (1892–1957).
577 Territorialorganisation des Reichsnährstandes, die 1933 aus den Landwirtschaftskammern entstand. Als Landesbauernführer der Landesbauernschaft der Provinz Sachsen und des Landes Anhalt fungierte von Juni 1933 bis 1937 Joachim Albrecht Eggeling (1884–1945), seit 13.05.1933 auch Staatsrat von Anhalt. Vgl. u. a. Rupieper/Sperk, Bd. 2, S. 659. Im Oktober 1933 gründete sich als selbständige Unterorganisation die Landesbauernschaft Anhalt (auch Landesbauernstand oder Landstand Anhalt), deren Leiter Hermann Schwerdtfeger (1896–1946) wurde. Gründung der Landesbauernschaft, in: Anhaltische Tageszeitung, 12.10.1933; Gründung der Landesbauernschaft in Anhalt, in: Anhalter Anzeiger, 11.10.1933.

auf Anregung des Reichsnährstandes ergangenen Polizeiverordnungen verboten war.

Jetzt herrscht nun teilweise Mißstimmung, weil der Reichsnährstand sich genötigt sieht, die angedrohten Strafen tatsächlich auch zu verhängen, damit nicht bei auch in Zukunft zu erwartenden Maßnahmen, die der Bekämpfung derselben oder anderer Schädlinge oder auch überhaupt der Erreichung anderer Ziele des Reichsnährstandes dienen können, der Erfolg von vornherein dadurch vereitelt wird, daß die Bauern sich sagen, es tritt ja doch keine Bestrafung ein und führen deshalb die Maßnahmen nicht durch. Andererseits herrscht Mißstimmung, und zwar mit vollem Recht, über die zur Zeit unbefriedigende Möglichkeit der Bestrafung. Gemäß der anhaltischen Landespolizeiverordnung vom 31.10.1928 (Amtsblatt für Anhalt Seite 343, § 10)[578] können Zuwiderhandlungen mit Geldstrafe bis zu 150,– RM oder entsprechender Haft bestraft werden. Es heißt allerdings auch weiter, daß unter Umständen die kulturschädlichen Tiere und Pflanzen auf Kosten der Betroffenen durch Dritte vernichtet werden können. In diesem Falle wären also die Rübenfelder derer, die verbotswidrig zu früh gedrillt haben, durch andere Bauern notfalls unterzupflügen, um dadurch die Rübenblattwanze zu vernichten. Solche Maßnahmen dürften aus volkswirtschaftlichen Gründen kaum angeordnet werden können, denn es ist besser, nicht voll entwickelte Rüben zu ernten, als gar keine, und die Rübenblattwanze würde ja gar nicht dadurch verschwinden, sondern muß allgemein in ganz Deutschland oder doch in großen Teilgebieten vernichtet werden.

Der Reichsnährstand wird also von der Anordnung dieser Maßnahme voraussichtlich grundsätzlich absehen und es bleibt dann nur bei der Geldstrafe von 150,– RM. Diese Strafmöglichkeit muß nun deshalb unbefriedigend bleiben, weil sie die Höchstgrenze bildet ohne Rücksicht darauf, ob nur ein Morgen oder 1.000 Morgen entge-

---

578 Polizeiverordnung über die Bekämpfung der Feld- und Forstschädlinge, 31.10.1928. ABlfA 1928, S. 343 f.

gen den Anordnungen zu früh gedrillt worden sind. Es ist mit Sicherheit damit zu rechnen, daß je nach den Umständen im Einzelfalle mancher Bauer dadurch, daß er mehrere Tage oder sogar ein oder zwei Wochen vor der Freigabe durch den Reichsnährstand seine Rüben gedrillt hat, eine um viele hunderte oder mehrere tausend Mark höhere Rübenernte erzielt, als wenn er die Erlaubnis abgewartet haben würde. Es besteht also die Sicherheit, daß die Höchststrafe von 150,- RM von einer gewissen Größe der verbotswidrig bestellten Rübenpläne an überhaupt nicht mehr als Strafe wirkt.

Ich habe dies anläßlich einer Besprechung über die Erfahrungen der Rübenblattwanzenbekämpfung auch in Gegenwart der Vertreter der Landesbauernschaft in Halle und der Kreisbauernschaft Zerbst ausgesprochen, und habe zur Anregung gegeben, der Reichsnährstand möge dafür sorgen, daß ihm bedeutend höhere Bestrafungsmöglichkeiten durch Reichsrechtliche Regelung eröffnet werden müßten, damit Maßnahmen von der Bedeutung wie die Bekämpfung der Rübenblattwanze späterhin mit größerer Aussicht auf Erfolg in Angriff genommen werden können."[579]

H. Verschiedenes

Der NSDFB (Stahlhelm) hat im Vormonat hier eine rege Versammlungstätigkeit entfaltet. In der Stadt Köthen haben allein 5 Versammlungen stattgefunden. An sich gaben diese zu Beanstandungen keinen Anlaß, es ist aber erforderlich, daß der zunehmenden Propagandatätigkeit des Stahlhelms größte Aufmerksamkeit zugewendet wird. Es bleibt abzuwarten, wie sich das inzwischen ergangene Aufmarschverbot[580] in dieser Richtung auswirken wird. Das Verhältnis zwischen SA R I[581] und Stahlhelm hat sich rein zahlenmäßig in der

---

579 Hinze sprach das Problem auch in einem Bericht an das NSDAP-Gaurechtsamt vom 17.06.1935 an. Vgl. LASA, Z 149, Nr. 122, Bl. 121.
580 Das Gestapa hatte am 31.05.1935 die Stapostellen angewiesen, bis auf weiteres alle öffentlichen NSDFB-Aufmärsche zu verbieten. Vgl. ebd., C 48, Ie Nr. 1158, Bl. 129f.
581 Sturmabteilung Reserve I. Bei der Neuorganisation am 01.11.1933 wurde die

letzten Zeit durch das Verbot der Doppelmitgliedschaft[582] wesentlich zu Gunsten des letzteren verschoben. Die Stärke der SA R I betrug in Anhalt 1.706 Mann, davon sind wegen Nichtbefolgung des Gruppenbefehls Nr. 24 vom 30.1.1935[583] insgesamt 463 Mann entlassen worden.[584] In Alt-Jeßnitz (Kreis Bitterfeld) scheint bei dem Baron von Ende[585] ein besonders beliebter Treffpunkt der Stahlhelmer zu sein. Es ist festgestellt worden, daß häufig Stahlhelmer, besonders aus dem Süden des Dessauer Kreises, sich nach dort begeben haben.

Am 11. v. Mts. wurde in dem „Lichtspielhaus Residenz Theater" in Dessau der Film „Natascha (Moskauer Nächte)" aufgeführt. Am 1. Aufführungsabend kam es zu Ausschreitungen. Von unerkannten Tätern wurden in dem unteren Raum des Theaters Stinkbomben und Betäubungspatronen geworfen. Die Aufführungen sind anschließend und auch am nächsten Tage polizeilich überwacht worden.

— — — — —

SA in die Aktive SA (18- bis 35-jährige SA- und SS-Mitglieder) und die SA-Reserve I und II aufgegliedert. Die SA R I bestand aus den 36- bis 45-jährigen und die SA R II aus den über 45-jährigen Stahlhelmern bzw. NSDFBler. Formell gehörten Mitglieder der SA-Reserve weiterhin dem Stahlhelm bzw. NSDFB an. Vgl. Mahlke, S. 155.

582 Nach Befehl der Obersten SA-Führung vom 22.01.1935 (Neugliederung der SA) war die Doppelmitgliedschaft bei der SA und anderen nicht zur Partei gehörenden Verbänden bis auf wenige Ausnahmen unzulässig. Vgl. GStAPK, I. HA Rep. 90 P Nr. 40 Heft 2, Bl. 149.

583 Auf Grund des Verbots der Doppelmitgliedschaft durch die Oberste SA-Führung (siehe vorangegangene Fußnote) erließ die SA-Gruppe Mitte (NSDAP-Gaue Halle-Merseburg und Magdeburg-Anhalt) den erwähnten Befehl. Er besagte, dass allen SA-Mitgliedern, die ihren Austritt aus dem NSDFB noch nicht vollzogen hatten, noch bis zum 15.02.1935 Gelegenheit dazu gegeben werde. Andernfalls erfolge der unehrenhafte SA-Ausschluss. Vgl. LASA, C 48, Ie Nr. 1158, Bl. 93.

584 Die namentliche Auflistung einiger Entlassener in LASA, P 403, Nr. 1, Bl. 21f.

585 Richtig: Freiherr von Ende. Anhand der Akten des Bestandes H 11 Gutsarchiv Altjeßnitz (Nr. 371 u. Nr. 372) konnte nicht geklärt werden, welche Person gemeint ist. Für die Hilfe dankt der Autor Vicky Rothe, LASA Wernigerode.

Nr. 15

Aus dem Lagebericht der Anhaltischen Politischen Polizei
(Geheime Staatspolizei) Dessau für Juni 1935

Bundesarchiv, R 58/3739, Bl. 39

[ohne Absender und Empfänger] [ohne Datum]

[B. Staatsfeindliche Bestrebungen]

1. KPD, SPD

Über eine illegale Betätigung der KPD und SPD sind in diesem Monat im hiesigen Bezirk Feststellungen nicht gemacht worden.

Wegen staatsfeindlicher Äusserungen mussten drei Personen, und zwar

    1. Baggermeister Paul Zober[586] in Bernburg
    2. Maschinist Wilhelm Walter in Nienburg
    3. Schlosser Ewald Flehmig in Zörbig

in Schutzhaft genommen werden.

---

586 Paul Zober (1901–1976).

Nr. 16

Lagebericht der Anhaltischen Politischen Polizei (Geheime Staatspolizei) Dessau für Juli 1935

Bundesarchiv, R 58/3739, Bl. 46–51

Anhaltische Politische Polizei Dessau, den 9. August 1935
(Geheime Staatspolizei)

[...]

An

den Herrn Politischen Polizeikommandeur der Länder
in <u>Berlin SW 11</u>
Prinz Albrechtstr. 8

Anliegend wird der Bericht über die politische Lage in Anhalt im Monat Juli 1935 in dreifacher Ausfertigung ergebenst übersandt.

In Vertretung:

[Unterschrift: Richter]

(Richter)

[...]

<u>A. Allgemeines</u>

Im Berichtsmonat haben im hiesigen Bezirk grössere Veranstaltungen, abgesehen von dem I. Mitteldeutschen Gauturnfest in Dessau,[587] das unter reger Anteilnahme der Bevölkerung und ohne Störungen verlief, nicht stattgefunden. Allgemeines Interesse nahmen die im Juli durchgeführten Musterungen in Anspruch. Die

---

587 Offiziell „1. Mitteldeutsches Gaufest des Gaues VI Mitte im Reichsbund für Leibesübungen" (RBL) vom 04. bis 07.07.1935 in Dessau. Es wurde auch vom Reichssportführer Hans von Tschammer und Osten (1887–1943) besucht. Laut Zeitungsmeldungen nahmen über 20.000 Sportler teil. Vgl. Anhalter Anzeiger, 04.07. bis 08.07.1935; „Die Heimat, Illustrierte Beilage des Anhalter Anzeigers", Gaufest-Sondernummer, 06.07.1935.

Stimmung bei den Gestellungspflichtigen war recht gut. Die Musterungen gingen ohne Zwischenfälle vonstatten.[588] Über die allgemeine Stimmung in der Bevölkerung ist folgendes zu sagen:

Während die vom Führer auf aussenpolitischem Gebiete getroffenen Massnahmen allgemeine und freudige Zustimmung fanden,[589] hört man in der letzten Zeit in den Fragen der Innenpolitik häufiger Worte der Kritik an der NSDAP und den Massnahmen des 3. Reiches. Hierbei darf aber nicht unberücksichtigt bleiben, dass manche Fragen durchaus noch nicht in befriedigendem Sinne gelöst sind. Es ist dabei vor allem das Lohnproblem zu nennen.[590] Der deutsche Arbeiter, vor allem in den grossen Werken (I.G. Farben, Junkers) verdient gerade das Allernotwendigste zum Lebensunterhalt. In krassem Gegensatz hierzu stehen die Gehälter und Einkünfte der Direktoren und leitenden Angestellten. Es ist kein Wunder, wenn derartige Zustände, zumal wenn keine Ansätze für ihre Behebung erkennbar werden, zu einer allgemeinen Misstimmung in der Arbeiterschaft führen, die dann in kritisierenden, zum Teil sogar staatsfeindlichen Äusserungen zum Ausdruck kommt. Allerdings tragen hierzu auch bei [richtig: die] Fehlgriffe untergeordneter Stellen [zu], die allenthalben unvermeidlich und keine Eigentümlichkeit des 3. Reiches sind, aus denen aber häufig allge-

---

588 Siehe u.a. Die Musterung im Stadtbezirk Dessau, in: Anhalter Anzeiger, 09.07.1935; Anhalts erste Aushebung zum Militärdienst, in: ebd., 20./21.07.1935.
589 Offensichtlich ist die als deutsch-britisches Flottenabkommen bezeichnete Note vom 18.06.1935 gemeint. Damit gestattete die britische Regierung der deutschen, ihre Marine auf 35%, gemessen an der britischen Stärke, auszubauen. Mit diesem Abkommen, das durch die Methode des diplomatischen Notenaustausches das britische Parlament umging, verletzten beide Staaten den Versailler Vertrag.
590 Auch in den Lageberichten zur Provinz Sachsen kommt das „Lohnproblem" ab Mai 1935 verstärkt zur Sprache. Vgl. Rupieper/Sperk, Bde. 1 bis 3. Der Grund lag in der Ende April 1935 durch die DAF gestarteten reichsweiten Lohnoffensive unter dem Motto „Signal zum Angriff auf das Lohnproblem". Sie sorgte für Freude bei den Arbeitern und Verärgerung bei den NS-Stellen. Eine Erhöhung der Löhne blieb aus. Vgl. Morsch, Arbeit, S. 296–306. Zu Anhalt siehe u.a. LASA, Z 134, Nr. 224, Bl. 335f.

Ansichtskarte zum 1. Mitteldeutschen Gaufest 1935. Sie verdeutlicht, wie Leopold I., Fürst von Anhalt-Dessau („Der Alte Dessauer") von der NS-Propaganda benutzt wurde.

meine Schlüsse gezogen und die von staatsfeindlichen Elementen, sei es offen oder versteckt, propagandistisch ausgewertet werden. Wenn darüber gesprochen wird, dass insbesondere in grösseren Städten und in katholischen Gegenden der Hitlergruss kaum erwiesen wird, so ist demgegenüber festzustellen, dass hier auf dem platten Lande und auch unter der Handarbeiterschaft gerade gegenteilige Beobachtungen gemacht worden sind.

B. Staatsfeindliche Bestrebungen
1. KPD, SPD

Eine illegale Betätigung der KPD und SPD ist hier im Berichtsmonat nicht festgestellt worden. Wegen staatsfeindlicher Äusserungen mussten zwei Personen, und zwar

1. der Arbeiter Franz Gneist[591] in Bernburg,

2. der Angestellte Otto Hinze[592] in Köthen,

beides ehemalige Marxisten, in Schutzhaft genommen werden. Beide sind dem Konzentrationslager Lichtenburg zugeführt worden.

Am 11.6. [richtig: 11.7.] ist in Hecklingen von einem Weichenwärter in einem Güterwagen der Reichsbahn eine ältere Nummer der kommunistischen Zeitschrift AIZ vorgefunden worden. Die Zeitung war an einer Querleiste des Wagens versteckt befestigt; sie muss schon vor längerer Zeit dort niedergelegt worden sein. Über den Verbreiter der Druckschrift hat sich bisher nichts ermitteln lassen.[593]

C. Evangelischer Kirchenstreit

Der evangelische Kirchenstreit ist, wenigstens nach aussen

---

591 Franz Gneist (1885–1961).
592 Zu Otto Hinze konnten keine weiteren Informationen ermittelt werden. Ebenso war nicht zu klären, ob er mit dem Otto Hinze identisch ist, den das SG Halle am 03.09.1935 wegen Verstoßes gegen das Heimtückegesetz zu acht Monaten Gefängnis verurteilte. Vgl. LASA, C 128 Halle, Nr. 212, Lfd.Nr. 207.
593 Ausführlich zum Vorfall siehe BArch, R 58/2107d, Bl. 10.

hin, in diesem Monat nicht in Erscheinung getreten. Hin und wieder werden aber Klagen laut über einzelne Pfarrer, die bei ihren Predigten über den Rahmen einer sachlichen Auseinandersetzung über den Kirchenstreit hinausgehen. Eine besondere Rolle hierbei spielt der Pfarrer Windschild[594] in Köthen, der es z.B. auch regelmässig vergisst, des Führers in der Fürbitte am Schluss des Gottesdienstes zu gedenken. Windschild ist ein fanatischer Anhänger der Bekenntnisfront, der es versteht, unter dem Deckmantel des Kirchenstreites Unterminierungsarbeit gegen den Staat bei seinen Zuhörern zu betreiben. Von einem Einschreiten gegen Windschild ist im Hinblick auf seine Stellung als Kreisoberpfarrer[595] bisher nur abgesehen worden, um nicht vor der wohl doch zu erwartenden reichsseitigen Lösung des Kirchenstreites neue Komplikationen zu schaffen.

Am 16. Juli ds. Js. hielt die Ortsgruppe Bernburg des Evangelischen Bundes[596] einen Familienabend ab. Es sprach hierbei der österreichische evangelische Geistliche Vikar Tunkel aus Spital a.d. Traub [richtig: Spittal a.d. Drau] über die Entwicklung der evangelischen Kirche in Österreich. Die Veranstaltung war besucht von etwa 50 Personen, zum grössten Teil älteren Damen und Herren, und gab zu Beanstandungen keinen Anlass.

---

594 Karl Windschild (1899–1958), seit 1929 Pfarrer an der St.-Jakob-Kirche in Köthen. Eine ausführliche Biografie in Günther Windschild: Der Pfarrer von St. Jakob. Porträt eines Aufrechten, Dessau 1996.

595 Hier irrt der Lagebericht; Windschild wurde erst 1945 Kreisoberpfarrer.

596 Die 1886 gegründete Vereinigung wollte den vielgestaltigen Protestantismus aufeinander abstimmen und ihn in der Öffentlichkeit sowie gegenüber dem Katholizismus wirksamer vertreten. Ab 1933 traten Strömungen im Bund stärker hervor, die die Zuordnung von Evangelium und Volkstum betonten und damit den DC entgegenkamen, obwohl der Bund versuchte, im Kirchenkampf neutral zu bleiben. Dennoch unterstrichen führende Personen des Bundes öffentlich ihre „positive Stellung" zum NS-Staat. Vgl. Walter Fleischmann-Bisten: Der Evangelische Bund in der Weimarer Republik und im sogenannten Dritten Reich, Frankfurt am Main u.a. 1989; Herbert Gottwald: Evangelischer Bund zur Wahrung der deutsch-protestantischen Interessen (EB) 1886–1945, in: Lexikon zur Parteiengeschichte, Bd. 2, S. 580–587.

D. Politischer Katholizismus

Obwohl die Katholiken im hiesigen Bezirk nur einen geringen Prozentsatz der Bevölkerung darstellen, macht sich doch hin und wieder das Bestreben der katholischen Kirche bemerkbar, auch hier festen Fuss zu fassen. So hat z.b. der katholische Pfarr-Vikar aus Wolfen[597] kürzlich bei der Stadtverwaltung Jessnitz beantragt, ihm die Genehmigung zur Abhaltung katholischer Gottesdienste in der Friedhofskapelle zu erteilen. Im Interesse der Erhaltung des kirchlichen Friedens in der rein protestantischen Gemeinde Jessnitz ist dieser Antrag abgelehnt worden. Das rücksichtslose Vorgehen im Reich gegen die Devisenschieber in den katholischen Orden wird hier allgemein begrüsst.[598]

E. Juden und Freimaurer

Der verschärft einsetzende Kampf gegen das Judentum trat auch hier in gleicher Weise wie überall durch Demonstrationen, Boykottmassnahmen, Feststellung von Käufern in jüdischen Geschäften usw. in Erscheinung.[599] In einigen Fällen wurde polizeilicher-

---

597 Stefan Huppertz.
598 Am 04.02.1935 begannen Gestapo und Zollfahndung eine Aktion gegen Klöster und kirchliche Institutionen. Zahlreiche Ordensangehörige wurden wegen „Devisenvergehen" von insg. 2,5 Mill. RM verhaftet; sie hatten die Devisengesetzgebung umgangen oder verletzt. Ab 17.05.1935 folgte eine Serie von Prozessen. Die NS-Presse bezichtigte die Angeklagten des „Landes- und Hochverrats" und diffamierte die kath. Kirche „als gegen den Führer eingestellt". Vgl. Petra Madeleine Rapp: Die Devisenprozesse gegen katholische Ordensangehörige und Geistliche im 3. Reich, Bonn 1981. Zu den Auswirkungen in der Provinz Sachsen vgl. Rupieper/Sperk, Bd. 1, S. 213, 228, 253; ebd., Bd. 2, S. 317ff., 411, 425, 453; ebd., Bd. 3, S. 563.
599 Der radikal-antisemitische Teil der NSDAP entfachte im Sommer 1935 im Deutschen Reich erneut einen „Hetzfeldzug" gegen die Juden. Vgl. Peter Longerich: Politik der Vernichtung. Eine Gesamtdarstellung der nationalsozialistischen Judenverfolgung, München 1998, S. 70–117. In deren Folge nahmen ab Juni auch in Anhalt antijüdische Propaganda und Ausschreitungen wieder zu (siehe u.a. Ulbrich, Antisemitismus, S. 79–85; LASA, Z 141, Nr. 676, Bl. 118 usw.). Hierzu trugen in der Region auch der „Hirschland-Prozeß" am 18./19. Juni in Magdeburg (Rupieper/Sperk, Bd. 1, S. 473) sowie der Auftritt von August Schir-

seits eingeschritten, und zwar mussten der Jude Ernst Feit[600] aus Halle, dessen unsoziales Verhalten in einer Mietsangelegenheit in Köthen berechtigten Unwillen unter der Bevölkerung hervorgerufen hatte, sowie die Jüdin Johanna Sänger [richtig: Senger[601]] in Bernburg, die eine Einwohnerin beleidigt und misshandelt hatte, in Schutzhaft genommen werden. Des weiteren ist auf Veranlassung des Finanzamtes in Bernburg der jüdische Kaufmann Alfred Katzenstein in Bernburg in Haft genommen und dem Gerichtsgefängnis zugeführt worden, weil er sich der Hinterziehung eines Steuerbetrages in Höhe von etwa 50.000,- RM schuldig gemacht hatte. In sämtlichen Ortsgruppen der NSDAP sind die Stürmerkästen[602] ausgehängt worden, die sich mit ihrem immer wechselnden Programm grösster Aufmerksamkeit erfreuen.

Die einzige hier noch bestehende Loge „Alexius zur Beständigkeit" in Bernburg hat sich am 21.7. ds. Js. in Verfolg der von der Grossen National Mutterloge[603] gefassten Beschlüsse freiwillig aufgelöst. Zum Liquidator ist der Rechtsanwalt Dr. Manecke, Berlin NW 7, zu seinem Stellvertreter und Bevollmächtigten der Rechtsanwalt Dr. Hampel[604]

---

mer in Dessau bei (siehe Lagebericht Nr. 18). Seit Ende Juli waren auch wieder vermehrt antisemitische Artikel im NSDAP-Gauorgan „Der Mitteldeutsche" zu lesen (u.a. Juden in deutschen Freibädern unerwünscht!, in: Der Mitteldeutsche. Köthener Tagespost, 20.07.1935).

600 Ernst Feit (1870–1937).

601 Johanna Senger (1894–?).

602 „Der Stürmer" war eine von Julius Streicher gegründete antisemitische Wochenzeitung, die auf unterstem Niveau massive Hetze gegen die jüdische Bevölkerung betrieb. Zusätzliche Verbreitung fand die Zeitung durch den öffentlichen Aushang in „Stürmer-Kästen", die man ab Juli 1935 reichsweit an viel besuchten Plätzen aufstellte. So wurden am 29.07.1935 „mit großen Volkskundgebungen […] vier Stürmerkästen an gut gelegenen Punkten in Bernburg" eingeweiht. Sie enthielten „auch eine Prangerecke für undeutsche Deutsche, die sich irgendwie mit Juden einlassen". Der Mitteldeutsche. Köthener Tagespost, 30.07.1935. Zum Thema in Anhalt siehe Ulbrich, Nationalsozialismus, S. 65–69.

603 Große National-Mutterloge „Zu den drei Weltkugeln", Dachorganisation der Bernburger Loge.

604 Dr. Friedrich Hampel (1898–1966).

in Bernburg bestellt worden. Es wird von seiten der Staatspolizei dafür gesorgt werden, dass die Liquidation nach den vom Geheimen Staatspolizeiamt aufgestellten Richtlinien vor sich geht.

F. Kulturpolitik

Es ist in der letzten Zeit über einzelne kulturelle Veranstaltungen der NS Gemeinschaft „Kraft durch Freude"[605] Klage geführt worden. Besonders werden hiermit gemeint die sogenannten Unterhaltungsabende, bei denen unter faulen Witzen eines Ansagers Zauberkunststücke, Kouplets usw. geboten werden. Derartige oberflächliche Darbietungen, die fast an Kitsch grenzen, sollte man nicht als kulturelle Veranstaltungen bezeichnen bezw. sie nicht unter nationalsozialistischer Organisationsleitung laufen lassen.

G. Wirtschafts- und Agrarpolitik

Auf dem Arbeitsmarkt ist im abgelaufenen 2. Vierteljahr eine weitere erfreuliche Besserung zu verzeichnen. Folgende Ziffern veranschaulichen die Entwicklung in den Arbeitsamtsbezirken Dessau und Bernburg im 1. Halbjahr 1935 im Vergleich zum 1. Halbjahr 1934:

Zahl der Arbeitslosen

Monat	1934	1935
Januar	19.815	9.363
Februar	15.958	8.184
März	11.626	7.468
April	10.320	7.076
Mai	9.645	6.276
Juni	9.577	4.883

---

605 Die NS-Gemeinschaft „Kraft durch Freude" (KdF) war die populärste Betreuungsmaßnahme der DAF. Sie ermöglichte ihren Mitgliedern v.a. Erholungs- und Fernreisen zu erschwinglichen Preisen, Bildung und Freizeitgestaltung. Ziel war die Erhaltung bzw. Steigerung der Arbeitskraft. Vgl. Wolfgang Buchholz: Die nationalsozialistische Gemeinschaft „Kraft durch Freude". Freizeitgestaltung und Arbeiterschaft im Dritten Reich, München 1976.

Die Beschaffung von Arbeitskräften, besonders von Facharbeitern für die Rüstungsindustrie, gestaltet sich immer schwieriger, sodass man von den Junkers-Werken sogar dazu übergegangen ist, in einem Zweigbetrieb ausländische Arbeitnehmer einzustellen.

Bei den noch vorhandenen Arbeitslosen ist die Beobachtung gemacht worden, dass sie unter den unmöglichsten Begründungen der Arbeitsvermittlung Widerstand entgegensetzen. Es ist dies aber nicht als ein Ausfluss irgend einer politischen Stimmung zu werten, sondern die noch vorhandenen Arbeitslosen sind in den meisten Fällen Elemente, die schon von jeher einer regelmässigen Arbeitstätigkeit aus dem Wege gegangen sind.

H. Verschiedenes

NSDFB

Auf Veranlassung des Herrn Reichsstatthalters in Braunschweig und Anhalt sind durch Verfügung vom 17. Juli sämtliche Ortsgruppen des NSDFB im Kreise Dessau-Köthen aufgelöst und ihr Vermögen beschlagnahmt worden.[606] Die Auflösungsanordnung wurde damit begründet, dass der NSDFB sich geweigert hatte, Weisungen des Reichsstatthalters über die Anmeldung seiner Veranstaltungen beim zuständigen Hoheitsträger der Partei nachzukommen.[607] Von der Auflösung wurden 28 Ortsgruppen betroffen. Die

---

606 Vgl. u.a. BArch, R 72/491, Bl. 126; Der Mitteldeutsche. Köthener Tagespost, 17.07.1935, S. 1; Anhalter Anzeiger, 17.07.1935. Bereits am 20./22.06.1933 hatte das Staatsministerium die Stahlhelm-Ortsgruppen Raguhn, Jeßnitz und Osternienburg kurzzeitig verbieten lassen. Vgl. BArch, R 1501/125671, Bl. 164f., 178, 180f.

607 Die Auseinandersetzungen zwischen Loeper und Stahlhelm/NSDFB dauerten schon länger und erreichten mit einer „Warnung!" Loepers, am 04. u. 05.03.1935 in den Zeitungen des Gaues Magdeburg-Anhalt veröffentlicht, ihren ersten Höhepunkt. Die „Warnung!" hatte folgenden Inhalt: Seit Monaten seien ihm Meldungen und Berichte „aus allen Teilen des Gaues" zugegangen, aus denen die zersetzende Tätigkeit von Untergliederungen des NSDFB gegen die SA hervorgehen. Dies bringe Unruhe in die NSDAP. Er sei nicht gewillt, dieses „bösartige Wirken" länger mit anzusehen". Bevor er mit „durchgreifenden und sehr fühlbaren Maß-

erforderlichen Massnahmen sind ohne Zwischenfälle durchgeführt worden. Die Auflösung der NSDFB Ortsgruppen hat in der nationalsozialistischen Bevölkerung rege Zustimmung gefunden. Der Ortsgruppenführer des NSDFB in Unterwiederstedt (Kreis Bernburg), Bürgermeister a.D. Knochenhauer, wurde in Schutzhaft genommen und dem Konzentrationslager Lichtenburg zugeführt, weil er in letzter Zeit als scharfer Hetzer gegen die Bewegung und ihre Führer hervorgetreten war und ferner auch Greuelnachrichten über das frühere Konzentrationslager Rosslau verbreitet hatte.[608]

---

nahmen gegen gewisse Elemente schreite", spreche er „noch einmal in aller Oeffentlichkeit eine Warnung" aus. Anschließend ging Loeper in fünf Punkten auf Behauptungen und Gerüchte ein und wiederholte seine Warnung an Stahlhelm bzw. NSDFB. Der Mitteldeutsche. Anhaltische Tageszeitung, 04.03.1935, S. 1.

608 Richard Knochenhauer (1881–1942) befand sich etwa von Mitte Sept. bis 03.10.1933 in Schutzhaft im KZ Roßlau. Vgl. Peter Puschendorf: Sandersleber Chronik. Daten, Fakten und Begebenheiten aus der Geschichte der Stadt Sandersleben (Anhalt), Aschersleben 2009, S. 411. Zum KZ Roßlau siehe Sperk, Konzentrationslager.

Nr. 17

Lagebericht des Anhaltischen Staatsministers für Juni und Juli 1935

Bundesarchiv, R 58/3625, Bl. 55–63

Anhaltisches Staatsministerium   Dessau, den 22. August 1935
    Abteilung Inneres
                 […]
  An
    das Reichs- und Preußische Ministerium
        des Innern,
      z. Hd. Herrn Landrat Dr. Ermert[609]
        oder Vertreter im Amt
          <u>Berlin NW 7,</u>
        Unter den Linden 72/74
           […]

In der Anlage überreichen wir den Bericht über die politische Lage in Anhalt in den Monaten Juni und Juli 1935 in doppelter Ausfertigung.

        Anhaltisches Staatsministerium,
            Abteilung Inneres
         [Unterschrift: Freyberg]
                […]

A. Allgemeines

Das wesentlichste Ereignis innerhalb der Berichtszeit bildete das Sprengstoffunglück in dem in unmittelbarer Nähe des hiesigen

---

609 Dr. Willy Ermert (1902–?), seit Mai 1933 Landrat in Calau (Brandenburg) und seit Juni 1935 Mitarbeiter im Reichs- und Preuß. Innenministerium. Biografische Daten in BArch, R 9361-II/215318; ebd., R 9361-III/566673; ebd., R 9361-I/54083; ebd., R 9361-I/674; ebd., R 2/102356.

Trauerfeier für die Toten des Explosionsunglücks in Reinsdorf am 18. Juni 1935. Hinter Hitler sind Gauleiter Rudolf Jordan, Oberpräsident Curt von Ulrich und Hermann Göring zu sehen.

Staatsgebietes liegenden Werk Reinsdorf[610] der Westfälisch-Anhaltischen-Sprengstoff AG. Da ein nicht unbeträchtlicher Teil der Belegschaft des Werkes in den im Westen Anhalts gelegenen Ortschaften wohnhaft ist, löste das Bekanntwerden der Katastrophe besonders unter der Einwohnerschaft dieses Gebietes eine erhebliche Beunruhigung aus. Das Unglück hat aus dem hiesigen Gebiet vier Todesopfer gefordert, und zwar handelt es sich hierbei um vier aus der Stadt Coswig stammende Arbeiter. Die Anteilnahme der Bevölkerung war allgemein und herzlich, insbesondere waren die Bevöl-

---

610 Am 13. Juni ereignete sich dort ein Explosionsunglück mit über 100 Toten. Unter den Opfern befanden sich vier getötete sowie fünf schwer verletzte Arbeiter aus Anhalt. Der Mitteldeutsche. Anhaltische Tageszeitung, 15.06.1935, S. 1; ebd., 22.06.1935, S. 2. Ausführlich dazu Rupieper/Sperk, Bd. 2, S. 445f.

kerung und die Angehörigen der Todesopfer und der Schwerverletzten von der Anteilnahme der Reichsregierung und wiederum im besonderen Maße von der Anwesenheit und der aufrichtigen Trauer des Führers ergriffen.

Unangenehm aufgefallen ist es, daß bei der Bergung der Verletzten, bei der Heranziehung von Mannschaften zur Absperrung des Reinsdorfer Werkes, bei der Frage von Hinzuziehung von auswärtigen Ärzten usw. die dicht bei oder in der Nähe von Reinsdorf gelegenen anhaltischen Orte wie Coswig, Dessau und Zerbst in keiner Weise berücksichtigt wurden, sondern die Verletzten nach bedeutend weiter entfernten preußischen Ortschaften wie Halle, Bad Liebenwerda und andere gebracht worden sind, nachdem das Wittenberger Krankenhaus vollkommen überfüllt war; in Coswig dagegen, das nur etwa 7–8 km von Reinsdorf entfernt ist, stand ein Krankenhaus mit ca. 17 Betten leer. Der Leiter des Zerbster Krankenhauses[611], ein ausgezeichneter Operateur, hätte mit anderen Zerbster Ärzten in dem Coswiger Krankenhaus vielleicht noch manche Operation vornehmen können. Auch das Dessauer Krankenhaus hätte ohne weiteres noch mit in Anspruch genommen werden können, zumal hier auch ein als Augenspezialist in weiten Kreisen anerkannter Arzt, der Doktor Thies in Dessau, zur Verfügung stand, der gerade bei der erheblichen Zahl der Augenverletzten wertvolle Hilfe hätte leisten können.

Der Führer kam zur Teilnahme an [den] Beerdigungsfeierlichkeiten am 18. v. Mts. (Juni) vormittags mittels Flugzeug in Dessau an und trat von hier die Fahrt nach Reinsdorf im Kraftwagen an. Er wurde bei der Durchfahrt durch die anhaltischen Ortschaften von der Bevölkerung herzlichst begrüßt.

In den Monaten Juni und Juli fanden, abgesehen vom Kreistreffen der NSDAP, Dessau-Land, in Jeßnitz und dem I. Mitteldeutschen Gauturnfest in Dessau, die beide unter reger Anteilnahme der Bevölkerung und ohne Störungen verliefen, größere Veranstaltungen nicht statt. Allgemeines Interesse nahmen die im Juli durchgeführten Mu-

---

611 Dr. med. Hans Rose (1891–1971).

sterungen in Anspruch. Die Stimmung bei den Gestellungspflichtigen war recht gut. Die Musterungen gingen ohne Zwischenfälle vonstatten. Über die allgemeine Stimmung in der Bevölkerung ist folgendes zu sagen: Während die vom Führer auf außenpolitischem Gebiete getroffenen Maßnahmen allgemeine und freudige Zustimmung fanden[612], hört man in der letzten Zeit in die [richtig: den] Fragen der Innenpolitik häufiger Worte der Kritik an der NSDAP und den Maßnahmen der III. Reiches. Hierbei darf aber nicht unberücksichtigt bleiben, daß manche Fragen durchaus noch nicht in befriedigendem Sinne gelöst sind. Es ist dabei vor allem das Lohnproblem zu nennen. Der deutsche Arbeiter, vor allem in den großen Werken (hier I.G. Farben, Junkers) verdient gerade das Allernotwendigste zum Lebensunterhalt. Im krassen Gegensatz hierzu stehen die Gehälter und Einkünfte der Direktoren und leitenden Angestellten. Es ist kein Wunder, wenn derartige Zustände, zumal wenn keine Ansätze für ihre Behebung erkennbar werden, zu einer allgemeinen Mißstimmung in der Arbeiterschaft führen, die dann in kritisierenden, zum Teil sogar staatsfeindlichen Aeußerungen zum Ausdruck kommt.

B. Staatsfeindliche Bestrebungen
I. KPD, SPD

Über eine illegale Betätigung der KPD und SPD sind in den beiden voraufgegangenen Monaten im hiesigen Bezirk Feststellungen nicht gemacht worden.

Wegen staatsfeindlicher Äußerungen mußten 5 Personen, und zwar

1. den [richtig: der] Baggermeister Paul Zober in Bernburg,
2. der Maschinist Wilhelm Walter in Nienburg,
3. der Schlosser Ewald Flehmig in Zörbig,
4. der Arbeiter Franz Gneist in Bernburg,
5. der Angestellte Otto Hinze in Köthen,

sämtlich ehemalige Marxisten, in Schutzhaft genommen werden.

---

612 Gemeint ist das deutsch-britische Flottenabkommen (siehe Fußnote 589).

Am 11.6. [richtig: 11.7.] ist in Hecklingen von einem Weichenwärter in einem Güterwagen der Reichsbahn eine ältere Nummer der kommunistischen Zeitschrift AIZ vorgefunden worden. Die Zeitung war an einer Querleiste des Wagens versteckt befestigt; sie muß schon vor längerer Zeit dort niedergelegt worden sein. Über den Verbreiter der Druckschrift hat sich bisher nichts ermitteln lassen.[613]

C. Evangelische Kirche

Die Bekenntnisfront trat auch in den Berichtsmonaten wieder durch eine rege Agitation in Erscheinung. Neben mehreren Mitgliederversammlungen wurde am 12.6. in Bernburg eine Landesbruderratssitzung der Evangelischen Bekenntnissynode Anhalt[s][614] abgehalten. Der Pastor Martin Schmidt aus Dessau referierte in einem einstündigen Vortrage über das Thema „Betrachtungen des Evangelismus St. Johannes, Kap[itel] 17 mit Erläuterungen Dr. Martin Luthers". Alsdann sprach der Pastor Müller, Dessau, über die Augsburger Reichssynode.[615] Er erwähnte hierbei besonders, daß der Regierungsrat Schucht[616] im Auftrage des Reichsinnenministers an allen Verhandlungen der Reichssynode teilgenommen habe. In seinen Ausführungen brachte er auch zum Ausdruck, daß endlich 25 bis 30 gemaßregelte Brüder aus dem Konzentrationslager in Dachau entlassen worden seien. Es fiel dabei eine besonders ironische Bemerkung des Müller auf, die etwa folgenden Wortlaut hatte: „Die Brüder sind entlassen worden, ohne daß von der vorläufigen

---

613 Ausführlich zum Vorfall siehe BArch, R 58/2107d, Bl. 10.
614 Die BK hatte 1934 eigene Leitungsorgane – die Bruderräte – proklamiert, die vom NS-Staat nicht anerkannt wurden. Der Bezirksbruderrat Anhalt (ab 1935 Landesbruderrat) hatte sich am 15.08.1934 in Dessau gegründet. Ihm gehörten auch Nicht-Geistliche an. Vgl. AELKA, B 17 (Nachlass Martin Müller), Dokumentation des Kirchenkampfes [...], Nr. 62.
615 3. Reichsbekenntnissynode in Augsburg (04. bis 06.06.1935). Vgl. Meier, Kirchenkampf, Bd. 2, S. 44ff.
616 Dr. Friedrich-Wilhelm Schucht, geb. 17.12.1901 in ?, seit Sept. 1934 Regierungsrat im RMdI.

Kirchenleitung[617] der Synode besonders darum gebettelt wurde."
Diese Bemerkung wurde von den Anwesenden belacht. Zum
Schluß referierte der Direktor Albert [richtig: Albrecht] Schneider[618]
aus Dessau über evangelische und katholische Kirchengeschichte.
Die Veranstaltung gab zu einem Einschreiten keine Veranlassung.
  Am 20. Juni 1935 wurde in der St. Georgenkirche in Dessau ein Bekenntnisgottesdienst abgehalten. Der Pfarrer Dr. Beckmann[619] aus Düsseldorf sprach von der Kanzel herab zu der Gemeinde über den Kirchenstreit. Er verfocht entschieden den Standpunkt der Bekenntnisfront; u. a. äußerte er wörtlich, daß sich die Kirche werde nicht gleichschalten lassen. Am Ausgang der Kirche wurde eine Druckschrift, betitelt: „Der Anwalt des Deutschen Volkes, Predigt von Oberkirchenrat Julius Schieder[620], gehalten auf der Synode in Augsburg am 4.6.1935", verteilt. Die Veranstaltung ist ohne Störung verlaufen.
  Hin und wieder werden Klagen laut über einzelne Pfarrer, die bei ihren Predigten über den Rahmen einer sachlichen Auseinandersetzung über den Kirchenstreit hinausgehen. Eine besondere Rolle hierbei spielt der Pfarrer Windschild in Köthen, der es z. B. auch regelmäßig vergißt, des Führers in der Fürbitte am Schlusse des Gottesdienstes zu gedenken. Windschild ist ein fanatischer Anhänger der Bekenntnisfront, der es versteht, unter dem Deckmantel des Kirchenstreites Unterminierungsarbeit gegen den Staat bei seinen Zuhörern zu betreiben. Von einem Einschreiten gegen Windschild ist bisher nur im Hinblick auf die wohl doch in Kürze zu erwartende reichsseitige Lösung des Kirchenstreites abgesehen worden.

---

617 Die 1. Vorläufige Kirchenleitung der BK war am 22.11.1934 gebildet worden.
618 Albrecht Schneider (1881–1969).
619 Wilhelm Joachim Beckmann (1901–1987). Vgl. u. a. Thomas K. Kuhn: Joachim Beckmann, in: Biographisch-Bibliographisches Kirchenlexikon, Bd. 16, Bautz, Herzberg 1999, Sp. 92–97.
620 Julius Schieder (1888–1964). Vgl. u. a. Matthias Eckert: Julius Schieder (1888–1964). Regionalbischof und Prediger in schwerer Zeit, Neuendettelsau 2004.

Am 26. Juni fand in Bernburg und am 30. Juni 1935 in Leopoldshall ein Missionsfest statt. Als Redner traten auf in Bernburg Missionsinspektor Wilde aus Berlin, der über Missionsfragen im allgemeinen sprach, und in Leopoldshall der Missionar Priebusch, Berlin, der einen Vortrag über Mission in Ostafrika hielt. Die Veranstaltungen waren von der Anhaltischen Politischen Polizei unter bestimmten Einschränkungen (Verbot der Erörterung des Kirchenstreites[621], Verbot der Abhaltung von Gottesdienst[en] in profanen Räumen[622]) genehmigt worden.

Am 30. Juni hielt auf Einladung der Wandervogel-Gemeinschaft[623] Anhalt Professor Dr. Hauer[624] in der Nähe von Wörlitz vor geschlossenem Kreise einen Vortrag über geschichtliche Entwicklung und Wesen der Deutschen Glaubensbewegung.[625] Professor Dr. Hauer sprach in sachlicher Weise und brachte in seinen Aus-

---

621 Bereits am 06.11. und 07.11.1934 hatte das RMdI zwei Runderlasse herausgebracht, die die öffentliche Thematisierung des Kirchenkampfes untersagten. Vgl. LASA, C 20 I, Ib Nr. 5080.
622 Siehe Fußnote 497.
623 Eine 1901 in Berlin gegründete Jugendbewegung, in der gemeinsames Wandern, Volkstanz, das Singen von Volksliedern, das Erleben von Natur und Freundschaft gepflegt wurden. Angestrebt wurden die Überwindung der Großstadtzivilisation und ein jugendspezifischer Lebensstil.
624 Prof. Dr. Jakob Wilhelm Hauer (1881–1962), Indologe und Religionshistoriker an der Universität Tübingen, 1933–1936 Reichsleiter der Deutschen Glaubensbewegung (DG), nach 1945 der Professur enthoben und interniert, 1947 Fortsetzung der Aktivitäten in der „Arbeitsgemeinschaft für freie Religionsforschung und Philosophie" bzw. seit 1955 in der „Freien Akademie". Vgl. Karl Rennstich: Der deutsche Glaube: Jakob Wilhelm Hauer (1881–1962). Ein Ideologe des Nationalsozialismus, Stuttgart 1992.
625 1933 gegründeter Zusammenschluss von Gruppierungen der deutschgläubigen Bewegung. Gemeinsam war den mehr als zehn zusammengeschlossenen Organisationen das Bekenntnis zur „Überwindung des Christentums als Fremdreligion" durch einen nordisch-germanisch geprägten „artgemäßen deutschen Glauben". Die DG band sich eng an die Ideologie des NS-Regimes, wobei dieses auf Distanz blieb und der DG den religiösen Führungsanspruch verwehrte. Nach 1936 – öffentliche Auftritte waren seit 1935 verboten – zersplitterte die Bewegung und versank in der Bedeutungslosigkeit. Vgl. Ulrich Nanko: Die Deutsche Glaubensbewegung. Eine historische und soziologische Untersuchung, Marburg 1993.

führungen keinerlei Angriffe gegen die evangelische Kirche. Im Anschluß daran ergriff der der Wandervogelgemeinschaft nahestehende Pfarrer Werner[626] aus Dessau das Wort. Er nahm in sachlicher und humorvoller Art zu den Ausführungen Professor Hauers Stellung. Werner bekannte sich trotz hervorgetretener und zugegebener Mängel der Kirche zum Christentum.

Am 16. Juli d. Js. hielt die Ortsgruppe Bernburg des Evangelischen Bundes einen Familienabend ab. Es sprach hierbei der österreichische evangelische Geistliche Vikar Tunkel aus Spital a.d. Traub [richtig: Spittal an der Drau] über die Entwicklung der evangelischen Kirche in Oesterreich. Die Veranstaltung war besucht von etwa 50 Personen, zum größten Teil älteren Damen und Herren, und gab zu Beanstandungen keinen Anlaß.

D. Politischer Katholizismus

Obwohl die Katholiken im hiesigen Bezirk nur einen geringen Prozentsatz der Bevölkerung darstellen, macht sich doch hin und wieder das Bestreben der katholischen Kirche bemerkbar, auch hier festen Fuß zu fassen. So hat z.B. der katholische Pfarrvikar aus Wolfen[627] kürzlich bei der Stadtverwaltung Jeßnitz beantragt, ihm die Genehmigung zur Abhaltung katholischer Gottesdienste in der Friedhofskapelle zu erteilen. Im Interesse der Erhaltung des kirchlichen Friedens in der rein protestantischen Gemeinde Jeßnitz ist dieser Antrag abgelehnt worden. Das rücksichtslose Vorgehen im Reich gegen die Devisenschieber in den katholischen Orden wird hier allgemein begrüßt.

---

626 In Dessau wohnte zu dieser Zeit nur ein Pfarrer mit diesem Namen: Friedrich Werner (1858–1940). Er befand sich allerdings im Ruhestand. Vgl. Graf, S. 464ff.
627 Stefan Huppertz.

E. Juden und Freimaurer

Der verschärft einsetzende Kampf gegen das Judentum trat auch hier in gleicher Weise wie überall durch Demonstrationen, Boykottmaßnahmen, Feststellung von Käufern in jüdischen Geschäften usw. in Erscheinung.[628] In einigen Fällen wurde polizeilicherseits eingeschritten, und zwar mußten der Jude Ernst Feit aus Halle, dessen unsoziales Verhalten in einer Mietsangelegenheit in Köthen berechtigten Unwillen unter der Bevölkerung hervorgerufen hatte, sowie die Jüdin Johanna Sänger [richtig: Senger] in Bernburg, die eine Einwohnerin beleidigt und mißhandelt hatte, in Schutzhaft genommen werden. Des weiteren ist auf Veranlassung des Finanzamtes in Bernburg der jüdische Kaufmann Alfred Katzenstein in Bernburg in Haft genommen und dem Gerichtsgefängnis zugeführt worden, weil er sich der Hinterziehung eines Steuerbetrages in Höhe von 50.000 RM schuldig gemacht hatte. In sämtlichen Ortsgruppen der NSDAP sind die Stürmerkästen ausgehängt worden, die sich mit ihrem immer wechselnden Programm größter Aufmerksamkeit erfreuen.

Die einzige hier noch bestehende Loge „Alexius zur Beständigkeit" in Bernburg hat sich am 21. Juli d. Js. in Verfolg der von der Großen National Mutterloge gefaßten Beschlüsse freiwillig aufgelöst. Zum Liquidator ist der Rechtsanwalt Dr. Manecke, Berlin NW 7, zu seinem Stellvertreter und Bevollmächtigten der Rechtsanwalt Dr. Hampel in Bernburg bestellt worden. Es wird von seiten der Staatspolizei dafür gesorgt werden, daß die Liquidation nach den vom Geheimen Staatspolizeiamt aufgestellten Richtlinien vor sich geht.

---

628 Am 10.07.1935 veröffentlichte „Der Mitteldeutsche" auf der Titelseite eine „Bekanntmachung" Loepers, der „Geschäfte" von NSDAP-Mitgliedern mit Juden brandmarkte. Ein derartiges Verhalten widerspreche der NS-Weltanschauung. „Parteigenossen, die das nicht begreifen können, sind nicht in der Partei zu dulden." Diese „Judengenossen" seien „sofort im Schnellverfahren aus der Partei ohne Ansehen der Person auszuschließen".

F. Kulturpolitik
- - - - -

G. Wirtschafts- und Agrarpolitik

Auf dem Arbeitsmarkt ist im abgelaufenen 2. Vierteljahr eine weitere erfreuliche Besserung zu verzeichnen. Folgende Ziffern veranschaulichen die Entwicklung in den Arbeitsamtsbezirken Dessau und Bernburg im 1. Halbjahr 1935 im Vergleich zum 1. Halbjahr 1934:

Zahl der Arbeitslosen

Monat	1934	1935
Januar	19.815	9.363
Februar	15.958	8.184
März	11.626	7.468
April	10.320	7.076
Mai	9.645	6.276
Juni	9.577	4.883.

Die Beschaffung von Arbeitskräften, besonders von Facharbeitern für die Rüstungsindustrie, gestaltet sich immer schwieriger, sodaß man von den Junkerswerken sogar dazu übergegangen ist, in einem Zweigbetrieb ausländische Arbeitnehmer einzustellen.

Bei den noch vorhandenen Arbeitslosen ist die Beobachtung gemacht worden, daß sie unter den unmöglichsten Begründungen der Arbeitsvermittlung Widerstand entgegensetzen. Es ist dies aber nicht als ein Ausfluß irgend einer politischen Stimmung zu werten, sondern die noch vorhandenen Arbeitslosen sind in den meisten Fällen Elemente, die schon von je her einer regelmäßigen Arbeitstätigkeit aus dem Wege gegangen sind.

H. Verschiedenes

NSDFB

Auf Veranlassung des Herrn Reichsstatthalters in Braunschweig und Anhalt sind durch Verfügung vom 17. Juli sämtliche

Ortsgruppen des NSDFB im Kreise Dessau-Köthen aufgelöst und ihr Vermögen beschlagnahmt worden. Die Auflösungsanordnung wurde damit begründet, daß der NSDFB sich geweigert hatte, Weisungen des Reichsstatthalters über die Anmeldung seiner Veranstaltungen beim zuständigen Hoheitsträger der Partei nachzukommen. Von der Auflösung wurden 28 Ortsgruppen betroffen. Die erforderlichen Maßnahmen sind ohne Zwischenfälle durchgeführt worden. Die Auflösung der NSDFB-Ortsgruppen hat in der nationalsozialistischen Bevölkerung rege Zustimmung gefunden.

Der Ortsgruppenführer des NSDFB in Unterwiederstedt (Kreis Bernburg), Bürgermeister a. D. Knochenhauer, wurde in Schutzhaft genommen und dem Konzentrationslager Lichtenburg zugeführt, weil er in letzter Zeit als scharfer Hetzer gegen die Bewegung und ihre Führer hervorgetreten war und ferner auch Greuelnachrichten über das frühere Konzentrationslager Roßlau verbreitet hatte.

Nr. 18

Aus dem Lagebericht der Anhaltischen Politischen Polizei (Geheime Staatspolizei) Dessau für August 1935

Bundesarchiv, R 58/3739, Bl. 53–54

[ohne Absender und Empfänger] [ohne Datum]
[...]
A. Allgemeines

Der Berichtsmonat stand politisch im Zeichen des Kampfes gegen Judentum und Reaktion. In Stadt und Land wurden zahlreiche Versammlungen abgehalten, die sich fast durchweg eines guten Besuches erfreuten. In einer am 22.8.1935 im Kristallpalast[629] in Dessau veranstalteten Kundgebung, bei der der Reichstagsabgeordnete Schirmer[630] über das Thema „Kampf gegen Saboteure und Juden" sprach, war die Beteiligung sogar so stark, dass die Säle wegen Überfüllung geschlossen und die Ausführungen des Redners auf die Strasse übertragen werden mussten.[631] Dies darf jedoch nicht darüber hinwegtäuschen, dass im allgemeinen die Stimmung in der Bevölkerung nicht als besonders gut zu bezeichnen ist. In allen Bevölkerungsschichten ist eine gewisse Unruhe und Ungewissheit zu beobachten. Geht man dieser Erscheinung auf

---

629 Der Kristallpalast (Zerbster Straße 69) war Dessaus größte Gast- und Veranstaltungsstätte. Hier hielt die NSDAP ab Ende der 1920er Jahre fast alle Großveranstaltungen ab. Vgl. Ulbrich, Antisemitismus, S. 9f., 22–27.
630 August Schirmer (1905–1948), 1934–1945 MdR, 1933–1935 v.a. Gauschulungsleiter und Gaukulturwart im NSDAP-Gau Südhannover-Braunschweig, ab 1935 Reichshauptstellenleiter beim Beauftragten des Führers für die gesamte geistige und weltanschauliche Erziehung der NSDAP, ab 1940 NSDAP-Oberbereichsleiter. Vgl. Lilla, S. 557. Schirmer sprach am 02.09. auch in Köthen. Tausendjährige Sehnsucht wird Gestalt!, in: Der Mitteldeutsche. Köthener Tagespost, 03.09.1935.
631 Zur Veranstaltung in Dessau vgl. auch Abrechnung mit den Saboteuren, in: Anhalter Anzeiger, 23.08.1935.

den Grund, so zeigt sich, dass im wesentlichen folgende Momente eine Rolle spielen: das Auftreten des politischen Katholizismus, das Verhalten von Geistlichen und Laien der sogenannten Bekenntnisfront, die Judenfrage, die Ereignisse im NSDFB (Stahlhelm), sonstige geheime Wühlereien aus staatsfeindlichem Lager (KPD) und dazu natürlich die aussenpolitischen Ereignisse, besonders im Hinblick auf den italienisch-abessinischen Konflikt.[632] Häufig begegnet man der Frage, warum denn der nationalsozialistische Staat gegenüber den in so verstärktem Masse auftretenden Staatsfeinden aller Art so zurückhaltend sei. Man kann es z.B. nicht begreifen, dass es heute noch möglich ist, dass Hitler-Jungen[633] oder Angehörige des BDM[634] niedergeschlagen werden können, ohne dass sofort drakonische Strafen eintreten. So entstehen Zweifel über die Macht des Staates. In dieser Grundstimmung finden dann leicht allerlei Gerüchte fruchtbaren Boden. Man wartet, wie schon so manches Mal, aber noch niemals so stark hervortretend wie dieses Mal, auf ein erlösendes Wort des Führers. Es trägt auch nicht zur Hebung der Stimmung bei, wenn Menschen vom Lande beim Besuch von

---

632 Italiens Diktator Mussolini strebte die Wiedergeburt des Römischen Reiches an. Mit der Eroberung Abessiniens (Äthiopien) wollte er den italienischen Kolonialbesitz in Afrika vergrößern. Am 03.10.1935 überfiel er das afrikanische Land. Mit der Eroberung der Hauptstadt Addis Abeba am 06.05.1936 endete der Feldzug.

633 Hitler-Jugend (HJ), Jugendorganisation der NSDAP. Sie stellte ein wesentliches Mittel zur Beeinflussung der Jugend dar und trug entscheidend zur Machterhaltung des NS-Regimes bei. Mit dem Gesetz über die HJ vom 01.12.1936 wurde sie zur Staatsjugend (Beitrittspflicht). Gliederung: Deutsches Jungvolk (Pimpfe, 10- bis 14-jährige Jungen), eigentliche HJ (14- bis 18-jährige Jungen), Jungmädelbund (10- bis 14-jährige Mädchen), Bund Deutscher Mädel (BDM, 14- bis 18-jährige Mädchen). Vgl. u.a. Arno Klönne: Jugend im Dritten Reich. Die Hitler-Jugend und ihre Gegner, München 1995. Das Gebiet Anhalt entsprach dem HJ-Bann 93.

634 Siehe vorangegangene Fußnote. Vgl. Gisela Miller-Kipp: „Auch Du gehörst dem Führer". Die Geschichte des Bundes Deutscher Mädel (BDM) in Quellen und Dokumenten, 2. Aufl., Weinheim u.a. 2002. Das Gebiet Anhalt des BDM hieß Untergau 93.

Großstädten wahrnehmen, dass sie z.B. mit ihrem Hitlergruss in Geschäften, Restaurationen usw. keinem Verständnis zu begegnen scheinen. Solche Beobachtungen verbreiten sich bei der den meisten Menschen angeborenen Mitteilsamkeit schnell. Es muss auch auf die Dauer die Stimmung im Volke beeinträchtigen, wenn die ewigen Wühlereien auch unter den Parteigenossen und gegen Parteigenossen, besonders wenn letztere ein Staats- oder Gemeindeamt erhalten haben oder bekleiden, kein Ende nehmen wollen. Die Staatsfeinde nutzen diese Wühlereien und Gerüchtemachereien usw. weidlich aus. Befremden hat es auch in der Bevölkerung hervorgerufen, daß das auch in nationalsozialistischen Zeitungen wie z.B. im „Völkischen Beobachter"[635] veröffentlichte Zeichnungsangebot für die neue Reichsanleihe u.a. auch die Unterschrift von einer Reihe jüdischer Banken trägt, dass also auch die nationalsozialistische Presse [sich] indirekt dazu hergegeben hat, Geschäfte jüdischer Bankfirmen zu unterstützen.

---

[635] Tageszeitung, Zentralorgan der NSDAP.

Nr. 19

Aus dem Lagebericht der Anhaltischen Politischen Polizei (Geheime Staatspolizei) Dessau für September 1935

Bundesarchiv, R 58/3739, Bl. 55, 59–60

[ohne Absender und Empfänger]   [ohne Datum]
[...]

A. Allgemeines

Der Monat September stand innerpolitisch ganz unter dem Zeichen des Reichsparteitages der Freiheit in Nürnberg. Die durch den Rundfunk übertragenen gewaltigen Kundgebungen hinterliessen zweifellos überall einen nachhaltigen Eindruck; sie werden sicher auch dazu beigetragen haben, vielen noch ungläubigen Volksgenossen wieder einmal die Stärke des Reiches und der nationalsozialistischen Bewegung vor Augen zu führen. Von seiten der Partei wurden bis in den September hinein Versammlungen gegen Judentum und den politischen Katholizismus abgehalten. Diese Veranstaltungen erfreuten sich im allgemeinen eines guten Besuches, es ist nicht zu verkennen, dass das Interesse der Bevölkerung an Rassefragen und an Fragen der Religion und Kirche sehr lebhaft ist. Das auf dem Reichsparteitage erlassene Gesetz zum Schutz[e] des deutschen Blutes und der deutschen Ehre hat wesentlich zur Klärung der Judenfrage beigetragen.[636] Es sind auch selten Worte der Kritik zu diesem Gesetz zu hören, wenn schon, dann vornehmlich aus Kreisen eines sogenannten besseren Bürgertums, die vielfach aus geschäftlichen oder

---

636 Während des 7. NSDAP-Reichsparteitages wurden durch den nach dort einberufenen Reichstag am 15.09.1935 die „Nürnberger Gesetze" verabschiedet: „Reichsflaggengesetz", „Reichsbürgergesetz", „Gesetz zum Schutze des deutschen Blutes und der deutschen Ehre" („Blutschutzgesetz"). Sie verschärften die Diskriminierung der jüdischen Bevölkerung. Das „Blutschutzgesetz" verbot Eheschließungen und außerehelichen Verkehr zwischen Juden und „Reichsbürgern" („Rassenschande"). RGBl. 1935 Teil I, S. 1146f.

verwandtschaftlichen Bindungen heraus noch nicht die richtige Einstellung zu den rassepolitischen Notwendigkeiten gefunden haben. Die mangelnde Fettversorgung, die im September besonders in Erscheinung trat,[637] wirkte sich auf die Stimmung in der Bevölkerung teilweise recht ungünstig aus. In einzelnen Orten ist es vorgekommen, dass sich Frauen schon in früher Morgenstunde vor Fleischer- und Butterläden angesammelt und Schlange gestanden haben wie im Kriege. Es liegt auf der Hand, dass derartige Vorkommnisse von staatsfeindlichen Elementen weidlich zur Beunruhigung der Bevölkerung ausgenutzt werden. Wir sind der Ansicht, dass bei einem weiteren Anhalten der Knappheit eine behördliche Regelung kaum zu umgehen ist, weil die Gefahr besteht, dass in bemittelten Kreisen zum Nachteil der wenig kaufkräftigen und ärmeren Bevölkerung gehamstert wird.

Über die Betätigung staatsfeindlicher Kreise kann in diesem Monat Besonderes nicht berichtet werden. Über einige Einzelvorkommnisse wird weiter unten berichtet. Bei dieser Gelegenheit muss

---

637 Im Herbst 1935 trat im Deutschen Reich eine Lebensmittelkrise auf, die das NS-Regime völlig unvorbereitet traf und einen Schock auslöste. Es kam „erstmalig sichtbar" zu „Verknappungserscheinungen" bei Brot, Butter, Fett und Fleisch, die deutlich teurer wurden. Vgl. Corni/Gies, S. 358f. Die Krise spiegelt sich auch in zahlreichen Berichten aus Anhalt wider. Bereits Ende Juli 1935 hatte Landesbauernführer Eggeling eine „Bekanntmachung" über die Zeitungen verbreiten lassen, in der er „sämtliche Bauern und Landwirte" davor warnte, aus Anlass der Erntearbeiten sich „mit der Anlieferung von Schweinen zurückzuhalten. Der Bedarf in den Städten ist vorhanden und muß unter allen Umständen gedeckt werden." Anhalter Anzeiger, 31.07.1935. Der Bürgermeister von Coswig (Anhalt) klagte in einem Schreiben an das Staatsministerium vom 14.09.1935 über die „außerordentliche" Verknappung von Butter, Margarine, Fleisch und Wurst. Vgl. LASA, Z 110, Nr. 1110, Bl. 23. Gleichlautend äußerten sich die Oberbürgermeister von Bernburg am 23.09.1935, Köthen am 30.09.1935 und Dessau am 01.10.1935 (ebd., Bl. 24, 26, 28). In einem Schreiben der Abt. Wirtschaft des Anhaltischen Staatsministeriums an die Dessauer Polizeiverwaltung vom 28.10.1935 wird betont, dass die Versorgung mit Schweinen in der Stadt zu „größten Bedenken Anlaß gibt". Die Lieferungen, die Dessau zum einem Drittel aus der Umgebung der „Gauhauptstadt", zu einem Drittel vom Viehhof Magdeburg und zu einem Drittel aus „anderen deutschen Überschußgebieten" erhielt, hatten am 28.10.1935 ganz aufgehört. Ebd., Bl. 11f.

einmal darauf hingewiesen werden, dass das Aufgabengebiet der Politischen Polizei in der letzten Zeit derart zugenommen hat, dass es den Beamten selbst bei angestrengtester Tätigkeit gar nicht mehr möglich ist, ihre Arbeiten mit der wünschenswerten Sorgfalt und Beschleunigung zu erledigen. Die Zahl der Eingänge bei der hiesigen Dienststelle hat sich seit einem Jahre etwa verdreifacht. Die Personalbesetzung ist ungefähr dieselbe geblieben. Über eine vor ca. 5 Monaten im Wege des Nachtragshaushaltes beantragte Erhöhung des Personalbestandes um 5 Beamte steht heute noch die Entscheidung des Herrn Reichsinnenministers aus. Besonders nachteilig wirken sich diese Zustände auf den Aussen- und Fahndungsdienst aus, der gegenüber der rein büromässigen Behandlung der Sachen fast völlig in den Hintergrund getreten ist. Eine ganz besondere Belastung bildet die Überprüfung der Arbeitnehmer der staatswichtigen Betriebe, zumal wenn, wie hier, im Bezirk einer zahlenmässig nur schwach besetzten Dienststelle mehrere und grössere Betriebe dieser Art gelegen sind.

B. Staatsfeindliche Bestrebungen

Die im Einvernehmen mit dem Geheimen Staatspolizeiamt Berlin durchgeführten Ermittlungen über die in Mitteldeutschland für den BB-Apparat der KPD[638] tätigen Personen führten in Dessau zur Festnahme des bei den Junkers-Werken beschäftigten Schlossers Otto Schirow[639], der bei seiner Vernehmung auch eingestand, mehrere Treffs mit KPD-Funktionären aus Magdeburg und Berlin wahrgenommen zu haben. Er bestritt jedoch, irgendwelches Material, insbesondere über die Junkers-Werke, bereits geliefert zu haben. Schirow ist dem Richter vorgeführt worden, der Haftbefehl erlassen hat. In der gleichen Sache wurden drei weitere Personen aus Dessau festgenommen; sie mussten aber nach ihrer Vernehmung wieder entlassen werden, da sich irgendwelche Anhaltspunkte für eine staatsfeindliche Betätigung dieser Personen nicht ergaben. Bemerkenswert

---

638 BB = Betriebsberichterstatter. Zum BB-Apparat der KPD siehe Fußnote 366.
639 Otto Schirow jun. (1909–1950).

ist noch bei der ganzen Angelegenheit die Feststellung, dass der im Februar d. J. aus Dessau flüchtig gewordene KPD-Funktionär Gustav Ponanta sich bis vor kurzem in Magdeburg aufgehalten hat und dort unter dem Decknamen „Jurer" und dem Spitznamen „Benno" illegal für die KPD weiter tätig gewesen ist. Die Ermittlungen nach den Verbindungsleuten des Schirow in Dessau sind noch im Gange.[640] Wegen kommunistischer Betätigung bezw. staatsfeindlicher Äusserungen mussten 7 Personen in Schutzhaft genommen werden, hiervon erging in 2 Fällen Haftbefehl. Eine Anzahl weiterer Personen wurde wegen beleidigender Äusserungen über Regierungsmitglieder und andere führende Persönlichkeiten zur Anzeige gebracht.[641] Die IBV ist im letzten Monat hier nicht in Erscheinung getreten.

---

640 Zur Aktion gegen den BB-Apparat in Mitteldeutschland, die die Staatspolizei Berlin in Zusammenarbeit mit der Stapostelle Magdeburg durchführte, siehe Alexander Sperk: Die Staatspolizei(leit)stelle Magdeburg, ihre Leiter und die Zerschlagung der KPD, in: Polizei & Geschichte, 1 (2009), S. 13–17.
641 Am 02.09.1935 wurde eine Frau in Köthen wegen Verstoßes gegen das Heimtückegesetz in das GG eingeliefert. Es wird durchgegriffen!, in: Der Mitteldeutsche. Köthener Tagespost, 03.09.1935. Wegen „Beleidigung v[on] Regierungsmitgliedern" wurde Anfang Sept. 1935 Willy Stephan (geb. 18.05.1911 Güsten, verst. 17.09.1964 Halle/S.) aus Güsten festgenommen. Er soll am 31.08. im Junkers-Zweigwerk Leopoldshall an eine Klosettür die Worte „Hitler, Göring und Goebbels sind verkappte Juden" geschrieben haben. Vgl. BArch, R 58/2107d, Bl. 11. Wegen „beleidigender Äusserungen über Mitglieder der Reichsregierung" wurden am 03.09.1935 der Fleischer Willy Lange (geb. 09.01.1901 Köthen, verst. 07.07.1963 Köthen) und Otto Fried (geb. 09.10.1886 Pfaffendorf) aus Köthen in Schutzhaft genommen. Letzterer hatte „im August in der Stadt Köthen einen Witz verbreitet, durch den mehrere Regierungsmitglieder in übelster Weise beleidigt wurden". Ebd., R 58/3739, Bl. 56. Am 06.09. kam ein Mann in Köthen im GG in Schutzhaft „wegen heimtückischer Angriffe auf Partei und Staat". Wieder eine Inschutzhaftnahme!, in: Der Mitteldeutsche. Köthener Tagespost, 07.09.1935. Am 07. oder 08.09.1935 kam in Köthen ein früheres Stahlhelm-Mitglied wegen Verstoßes gegen das Heimtückegesetz in das GG. Hinter Schloß und Riegel!, in: ebd., 09.09.1935. Am 20.09.1935 wurde der Kontrolleur Benno Fiedler (geb. 28.11.1899 Petzen/Posen) aus Dessau festgenommen, weil „er im Junkers Flugzeugwerk im Kreise seiner Arbeitskameraden beleidigende Äusserungen" über Loeper verbreitet hatte. BArch, R 58/3739, Bl. 58. Am 14.10.1935 erhob die Staatsanwaltschaft Dessau Anklage gegen Fiedler. Vgl. LASA, C 140, Nr. 89, Bl. 115.

Nr. 20

Lagebericht des Anhaltischen Staatsministers für August und September 1935

Bundesarchiv, R 58/3625, Bl. 64 73

Anhaltisches Staatsministerium,   DESSAU, den 29. Oktober 1935
    Abteilung Inneres
                  [...]
    An
        das Reichs- und Preußische
        Ministerium des Innern,
        z. Hd. Herrn Landrat Dr. Ermert
        oder Vertreter im Amt,
                Berlin
        Unter den Linden 72–74
                [...]

In der Anlage überreichen wir den Bericht über die politische Lage in Anhalt in den Monaten August und September 1935 in doppelter Ausfertigung.

Auf Grund des Runderlasses vom 20.7.1935 – III P 3605/10 – haben wir dem Herrn Reichs- und Preußischen Wirtschaftsminister[642] gleichzeitig Abschrift vom Abschnitt A. Allgemeines, 2. Absatz (Seite 1) und vom Abschnitt G. Wirtschats- und Agrarpolitik (Seite 8) übersandt.

Auf Grund des gleichen Runderlasses hat auch der Herr

---

642 Hjalmar Schacht (1877–1970), 1923–1930/1933–1939 Reichsbankpräsident, 1934–1937 Reichs- und Preuß. Wirtschaftsminister, 1935–1937 Generalbevollmächtigter für die Kriegswirtschaft, 1947 Spruchkammer-Verurteilung zu acht Jahren Arbeitslager, 1948 Entlassung, danach Finanzberater in Entwicklungsländern und Gründer einer Privatbank. Vgl. John Weitz: Hitlers Bankier. Hjalmar Schacht, München u. a. 1998.

Reichsminister für kirchliche Angelegenheiten[643] Abschrift vom Abschnitt C. Evangelischer Kirchenstreit und Abschnitt D. Politischer Katholizismus erhalten.

Anhaltisches Staatsministerium,
Abteilung Inneres
[Unterschrift: Freyberg]
[...]

A. Allgemeines

Der Monat September stand innerpolitisch ganz unter dem Zeichen des Reichsparteitages der Freiheit in Nürnberg. Die durch den Rundfunk übertragenen gewaltigen Kundgebungen hinterliessen zweifellos überall einen nachhaltigen Eindruck; sie werden sicher auch dazu beigetragen haben, vielen noch ungläubigen Volksgenossen wieder einmal die Stärke des Reiches und der nationalsozialistischen Bewegung vor Augen zu führen. Von seiten der Partei wurden bis in den September hinein Versammlungen gegen Judentum und den politischen Katholizismus abgehalten. Diese Veranstaltungen erfreuten sich im allgemeinen eines guten Besuches, es ist nicht zu verkennen, dass das Interesse der Bevölkerung an Rassefragen und an Fragen der Religion und Kirche sehr lebhaft ist. Das auf dem Reichsparteitage erlassene Gesetz zum Schutz[e] des deutschen Blutes und der deutschen Ehre hat wesentlich zur Klärung der Judenfrage beigetragen. Es sind auch selten Worte der Kritik zu diesem Gesetz zu hören, wenn schon, dann vornehmlich aus Kreisen eines sogenannten besseren Bürgertums, die vielfach aus geschäftlichen oder verwandtschaftlichen Bindungen heraus noch nicht die richtige Einstellung zu den rassepolitischen Notwendigkeiten gefunden haben.

---

643 Hanns Kerrl (1887–1941), April 1933 bis Juni 1934 Preuß. Justizminister, seit 16.07.1935 Reichsminister für kirchliche Angelegenheiten (Reichskirchenminister). Vgl. Heike Kreutzer: Das Reichskirchenministerium im Gefüge der nationalsozialistischen Herrschaft, Düsseldorf 2000, S. 100–130.

Die mangelnde Fettversorgung, die im September besonders in Erscheinung trat, wirkte sich auf die Stimmung in der Bevölkerung teilweise recht ungünstig aus. In einzelnen Orten ist es vorgekommen, dass sich Frauen schon in früher Morgenstunde vor Fleischer- und Butterläden angesammelt und Schlange gestanden haben wie im Kriege. Es liegt auf der Hand, dass derartige Vorkommnisse von staatsfeindlichen Elementen weidlich zur Beunruhigung der Bevölkerung ausgenutzt werden. Wir sind der Ansicht, dass bei einem weiteren Anhalten der Knappheit eine behördliche Regelung kaum zu umgehen ist, weil die Gefahr besteht, dass in bemittelten Kreisen zum Nachteil der wenig kaufkräftigen und ärmeren Bevölkerung gehamstert wird.

B. Staatsfeindliche Bestrebungen
1. KPD, SPD, IBV

Nachdem in den letzten Monaten die illegale Arbeit der KPD wenigstens nach aussen nicht sonderlich in Erscheinung getreten war, machen sich jetzt wieder Anzeichen bemerkbar, die auf eine erhöhte Aktivität der marxistischen Staatsfeinde schliessen lassen. In den Monaten August und September mussten 17 Festnahmen erfolgen. In den meisten Fällen handelt es sich um staatsfeindliche Äusserungen, die zweifellos auf die Wühlarbeit kommunistischer Elemente zurückzuführen sind. Mit welcher Frechheit heute schon wieder vorgegangen wird, zeigen folgende Beispiele:

Einer der Festgenommenen, ein ehemaliger Kommunist, hatte in einem öffentlichen Lokale in Köthen mehrere Mitglieder der NSDAP angerempelt, diese beschimpft und mit einem Stuhl auf sie eingeschlagen, wobei ein Parteigenosse nicht unerheblich verletzt wurde.

In einem anderen Falle hatte ein schon von jeher kommunistisch eingestellter Einwohner in einem öffentlichen Lokale folgendes geäussert: „Ich war Kommunist und bin es noch heute. Wenn einmal ein Umschwung kommt, dann werden allen Nationalsozialisten die Köpfe abgehackt. Wenn mein Sohn zum Militär ausgehoben würde, dann werde ich ihm vorher die Finger abhacken. Unsere Zeit ist noch nicht da, diese kommt aber noch, die Partei (KPD) schläft nicht."

In Ballenstedt ist kürzlich einem Parteigenossen anonym folgendes, mit der Schreibmaschine hergestelltes Schreiben zugesandt worden: „Wardtet mann es dauert nicht mehr lange dann sind wir ans Ruder das vierte Reich steht vor die Tür. Ihr Nazihunde ihr und noch 3 andere aus dem Hause kommen ins Massengrab die Beine haken wir euch dann ab dann flisst Blut dann wird euch das Maul mit Scheisse gestoppt von wegen Heil Hitler Heil Moskau heisst es dann."[644]

Auch auf dem Lande macht anscheinend die kommunistische Aktion Fortschritte. So wird z. B. aus dem Kreise Zerbst berichtet, dass in Kreisen der Landwirtschaft aus Prag stammende Hetzschriften vertrieben werden. Es wird vermutet, dass diese Blätter auf Elbkähnen, die von Tschechoslowakei stromabwärts kommen, nach Deutschland eingeschmuggelt werden.

Auch die IBV ist im Berichtsmonat hier wieder einmal, und zwar mit einer neuen, hier noch nicht bekannten Werbemethode in Erscheinung getreten. Ein Einwohner in Dessau, der nach den hiesigen Feststellungen bisher Beziehungen zur IBV noch nicht unterhalten hatte, erhielt aus der Schweiz[645] eine Mustersendung, in der sich u. a. die Bücher „Rüstung" und „Was Du nötig hast" von J. F. Rutherford[646] befanden. Der Sendung war folgendes Anschreiben beigefügt:

---

644 Der in Anführungszeichen gesetzte Text wird bewusst ohne Korrektur wiedergegeben.
645 Bern war seit 1925 Sitz des „Zentraleuropäischen Büros" der Ernsten Bibelforscher; hier erschienen ihre Schriften. Vgl. Garbe, S. 35, 76, 108, 225.
646 Joseph Franklin Rutherford (1869–1942), seit 1916 Leiter der IBV.

„Geschätzter Leser! Wir gelangten in den Besitz Ihrer Adresse und erlauben uns hiermit, eine kleine Mustersendung unserer Schriften an Sie zu senden. Insofern Sie Interesse an den Schriften haben, können Sie uns den entsprechenden Betrag im Laufe der nächsten 3 Monate zusenden. Erfolgt Zahlung mit internationaler Postanweisung, so wäre

    für die kleinen Schriftchen   SFr. –,17,
    für die Bücher   SFr. 1,25

an uns zu senden. Wenn Sie die Schriften nicht zu behalten gedenken, so belieben Sie, dieselben an uns zurückzusenden.

G. Feuz, Bern,
Meisenweg 27"

Als Absender war ein gewisser Friedy Krieg in Stettlen bei Bern verzeichnet.

C. Evangelischer Kirchenstreit

Der Kirchenstreit ist in den letzten Monaten, wenigstens öffentlich, nicht weiter hervorgetreten. Trotzdem darf man sich keinem Zweifel darüber hingeben, dass gerade auf seiten der Bekenntnisfront bei allen möglichen Gelegenheiten Propaganda getrieben wird. Dass auch von der Bekenntnisfront auf die Gewinnung der Jugend besonderer Wert gelegt wird, lässt ein hier erfasstes Schreiben eines Bekenntnispfarrers an einen Glaubensbruder erkennen. Er schreibt darin u.a.: „Im übrigen lassen wir uns keineswegs durch diese auf die bisherige Jugendarbeit abgesehene Anspielung auf den Staat einschüchtern. Dem Erlass[647] ist deshalb nicht

---

647 Für den Zeitraum kommen mehrere Erlasse in Frage. Vermutlich ist der von Wilhelm Frick vom 20.07.1935 gemeint, der durch eine Anordnung von Heinrich Himmler am 23.07.1935 bestätigt wurde. Demnach war konfessionellen Jugendverbänden alles verboten, was nicht „rein kirchlich-religiöser Art" war: Das Tragen von Uniformen und Abzeichen sowie „geschlossenes Aufmarschieren" in der Öffentlichkeit mit Bannern, Fahnen und Wimpeln sowie jegliche Ausübung von „Sport und Wehrsport". Pr. GS. 1935, S. 105f.; Nur religiöse Betätigung erlaubt, in: Der Mitteldeutsche. Köthener Tagespost, 27.07.1935.

etwa mit passivem Widerstand zu begegnen, sondern mit ernsthaft begonnener und zielbewusst geführter Sammlung der Jugend im Sinne der Bekennenden Kirche. Wir müssen in den Gemeindekirchenräten unseren Einfluss dahin geltend machen, dass nur solche Leute mit evangelischer Jugendarbeit betraut werden, die auf die Linie der Bekennenden Gemeinde stehen. Im Auftrage des Landesbruderrates richte ich an alle Brüder der Bekennenden Kirche den dringenden Appell, wo es noch nicht geschieht, unverzüglich die Sammlung der männlichen und weiblichen Jugend in Angriff zu nehmen." Im übrigen ist der Brief von einem Pfarrer geschrieben, über den zurzeit ein Redeverbot verhängt ist.[648]

Für die Einstellung mancher Pastoren der Bekennenden Kirche ist kennzeichnend nachstehender Vorfall:

Am 29. September 1935 machte der Pfarrer Gerhard Hoffmann bei der Sonntagspredigt in der Petruskirche in Dessau u.a. folgende Ausführungen:

„Der Prediger und das Wort Gottes, die Gemeinde und das Wort Gottes.

2. Tim. 4, V, 1 – 5 ist das Bibelwort

Ich weiss, dass es gefährlich ist, in heutiger Zeit über kirchliche Dinge zu sprechen (Kirchenstreit). Mein vor 27 Jahren abgelegtes Gelöbnis vor Archidiakonus Werner[649] bindet mich an das Wort Gottes der Bibel. Klingende Namen wie Ludendorff und Rosenberg[650] verwerfen das Alte Testament

---

Die Anordnungen wurden als „Polizeiverordnung gegen die konfessionellen Jugendverbände" vom 12.08.1935 im ABlfA 1935, S. 246f. veröffentlicht.
648 Gemeint ist Waldemar Schröter (1901–1986), wobei dessen Redeverbot am 09.09.1935 aufgehoben worden war.
649 Wahrscheinlich Friedrich Werner (1858–1940).
650 Alfred Rosenberg (1893–1946), u.a. Hauptschriftleiter und Herausgeber des NSDAP-Zentralorgans „Völkischer Beobachter", Beauftragter des Führers für die Überwachung der gesamten geistigen und weltanschaulichen Schulung und Erziehung der NSDAP, ab Juli 1941 Reichsminister für die besetzten Ostgebiete, 1946 hingerichtet. Vgl. Andreas Molau: Alfred Rosenberg. Der Ideologe des Nationalsozialismus. Eine politische Biografie, Koblenz 1993.

und Teile des Neuen. Es ist wie vor 10 Jahren, als in Leipzig die Bibel als Schundliteratur verbrannt wurde. Nimmt man uns das Alte und Teile des Neuen Testaments, so verlieren wir das Wort Gottes, und wie das Wasser das Lebenselement des Fisches ist, so ist die Bibel es für uns Menschen. Entzieht man es uns, so können wir nicht leben. Der Mythus des 20. Jahrhunderts[651] ist heute die Bibel, die verschlungen wird und die in der Kongreßhalle eingemauert wurde. Der Grieche sagt richtig für Fabel Mythe, und von diesen Fabeln klingen dir, deutscher Junge, und dir, deutsches Mädchen, die Ohren. Eure Augen sollen blitzen, stark sollt ihr sein und erzählt wird euch nur von arischer Abstammung[652]. Vor Gott aber sind alle Menschen gleich. In Kürze wird eine Entscheidung fallen zwischen deutschen Christen und (ihrer Gegenrichtung), und wenn ihr euch nicht klar seid über das Wort Gottes, so werden auch die Kirchen geschlossen und ihr müßt euch in Ställen oder Scheunen versammeln und wie die Westfalen erst kürzlich taten, die auch den ihnen aufgezwungenen Prediger nicht haben wollten, in die Scheune gehen. Ich warne euch, Petrusgemeinde, ihr werdet vor verschlossenen Türen stehen und verhungern."

Derartige Ausführungen müssen, wenn sie jugendlichen Personen bekannt werden, diese im Hinblick auf die staatlicherseits in

---

651 Antisemitisches und antichristliches Hauptwerk von Alfred Rosenberg von 1930. Die Kirchen polemisierten gegen Rosenberg, weil er die Entstehung des Christentums („Verjudung des Christentums") stark abwertete und die römische „Priesterkaste" als Mitverursacher des Untergangs der germanischen Kultur einstufte.

652 Hitler sah in der biologischen Ausstattung eines Volkes das Entscheidende. Die Unterschiede zwischen den Völkern seien auf ihre Erbanlagen („Rassen") zurückzuführen. Das deutsche Volk setzte er mit der „arischen" Rasse, die er auch als „nordische" oder „germanische Rasse" bezeichnete, gleich. Diese Rasse sei überlegen. Die Vermischung mit „fremden Rassen" gefährde die Stärke des deutschen Volkes. Die gefährlichste Bedrohung stelle die „jüdische Rasse" dar. Vgl. Cornelia Schmitz-Berning: Vokabular des Nationalsozialismus, Berlin/New York 1998, S. 34–39, 481–491, 642ff.

Angriff genommene Reform des Religionsunterrichts in seelische Konflikte bringen und darüber hinaus eine Beunruhigung in der Elternschaft hervorrufen. Es sind daher Schritte in die Wege geleitet worden, dem Pfarrer Hoffmann die Befugnis zur Erteilung von Konfirmandenunterricht entziehen zu lassen. Bei dem Genannten handelt es sich um einen fanatischen Anhänger der Bekenntnisfront, der bereits schon zweimal wegen seines unsachlichen Verhaltens im Kirchenstreit in Schutzhaft genommen werden musste.

Am 15. September d.J. veranstaltete die Ortsgruppe Hecklingen des Evangelischen Bundes eine Feier anlässlich ihres 25jährigen Bestehens. Als Redner trat der Generalsekretär von Schweinitz aus Halle[653] auf, der über das Thema „Geisteskampf der Gegenwart" sprach. Die Veranstaltung verlief ohne Störungen und gab zu Beanstandungen keinen Anlass.

Bei dem 14. Anhaltischen Landesmissionsfest, das in der Zeit vom 7. – 9. September d.J. in Dessau stattfand, hielt der Missionspfarrer Schiele[654] – Magdeburg einen Vortrag über das Thema „Unsere Missionsaufgabe in den Rassenkämpfen der Völker". Seine Ausführungen waren, insbesondere vom rassenpolitischen Standpunkt aus, nicht zu beanstanden. Er wies besonders auf die ungeheure Gefahr des Aufrufes der Schwarzen durch den Weltkrieg und durch den Fall Abessinien[655] hin und vertrat den Standpunkt, dass eine gute Mission, also eine Mission auf Dauer, nur unter genauer Kenntnis der Rassenkunde möglich sei.

D. Politischer Katholizismus

Die von der Gaupropagandaleitung herausgegebenen Plakate „Deutsches Volk horch auf"[656] sind im hiesigen Bezirk öffentlich

---

653 Hellmut von Schweinitz (1901–1960).
654 Gustav Schiele (1868–1947). Vgl. Pfarrerbuch der Kirchenprovinz Sachsen, Bd. 7, hg. v. Verein für Pfarrerinnen und Pfarrer in der Ev. Kirche der Kirchenprovinz Sachsen e.V. […], Leipzig 2008, S. 435.
655 Einmarsch Italiens in Abessinien.
656 Ein von den NSDAP-Propagandaleitungen Anfang Aug. 1935 reichsweit ver-

angeklebt worden. Wie in anderen Orten im Reich, so sind auch hier in einzelnen Fällen die Plakate abgerissen bzw. beschädigt worden. In einem Falle ist der Täter in der Person des Amtsgerichtsrats a. D. Mangold[657] in Ballenstedt festgestellt worden, der bei seiner Vernehmung offen erklärte, dass er das Plakat aus dem Grunde entfernt habe, weil ihm sein Inhalt nicht gefallen habe. Gegen den Genannten, der im übrigen bei seiner Verhaftung sich des Widerstandes und der Beamtenbeleidigung schuldig gemacht hatte, ist ein Strafverfahren eingeleitet worden.

E. Juden und Freimaurer

Die Aktivierung in der Judenfrage hat es mit sich gebracht, dass die Staatspolizei auch hier in mehreren Fällen durch Inschutzhaftnahmen eingreifen musste. So musste der jüdische Bankier Dr. Max Gumpel[658] in Bernburg, Inhaber des Bankhauses Gumpel & Samson, in Schutzhaft genommen werden, weil sein freches und provozierendes Auftreten in der letzten Zeit zu einer erheblichen Beunruhigung der Bevölkerung der Stadt Bernburg geführt hatte. Die Durchsuchung seiner Wohnung brachte verschiedenes, für die Geschäftspraktiken des Juden und sein sonstiges Verhalten recht aufschlussreiches Material zu Tage, sodass wahrscheinlich auch mit der Einleitung eines Strafverfahrens zu rechnen ist. In einem anderen Falle musste über einen jüdischen Viehhändler

---

breitetes antikatholisches Plakat. Es beinhaltete Vorfälle von Kirchen- bzw. Heiligenbildschändungen, die angeblich von Katholiken verübt worden waren, die den Verdacht auf Nationalsozialisten lenken wollten. Daraus schlussfolgerte die NSDAP, dass gewisse Kreise des Katholizismus das deutsche Volk „in einen Kulturkampf" hineintreiben und „die deutsche Einheit" zerstören wollten. Die kath. Kirche empfand das Plakat als Provokation. In der Folge kam es wegen Abreißens dieser Aushänge zu etlichen Gerichtsverfahren im Deutschen Reich. Vgl. Beatrix Lahrkamp: Zur Auseinandersetzung zwischen katholischer Kirche und Nationalsozialismus im Münsterland. Eine Analyse kirchlicher Erlebnisberichte, in: Westfälische Zeitschrift 136, 1986, S. 129.

657 Werner Mangold (1886–1949).
658 Dr. Max Gumpel (1901–1966).

die Schutzhaft verhängt werden, der sich im Laufe einer Auseinandersetzung einem SA-Mann gegenüber dahin geäussert hatte, dass die Juden schon vor unseren Vorfahren in Deutschland gewesen wären, und dass eines Tages die Deutschen durch die jüdischen Gesetze des Talmud aus Deutschland getrieben werden würden.

In fast allen Geschäften im hiesigen Bezirk sind die Schilder „Juden nicht erwünscht" angebracht worden.[659] Dass diese Massnahme praktisch nicht ohne Erfolg geblieben ist, ergibt sich allein schon daraus, dass in Dessau der jüdische Landesrabbiner[660] bei behördlichen Stellen vorstellig geworden ist, um die angeblich gefährdete Lebensmittel- und Brennstoffversorgung seiner Glaubensgenossen zu sichern.

Stellenweise hat allerdings der Kampf gegen das Judentum auch unerwünschte Formen angenommen. In Zerbst sind einige Schaufenster jüdischer Geschäfte mit Farbe beschmiert und mit Aufschriften „Juda verrecke!" und „Wer hier kauft, ist ein Volksverräter!" versehen worden. In Jessnitz ist einem jüdischen Geschäftsführer der Firma Goudsmith [richtig: Goudsmid] eines Nachts die Scheibe eingeschlagen worden. Auch haben dort einzelne Angehörige der Partei eine recht unkluge Sonderaktion unternommen. Ohne nähere Veranlassung wurden 2 wohlfahrtsunterstützte Juden ergriffen und gezwungen, ein Schild mit der Aufschrift „Wer beim

---

659 Im Zusammenhang mit der im Sommer 1935 entfachten antisemitischen Welle in der Region forderte die NS-Hago „arische" Geschäftsinhaber dazu auf, das Schild „Juden sind hier unerwünscht" oder „Juden unerwünscht" an ihre Läden anzubringen. Vgl. LASA, C 20 I, Ib Nr. 119, Bl. 274. Gauleiter Loeper rief am 7. August alle NSDAP-Mitglieder auf bzw. befahl allen Parteidienststellen, „nur dort zu kaufen, wo man Juden nicht wünscht". Der Mitteldeutsche. Köthener Tagespost, 07.08.1935, S. 1. Vgl. auch Judenknechte erhalten keine Unterstützung, in: ebd., 25.07.1935; Ulbrich, Antisemitismus, S. 81f.
660 Dr. Isidor Walter (1872–1943). Vgl. u.a. Werner Grossert: „Lebensmut ist Pflicht". Dr. Isidor Walter, der letzte Dessauer Rabbiner, in: „Schauplatz vernünftiger Menschen". Kultur und Geschichte in Anhalt/Dessau, Stadt Dessau (Hg.), Dessau 2006, S. 293–298; Bernd G. Ulbrich: Das anhaltische Landesrabbinat (1886 bis 1939), Dessau-Roßlau 2016, S. 48–57.

Juden kauft, ist ein Volksverräter" umzutun und damit in der Stadt umher zu marschieren. Die Folge davon war, dass in der Bevölkerung eine Stimmung entstand, die teilweise sogar für die Juden Partei nahm. Die Aktion ist von der Ortspolizeibehörde sofort, als sie ihr zur Kenntnis kam, unterbunden worden.

Vor dem jüdischen Kaufhaus Wohlwert (jetzt Uwo)[661] in Dessau ist es aus Anlass der von Parteidienststellen kürzlich durchgeführten Kontrollmassnahmen zu unliebsamen Zwischenfällen, in einigen Fällen sogar zu Tätlichkeiten gekommen. Da zu befürchten war, dass im Falle weiterer Vorkommnisse Störungen der öffentlichen Sicherheit und Ordnung eintreten würden, ist im Einvernehmen mit den Parteidienststellen die Einstellung der Kontrollmassnahmen veranlasst worden.

In letzter Zeit mehren sich die Fälle, dass über eine Abwanderung von Juden nach Palästina oder in andere Länder berichtet wird. Es hat hiernach den Anschein, als ob die Förderung der zionistischen Propaganda und die Unterdrückung der assimilatorischen Bestrebungen sich schon in dieser Richtung ausgewirkt hat [richtig: haben].

F. Kulturpolitik

G. Wirtschafts- und Agrarpolitik
Die Wirtschaftslage muss im allgemeinen als zufriedenstellend angesprochen werden. Ausser der oben bereits beschriebenen

---

661 „Wohlwert" Verkaufsgesellschaft mbH Dessau, Kavalierstraße 16, Febr. 1935 Umbenennung in „Uwo", Verkaufsgesellschaft mbH, Einheitspreisgeschäft, Inhaber: Gebrüder Ury, Leipzig. Verzeichnis jüdischer Gewerbebetriebe, o. D. [1938?]. StA Dessau-Roßlau, NZ 85. „Uwo" steht vermutlich für die Namen **Ury** und **Wohlwert**. Der Name zog nicht mehr, in: Der Mitteldeutsche. Anhaltische Tageszeitung, 16.02.1935. Das Wohlwert-Kaufhaus wurde 1938 „arisiert" und hieß dann Kaufhaus Tietze. Der neue Inhaber übernahm die Belegschaft. Vgl. LASA, P 522, IV/8/631, Bl. 10.

Krise auf dem Fett- und Fleischmarkt ist nichts beobachtet worden, was in der Wirtschaft auffällig gewesen wäre. Auch die Arbeitsmarktlage kann im hiesigen Bezirk als sehr gut bezeichnet werden. Ob dieser Zustand allerdings in den kommenden Monaten anhalten wird, erscheint fraglich, besonders weil jetzt die Junkerswerke ihren Betrieb auf die normale Produktion umstellen und demzufolge rund 1.400 Personen zur Entlassung kommen werden.

H. Verschiedenes
NSDFB

In den Kreisen um den NSDFB ist es nach den gegen ihn ergriffenen Massnahmen[662] recht still geworden. Immerhin darf man sich keiner Täuschung hingeben, dass der Stahlhelm, besonders auf dem Lande, eine grosse Anhängerschaft besitzt und nach wie vor in seiner Zusammensetzung einen erheblichen Unruheherd in politischer Hinsicht darstellt. Schon allein die Tatsache, dass hier bei gelegentlichen Haussuchungen immer wieder Militärwaffen bei Stahlhelmern vorgefunden werden, beweist zur Genüge, dass staatliche Massnahmen, die, wie z. B. die Entwaffnungsaktion, den Herren vom Stahlhelm unerwünscht sind, ohne weiteres von diesen sabotiert werden. Es muss erwartet werden, dass baldigst eine allgemeine Auflösung des NSDFB erfolgt und im Falle der Gründung eines allgemeinen Soldatenbundes dafür Sorge getragen wird, dass dieser nicht zu einer Fortsetzung des Stahlhelm, nur unter einem anderen Namen und vielleicht mit einigen neuen Führern, wird.

Sonstiges

In der Nacht vom 18. zum 19. September 1935 wurden in der Stadt Zerbst an drei verschiedenen Stellen kreisrunde Handzettel in schwarz-weiss-roter Farbe mit dem Aufdruck: „Die Nazis sind unser Unglück" angeklebt. Die fraglichen Zettel trugen in der Mitte das Bildnis des Führers. Bemerkenswert ist hierbei, dass kurze

---

662 Siehe Lageberichte Nr. 16 u. Nr. 17 jeweils „H. Verschiedenes".

Zeit zuvor der Ortsgruppenleitung der NSDAP von einer Firma Froese in Hagen i[n]/W[estfalen] Handzettel in der gleichen Grösse und Ausführung zu Propagandazwecken angeboten [worden] sind. Diese Marke tragen jedoch das Bildnis eines Juden mit der Umschrift „Wer beim Juden kauft, ist ein Volksverräter". Die angestellten Ermittlungen waren bisher ergebnislos. Aus den Tagesmeldungen des Geheimen Staatspolizeiamts ist aber ersichtlich, dass derartige Handzettel auch in anderen Orten des Reiches zur Verbreitung gelangt sind.

Nr. 21

Aus dem Lagebericht der Anhaltischen Politischen Polizei (Geheime Staatspolizei) Dessau für Oktober 1935

Bundesarchiv, R 58/3739, Bl. 61–64

[ohne Absender und Empfänger] [ohne Datum]
[...]

A. Allgemeines

In die Berichtszeit fiel als wesentlichstes Ereignis das Ableben der Herrn Reichsstatthalters in Braunschweig und Anhalt.[663] Die Anteilnahme der Bevölkerung war überwältigend und kam unbedingt aus dem tatsächlichen Gefühl heraus. Es bedurfte keinerlei Anordnung zu irgendeiner Trauerbeflaggung, sondern sofort nach Bekanntwerden des Hinscheidens wurde überall die Hakenkreuzfahne mit Trauerfloren ausgehängt. Die Trauerfeier in Dessau, die am 26. v. M. in Anwesenheit des Führers und fast aller massgebender Persönlichkeiten in Staat und Bewegung vor sich ging, hinterliess bei allen Volksgenossen einen nachhaltigen Eindruck. Aus den benachbarten Orten waren Tausende nach Dessau gekommen, um dem Verstorbenen eine letzte Ehrung zu erweisen. Auch sonst fanden in allen Orten des hiesigen Bezirks an den Tagen nach dem Ableben des Reichsstatthalters Trauerkundgebungen statt, die in würdiger Weise verliefen und deren ausserordentlich starker Besuch von der Achtung zeugte, die der Verstorbene in weitesten Kreisen der Bevölkerung genoss. Hieran ändert auch nichts

---

663 Wilhelm Friedrich Loeper starb – zehn Tage nach seinem 52. Geburtstag – am 23.10.1935, 5.30 Uhr an Kehlkopfkrebs. Bis heute gibt es Vermutungen, wonach er sich – in Kenntnis der Krankheit – selbst umgebracht haben soll. Als kommissarischen Reichsstatthalter in Braunschweig und Anhalt setzte Hitler am 29.11.1935 Thüringens Gauleiter Fritz Sauckel, als kommissarischen Gauleiter Magdeburg-Anhalt den bisherigen Stellvertreter und Landesbauernführer Joachim Albrecht Eggeling ein.

Trauerzug hinter dem Sarg von Wilhelm Friedrich Loeper am Beisetzungstag in Dessau, 26. Oktober 1935. Erste Reihe von rechts: Joachim Albrecht Eggeling, Adolf Hitler, Rudolf Heß, Alfred Freyberg.

die Tatsache, dass in einigen Fällen gegen Personen eingeschritten werden musste, die sich in gehässiger Weise über den Tod des Reichsstatthalters ausgelassen hatten.

Bedauerlicherweise ereignete sich während der Trauerfeierlichkeiten im Friedrichtheater in Dessau an der Wörlitzer Eisenbahnbrücke ein schweres Unglück. Ein aus Triebwagen und 2 Anhängern bestehender Sonderzug der Dessau-Wörlitzer Eisenbahn, der gegen 11.20 Uhr den Wörlitzer Bahnhof in Dessau verlassen hatte, fuhr kurz vor der Brücke in eine Menschenmenge hinein. Da die Brücke in der Wasserstadt um diese Zeit gesperrt war, benutzte die Bevölkerung den Fußsteig der Wörlitzer Brücke, um nach Mildensee, dem Orte der Beisetzung, zu gelangen. Der Fußsteig der Brücke war, da er nur die einzige Verbindung nach dem anderen Muld[e]ufer bildete, dicht mit Menschen gefüllt, und auf dem Gleise, das die Fussgänger kurz vor dem Fußsteig überschreiten mussten, herrschte ein starker Andrang. Nach einwandfreien Zeugenaussagen sollen Fussgänger, welche sich schon auf dem Wall vor der Brücke befanden, den Führer des Zuges durch Handhochheben gewarnt haben. Er hat aber hiervon keine Notiz genommen und ist an dem Fußsteig in die Menschenmenge hineingefahren. Eine Lehrerin wurde hierbei getötet, ein Kaufmann so schwer verletzt, dass er einige Tage später verstarb. Ausserdem erlitten noch 5 Personen Verletzungen. Der Triebwagenführer, ein Schlosser Walter Schmidt aus Wörlitz, setzte trotz des Unglücks seine Fahrt fort und wurde erst in Mildensee festgenommen. Die Einlegung des Sonderzuges, der sonst um diese Zeit nur sonntags verkehrt, war der Polizei nicht angezeigt worden. Die Ermittlungen in der Angelegenheit sind noch nicht abgeschlossen."[664]

Der Erntedanktag[665] wurde in allen Kreisen der Bevölkerung

---

[664] Walter Schmidt (geb. 19.01.1913 Wörlitz, verst. 08.03.1973 Wörlitz) aus Wörlitz wurde am 10.02.1936 durch den Oberstaatsanwalt Dessau angeklagt, „in Dessau an der Wörlitzer Eisenbahnbrücke am 26. Oktober 1935 durch Fahrlässigkeit den Tod" der Lehrerin a.D. Else Schmidt (geb. um 1882 in Barby/Elbe) und des Kaufmanns Friedrich Braun (geb. um 1897 in Dresden), beide aus Dessau, und die Körperverletzung von acht Menschen „verursacht zu haben, und zwar unter Außerachtlassung der Aufmerksamkeit, zu der er Vermöge seines Berufes als Triebwagenführer besonders verpflichtet war". LASA, Z 257, Nr. 216, Bl. 4. Aus dem Geschäfts-Bericht der Dessau-Wörlitzer Eisenbahn-Gesellschaft vom 20.04.1936: „Am 26. Oktober 1935 wurde das Unternehmen von einem schweren Betriebsunfall betroffen. An diesem Tage fand in Mildensee in Gegenwart des Führers und Reichskanzlers die Trauerfeier für den verewigten Reichsstatthalter in Braunschweig und Anhalt, Hauptmann Loeper, statt. Aus diesem Anlaß verkehrte in den Vormittagsstunden ein Sonderzug von Dessau nach Mildensee. Bevor dieser Zug die Eisenbahn-Muldbrücke erreichte, wurden mehrere Volksgenossen von nachdrängenden Menschenmassen gegen den fahrenden Zug gedrückt. Zwei Personen wurden getötet und mehrere Personen teils schwer teils leicht verletzt." Ebd., Z 141, Nr. 1417, Bl. 119. Schmidt war am 14.08.1935 als Betriebs- und Bahnpolizeibeamter der Dessau-Wörlitzer Eisenbahn vereidigt worden. Ebd., Bl. 99 ff.

[665] Von 1933 bis 1937 fand alljährlich Anfang Oktober – 1935 am 06.10. – in Anwesenheit Hitlers das Erntedankfest auf dem Bückeberg bei Hameln statt. Par-

festlich begangen. Die Häuser trugen reichlichen Flaggenschmuck, irgendwelche Störungen oder Zwischenfälle sind bei den örtlichen Feiern nicht festgestellt worden. Lediglich in einigen Landgemeinden des Wörlitzer Winkels konnten es Angehörige des ehemaligen NSDFB[666] nicht unterlassen, ihre reaktionäre Gesinnung auch bei dieser Gelegenheit durch Hissen einer schwarz weiss roten Fahne zum Ausdruck zu bringen; allerdings wurde der Aufforderung durch Polizeibeamte, die Fahne einzuziehen, sofort Folge geleistet.[667]

Am 15. Oktober zogen in Dessau und Bernburg die neuen Reichswehrformationen[668] ein. In Bernburg, das nach Beendigung des Krieges nicht wieder Garnisonsstadt geworden war, fanden aus diesem Anlass ein Aufmarsch sämtlicher Formationen und

---

allel zum zentralen Akt wurden reichsweit lokale Veranstaltungen nach einheitlichem Programmschema durchgeführt. Der Tag – zunächst einer von drei Nationalen Feiertagen – sollte die Bedeutung der Landbevölkerung hervorheben und der „Blut-und-Boden"-Propaganda Ausdruck verleihen.

666 Die Formulierung verdeutlicht, dass der Bericht nach dem 07.11. verfasst wurde, denn der NSDFB (Stahlhelm) war am 07.11.1935 aufgelöst worden.

667 Da mit dem „Reichsflaggengesetz" vom 15.09.1935 die Hakenkreuzfahne zur alleinigen Reichsflagge wurde, durfte die schwarz-weiß-rote Fahne des Kaiserreichs an öffentlichen Gebäuden nicht mehr gehisst werden, wobei zunächst „Gewalttätigkeiten" oder ein „Durchgreifen" der Gestapo möglichst vermieden werden sollten. Vgl. StA Dessau-Roßlau, NZ 152. Mit den Verordnungen „Beflaggung der öffentlichen Gebäude", 17.09.1935 sowie „Beflaggen von Gebäuden", 03.10.1935 („Es wird der Erwartung Ausdruck gegeben, dass sich die Bevölkerung diesem Vorgehen anschließt und nur noch die Hakenkreuzflagge zeigt. Verboten ist das Zeigen der schwarz-weiß-roten Flagge nur für Juden") gab das Staatsministerium die neuen Regelungen „zur genauen Beachtung" im ABlfA 1935, S. 265, 279 bekannt.

668 Eigentlich hieß die Reichswehr seit 16.03.1935 Wehrmacht („Gesetz für den Aufbau der Wehrmacht", RGBl. 1935 Teil I, S. 375). Seither unterblieb die Verwendung des Wortes im offiziellen Sprachgebrauch. Anscheinend konnten sich selbst Gestapo-Bedienstete nicht so schnell an die neue Begrifflichkeit gewöhnen. Im Übrigen war der Begriff Wehrmacht für die deutschen Streitkräfte als Ganzes bereits seit den Anfangstagen der Weimarer Republik als Überbegriff von Reichswehr und Reichsmarine gebräuchlich. Vgl. u.a. Die Wehrmacht im neuen Reich, in: Der Mitteldeutsche. Anhaltische Tageszeitung, 13.12.1934.

Verbände, eine Begrüssungsfeier im Kurhause und andere Festlichkeiten statt. Zum äusseren Zeichen der allseitigen Freude über die Wiedererrichtung der Garnison in Bernburg waren in reichstem Masse in allen Stadtgegenden die Häuser mit der Reichsflagge geschmückt; viele Häuser waren des Abends festlich beleuchtet.[669]

Das Interesse der Bevölkerung an dem Kriege zwischen Italien und Abessinien ist überall gross. Man interessiert sich allgemein für den Weiterverlauf der Feindseligkeiten und ist davon überzeugt, dass der Völkerbund auch in diesem Falle seine Bedeutungslosigkeit erneut unter Beweis stellen wird.[670]

B. Staatsfeindliche Bestrebungen
1. KPD SPD IBV

Die KPD ist hier im letzten Monat, abgesehen von ein paar Schmierereien und einigen Sympathieäusserungen, nicht sonderlich in Erscheinung getreten. Erwähnenswert ist lediglich ein für die Arbeitsweise der illegalen KPD und SPD typischer Fall. Ein ehemaliges Mitglied der SPD und des Reichsbanners[671] missbrauchte

---

669 Es handelte sich um das II. Bataillon des Infanterie-Regiments Nr. 33 aus Dessau, das am Parforcehaus untergebracht wurde. Feierlicher Einzug der Bernburger Garnison, in: Der Mitteldeutsche. Köthener Tagespost, 16.10.1935; Bernburg wieder Garnison, in: Anhalter Anzeiger, 16.10.1935.

670 Deutschland war aus dem Völkerbund – eine nach dem Ersten Weltkrieg gegründete internationale Organisation zur Erhaltung des Friedens – am 14.10.1933 ausgetreten. Bereits bei der Wiedereinführung der allgemeinen Wehrpflicht hatte er sich uneins im Vorgehen gegen Deutschland gezeigt und es bei „Warnungen" bewenden lassen. Im Falle des italienischen Überfalls auf Abessinien verhängte der Völkerbund zwar Wirtschaftssanktionen gegen Italien, die aber nur halbherzig durchgesetzt wurden.

671 Reichsbanner Schwarz-Rot-Gold, gegr. 1924 in Magdeburg, SPD-naher Wehrverband zur Verteidigung der Verfassung der Weimarer Republik, über 3 Mill. Mitglieder, größter Wehrverband dieser Zeit, 1933 verboten. Vgl. Ulrich Grimm (Red.), Dokumentation zur Ausstellung „Reichsbanner Schwarz-Rot-Gold" anläßlich des 75. Gründungsjubiläums vom 24. Februar bis 16. April 1999 im Landtag von Sachsen-Anhalt, Magdeburg 1999; Beatrix Herlemann: Das Reichsbanner Schwarz Rot Gold in Magdeburg, in: Christian Antz u.a. (Hg.): Neues Bauen, neues Leben. Die 20er Jahre in Magdeburg, München 2000, S. 193–210.

das ihm von der Deutschen Arbeitsfront übertragene Amt des Kassierers in der Weise, dass er beim Einziehen der Beiträge Gespräche mit den Leuten anknüpfte, in deren Verlauf er alsdann die Zustände in Russland verherrlichte und ferner unwahre Behauptungen über führende Persönlichkeiten des Staates und der Bewegung aufstellte. Das Sondergericht in Halle erkannte wegen Vergehens gegen §1 des Gesetzes vom 20. Dezember 1934[672] in Tateinheit mit Vergehen gegen §186 StGB[673] auf eine Gefängnisstrafe von 6 Monaten.[674]

In der Hochverratssache gegen den Bauhilfsarbeiter Max Back in Dessau und Genossen erging am 18. September das Urteil des 5. Strafsenats des Kammergerichts Berlin. Es wurden verurteilt der Erstgenannte zu einer Zuchthausstrafe von 3 Jahren 3 Monaten, der Arbeiter Otto Johannes und der Dachdecker Albert Böhlmann zu je 2 Jahren 6 Monaten Zuchthaus, und der Bauarbeiter Heinrich Achtert zu 1 Jahr 3 Monaten Gefängnis. Die Genannten waren im Fe-

---

In Anhalt wurde das Reichsbanner am 16.03.1933 verboten. Vgl. ABlfA 1933, S. 65.

672 „Gesetz gegen heimtückische Angriffe auf Staat und Partei und zum Schutz der Parteiuniformen" (Heimtückegesetz). §1: „(1) Wer vorsätzlich eine unwahre oder gröblich entstellte Behauptung tatsächlicher Art aufstellt oder verbreitet, die geeignet ist, das Wohl des Reichs oder das Ansehen der Reichsregierung oder das der Nationalsozialistischen Deutschen Arbeiterpartei oder ihrer Gliederungen schwer zu schädigen, wird, soweit nicht in anderen Vorschriften eine schwerere Strafe angedroht ist, mit Gefängnis bis zu zwei Jahren und, wenn er die Behauptung öffentlich aufstellt oder verbreitet, mit Gefängnis nicht unter drei Monaten bestraft." RGBl. 1934 Teil I, S. 1269. Vgl. auch Bernhard Dörner: „Heimtücke": Das Gesetz als Waffe. Kontrolle, Abschreckung und Verfolgung in Deutschland 1933–1945, Paderborn u.a. 1998.

673 §186 StGB „Üble Nachrede": „Wer in Beziehung auf einen anderen eine Tatsache behauptet oder verbreitet, welche denselben verächtlich zu machen oder in der öffentlichen Meinung herabzuwürdigen geeignet ist, wird, wenn nicht diese Tatsache erweislich wahr ist, wegen Beleidigung mit Geldstrafe bis zu sechshundert Mark oder mit Haft oder mit Gefängnis bis zu einem Jahre […] bestraft." Strafgesetzbuch für das Deutsche Reich 1920.

674 Es kommen mindestens 2 Personen in Frage. Vgl. LASA, C 128 Halle, Nr. 212, Lfd.Nr. 222 u. 240.

bruar dieses Jahres der Verteilung von kommunistischen Schriften und der Einziehung bezw. Zahlung von Geldern für Zwecke der KPD überführt worden.[675]

Wegen staatsfeindlicher Äusserungen bezw. wegen Verdachts der Betätigung für die KPD mussten in der Berichtszeit insgesamt 7 Personen in Schutzhaft genommen werden. In dem einen Falle handelt es sich um einen ehemaligen KPD-Funktionär, der erst im September d.J. nach mehr als zweijähriger Schutzhaft entlassen worden war, bei dem aber, sofort als er in Freiheit war, wieder eine staatsfeindliche Einstellung zutage trat. Er leistete den über ihn verhängten Anordnungen (Meldepflicht usw.) auch nach mehrmaliger Verwarnung keine Folge und legte eine ihm vom Arbeitsamt in einem landwirtschaftlichen Betriebe zugewiesene Arbeit nach kurzer Zeit nieder.

Weiter musste über einen Arbeiter in Dessau-Rosslau die Schutzhaft verhängt werden, weil dieser ein vor der Entbindung stehende Mitbewohnerin seines Hauses in der gemeinsten Weise angeschrieen und beleidigt hatte.

Eine Anzahl weiterer Personen musste wegen beleidigender bezw. staatsfeindlicher Äusserungen zur Anzeige gebracht werden.

---

675 Zwischen 22.04. und 25.04.1936 zerschlug die Gestapo den Rest der illegalen KPD-UBL Dessau. Selbst die SED-Geschichtsschreibung räumte ein, dass sich „die illegale Parteiorganisation in Dessau [...] davon [...] nicht mehr erholen" konnte und es „keine organisierte Widerstandsarbeit" mehr gegeben habe. Engelmann, S. 61, 64.

Nr. 22

Lagebericht des Anhaltischen Staatsministers für Oktober und November 1935

Bundesarchiv, R 58/3625, Bl. 89–97

Anhaltisches Staatsministerium   Dessau, den 21. Dezember 35
    Abteilung Inneres
                    […]

An

    den Herrn Reichs- und Preußischen
    Minister des Innern,
    z. Hd. von Herrn Landrat Dr. Ermert
    oder Vertreter im Amt,
    Berlin NW 7
    Unter den Linden 72–74
    […]

In der Anlage überreichen wir den Bericht über die politische Lage in Anhalt in den Monaten Oktober und November 1935 in doppelter Ausfertigung.

Auf Grund des Runderlasses vom 20.7.1935 – III P 3605/10 – haben wir dem Herrn Reichs- und Preußischen Wirtschaftsminister[676] gleichzeitig Abschrift aus dem Abschnitt A. Allgemeines den 6. Absatz (Seite 3) von „Die Stimmung in … bis Kritik gemacht wird" und vom Abschnitt G. Wirtschafts- und Agrarpolitik (Seite 6) übersandt.

Auf Grund des gleichen Runderlasses hat auch der Herr Reichsminister für kirchliche Angelegenheiten[677] Abschrift vom Abschnitt C. Evangelische Kirche und vom Abschnitt D. Politischer Katholizismus erhalten.

---

676 Hjalmar Schacht.
677 Hanns Kerrl.

Anhaltisches Staatsministerium,
Abteilung Inneres
[Unterschrift: Freyberg]
[...]

A. Allgemeines

In die Berichtszeit fiel als wesentlichstes Ereignis das Ableben der Herrn Reichsstatthalters in Braunschweig und Anhalt. Die Anteilnahme der Bevölkerung war überwältigend und kam unbedingt aus dem tatsächlichen Gefühl heraus. Es bedurfte keinerlei Anordnung zu irgendeiner Trauerbeflaggung, sondern sofort nach Bekanntwerden des Hinscheidens wurde überall die Hakenkreuzfahne mit Trauerfloren ausgehängt. Die Trauerfeier in Dessau, die am 26.10.1935 in Anwesenheit des Führers und fast aller maßgebender Persönlichkeiten in Staat und Bewegung vor sich ging, hinterließ bei allen Volksgenossen einen nachhaltigen Eindruck. Aus den benachbarten Orten waren Tausende nach Dessau gekommen, um dem Verstorbenen eine letzte Ehrung zu erweisen. Auch sonst fanden in allen Orten des hiesigen Bezirks an den Tagen nach dem Ableben des Reichsstatthalters Trauerkundgebungen statt, die in würdiger Weise verliefen und deren außerordentlich starker Besuch von der Achtung zeugte, die der Verstorbene in weitesten Kreisen der Bevölkerung genoß. Hieran ändert auch nichts die Tatsache, daß in einigen Fällen gegen Personen eingeschritten werden mußte, die sich in gehässiger Weise über den Tod des Reichsstatthalters ausgelassen hatte[n].

Bedauerlicherweise ereignete sich während der Trauerfeierlichkeiten im Friedrichtheater in Dessau an der Wörlitzer Eisenbahnbrücke ein schweres Unglück. Ein aus Triebwagen und zwei Anhängern bestehender Sonderzug der Dessau-Wörlitzer Eisenbahn, der gegen 11.20 Uhr den Wörlitzer Bahnhof in Dessau verlassen hatte, fuhr vor der Brücke in eine Menschenmenge hinein. Da die Brücke in der Wasserstadt um diese Zeit gesperrt war, benutzte die Bevölkerung den Fußsteig der Wörlitzer Brücke, um nach Mildensee, dem Orte der Beisetzung, zu gelangen. Der Fußsteig der Brücke war, da er nur die einzige Verbindung nach dem anderen Muld[e]ufer bildete, dicht mit Menschen gefüllt, und auf dem Gleise, das die Fußgänger kurz vor dem Fußsteig überschreiten mußten, herrschte ein starker Andrang. Nach einwandfreien Zeugenaussagen sollen Fußgänger, welche sich schon auf dem Wall vor der Brücke befanden, den Führer des Zuges durch Handhochheben gewarnt haben. Er hat aber hiervon keine Notiz genommen und ist an dem Fußsteig in die Menschenmenge hineingefahren. Eine Lehrerin wurde hierbei getötet, ein Kaufmann so schwer verletzt, daß er einige Tage später verstarb. Außerdem erlitten noch fünf Personen Verletzungen. Der Triebwagenführer, ein Schlosser Walter Schmidt aus Wörlitz, setzte trotz des Unglücks seine Fahrt fort und wurde erst in Mildensee festgenommen. Die Einlegung des Sonderzuges, der sonst um diese Zeit nur sonntags verkehrt, war der Polizei nicht angezeigt worden. Die Ermittlungen in der Angelegenheit sind noch nicht abgeschlossen.

Der Erntedanktag wurde in allen Kreisen der Bevölkerung festlich begangen. Die Häuser trugen reichlichen Flaggenschmuck, irgendwelche Störungen oder Zwischenfälle sind bei den örtlichen Feiern nicht festgestellt worden. Lediglich in einigen Landgemeinden des Wörlitzer Winkels konnten es Angehörige des ehemaligen NSDFB nicht unterlassen, ihre reaktionäre Gesinnung auch bei dieser Gelegenheit durch Hissen einer schwarz-weiß-roten Fahne zum Ausdruck zu bringen; allerdings wurde der Aufforderung durch Polizeibeamte, die Fahne einzuziehen, sofort Folge geleistet.

Am 15. Oktober zogen in Dessau und Bernburg die neuen Reichswehrformationen ein. In Bernburg, das nach Beendigung des Krieges nicht wieder Garnisonsstadt geworden war, fanden aus diesem Anlaß ein Aufmarsch sämtlicher Formationen und Verbände, eine Begrüßungsfeier im Kurhause und andere Festlichkeiten statt. Zum äußeren Zeichen der allseitigen Freude über die Wiedererrichtung der Garnison in Bernburg waren in reichstem Maße in allen Stadtgegenden die Häuser mit der Reichsflagge geschmückt; viele Häuser waren des Abends festlich beleuchtet.

Am 28. November d. Js. fand im Rahmen einer größeren Luftschutzübung[678] in Mitteldeutschland auch im hiesigen Bezirk eine Verdunklungsübung statt, die planmäßig und ohne Störungen verlief.[679] Die Bevölkerung brachte den notwendigen Maßnahmen weit mehr Verständnis als am letzten Male entgegen. Lediglich zwei Personen mußten wegen herabsetzender Äußerungen, die sie aus Anlaß der Übung getan hatten, zur Anzeige gebracht werden.

Hinsichtlich der allgemeinen politischen Lage sind gegenüber den Vormonaten wesentliche Veränderungen nicht zu verzeichnen. Die Stimmung in den breiten Schichten der Bevölkerung wird nach wie vor stark beeinflußt durch die Butter- und Fettknappheit[680] sowie durch die Tatsache, daß das Lohnniveau der Arbeiterschaft bei weitem nicht mehr in einem angemessenen Verhältnis zu der schon seit längerer Zeit eingetretenen Erhöhung der Kosten des notwendigen Lebensunterhaltes steht. Es liegt auf der Hand, daß diese Momente von staatsfeindlichen Kreisen propagandistisch ausgewertet und dazu benutzt werden, Unruhe in die Bevölkerung zu bringen und Unzufriedenheit hervorzurufen. Zustatten kommt ihnen hierbei auch der Umstand, daß gerade in den hiesigen Rüstungsbetrieben zwischen der Entlohnung der Arbeiter und kleinen Angestellten einerseits und den Gehältern der leitenden Angestellten und Direktoren andererseits ein derart krasses Miß-

---

678 Das am 26.05.1935 erlassene Luftschutzgesetz sah eine Reihe von Maßnahmen vor, um die Zivilbevölkerung auf den Luftkrieg vorzubereiten (Verdunkelung, Fliegeralarm, Brandbekämpfung). Hierzu führte der 1933 gegründete Reichsluftschutzbund (RLB) entsprechende Übungen durch. Vgl. Enzyklopädie, S. 575.
679 Die Verdunkelungsübung am 28. November, in: Der Mitteldeutsche. Köthener Tagespost, 21.11.1935; Verdunkelungsübung am Donnerstag!, in: ebd., 26.11.1935; Heute Verdunkelungsübung!, in: ebd., 28.11.1935; Köthen hüllt sich in Dunkel, in: ebd., 29.11.1935. Bereits in der Nacht vom 26. zum 27.09.1934 zwischen 21 und 1 Uhr hatte es in Mitteldeutschland einschl. Anhalt eine solche Übung gegeben. Vgl. LASA, E 144, Nr. 162 (Artikel „Licht aus! Städte werden verdunkelt" Zeitung unbekannt).
680 Siehe Fußnote 637.

verhältnis besteht, daß es nicht verwunderlich erscheint, wenn zu jeder passenden und unpassenden Gelegenheit dies zum Gegenstand der Kritik gemacht wird.

Die Auflösung des NSDFB[681] hat sich hier reibungslos vollzogen. Die Schlußappelle wurden ordnungsgemäß angemeldet. Die Überwachung gab zu Beanstandungen keinen Anlaß. Von einem großen Teil der ehemaligen Stahlhelmer wird dem Reichsarbeitsminister Seldte vorgeworfen, er sei ihnen untreu geworden, indem er die Auflösung des NSDFB gefördert habe.

B. Staatsfeindliche Bestrebungen
1. KPD, SPD, IBV

Die KPD ist hier in den letzten Monaten, abgesehen von ein paar Schmierereien und einigen Sympathieäußerungen, nicht sonderlich in Erscheinung getreten. Erwähnenswert ist lediglich ein für die Arbeitsweise der illegalen KPD und SPD typischer Fall. Ein ehemaliges Mitglied der SPD und des Reichsbanners mißbrauchte das ihm von der Deutschen Arbeitsfront übertragene Amt des Kassierers in der Weise, daß er beim Einziehen der Beiträge Gespräche mit den Leuten anknüpfte, in deren Verlauf er alsdann die Zustände in Rußland verherrlichte und ferner unwahre Behauptungen über führende Persönlichkeiten des Staates und der Bewegung aufstellte. Das Sondergericht in Halle erkannte wegen Vergehens gegen §1 des Gesetzes vom 20.12.1934 in Tateinheit mit Vergehen gegen §186 StGB auf eine Gefängnisstrafe von 6 Monaten.

In der Hochverratssache gegen den Bauhilfsarbeiter Max Back in Dessau und Genossen erging am 18. September das Urteil des 5. Strafsenats des Kammergerichts Berlin. Es wurden verurteilt: der Erstgenannte zu einer Zuchthausstrafe von 3 Jahren und 3 Monaten, der Arbeiter Otto Johannes und der Dachdecker Albert

---

681 Der NSDFB (Stahlhelm) wurde am 07.11.1935 aufgelöst. Vgl. u.a. StA Sandersleben, 25 Nr. 34, Bl. 20–29.

Böhlmann zu je 2 Jahren 6 Monaten Zuchthaus, und der Bauarbeiter Heinrich Achtert zu 1 Jahr 3 Monaten Gefängnis. Die Genannten waren im Februar d. Js. der Verteilung von kommunistischen Schriften und der Einziehung bezw. Zahlung von Geldern für Zwecke der KPD überführt worden.

Wegen staatsfeindlicher Äußerungen bezw. wegen Verdachts der Betätigung für die KPD mußten in der Berichtszeit insgesamt 12 Personen in Schutzhaft genommen werden.[682] In dem einen Falle handelt es sich um einen ehemaligen KPD-Funktionär, der erst im September d. Js. nach mehr als zweijähriger Schutzhaft entlassen worden war, bei dem aber, sofort als er in Freiheit war, wieder eine staatsfeindliche Einstellung zutage trat. Er leistete den über ihn verhängten Anordnungen (Meldepflicht usw.) auch nach mehrmaliger Verwarnung keine Folge und legte eine ihm vom Arbeitsamt in einem landwirtschaftlichen Betriebe zugewiesene Arbeit nach kurzer Zeit nieder.

C. Evangelische Kirche

Je mehr die Pläne des Reichskirchenministers verwirklicht werden, umsomehr tritt auch der Abwehrkampf, besonders von seiten der Bekennenden Kirche, in Erscheinung.[683] Das Hauptgewicht

---

682 U.a. „eine auswärtige Frau", die am 13.11.1935 wegen Verstoßes gegen das Heimtückegesetz in das GG Köthen eingeliefert wurde. Der Mitteldeutsche. Köthener Tagespost, 15.11.1935. Am 21.11.1935 wurde in Bernburg Wilhelm Buch wegen „staatsfeindlicher Äußerungen" in Schutzhaft genommen. BArch, R 58/3739, Bl. 67. Am 23. oder 24.11.1935 wurde in Bernburg „eine Frau D. aus der Gutenbergstraße, weil sie in infamer Weise Mitglieder der NS-Frauenschaft, die als freiwillige Helfer für das Winterhilfswerk tätig sind, beschimpft […] hat", in Schutzhaft genommen. Der Mitteldeutsche. Köthener Tagespost, 25.11.1935.

683 Am 24.09.1935 war das „Gesetz zur Sicherung der Deutschen Evangelischen Kirche" (RGBl. 1935 Teil I, S. 1178) erlassen worden. Es ermächtigte Hanns Kerrl, „zur Wiederherstellung geordneter Zustände […] Verordnungen mit rechtsverbindlicher Kraft zu erlassen", um eine „Befriedungspolitik" zwischen

scheint man jetzt auf die Gewinnung der Jugend zu legen. Hier macht sich besonders das Evangelische Männerwerk[684] bemerkbar, das vielerorts und regelmäßig besondere Vortragsabende für Jugendliche veranstaltet, die zum Teil sogar recht gut besucht werden. Das Leben in den kirchlichen Gemeinden selbst zeigt keine Abweichung von den normalen Zuständen, d.h. der Kirchenbesuch ist, wie schon seit längerer Zeit, außerordentlich schwach. Eine beträchtliche Anzahl von Kirchen hatte am 9. November d. Js. nicht geflaggt.[685] Die verantwortlichen Geistlichen sind zur Anzeige

---

DC und BK durchzusetzen. Infolge der „Ersten Verordnung zur Durchführung des Gesetzes […]" vom 03.10.1935 wurden neue Kirchenleitungen gebildet: der Reichskirchenausschuss und der Landeskirchenausschuss der Ev. Kirche der altpreußischen Union. Bis Ende Febr. 1936 gründeten sich weitere Landeskirchenausschüsse. Die „5. Verordnung zur Durchführung des Gesetzes […]" vom 02.12.1935 verbot allen neben den neuen Kirchenausschüssen bestehenden Leitungsorganen, kirchenregimentliche und kirchenbehördliche Befugnisse auszuüben. Den Bruderräten und der 1. Vorläufigen Kirchenleitung der BK wurde damit die Daseinsberechtigung entzogen. Kerrls „Befriedungspolitik" scheiterte nach wenigen Wochen, denn sowohl in der BK als auch bei den DC formierte sich Widerstand gegen die neue Staatskirchentendenz. Allerdings polarisierten die Kirchenausschüsse die BK derart, dass sie im März 1936 in zwei Flügel zerbrach, was an ihrer Tätigkeit nichts änderte, auch, wenn diese strafrechtlich verfolgt wurde. Vgl. Meier, Kirchenkampf, Bd. 2, S. 66–101; Kreutzer, S. 265–285; Dokumente, S. XXff., 102–105.

684 Deutsches Evangelisches Männerwerk, Zusammenschluss sämtlicher ev. Männerorganisationen. Es entstand im Nov. 1933 mit dem Ziel, die kirchliche Männerarbeit in den Gemeinden zu aktivieren. Es stand der BK nahe. Vgl. Berichte des SD und der Gestapo über Kirchen und Kirchenvolk in Deutschland 1934–1944. Heinz Boberach (Bearb.), Mainz 1971, S. 110.

685 Nichtbeflaggung mit der Hakenkreuzfahne am Jahrestag des „Hitler-Putsches". Mit dem Kirchengesetz vom 09.08.1934 über die Beflaggung von Kirchen und kirchl. Gebäuden war die ev. Kirchenfahne abgeschafft worden, d.h. hier musste an Feiertagen bzw. zu besonderen Anlässen seit dem „Reichsflaggengesetz" (15.09.1935) die Hakenkreuzfahne wehen. Vgl. Dokumente, S. 106. Allerdings war nach einer Gestapo-Verfügung vom 25.10.1935 „vorläufig von einer zwangsweisen Durchführung [des Erlasses] […] Abstand zu nehmen". StA Dessau-Roßlau, NZ 152.

gebracht worden, allerdings wird in den meisten Fällen mit der Einstellung des Verfahrens zu rechnen sein.

D. Politischer Katholizismus

Nach wie vor ist der Katholizismus hier in der Diaspora sehr rege. In Dessau ist ein nicht unbeträchtlicher Zuzug von Katholiken festzustellen; hierfür werden aber in der Hauptsache wirtschaftliche Gründe (Entwicklung der Junkerswerke) maßgebend sein. In Ilberstedt, einer Gemeinde von etwa 2.000 Einwohnern, sind die Vorarbeiten zum Bau einer neuen katholischen Kirche im Gange.

E. Juden

Auch im letzten Monat ist bei den Juden eine verstärkte Neigung zur Abwanderung festgestellt worden. Mehrere jüdische Geschäfte sind in andere Hände übergegangen. Die Juden haben sich mit ihren Familien nach dem Ausland begeben. Auch einige im wehrpflichtigen Alter stehende Juden sind nach Palästine [richtig: Palästina] bezw. nach Holland ausgewandert.

Die Versammlungstätigkeit in den zionistischen Organisationen war in den beiden Monaten recht rege. Es wurden meistens Schulungsabende abgehalten, in denen die Auswanderung nach Palästine [richtig: Palästina] und die Umschulung[686] behandelt wurden. In Dessau hielt am 20. Oktober 1935 in der Synagoge der Landgerichtsdirektor i.R. Alterthum, Leipzig, einen Vortrag über das Thema „Erneutes Judentum". Der Grundgedanke seines Vortrages war, daß für die Juden nur ein Ausweg bestände, und dieser sei die Auswanderung nach Palästina. Man müsse sich hierzu mit aller Energie vorbereiten. Jeder müsse unbedingt die hebräische Sprache lernen, denn ohne diese Sprache sei dort kein Fortkommen. Die Ausführungen gaben zu Beanstandungen keinen Anlaß.

Zu Ausschreitungen gegenüber Juden ist es nur in einem Falle

---

686 Mit „Umschulung" war die Vorbereitung auf das Leben in Palästina gemeint.

gekommen, und zwar riß ein als Kommunist bekannter Arbeiter in Dessau einen Fensterladen der Synagoge herunter und schlug mit diesem ein Doppelfenster ein. Der Täter wurde in Haft genommen und gegen ihn ein Strafverfahren wegen Sachbeschädigung eingeleitet.

F. Kulturpolitik, insbesondere Presse

Die Auflagenhöhe der nationalsozialistischen Zeitung „Der Mitteldeutsche"[687] im hiesigen Bezirk ist dadurch nicht unbeträchtlich gestiegen, daß [richtig: da] das „Köthener Tageblatt" vom Trommlerverlag übernommen worden sind [richtig: ist]. Es steht zu hoffen, daß hierdurch die Parteipresse in den fraglichen Städten und in ihrer Umgebung weiten festen Fuß fassen wird.

G. Wirtschafts- und Agrarpolitik

Die Arbeitsmarktlage kann im hiesigen Bezirk als durchweg befriedigend angesprochen werden. Während in den Orten mit Rüstungsbetrieben Arbeitslose überhaupt nicht vorhanden sind, ist in anderen Gemeinden eine nur saisonmäßig bedingte Zunahme der Arbeitslosenzahl festzustellen. Die Arbeiterschaft ist in ihrer großen Menge durchaus diszipliniert und nimmt in der immer mehr zunehmenden Hoffnung, daß es doch weiter aufwärts gehe, die vielfach recht niedrigen Löhne auf sich. Es wirkt außerordentlich beruhigend, daß in bezug auf die Lebensmittelpreise der Wucher ausgeschlossen ist.[688] Die Versorgung mit Lebensmitteln ist vielfach

---

687 Der Mitteldeutsche, amtliches NSDAP-Organ für den Gau Magdeburg-Anhalt. Im Febr. 1934 verfügte „Der Mitteldeutsche" über eine Auflage von über 115.000 Exemplaren. Herausgeber war die NSDAP-eigene Trommler-Verlag GmbH (Mitteldeutscher Zeitungsblock) Magdeburg.

688 Dafür hatte v.a. der Reichskommissar für Preisüberwachung zu sorgen. Er sollte Preisauswüchse eindämmen bzw. Preiserhöhungen ausschließen, wobei das Amt ohne einflussreiche Kompetenzen ausgestattet war. Vgl. Corni/Gies, S. 344f. In diesem Zusammenhang sollte die Verhängung von Schutzhaft gegen drei Großschlächter aus Köthen wegen Preiswucher durch die anhaltische Gestapo Ende Nov. 1935 abschreckend wirken. Inschutzhaftnahme von Volksschädlingen, in: Der Mitteldeutsche. Köthener Tagespost, 27.11.1935.

recht unterschiedlich. In manchen Gegenden ist die Fleisch- und Fettversorgung fast normal, in anderen ist bei Butter nur 70 %, bei Fett teilweise sogar nur 20 % des Normalbedarfs verfügbar.[689] Hinsichtlich der Lohnentwicklung wird bei Erdarbeitern und in der Landwirtschaft von den Arbeitern über zu niedrige Löhne gegenüber der Industrie und im Bauwesen geklagt.

Die Stimmung in der Bauernschaft ist im allgemeinen wenig befriedigend. In den Gegenden, wo die Rübenernte eine Rolle spielt, wird darüber geklagt, daß der Reichsnährstand hier nicht zu einer angemessenen Preisfestsetzung gelangt sei. So wird dem Reichsnährstand der Vorwurf gemacht, daß er mehr für die großen Züchterfirmen sorge durch Ausweitung der Preis- und Verkaufsspannen, als für die kleinen Bauern und Pächter. Überhaupt wird darüber geklagt, daß in der übrigen Wirtschaft nicht eine den Preisen für landwirtschaftliche Erzeugnisse angemessene Preisbildung durchgeführt sei, insbesondere nicht für Kohle, Eisen und Stickstoffdüngemittel. Es ist aber auch zu betonen, daß sich vielfach in der Bauernschaft wahrer nationalsozialistischer Geist noch nicht durchgesetzt hat. Die meisten Meckerer und Nörgler findet man zweifellos hier. Bezeichnend ist, daß z.B. in einer Gemeinde von 1.300 Einwohnern allein 22 von 74 dem Reichsnährstand angehörenden Betrieben eine Abgabe für das Winterhilfswerk verweigert haben. Diejenigen, die sich geweigert haben, sind aber gerade die etwas mehr bemittelten. Auch die Beteiligung der Bauernschaft an Veranstaltungen der Partei usw. ist mitunter sehr gering. Allerdings

---

689 Der Reichsregierung gelang es Ende 1935, die Versorgungslücken durch die Bereitstellung zusätzlicher Devisen für Lebensmittelimporte weiter zu schließen. Vor allem Fleisch- und Wurstwaren konnten wieder ausreichend gekauft werden. Der Eiermangel wurde durch Rationierungsmaßnahmen des Einzelhandels besser gesteuert. Außerdem passte sich das Konsumverhalten der Bevölkerung den Propagandakampagnen des NS-Regimes an, indem mehr Fisch verzehrt wurde. Vgl. Morsch, Arbeit, S. 355. Auch in Anhalt verbesserte sich die Lebensmittelversorgung ab Nov. 1935. Bei Eiern traten allerdings auch weiterhin in einigen Gebieten Engpässe auf. Vgl. LASA, Z 110, Nr. 1110, ab Bl. 39.

mag auch das Fernbleiben weniger auf Böswilligkeit als vielmehr auf Gleichgültigkeit zurückzuführen sein. Die Beschaffung von Betriebskapital für die Landwirtschaft ist mitunter recht schwierig. Durch die schlechten Ernten in den letzten beiden Jahren sind besonders die kleinen landwirtschaftlichen Betriebe in eine Notlage geraten. Wer keine Mittel besitzt, hat Sorge, bis zur nächsten Ernte wieder durchzukommen. Die Preise für Kraftfutter werden, an den Preisen der landwirtschaftlichen Produkte gemessen, für viel zu hoch gehalten. Auch die Maßnahmen des Reichsnährstandes auf dem Gebiete der Milchwirtschaft haben zum Teil erhebliche Beunruhigung unter den Bauern hervorgerufen.[690] In manchen Fällen ist es ihnen infolge dieser Maßnahmen gar nicht möglich, den Milchverkauf zu tätigen, sodaß ein erheblicher Verdienstausfall vorhanden ist. Die Abgabe von Frischmilch wird wieder angestrebt.

---

690 Die Milchbauern konnten bis Ende Januar 1936 ihre Milch selbst verwerten. Dies hörte mit der „Verordnung zur deutschen Milchwirtschaft" vom 22.01.1936 auf. Sie mussten nun ihre Milch an Molkereien liefern, die die Verwertung für sie übernahmen. Hierfür wurden Molkereigenossenschaften gegründet. Die Verordnung sicherte die Preisregulierung und Zwangsablieferung von Milch im Sinne des Reichsnährstandes. Innerhalb der folgenden vier Monate wurden im Deutschen Reich 5.000 Bauern bestraft, die gegen landwirtschaftliche Gesetze und Verordnungen verstießen. Vgl. Overesch/Saal, S. 256.

Nr. 23

Aus dem Lagebericht der Anhaltischen Politischen Polizei (Geheime Staatspolizei) Dessau für Dezember 1935

Bundesarchiv, R 58/3739, Bl. 66

[ohne Absender und Empfänger]   [ohne Datum]
[...]

B. Staatsfeindliche Bestrebungen
1. KPD SPD

Eine illegale Betätigung der KPD nach aussen hin ist in diesem Monat, abgesehen von dem unten erwähnten Einzelfalle, hier nicht beobachtet worden. Dagegen ist unverkennbar eine Zunahme der Anzeigen wegen staatsfeindlicher Äusserungen usw. festzustellen. Es bestätigt sich damit die auch anderwärts gemachte Wahrnehmung, dass sich die staatsfeindlichen marxistischen Kreise zurzeit darauf beschränken, durch Mundpropaganda den Boden für eine weitere Betätigung vorzubereiten. In der Stadt Güsten tauchten Ende November d.J. Feuerwerkskörper auf, die nach Explosion kommunistische Bildnisse – Sowjetstern mit Hammer und Sichel – sichtbar werden liessen. Die Feuerwerkskörper sind bei einem Güstener Schreibwarenhändler gekauft worden; dem Händler war das Vorhandensein der Bildnisse in den Feuerwerkskörpern angeblich nicht bekannt. Die Ermittlungen nach der Herkunft der Feuerwerkskörper sind noch im Gange.[691]

Wegen staatsfeindlicher Äusserungen mussten im letzten Monat 5 Personen in Schutzhaft genommen werden; in dem einen Falle handelt es sich sogar um einen schwedischen Staatsangehörigen,

---

691 Das Vorkommnis ist auch in einer Tagesmeldung der Gestapo Dessau vom 26.11.1935 erwähnt. Vgl. BArch, R 58/3739, Bl. 65.

der deutsche Staatsbürger mit den Worten „Deutsche Schweine" und „Dumme Deutsche" beschimpft hatte.

[...]

In dem Dorfe Zehmitz (Kreis Köthen) war festgestellt worden, dass 4 Personen[692], die vor der Machtergreifung in der KPD aktiv tätig waren, wieder regelmäßig zusammenkamen und nach Empfang des Moskau-Senders[693] über die politischen Verhältnisse diskutierten. Ferner versuchte einer der Beteiligten auf seiner Arbeitsstelle, dem Schwelwerk in Gölzau bei Radegast, durch die jetzt übliche Mundpropaganda Einfluss auf seine Arbeitskameraden zu gewinnen und Beunruhigung unter der Belegschaft des Werkes hervorzurufen.[694] Am 23. v. M.[695] wurde zur Festnahme der betreffenden Personen geschritten. Nach Abschluss der Ermittlungen ist die Angelegenheit der Staatsanwaltschaft übergeben worden.

Im Verlaufe der von der Staatspolizeistelle Halle im November v. J.[696] in Hettstedt und Umgegend durchgeführten Aktion[697] erfolgte die

---

692 Paul Naumann, Karl Rauchfuß, Karl Schierpke, Werner Schmeil. Vgl. ebd., Bl. 68.
693 Im Nov. 1929 richtete Radio Moskau ein deutschsprachiges Hörfunkprogramm ein, um die „sozialistische Revolution nach Deutschland zu exportieren". Nach 1933 drohte für das Hören des Senders Schutzhaft. Exilanten, v. a. KPD-Funktionäre, nutzten die Möglichkeit, um über den Sender zum Widerstand gegen das NS-Regime aufzurufen. Die „Verordnung über außerordentliche Rundfunkmaßnahmen" vom 01.09.1939 verbot schließlich das Hören sämtlicher ausländischer Sender und stellte Zuwiderhandlungen unter Zuchthaus- bis hin zur Todesstrafe. Vgl. Gedenkstätte ROTER OCHSE Halle (Saale)/Heinrich-Böll-Stiftung Sachsen-Anhalt (Hg.): „Rundfunkverbrecher" vor dem Sondergericht Halle. Strafverfahren von 1939 bis 1945, Halle 2010.
694 Gemeint ist Paul Naumann, der „die Verhältnisse in Russland verherrlichte und abfällige Bemerkungen über den nationalsozialistischen Staat machte". BArch, R 58/3739, Bl. 68.
695 Da der Lagebericht im Jan. 1936 geschrieben wurde, ist der 23.12.1935 gemeint.
696 Da der Lagebericht im Jan. 1936 geschrieben wurde, ist Nov. 1935 gemeint.
697 Die Aktion ist im Lagebericht der Stapostelle Halle für Nov. 1935 erwähnt. Dabei nahm die Stapo Halle zwischen 8.11. und 21.11.1935 insg. 25 Personen

Festnahme eines Arbeiters, dem die Verbreitung kommunistischer Druckschriften in Sylda (Mansfelder Gebirgskreis) nachgewiesen wurde.[698]

---

fest. Vgl. Rupieper/Sperk, Bd. 2, S. 526f. Zu den Namen und zur Anklage siehe BArch, R 58/2025/Teil II, Bl. 49f., 54–66, 69, 134f.

698 Da der Lagebericht an dieser Stelle abbricht, wird nicht deutlich, wo die Verbindung zu Anhalt besteht. Hettstedt und Sylda lagen nur wenige Kilometer von der anhaltischen Grenze entfernt.

Nr. 24

Aus dem Lagebericht der Anhaltischen Politischen Polizei (Geheime Staatspolizei) Dessau für Januar 1936

Bundesarchiv, R 58/3739, Bl. 72

[ohne Absender und Empfänger] [ohne Datum]
[...]
B. Staatsfeindliche Bestrebungen
KPD SPD IBV

Die KPD ist im letzten Monat, wenigstens nach aussen hin, nicht in Erscheinung getreten. Es wurde lediglich ein Exemplar der Druckschrift „Manifest der Brüsseler Parteikonferenz der KP Deutschlands",[699] das einem Reichsbahninspektor in Köthen durch die Post zu Neujahr zugestellt worden war, erfasst. Anhaltspunkte für einen organisatorischen Zusammenschluss der illegalen KPD sind hier bisher nicht festgestellt worden. Man beschränkt sich anscheinend noch immer darauf, die unter der Arbeiterschaft teilweise vorhandene Unzufriedenheit durch Mundpropaganda zu verschärfen und damit den Boden für einen Ausbau der illegalen Organisation vorzubereiten. In 3 Fällen musste in dieser Hinsicht eingeschritten und gegen die Beteiligten Schutzhaft verhängt werden. Ausserdem kamen [richtig: kam] eine Anzahl Personen wegen staatsfeindlicher Äusserungen usw. zur Anzeige.

---

699 Die Konferenz fand aus Tarnungsgründen nicht in Brüssel, sondern in Moskau statt. Hier beschloss die KPD die Änderung ihrer Strategie. Vorrangiges Ziel war die Verwirklichung der Einheitsfront (gemeinsames Vorgehen von KPD und SPD gegen das NS-Regime). Zudem sollten unabhängig von Herkunft und Stand alle NS-Gegner für den „Sturz der Hitlerdiktatur" gewonnen werden (Volksfrontpolitik). Vgl. Klaus Mammach (Hg.): Die Brüsseler Konferenz der KPD (3.–15. Oktober 1935), Berlin (Ost) 1975, S. 268ff., 348ff., 372ff.

In Zusammenarbeit mit Beamten des Polizeipräsidiums Chemnitz[700] wurden im hiesigen Bezirk 4 Personen, ehemalige Funktionäre des Metallarbeiterverbandes, festgenommen.[701] Die Betreffenden hatten dem in Dresden verhafteten ehemaligen mitteldeutschen Bezirksleiter Rössler[702] Berichte [ein Wort unleserlich] wirtschafts- und militär-politischer Art, besonders über die Junkerswerke, geliefert.[703] Im Interesse der einheitlichen Weiterführung der Ermittlungen sind die hier festgenommenen Personen dem Polizeipräsidium Chemnitz zugeführt worden.

In Bernburg wurde eine Zeitungsausträgerin in Schutzhaft genommen, weil sie gelegentlich des Austragens von illustrierten Zeitschriften auch eine Druckschrift der IBV weiterverbreitet und bei dieser Gelegenheit auch Propaganda für die IBV getrieben hatte. Strafverfahren ist eingeleitet worden.

---

700 Eigentlich bearbeitete die Staatspolizeistelle Chemnitz, gemeinsam mit dem Gestapa Sachsen in Dresden, die Strafsache „Willy Rößler und Andere". Vgl. LASA, Z 259, Nr. 746, Bl. 27.
701 Otto Gehre, Franz Fritsche (beide aus Dessau), Paul Stahl aus Köthen und Dietrich Rüter aus Bernburg.
702 Willy Rößler (1884–1959) aus Halle/S. Vgl. Stefan Heinz/Jürgen Taege: Willy Rößler, in: Mielke/Heinz, S. 75–102. Zur illegalen Arbeit von Rößler siehe Herlemann, S. 126, 150, 154–163; Rupieper/Sperk, Bd. 2, S. 585 ff., 607, 645.
703 Zu den Berichten siehe Herlemann, S. 154, 156 f.

Nr. 25

Aus dem Lagebericht der Anhaltischen Politischen Polizei (Geheime Staatspolizei) Dessau für Februar 1936

Bundesarchiv, R 58/3739, Bl. 73

[ohne Absender und Empfänger]　　　　　　　　[ohne Datum]

[...]

B. Staatsfeindliche Bestrebungen

KPD

In einer hier z.Zt. laufenden Untersuchung befinden sich zwei Personen in Schutzhaft, die in dem dringenden Verdacht stehen, im Zuge der von Magdeburg ausgehenden Reorganisation der KPD im Bezirk Magdeburg-Anhalt im Sommer v.Js. in Dessau illegale Arbeit geleistet zu haben. Die Ermittlungen sind noch nicht abgeschlossen, mit weiteren Festnahmen ist zu rechnen. Über die Beteiligten wird im Interesse des Fortgangs der Ermittlungen zunächst Schutzhaft verhängt werden. Nach Abschluss der Ermittlungen wird eingehend über die Angelegenheit berichtet werden.[704] Im übrigen mussten drei weitere Personen wegen staatsfeindlicher Äusserungen usw. in Schutzhaft genommen und dem Konzentrationslager Lichtenburg zugeführt werden.

---

704 Gemeint sind die Festnahmen der Stapostelle Magdeburg ab Februar 1936, mit denen sie die illegale KPD-BL Magdeburg-Anhalt zerschlug. Vgl. Rupieper/Sperk, Bd. 1, S. 420ff.; Sperk, Staatspolizei(leit)stelle, S. 14–17. Zwischen Anfang März und 25.04.1936 nahm die Gestapo Dessau auch die Mitglieder der illegalen KPD-UBL Dessau fest, womit die Tätigkeit der Organisation endete.

Biografischer Anhang

Heinrich Achtert, geb. 19.10.1906 in Dessau, verst. 10.12.1980 in Osternienburg
Ohne erlernten Beruf (überwiegende Tätigkeiten: Bauarbeiter, Betonbauer), ab 1931 KPD, vor 1933 auch RFB, DBV, 28.02. bis 20.03.1933 Schutzhaft GG Dessau, anschl. illegale Tätigkeit für KPD bzw. RFB (Weiterführung des RFB, Verteilung von Flugblättern), 1934 wohnhaft Dessau, Kreuzgasse 3, Juli 1934 Festnahme durch Gestapo Dessau, bis 20.09.1934 U-Haft GG Dessau, 20.09.1934 Freispruch durch KG (Sitzung in Dessau) von der Anklage „Vorbereitung eines hochverräterischen Unternehmens" (illegale Weiterführung des RFB, Waffenbesitz) u. Entlassung aus U-Haft, Febr. 1935 kurzzeitige Festnahme, 11.06. bis 18.09.1935 U-Haft GG Dessau u. UG Berlin-Moabit, 18.09.1935 Verurteilung durch KG (Sitzung in Berlin) wegen „Vorbereitung eines hochverräterischen Unternehmens" (Zeitungsvertrieb für KPD) zu 1 Jahr 3 Monaten Gefängnis (Anrechnung 3 Monate 1 Woche U-Haft) u. Polizeiaufsicht, 18. bis 24.09.1935 Strafverbüßung UG Berlin-Moabit, 24.09. bis 01.10.1935 GG Magdeburg-Sudenburg, 01.10.1935 bis 11.09.1936 GG Gommern, 15.03.1944 bis 16.02.1945 Bewährungstruppe 999 Heuberg (23. Bataillon, Pionier in Frankreich?), 16.02.1945 bis 30.01.1946 amerik. Kriegsgefangenschaft, 1947/49 Betoneinschaler Fiedler & Fritsche Betonwerk Dessau-Ziebigk, nach 1950 SED, 1947 wohnhaft Dessau, Teichstr. 9, 1949/50 wohnhaft Kochstedt, Teichstr. 23.
Quellen: LASA, P 521, V/8/1, Bl. 17–20; ebd., Z 257, Nr. 104, Bd. 1, Bl. 432 f.; ebd., Z 259, Nr. 253, Bl. 104; ebd., K 6, Nr. 11148, Bl. 20; ebd., C 144 Magdeburg, B Nr. 295a Gefangenenkartei, Ab–Az; SAPMO-BArch, KzPuSdaW; Urteil KG gegen Max Back, Otto Johannes, Albert Böhlmann, Heinrich Achtert, 18.09.1935. BArch, ZA DH, ZC 3903.

Max Albrecht, geb. 28.07.1900 in Köthen, verst. 11.02.1965 in Köthen
Evangelisch, Beruf: Krankenpfleger, verheiratet mit Sophie Albrecht (geb. 08.04.1900), 4 Kinder, Febr. 1921 Verurteilung durch außerordentliches Gericht für den Bezirk des Reichswehrgruppenkommandos I Berlin wegen Verbrechens gegen §1 der Verordnung des Reichspräsidenten vom 30.05.1920 zu 3 Monaten Gefängnis (Strafe am 20.06.1923 erlassen), 1923 Beitritt zum Bund „Oberland" (später Ausschluss), anschl. Beitritt zur „Treuschaft Lützow", bis 1925 wohnhaft Köthen, 1925 bis 1928 wohnhaft im Rheinland, 1923–1927 Stahlhelm-, NSDAP- u. SA-Mitglied, soll als NSDAP-Parteiredner aufgetreten sein, 1927 Ausschluss aus NSDAP u. SA wegen „Betruges", Anfang 1928 Rückkehr nach Köthen, 1928–1933 SPD u. Reichsbanner Schwarz-Rot-Gold in Köthen („Schufoführer"), Parteiredner („[...] sehr tapferer Kämpfer gegen SA und Faschismus", „Es muß ihm nachgesagt werden, daß er voller Haß stets unerschrocken in vorderster Reihe im Kampf stand"), 13.12.1929 Verurteilung durch AG Koblenz wegen öffentlicher Beleidigung zu 50 RM Geldstrafe, ersatzweise 10 Tage Gefängnis, 18.10.1932 Verurteilung durch AG Köthen wegen Bedrohung zu 10 RM Geldstrafe oder ersatzweise 2 Tage Gefängnis (Strafe durch Straffreiheitsgesetz vom 20.12.1932 erlassen), vor 1933 auch Gewerkschaft „Zentralverband der Angestellten" (ZdA), A. wurde „in der Nacht nach der Machtübernahme [also 30. zum 31.01.1933 – A.S.] [...] bei dem Sturm auf das Arbeiterturnerheim, in dem ich mit meiner Familie wohnte [...], von SA und SS aufs schwerste mißhandelt". Er erlitt einen Schädelbruch, eine Nieren- u. Mastdarmverletzung und lag 4 Tage besinnungslos im Kranken-

Max Albrecht

haus (insgesamt 6 Wochen Krankenhaus-Aufenthalt). 12.04 bis 27.07.1933 Schutzhaft GG Köthen, 27.07. bis 24.12.1933 Schutzhaft KZ Oranienburg (Tätigkeit in der Küche), Dez. 1933 bis März 1934 illegale Tätigkeit für die KPD (obwohl SPD-Mitglied), März 1934 Festnahme in Köthen, bis Mai 1934 U-Haft GG Köthen u. UG Berlin-Moabit, 10.09.1934 Festnahme, zu diesem Zeitpunkt wohnhaft Köthen, Sebastian-Bach-Str. 22, Anklageschrift des GStA beim KG vom 26.10.1934: A. wird angeklagt, „im August und September 1934 in Köthen das hochverräterische Unternehmen, die Verfassung des Reiches mit Gewalt oder durch Drohung mit Gewalt zu ändern, durch Handlungen vorbereitet und in Tateinheit hiermit vorsätzlich unwahre Behauptungen tatsächlicher Art aufgestellt und verbreitet zu haben, die geeignet sind, das Ansehen der hinter der Reichsregierung stehenden Parteien und Verbände schwer zu schädigen." d.h. Verbrechen u. Vergehen wegen §§ 80 Abs. 2, 83 Abs. 2, 84, 85, 86 RStGB, § 3 der Verordnung des Reichspräsidenten zur Abwehr heimtückischer Angriffe gegen die Regierung der nationalen Erhebung vom 21.03.1933, Ergebnis der Ermittlungen: A. betrat am 08.09.1934 die Gastwirtschaft von Paul Galle in Köthen. Er warb den Wirt für seinen „Bund", dann könne er noch mehr Geschäfte machen. Auf die Frage des Galle, welcher „Bund" das sei, antwortete A., er wäre Kommunist. Galle antwortete, er bleibe im Stahlhelm und mache auch so sein Geschäft. Dann sagte A. wörtlich: „Hitler ist der größte Idiot, der heute noch herumläuft. Wir schlafen nicht, in nächster Zeit geht es los, wir kommen auch wieder ans Ruder." Dies bezog sich auf die KPD. Weitere Aussagen wie im Lagebericht beschrieben. Zu den Leuten, die aufgehängt werden sollten, gehörten laut A. vor allem Polizisten, besonders Polizeioberwachtmeister Gustav Helm in Köthen. Während der Äußerungen von A. war kein Gast im Lokal anwesend. Galle, der A. bei der Polizei anzeigte, sagte weiter aus, A. hätte diese Art von Reden bereits seit Aug. 1934 in seinem Lokal geführt. A. gab zu, im Lokal gewesen zu sein, bestritt aber vehement Galles Aussagen. Ab 11.09.1934 U-Haft, zunächst

GG Köthen, zuletzt UG Berlin-Moabit, 03.01.1935 Verurteilung durch KG (Sitzung in Berlin) wegen „Vorbereitung eines hochverräterischen Unternehmens" zu 1 Jahr 6 Monaten Gefängnis (ohne Anrechnung U-Haft wegen „hartnäckigen Leugnens des Angeklagten") u. Polizeiaufsicht, ab 03.01.1935 Strafverbüßung Strafanstalt Coswig (Anhalt), 17.04.1935 Überführung nach GG Magdeburg-Sudenburg, 06.05.1935 Überführung nach GG Stendal, zuletzt Strafverbüßung GG Köthen (Arbeit in der Haft: Mattenflechten, Herstellung von Filzpantoffeln), 03.07.1936 Entlassung aus dem GG Köthen, bis 1941 Polizeiaufsicht, 1942 Einberufung zur Wehrmacht (zuletzt als Gefreiter Masseur im Lazarett Köthen, bei der WASt letztmalig mit Meldung vom 02.07.1942 als Angehöriger der Heeressanitätsstaffel Köthen erfasst), 14.04. bis 22.06.1945 Gefangenschaft in Sinzig (Rheinland-Pfalz), anschl. wohnhaft Köthen, Friedrichstr. 36, ab 01.08.1945 selbständiger Masseur in Köthen („Massage-Institut Max Albrecht Köthen, Friedrichstr. 36 mit Bäderbehandlung"), ab 1946 SED, VVN-Mitbegründer in Köthen, 08.02.1946 Anerkennung als OdF u. „Kämpfer gegen den Faschismus", A. wurde seit 1946 in Köthen immer wieder durch „Amtsanmaßung und Beleidigung der Polizei" infolge „Trunkenheit" auffällig. Darum wurde am 07.08.1946 der OdF-Ausweis für sechs Monate eingezogen, wobei sich sein Verhalten nicht änderte. A. fiel immer wieder durch übermäßigen Alkoholgenuss auf. Aus diesem Grund wurde er 1947–1949 aus der SED ausgeschlossen. 20.07.1949 VdN-Aberkennung durch Kreisprüfungsausschuss beim Rat der Stadt Köthen, Grund: fortgesetzte „Amtsanmaßung und Beleidigung der Polizei" infolge „Trunkenheit" (seine bekannten Mitgliedschaften in Stahlhelm, NSDAP u. SA und deren Nichtangabe im Fragebogen zur OdF-Anerkennung im Jan. 1946 sollen nicht der Grund der Aberkennung gewesen sein), 05.08.1949 A. legt beim VdN-Landesprüfungsausschuss in Halle gegen den Beschluss Beschwerde ein, 07.03.1950 laut Sitzungsprotokoll des Kreisprüfungsausschusses VdN-Dienststelle Köthen ist A. „seit längerer Zeit nervenkrank und dadurch erwerbsunfähig, da eine Heilung nicht zu erblicken war, ist A. [nach] Bad Elster überwiesen worden", 22.06.1950 Bestätigung VdN-Aberkennung durch Landesprüfungsausschuss gemäß §4 Absatz 1 (Mitgliedschaft in der NSDAP oder einer ihrer Gliederungen) der „Anordnung zur Sicherung der rechtlichen Stellung der anerkannten Verfolgten des Naziregimes" vom 05.10.1949 bzw. der Durchführungsbestimmungen vom 10.02.1950, 01.08.1950 VVN-Ausschluss (ohne Angabe von Gründen).

Quellen: LASA, P 521, Nr. 137, Bl. 80–86; ebd., K 6, Nr. 8086, Bl. 152, 157; ebd., K 6-1, Nr. 1574, Bl. 1–61; ebd., C 144 Magdeburg, B Nr. 295a Gefangenenkartei, Ab–Az; Festnahmen in Köthen, in: „Köthensche Zeitung", 13.04.1933, S. 3; Vorbereitung zum Hochverrat, in „Der Mitteldeutsche, Anhaltische Tageszeitung", 04.01.1935; Urteil KG gegen Max Albrecht, 03.01.1935. BArch, ZA DH, ZC 3581; WASt (Schreiben 28.11.2008); Arolsen Archives, KL Oranienburg, Ordner 70, Bl. 3; ebd., Ordner 69, Bl. 248.

Martin Alterthum, geb. 30.08.1887[705] in Staßfurt, verst. 1976 in Tel Aviv

Religion: mosaisch (jüdisch), Vater: Kaufmann in Staßfurt, ältester von 5 Söhnen, 1894 Übersiedlung von Staßfurt nach Bernburg, 20.03.1906 Abitur Herzogliches Karls-Gymnasium Bernburg, 1906–1909 Studium der Rechtswissenschaft u. Volkswirtschaftslehre Universitäten München, Berlin, Halle/S., 22.09.1909 Erste jurist. Staatsprüfung OLG Naumburg (Prädikat „ausreichend"), 23.11.1909 bis 25.08.1910 Referendar AG Könnern, 26.08.1910 bis 05.09.1911 Referendar LG Magdeburg, 06.09.1911 bis 12.01.1912 Referendar Staatsanwaltschaft Magdeburg, 15.01. bis 15.07.1912 Hilfskraft in Anwaltsgeschäften beim Rechtsanwalt Kirschner Berlin u. im Notariat des Justizrates Schiller Berlin, 26.08.1912 bis 12.05.1913 Referendar Königliches AG Berlin-Lichtenberg bzw. Referendar Königliches LG III Berlin-Charlottenburg, Mai (?) bis Nov. (?) 1913 Referendar OLG Naumburg, 19.08.1914 Zweite jurist. Staatsprü-

---

705 Laut amtlichem Geburtenbuch wurde Alterthum am 30.08.1887 geboren. StAmt Staßfurt (E-Mails 27.11. u. 28.11.2006). Er selbst gab aber den 31.08.1887 an.

Stellungnahme der Gestapo zur Auswanderung von Martin Alterthum, 23. Januar 1939

fung (Notprüfung) OLG Naumburg (Prädikat „ausreichend"), ab 01.09.1914 Freiwilliger im Ersten Weltkrieg (Einsatz an der Ostfront 12. Batterie Fußartillerie Regiment Nr. 4 Magdeburg), ab Nov. 1916 Militärhilfsrichter, 25.11.1916 bis 15.08.1919 Militärhilfsrichter bzw. ab Mai 1917 Kriegsgerichtsrat Gouvernementsgericht Thorn u. Graudenz, E.K. II. Klasse, 15.08.1919 Entlassung aus Reichswehr, bis 31.05.1920 Gerichtsassessor im preußischen Justizdienst, u.a. im März 1920 Vertreter eines beurlaubten Richters LG Torgau, zuletzt Hilfsrichter LG Magdeburg, ab 01.06.1920 Justitiar Anhaltische Staatliche Landessicherheitspolizei (spätere Anhaltische Staatliche Ordnungspolizei) in Dessau bei gleichzeitiger Ernennung zum Regierungsrat (zuvor Regierungsassessor), 1920 Übersiedlung von Bernburg nach Dessau, 31.08.1920 Heirat mit Toni Maschke (geb. 02.01.1895 Bernburg, Tochter eines Bernburger Kaufmanns), keine Kinder, 01.01.1923 Übertragung einer Richterstelle (als Regierungsrat) beim LG Dessau bei gleichzeitiger Ernennung zum Landgerichtsrat, bis 1933 Tätigkeit am LG Dessau, v.a. Vors. der Kammer für Handelssachen, der 3. Zivilkammer und des Landesarbeitsgerichts, 1925–1933 Vorstandsmitglied der Jüdischen Gemeinde Dessau (zeitweise Vizepräsident) u. der ZVfD-Ortsgruppe Dessau, zunächst auch Mitglied des Repräsentanten-Kollegiums der Israelitischen Kultusgemeinde, Juli 1927 Ernennung zum Vors. des Landesarbeitsgerichts, 25.01.1928 Ernennung (als Landgerichtsrat) zum Landgerichtsdirektor, 01.04.1928 Abordnung an das Anhaltische Staatsministerium zur Weiterbeschäftigung bei gleichzeitiger Befreiung von den richterlichen Dienstgeschäften (mit Ausnahme Vors. des Landesarbeitsgerichts, weiterhin Landgerichtsdirektor), Übernahme eines Dezernats in der Abt. Inneres, ab 1929 Justitiar u. Bearbeiter von Personalangelegenheiten, 01.07.1932 Rücküberweisung an das LG Dessau, April 1933 Beurlaubung in Folge des „Gesetzes zur Wiederherstellung des Berufsbeamtentums" vom 07.04.1933, 15.05.1933 Entlassung aus dem Staatsdienst auf Grund §4 (politisch unzuverlässig) des „Gesetzes zur Wiederherstellung des Berufsbeamtentums" vom 07.04.1933 (offizieller Entlassungsgrund ist nicht die jüdische Herkunft, sondern seine Mitgliedschaften im Reichsbanner sowie im SPD-nahen Bund Republikanischer Juristen Mitteldeutschlands), 1933/34 Vorsteher Jüdische Gemeinde (Israelitische Kultusgemeinde) Dessau, 1933/34 Vors. Hechaluz-Landesverband Anhalt (?), zumindest im Aug. 1933 Vorstandsmitglied (zeitweise auch Vors.) des Landesverbandes der Israelitischen Kultusgemeinden in Anhalt, Okt. 1934 Umzug nach Leipzig, 1934–1939 Vorstandsmitglied Jüdische Gemeinde Leipzig, Leiter des Palästina-Amtes bei der Jüdischen Gemeinde Leipzig, Leiter des Zionistischen Gruppenverbandes Mitteldeutschland, zuletzt auch stellv. Vors. u. Geschäftsführer ZVfD-Ortsgruppe Leipzig, 17.10.1938 Entzug der Zulassung als Rechtsanwalt zum 30.11.1938 entsprechend der 5. Verordnung zum „Reichsbürgergesetz" §1 Ziff. 1, 11.11.1938 im Zuge der Reichspogromnacht Überführung aus Gefangenenanstalt I Leipzig in das KZ Buchenwald (Schutzhaft) durch Stapostelle Leipzig, Nr. 24417, Unterbringung in einem mit Stacheldraht vom restlichen Lager abgetrennten Bereich neben dem Appellplatz (wie alle jüdischen Männer, die im Zusammenhang mit dem Reichspogromnacht eingeliefert wurden), 29.11.1938 Entlassung aus dem KZ Buchenwald, 07.12.1938 A., zu diesem Zeitpunkt wohnhaft Kantstr. 43, ersucht um die Genehmigung der Auswanderung nach Palästina, 20.01.1939 seitens der Stapostelle Leipzig bestehen gegen die Auswanderung „in staatspolizeilicher Hinsicht keine Bedenken", 06.03.1939 Emigration nach Tel Aviv, Khever Haleumin 30, 27.08.1940 gemeinsam mit seiner Frau Aberkennung der deutschen Staatsangehörigkeit u. Beschlagnahme des Vermögens, in Israel übernimmt A. später die Leitung des Solidaritätswerkes und berät Hilfesuchende bei Wiedergutmachungsansprüchen.

Quellen: LASA, Z 116-1, I Nr. 3, Bl. 235, 237; ebd., Z 149, Nr. 352, Bl. 170; ebd., E 111 Heinrich Deist, Nr. 6, Bl. 1; ebd., E 138 Engelbert Roenick, Nr. 8, Bl. 12; ebd., C 127 Anhang: Justiz-PA, A Nr. 66, Bd. 1, Bl. 1–39; ebd., Bd. 2, 1–125; BArch, R 3001/50224, Bl. 1–20; Viebig/Bohse, S. 258f.; Eva-Maria Herz-Michl/Dagmar Mäbert: Geschichte der Juden in Dessau zu Beginn der dreißiger Jahre, Dessau 1995, S. 65; Ulbrich, Antisemitismus, S. 57ff.; Ders.: Personenlexikon zur Geschichte der Juden in Dessau, Dessau-Roßlau 2009, S. 5f.; ABlfA 1920, S, 243; ABlfA 1922, S. 424; ABlfA Anhalt 1928, S. 32; ABlfA 1933, S. 161; Rupieper/Sperk, Bd. 1, S. 304; Deutscher Reichsanzeiger und Preußischer Staatsanzeiger Nr. 202, 29.08.1940 (Liste 199); Archiv Gedenkstätte Buchenwald (E-Mail 03.04.2019).

Alfred Arndt, geb. 18.11.1889 in Rudolstadt, verst. 11.05.1938 in Dessau

Ohne erlernten Beruf, ab 1928 KPD, Mai 1933 wohnhaft Dessau, Am Achteck 44, Arndt hatte am 29.04.1933 mit drei weiteren Personen in der Frühstücksstube „Drei Kronen" in der Zerbster Straße kommunistische Lieder gesungen und mehrfach „Rotfront lebt, Rotfront marschiert, wenn sie auch denken, sie ist tot, aber sie lebt" usw. gerufen. Er wurde am selben Tag in Schutzhaft genommen und in das GG Dessau eingeliefert. Die Anklageschrift vom 11.05.1933 warf ihm auch vor, mit der Aktion vom 29.04. den seit 1929 verbotenen RFB, dem er auch angehört hatte, unterstützt bzw. seinen organisatorischen Zusammenhalt aufrechterhalten zu haben (Vergehen nach §5 der Verordnung des Reichspräsidenten zur Erhaltung des inneren Friedens vom 19.12.1932). Am 16.05.1933 wurde Arndt aus der Schutzhaft entlassen. Eine „Überleitung des Genannten in Untersuchungshaft" hielt der OStA Dessau für „nicht erforderlich". Am 30.05.1933 verurteilte ihn das SchöG Dessau wegen „Vergehens gegen die Verordnung des Reichspräsidenten vom 19.12.1932" §5 an Stelle einer verwirkten Gefängnisstrafe von 30 Tagen zu einer Geldstrafe von 90 RM. Arndt war seit 24.06.1933 erwerbslos, verfügte über eine monatliche Rente von 50 RM, war Hausbesitzer, hatte aber kein Vermögen, d.h. er war nicht in der Lage, die Strafe zu zahlen. Aus diesem Grund wurde Ratenzahlung vereinbart (letzte Rate von 10 RM am 30.06.1934 bezahlt). Febr. oder März (?) 1935 Festnahme, ab 04.03.1935 U-Haft GG Dessau.

Quellen: LASA, Z 257, Nr. 41, Bl. 1–54; SAPMO-BArch, KzPuSdaW; StAmt Rudolstadt (E-Mail 05.12.2006); StAmt Dessau (Schreiben 06.02.2007).

Max Back, geb. 20.11.1902 in Großräschen, verst. 09.02.1959 in Dessau

Vater: Maurer, 5 Geschwister, 1908–1913 bzw. 1913–1916 Volksschule Dessau bzw. Warburg, 1914 Tod des Vaters in Dessau, ohne erlernten Beruf (vorwiegende Tätigkeit: Bauhilfsarbeiter), 08.04.1915 Verurteilung durch SchöG Dessau wegen versuchtem Diebstahl zu einem Verweis (erteilt 23.04.1915), 23.11.1915 Verurteilung durch LG Dessau wegen versuchtem schweren Diebstahl in zwei Fällen sowie vollendetem schweren Diebstahl in sechs Fällen, sämtlich unter mildernden Umständen, zur Gesamtstrafe von 2 Wochen Gefängnis (Tat begangen am 03.06.1915), Strafaufschub bis 23.11.1917, 03.05.1918 Erlass der Strafe, 24.07.1922 Verurteilung durch AG Osnabrück wegen Betrugs zu 3 Wochen Gefängnis, 12.12.1922 Verurteilung durch SchöG Dessau wegen gemeinschaftlichen Diebstahls in zwei Fällen im wiederholten Rückfall zur Gesamtstrafe von 3 Monaten Gefängnis (Taten begangen am 04.09. u. 03.11.1922), ab 1923 KPD, 07.02.1923 Verurteilung durch LG Dessau wegen einfachen Diebstahls in

Max Back

zwei Fällen (Diebstahl von Kupferdraht von Telefonleitungen) im wiederholten Rückfall zu 9 Monaten Gefängnis weniger 6 Wochen U-Haft (Taten begangen am 29.11. u. 05.12.1922), 07.03.1923 Strafbefehl des AG Weener wegen Passvergehens über 9.000 RM oder ersatzweise 60 Tage Gefängnis (31.01. u. 01.02.1923 unerlaubte Überschreitung der Reichsgrenze nach und von Holland im Kreis Weener), 23.05.1923 Beschluss LG Dessau: die Verurteilungen vom 12.12.1922 u. 07.02.1923 werden auf eine Gesamtstrafe von 11 Monaten zurückgeführt (weniger 6 Wochen U-Haft), 09.06.1923 Beschluss Anhaltische Staatsanwaltschaft: wegen Nichtzahlung der Geldstrafe von 9.000 RM weitere 60 Tage Haft, daraufhin 16.02. bis 26.11.1923 Strafverbüßung Strafanstalt Coswig (Anhalt), 06.05.1924 Verurteilung durch AG Dessau wegen gemeinschaftlichen schweren Diebstahls unter mildernden Umständen zu 6 Monaten Gefängnis, 27.08.1924 Verurteilung durch SchöG Dessau wegen gemeinschaftlichen schweren Diebstahls im wiederholten Rückfall in zwei Fällen unter mildernden Umständen u. wegen versuchten schweren Diebstahls im wiederholten Rückfall unter mildernden Umständen zur Gesamtstrafe von 2 Jahren 6 Monaten Gefängnis (Taten begangen am 13./14.06.1924 u. 16./17.06.1924), 5 Jahre Aberkennung der bürgerlichen Ehrenrechte, 03.09.1924 bis 06.07.1927 Strafverbüßung Strafanstalt Coswig (Anhalt), bis 30.05.1927 zahlreiche Hausstrafen: Entziehung des Mittagessens, des Nachtlagers oder der Freistunde, mehrere Tage nur Wasser und Brot, „einsame Einsperrung mit Verschärfung und Kostverlust", „Arrest, verschärft durch Entziehung der Arbeit, Entziehung des Bettlagers, Beschränkung der

Kost auf Wasser und Brot, Entziehung der Freistunde". Gründe: Back wird von der Direktion der Strafanstalt als „faul, frech u. verwahrlost" eingeschätzt, er ist „völlig ungebessert u. bleibt unverbesserlich"; „Selbst scharfes Vorgehen gegen ihn liess ihn völlig gleichgültig." „Es gibt wohl kaum eine Ordnungswidrigkeit, der sich Back nicht schuldig gemacht hätte"; „Back ist einer der widerspenstigsten und verstocktesten Gefangenen, die die Anstalt in den letzten Jahren beherbergte"; „Back ist ein arbeitsscheuer, zu jeder Schlechtigkeit fähiger Mensch". 25.07.1928 Verurteilung durch AG Dessau wegen Beleidigung zu 30 RM Geldstrafe oder ersatzweise 3 Tage Gefängnis (Back wählt die Gefängnisstrafe), 02.08.1930 Heirat mit Else Back in Dessau, 1 Kind (geb. 1931), ab 1930 erwerbslos (zuletzt Bauhilfsarbeiter bei Maurermeister Flemming in Dessau-Ziebigk), vor 1933 auch RFB, RHD, DBGB (Kassierer), 1933 wohnhaft Dessau, Mendelssohnstr. 4, 04.02.1933 Festnahme, ab Anfang Aug. 1933 Mitglied der illegalen KPD-UBL Dessau, Leiter des Instrukteurgebietes Dessau-Ziebigk (Breite Straße) und Roßlau, vorwiegende Tätigkeiten: Kassierer u. Verbreitung illegaler Schriften (v. a. Lesen u. Weitergabe KPD-Zeitung „Rote Fahne"), 21.11.1933 Verurteilung durch SchöG Dessau wegen gemeinschaftlichen versuchten Diebstahls im wiederholten Rückfall unter mildernden Umständen zu 3 Monaten Gefängnis auf Bewährung (Strafe durch Straffreiheitsgesetz vom 07.08.1934 erlassen), 01.05. oder Juni (?) 1934 Festnahme durch Gestapo Dessau, Sept. 1934 Festnahme durch Gestapo Dessau (zusammen im Mai/Juni sowie Sept. 1934 8 Tage Schutzhaft Polizei- und GG Dessau), 05.01.1935 Festnahme durch Gestapo Dessau, 30.04.1935 Festnahme durch Gestapo Dessau u. Schutzhaft GG Dessau u. PG Magdeburg, 03.05.1935 bis 28.08.1935 U-Haft GG Dessau, ab 28.08.1935 U-Haft UG Berlin-Moabit, 18.09.1935 Verurteilung durch KG (Sitzung in Berlin) wegen „Vorbereitung eines hochverräterischen Unternehmens" zu 3 Jahren 3 Monaten Zuchthaus (Anrechnung 4 Monate 3 Wochen U-Haft), 3 Jahren Ehrverlust u. Polizeiaufsicht, (zumindest) bis 21.09.1935

Strafverbüßung UG Berlin-Moabit, 27.09.1935 bis 27.07.1938 ZH Coswig (Anhalt) (Arbeit: Koch, Matten flechten), 09.02.1937 bis 07.01.1938 zahlreiche Hausstrafen: „Arrest, verschärft durch Entziehung der Arbeit, Entziehung des Bettlagers, Beschränkung der Kost auf Wasser und Brot, Entziehung der Freistunde", Entziehung des Nachtlagers, Briefsperre, 27.07.1938 Entlassung aus ZH Coswig (Anhalt) u. Übergabe an Gestapo Dessau (Anordnung „Überhaft"), 04.08.1938 bis 11.04.1945 (Befreiung des KZ) Schutzhaft KZ Buchenwald (Nr. 4216, Blockältester Block 58, Küchen-Kapo), 25.09.1940 Scheidung von Else Back, 24.05.1945 Entlassung aus Buchenwald, 27.05.1945 Arbeitsaufnahme in Dessau, 1945 wohnhaft Dessau, Raguhner Str. 137 bzw. ab 1946 Kiefernweg 25, 20.11.1945 Heirat mit Lissy Krüger (geb. 19.12.1912), ab 1945 KPD bzw. ab 1946 SED, ab 15.09.1945 Angestellter Stadtverwaltung Dessau (zeitweise Bezirksstellenleiter bzw. Bezirksvorsteher), ab März 1946 zumeist arbeitsunfähig (Gesundheitsschäden durch Haft wie Knochen- und Lungen-Tbc, Fuß- und Nierenleiden), Okt./Nov. 1947 Amputation rechter Unterschenkel, anschl. Sanatorium „Sonnenfels" Sülzhayn, ab 1948 Vollinvalide, 1950 Amputation linker Unterschenkel, 1951 Amputation linker Unterarm, 1958 „Medaille für Kämpfer gegen den Faschismus 1933–1945".

Quellen: LASA, P 521, V/8/3, Bl. 48-55; ebd., K 6, Nr. 11149, Bl. 32; ebd., K 6-1, Nr. 171, Bl. 1-120; ebd., Z 259, Nr. 253, Bl. 1-145; BArch, R 58/2107d, Bl. 8; SAPMO-BArch, KzPuSdaW; 43 Kämpfer gegen den Faschismus geehrt, in: Freiheit, 08.09.1958; Urteil KG gegen Max Back, Otto Johannes, Albert Böhlmann, Heinrich Achtert, 18.09.1935. BArch, ZA DH, ZC 3903.

Richard Bär, geb. 20.10.1898 in Jeßnitz, verst. 30.11.1983 in Wolfen

Vater: Arbeiter, 1905–1913 Volksschule, Beruf: Schmied, Nov. 1916 Einberufung zur Reichswehr u. Teilnahme am Ersten Weltkrieg, Jan. 1919 Entlassung aus der Reichswehr, 1919–1924 Schmied in der Farbenfabrik Wolfen, 1921 Heirat mit Elsa Rönicke, ein Sohn, ab Febr. 1921 KPD (Kassierer), 1924–1929 Tätig-

keit bei verschied. Baufirmen, 1929/30 Kantinenwirt auf verschied. Baustellen, 1930–1933 erwerbslos, vor 1933 auch KG RS, RHD, KPD-Stadtverordneter Jeßnitz, 24. bis 27.06.1933 Schutzhaft Strafanstalt Coswig (Anhalt), 28.03. bis 09.05.1935 Schutzhaft KZ Lichtenburg, 16.05.1935 bis 1945 Tätigkeit auf verschied. Baustellen bei zahlreichen Firmen, Aug. 1939 bis 08.01.1940 Soldat bei der Wehrmacht, Verwundung, zuletzt Genesungskompanie Infanterie-Ersatz-Bataillon 211 Hannover, ab 1945 KPD bzw. ab 1946 SED, Nov. 1945 bis Juli 1948 Gastwirt in Jeßnitz, 1948–1950 Gastwirt Gaststätte „Schloß Libehna" Raguhn, ab 01.10.1950 Gastwirt einer anderen Gaststätte in Raguhn, 27.03.1947 Entscheidung des Prüfungsausschusses der OdF-Betreuungsstelle Dessau-Köthen, dass die OdF-Anerkennung bei Bär nicht erfolgen kann, da „nach der Verordnung vom 9.9.45 keine illegale Tätigkeit von ihm durch Zeugen nachgewiesen und die Haftzeit von 2 Monaten und ein paar Tagen zu kurz [ist], um in den Personenkreis OdF eingereiht zu werden", dennoch zumindest 1951 anerkannter VdN.
Quellen: LASA, P 521, V/8/3, Bl. 151–156; ebd., Z 141, Nr. 669, Bl. 6, 73, 81, 83; ebd., Nr. 1971, Bl. 262; ebd., K 6, Nr. 10511, Bl. 73; ebd., Nr. 9969, Bl. 268; WASt (Schreiben 10.11.2008); StAmt VGem Raguhn (Schreiben 15.01.2007); StAmt Wolfen (Fax 29.01.2007).

Wilhelm Bär, geb. 23.11.1892 in Jeßnitz, verst. 06.03.1983 in Wolfen
Vater: Arbeiter (SPD), 1898–1906 Volksschule Jeßnitz, Beruf: Zementfacharbeiter, ab 1909 SPD, 1914–1918 Teilnahme am Ersten Weltkrieg, ab 1918 Tätigkeit in Filmfabrik Wolfen, ab 1920 KPD, bis 1933 auch Vors. des Arbeiter-Schiessvereins, vor 1933 KPD-Stadtverordneter Jeßnitz, RFB, verheiratet mit Marie Jahn (1892–1978), 4 Kinder (1 Junge, 3 Mädchen), 1933 wohnhaft Jeßnitz, Heimstr. 1, März 1933 ca. 14 Tage Schutzhaft Strafanstalt Coswig (Anhalt), 24. bis 27.06.1933 Schutzhaft Strafanstalt Coswig (Anhalt), 28.02. bis 19.04.1934 Schutzhaft Strafanstalt Coswig (Anhalt), 27.03. bis 08.05.1935 Schutzhaft KZ Lichtenburg

Wilhelm Bär

(nach eigenen Angaben 04.02. bis 28.04.), am 11.04.1935 Entlassung aus der Filmfabrik Wolfen wegen des „Verdachts staatsfeindlicher Betätigung", 01.11.1935 Festnahme, 03.11.1935 bis 01.03.1936 Schutzhaft in (den Strafarbeitslagern?) Fürstenberg/Havel, Neubrandenburg, Greifswald (Wieck), März 1936 bis Febr. 1949 Tätigkeit bei der Baufirma Kräft (früher Mittelland), Einberufung zur Wehrmacht (Datum unbekannt): Laut Meldung vom 08.07.1944 Angehöriger Schwere Heimatflak-Batterie 252/IV, laut Meldung vom 16.12.1944 Angehöriger Stab Flakabteilung (Hei) 43/IV Flakuntergruppe Bitterfeld, 16.12.1944 Entlassung aus der Wehrmacht (Grund unbekannt), ab 1945 KPD bzw. ab 1946 SED, 1945 Vors. des Antifaschistischen Ausschusses Bobbau, ab Febr. 1949 Polier Filmfabrik Wolfen, 1949–1983 wohnhaft, Bobbau, Hauptstr. 1 bzw. Heimstr. 1, 29.11.1952 VdN-Aberkennung wegen zu kurzer Haftzeit u. Widersprüchen in den Haftzeitangaben.

Quellen: LASA, P 521, V/8/3, Bl. 162–166; ebd., Z 141, Nr. 669, Bl. 6, 73, 81, 83; ebd., K 6, Nr. 11149, Bl. 55–58; ebd., Nr. 9969, Bl. 268; ebd., K 6-1, Nr. 597, Bl. 1–85; WASt (Schreiben 29.05.2007); StAmt Bitterfeld-Wolfen (E-Mail 09.10.2008). Laut WASt-Hinweis könnten sich „eventuell Aufzeichnungen" zu B. „aus der Zeit des Ersten Weltkrieges" im Landesamt für Gesundheit und Soziales in Berlin, Abt. IV/Ref. F Krankenbuchlager befinden. Die Kartei „Krankenbuchlager" wurde 2017 an die WASt übergeben, an die der Autor im Juni 2018 eine dementsprechende Anfrage stellte, die bis zur Drucklegung des Buches unbeantwortet blieb.

Albert Bartels, geb. 26.05.1906 in Bielefeld, verst. Dez. 1944 in Stalino (heute Donezk)

Studium der Theologie in Innsbruck, 10.08.1930 Priesterweihe (Ordination) in Paderborn, 13.03.1931 bis 09.04.1936 Pfarrvikar in Görzig, 10.04.1936 bis 11.05.1939 Vikar der St. Antonius-Gemeinde Gelsenkirchen, 12.05.1939 bis 12.01.1942 II. Vikar der St. Josephs-Gemeinde Hagen (Westfalen), 13.01.1942 Einberufung zur Wehrmacht, zunächst Sanitäter in Belgien, später in der Sowjetunion, Juni 1944 Gefangenschaft bei Bobrujsk, Anfang Dez. 1944 im Lazarett des Kriegsgefangenenlagers Stalino „einer schweren Krankheit erlegen".

Albert Bartels

Quellen: Lic.iur.can. Daniel Lorek, Bistumsarchivar des Bistums Magdeburg (E-Mails 11.06. u. 22.06.2018); Unterlagen des Erzbistumsarchivs Paderborn; Daniel Lorek: Katholiken in „Ohne Holz". Zur Geschichte der katholischen Kirche in Anhalt, Leipzig 2012, S. 151.

Carl Beier, geb. 22.12.1879 in Gaumitz (Schlesien), verst. ? in ?
Vater: Steinsetzmeister, 1885–1893 Volksschule Nimptsch, ab 1893 Lehre als Bäcker (erfolgreich abgeschlossen), anschl. Wanderschaft, 1899 Einberufung zur Kaiserlichen Armee, 1902 Übersiedlung nach Dessau, ab 1904 SPD, 1908–1920 Bäcker Konsumbäckerei Dessau, 1920 bis (zumindest) 1947 Arbeiter in der Filmfabrik Wolfen, 1933 wohnhaft Dessau, Oranienstr. 5, 13. oder 14.11.1934 Festnahme am Arbeitsplatz wegen Beleidigung von Loeper und staatsfeindlicher Einstellung, U-Haft GG Dessau, 24.11.1934 Verurteilung durch SchöG Dessau wegen Beleidigung § 186 RStGB zu 2 Monaten Gefängnis, 18.12.1934 Berufungsverhandlung LG Dessau wegen des Urteils vom 24.11.1934: 4 Monate Gefängnis, kurz danach (Tag unbekannt) Entlassung aus der Haft wegen der am 21.12. durch Loeper verkündeten Amnestie, ab 1946 SED, 1947 wohnhaft Dessau-Törten, Am Hang 22.
Quelle: LASA, K 6-1, Nr. 355.

Herbert Bethe, geb. 23.10.1914 in Dessau, verst. 25.07.1992 in Hausweiler
Ungelernter Arbeiter, ab Herbst 1931 erwerbslos, kein KPD-, aber ab 1932 RFB-Mitglied (seit 1929 verboten), 1933 Verurteilungen wegen Diebstahls zu 10 RM Geldstrafe, wegen Vergehens gegen das Gesetz über Schusswaffen u. Munition vom 12.04.1928 zu 60 RM Geldstrafe und wegen Diebstahls zu 2 Wochen Gefängnis, 01.08.1933 bis 12.05.1934 FAD, 12.05. bis 18.09.1934 U-Haft GG Dessau, 18.09.1934 Verurteilung durch KG (Sitzung in Dessau) wegen „Vorbereitung eines hochverräterischen Unternehmens" (§§ 81 Ziff. 2, 86 RStGB, Weiterführung des verbotenen RFB bis zu den März-Wahlen 1933, unerlaubter Waffenbesitz) zu 1 Jahr 3 Monaten Gefängnis (Anrechnung von 4 Monaten 1 Woche Haft), Strafverbüßung Strafanstalt Coswig (Anhalt), lebt zumindest 1951 nicht mehr in Dessau.
Quellen: LASA, Z 257, Nr. 104, Bd. 2, Bl. 105 ff.; ebd., K 6, Nr. 9969, Bl. 145; BArch, R 3018/4706, Bl. 27; SAPMO-BArch, KzPuSdaW; StAmt Dessau (Schreiben 05.12.2006).

Charlotte Blumtritt (geborene Reich), geb. 04.10.1881 in Kleszowen (Ostpreußen), verst. 04.12.1957 in Dessau-Alten
Ohne erlernten Beruf (hauptsächliche Tätigkeiten: Stepperin u. Hausfrau), 1900 Heirat mit Max Blumtritt (Redakteur „Oberfränkische Volkszeitung" Hof, Abgeordneter Bayerischer Landtag, SPD-Parteiführer in Oberfranken, ab 1906 SPD-Abgeordneter Stadtparlament Burg bei Magdeburg), wohnhaft zunächst in Hof, dort politisch und gewerkschaftlich aktiv, insbesondere in der Frauensektion der SPD Oberfranken, Kreistagsabgeordnete, vor 1904 Übersiedlung mit Ehegatten von Hof nach Burg bei Magdeburg, ab 1904 SPD, 1904 auch Gründung eines Frauen- und Mädchenbildungsvereins in Burg, vor 1933 auch Freier Deutscher Gewerkschaftsbund, ATSB, Freidenkerverband, Verband der Schuhmacher, Dez. 1931 Tod des Ehegatten in Burg, 1933 Übersiedlung nach Dessau, Lützowstr. 2, wo sie dem verwitweten und halb erblindeten SPD-Mitglied Gustav Jeuthe (geb. 06.09.1876 Bernburg,

verst. 08.02.1963 Dessau) „die Wirtschaft führt" (Jeuthe ist wie Blumtritt Mitglied der illegalen KPD-Gruppe von Richard Krauthause. Vgl. LASA, P 522, IV/8/518), 1934–1935 illegale Tätigkeit für die KPD im Auftrag von Richard Krauthause: v. a. Verbreitung von Schriften wie „Tribüne", „Der Leidensweg", „Perle der Liebe" oder „Elektrotechnik", Übergabe von RHD-Mitgliedsbeiträgen an Krauthause, Organisierung u. Teilnahme von bzw. an illegalen KPD-Treffen in verschied. Wohnungen in Dessau, Ziebigk, Oranienbaum, Bobbau u. Raguhn, Agitation für die Sowjetunion, alle Tätigkeiten von B. sind getarnt als Blindenführerin von Gustav Jeuthe. 27.02.1935 Festnahme wegen des Verdachts „Vorbereitung eines hochverräterischen Unternehmens" (Verbreitung illegaler KPD-Schriften), 27.02. bis 04.03.1935 Schutzhaft GG Dessau, zwischen 1936 und 1938 Umzug (gemeinsam mit Gustav Jeuthe) nach Holunderweg 36, ab 1939 Abhören ausländischer Sender, ab 1946 SED, 1947 führt sie noch immer den Haushalt von Gustav Jeuthe, ab 1949 Rentnerin, wohnhaft Dessau-Haideburg, Holunderweg 36.

Charlotte Blumtritt

Quellen: LASA, P 521, V/8/9; ebd., K 6-1, Nr. 124, Bl. 1–47; SAPMO-BArch, KzPuSdaW; Herlemann, S. 215, 330 (dort „Blumentritt").

Anna Bobowski (geborene Bahn), geb. 13.12.1907 in Raguhn, verst. 23.04.1971 in Dessau
Entstammte einer SPD-Familie, Vater 1915 gefallen, Mutter „stand mit fünf Kindern alleine da", 4 Jahre Volks- u. 4 Jahre Mittelschule, ab 1923 ATSB u. SAJ, ohne erlernten Beruf (besitzt Stenografiekenntnisse), 1926 Geburt 1. Kind, anschl. Heirat mit Franz Bobowski (1896–1950) in Jeßnitz, ab 1929 KPD (Frauen-

Anna Bobowski

leiterin, Zellenleiterin), vor 1933 Mitglied der erweiterten KPD-BL Magdeburg-Anhalt (Korrespondentin „Tribüne") u. RGO, 1932 Kandidatur auf der Landtagsliste Anhalt als KPD-Spitzenkandidatin, 1932 je eine Festnahme wegen „Vertrieb verbotener Zeitschriften" u. „unerlaubter Wahlpropaganda", 1933 wohnhaft Jeßnitz, Köhlergasse 5, 05.04.1933 Festnahme in Jeßnitz, 28. bis 30.06.1933 Schutzhaft GG Dessau, Entlassung wegen Schwangerschaft, Nov. 1933 Geburt 2. Kind, Jan. 1934 wohnhaft Raguhn, Töpfergasse 11, 28.03. bis 04.04.1935 Schutzhaft GG Dessau, 28.08.1936 Verurteilung durch SG Halle wegen Verstoßes gegen §2 Heimtückegesetz zu 6 Monaten Gefängnis, Erlass der Strafe durch Straffreiheitsgesetz vom 23.04.1936, 3-jährige Bewährungsfrist, ab etwa 1938/39 Mitglied NS-Frauenwerk (dem sie nach ihrer Erklärung nur beitrat, weil infolge der „Angabe der pol[itischen] Scheidungsgründe" ihres Mannes Franz Bobowski ihr der Entzug des Erziehungsrechts drohte), 1939 Scheidung von Franz Bobowski (nach ihren Angaben, weil ihr Mann angegeben habe, sie habe verbotene kommunistische Lieder gesungen und ihn darin gehindert, in die NSDAP einzutreten), 22.08. bis 09.09.1944 Schutzhaft Leopoldkaserne bzw. PG Dessau („Aktion Gitter"[706]), Nach

---

706 Bei der von der Gestapo durchgeführten „Aktion", ausgelöst durch das Hitler-Attentat am 20. Juli 1944, sollten alle früheren Stadt-, Kreis-, Landtags- und Reichstagsabgeordneten von KPD und SPD sowie linke Gewerkschaftsfunktionäre inhaftiert werden. Mit veralteten Namenslisten begannen die Festnahmen in den Morgenstunden des 22.08.1944. Es gibt keine Angaben, wie viele Personen inhaftiert wurden; Schätzungen gehen von 5.000 aus. Über die Bezeichnung der Aktion herrschte auch bei den durchführenden Stellen Unklarheit.

eigenen, aber widersprüchlichen Angaben von B., die sie nach 1945 in Fragebögen u. Lebensläufen machte, wurde sie in der NS-Zeit zwischen drei- und sechsmal festgenommen, war zwischen 3 und 7 Monate in Haft und wurde ein- oder zweimal zu je 6 Monaten Gefängnis verurteilt (Strafen durch Amnestien erlassen). ab 1945 KPD bzw. ab 1946 SED, Besuch SED-Kreisparteischule Dessau-Königendorf, Mitglied SED-Ortsvorstand Raguhn, Vorstandsmitglied SED-BPO Kreisverwaltung Bitterfeld (?), SED-Schulungsleiterin u. -Schulungsreferentin, DSF, Vorstandsmitglied DFD-Wohngruppe, 1945 bis (zumindest) 1952 wohnhaft Raguhn, Töpfergasse 11, ab Juli 1945 Angestellte Stadtverwaltung Raguhn, Mitglied Antifaschistischer Frauenausschuss, 01.11.1947 OdF-Anerkennung, VVN-Mitglied, zumindest Juni 1949 Tätigkeit im VVB Heerbrandt Raguhn, 03.08.1949 VdN-Aberkennung durch Kreisprüfungsausschuss Köthen wegen „nachgewiesener Widersprüche, das Fehlen der Haftnachweise im Jahre 1933" u. Mitgliedschaft in einer NSDAP-Gliederung (NS-Frauenwerk), Abweisung aller Einsprüche durch die Kreiskommission Bitterfeld u. den Landesprüfungsausschuss, 25.06.1951 Bestätigung VdN-Aberkennung durch Landesprüfungsausschuss wegen §4 Abs. 1 (Mitgliedschaft in der NSDAP oder einer ihrer Gliederungen) der „Anordnung zur Sicherung der rechtlichen Stellung der anerkannten Verfolgten des Naziregimes und der hierzu erlassenen Durchführungsbestimmungen" vom 10.02.1950, 1951 Angestellte Personalabteilung Landkreisverwaltung Bitterfeld (?), 03.06.1952 erneute Bestätigung VdN-Aberkennung durch Kreisprüfungsausschuss Bitterfeld („Haftzeit zu kurz, war ausserdem Mitgl. einer nazistischen Organisation", „Die immer wieder auf-

---

Sie lief sowohl unter „Aktion Gitter" als auch „Aktion Gewitter". In Anhalt brachten Mitarbeiter der Außendienststelle Dessau die Festgenommenen am 22.08.1944 zunächst in die Leopoldkaserne. Von dort wurde die Mehrzahl in das KZ Buchenwald verbracht. Aus diesem kehrten einige nach drei, der größte Teil nach vier, einige nach sechs oder sieben Wochen nach Hause zurück. Vgl. BArch, R 58/3739, Bl. 140, 144.

tauchenden Widersprüche [...] lassen klar den Verdacht aufkommen, dass die B. die Anerkennung durch falsche Angaben erreichen wollte. Damit ist auch erklärlich, dass die B. Haftzeugen nicht beibringen kann"), nach 1952 Bürgermeisterin in Oebisfelde, Inhaftierung wegen „Vergehen am Volkseigentum" bzw. „Wirtschaftsverbrechen", SED-Ausschluss (1964 durch Beschluss der ZPKK rückgängig gemacht, Parteistrafe gelöscht), lebt zumindest 1964/1965 in Dessau, Bauhofstr. 28.

Quellen: LASA, Z 141, Nr. 633, Bl. 37; ebd., Nr. 669, Bl. 3, 14, 58f., 73f., 81ff., 90f., 107ff.; ebd., Nr. 672, Bl. 121RS, 150; ebd., Nr. 673, Bl. 145RS.; ebd., Nr. 675, Bl. 228; ebd., C 128 Halle, Nr. 212, Lfd.Nr. 490; ebd., K 6-1, Nr. 7347, Bl. 1–76; StAmt Wolfen (Schreiben 19.12.2006); StAmt VGem Raguhn (Schreiben 15.01.2007); StAmt Dessau (Schreiben 06.02.2007); SAPMO-BArch, KzPuSdaW.

Stephan Bobowski, geb. 24.12.1871 in Königsruh (Kreis Treuburg/Ostpreußen, Kreis Breslau/Schlesien oder Kreis Obornik/Posen?), verst. ? in ?
Aus Jeßnitz, 28.03. bis 10.04.1935 Schutzhaft KZ Lichtenburg.

Quelle: LASA, Z 141, Nr. 669, Bl. 73, 81.

Albert Böhlmann, geb. 31.03.1905 in Dessau, verst. 06.02.1975 in Dessau
Vater: Arbeiter, 5 Geschwister, Volksschule, 1919–1922 abgeschlossene Dachdecker-Lehre bei Wilhelm Babbar Dessau, 1922–1923 Geselle bei Babbar, 1923–1929 Dachdecker bei Babbar u. Friedrich Alsleben Dessau, 28.12.1929 Heirat mit Getrud Neisse (geb. 21.09.1906 Dessau, verst. 27.05.1983 Dessau), 3 Kinder, 1929–1933 erwerbslos, wohnhaft Dessau Wasserstadt 34–35, ab Febr. 1932 KPD, vor 1933 auch DBGB, KJVD, 1933 bis 1948 (mit Unterbrechungen durch Haft, Wehrmacht, Gefangenschaft) Dachdecker bei verschied. Dessauer Firmen, zuletzt ab Okt. 1937 Franz Wolfram Dessau (1934–1935 Tätigkeit als Arbeiter), 1933–1935 illegale KPD-Tätigkeit mit Max Back, Otto Johannes u. Gustav Ponanta: v.a. Verbreitung von Druckschriften u. Broschüren wie „Die Rote Fahne", 14.02.1935 Festnahme durch Gestapo Dessau,

bis 16.02.1935 Schutzhaft GG Dessau, 30.04.1935 Festnahme durch Gestapo Dessau, zunächst Schutzhaft, 03.05. bis Juli 1935 U-Haft GG Dessau, Juli bis Sept. 1935 U-Haft UG Berlin-Moabit, 18.09.1935 Verurteilung durch KG (Sitzung in Berlin) wegen „Vorbereitung eines hochverräterischen Unternehmens" zu 2 Jahren 6 Monaten Zuchthaus (Anrechnung von 4 Monaten 3 Wochen Schutz- bzw. U-Haft), 3 Jahren Ehrverlust u. Polizeiaufsicht, 27.09.1935 bis 25.10.1937 Strafverbüßung ZH Coswig (Anhalt) (einschl. Sept. 1936 bis 17.10.1937 Strafgefangenenlager „Elbregulierung" Griebo), 1939 Wehrmacht-Ausschließungsschein, 17.02.1943 bis 08.05.1945 Bewährungstruppe 999 (8. Artillerie-Regiment mot., Gefreiter, Kraftfahrer in Griechenland, Albanien, Kroatien), 08.05.1945 bis 29.09.1946 Gefangenschaft in Jugoslawien (Lager Skopje), ab Okt. 1946 SED, Okt. 1946 bis Febr. 1948 Dachdecker bei Franz Wolfram Dessau, Febr. 1948 bis Dez. 1950 Wachmann VP-Schule Kochstedt (Oberwachtmeister), Jan. 1951–1960 zunächst Pförtner, später Transportarbeiter u. Bierfahrer VEB Brauerei Dessau, aus gesundheitlichen Gründen ab 01.10.1960 Wachmann in der SED-Kreisleitung Dessau, ab 01.01.1967 Rentner (aus gesundheitlichen Gründen), bis 1947 wohnhaft Dessau, Heidestr. 197, 1947–1955 Heidestr. 317, 1955–1975 Friedrich-Engels-Str. 9, 1958 „Medaille für Kämpfer gegen den Faschismus 1933–1945".

Albert Böhlmann

Quellen: LASA, P 521, V/8/10; ebd., P 522, IV/8/115, Bl. 1–50; ebd., Z 259, Nr. 253, Bl. 104; ebd., K 6, Nr. 11151, Bl. 33; ebd., K 6-1, Nr. 574; BStU, MfS, BV Halle, AP 1095/58 (RF), Bl. 13–16, 25, 27, 31; BArch, R 58/2107d, Bl. 8; SAPMO-BArch, KzPuSdaW; 43 Kämpfer gegen den Faschismus geehrt, in: Freiheit, 08.09.1958; Urteil KG gegen Max Back, Otto Johannes, Albert Böhlmann, Heinrich Achtert, 18.09.1935. BArch, ZA DH, ZC 3903.

Friedrich (Fritz) Böhlmann, geb. 30.04.1891 in Roßlau, verst. 08.01.1962 in Roßlau

Vater: Schiffer/Steuermann (SPD), 1897–1905 Volksschule Roßlau, 1900 Tod des Vaters, 1905/06 Tätigkeit in einer Ziegelei, 1906–1908 abgeschlossene Schiffer-Lehre, 1908–1913 Decksmann bei der Vereinigten Elbschiffahrts-Gesellschaft, 1909–1933 Fabrik-Transport-Binnenschiffer-Staats- und Gemeindearbeiterverband, 1909–1918 SPD, 12.05.1910 Verurteilung durch SchöG Gommern wegen Körperverletzung mittels eines gefährlichen Werkzeugs zu 20 Mark Geldstrafe oder ersatzweise 4 Tagen Gefängnis, 29.01.1913 Verurteilung durch SchöG Roßlau wegen Nichtversorgung seiner Familie zu 5 Tagen Gefängnis, 1913 Einberufung zum Militär (Gefreiter Anhaltisches Infanterie-Regiment Nr. 93 Dessau), Okt. 1914–1918 Frontkämpfer Erster Weltkrieg (seit 1916 Unteroffizier Pionier-Kompanie 29297 Köln-Riehl, 1914 E.K. II. Klasse, 1917 Anhaltisches Friedrichskreuz), Mitglied im Soldatenrat, 1919 Abschlacker u. Maschinenreiniger Eisenbahnbetriebswerkstatt Roßlau, 1919 Mitbegründer KPD-Ortsgruppe Roßlau u. zeitweilig ihr Politischer Leiter, 1920 Mitbegründer RHD-Ortsgruppe Roßlau (zeitweilig Leiter u. Kassenführer), 1920 bis 1930 wechselnde Arbeitsstellen (werden von B. nicht genannt), in dieser Zeit oftmals erwerbslos, ab Mai 1923 Mitglied des Erwerbslosenausschusses, 09.01.1924 Verurteilung durch AG Roßlau wegen Vergehens gegen §§ 242 (Diebstahl) u. 47 RStGB in Verbindung mit dem Geldstrafengesetz vom 27.04., 13.10. u. 23.11.1913 zu 30 GMk. oder ersatzweise 6 Tagen Gefängnis, 27.02.1924 Verurteilung durch SchöG Roßlau wegen Vergehens gegen § 124 RStGB (Landfriedens-

Friedrich Böhlmann

bruch) zu 1 Monat Gefängnis, anschl. Strafverbüßung, 03.04.1928 Verurteilung durch AG Roßlau wegen Vergehens gegen §§ 1, 3, 9 u. 13 des Forstdiebstahlgesetzes zu 15 RM Geldstrafe oder ersatzweise 3 Tagen Gefängnis, 1930–1932 Schiffer bei der Elbregulierung „Kurzer Wurf", März bis Sept. 1933 Tätigkeit Strontianfabrik Roßlau, 1932–1938 wohnhaft Roßlau, Schifferstr. 6 u. 18, ab 1933 illegale KPD-Tätigkeit in Roßlau: v.a. Verteilung von Zeitschriften, Flugblättern u. Büchern (u.a. mit Otto Rohde), Durchführung illegaler Treffen in seiner Wohnung, Verbindung nach Dessau und Oranienbaum zu Helene Meier, Otto Johannes u. Richard Krauthause, 1934 erwerbslos u. Verhöre/Haussuchungen durch Gestapo Dessau, 1935 Schiffer, 15.02. bis 24.04.1935 Schutzhaft GG Dessau wegen „Verbreitung kommunistischer Druckschriften", 1936–1937 Hilfsbaggermeister (Elbregulierung in Roßlau) bei Habermann und Guckes Berlin, 1938–1942 Chemiearbeiter Deutsche Hydrierwerke Rodleben, 15.01.1938 Verurteilung durch AG Dessau-Roßlau wegen Unterschlagung zu 30 RM Geldstrafe oder ersatzweise 10 Tagen Gefängnis (Reststrafe durch Straffreiheitsgesetz vom 30.04.1938 erlassen), 2. Ehefrau: Marie Gedorch (geb. 06.08.1893 Roßlau), insg. 3 Kinder, 1938–1942 Leiter der illegalen KPD-Widerstandsgruppe Roßlau, 1938–1940 wohnhaft Roßlau, Luchstr. 26 bzw. 1940–1945 Ziegelstr. 26, 10.07.1942 Festnahme, bis 14.10.1942 U-Haft GG Dessau, 14.10.1942 Verurteilung durch LG Dessau wegen „fortgesetzter Unzucht mit Kindern unter mildernden Umständen in 3 Fällen" zu 1 Jahr Gefängnis (Anrechnung von 3 Monaten U-Haft), 16.10. bis 21.11.1942 Strafverbüßung GG Dessau, 18.11.1942 Verurteilung durch LG Dessau wegen Körperverletzung zu 1 Jahr 3 Monaten Gefängnis (unter Einbeziehung der Strafe vom 14.10.1942), 21.11. bis 11.12.1942 Strafverbüßung GG Gommern, 11.12.1942 bis 14.04.1943 GG Magdeburg-Sudenburg, 14.04 bis 27.05.1943 GG Salzwedel, Straferlass wegen „Wassersucht" (Bewährung bis 01.07.1946, eigentliches Strafende: 15.10.1943), Nov. 1943 bis Jan. 1945 Steuermann auf Dampfer „Priegnitz" sowie Tätigkeit auf Schiffswerft Gebrüder Sachsenberg

Roßlau, Jan. bis April 1945 Volkssturm im BAMAG-Werk III u. IV in Dessau (Bewachung sowj. Zwangsarbeiter), ab 1945 KPD (bis 1946 Stadtteilorganisationsleiter) bzw. ab 1946 SED, 1945–1948 wohnhaft Roßlau, Uhlandstr. 2 (Stadtbad), 1945–1948 Verwalter u. Bademeister des Stadtbades Roßlau, ab 28.02.1948 Arbeiter bzw. ab Nov. 1948 Schichtführer (bis Sept. 1954) in der Paraffin-Oxydations-Anlage VEB Deutsches Hydrierwerk Rodleben, wegen gesundheitlicher Gründe ab Sept. 1954 Wachmann u. Pförtner VEB Deutsches Hydrierwerk Rodleben, Vors. VVN-Betriebsgruppe, ab 1948 wohnhaft Roßlau, Schifferstr. 28, März 1951 Einleitung EV beim LG Dessau wegen „Fragebogenfälschung" (Verschweigens der SA-Mitgliedschaft, falsche Angaben zur Haftzeit), 29.11.1951 VdN-Aberkennung u. VVN-Ausschluss, da B. 1933 in die SA eingetreten war und eingesteht, dort auch kurzzeitig Dienst getan zu haben, April 1952 erneute Überprüfung durch VdN-Landesprüfungsausschuss Sachsen-Anhalt, Okt./Dez. 1952 sowie Jan. 1953 Bestätigung VdN-Aberkennung durch Bezirksprüfungsausschuss Halle, da 1. widersprechende Haftangaben in den Fragebögen, 2. keine politische Haft 1942/1943 (Verurteilung wegen krimineller Vergehen), 3. kurzzeitige SA-Mitgliedschaft 1933, 4. Strafe zu gering (keine KZ-Haft), 1957 u. 1959 nochmalige Bestätigung VdN-Aberkennung durch Rat des Kreises Roßlau bzw. Rat des Bezirkes Halle. Ohne Wissen B.s plante die MfS-KD Roßlau im Juli 1957 die Anwerbung als IM Konspirative Wohnung (KW).[707] Seine Wohnung (Schifferstr. 28) stellte sich jedoch als „nicht geeignet" heraus, da eine zuge-

---

[707] Bei Konspirativen Wohnungen (KW) des MfS handelte es sich zumeist um einzelne Zimmer in einer Wohnung, deren Inhaber als Inoffizielle Mitarbeiter (IM) geworben wurden. Hier trafen sich die MfS-Führungsoffiziere mit ihren IM. Die inoffizielle Zusammenarbeit beschränkte sich also auf die Zurverfügungstellung eines Zimmers ihrer Wohnung bzw. ihres Hauses für diese Treffs. Dafür erstatte ihnen das MfS einen Teil der Miete, wenn sie dies wollten. Von „normalen" IM unterschieden sie sich dadurch, dass sie in der Regel keine „Spitzel-Berichte" über Personen verfassten und dazu vom MfS auch nicht aufgefordert wurden, wobei dies in Einzelfällen vorkam.

stellte Tür nicht zu öffnen war. Aus diesem Grund sah das MfS von der Anwerbung ab.

Quellen: LASA, P 521, Nr. 142; ebd., Nr. 201, Bl. 16; ebd., C 144 Magdeburg, B Nr. 295a Gefangenenkartei, Boa–Boe; ebd., K 6-1, Nr. 546, Bl. 1–197; BStU, MfS, BV Halle, AP 224/60, Bl. 1–22; StAmt Roßlau (Elbe) (Schreiben 21.11.2006).

Oskar Böhm, geb. 14.01.1896 in Irchwitz, verst. 01.05.1944 in Reims (Frankreich)

Vater: Maurer u. Weber, zweites von 7 Kindern, 8 Jahre Volksschule in Greiz, danach bis 1912 abgeschlossene Maurer-Lehre (Beruf: Maurerpolier), ab 1912 DBGB, 1912–1914 Wanderschaft durch Deutschland, 1915–1918 Frontkämpfer Erster Weltkrieg (v. a. Ostfront, dreimal verwundet, Verwundeten-Abzeichen, Tapferkeitsmedaille in Bronze), erst USPD, ab 1919 KPD (in weiteren Quellen finden sich Angaben, er sei 1920 oder 1924 beigetreten), vor 1933 auch RHD, 05.10.1919 Heirat mit Martha Müller (1896–1967) in Oranienbaum, 3 Kinder, 1919–1920 Maurer in Zschornewitz, 1920–1933 Tätigkeit bei verschied. Firmen Dessau u. Umgebung (zumeist Maurerpolier), 1925–1933 KPD-Stadtverordneter Oranienbaum (in anderen Quellen ab 1927), 1928–1933 KPD-Kreistagsabgeordneter Kreistag Dessau-Köthen (in anderen Quellen ab Juli 1932), bis 1933 Vors. der KPD-Ortsgruppe Oranienbaum, Febr. 1933 Festnahme, zumindest am 16.03.1933 nicht in Haft, 18.03.1933 Festnahme, anschl. wahrscheinlich durchgehend bis Okt. 1933 Schutzhaft, zumindest 01. bis 14.06.1933 Schutzhaft GG Dessau, 14.06. bis 01.10.1933 Schutzhaft KZ Oranienburg, ab Okt. 1933 KPD-Tätigkeit: Vertrieb von Druckschriften, Kassierung für RHD, 12.02.1935 Festnahme, 01.03. bis 25.03.1935 Schutzhaft GG Dessau, 25.03. bis 16.07.1935 Schutzhaft KZ Lichtenburg, ab 13.08.1935 U-Haft (u. a. UG Berlin-Moabit), 21.10.1935 Verurteilung durch KG (Sitzung in Berlin) wegen „Vorbereitung eines hochverräterischen Unternehmens" zu 1 Jahr Gefängnis (Anrechnung 8 Monate 1 Woche Haft) u. Polizeiaufsicht, 19.11.1935 Überführung GG Berlin-Charlottenburg nach GG Magdeburg-Sudenburg, 19.12.1935 Überführung GG

Magdeburg-Sudenburg nach GG Aken (Elbe), 14.02.1936 Entlassung aus der Haft, anschl. Maurerpolier bei verschied. Firmen (seit Herbst 1939 Maurermeister Hempel Oranienbaum), 1940 wohnhaft Oranienbaum, Siedlung 5, 26.11.1940 Einleitung EV beim SG Magdeburg wegen Verstoßes gegen §2 Heimtückegesetz: B. soll sich am 27.09.1940 im Café John Oranienbaum nach „reichlich Alkohol" und dem Hören der Rundfunknachrichten abfällig „gegen die Außenpolitik des Führers im Kriege" geäußert haben. Nach der Meldung über das Drei-Mächte-Abkommen äußerte B. trotz der Gegenwart zweier Polizeibeamter und einiger SA-Männer: „Das ist unser Untergang. [...] Das was jetzt getrieben wird, wird ein Völkeruntergang", Hitler gewinne zwar die Welt, „aber die Geschichte verliert er". Die beiden am Nebentisch sitzenden Polizisten zeigten B. an, der die Äußerungen eingestand. Weitere sechs Personen bestätigten B.s Äußerungen. Der OStA in Magdeburg, der GStA in Naumburg sowie das Reichsjustizministerium sahen von einer Strafverfolgung B.s ab; das EV wurde eingestellt und B. erhielt „nur" eine Verwarnung. Begründung: Nach einem Bericht der Stapostelle Dessau an den OStA Magdeburg von 1940 sei über B. nach 1936 in „politischer Hinsicht Nachteiliges nicht wieder bekannt geworden. Von dem Bürgermeister in Oranienbaum wird Böhm nicht ungünstig beurteilt. Aufgrund seines guten Verhaltens habe er städtisches Siedlungshaus erhalten. Allgemein besteht in Oranienbaum der Eindruck, daß Böhm eine innerliche Umstellung erfahren hat und sich willig in die Volksgemeinschaft einordnet. Bemerkenswert ist die Tatsache, daß Böhm bei der Rückführung der Volksgenossen aus dem Saargebiet und ihre teilweise Unterbringung in Oranienbaum in seinem Siedlungshause mehrere Zimmer für die Rückgeführten freiwillig zur Verfügung stellte. Für dieses Verhalten hat er vom Gauleiter ein Dankschreiben und ein Führerbild erhalten." Ober- u. GStA schlussfolgerten aus der Gestapo-Einschätzung, dass B. mit der „kommunistischen Idee nichts mehr zu tun habe" und dass es sich „nur um eine einmalige Entgleisung" infolge Alkoholgenuss gehandelt habe. „Eine Bestrafung würde hier vielleicht die bisherigen Bemühungen des Beschuldigten um eine anständige Haltung zunichte machen." 1944 wohnhaft Oranienbaum, Rosenweg 13, 1944 aus der Haftanstalt Werl Einberufung zur Organisation Todt (Einsatz in Frankreich), 01.05.1944 bei Bombenangriff auf einen Zug in Reims (Frankreich) umgekommen, Oskar Böhm ruht auf der Kriegsgräberstätte in Noyers-Pont-Maugis (Frankreich) Endgrablage: Block 1 Grab 1429. Nach 1945 wurde in Oranienbaum eine Straße nach Oskar Böhm benannt. Zudem erinnerte eine Marmortafel an seinem früheren Wohnhaus Rosenweg 13 an ihn. Nach 1990 verschwand die Marmortafel, und die Straße erhielt wieder ihren früheren Namen Leopold-Birkner-Straße.

Quellen: LASA, P 521, V/8/10 (Martha Böhm); ebd., Z 141, Nr. 16, Bl. 81, 144; ebd., Nr. 669, Bl. 2, 7, 14, 74, 82f., 107; ebd., Nr. 672, Bl. 120RS; ebd., C 144 Magdeburg, B Nr. 295a Gefangenenkartei, Boa–Boe; ebd., K 6, Nr. 11151, Bl. 38f.; ebd., K 6-1, Nr. 377, Bl. 1–17; BArch, ZA DH, ZC 5760, Bl. 1–4; SAPMO-BArch, KzPuSdaW; www.volksbund.de/graebersuche (Stand: 27.11.2006); Aus der Schutzhaft entlassen, in: Anhaltische Tageszeitung, 05.11.1933; Gedenkstätten für die Opfer des Nationalsozialismus. Eine Dokumentation, Bd. II: Berlin, Brandenburg, Mecklenburg-Vorpommern, Sachsen-Anhalt, Sachsen, Thüringen, Bonn 1999, S. 574; Arolsen Archives, KL Oranienburg, Ordner 71, Bl. 69; StAmt Greiz (Schreiben 07.12.2006); StAmt I Berlin (Schreiben 26.04.2007 einschl. Kopie Sterbeurkunde).

Wilhelm Buch, geb. 12.06.1903 in Bernburg, verst. 27.01.1947 in Coswig (Anhalt)
Evangelisch, ohne erlernten Beruf (zumindest 1935 u. 1946 als Bauarbeiter tätig), 1935 von der Gestapo als „ehemaliger Anhänger der KPD" bezeichnet, 21.11. bis 29.11.1935 Schutzhaft GG Bernburg wegen „staatsfeindlicher Äußerungen", da B. („[...] gelegentlich eines Kameradschaftsabends sich in abfälliger Weise über die Deutsche Arbeitsfront äusserte und auch sein sonstiges Verhalten darauf gerichtet war, die Veranstaltung zu stören"); Jan. 1936 Verurteilung durch AG Bernburg wegen Beleidigung zu „zehn Wochen, weniger sieben Tage 17 Stunden, 45 Minuten" Gefängnis, 14.02. bis 16.04.1936 Strafverbüßung GG Bernburg, 1936/37 verheiratet mit Friedericke Reupsch (?), 5 Kinder, 1936/37 wohnhaft Bernburg, Kustrenaer Str. 54, 23.02.1937 Verurteilung durch

AG Bernburg wegen Körperverletzung zu 12 Tagen Gefängnis, 19.04. bis 01.05.1937 Strafverbüßung GG Bernburg, zumindest 25.08.1943 Angehöriger Stammkompanie Bau-Ersatz- u. Ausbildungsbataillon 11 Halberstadt, 23.04.1946 Verurteilung durch LG Dessau wegen ? zu 3 Jahren Zuchthaus einschl. 6 Monaten Überhaft (Gefängnis), geplante Entlassung: 30.04.1949, 28.05.1946 Einlieferung ZH Coswig (Anhalt), dort am 27.01.1947 verstorben.

Quellen: StA Bernburg, Fi. 06, Nr. 124, Bl. 42; BArch, R 58/3739, Bl. 67; LASA, Z 260, Nr. 783, Bl. 1–4; ebd., Nr. 786, Bl. 1–4; ebd., Z 259, Nr. 3037, Bl. 132RSf.; WASt (Schreiben 06.11.2008); StAmt VGem Bernburg (Schreiben 23.03.2007).

Franz Busse, geb. 21.06.1902 in Dessau, verst. 01.06.1981 in Oranienbaum

Vater: Holzarbeiter (SPD), 1908–1916 Volksschule IV Dessau, 1916–1920 abgeschlossene Dreher-Lehre Polysius Dessau (einschl. 1916–1918 Fortbildungs- und Handwerksschule Dessau), ab 1917 DMV, 1920–1928 Turnverein „Fichte" Dessau, 1920 bis Febr. 1922 Geselle Polysius Dessau, ab 1923 KPD (Leitungsmitglied in Oranienbaum), März bis Sept. 1922 erwerbslos, Sept. 1922 bis Febr. 1930 Dreher in folgenden Firmen: Sept.

Franz Busse

1922 bis Jan. 1924 Trimpert & Glaßner Oranienbaum, Jan. bis März 1924 Grube Golpa, Mai 1927 bis Okt. 1928 BAMAG Dessau, Okt. 1928 bis Jan. 1929 Junkers-Werke Dessau, Jan. 1929 bis Febr. 1930 BAMAG Dessau, dazwischen März 1924 bis Mai 1927 Bauarbeiter Philipp Holzmann Zschornewitz, 1928–1933 KG RS Oranienbaum, Febr. bis Nov. 1930 erwerbslos, Nov./Dez. 1930 Arbeiter Dessau-Wörlitzer-Eisenbahn, Jan. 1931 bis März 1934 erwerbslos, nach 1933 illegale KPD-Tätigkeit: Vertrieb selbst gefertigter Schriften, Zeitungen

u. Broschüren, Weiterführung der RHD-Kassierung, März 1934 bis Febr. 1935 Dreher Junkers-Werke Dessau, 02.02.1935 Festnahme in Oranienbaum wegen „Fortführung einer illegalen Organisation", bis 25.03.1935 U-Haft GG Dessau, 25.03. bis 25.07.1935 Schutzhaft KZ Lichtenburg, Anklage wegen „Vorbereitung eines hochverräterischen Unternehmens", aber am 21.10.1935 durch KG (Sitzung in Berlin) Freispruch wegen Mangels an Beweisen, Aug. 1935 bis 1945 Dreher Wolfram Werkzeugbau Dessau-Waldersee, nach Kriegsende 1945 kurzzeitige Tätigkeit in der Landwirtschaft, ab 1945 KPD bzw. ab 1946 SED, ab 1949 DSF, Dez. 1945 bis Dez. 1946 Angestellter Stadtverwaltung Oranienbaum, wohnhaft Oranienbaum, Marktstr. 10, nach 1945 Stadtverordneter Oranienbaum, verheiratet mit Elsbeth Schröder/Schröter, geschiedene Hunger (geb. 10.03.1890 Spandau), keine Kinder, 28.12.1946 bis 1967 VP-Angehöriger Betriebsschutzkommando VEB Chemiewerk Kapen (1952 Degradierung vom VP-Meister zum VP-Hauptwachtmeister wegen Vergehens gegen die Wachvorschrift infolge Alkoholgenuss), Vors. der VVN Oranienbaum, ab 1967 Rentner, Mitglied der SED-Ortsparteileitung Oranienbaum, 10.12.1971 Anwerbung als IM (GMS) durch MfS-KD Gräfenhainichen auf freiwilliger Basis (Deckname „Franz"): Busse erfasst und registriert Personen und Pkws, die sich in der Nähe militärischer Objekte aufhalten. Juli 1974 Beendigung der inoffiziellen Zusammenarbeit durch das MfS wegen Altersgründen.
Quellen: LASA, P 521, V/8/14, Bl. 237–240; ebd., Z 141, Nr. 669, Bl. 74, 82f., 107; ebd., K 6-1, Nr. 532, Bl. 1–38; ebd., K 6, Nr. 8662, Bl. 7; BStU, MfS, BV Halle, AGMS 1595/74, Bl. 1–20; SAPMO-BArch, KzPuSdaW; StAmt VGem „Wörlitzer Winkel" Oranienbaum (Schreiben 17.01.2007).

Willy/Willi Carl, geb. 02.07.1905 in Oranienbaum, verst. ? in ?[708]
Aus Oranienbaum, wahrscheinlich ungelernter Arbeiter (?), nach 1933 illegale RHD-Tätigkeit, 01. bis 16.03.1935 Schutzhaft GG Des-

---

[708] C. wurde 1969 vom Kreisgericht Gräfenhainichen für tot erklärt. Der Todeszeitpunkt wurde auf den 31.07.1949 festgelegt. StAmt VGem „Wörlitzer Winkel" Oranienbaum (Telef. Auskunft 16.02.2007).

sau, 30.05.1944 letztmalige Erfassung bei der Wehrmacht als Angehöriger der 4. Kompanie Landesschützen-Bataillon 742, Verschollener des Zweiten Weltkrieges.
Quellen: LASA, Z 141, Nr. 669, Bl. 74; WASt (Schreiben 22.09.2008); DRK-SM (Schreiben 15.01.2009).

Karl Denkewitz, geb. 10.05.1899 in Dessau-Kleinkühnau, verst. 08.09.1967 in Dessau-Alten

Karl Denkewitz

Vater: Arbeiter (SPD), zweitältestes von 5 Kindern, 8 Jahre Volksschule (die letzten beiden Jahre unregelmäßig, da halbtags in Jahns-Baumschulen beschäftigt), ohne erlernten Beruf, nach Schulentlassung Arbeit in der Landwirtschaft, Zuckerraffinerie Dessau u. bei Krupp Dessau, ab 1916 Fabrikarbeiterverband, Aug. 1917 bis 1918 Frontkämpfer im Ersten Weltkrieg (Fußartillerie-Batterie Westfront), ab 1920 erst SPD, dann USPD, kurze Zeit parteilos, ab 1923 KPD (bis 1933 Kassierer der KPD-Ortsgruppe Dessau-Kleinkühnau, 30.10.1920 Heirat mit Emilie Biedenkapp (geb. 28.08.1896 Sieglos, verst. 06.05.1989 Dessau), 1 Sohn (geb. 1921), 1919–1928 Arbeiter Zuckerraffinerie Dessau (dort seit 1924 im Betriebsrat, 1925–1928 Vors. des Betriebsrates), 1928–1933 erwerbslos mit Unterbrechungen (ab und zu Tätigkeit als Bauhilfsarbeiter), 11.05.1927 Verurteilung durch AG Dessau wegen Beihilfe zum Jagdvergehen zu 15 RM Geldstrafe oder ersatzweise 3 Tagen Gefängnis, 05.06.1930 Verurteilung durch AG Dessau wegen gefährlicher Körperverletzung zu 40 RM Geldstrafe oder ersatzweise 8 Tagen Gefängnis, 06.10.1932 Verurteilung durch AG Aken (Elbe) wegen Forstdiebstahls zu 3 RM Geldstrafe oder ersatzweise 3 Tagen Haft (Strafe durch Straffreiheitsgesetz vom 20.12.1932 erlassen), vor 1933 auch RFB, RHD, VpFD, 1933 wohnhaft Dessau-Kleinkühnau, Altenerstr. 1 (1934 Umbenennung in Wietfeld-Straße), 02.05.1933 Festnahme in Kleinkühnau „wegen kommunistischer Umtriebe" (Verbreitung von KPD-Flugblättern in der Junkersstraße am Morgen des 01.05.1933, mündliche Propaganda für die KPD), U-Haft GG Dessau, 20.06.1933 Verurteilung durch SchöG Dessau wegen Vergehens gegen §4 der „Reichstagsbrandverordnung" in Verbindung mit §7 der Anhaltischen Ausführungsverordnung vom 03.03.1933 (Verbreitung KPD-Druckschriften am 1. Mai) zu 3 Monaten Gefängnis, Strafverbüßung GG Dessau (geplantes Strafende: 20.09.1933), 02.08.1933 Polizei hält es für „angebracht", Denkewitz nach Verbüßung der Strafe in ein KZ zu überführen, „da Denkewitz nicht die Gewähr bietet, seine Umtriebe für die KPD nach seiner Entlassung einzustellen", 20.09.1933 Überführung in das KZ Roßlau (Schutzhaft), zumindest bis 27.02.1934 Schutzhaft KZ Roßlau, 07.06. bis 20.09.1934 U-Haft GG Dessau, 20.09.1934 Verurteilung durch KG (Sitzung in Dessau) wegen „Vorbereitung eines hochverräterischen Unternehmens" (§§81 Ziff. 2, 86 RStGB, Weiterführung des verbotenen RFB bis zu den März-Wahlen 1933, unerlaubter Waffenbesitz) zu 1 Jahr 6 Monaten Gefängnis (Anrechnung von 10 Monaten 2 Wochen Haft), Strafverbüßung GG Dessau, GG Schönebeck u. Strafanstalt Coswig (Anhalt), 06.03.1935 Entlassung, 1935–1940 Bauhilfsarbeiter Baugeschäft Otto Träger Dessau, 02.03.1940 Festnahme durch Gestapo Dessau wegen „Verbrechens gegen §1 der Verordnung über außerordentliche Rundfunkmaßnahmen vom 1.9.39": D. hatte gestanden, ab Mitte Dez. 1939 vier- bis fünfmal den franz. Sender „Straßburg" empfangen und Nachrichten in deutscher Sprache abgehört zu haben. Ab 21.03.1940 U-Haft GG Dessau, 11.06.1940 Verurteilung durch SG Magdeburg wegen „fortgesetzten absichtlichen Abhörens eines ausländischen Senders" zu 1 Jahr 3 Monaten Zuchthaus (Anrechnung von 3 Monaten Schutz- u. U-Haft) u. 3 Jahren Ehrverlust, 11.06.1940 bis 15.05.1942 ZH Papenburg, Moorlager IV Bruhal-Rehde, 05.02.1943 Wehrmacht-Ausschließungsschein, 01.08.1944 Einberufung Bewährungstruppe 999

Baumholder (Baupionier, Einsatz für Schanzarbeiten bei Koblenz), 17.09.1944 letztmalige Erfassung bei der Wehrmacht als Angehöriger 1. Kompanie Einsatz-Bataillon I/999, ab 1945 KPD bzw. ab 1946 SED, 1945 bis Dez. 1949 VP bzw. VPKA Dessau (zumindest im Nov. 1945 Polizeiwachtmeister, im Juni 1949 Polizeimeister), 20.12.1949 bis 16./18.03.1950 hauptamtlicher MfS-Mitarbeiter in Dessau (letzter Dienstgrad: Kommissar), D. bittet am 12.03.1950 um die „Entpflichtung", weil „ich den mir gestellten Aufgaben geistig nicht gewachsen bin und mein Gesundheitszustand sich in letzter Zeit verschlechtert hat". 16./18.03.1950 Entlassung aus dem MfS, weil er einen „schweren Fehler" begangen hat („Entlassungsgrund hat Frau vergewaltigt"), ab 1950 Pförtner VEB Modell- und Formenbau Dessau, 1951 wohnhaft Dessau-Kleinkühnau, Mittelstr. 15, handschriftlicher Vermerk auf dem Aktendeckel LASA, Z 257, Nr. 106: „1957 als Stadtverordneter aufgestellt aber abgelehnt wegen unmoralischen Lebenswandel 3.4.1958", 1958 „Medaille für Kämpfer gegen den Faschismus 1933–1945".

Quellen: LASA, Z 257, Nr. 76, Bl. 7, 14f., 27, 98, 109; ebd., Nr. 104, Bd. 1, Bl. 432f.; ebd., Nr. 106, Bl. 1f., 10, 25, 30, 50, 61, 64, 66, 69, 77; ebd., Z 259, Nr. 2359, Bl. 6RS; ebd., K 6, Nr. 9969, Bl. 145; ebd., K 6-1, Nr. 849, Bl. 1–40; BArch, R 3018/4706, Bl. 25; BArch, ZA DH, ZC 7917, Bl. 1–8; SAPMO-BArch, KzPuSdaW; BStU, MfS, Karteikarte Diszi HA KuSch; ebd., BV Halle, KS II 143/59, Bl. 1–9; WASt (Schreiben 09.01.2009); 43 Kämpfer gegen den Faschismus geehrt, in: Freiheit, 08.09.1958.

Oskar Donner, geb. 17.11.1887 in Dessau, verst. 19.05.1970 in Wolfen

Vater: Schlossermeister (SPD), 1890 Übersiedlung der Familie nach Russland, Vater arbeitet als Werkmeister in einer deutschen landwirtschaftlichen Maschinenfabrik im Kaukasus, 1891/92 Tod der Mutter, von vier Brüdern und einer Schwester auf Grund einer Cholera-Epidemie, es überleben der Vater, Oskar Donner u. 2 Brüder, 1893 Umzug nach Halbstadt (Ukraine), ab 1894 Volksschule bzw. Deutsche Kirchenschule, ständige Umzüge der Familie u.a. nach Odessa, Charkow, Taganrog, Berdjansk, 1901–1905 abgeschlossene Dreher-Lehre in Charkow, Teilnahme an der 1. Russ. Revolution,

Ende 1906 Rückkehr nach Deutschland (Berlin) wegen Ableistung Militärdienst, ab Febr. 1907 Dreher AEG Berlin, ab März 1907 DMV, 1909–1914 SPD, 13.01.1912 Heirat mit Emma Drewicke (geb. 13.04.1883, verst. 07.05.1975), 1 Sohn (geb. 1912), März 1915 bis 1918 Teilnahme Erster Weltkrieg (Gefreiter, Einsatz als Russisch-Dolmetscher), Nov. 1918 Teilnahme Novemberrevolution in Berlin, Febr. 1919 Entlassung aus der Reichswehr, bis 1928 Dreher in 3 verschied. Betrieben in Berlin, 1914–1923 parteilos, ab März 1923 KPD (Eintritt in Berlin-Wedding), 1925 RFB-Mitbegründer in Berlin-Wedding (Zugführer), Verbindungsmann zwischen KPD u. RFB, Juni 1928 Übersiedlung nach Raguhn (der Vater hat dort ein Grundstück erworben und rät dem Sohn, nach Raguhn zu ziehen, weil man hier eher Arbeit bekomme), 1928–1930 Bauarbeiter bei verschied. Firmen in Raguhn, Frühjahr 1929 Mitbegründer KPD-Ortsgruppe Raguhn[709] (zunächst 6 Mitglieder), 1930–1936 erwerbslos, bis 1933 auch RGO, KG RS, IAH, 1933–1935 illegale KPD-Tätigkeit: Verkauf von Beitragsmarken, Kassierung Mitgliedsbeiträge, illegale Treffs, Juli 1933 2 Tage Schutzhaft GG Köthen, 27.03.1935 Festnahme u. Vernehmung in Jeßnitz (Vorwurf: „Vorbereitung zum Hochverrat"), 28.03. bis 31.03.1935 Schutzhaft GG Dessau, 01.04. bis 30.04.1935 Schutzhaft KZ Lichtenburg, 1936–1945 Dreher Mühlenbauanstalt & Maschinenfabrik M. Martin Bitterfeld, ab 1945 KPD bzw. ab 1946 SED, DSF, 28.06.1945 bis 1949 Russisch-Dolmetscher Stadtverwaltung Raguhn, ab 1949 Rentner, wohnhaft Raguhn, Gartenstr. 15,

Oskar Donner

---

[709] Nach Rudolf Brückner: Raguhn im 20. Jahrhundert, Teil II der Ortschronik, 2. Aufl., Horb am Neckar 2007, S. 64 wurde die KPD-Ortsgruppe laut der KPD-Tageszeitung „Tribüne" erst im Februar 1930 gegründet.

1952 VdN-Aberkennung u. Streichung VVN-Rente, Mai 1952 nach Einspruch Wiederzuerkennung VdN-Status.
Quellen: LASA, P 521, V/8/18, Bl. 1–10; ebd., P 522, IV/8/219; ebd., P 524, V/5/630; ebd., Z 141, Nr. 669, Bl. 4, 74, 82; ebd., K 6-1, Nr. 813, Bl. 1–69; SAPMO-BArch, KzPuSdaW; StAmt Dessau (Schreiben 05.12.2006).

Kurt Dost, geb. 27.05.1906 in Meinsdorf, verst. 18.05.1978 in Jeßnitz

Vater: Maurer (verst. 1914), bis 1915 wohnhaft Meinsdorf (Krs. Zerbst), seither Jeßnitz, 1912–1920 Volksschule Jeßnitz, ohne erlernten Beruf, ab 1920 DBV, Juni 1921 Gründer KJVD Jeßnitz, 1920–1923 u. 1925–1929 Hilfsarbeiter („Steinträger") Baufirma Lingesleben Halle/S. in Wolfen, 1923 Verurteilung durch „Jugendgericht" Magdeburg wegen „Teilnahme an illegalen Streikversammlungen" zu 3 Jahren

Kurt Dost

„Zwangserziehungsanstalt" (1924–1925 Strafverbüßung Heinrichshaus Großpaschleben), ab Jan. 1924 KPD, ab 1925 RFB, wohnhaft Jeßnitz, Feldstr. 24a, 1929–1934 erwerbslos, 1926–1930 KPD-Literaturobmann in Jeßnitz, 1927/28 (?) bis 1929 RFB-Leiter in Jeßnitz, 27.07.1929 Heirat mit Martha Beyer (geb. 07.02.1909), 1 Tochter (geb. 1930), 1930–1933 Leiter KPD-Ortsgruppe Jeßnitz, 1930–1933 KPD-Stadtverordneter Jeßnitz, Vors. Erwerbslosenausschuss, bis 1933 auch KG RS (Gründer in Jeßnitz), RHD, RGO, 24.06. bis 05.07.1933 Schutzhaft Strafanstalt Coswig (Anhalt), Febr. bis April bzw. April bis Mai 1934 vier oder sechs (?) Wochen Schutzhaft GG Dessau, 1934–1935 Bauhilfsarbeiter bei Heckel Halle/S., 29.03. bis 31.03.1935 Schutzhaft GG Dessau, 01.04. bis 23.04.1935 Schutzhaft KZ Lichtenburg, 1935 bis Ende 1938 Hilfsarbeiter Baufirma

Lingesleben Halle/S. in Wolfen bzw. 1939 bei Rast Wohnungsbau Jeßnitz, 1939–1941 „Invalide", 1941–1945 Maschinenwärter Papierfabrik Bergmann Jeßnitz, 23.08. bis 22.09.1944 Schutzhaft KZ Buchenwald („Aktion Gitter", Nr. 81759), 1945 Mitbegründer KPD-Ortsgruppe Jeßnitz, ab 1946 SED, DSF, 1945–1947 Vors. KPD- bzw. SED-Ortsgruppe Jeßnitz (hauptamtlicher Parteisekretär), Vors. Antifa-Ausschuss Jeßnitz, 1946 Mitbegründer u. Vors. VdgB Jeßnitz, 1947–1951 Neubauer, ab 1947 Vors. VVN Jeßnitz, 1951–1958 Betriebsleiter Bäuerliche Handelsgenossenschaft (BHG) Raguhn, 05.05.1954 Anwerbung als IM (GI) durch SfS-KD Bitterfeld (Deckname „Waggon"): Aus den Unterlagen geht nicht hervor, ob es zu einer inoffiziellen Zusammenarbeit mit dem SfS/MfS kam. Überliefert ist nur, dass sich D. später um eine Stelle als hauptamtlicher Mitarbeiter bemühte. Die Abteilung Kader und Schulung der MfS-BV Halle lehnte die Einstellung am 29.03.1957 mit folgender Begründung ab: „Bewerber neigt dazu, Gerüchte, die ihm zugetragen werden, weiter zu verbreiten." 1950–1953 Mitglied Kreistag Bitterfeld (VdgB) u. Schöffe am Kreisgericht Bitterfeld, ab 1958 Invalidenrentner, 1973 Verdienstmedaille der DDR, 1976 Vaterländischer Verdienstorden in Bronze.

Quellen: LASA, P 521, V/8/18, Bl. 67–70; ebd., P 522, IV/8/222, Bl. 1–23; ebd., Z 141, Nr. 669, Bl. 6, 74, 81; ebd., Nr. 672, Bl. 149RS; ebd., K 6-1, Nr. 833, Bl. 1–52; SAPMO-BArch, KzPuSdaW; BStU, MfS, BV Halle, AP 83/56, Bl. 4–15; Arolsen Archives, ArchivNr. 3791.

Walter Ebeling, geb. 05.02.1899 in Bernburg, verst. 11.04.1945 in Bernburg
Laut LASA, Z 273 (Sterberegisterzweitbücher, Gemeinde Bernburg, 1945, Bd. I), Bl. 320RS u. 321 kam der „Kaufmann Walter Max Ebeling, evangelisch" am 11. April 1945 in seiner Wohnung zusammen mit seiner Frau „durch Feindeinwirkung" (d.h. bei dem an diesem Tag stattgefundenen amerik. Bombenangriff auf Bernburg) ums Leben. Beide hatten am 11.11.1922 in Bernburg geheiratet. Ebeling ruht auf der Kriegsgräberstätte in Bernburg/Saale-Parkstraße, End-

grablage: Abteilung 1 Block 4 Reihe 2. Er wird in einer Akte (LASA, P 517 Bernburg, IV/E-403/124-125, S. 2 unten) als „Verräter" bzw. „Spitzel" der Bernburger Polizei bezeichnet.

Ernst Feit, geb. 31.07.1870 in Köthen, verst. 27.02.1937 in Halle (Saale)[710]
Als Ernst Veitel geboren (ab 1888 führte er den Namen Feit), Religion: mosaisch (jüdisch), Beruf: Kaufmann, 1900 Eintritt in das väterliche Getreidegeschäft in Köthen, März 1905 Heirat mit der in Köthen lebenden Berta Rockmann (geb. 10.10.1877, verst. 1961), 4 Kinder (geb. 1905, 1907, 1909, 1917), 1913 Übersiedlung nach Halle/S. (1933 wohnhaft Kaiserplatz 20, nach 1945 Rathenauplatz), vor 1933 DDP bzw. Deutsche Staatspartei, ab 1933 wegen seiner jüdischen Abstammung zunehmend diskriminiert, v.a. wegen seines vom Vater geerbten Hauses in Köthen. Zu den im Lagebericht angedeuteten „erregten Demonstrationen einer nach vielen Hunderten zählenden Volksmenge vor dem Grundstück Heinrichstraße 43" kam es am Abend des 01.07.1935. Auslöser waren Mieterhöhungen von 30% bis 50%, die F. von den acht Geschäftsinhabern verlangte, die auf seinem Grundstück Läden bzw. Gastwirtschaften betrieben. Fünf Mietern hatte er bereits gekündigt. Da F. nicht vor Ort war, löste sich die Menschenmenge auf. Wenige Stunden später, in der Nacht vom 1. zum 2. Juli, entdeckte man F. auf dem Köthener Bahnhof, worauf sich ein Menschenauflauf bildete. „Um strafbare Handlungen allgemein vorzubeugen und solche zu verhüten", wurde F. „zu seinem Schutz und zu seiner eigenen Sicherheit in Polizeigewahrsam genommen". Da die Schutzhaft aufrechterhalten wurde, überführte man ihn am 2. Juli gegen 15 Uhr in das GG Köthen, sieben Tage später nach Halle/S. Wie lange F. insgesamt in Schutzhaft war, ist unbekannt. Nach der Entlassung versuchte man F. zu zwingen, das Haus unter Wert zu verkaufen.

---

710 Nach Angaben der Witwe Berta Feit starb Ernst Feit im St.-Norbert-Krankenhaus in Berlin (Mühlenstraße).

Die Dessauer Gestapo nahm ihn mehrmals kurzzeitig in Schutzhaft, und die Justiz führte „Mietwucherprozesse" gegen ihn, wobei er stets von der Anklage freigesprochen wurde. Um sich der Verfolgung zu entziehen, siedelte F. nach Berlin über (Lützowstr. 60), wo ihn die Berliner Gestapo ebenfalls mehrmals inhaftierte. 1937 erlag Feit einem Herzleiden.

Quellen: LASA, K 6-1, Nr. 1091, Bl. 1–23 (Berta Feit); ebd., K 6, Nr. 9309, Bl. 39–42, 146–147; Volksmenge demonstriert gegen den Juden Feit!, in: Köthensche Zeitung u. Der Mitteldeutsche. Köthener Tagespost, 02.07.1935; Feit bleibt in Schutzhaft, in: ebd., 03.07.1935; Kundgebungen gegen einen jüdischen Hausbesitzer in Köthen, in: Anhalter Anzeiger, 03.07.1935; Ein Zinsgeier am Pranger!, in: Der Mitteldeutsche. Köthener Tagespost, 04.07.1935; ebd., 10.07.1935; Rupieper/Sperk, Bd. 2, S. 459. Der Autor dankt Monika Knof, Leiterin des Stadtarchivs Köthen, sowie Dr. Viktor Samarkin, Leiter des Kreisarchivs des Landkreises Anhalt-Bitterfeld, für die Informationen.

Georg Fiedler, geb. 19.02.1888 in Oranienbaum, verst. 19.02.1949 in Dessau

Vater: Superintendent Otto Fiedler (1844–1904), 19.02.1906 Abitur Friedrichs-Gymnasium Dessau, 1906–1910 Studium der Theologie Universitäten Greifswald, Leipzig, Halle/S., 05.07.1910 1. theol. Prüfung in Dessau, 1910 vorläufige kirchliche Beschäftigungen v. a. in Köthen, 26.06.1912 2. theol. Prüfung in Dessau, ab 01.08.1912 Kreispfarrvikar in Zerbst, 04.08.1912 Priesterweihe (Ordination) in Zerbst, ab 01.10.1913 Diakonus St. Vitus Güsten u. zugleich Pfarrvikar in Osmarsleben, 25.02.1914 Heirat mit Sophie Körber (geb. 02.08.1889, Tochter eines Gerichtsbeamten aus Oldenburg), 2 Töchter, 1 Sohn (geb. 1915, 1919, 1922), ab 01.05.1926 2. Pastor St. Bartholomai Zerbst, ab 1927 zugleich

Georg Fiedler

stellv. Kreisoberpfarrer, ab 01.11.1929 2. Pfarrer St. Marien Dessau, Dez. 1933 Mitbegründer Pfarrernotbund Anhalt, Mitglied Ortsbruderrat Dessau der BK, ab 1937 Mitglied Landesbruderrat Anhalt der BK, 16.03. bis 18.03.1935 Schutzhaft GG Dessau wegen Verweigerung, eine schriftliche Verpflichtung zu unterschreiben, eine Kanzelabkündigung der BK nicht zu verlesen, 27.11.1938 Austritt aus Landesbruderrat wegen eines „gewissen Gegensatzes zur Führung der Vorläufigen Kirchenleitung" der Deutschen Ev. Kirche, ab 1939 1. Pfarrer St. Marien Dessau, ab 01.04.1941 Leitung Pfarramt St. Marien Dessau, 07.03.1945 Zerstörung Dienstwohnung durch Bombenangriff, ab 01.06.1945 Kirchenrat (d.h. stellv. Vors. des Ev. LKR Anhalt), ab 01.11.1946 2. Pfarrer St. Petrus Dessau, ab 01.07.1947 Verleihung der Amtsbezeichnung Oberkirchenrat (als stellv. Vors. des LKR), ab 20.02.1948 mit der Verwaltung des Pfarramtes der Petrus-Gemeinde Dessau beauftragt.

Quellen: AELKA, B 6 Ev. LKR 1945–1970, Generalia, F 6 3 I (Personalakte Georg Fiedler); ebd., B 17 (Nachlass Martin Müller), Dokumentation des Kirchenkampfes [...], Mappe 3, Nr. 224; ebd., Mappe 4, Nr. 285; ebd., Mappe 10, Nr. 1638.

Hermann Franke, geb. 26.10.1897 in Edersleben, verst. 06.01.1962 in Weimar

Wohnhaft Oranienbaum, Dessauer Str. 10, Beruf: Ziegelbrenner, ab 1932 KPD, ab 1933 RHD, vor 1933 auch RFB, ab 1933 illegale Tätigkeit für KPD bzw. RHD: Vertrieb von Druckschriften, Kassierung für die RHD, 13.02. bis 25.03.1935 Schutzhaft GG Dessau, 25.03. bis 28.05.1935 Schutzhaft KZ Lichtenburg, ab 27.07.1935 U-Haft (vermutlich vom 13.02. bis Okt. 1935 durchgängig in Haft, v.a. KZ Lichtenburg),

Hermann Franke

zum Schluss U-Haft in Berlin, 21.10.1935 Verurteilung durch KG (Sitzung in Berlin) wegen „Vorbereitung eines hochverräterischen Unternehmens" zu 1 Jahr 6 Monaten Gefängnis (Anrechnung von 6 Monaten 6 Wochen U-Haft) u. Polizeiaufsicht, bis 19.11.1935 Strafverbüßung GG Berlin-Charlottenburg, 19.11.1935 bis 25.02.1936 GG Magdeburg-Sudenburg, 25.02. bis 14.10.1936 GG Bernburg, 1936–1939 Ziegelbrenner Dessauer Ziegelwerke, 10.12.1939 Einberufung zur Kriegsmarine, 09.05. bis 16.12.1945 britische Gefangenschaft, nach Rückkehr wieder wohnhaft Oranienbaum, Dessauer Str. 10, ab 1946 SED, ab 1949 oder 1950 wohnhaft Vippachedelhausen (Krs. Weimar).

Quellen: LASA, Z 141, Nr. 669, Bl. 74, 82f.; ebd., K 6-1, Nr. 1051, Bl. 1–12; ebd., K 6, Nr. 8662, Bl. 7; ebd., C 144 Magdeburg, B Nr. 295a Gefangenenkartei, Fla–Fre; SAPMO-BArch, KzPuSdaW; WASt (Schreiben 21.04.2009); StAmt VGem „Goldene Aue" Kelbra (Kyffhäuser) (Schreiben 06.12.2006).

Felix Friedheim, geb. 21.08.1914 in Köthen, verst. als Felix Freeman 09.07.1988 in New York

Der im Lagebericht erwähnte Vorfall ereignete sich während des Fackelumzugs der „Saar-Rückgliederungsfeier" am Abend des 1. März 1935 in der Heinrichstraße 40. Hier wohnten die Eltern, die Mutter war US-Amerikanerin, von Felix Friedheim. Der Vater war Bankier. Gegen F., der nach NS-Rassedefinition „Vierteljude" war und zu der Zeit Rechtswissenschaft in Lausanne studierte, lag beim OStA Dessau eine Anzeige wegen eines „Sittlichkeitsdeliktes" vor. Die „herbeigerufene Köthener Polizei sah sich genötigt", ihn „sofort in Schutzhaft zu nehmen, um ihn vor weiteren Angriffen zu schützen". Im Laufe der Nacht wurde er nach Dessau gebracht. Unter Ausschluss der Öffentlichkeit wurde F. am 26.03.1935 vom LG Dessau wegen „Beleidigung" (Vorwurf „eines versuchten Sittlichkeitsverbrechens an einem unter 14 Jahre alten Mädchen") zu 2 Monaten Gefängnis verurteilt. Das Gericht änderte die Schutzhaft, die er bislang im GG Dessau verbracht hatte, in U-Haft um, weil F. im Ausland studierte („[...] da Fluchtverdacht bestand, wurde Haftbefehl

Musterungsausweis von Felix Freidheim, 1935

erlassen"). Nach Angaben der NS-Presse soll F. am 04.12.1934 auf der Straße zwischen Werdershausen und Kattau ein 10-jähriges Mädchen „in seinen Kraftwagen gelockt und es dort mit unsittlichen Redensarten in einer Weise belästigt [haben], die an Sittlichkeitsverbrechen streift". Obwohl 27 Zeugen geladen waren, konnte das Gericht nicht nachweisen, dass F. „sich dieses Verbrechens schuldig gemacht hatte". Dennoch musste eine Verurteilung „wegen der in seinen gebrauchten Worten liegenden schweren Beleidigung erfolgen". Nach Auffassung des Gerichts wäre bei der „guten Vermögenslage" eine Geldstrafe nicht gerechtfertigt gewesen; es war eine „fühlbare Strafe am Platze". Die zwei Monate Haft verbüßte F. im GG Dessau. Am Tag der Entlassung (Anfang Mai 1935) nahm ihn die Dessauer Gestapo in Schutzhaft und überführte ihn in das KZ Lichtenburg, aus dem er am 28.10.1935 entlassen wurde. Zehn Tage zuvor hatte sie ein Aufenthaltsverbot für Anhalt ausgesprochen: „An die Kreispolizeibehörden […] Dem jüdischen Studenten Felix Friedheim […] ist auf Grund des §1 der Verordnung des Reichspräsidenten zum Schutz von Volk und Staat vom 28. Februar 1933 […] jeder Aufenthalt im Gebiet des Landes Anhalt bis auf weiteres untersagt worden. Wir ersuchen, den Genannten im Betretungsfalle festzunehmen und uns sofort hierüber Mitteilung zu machen. Dessau, den 18. Oktober 1935 Anhaltische Staatspolizei (Geheime Staatspolizei) In Vertretung: gez. Sens". F. verließ Ende 1935 oder Anfang 1936

Deutschland in Richtung USA. Dort beendete er die juristische Ausbildung. 1942 trat er in die US-Armee ein und nahm an der Invasion in der Normandie teil. Von 1945 bis 1947 leitete er in München die Rechtsabteilung der amerik. Militärregierung in Bayern. In dieser Funktion war er u.a. am 28. und 29.05.1946 an der Durchführung von 28 Hinrichtungen ehem. KZ Dachau-Bediensteter in Landsberg beteiligt. Nach der Rückkehr in die USA lebte F. in New York und arbeitete bis zum Ruhestand im Januar 1986 in folgenden Banken und Handelsunternehmen: Chase Bank, ab 1950 Gillespie & Company (Vizepräsident u. Manager der Importabteilung), 1960 Gründung des eigenen Unternehmens Scarburgh & Company, ab 1965 J. Aron & Company (Manager der Kaffeeabteilung, ab 1967 Partner der Firma). Nachdem J. Aron & Company ab 1968 auch mit Edelmetallen handelte, wurde F. in dieser Abteilung Direktor für internationale Operationen. Nach Übernahme von J. Aron & Company durch Goldman Sachs 1981 war F. als Vizepräsident tätig und weiterhin zuständig für Edelmetall-Sparte.

Quellen: Volksjustiz! Ein Jude in Schutzhaft genommen, in: Der Mitteldeutsche. Anhaltische Tageszeitung, 02.03.1935; Jüdischer Student zu zwei Monaten Gefängnis verurteilt, in: ebd., 27.03.1935; Gerichtssaal, Strafkammer Dessau, in: Anhalter Anzeiger, 26.03.1935; BArch, R 58/3739, Bl. 34; LASA, Z 257, Nr. 202, Bl. 46; StA Sandersleben, 19 Nr. 222, Bl. 36; Sven Langhammer (E-Mail 10.07.2013); Dr. Viktor Samarkin (E-Mail 18.06.2013); Bill Freeman (E-Mail 11.05.2020). Der Autor dankt Sven Langhammer, Monika Knof, Dr. Viktor Samarkin u. Dr. Bernd G. Ulbrich für die Informationen. Ein besonderer Dank gilt Bill Freeman, dem Sohn von Felix Friedheim, der dem Autor biografische Daten u. Dokumente seines Vaters und dessen Memoiren zur Verfügung stellte.

Willy Friedrich, geb. 01.08.1892 in Leipzig, verst. 12.04.1984 in Lübeck
Vater: Kaufmann in Dessau (verst. 1912), „streng christliche Erziehung" durch den Vater, vor 1899 Umzug von Leipzig nach Dessau, 1899–1908 Knabenmittelschule I Dessau, 1908/09 Städtische Handelsrealschule Dessau, 1909–1913 Herzogliche Friedrichs-Oberrealschule Dessau, 04.09.1913 Abitur, ab 24.10.1913 Studium der Theologie Universität Heidelberg, 02.08.1914 Meldung als Kriegsfrei-

Willy Friedrich

williger, 10.09.1914 bis 1917 Frontkämpfer Erster Weltkrieg West- u. Ostfront (25.01.1917 Beförderung zum Leutnant), mehrfach verwundet u. ausgezeichnet (u.a. E.K. II. u.I. Klasse), 31.10.1918 Heirat mit Charlotte Scharf (geb. 05.12.1894, verst. 20.07.1980, Lehrerin) in Dessau, 4 Kinder (geb. 1921, 1925, 1928, 1930), Okt. 1917 bis 1920 Weiterführung des Theologie-Studiums Universitäten Greifswald u. Halle/S., 21.07.1920 1. theol. Prüfung Halle/S., Vikariat in Dessau, ab 16.12.1920 kirchlicher Hilfsdienst in Zerbst, 14.06.1921 2. theol. Prüfung Halle/S., 17.07.1921 Priesterweihe (Ordination) in Zerbst, 1921 Gründer der Stahlhelm-Ortsgruppe Zerbst, ab 01.09.1922 Kreispfarrvikar Kirchenkreis Dessau, ab Juni 1924 zugleich Leiter der Schwesternschaft des Evangelischen Bundes, Gruppe Dessau, ab 01.01.1925 Landesgeistlicher für Innere Mission in Dessau (als Pastor), ab 01.09.1929 Jugendpfarrer Landeskirche Anhalt, ab 16.04.1930 Militärseelsorger Standort Dessau, ab 01.10.1932 Seelsorger für die Schutzpolizei Dessau, ab Ende 1932 Stahlhelm-Landesführer Gau Anhalt, Reichskulturwart des Stahlhelm, bis Ende April 1933 DNVP (Austritt), 1932/33 MdL Anhalt (DNVP), 1933 MdL Anhalt (Kampffront Schwarz-Weiß-Rot), ab Aug. 1933 Brigadeführer des Stahlhelms, ab 1933 Kreisverbands- und Brigadeführer Stahlhelm-Kreisverband Magdeburg-Süd, Anhalt-Harz (Sitz Dessau), ab 1934 Führer des NSDFB-Kreisverbandes Magdeburg-Süd, Anhalt-Harz (Sitz Dessau) (entsprach NSDAP-Gau Magdeburg-Anhalt), ab Febr. 1935 Leiter des Evangelischen Bundes Gau Anhalt-Ost, Ende 1940 oder Anfang 1941 (?) Einberufung zur Wehrmacht als Wehrmachtseelsorger bei gleichzeitiger Beförderung zum Hauptmann, 10.05.1941 Erfassung bei der Wehrmacht als Angehöriger beim Stab Infanterie-Division 711 (Divisionsadjutant), 01.11.1942 Beförderung zum Major, 15.05.1945 Entlassung aus der

Wehrmacht, keine Rückkehr nach Dessau, da Wohnsitz Herzogin-Marie-Platz 2 durch Bombenangriff zerstört, zunächst wohnhaft Ballenstedt (dort wohnt seit 1944 seine Familie), F. gelingt es auf Grund der Stahlhelm-Vergangenheit nicht, eine Pfarrstelle in der Landeskirche Anhalts zu erhalten. Ab 01.04.1946 vorübergehende Tätigkeit Innere Mission Hildesheim (Landeskirche Hannover), 01.05.1947 Ausscheiden aus der Landeskirche Anhalt, anschl. Evangelisch-Lutherische Kirche in Lübeck (keine Betreuung einer Gemeindepfarrstelle), 1947–1960 Krankenhausseelsorger in Lübeck, 1960–1963 Leiter des Diakonischen Amtes Lübeck, Vizepräses der Lübecker Synode, Leiter der Ökumene, ab 31.12.1963 Ruhestand.
Quellen: AELKA, B 6 Ev. LKR 1945–1970, Generalia, F 6 10 I (Personalakte Willy Friedrich); Archiv des Ev.-Luth. Kirchenkreises Lübeck-Lauenburg, Pastorenkartei (E-Mail Dr. Claudia Tanck 18.05.2020); Graf, S. 253; Ziegler, Land- u. Reichstagsabgeordneten, S. 23; Meier, Bd. 1, S. 330, 332; Köthensche Zeitung, 02.05.1933, S. 5; Hauptverein Sachsen-Anhalt des Ev. Bundes, in: Der Mitteldeutsche. Anhaltische Tageszeitung, 19.02.1935; NSDFB-Gauführer Friedrich bei den hallischen Stahlhelmern, in: Anhalter Anzeiger, 03.04.1935; LASA, Z 149, Nr. 1597, Bl. 84ff., 88; Rupieper/Sperk, Bd. 2, S. 329f., 371; Ulbrich, Dessau, S. 151, 161; Michael Rohleder: Die Evangelische Landeskirche Anhalts im Spiegel der Tagespresse 1932 bis Juni 1933, in: Die Evangelische Landeskirche Anhalts, S. 31–39; WASt (Schreiben 16.03.2009); DRK-SM (Schreiben 07.07.2009); Dessauer Adreßbuch 1940, S. 17; Dessauer Adreßbuch 1944/45, S. 15; StAmt Leipzig (E-Mail 14.12.2006); StAmt Lübeck (Schreiben 21.12.2006). Für die Hilfe bezüglich der „Lübecker Zeit" bedankt sich der Autor bei Dr. Claudia Tanck.

Franz Fritsche, geb. 12.08.1886 in Dessau, verst. 17.10.1956 in Dessau

Vater: Schuhmachermeister (verst. 1899), 1892–1900 Volksschule Dessau, 1900–1904 abgeschlossene Klempner-Lehre in Dessau, ab 1904 DMV, zunächst Klempner in Dessau, dann bis 1910 Wanderschaft, ab 1908 oder 1911 (?) SPD (Vertrauensmann), Freidenker, ab 1910 Konsumgenossenschaft Dessau, 1910 Rückkehr nach Dessau u. Heirat mit Elise Kronig (1887–1967, Hausfrau, ab 1911 SPD), 3 Kinder, 1910–1914 Klempner Askania-Werke Dessau (Vertrauensmann), 1914–1917 Erster Weltkrieg (zunächst Armierungssol-

Franz Fritsche

dat, später als Gefreiter Frontkämpfer an Ost- u. Westfront), 1917–1920 Klempner Junkers-Flugzeugwerk Dessau, Nov. 1918 bis zur Auflösung Mitglied des Arbeiter- und Soldatenrates Dessau, 1918–1926 unbesoldeter Vors. DMV Dessau, Mitglied des DMV-Vorstandes Dessau, 1920–1926 Klempner Askania-Werke Dessau, 1926–1933 besoldeter Gewerkschaftssekretär (Vorstandsmitglied) DMV Dessau, 1933–1934 erwerbslos (Entlassung aus politischen Gründen), ab 1934 Klempner Junkers Kalorimeter Dessau, 1933–1936 illegale SPD-Tätigkeit (unter Willy Rößler), 11.01.1936 Festnahme durch Stapo Chemnitz in Dessau, Jan. bis März 1936 Schutzhaft in Chemnitz, März bis Dez. 1936 U-Haft in Chemnitz, Dez. 1936 bis Febr. 1937 U-Haft in Dresden, 23.02.1937 Verurteilung durch OLG Dresden (Sitzung in Dresden) wegen „Vorbereitung eines hochverräterischen Unternehmens" zu 1 Jahr 10 Monaten Zuchthaus (Anrechnung von ? Monaten U-Haft), März 1937 bis 23.12.1937 Strafverbüßung ZH Zwickau, Dez. 1937 bis 1945 Schlosser Junkers Kalorifer Dessau, 1945 Einberufung zum Volkssturm, ab 1945 SPD bzw. ab 1946 SED, DSF, 1945 bis Dez. 1949 Verbandsleiter IG Metall beim FDGB Dessau, im Dez. 1949 Landesinstrukteur IG Metall beim FDGB, Vors. der SVK, Vorstandsmitglied Handwerkskammer Dessau u. Beisitzer der IHK Dessau, vor 1949 Anerkennung als „Kämpfer gegen den Faschismus" (für ehem. SPD-Mitglieder wurde diese Anerkennung selten ausgesprochen.), 01.01. bis 15.10.1950 Leiter OdF/VdN-Dienststelle Rat der Stadt Dessau, ab 15.10.1950 Rentner, 1932–1950 wohnhaft Dessau-Ziebigk, Knarrberg 27.

Quellen: LASA, K 6, Nr. 11156, Bl. 260; ebd., K 6-1, Nr. 1159, Bl. 1–54; ebd., P 521, V/8/29; ebd., P 521, Nr. 201, Bl. 205–208; StA Dessau-Roßlau, SED-KL-2 (Franz Fritsche); ebd., Steuerkarte 1950; Herlemann, S. 155, 159; StAmt Dessau-Roßlau (Fax 16.02.2009).

Max Fuhrmann, geb. 19.01.1910 in Krotoschin (Posen), verst. 04.09.1980 in Dessau

Max Fuhrmann

Vater: Arbeiter (verst. 1916), ab 1916 Volksschule Krotoschin, „bei der Abstimmung 1919 stimmte meine Mutter für Deutschland, daraufhin mussten wir die Heimat verlassen", 1919–1921 Flüchtlingslager Havelberg, 1921 Übersiedlung nach Dessau, anschl. Beendigung der Volksschule, abgeschlossene Former-Lehre BAMAG Dessau, 1924–1933 KJVD (bis 1933 kein KPD-Mitglied!), ab 1928 Rote Jungfront (RFB-Jugendverband), vor 1933 auch RHD, DMV, Naturfreunde, 24.03.1930 Verurteilung durch AG Dessau wegen gemeinschaftlichen schweren Diebstahls (§§ 242, 243, 47 RStGB) zu 3 Monaten Gefängnis auf Bewährung (Bewährungsfrist: 01.05.1933), Mai 1930 bis zumindest Sept. 1935 erwerbslos, zumindest ab 03.02.1931 U-Haft GG Dessau, 11.03.1931 Verurteilung durch SchöG Dessau wegen Landfriedensbruchs (§ 125 II RStGB unter mildernden Umständen) zu 9 Monaten Gefängnis (Straßenschlägerei am 14.10.1930 in Dessau zwischen Kommunisten u. Nationalsozialisten), 11.03.1931 Entlassung aus U-Haft, 17.03.1931 OStA Dessau legt Berufung gegen das Urteil ein, 14.07.1931 LG Dessau weist die Berufung als unbegründet zurück und verschärft das Urteil gegen F. auf 1 Jahr Gefängnis, 20.07.1931 Revision durch Rechtsanwalt, 27.10.1931 Oberreichsanwalt verwirft Revision „als offensichtlich unbegründet", F. soll sich bis spätestens am 09.01.1932 zum Strafantritt in der Strafanstalt Coswig (Anhalt) melden. 12.01.1932 Haftantritt, 28.05.1932 Entlassung auf Grund einer Amnestie (?), 1932 Verurteilung wegen öffentlicher Aufforderung zu Gewalttätigkeiten zu 1 Monat Gefängnis, 1933 Verurteilung wegen Diebstahls zu 2 Monaten Gefängnis (Strafe durch Straffreiheitsgesetz vom 20.12.1932 erlassen), 18.07.1933 bis 14.05.1934 FAD-Lager Jeßnitz bzw. Klieken (Arbeitsmann), 14.05.1934 Festnahme in Jeßnitz (zu dieser Zeit wohnhaft Dessau, Leipziger Str. 25), 14.05. bis 18.09.1934 U-Haft GG Dessau, 18.09.1934 Verurteilung durch KG (Sitzung in Dessau) wegen „Vorbereitung eines hochverräterischen Unternehmens" (§§ 81 Ziff. 2, 86 RStGB, Weiterführung des verbotenen RFB bis zu den März-Wahlen 1933, unerlaubter Waffenbesitz) zu 1 Jahr 4 Monaten Gefängnis (Anrechnung von 4 Monaten 1 Woche Haft), bis Mai 1935 Strafverbüßung Strafanstalt Coswig (Anhalt), Mai bis 11.09.1935 GG Köthen, anschl. Tätigkeit „bei verschiedenen Firmen im Montagebau, wo ich immer wieder entlassen wurde", 24.08.1936 bis 1945 Tätigkeit in den Junkers-Werken Dessau (1939–1940 Angehöriger der Werkschar, also des Werkschutzes), 07.07.1937 Heirat mit Liesbeth Michelmann (geb. 1917), 2 Söhne, 08.05. bis 05.08.1939 sowie 11.08.1942 bis 01.11.1943 Wehrmacht (Gefreiter bei der Flack, u.a. Einsatz in der Sowjetunion, aber keine Teilnahme an Kampfhandlungen), 26.08.1943 letztmalige Erfassung bei der Wehrmacht als Angehöriger 5. Batterie-Artillerie-Regiment 13, ab Ende 1943 „dienstverpflichtet", d.h. F. muss mit der Verlegung des Junkers-Werkes nach Asch (Sudetenland), dort 22.04. bis 25.06.1945 amerik. Gefangenschaft ab 09.07.1945 Montageschlosser (Brückenbau) in Dessau, ab 1945 KPD bzw. ab 1946 SED, DSF, wohnhaft Dessau-Kleinkühnau, Chörauerstr. 49, ab 01.07.1946 Polizeiwachtmeister (im Streifendienst) VPKA Dessau, ab 01.10.1947 „Abstellung" zur Kriminalpolizei, Kommissariat 5, im Juni 1949 Polizeioberwachtmeister VPKA Dessau, 1950 Entlassung aus der Polizei, ab 1950 Former GUS Modellbau Dessau. Ab 1948 kommen Vorwürfe über F.s politische Einstellung in der NS-Zeit auf: Er hätte sich freiwillig zur Werkschar gemeldet, das NSBO-Abzeichen getragen und links eingestellte Arbeitskollegen im „Sinne des Faschismus" beeinflusst. Eine Untersuchung der Vorwürfe durch das K5 erbrachte keine Bestätigung.

Quellen: LASA, Z 257, Nr. 66, Bl. 1, 60, 137–145, 185, 193, 202ff., 224, 288; ebd., Nr. 104, Bd. 1, Bl. 131; ebd., Bd. 2, Bl. 105–108; ebd., K 6-1, Nr. 1177, Bl. 1–80;

BArch, R 3018/4706, Bl. 20f.; SAPMO-BArch, KzPuSdaW; Hochverratsprozess in Dessau, in: Saale-Zeitung, 20.09.1934; WASt (Schreiben 23.03.2009); StAmt Dessau-Roßlau (Fax 16.02.2009). F.s Angaben zu Haftzeiten u. Verurteilungen (LASA, K 6, Nr. 11156, Bl. 349; ebd., P 521, V/8/29) entsprechen teilweise nicht den Tatsachen, weshalb diese Informationen hier nicht genannt werden.

Otto Gehre, geb. 26.04.1894 in Dessau, verst. 17.06.1976 in Halle (Saale)

Vater: Tapetendrucker (SPD), 5 Geschwister (3 Schwestern, 2 Brüder), 1900–1908 Volksschule Dessau, 1908–1912 abgeschlossene Former-Lehre (einschl. Berufsschule u. 2 Jahre Maschinenbauschule Dessau), ab 1910 DMV, 1910–1933 ATB bzw. ATSB (Bezirksleiter, Mitglied Kreis- u. Bundesausschuss, Vors. Landesarbeitersportkartell), 1912–1923 Former

Otto Gehre

BAMAG Dessau (Aufgabe des Berufes aus Gesundheitsgründen), 1908–1914 u. 1919–1923 SAJ, ab 1912 SPD, 1914–1918 Teilnahme Erster Weltkrieg (u. a. 11. Kompanie Infanterie-Regiment 399, 01.08. bis 19.08.1918 Lazarett-Aufenthalt), 1918 Mitglied Arbeiter- u. Soldatenrat Berlin-Lichtenberg, verheiratet mit Frieda Gehre (geb. 21.09.1907), 3 Söhne (2 davon 1941 u. 1944 gefallen), 1920–1933 Mitglied DMV-Ortsverwaltung Dessau (Revisor, Jugendleiter, Lohn- und Verhandlungskommission), 1924–1926 Maschinenbauschule Dessau, 1925–1927 Akquisiteur beim „Volksblatt für Anhalt" Dessau, 1925–1930 Mitglied SPD-Ortsvorstand Dessau, 1926–1933 Mitglied SPD-Unterbezirksvorstand Magdeburg-Anhalt, 1928–1933 Motoreneinfahrer Junkers Motorenbau Dessau (Mitglied Betriebsrat, zeitweise Vors. des Betriebsrates), 1933 Entlassung „wegen staatsfeindlicher Einstellung", 1928–1933 SPD-Stadtverordneter Dessau, vor 1933 auch Reichsbanner Schwarz-Rot-Gold, 1934–1935 Werkzeuglagerverwalter Junkers-Werke Dessau, 1933–1935 illegale Tätigkeit für SPD u. DMV (Angehöriger der Gruppen Richard Teichgräber u. Willy Rößler), 20.11.1935 Festnahme durch Stapo Chemnitz in Dessau, bis 06.02.1936 Schutzhaft PG Chemnitz, 06.02. bis Okt. 1936 U-Haft UG Chemnitz, Okt. 1936 bis Juli 1937 U-Haft UG Leipzig, Juli bis 06.10.1937 U-Haft UG Berlin-Moabit, 06.10.1937 Verurteilung durch VGH wegen „Vorbereitung eines hochverräterischen Unternehmens" zu 2 Jahren Zuchthaus (Anrechnung von 1 Jahr 8 Monaten U-Haft) u. 5 Jahren Ehrverlust, 06.10. bis 05.11.1937 Strafverbüßung UG Berlin-Moabit, 05.11.1937 bis 05./06.02.1938 ZH Coswig (Anhalt), 05./06.02.1938 Entlassung bei gleichzeitiger Überführung in Schutzhaft (Anordnung „Überhaft"), d.h. Abholung durch Mitarbeiter der Gestapo Dessau u. Überführung in PG Dessau, 10.02.1938 bis 08.11.1940 Schutzhaft KZ Buchenwald (Nr. 2658, Block 39, Arbeitskommando Fliesenleger), anschl. Wehrmacht-Ausschließungsschein, 15.11.1940 bis 1945 wieder Werkzeuglagerverwalter Junkers-Werke Dessau, 1945 SPD-Mitbegründer in Dessau („Funktionär") bzw. ab 1946 SED (u.a. Mitglied Landesvorstand Sachsen-Anhalt), 2. Vors. IG Metall-Ortsvorstand Dessau, Mitglied IG Metall-Landesvorstand Sachsen-Anhalt, DSF, Deutsch-Polnische-Freundschaft, VVN, zahlreiche Wirtschafts-, Gewerkschafts-, Staats- und Parteifunktionen in Dessau u. Halle/S.: 1945–1947 Abteilungsleiter Junkers-Werke Dessau (Unruhstr. 1), 1948/49 Sozialdirektor Junkers-Werke Dessau, Mitglied FDGB-Landesvorstand Sachsen-Anhalt, 1946–1949 SED-Stadtverordneter u. -Fraktionsvors. Dessau, Mitglied Gemeinderat Dessau, 1949–1950 Treuhänder/Werkleiter Nationale Radiator GmbH Schönebeck, März 1950 bis 05.01.1951 2. Sekretär SED-Landesleitung Sachsen-Anhalt, ab Aug. 1950 SED-Abgeordneter Landtag Sachsen-Anhalt (1952–1954 auch SED-Abgeordneter Bezirkstag Halle), ab Nov. 1950 SED-Fraktionsvors. Landtag Sachsen-Anhalt, 1951 bis Aug. 1952 Hauptabteilungsleiter Staatssekretariat für Materialversorgung, Sept. 1952 bis 1956 stellv. Vors. Staatliches Vertragsgericht Bezirk Halle, 1956 „Nervenzusammenbruch", zunächst Aufgabe aller Tätigkeiten „auf ärztliche Anordnung", „Medaille für Kämpfer gegen des Faschismus 1933–1945", 01.01.1957 bis Ende 1959 Abteilungsleiter VEB (K) Maschinenbau u. Schweißbetrieb Halle/S., anschl. 8 Monate „ausgesetzt" da auch in dieser Funktion „wieder überlastet", ab 30.06.1960 Invalidenrentner, zahlreiche ehrenamtliche Tätigkeiten (z. B. Mitglied Kommission zur Betreuung der Parteiveteranen, Mitglied Stadtausschuss für Jugendweihe usw.), 1918–1950 wohnhaft Dessau, Turmstr. 22, Daheimstr. 4, Stehnischestr. 75, In der Flanke 58, 1950–1976 wohnhaft Halle/S., Kuhnstr. 12a, Mozartstr. 17, 1964 Vaterländischer Verdienstorden in Silber, 1965 Verdienstmedaille der DDR, 1967 Artur-Becker-Medaille in Bronze, 1969 Vaterländischer Verdienstorden in Gold, 1974 Ehrenspange zum Vaterländischen Verdienstorden in Gold.

Quellen: LASA, P 521, V/8/30, Bl. 155–163; ebd., P 522, IV/8/321, Bl. 1–49; ebd., P 524, IV/F-2/5/439, Bl. 109–113; ebd., Z 259, Nr. 746, Bl. 2–32; ebd., K 6, Nr. 11157, Bl. 117; ebd., Nr. 9969, Bl. 219; SAPMO-BArch, KzPuSdaW; WASt (Schreiben 13.03.2009); Arolsen Archives, 1.1.5.3/5933625; StAmt Halle/S. (E-Mail 19.12.2008).

Karl Geisendorf, geb. 04.01.1906 in Dessau, verst. 17.01.1935 in Dessau

Vater: Arbeiter (1916 gefallen), Volksschule, abgeschlossene Schlosser-Lehre, anschl. Schlosser Junkers-Flugzeugwerk Dessau, ab 1926 KJVD u. RFB (Gruppenkassierer, Wehrsportorganisator), ab 1930 KPD, ab 1932 RHD. Nach dem Reichstagsbrand am 28.02.1933 erhielt G. durch die Leitung der KPD-UBL Dessau, also von Otto Holz (Politischer Leiter) und Richard Krauthause (Organisationsleiter), den Auftrag, in die SA einzutreten und dort für die KPD zu wirken. Davon erhielten die Nationalsozialisten im Januar 1935 Kenntnis. Daraufhin wurde G. am 16.01.1935 durch SS-Mitglieder brutal misshandelt. Am Abend des 16.01. besuchte Krauthause G. in dessen Wohnung und fand ihn in einem „sehr bedenklichen Zustand vor". G. klagte über heftige Schmerzen. Krauthause rief einen „jüdischen Arzt" um Hilfe, der nach G. sah und ihn in das Kreiskrankenhaus einliefern ließ. Dort verstarb er in der Nacht des 17.01.1935.

Nachruf in der Zeitung: „Am 17. Januar 1935 entschlief nach kurzer, schwerer Krankheit im Kreiskrankenhaus zu Dessau unser Arbeitskamerad, der Schlosser Karl Geisendorf im 29. Lebensjahre. Wir werden dem Verstorbenen, den wir während seiner Tätigkeit bei uns als einen fleißigen Arbeitskameraden schätzen gelernt haben, eine ehrende Erinnerung bewahren. Dessau, den 19. Januar 1935. Junkers-Flugzeugwerk AG".

Quellen: StA Dessau-Roßlau, SED-KL-2 (v.a. Aussagen von Richard Krauthause); Nachruf zu Karl Geisendorf, in: Der Mitteldeutsche. Anhaltische Tageszeitung, 23.01.1935; Engelmann, S. 53f., 81; StAmt Dessau (Schreiben 06.02.2007).

Arthur Gleissenring, geb. 21.09.1913 in Dessau, verst. (vermisst seit) 23.06.1944 bei Witebsk (heute Weißrussland)[711]

Beruf: Maurer, zweimal vorbestraft wegen politischer Ausschreitungen u. Körperverletzung (geringe Geldstrafen), 1928–1932 RFB, März 1931 bis Juni 1932 erwerbslos, ab 1933 SA, 18.09.1934 Freispruch durch KG (Sitzung in Dessau) von der Anklage „Vorbereitung eines hochverräterischen Unternehmens" (§§ 81 Ziff. 2, 86 RStGB, Weiterführung des verbotenen RFB bis zu den März-Wahlen 1933, unerlaubter Waffenbesitz), 1939 wohnhaft Dessau, Pauliplatz 19, verheiratet mit Frieda Gleissenring, zuletzt Stabsgefreiter der 12. Kompanie Artillerie Regiment 6, zwischen 23. und 30.06.1944 bei Witebsk umgekommen.

Quellen: LASA, Z 257, Nr. 104, Bd. 2, Bl. 105ff.; WASt (Schreiben 25.05.2007, 23.06.2009); DRK-SM (Schreiben 08.02.2010).

Otto Gleissenring, geb. 04.07.1908 in Dessau, verst. 14.09.1986 in Dessau

Vater: Arbeiter, 1915–1922 Volksschule Dessau, ohne erlernten Beruf, nach Schulentlassung Verkauf von Zeitschriften, 1923

---

711 G. wurde durch Beschluss des Kreisgerichts Dessau vom 09.08.1991 für tot erklärt. Als Todeszeitpunkt wurde der 31.12.1945 festgelegt. StAmt Dessau (Schreiben 05.12.2006).

Festnahme wegen Teilnahme an einer Antikriegskundgebung in Dessau, vor 1926 SAJ, 1926–1933 KJVD, 1927/28 sowie Juli 1932 bis Jan. 1933 RFB (zeitweise Kassierer), bis Nov. 1933 Arbeiter Dessauer Waggonfabrik, ab Nov. 1933 FAD u. Mitglied der SA, nach 10 Wochen Dienst Ausscheiden aus dem FAD wegen Krankheit, Anfang 1934 etwa vier Wochen Schutz- oder U-Haft KZ Roßlau, 01.05. bis 18.09.1934 U-Haft GG Dessau, 18.09.1934 Freispruch durch KG (Sitzung in Dessau) von der Anklage

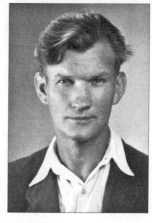

Otto Gleissenring

„Vorbereitung eines hochverräterischen Unternehmens" (§§ 81 Ziff. 2, 86 RStGB, Weiterführung des verbotenen RFB bis zu den März-Wahlen 1933, unerlaubter Waffenbesitz) u. Entlassung aus U-Haft, 1937 Entlassung aus den Junkers-Werken wegen „politischer Unzuverlässigkeit", Einstellung bei der Zuckerraffinerie Dessau, März 1943 Einberufung zur Wehrmacht, 01.12.1944 letztmalige Erfassung bei der Wehrmacht als Angehöriger 8. Kompanie Artillerie-Regiment 654, 1945 bis 15.11.1946 Gefangenschaft in Jugoslawien, ab 1947 wieder Zuckerraffinerie Dessau, ab 1947 SED, März/April 1947 Anerkennung als OdF, 18.07.1947 G. reicht seinen vorläufigen OdF-Ausweis zurück und zieht seinen „Antrag auf Anerkennung als Opfer zurück".

Quellen: LASA, Z 257, Nr. 104, Bd. 2, Bl. 105–108; ebd., K 6-1, Nr. 1331, Bl. 1–11; SAPMO-BArch, KzPuSdaW; WASt (Schreiben 23.06.2009); StAmt Dessau (Schreiben 05.12.2006).

Franz Gneist, geb. 27.12.1885 in Güsten, verst. 11.06.1961 in Mehrin

Aus Bernburg, ohne erlernten Beruf, KPD- oder SPD-Mitglied (?), 24.09. bis zumindest 30.09.1933 Schutzhaft KZ Roßlau, 05.07.1935

bis 26.02.1936 Schutzhaft KZ Lichtenburg wegen „antifaschistischer Äußerungen", keine Einberufung zur Wehrmacht, 27.12.1945 Heirat in Siedenlangenbeck (Krs. Salzwedel).
Quellen: SAPMO-BArch, KzPuSdaW; WASt (Schreiben 23.06.2009); StA Bernburg, Fi. 06, Nr. 124, Bl. 5, 41, 42, 43, 44a, 45; StAmt VGem Saale-Wipper Güsten (Schreiben 07.02.2007); StAmt VGem Salzwedel-Land (Schreiben 13.02.2007).

Dr. Max Gumpel, geb. 11.07.1901 in Bernburg, verst. 1966 in England

Studium der Rechts- u. Staatswissenschaft, 1923 Promotion Dr. rer. pol. Universität Freiburg im Breisgau, ab 1920er Jahre Inhaber/Leiter Bankhaus Gumpel & Samson Bernburg, 27./28.03.1933 Schutzhaft u. Beschlagnahme der Geschäftsunterlagen des Bankhauses durch Kripo und SA (Grund: G. soll von einem „verarmten Bauern übermäßig hohe Bankzinsen" genommen haben), 28.03.1933 Entlassung aus Schutzhaft, aber noch am selben Tag erneute

Blick auf das frühere Bankhaus Gumpel & Samson (ab 15.04.1936 Zweigstelle Kaiserstraße der Stadt- und Kreissparkasse Bernburg), 1936

Inschutzhaftnahme, er darf tagsüber in seinem Büro arbeiten und wird durch zwei SA-Männer Tag und Nacht bewacht, Einleitung eines EV, ab 30.03.1933 steht das Bankhaus durch Verfügung des Anhaltischen Staatsministeriums unter staatlicher Treuhänderschaft, G. darf nur unter Aufsicht weiterarbeiten, ansonsten geht der Geschäftsbetrieb unverändert weiter, 01.09.1933 Entlassung aus U-Haft GG Dessau gegen Kaution von 300.000 RM „nachdem die gesetzlichen Voraussetzungen für einen Haftbefehl nicht mehr bestehen", 12.03.1934 Verurteilung durch LG Dessau wegen Betruges („ein Fall von Wucher nachgewiesen") zu 1 Monat Gefängnis (durch U-Haft verwirkt) und 20.000 RM Geldstrafe (Banksachverständige hatten den Vorwurf des Wuchers verneint, Staatsanwalt beantragte eine hohe Gefängnis- und Geldstrafe, das Gericht folgt ihm nicht), 16.08. bis 22.08.1935 Schutzhaft GG Bernburg, 22.08. bis 12(?).12.1935 Schutzhaft KZ Lichtenburg „wegen seiner unerhörten Äußerungen über das Dritte Reich" bzw. „erhebliche(r) Beunruhigung [...] der Bevölkerung [...] durch sein immer frecheres und herausforderndes Benehmen in der letzten Zeit", deshalb sei „unter Umständen mit Tätlichkeiten gegen Dr. Gumpel zu rechnen", 18.11.1935 Verhängung eines Aufenthaltsverbotes für Anhalt durch Gestapo Dessau, 12.(?)12.1935 Entlassung aus dem KZ Lichtenburg bei gleichzeitiger Übersiedlung nach Berlin-Wilmersdorf, Pariser Str. 38, Dez. 1935 Selbstliquidation des Bankhauses in der Kaiserstr. 13 (heute: Friedensallee) wegen Androhung erneuter KZ-Haft, Jan. 1936 Übernahme des Bankhauses durch Kreissparkasse Bernburg, die nach Genehmigung der Aufsichtsbehörden in den Räumen eine „Überleitungsstelle" mit der Absicht einrichtet, dort eine Zweigstelle zu errichten, 15.04.1936 Neueröffnung des Gebäudes als „Zweigstelle Kaiserstraße der Stadt- und Kreissparkasse Bernburg", 1937 Reise nach Polen, von dort Emigration nach England, 25.04.1938 Ausbürgerung von Max Gumpel und seiner Ehefrau Ingeborg, geb. Thies, geb. 03.08.1909 in Dessau, sowie des Sohnes Jakob Michael, geb. 12.03.1936 in Berlin-Wilmersdorf, durch das RMdI, d.h. Aberkennung der deutschen Staatsangehörigkeit bei gleichzeitiger Beschlagnahme des Vermögens („Bekanntmachung. Auf Grund des § 2 des Gesetzes über den Widerruf von Einbürgerungen und die Aberkennung der deutschen Staatsangehörigkeit vom 14. Juli 1933 [RGBl. I S. 480] erkläre ich im Einvernehmen mit dem Herrn Reichsminister des Auswärtigen folgende Personen der deutschen Staatsangehörigkeit für verlustig: [...] 13. Gumpel, Max, geb. am 11.7.1901 in Bernburg [...] Das Vermögen der vorstehend bezeichneten Personen wird beschlagnahmt. Der Verlust der deutschen Staatsangehörigkeit wird auf folgende Familienangehörige erstreckt: 43. Ingeborg Gumpel, geb. Thies, geb. am 3.8.1909 in Dessau, 44. Jakob Michael Gumpel, geb. am 12.3.1936 in Berlin-Wilmersdorf"), im Zweiten Weltkrieg Offizier der britischen Armee, kehrt im Jan. 1946 als Besatzungsoffizier für einen Tag nach Bernburg zurück.

Quellen: StA Bernburg, Fi. 06, Nr. 124, Bl. 41; StA Sandersleben, 19 Nr. 222, Bl. 38; ebd., 19 Nr. 227, Bl. 273; LASA, Z 141, Nr. 680, Bl. 104; Ebersbach, S. 192, 202, 218; Ulbrich, Nationalsozialismus, S. 36–41; Viebig/Bohse, S. 314; Anhalter Kurier. Bernburger Tageblatt und General-Anzeiger für Anhalt, 27. bis 31.03.1933, 02.09.1933; Bankier Gumpel aus der Haft entlassen, in: Anhalter Anzeiger, 02.09.1933; Der Prozeß Gumpel in Dessau, in: Der Mitteldeutsche. Anhaltische Tageszeitung, 07.03.1934; Anhalter Kurier, 27., 28., 29., 31.03.1933, 02.09.1933, 10.03.1934, 13.03.1934; Der Mitteldeutsche. Köthener Tagespost, 23.08.1935; Bankier Gumpel verläßt Anhalt, in: Ebd., 13.12.1935; Der jüdische Bankier Gumpel in Schutzhaft, in: Anhalter Anzeiger, 17./18.08.1935; Zweigstelle Kaiserstraße eröffnet, in: Der Mitteldeutsche. Anhalter Nachrichten, 15.04.1936; Ab nach Lichtenburg! Jude Gumpel kommt ins Konzentrationslager, in: ebd., 22.08.1935; Deutscher Reichsanzeiger und Preußischer Staatsanzeiger Nr. 96, 27.04.1938; Arolsen Archives, ArchivNr. 7214.

Dr. Friedrich Hampel, geb. 08.05.1898 in Leopoldshall, verst. 22.01.1966 in Halle (Saale)

Katholisch, Vater: Maschinensteiger u. Betriebsleiter, 1918 Abitur Herzogliches Karls-Gymnasium Bernburg, 1918–1921 Studium der Rechtswissenschaft Universitäten Rostock u. Halle/S., 25.06.1921 Erste jurist. Staatsprüfung OLG Naumburg (Prädikat „ausreichend"), 17.08.1921 erste Vereidigung im Staatsdienst, 1922 Promotion Dr. jur. Universität Leipzig, 17.01.1925 Zweite jurist. Staatsprüfung in Berlin (Prädikat „ausreichend"), 28.01.1925 Ernennung zum Gerichtsassessor, ab 11.04.1925 Rechtsanwalt in Bernburg (eigene Kanzlei), 08.10.1925 Heirat mit Therese Wiegand (Tochter eines Bergverwaltungsinspektors), 2 Kinder (geb. 1926, 1927), ab 21.05.1928 auch Notar in Bernburg, ab März 1932 wohnhaft Bernburg, Kaiserstr. 36 (heute: Friedensallee), vor 1933 parteilos, nach 1933 NS-Rechtswahrerbund (NSRB), Reichsluftschutzbund (RLB), 27.08.1934 „Verpflichtung auf den Führer", Beurteilung durch OLG-Präsident Paul Sattelmacher 10.05.1944: „Dr. Hampel ist ein fleißiger, sorgfältiger Arbeiter mit brauchbaren Rechtskenntnissen und entsprechender Befähigung, in seinem Auftreten bescheiden, als Strafverteidiger gewandt, praktischer Blick. Keine Bedenken gegen politische Zuverlässigkeit. Gegen Charakter nichts einzuwenden. Gesundheitszustand befriedigend", keine Einberufung zur Wehrmacht, Ablehnung der Einberufung zum Volkssturm aus religiösen Gründen, Juli 1945 Mitbegründer CDU-Ortsgruppe Bernburg u. CDU-Kreisverband Bernburg (bis 1947 Leiter des Kreisverbandes), Mitglied des CDU-Landesvorstandes Sachsen-Anhalt, ab Nov. 1946 Mitglied des Landtags Sachsen-Anhalt, Sprecher der CDU-Landtagsfraktion, ab 17.04.1947 stellv. Vors. der CDU Sachsen-Anhalt, ab Frühjahr 1947 Teilnahme an den Sitzungen des Ältestenrates, ab Herbst 1947 Mitglied des Ältestenrates, ab 1948 „Verunglimpfungen" von Hampel durch die SED „verbunden mit dem Misstrauen der SMA", 10.10.1949 Hampel verlässt aus Protest gegen die DDR-Gründung mit anderen CDU-Landtagsabgeordneten das Landtagsplenum, 25.02.1950 Niederlegung des Landtagsmandats.

Friedrich Hampel

Hampel flieht anschließend nach West-Berlin und soll dort wieder als Rechtsanwalt tätig gewesen sein.
Quellen: LASA, Z 231, vorl. Nr. 4456, Bl. 227; BArch, R 3001/58853; Christina Trittel: Die Abgeordneten des ersten Landtages von Sachsen-Anhalt 1946–1950. Vom Scheitern demokratischer Hoffnung, Halle. 2007, S. 154f.; Ebersbach, S. 268; StAmt Staßfurt (E-Mail 12.01.2007).

Johann Heinen, geb. 08.03.1909 in Grossmövern (heute Frankreich), verst. (ermordet) 08.09.1939 KZ Sachsenhausen
Evangelisch, Beruf: Former, ab 1929 erwerbslos, ab 1929 KPD, ab 1930 RFB (seit 1929 verboten), ab 1931 KG RS (Technischer Leiter der Sparte Schwerathletik), 12.07.1932 Geburt des Sohnes in Dessau, vor 1933 auch DMV, 08.01.1932 Verurteilung durch SchöG Dessau wegen Vergehens nach § 115 RStGB (Aufruhr) zu 7 Monaten Gefängnis (15.03.1932 Berufungsurteil LG Dessau: Abänderung des Strafmaßes auf 6 Monate, dagegen am 21.03.1932 Revision eingelegt, die vom OLG Naumburg am 11.05.1932 verworfen wird), 24.10.1932 Verurteilung durch AG Dessau wegen Körperverletzung (§ 223 RStGB) zu 1 Monat Gefängnis (Strafe durch Straffreiheitsgesetz vom 20.12.1932 erlassen), ab 15.02.(?)1933 Schutzhaft GG Dessau (?), 21.04.1933 Verurteilung durch SchöG Dessau wegen Sachbeschädigung (§§ 303, 47 RStGB) zu 30 RM Geldstrafe oder ersatzweise 10 Tagen Gefängnis, zumindest 21.06. bis 16.08.1933 FAD Lager Lindau, 16. bis 26.08.1933 Strafverbüßung des Urteils vom 21.04.1933 wegen Nichtzahlung der 30 RM im GG Dessau, 15.09.1933 bis 26.02.1934 Schutzhaft KZ Roßlau, 27.10.1933 Vernehmung im KZ Roßlau durch Kripo Dessau: Geständnis, an dem Benzindiebstahl am 03.09.1932 beteiligt gewesen zu sein,[712] darum 19.01.1934 Verurteilung durch SchöG Dessau wegen schweren gemeinschaftlichen Diebstahls zu 9 Monaten Gefängnis, 26.02. bis 26.08.1934 Strafverbüßung Strafanstalt Coswig (Anhalt), Anordnung der Staatsanwaltschaft Dessau vom 13.02.1934, H. nach Strafverbüßung wieder in

---

712 Ausführlich dazu Sperk, V-Leute, S. 163–182.

das KZ Roßlau zu überstellen, für die restlichen 3 Monate gilt eine Bewährungsfrist bis 26.08.1937 (Beschluss des Anhaltischen Amtsgerichts vom 29.01.1934), 26.08.1934 Überführung in das GG Dessau, 26.08. bis 18.09.1934 U-Haft GG Dessau, 18.09.1934 Verurteilung durch KG (Sitzung in Dessau) wegen „Vorbereitung eines hochverräterischen Unternehmens" (§§ 81 Ziff. 2, 86 RStGB, Weiterführung des verbotenen RFB bis zu den März-Wahlen 1933, unerlaubter Waffenbesitz) zu 1 Jahr 3 Monaten Gefängnis (Anrechnung von 6 Monaten Haft, d.h. Strafende 18.06.1935), anschl. Verbüßung der o.g. 3-monatigen Reststrafe (da am 09.04.1935 Widerrufung der Bewährungsfrist) in der Strafanstalt Coswig (Anhalt) und im GG Bernburg, 27.05.1935 Beschluss KG: Zusammenfassung auf eine Gesamtstrafe von 1 Jahr 10 Monaten Gefängnis unter Aufrechterhaltung der Anrechnung der 6 Monate U-Haft aus dem KG-Prozess (Strafverbüßung bis 18.07.1935), 18.07.1935 Entlassung aus GG Bernburg (d.h. 15.09.1933 bis 18.07.1935 durchgehend in Haft), anschl. Junkers Kalorifer Dessau, zuletzt wohnhaft Dessau-Mildensee, Werner-Dietz-Str. 9, 28.08.1939 Inschutzhaftnahme durch Gestapo Dessau wegen Weigerung, Luftschutzgräben in den Junkers-Werken auszuheben (weitere Einzelheiten Horst Engelmann: Hans Heinen – erstes Opfer des Faschismus nach Ausbruch des 2. Weltkrieges, in: Dessauer Persönlichkeiten, Dessau (1971), S. 14–16), 02.09.1939 Überführung in das KZ Sachsenhausen, 08.09.1939, 0.40 Uhr auf Befehl Heinrich Himmlers wegen „Kriegsdienstverweigerung" bzw. „Wehrkraftzersetzung" erschossen.

Quellen: LASA, Z 257, Nr. 95, Bl. 3, 21, 88–105; ebd., Nr. 100, Bl. 1–105; ebd., Nr. 101, Bl. 1; ebd., Nr. 104, Bd. 1, Bl. 37, 88, 129, 169RS, 224, 244, 334, 358, 364, 401; ebd., Nr. 104, Bd. 2, Bl. 8, 36, 105ff., 128–143; ebd., I 411, Nr. 19, Bl. 7; ebd., P 521, V/8/39; SAPMO-BArch, KzPuSdaW; Engelmann, S. 64ff.

Osmar Heinze, geb. 06.08.1892 in Barigau, verst. 30.10.1957 in ?

Vater: Maurer, 8 Jahre Volksschule Barigau, ohne erlernten Beruf, nach der Schule Tätigkeit in der Landwirtschaft, 1912 Einberu-

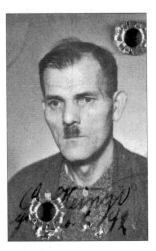

Osmar Heinze

fung zur Reichswehr Kassel, 1914–1918 Frontkämpfer Erster Weltkrieg (Gefreiter, u.a. 13.01.1915 Erfassung im Reservelazarett Rogasen als Angehöriger 1. Kompanie Infanterie-Regiment 83), Aug. 1918 kurzzeitige Haft wegen Meuterei, ab 1919 wohnhaft Raguhn, Fischergasse 3, 02.01.1919 bis 1923 Grube Golpa, ab Jan. 1919 Bergarbeiterverband, ab Febr. 1919 KPD (Eintritt Ortsgruppe Golpa, da es in Raguhn zu dieser Zeit keine KPD-Ortsgruppe gibt), 1923 Heirat mit Lina Hachemeister (1898–1962), 2 Töchter (geb. 1921, 1929), 1923 erst Maßregelung, dann Entlassung aus Grube Golpa, 1923–1929 Bauarbeiter u. Verpacker bei verschied. Firmen (u.a. 1926–1929 Baufirma Brandt Berlin), 1929–1935 erwerbslos, vor 1933 auch RGO, RHD, KG RS, DBV, 22. bis 25.06.1933 Schutzhaft GG Köthen, davor u. danach illegale KPD-Tätigkeit in Raguhn u. Bitterfeld: Kassierung Mitgliedsbeiträge, Zurverfügungstellung der Wohnung als Treffpunkt für Kuriere aus Magdeburg (letztmalig im Sept. 1933), 22./25.(?)03. bis 31.03.1935 Schutzhaft GG Dessau, 01.04. bis 01./10.(?)05.1935 Schutzhaft KZ Lichtenburg, 1935–1946 Verpacker Drahtweberei Pabst & Kilian Raguhn, 1939–1945 illegale KPD-Tätigkeit: v.a. Abhören ausländischer Sender u. Verbreitung dieser Nachrichten in der Firma, Verteilung von Lebensmitteln an Zwangs- und Fremdarbeiter, ab 1945 wohnhaft Raguhn, Markescher Platz 5 (später Clara-Zetkin-Platz), 1945 Mitbegründer KPD-Ortsgruppe Raguhn, ab 1946 SED, DSF, 1946–1950 SED-Stadtverordneter Raguhn, ab 1947 Invalidenrentner („Herz-Asthma"), 29.12.1951 VdN-Aberkennung wegen zu kurzer Haftzeit, 17.06.1952 nach Beschwerde Wiederanerkennung als VdN wegen gesundheitlicher Schäden, 16.12.1955 Anwerbung als IM (GI) Konspirative Wohnung durch

MfS-KD Bitterfeld aus „Überzeugung" (Deckname „Uhr"): Heinze u. seine Frau, die vom MfS mitverpflichtet wird, stellen das Wohnzimmer ihres Siedlungshauses Clara-Zetkin-Platz 5 für inoffizielle Treffs der IM aus Raguhn zur Verfügung (erhalten dafür monatliche Mietzahlungen von 15 DM).
Quellen: LASA, P 521, V/8/40; ebd., Z 141, Nr. 669, Bl. 74, 82; ebd., K 6-1, Nr. 2027, Bl. 1–13; ebd., Nr. 1813, Bl. 1–44; ebd., Nr. 2081 (Lina Heinze); SAPMO-BArch, KzPuSdaW; WASt (Schreiben 03.06.2009); BStU, MfS, BV Halle, AGI 18/58, P-Akte, Bl. 3–44; StAmt VGem Mittleres Schwarzatal Sitzendorf (E-Mail 23.01.2007); StAmt VGem Raguhn (Schreiben 24.01.2007).

Erich Heise, geb. 26.02.1912 in Dessau, verst. 29.03.1945 in Sarajevo (Ortslazarett)
Beruf: Maurer, ab 1931 erwerbslos u. RFB (seit 1929 verboten), 1931 wohnhaft Dessau, Franzstr. 22, vor 1933 auch KPD, 30.07.1931 Verurteilung durch AG Dessau wegen gemeinschaftlichen Hausfriedensbruchs zu 10 RM Geldstrafe oder ersatzweise 2 Tagen Gefängnis, Bei einer Silvesterfeier in der Nacht zum 01.01.1933 ist H. „Rädelsführer" bei einer „Sachbeschädigung": Er hatte mit anderen Kommunisten gegen 2.35 Uhr die Türfüllung eines unter ihm wohnenden Arbeiters zertrümmert, weil dessen zukünftiger Schwiegersohn, ein NSDAP-Mitglied, sich dort in Uniform (wahrscheinlich ist SA-Uniform gemeint) aufhielt. 17.02.1933 Anklageerhebung durch StA beim LG Dessau (Vergehen nach §§ 113, 303, 47, 74 RStGB), 02.03.1933 Festnahme wegen gemeinschaftlicher Körperverletzung (Schlägerei zwischen Nationalsozialisten und Kommunisten am 02.03. gegen 1.30 Uhr in der Leipziger Straße in Dessau), 02.03. bis 12.07.1933 U-Haft bzw. Strafverbüßung GG Dessau, 21.04.1933 Verurteilung durch SchöG Dessau wegen Sachbeschädigung zu einer Geldstrafe von 30 RM oder (im Falle der Uneinziehbarkeit) zu 10 Tagen Gefängnis, Da H. nicht zahlen kann, beantragt er die Gefängnisstrafe, die er vom 26. Mai bis 5. Juni im GG Dessau verbüßt, in dem er sich ja bereits befindet. 12.07.1933 Entlassung aus dem GG Dessau, 21. und 28.07.1933 Ablegung von Geständnissen, an dem Benzindiebstahl am 03.09.1932 beteiligt gewesen

zu sein,[713] 08.08.1933 Verurteilung durch SchöG Dessau wegen gemeinschaftlicher Körperverletzung (Laut Anklage hatte H. mit zwei anderen Kommunisten in der Nacht vom 01. zum 02.03.1933 Nationalsozialisten überfallen. Vergehen nach §223a RStGB) zu 1 Jahr 6 Monaten Gefängnis (Anrechnung von 2 Monaten U-Haft), H. legt Berufung gegen das Urteil ein. 17.08.1933 Ablegung eines weiteren Geständnisses, an einem Öldiebstahl beteiligt gewesen zu sein, 30.10.1933 Berufungsverhandlung LG Dessau: Berufung wird als unbegründet zurückgewiesen. 30.10.1933 Einlieferung in das GG Dessau, 28.11.1933 Überführung in die Strafanstalt Coswig (Anhalt), 19.01.1934 Verurteilung durch SchöG Dessau wegen schweren Diebstahls in zwei Fällen und einfachen Diebstahls in einem Falle unter mildernden Umständen (Taten begangen Ende August sowie am 03.09.1932) zu 1 Jahr 3 Monaten Gefängnis, 08.03.1934 Beschluss des Anhaltischen Amtsgerichts: Gesamtstrafe 2 Jahre 7 Monate Gefängnis, 23.03.1934 Anklageerhebung durch GStA beim KG wegen des Verdachts „Vorbereitung eines hochverräterischen Unternehmens", 31.08.1934 Antrag auf Erlass der Reststrafe gemäß Straffreiheitsgesetz vom 07.08.1934, Antrag wird von Loeper abgelehnt, 20.09.1934 Verurteilung durch KG (Sitzung in Dessau) wegen „Vorbereitung eines hochverräterischen Unternehmens" (§§81 Ziff. 2, 86 RStGB, Weiterführung des verbotenen RFB bis zu den März-Wahlen 1933, unerlaubter Waffenbesitz) zu 1 Jahr 4 Monaten Gefängnis, anschl. weiterhin Strafverbüßung Strafanstalt Coswig (Anhalt), 07.12.1934 Beschluss des Anhaltischen Amtsgerichts: nunmehrige Gesamtstrafe 3 Jahre 9 Monate Gefängnis (abzüglich 2 Monate U-Haft, d.h. 30.10.1933 bis 30.05.1937), 17.04.1935 Überführung von Strafanstalt Coswig (Anhalt) (da inzwischen in ein Zuchthaus umgewandelt) nach GG Magdeburg-Sudenburg zur weiteren Strafverbüßung, 08.06.1936 Feststellung, dass der Gesamtstrafenbeschluss des Anhaltischen Amtsgerichts vom 07.12.1934 unzulässig ist, da hierfür KG zuständig, d.h. Auf-

---

713 Ausführlich dazu ebd.

hebung des Beschlusses, 16.07.1936 Antrag von H. auf Gesamtstrafenbildung, 20.08.1936 Beschluss KG: Zusammenfassung auf Gesamtstrafe von 3 Jahren 9 Monaten Gefängnis unter Aufrechterhaltung der 2 Monate U-Haft, 30.05.1937 Entlassung aus GG Magdeburg-Sudenburg, Aug. 1940 Wiedererlangung der Wehrwürdigkeit, danach Einberufung zur Wehrmacht (letzter Dienstgrad: Schütze).
Quellen: LASA, Z 257, Nr. 95, Bl. 2, 8f., 16, 25f., 78–85, 106; ebd., Nr. 97, Bl. 2, 5–9, 104, 125–129, 155–195; ebd., Nr. 104, Bd. 1, Bl. 80, 134ff., 164–171, 185; ebd., Nr. 104, Bd. 2, Bl. 3, 23, 89, 123ff., 158, 166, 178, 202; ebd., C 144 Magdeburg, B Nr. 295a Gefangenenkartei, Hei, Hey, Hej, Hey; SAPMO-BArch, KzPuSdaW; www.volksbund.de/graebersuche (Stand: 05.03.2020); StAmt Dessau (Schreiben 05.12.2006).

Willi/Willy Hempel, geb. 11.06.1914 in Oranienbaum, verst. (vermisst seit) 30.08.1941 in Russland
Aus Oranienbaum, Beruf: Schlosser, 01.03. bis 25.03.1935 Schutzhaft GG Dessau, 25.03. bis 25.07.1935 Schutzhaft KZ Lichtenburg, wird seit 30.08.1941 als Angehöriger 1./Panzer-Abteilung 100 (Obergefreiter) 20 km südlich von Potschep vermisst.
Quellen: LASA, Z 141, Nr. 669, Bl. 74, 82f., 107; ebd., K 6-1, Nr. 377, Bl. 12; SAPMO-BArch, KzPuSdaW; Volksbund Deutsche Kriegsgräberfürsorge (Schreiben 08.01.2007); WASt (Schreiben 26.07.2007).

Ernst Henze, geb. 28.10.1909 in Bobbau, verst. (vermisst seit) 12.02.1944 in Italien[714]
Aus Jeßnitz, ohne erlernten Beruf, KPD-Mitglied, 28.03. bis 30.04.1935 Schutzhaft KZ Lichtenburg, wird seit 12.02.1944 als Angehöriger 3. Kompanie Heeres-Pionier-Bataillon 60 nach Kampfhandlungen südlich von Aprilia vermisst.
Quellen: LASA, Z 141, Nr. 669, Bl. 73, 81; SAPMO-BArch, KzPuSdaW; WASt (Schreiben 11.03.2008).

---

714 H. wurde am 01.01.1957 vom Kreisgericht Bitterfeld für tot erklärt. Als Todestag wurde der 31.07.1949 festgelegt. StAmt Wolfen (E-Mail 29.11.2006).

Rudolf Hernig, geb. **04.03.1910** in Dessau, verst. **09.05.1983** in Dessau
Vater: Schriftsetzer (1886–1959, vor 1933 SPD, nach 1946 SED), 5 Geschwister, 1916–1924 Volksschule Dessau, 1924–1927 abgeschlossene Schlosser-Lehre bei Karl Köckert Dessau, ab 1926 DMV u. KJVD, ab 1927 Rote Jungfront (RFB-Jugendverband, Kassierer), Sept. bis Nov. 1927 Schlosser Dessauer Waggonfabrik, 1928 Schlosser u. a. Stickstoffwerk Piesteritz u. Junkers Kalorifer Dessau, März bis Okt. 1929 Wanderschaft durch Deutschland, 1929–1933

Rudolf Hernig, 1956

illegale Tätigkeit für den seit 1929 verbotenen RFB, 1929–1936 (mit kurzen Unterbrechungen 1930 u. 1931) erwerbslos, ab 1930 KPD, 1931 Verurteilung wegen Körperverletzung zu 30 RM Geldstrafe, 1931 Verurteilung wegen gemeinschaftlichen Hausfriedensbruchs zu 10 RM Geldstrafe, 1932 Verurteilung durch LG Dessau wegen ? zu 4 Wochen Gefängnis, 14.03.1933 Festnahme in Dessau, anschl. erst 3 Tage Schutzhaft Polizeirevier I und dann 3 Monate U-Haft GG Dessau, Juni 1933 Verurteilung wegen schweren Diebstahls (Diebstahl einer Kuh) zu 1 Jahr Gefängnis, 1933 Verurteilung wegen gemeinschaftlichen schweren Diebstahls zu 6 Monaten Gefängnis (Gesamtstrafe: 1 Jahr 5 Monate): H. hatte mit zwei Kommunisten im Auftrag von Paul Kmiec Schreibmaschinen gestohlen, die als Ersatz für jene durch die Polizei Ende 1932/Anfang 1933 beschlagnahmten zur Herstellung von KPD-Schriften dienten. Wenige Tage nach dem Diebstahl wurde das Werkzeug des Einbruchs in H.s Wohnung gefunden. Ab 21.06.1933 Strafverbüßung Strafanstalt Coswig (Anhalt), 18.09.1934 Verurteilung durch KG (Sitzung in Dessau) wegen „Vorbereitung eines hochverräterischen Unternehmens" (§§ 81 Ziff. 2, 86 RStGB, Weiterführung des verbotenen RFB bis zu den März-Wahlen 1933, unerlaubter Waffenbesitz) zu 1 Jahr 3 Monaten Gefängnis (zur

Zeit der Verurteilung noch immer „in anderer Sache in Strafhaft in der Strafanstalt Coswig"): H. hatte Friedrich Schiedewitz 1933 eine Pistole gegeben, um diese zu verstecken. Schiedewitz verriet ihn 1934.[715] Bis 17.04.1935 Strafverbüßung Strafanstalt Coswig (Anhalt), 17.04. bis 06.05.1935 GG Magdeburg-Sudenburg u. Gefängnis Magdeburg-Neustadt, 06.05. bis ? GG Stendal, 21.12.1935 Entlassung aus GG Salzwedel, Jan. 1936 bis 1945 Werkzeugmacher bzw. Reparaturschlosser Junkers Kalorimeter Dessau, 19.08.1939 Heirat mit Ilse Schöbe (1913–1971), 4 Kinder, ab 01.06.1945 KPD bzw. ab 1946 SED, ab 1949 DSF, 1945 bis zur Abschaffung der Betriebsräte 1948 Vors. Betriebsrat Junkers Kalorimeter Dessau (ab 1948 VEB Junkalor), dann dort bis April 1949 Sozialreferent, April bis Nov. 1949 Vors. KPKK SED-Kreisleitung Dessau, 09.11.1949 bis 30.11.1952 Sachbearbeiter MfS-KD Dessau (zuletzt Leutnant), 29.10.1952 Verhaftung, Vorwurf: „bewußte Einstellung von Gestapo-Agenten in das MfS": H. fand nach Kriegsende bei Aufräumungsarbeiten im Junkers Kalorimeterbau eine Akte, in der u.a. die V-Leute der Gestapo aus dem Kalorimeterbau standen. Den Fund der Akte und deren Inhalt verschwieg er. Als H. 1949 aus dem Betrieb ausschied, übergab er die Akte dem Leiter des Werkschutzes, der später in das MfS eingestellt wurde und ebenfalls das Vorhandensein der Akte und deren Inhalt verschwieg. H. war nach Einstellung beim MfS v.a. für die Personalwerbung zuständig. In dieser Funktion warb er ein ehem. SA-Mitglied an, welches als V-Mann in der Akte stand. Zu diesem sagte H., er solle die SA-Mitgliedschaft im Lebenslauf nicht angeben. Die Sache kam heraus, weil ein Angestellter des VEB Junkalor der MfS-KD Dessau die Existenz der Akte meldete. Zudem warf das MfS H. vor, 1945 und 1946 gegen Friedrich Schiedewitz, obwohl er dessen „Verbrechen gegen die Menschlichkeit" kannte, keine Anzeige erstattet zu haben. 29.10.1952 Überstellung in die MfS-UHA „Roter Ochse" Halle/S. (Disziplinarhaft), 20.11.1952 Erlass Haftbefehl u. Überführung nach MfS-UHA Berlin (Haftanstalt I) (U-Haft), 21.11.1952 SED-

---

715 Ausführlich zu Friedrich Schiedewitz siehe Sperk, V-Leute, S. 163–182.

Ausschluss wegen „parteifeindlicher Tätigkeit", VdN-Aberkennung, 09.05.1953 Verurteilung durch Bezirksgericht Halle nach Artikel 6 der DDR-Verfassung in Verbindung mit der KD Nr. 38 zu 15 Jahren Zuchthaus, 17.05.1953 bis 16.12.1953 Strafverbüßung StVA Halle/S. u. MfS-UHA „Roter Ochse" Halle/S., 16.12.1953 bis 10.08.1956 StVA Brandenburg/Havel, 10.08.1956 bis 31.07.1957 StVA Bautzen II, 31.07.1957 Entlassung nach Dessau, Saalestr. 32. Die Ehefrau H.s hatte seit Juni 1953 zahlreiche Gnadengesuche gestellt, die abgelehnt wurden. Nach Absprache von ZPKK, BPKK Halle u. GStA erfolgte am 22.07.1957 ein Gnadenentscheid durch DDR-Präsident Wilhelm Pieck. Aug. 1957 bis zumindest nach 1970 Werkzeugmacher VEB Junkalor Dessau, H. wurde von 1962 bis 1968 vom MfS beobachtet, da er als „Gegner" galt („Die Einstellung des H. zum Arbeiter- und Bauernstaat wird als ablehnend bezeichnet"). Belege für die Vorwürfe konnte die MfS-KD Dessau aber nicht erbringen und stellte 1968 die „operative Kontrolle" ein. 1967 Rehabilitierung durch ZPKK, 1968 Wiederaufnahme in SED, 1968 Rehabilitierung durch GStA der DDR (Streichung aller Eintragungen im Strafregister), 01.10.1968 Wiederanerkennung als „Verfolgter des Faschismus" u. Verleihung „Medaille für Kämpfer gegen den Faschismus 1933–1945", 1910–1939 wohnhaft Dessau, Klughardtstr. 5, ab 1939 Graudenzerstr. 18, zumindest ab 1952 Dessau-Ziebigk, Saalestr. 32, Juni 1973 erneute Heirat.

Quellen: LASA, P 521, Nr. 40; ebd., P 522, IV/8/450; ebd., Z 257, Nr. 104, Bd. 2, Bl. 105f.; ebd., C 144 Magdeburg, B Nr. 295a Gefangenenkartei, He, außer Hei, Hej, Hey; ebd., K 6-1, Nr. 2327; BStU, MfS, GH 43/55, Bd. 1, Bl. 18–22, 121; ebd., Bd. 8, Bl. 26–90; ebd., Bd. 10, Bl. 1–153; ebd., ASt IC, Nr. 1/74, Bd. 3, Bl. 186f., 203; ebd., Diszi Nr. 6818/92 ZA/20247, Bl. 65–88; ebd., BV Halle, KS 83/59, Bl. 1–19, 30–32; SAPMO-BArch, KzPuSdaW; DRK-SM (Schreiben 16.09.2009); Gedenkstätte Bautzen (Schreiben 05.10.2009); StAmt Dessau (Schreiben 05.12.2006).

Emil Herre, geb. 17.01.1891 in Jeßnitz, verst. 20.03.1973 in Wattenscheid

1897–1905 Volksschule Jeßnitz, 1905–1909 abgeschlossene Buchdrucker- u. Schriftsetzer-Lehre in Jeßnitz, 1909–1911 Wanderschaft,

1911–1913 Soldat, 1914–1917 Frontkämpfer Erster Weltkrieg (zuletzt Unteroffizier, u.a. 20.10.1916 Erfassung im Kriegslazarett 1/VII Saint-Quentin als Angehöriger 1. Kompanie Infanterie-Regiment 183), 1919–1933 Vors. SPD-Ortsgruppe Jeßnitz, Stadtverordneter, Filialleiter der Volksblatt-Buchhandlung Jeßnitz, 1933 wohnhaft Jeßnitz, Haupstr. 67, verheiratet mit Martha Hanisch, 1 Tochter, 2 Söhne, 24.06. bis 05.07.1933 Schutzhaft Strafanstalt Coswig (Anhalt) (nach eigenen Angaben 1933 insg. 2 Monate Schutzhaft Gefängnisse Jeßnitz u. Coswig), anschl. bis Nov. 1934 erwerbslos, in dieser Zeit illegale SPD-Tätigkeit: Herstellung u. Verbreitung von Flugschriften, alle 14 Tage Zusammenkünfte „in der Wohnung der Genossin Martin[716] in Altjeßnitz, Vervielfältigung und Verbreitung der wichtigsten Meldungen des Moskauer Rundfunks mittels meiner Schreibmaschine, hierzu wurde eine besondere Type verwendet, sodaß eine Überführung bei Schriftproben nie möglich war", ab 1935 wohnhaft Roßdorf (Juli 1936 nach Jeßnitz eingemeindet), 27.03.1935 Festnahme wegen Verbreitung illegaler Schriften u. Abhören verbotener Sender, 28.03. bis 31.03.1935 Schutzhaft GG Dessau, 01.04. bis 09.05.1935 Schutzhaft KZ Lichtenburg, 1939 Tätigkeit in Wolfen (?), 01.09. bis 13.10.1939 Schutzhaft PG Dessau (wahrscheinlich im Rahmen der „A-Kartei-Aktion"[717]), 13.10.

---

716 Emma Martin (geb. 25.10.1892 in Holzweißig) gehörte seit 1926 der SPD an. Am 10.09.1943 wurde sie von der Gestapo festgenomen. Am 09.10.1943 verurteilte sie der VGH wegen Wehrkraftzersetzung und Feindbegünstigung zum Tode. Das Urteil wurde am 16.12.1943 in Berlin-Plötzensee vollstreckt. Ausführlich https://de.wikipedia.org/wiki/Emma_Martin_(NS-Opfer) (Stand: 05.03.2020).

717 Die „A-Kartei" war eine Datenkartei von Personen, die unter Gestapo-Beobachtung standen (A steht vermutlich für „Aufsicht"). Reinhard Heydrich ließ die Kartei, die ausschließlich im Gestapa geführt wurde und Gegner des NS-Regimes enthielt, seit 1933 aufbauen. Am 28.09.1938 legte eine Weisung an die Stapostellen die Unterbringung dieser Personen entsprechend der Einträge in der A-Kartei in ein jeweiliges KZ fest. Die Dessauer Gestapo musste „ihre" A-Kartei-Personen in das KZ Sachsenhausen einliefern. Am 01.09.1939 nahm die Gestapo in einer zentralen Aktion zahlreiche Personen, die in der A-Kartei standen und als „besonders gefährliche Staatsfeinde" galten, in Schutz-

bis 23.12.1939 Schutzhaft KZ Sachsenhausen (Nr. 3140, Block 65) wegen Verstoßes gegen das Heimtückegesetz, 1939 wohnhaft Jeßnitz, Brunnenstr. 10 u. 51, April bis Sept. 1945 Bürgermeister von Roßdorf (bis zur erneuten Eingemeindung nach Jeßnitz), Sept. 1945 bis zumindest Juli 1946 Leiter Stadtkasse Jeßnitz, ab 1945 SPD, ab 1946 SED, bis 1949 wohnhaft Jeßnitz, Brunnenstr. 10, 04./05.10.1949 Übersiedlung in die Bundesrepublik („illegal nach dem Westen [...] zu seinen 3 Kindern"), nach 1952 Geschäftsstellenleiter, zuletzt wohnhaft Wattenscheid, Bochumer Str. 12.

Quellen: LASA, P 521, V/8/212, Bl. 8; ebd., Z 141, Nr. 307, Bl. 120f.; ebd., Nr. 669, Bl. 6, 74, 82f.; ebd., Nr. 1971, Bl. 262; ebd., K 6-1, Nr. 1891; SAPMO-BArch, DY 55/V 278/5/28 („Dessau"); ebd., DY 55/V 278/4/68 („Herre, Emil"); ebd., KzPuSdaW; Archiv Gedenkstätte u. Museum Sachsenhausen, D 1 A/1024, Bl. 341, 494; DRK-SM (Schreiben 06.04.2009); WASt (Schreiben 03.06.2009); StAmt VGem Raguhn (Schreiben 15.01.2007); StAmt Bochum (Schreiben 29.01.2007 einschl. Kopie Sterbebucheintrag).

Karl Herrmann, geb. 17.03.1898 in Moosburg an der Isar, verst. ? in ?[718]

Aus Oranienbaum, zumindest 01.03. bis 25.03.1935 Schutzhaft GG Dessau, 25.03. bis 25.07.1935 Schutzhaft KZ Lichtenburg.

Quellen: LASA, Z 141, Nr. 669, Bl. 74, 82f., 107; ebd., K 6-1, Nr. 377, Bl. 12.

Willi Heyer, geb. 21.07.1904 in Jeßnitz, verst. 23.10.1967 in Jeßnitz

Vater: Postschaffner, 8 Klassen Mittelschule Jeßnitz, 3 Jahre abgeschlossene Kaufmanns-Lehre (einschl. Kaufmännische Fachschule), ab 01.05.1923 KPD, später auch RGO, RFB (Politischer Leiter), RHD (Funktionär), VpFD, KG RS, KgdF, DBGB, 1922–1929 Arbeiter bzw. Angestellter bei verschied. Bau- u. Montagefirmen, 1929–

---

haft. Nach Aufenthalt im jeweiligen Polizei- oder Gerichtsgefängnis wurden sie in die KZs überführt. Vgl. https://de.wikipedia.org/wiki/A-Kartei (Stand: 15.08.2018).

718 Nach Auskunft des StAmtes Moosburg ist dem Geburtsnachweis kein Hinweis zum Tod beigeschrieben.

1933 erwerbslos, 14.11.1931 Heirat mit Marie Winkemüller (geb. 03.01.1908 Jeßnitz), 1 Pflegesohn, wohnhaft Jeßnitz, Wall 19, nach eigenen Angaben Anfang März 1933 KPD-Ausschluss, weil er sich „gegen die Partei vergangen haben" soll, ab 11.03.1933 untergetaucht in Dessau, illegale KPD-Tätigkeit: Kassierung Mitgliedsbeiträge, Zeitungsvertrieb, Flugblattherstellung u. -verteilung zum 1. Mai, 07.05.1933 Festnahme bei „Großrazzia" in Dessau-Großkühnau, 07.05. bis 14.06.1933 erst

Willi Heyer

U-Haft, dann Schutzhaft GG Dessau, 14.06. bis 25.11.1933 Schutzhaft KZ Oranienburg (nach Antrag der Ehefrau am 25.11.1933 auf vier Wochen beurlaubt, d.h. Heyer muss sich zweimal täglich bei der Polizei Jeßnitz melden), 23.12.1933 offizielle Entlassung aus der Schutzhaft durch LKPS Dessau, 06.07.1934 Festnahme in Jeßnitz, 20.07.1934 Verurteilung durch AG Jeßnitz wegen Verstoßes gegen das Gesetz über Schusswaffen und Munition vom 12.04.1928 zu 3 Wochen Gefängnis (Strafe durch Straffreiheitsgesetz vom 07.08.1934 erlassen), 27.03.1935 Festnahme in Jeßnitz (wegen Weiterleitung illegaler Schriften u.a. des „Braunbuches"), 28.03. bis 31.03.1935 Schutzhaft GG Dessau, 01.04. bis 05.05.1935 Schutzhaft KZ Lichtenburg (Verrichtung von Bauarbeiten, Tätigkeit als Glaser, Stubben roden), 1935–1937 Bauarbeiter, 1938–1940 kaufmännischer Angestellter einer Baufirma, 21.04.1940 Einberufung zur Wehrmacht (Kriegseinsatz bei verschied. Bau-Bataillonen), 26.11.1944 letztmalige Erfassung bei der Wehrmacht als Angehöriger 1. Kompanie Bau-Pionier-Bataillon 109, zuletzt Unteroffizier, E.K. II. Klasse, 03.04.1945 Festnahme wegen Fahnenflucht und Zersetzung der Wehrmacht in Oschatz (dort Inhaftierung u. Anklageerhebung), Flucht aus dem Gefängnis während eines Fliegerangriffs u. nach Jeßnitz „durchgeschlagen", ab 1945 KPD bzw. ab 1946

SED, bis Aug. 1945 kaufmännischer Angestellter, ab 15.08.1945 bis zumindest 1947 Leiter des Amtes für Handel und Versorgung Stadtverwaltung Jeßnitz, zugleich Stadtrat, bis Dez. 1949 Leiter einer MAS in Jeßnitz, ab Mai 1950 Invalidenrentner (Herzkrankheit), bis Febr. 1950 wohnhaft Jeßnitz, Neumarkt 6a bzw. Steinfurtherstr. 5, ab März 1950 Steinfurtherstr. 4.

Quellen: LASA, P 521, Nr. 40; ebd., Z 257, Nr. 55, Bl. 45 ff.; ebd., Z 141, Nr. 669, Bl. 2, 7, 14, 58 f., 73, 81; ebd., Nr. 672, Bl. 139; ebd., K 6, Nr. 9969, Bl. 268; ebd., K 6-1, Nr. 1907; ebd., Nr. 8661, Bl. 1–51; SAPMO-BArch, DY 55/V 278/5/28 (Dessau); ebd., DY 55/V 278/4/68 (Heyer, Willi); ebd., KzPuSdaW; WASt (Schreiben 25.06.2009); StAmt VGem Raguhn (Schreiben 15.01.2007).

Erich Hillner, geb. 22.01.1897 in Petkus, verst. 02./03.04.1945 bei Oerlinghausen

Aus Oranienbaum, Beruf: Schlosser, KPD-Mitglied, 04.11.1923 Heirat mit Anna Marie Herrmann in Oranienbaum, 01.03. bis 25.03.1935 Schutzhaft GG Dessau, 25.03. bis 25.07.1935 Schutzhaft KZ Lichtenburg, H. wurde im Sept. 1935 vom KG wegen „Vorbereitung eines hochverräterische Unternehmens" zu einer unbekannten Haftstrafe verurteilt; er war der Hauptangeklagte in diesem Prozess. Details des Urteils konnten nicht ermittelt werden. zuletzt wohnhaft Oranienbaum, Krähenbergstr. 8, Erich Hillner kam bei den Kämpfen um den Teutoburger Wald um (letzter Dienstgrad Wachtmeister) und ruht auf der Kriegsgräberstätte in Oerlinghausen-Evangelischer Friedhof.

Quellen: LASA, Z 141, Nr. 669, Bl. 74, 82 f., 107; ebd., K 6-1, Nr. 377, Bl. 12; ebd., P 521, Nr. 41 (Kurt Höhse); SAPMO-BArch, KzPuSdaW; www.volksbund.de/graebersuche (Stand: 05.03.2020); StAmt Amt Dahme/Mark (Schreiben 05.06.2007); StAmt Oerlinghausen (Schreiben 13.06.2007 einschl. Kopie Sterbeeintrag).

Dr. Rudolf Hinze, geb. 12.12.1892 in Coswig (Anhalt), verst. 02.10.1957 in Goslar

Vater: Oberkirchenrat D. theol. Albert Hinze (1861–1940), 1902–1911 Herzogliches Karls-Gymnasium Bernburg, Febr. 1911 Abitur, 31.03.1911 bis 31.03.1912 Wehrdienst, 1912–1914 Studium der Philologie u. Volkswirtschaft Universitäten Marburg u. Straßburg, 01.08.1914 freiwillige Meldung zum Kriegsdienst in Marburg, 4. Matrosen-Artillerie-Abteilung u. 2. Seeflieger-Abteilung Wilhelmshaven, E.K. I.u. II. Klasse, 20.03.1919 Entlassung aus der Reichswehr als Leutnant der Reserve nach Zerbst, März 1919 bis April 1921 Studium der Volkswirtschaft, Rechts- u. Staatswissenschaft Universitäten Halle/S.u. Göttingen, März/April 1920 Mitglied Freikorps „Watter" (Teilnahme an Kämpfen im Ruhrgebiet), 16.07.1921 Erste jurist. Staatsprüfung in Celle (Prädikat: „ausreichend"), 02.08.1921 mündliche Doktorprüfung Universität Göttingen (Prädikat: „ausreichend"), 09.08.1921 Ernennung zum Referendar, ab 19.08.1921 Referendar AG Zerbst, ab 19.02.1922 Referendar LG Dessau, ab 20.08.1922 Referendar Staatsanwaltschaft Dessau, ab Dez. 1922 Referendar AG Zerbst, 20.02.1923 Abschluss Promotion Dr. jur. Universität Göttingen, ab 01.12.1923 Referendar OLG Naumburg, ab 01.04.1924 Referendar LG Berlin-Charlottenburg, 15.01.1925 Zweite jurist. Staatsprüfung in Berlin (Prädikat: „ausreichend"), 28.01.1925 Ernennung zum Gerichtsassessor, 30.03. bis 30.06.1925 II. wissenschaftlicher Hilfsarbeiter Rechtsabteilung IHK Hannover, 01.07.1925 bis 30.01.1926 wissenschaftlicher Hilfsarbeiter IHK Dortmund, ab 24.02.1926 Tätigkeit am AG Dessau (Eintritt in den anhaltischen Justizdienst), 15.03. bis 31.03.1926 Hilfsrichter AG Dessau, 01.04.1926 bis 31.01.1927 Hilfsrichter AG Roßlau u. Coswig (Anhalt), 01.02. bis 31.03.1927 Hilfsrichter LG Dessau, 01.04. bis 31.10.1927 Hilfsrichter AG Jeßnitz, 01.11.1927 bis 31.03.1928 Hilfsrichter LG Dessau, 01.04.1928 Ernennung zum Amtsgerichtsrat, 01.04.1928 bis 30.06.1932 Amtsgerichtsrat AG Roßlau (auch in Roßlau wohnhaft), 01.09.1930 NSDAP-Eintritt Ortsgruppe Dessau (Nr. 307.512), 06.06.1930 Heirat mit ? Sommer (geb. 25.05.1909), 01.07. („aus dem Justizdienst beurlaubt") bis 31.12.1932 Personalreferent im Anhaltischen Staatsministerium, 01.01.1933 Ernennung zum Land- u. Amtsgerichtsrat, 01.01. bis 31.10.1933 Land- u. Amtsgerichtsrat LG Dessau (d.h. weiterhin beschäftigt beim Anhaltischen Staatsministerium, Abt. Allg. Staatsverwaltung u. Justiz), ab 01.06.1933 Richterliches Mitglied beim Ärztlichen Ehrengericht der Anhaltischen Ärztekammer, 1933 Führer der Fliegerortsgruppe Dessau, ab 01.11.1933 Landrat des Kreises Zerbst, 30.11.1933 Umzug nach Zerbst (Dienstwohnung im Kreisamt), Mai (?) 1935 Eröffnung eines NSDAP-Parteigerichtsverfahrens, Aug. 1939 Verleihung des Silbernen Treuedienst-Ehrenzeichens, 15.07.1942 (offizielle) Einberufung zur Wehrmacht (Hinze, der nachweislich nach dem 01.09.1939 bis mindestens 31.05.1940 noch als Landrat in Zerbst amtierte, unterzeichnete seit Anfang 1941 nicht mehr die Landrats-Schreiben, d.h. er war vermutlich ab Anfang 1941 nicht mehr in Zerbst. Vgl. LASA, Z 149, Nr. 125, ebd., Nr. 194, Bl. 346, 350, 358; ebd., Nr. 352, Bl. 183; ebd., K 13 ZE, Nr. 111, Bl. 149), zum Zeitpunkt 15.08.1942 Major der Luftwaffe, zum Zeitpunkt 26.01.1943 in Kiel stationiert, 18.06.1943 Einlieferung Reservelazarett Bad Kissingen, zum Zeitpunkt 29.08.1944 in Swinemünde stationiert, ab 1944/1945 (?) britische Kriegsgefangenschaft (zuletzt Major der Luftwaffe), 31.07.1947 Entlassung aus britischer Gefangenschaft (Entlassungsanschrift: Münster-Mecklenbeck, Weseler Straße).

Quellen: LASA, Z 116-1, II H Nr. 56, Bd. I, Bl. 1–95; ebd., Bd. II, Bl. 1–116; ebd., Bd. III, Bl. 1–85; ebd., Bd. IV, Bl. 1–157; BArch, R 9361-VIII KARTEI I0079; ebd., R 9361-IX KARTEI I0019; Ziegler, Spitzenbeamte, S. 99; Der neue Zerbster Landrat, in: Anhaltische Tageszeitung, 18.10.1933; ABlfA 1939, S. 241; WASt (Schreiben 16.01.2008); StAmt VGem Coswig (Anhalt) (Schreiben 16.01.2007).

Curt Hoede, geb. 17.02.1894 in Dessau, verst. ? in ?[719]

Vater: Lagerist, 1900–1909 Mittelschule Dessau, 1909–1913 Technischer Zeichner Polysius Dessau, parallel dazu Ingenieur-Ausbildung Maschinenbauschule Dessau, 1913/14 Techniker bei Polysius, 25.09.1914 bis 15.08.1916 Erster Weltkrieg (Gefreiter Anhaltisches Infanterie-Regiment Nr. 93), verheiratet mit Frieda Voigt (geb. 30.06.1898), 2 Kinder (geb. 1919, 1933), 16.08.1916

---

719 Dem Geburtsnachweis ist kein Hinweis zum Tod beigeschrieben. StA Dessau-Roßlau (Schreiben 14.07.2009).

Curt Hoede

bis 30.06.1932 Techniker bzw. Ingenieur Polysius Dessau, 1919–1932 SPD, 01.07.1932 bis 12.02.1934 erwerbslos, Oberfeldmeister des FAD, 13.02.1934 bis 15.08.1943 Ingenieur für Erfinderschutz bei der DAF, 26.11.1934 Inschutzhaftnahme, 27.11.1934 Verurteilung durch SchöG Dessau wegen Beleidigung des Reichsstatthalters zu 4 Monaten Gefängnis (Strafe durch die von Loeper am 21.12.1934 verkündete Amnestie erlassen), bis 1938 wohnhaft Dessau, Elisabethstr. 22, ab 1938 wohnhaft Magdeburg, Uhlandstr. 28, 16.08.1943 bis Aug. 1944 Unteroffizier 6. Luftnachrichten-Ersatz-Kompanie Lager-Nachrichten-Regiment 11 in Dänemark, 31.08.1944 Verurteilung durch ein Militärgericht wegen Wehrkraftzersetzung zu 1 Jahr 8 Monate Dienst in Bewährungseinheit 500, 17.04. bis 22.06.1945 amerik. Gefangenschaft in einem Lazarett in Ulm, ab 1945 wohnhaft Magdeburg, Grimm-Privatweg 1, 18.02.1946 bis 20.07.1947 „Demontage-Ingenieur" bei einer „sowjetischen Militärdienststelle", 27.10.1947 bis 30.09.1949 Ingenieur bzw. Konstrukteur im Wissenschaftlich-Technischen Büro Ministerium für Schwermaschinenbau Sachsen-Anhalt, ab 1948 CDU, 22.05.1950 bis 18.07.1953 Kontrollleiter VEB Schraubenfabrik Magdeburg, ab 1952 u.a. wegen Schädelbasisbruch zu 70% schwerbeschädigt, 20.07. bis 06.08.1953 Technologe VEB Nagema Magdeburg, 07.08.1953 bis 21.02.1954 erwerbslos, ab 22.02.1954 Hilfsmechaniker MTS Spezialwerkstatt Magdeburg (Bakestraße). Da ein IM berichtet hatte, H. übe im Betrieb „ständig Kritik an den politischen Verhältnissen in der DDR", wurde er 1957 und 1958 durch die MfS-KD Magdeburg „operativ bearbeitet".

Quellen: Noch ein Verleumder des Reichsstatthalters, in: Der Mitteldeutsche. Anhaltische Tageszeitung, 28.11.1934; WASt (Schreiben 25.05.2009); BStU, MfS, BV Magdeburg, KD Magdeburg, Nr. 11004, Bl. 3–23.

Kurt Höhse, geb. 16.03.1902 in Dessau, verst. 10.02.1982 in Dessau
Vater: Former, 1908 bis 1916 Volksschule, ohne erlernten Beruf (verschied. Tätigkeiten in vielen Betrieben, zuletzt ab 1923 Bauarbeiter), 1923 Heirat mit der Tochter des Arbeiters Otto Oppermann aus Oranienbaum, vor 1933 KPD, RHD, DBV, 1933/34 illegale KPD-Tätigkeit in Oranienbaum: v.a. Verteilung von Flugblättern, 1935 wohnhaft Oranienbaum, Marienstr. 11, 13.01.1935 Festnahme, anschl. „etwa" 3 Wochen U-Haft GG Dessau, 01.03. bis 31.03.1935 Schutzhaft GG Dessau, 01.04. bis 25.07.1935 Schutzhaft KZ Lichtenburg, Sept. 1935 Freispruch durch KG (Hauptangeklagter Erich Hillner) von der Anklage „Vorbereitung eines hochverräterischen Unternehmens" wegen Mangels an Beweisen, Juli 1940 Einberufung zur Wehrmacht (zu der Zeit wohnhaft Oranienbaum, Friedrichstr. 24), 29.09.1940 Erfassung bei der Wehrmacht als Angehöriger 1. Kompanie Luftwaffen-Bau-Bataillon 16/IV/XI Stendal, 08.05.1945 bis 29.08.1947 sowj. Gefangenschaft, Rückkehr nach Oranienbaum, Försterstr. 2, „Tätigkeit im Baugewerbe", ab Febr. 1950 Wachmann Betriebsschutz VVB/VEB ABUS Maschinenfabrik u. Eisengießerei Dessau, Nov. 1974 wohnhaft Kochstedt, Max-Lademann-Str. 7.
Quellen: LASA, P 521, Nr. 41; ebd., Z 141, Nr. 669, Bl. 74, 82 f., 107; DRK-SM (Schreiben 08.04.2009); WASt (Schreiben 12.06.2009).

Bruno Hoffmann, geb. 11.08.1875 in Wegeleben, verst. 01.08.1957 in Werna
1894 Abitur, ab 1894 Studium der Theologie, 29.07.1898 1. theol. Prüfung, 05.07.1901 2. theol. Prüfung, 01.10.1903 bis 01.06.1904 Vikar (Hilfsprediger) an der Deutschen Kirche Cannes (Frankreich), 07.08.1904 Priesterweihe (Ordination) in Köthen, 01.08.1904 bis 31.07.1905 Hilfsprediger St. Jakob Köthen, 1904 erste Heirat mit Freiin Melanie Spiegel von und zu Peckelsheim aus Werna, 01.07. bis 31.10.1905 Hilfsprediger St. Petrus Dessau, 01.11.1905 bis 31.07.1907 Hilfsprediger St. Marien Dessau, 01.08.1907 bis

31.12.1911 Kaplan in Oranienbaum u. Pfarrer in Sollnitz, 29.06.1909 zweite Heirat mit Freiin Maria Spiegel von und zu Peckelsheim aus Werna (geb. 04.07.1889, Schwester der ersten Ehefrau), insg. 3 Söhne, 3 Töchter, 01.01.1912 bis 30.09.1925 Pastor in Badeborn (keine Teilnahme am Ersten Weltkrieg), 01.10.1925 bis 30.09.1947 Pastor St. Nicolai Ballenstedt, zugleich stellv. Kreisoberpfarrer, Dez. 1933 Mitbegründer Pfarrernotbund Anhalt, Dez. 1933 H. bekommt „Ärger" mit NSDAP-Kreisleiter Ballenstedt, da er dem NSDAP- u. Kirchenratsmitglied Ludwig Kietzmann ein kirchliches Flugblatt („Die Stunde der Entscheidung ist da! Ein Wort von der kirchlichen Lage") gesandt hatte, in dem die DC angegriffen wurden, Vors. Ortsbruderrat Ballenstedt der BK, Frühjahr 1935 bis 1939 Mitglied Landesbruderrat Anhalt der BK, 29.03.1935 Inschutzhaftnahme durch Gestapo Dessau (für einige Stunden), nachdem er in einem Schreiben an die Polizeiverwaltung Ballenstedt vom 27.03.1935 die Verlesung der Kanzelabkündigung der BK angekündigt hatte, 31.10.1943 bis Febr. 1944 arbeitsunfähig (Schlaganfall), nach 1945 CDU, ab 01.10.1947 Ruhestand (führt aber bis zur Berufung des Nachfolgers das Pfarramt bis 30.11.1948 weiter).

Bruno Hoffmann

Quellen: AELKA, B 6 Ev. LKR 1945–1970, Generalia, H 12 29 I (Personalakte Bruno Hoffmann); ebd., B 17 (Nachlass Martin Müller), Dokumentation des Kirchenkampfes [...], Nr. 24; ebd., Mappe 3, Nr. 228; ebd., Mappe 4, Nr. 285 u. Nr. 286; LASA, Z 134, Nr. 76, Bl. 45; Graf, S. 291; Meier, Bd. 2, S. 237, 431; ebd., Bd. 3, S. 667. Für das Foto von Bruno Hoffmann dankt der Autor Kreisoberpfarrer Dr. Theodor Hering, Ballenstedt.

Gerhard Hoffmann, geb. 17.04.1880 in Rathmannsdorf, verst. 27.12.1962 in Dessau

Vater: Pastor, 1886–1891 Volksschule Rathmannsdorf, 1891–1899 Herzogliches Karls-Gymnasium Bernburg, 03.03.1899 Abitur, 1899–1903 Studium der Theologie Universitäten Leipzig, Tübingen, Halle/S., 30.06.1903 1. theol. Prüfung in Dessau, 28.06.1906 2. theol. Prüfung in Dessau, 01.10.1906 bis 30.09.1907 Lehrvikar, 01.10. bis 15.12.1907 Hilfsprediger in Neudorf-Silberhütte, 22.12.1907 Priesterweihe (Ordination) in Dessau, 16.12.1907 bis 30.09.1908 Hilfsprediger in Dessau-Alten, 29.10.1908 erste Heirat mit Johanne Grape (1880–1944, Tochter des Pfarrers Karl Grape in Dessau), 3 Töchter (geb. 1908, 1911, 1916), 1 Sohn (geb. 1914), 01.10.1908 bis 31.10.1910 Kreispfarrvikar in Ballenstedt, 01.11.1910 bis 31.03.1927 Pfarrer in Edderitz (keine Teilnahme am Ersten Weltkrieg), 01.04.1927 bis 31.05.1931 Pfarrer in Biendorf, 01.06.1931 bis 31.12.1957 Pfarrer St. Jakobus Dessau, Dez. 1933 Mitbegründer Pfarrernotbund Anhalt, ab April 1934 „Ärger" mit Leiter NSDAP-Ortsgruppe Dessau – Alter Wasserturm u. Gemeindekirchenrat St. Jakobus, weil H. den Deutschen Gruß verweigert und in seinen Predigten gegen den NS-Staat und seine Kirchenpolitik polemisiert, 16.03. bis 18.03.1935 Schutzhaft GG Dessau wegen Verweigerung, eine schriftliche Verpflichtung zu unterschreiben, eine Kanzelabkündigung der BK nicht zu verlesen, 29.03.1935 Inschutzhaftnahme durch Gestapo Dessau (für einige Stunden), nachdem er seine am 18.03.1935 geleistete Unterschrift, die Kanzelabkündigung der BK nicht zu verlesen, wieder zurücknimmt, 30.08.1936 Verlesung einer vom Reichskirchenministerium unter Androhung eines Disziplinarverfahrens verbotenen BK-Kanzelabkündigung im Vormittagsgottesdienst: Das Reichskirchenministerium sah „aus besonderen Gründen" von der Einleitung eines Disziplinarverfahrens gegen H. ab, stellte jedoch dem Ev. LKR für Anhalt anheim, H. eine „Missbilligung" auszusprechen. 20.05.1939 Einleitung eines Strafverfahrens durch OStA beim LG Dessau wegen Verstoßes gegen das Heimtückegesetz (H. hatte in den Predigten wiederholt gegen den NS-Staat polemisiert.), Juni 1939 Abgabe des Verfahrens an OStA beim SG Halle, der entscheidet, dass kein gerichtliches Verfahren eingeleitet wird, 08.07.1944 Tod der Ehefrau, 07.03.1945 Zerstörung Dienstwohnung durch Bombenangriff, nach 1945 CDU, Febr. bis Ende April 1946 arbeitsunfähig (nach Unfall), 22.05.1949 Heirat mit Witwe Luise Thienemann, geb. Schubert (geb. 08.06.1894 Dessau, Tochter des Bauunternehmers Karl Schubert Dessau), ab 01.01.1958 Ruhestand (führt bis Berufung des Nachfolgers Pfarramt bis 31.08.1959 weiter).

Quellen: AELKA, B 6 Ev. LKR 1945–1970, Generalia, H 12 31 I (Personalakte Gerhard Hoffmann); ebd., B 17 (Nachlass Martin Müller), Dokumentation des Kirchenkampfes [...], Nr. 24; ebd., Mappe 3, Nr. 224 u. Nr. 228; BArch, R 5101/23788, Bl. 37–40; Graf, S. 291.

Otto Holz, geb. 25.07.1902 in Roßlau, verst. 30.08.1963 in Berlin-Treptow

Vater: Arbeiter, Volksschule, 1909–1916 SPD-Kindergruppe, ab 1917 abgeschlossene Maler-Lehre, 1919–1921 SAJ, ab 1921 KPD u. KJVD (1923–1928 Politischer Leiter KJVD UB Dessau), bis 1930 Maler bei verschied. Firmen (u.a. Junkers-Werke Dessau), zwischendurch immer wieder erwerbslos, 1928 Technischer Leiter Abt. Kasse RFB-Gauleitung Magdeburg-Anhalt, 1929–1933 Politischer Leiter KPD-UB Dessau (mit Unterbrechung 1930/31

Otto Holz

Leninschule in Moskau), 1931–1933 Mitglied Gemeinderat Dessau, 07.03. bis Mai 1933 Schutzhaft GG Dessau, Mai bis 19.09.1933 Schutzhaft KZ Oranienburg, Nov. 1933 bis April 1934 Schutzhaft KZ Roßlau, April bis Nov. 1934 illegale KPD-Tätigkeit, Nov. 1934 Festnahme durch Gestapo, anschl. 5 Monate U-Haft GG Dessau u.

UG Berlin-Moabit, 29.04.1935 Verurteilung durch KG (Sitzung in Berlin) wegen „Vorbereitung eines hochverräterischen Unternehmens" zu 3 Jahren 6 Monaten Zuchthaus, Mai 1935 bis Nov. 1936 Strafverbüßung ZH Coswig (Anhalt), Dez. 1936 bis Mai 1938 Strafgefangenenlager I Börgermoor, Juni 1938 bis April 1945 Schutzhaft KZ Sachsenhausen (Nr. 10249), erst Blockältester Block 6 (Absetzung wegen Weigerung, Bomben auszugraben), dann Schreiber im Arbeitskommando „Lagerkeller", Mitglied der illegalen KPD-Lagerleitung, 1945 Vors. KPD-Ortsgruppe Roßlau, wohnhaft Roßlau, Hainichtstr. 37, Juni 1945 bis 1947 Stadtrat Roßlau, ab 1946 SED, 1946–1950 1. Sekretär SED-Kreisleitung Zerbst, wohnhaft Zerbst, Bahnhofstr. 11, 1950–1963 Mitglied bzw. Abteilungsleiter ZPKK beim ZK der SED, wohnhaft Berlin-Johannisthal, Hagedornstr. 83, 1956 Vaterländischer Verdienstorden in Silber, „Medaille für Kämpfer gegen den Faschismus 1933–1945", Verdienstmedaille der DDR, 1962 Banner der Arbeit.

Quellen: Brandenburgisches Landeshauptarchiv, Rep. 35 G KZ Oranienburg Nr. 3/9, Bl. 68–75; SAPMO-BArch, KzPuSdaW; ebd., DY 55/V 278/4/68; ebd., RY 1/I 2/3/100, Bl. 54–59; ebd., DY 55/V 278/5/30; BArch, R 58/3232, Bd. V, Bl. 119; LASA, K 6, Nr. 11159, Bl. 236f.; ebd., Nr. 9969, Bl. 136; ebd., K 6-1, Nr. 1951, Bl. 1–35; StA Dessau-Roßlau, SED-KL-2 (Otto Holz); StAmt Roßlau (Elbe) (E-Mail 26.03.2007); StAmt Bezirksamt Treptow-Köpenick von Berlin (E-Mail 27.03.2007).

Karl Huhold, geb. 15.04.1897 in Ilversgehofen, verst. 20.10.1961 in Wolfsburg

1914 Kriegsfreiwilliger im Ersten Weltkrieg beim 1. Matrosen-Artillerie-Regiment, später 1. Marine-Feldflieger-Abteilung, 1918 Major der Luftwaffe, E.K. I. u. II. Klasse, Marine-Beobachtungsabzeichen, 1919 Ausscheiden aus der Reichswehr als Leutnant der Reserve, ab 1923 Stahlhelm, Bund der Frontsoldaten, 1929 Stahlhelm-Gauführer von Hohenlohe, 1931 Berufung ins Stahlhelm-Bundesamt nach Magdeburg, Tätigkeit als Jungstahlhelmgauführer Magdeburg sowie als Scharnhorst-Landesführer, vor 1933 Ernennung zum Jungstahlhelm- und Wehrsport-Inspekteur für die Landesverbände Magdeburg, Anhalt und Harzgau, 09.02.1933 Ernennung zum Zweiten stellv. Stahlhelm-Landesführer Landesverband Mitte u. zum Leiter der Adjudantur und Zweigstelle Magdeburg des Stahlhelm-Bundesamtes, ab Anfang 1934 Stabsführer NSDFB-Landesverband Mitte (NSDAP-Gaue Magdeburg-Anhalt und Halle-Merseburg), ab April 1934 Führer (zunächst kommissarisch) NSDFB-Landesverband Mitte (Sitz Magdeburg), zumindest ab 05.04.1940 Wehrmacht (Luftwaffen-Bau-Kompanie Burg auf dem Fliegerhorst), zu diesem Zeitpunkt wohnhaft Magdeburg, Emilienstr. 6a, zumindest am 21.06.1943 Aufenthalt im Reservekurlazarett I in Karlsbad (zu der Zeit Major im Fallschirm-Jäger-Ersatz-Bataillon 2 Stendal), „einige Wochen" vor 10.04.1945 Entlassung aus der Wehrmacht als Major der Luftwaffe (wegen Verwundung), zu diesem Zeitpunkt wohnt seine Ehefrau in Aschersleben, aber H. in Halle/S. Mitte April 1945 war H. maßgeblich daran beteiligt, dass die Stadt Halle/S. von den Amerikanern nicht zerstört wurde. H. wohnte zuletzt in Braunschweig.

Quellen: BArch, R 58/2056, Bl. 43; ebd., R 72/728, Bl. 18, 35f.; Sperk/Bohse, Legende, S. 64–83; Matthias J. Maurer: Our way to Halle. Der Marsch der „Timberwölfe" nach Halle, Halle. 2001, S. 103, 105ff., 110f.; WASt (Schreiben 29.11.2006); Die Schicksalsstunde der Stadt Halle von Karl Huhold, o.D. Archiv der Franckeschen Stiftungen Halle/S., Nachlass Luckner, III.15; StAmt Erfurt (Schreiben 29.11.2006); StAmt Wolfsburg (Schreiben 11.04.2007 einschl. Kopie Sterbeurkunde).

Stefan Huppertz, geb. 26.12.1907 in Eiserfeld (Sieg), verst. 17.04.1985 in Eiserfeld (Sieg)
H. erhielt am 08.03.1928 am Beethoven-Gymnasium Bonn sein Abitur und begann am 25.04.1928 ein Studium der Theologie an der bischöflichen Philosophisch-theologischen Akademie Paderborn. Im Sommersemester 1930 und Wintersemester 1931 studierte er an der Universität Freiburg im Breisgau. An die Akademie im April 1931 zurückgekehrt, beendete er dort das Studium am 15.03.1934. Nach der Priesterweihe (Ordination) am 17.03.1934 in Paderborn wurde er am 18.05.1934 zur Vertretung nach Osterwieck geschickt, um vier Wochen später die Ernennung zum Pfarrvikar in Wolfen zu erhalten (Dienstantritt: 02.07.1934). Die Stelle war ein Experi-

Stefan Huppertz, 1971

ment, denn das Generalvikariat Paderborn wollte diese neu errichtete Stelle eigentlich wieder eingehen lassen, was erst durch Erzbischof Dr. Kaspar Klein anders entschieden wurde. So wurde H. am 11.06.1943 zum Pfarrer in Wolfen ernannt und war somit der erste dortige Ortspfarrer. Darüber hinaus fungierte er nebenamtlich vom 14.05.1940 bis Kriegsende 1945 als Wehrmachtpfarrer für die Standorte Bitterfeld, Delitzsch und Wolfen. Am 10.04.1947 verlieh man ihm kanonisch die vakante Pfarrstelle St. Johannes Baptist in Magdeburg-Südost bzw. am 22.02.1952 die erledigte Pfarrstelle St. Peter und Paul in Naumburg (S.) (endgültige Einsetzung 17.04.1952). Unter seiner Leitung entstand zwischen 1957 und 1962 der Kirchenneubau. In Anerkennung der Verdienste für die sächsische Diaspora des Paderborner Bistumsanteils wurde H. am 24.12.1966 der Titel „Geistlicher Rat ad honores" verliehen. Kurz vor dem Altersruhestand lud ihn am 09.07.1971 der Vors. des Rates des Kreises Naumburg vor, der ihm anlässlich der durchgeführten Religiösen Kinderwoche eine illegale Tätigkeit und den Verstoß gegen das Jugend- und Veranstaltungsgesetz vorwarf. Gegen die Vorwürfe setzte sich H. erfolgreich zur Wehr. Drei Tage nach dem Eintritt in den Ruhestand am 01.08.1971 siedelte Huppertz in die Bundesrepublik über (Altenhof, Ortsteil der Gemeinde Wenden).
Quelle: Lic.iur.can. Daniel Lorek, Bistumsarchivar des Bistums Magdeburg (E-Mail 11.06.2018).

Otto Huth, geb. 14.08.1901 in Oranienbaum, verst. 14.08.1979 in Dessau
8 Jahre Volksschule Oranienbaum, abgeschlossene Zigarrenmacher-Lehre, anschl. Zigarrenmacher im eigenen Geschäft in Orani-

enbaum, Mitglied Zigarrenarbeiterverband, 1928 Ablegung Meisterprüfung, ab 1928 KPD, nach 1933 RHD, 01.03. bis 25.03.1935 Schutzhaft GG Dessau, 25.03. bis 16.04 1935 Schutzhaft KZ Lichtenburg, 1940 Einberufung zur Wehrmacht (Luftwaffe), 1943 Verlegung nach Hannover, wo Huth seine künftige Ehefrau kennenlernt, Heirat in Hannover, dort auch wohnhaft, keine Kriegsgefangenschaft, ab 1946 KPD, 1946–1951 hauptamtlicher Betriebsratsvors. in Hannover, 1950 Trennung von Ehefrau (später Scheidung), April 1951 Rückkehr nach Oranienbaum und wieder Zigarrenmacher, kein SED-Eintritt, Juni 1952 Heirat mit Grete Niemann, Umzug nach Dessau, Albrechtstr. 122, später Marienstr. 3, Jan. 1952 bis Ende Mai 1955 Zigarrenmacher bei Karl Stieler & Co. Dessau (BGL-Vors.), ab 01.06.1955 Pächter der Gaststätte „Schweizer Garten" Dessau-Waldersee, ab Herbst 1955 Pächter der Gaststätte „Scholitzer Hof" Dessau-Mildensee, 18.01.1956 Anwerbung als IM (GI) durch VPKA Dessau (Abt. Volkseigentum) auf freiwilliger Basis (Deckname „Manfred"), im Juni 1956 E-Karrenfahrer Materialausgabe ELMO Dessau, 28.10.1959 „Entpflichtung" des GI „Manfred" durch VP: Seit der Anwerbung war H. zu fast allen vereinbarten Treffs nicht erschienen und hatte weder Informationen geliefert noch Aufträge erfüllt.

Otto Huth

Quellen: LASA, K 6-1, Nr. 8662, Bl. 7; ebd., Z 141, Nr. 669, Bl. 74, 82; Aus dem Gerichtssaal, in: Anhaltische Tageszeitung, 31.10.1933; Aus der Schutzhaft entlassen, in: ebd., 05.11.1933; SAPMO-BArch, KzPuSdaW; BStU, MfS, BV Halle, AOG 771/61, Bl. 3–14, 16–24; StAmt VGem „Wörlitzer Winkel" Oranienbaum (Telef. Auskunft 16.02.2007).

Albert Johannes, geb. 25.02.1896 in Kakau (bei Oranienbaum), verst. 18.09.1971 in Dessau
Aus Oranienbaum, ohne erlernten Beruf, 19.04.1918 Erfassung im

Reservelazarett I Neuß als Angehöriger 7. Kompanie Infanterie-Regiment 30, 01.03. bis 16.03.1935 Schutzhaft GG Dessau.
Quellen: LASA, Z 141, Nr. 669, Bl. 74; SAPMO-BArch, KzPuSdaW; WASt (Schreiben 03.06.2009); StAmt VGem „Wörlitzer Winkel" Oranienbaum (Telef. Auskunft 16.02.2007).

Otto Johannes, geb. 18.06.1902 in Dellnau, verst. 1944 in Griechenland[720]
Ohne erlernten Beruf (zumeist als Bauarbeiter tätig), wohnhaft Dessau, Breite Str. 23, vor 1933 KPD u. RFB, 12.02.1935 Festnahme wegen „Verbreitung illegaler Schriften", anschl. Schutzhaft, ab 03.05.1935 U-Haft, zuletzt UG Berlin-Moabit, 18.09.1935 Verurteilung durch KG (Sitzung in Berlin) wegen „Vorbereitung eines hochverräterischen Unternehmens" (Verbreitung illegaler KPD-Schriften: Lesen u. Weitergabe „Rote Fahne") zu 2 Jahren 6 Monaten Zuchthaus (Anrechnung von 7 Monaten Schutz- u. U-Haft), 3 Jahren Ehrverlust u. Polizeiaufsicht, Strafverbüßung ZH Coswig (Anhalt), 1937(?) Entlassung, Schutzhaft KZ Papenburg (?), bis 29.04.1939 Haft ZH Gollnow, 16.02.1943 Einberufung Bewährungstruppe 999 (Meldung März 1943: 9./Artillerie-Regiment 999, Meldung 13.06.1943: Festungs-Infanterie-Bataillon 999, Meldung 01.08.1943: 4./VIII. Festungs-Infanterie-Bataillon 999), letzte Nachricht: Juli 1944.
Quellen: BArch, R 58/3739, Bl. 30; Urteil KG gegen Max Back, Otto Johannes, Albert Böhlmann, Heinrich Achtert, 18.09.1935; ebd., ZA DH, ZC 3903; SAPMO-BArch, KzPuSdaW; LASA, P 521, Nr. 47 (Anni u. Gertrud Johannes); ebd., Z 259, Nr. 253, Bl. 104; StA Dessau-Roßlau, SED-KL-2 (Otto Johannes); WASt (Schreiben 07.03.2007). Die Daten bei Engelmann (o.S. „Sie fielen im Kampf") entsprechen nicht den Tatsachen. Weder war J. „bis 1935 in Papenburg eingekerkert", noch wurde er 1942 „zum Strafbataillon 999 eingezogen". Für die Behauptung, J. wäre „auf eine unbewohnte Insel im Mittelmeer deportiert und dort von der SS-Schergen ermordet" worden, fanden sich keine Unterlagen.

---

[720] J. wurde vom Kreisgericht Dessau für tot erklärt; rechtskräftig seit 12.02.1963. StAmt Dessau (Schreiben 06.02.2007).

Richard Kaplick, geb. 23.05.1900 in Dessau, verst. 08.01.1968 in Dessau

1907–1914 Volksschule, 1914–1916 Former-Lehre (nicht beendet), ab 1916 Bauarbeiter, 1917 Verurteilung wegen Hehlerei zu 5 Tagen Gefängnis, 1917/18 Infanterie-Soldat Erster Weltkrieg, ab 1918 Bauarbeiter, 1918 Verurteilung wegen Hehlerei zu 1 Woche Gefängnis, 1919 Verurteilung wegen Diebstahls im Rückfall u. schweren Diebstahls im Rückfall zu einer Gesamtstrafe von 1 Jahr 2 Monaten Gefängnis, ab 1920 KPD, nach RFB-Gründung in Dessau 1924 Mitglied (zeitweise Kassierer), 1923 Verurteilung wegen Hehlerei zu 2 Wochen Gefängnis, 25.02.1925 Freispruch durch SchöG Dessau von der Anklage Landfriedensbruch, ab 1929 erwerbslos (ab und zu Gelegenheitsarbeiten als Bauarbeiter), 1930 Verurteilung wegen Widerstands gegen die Staatsgewalt zu 2 Wochen Gefängnis, 1931 Verurteilung wegen Widerstands und unbefugten Waffenbesitzes zu 60 RM Geldstrafe, vor 1933 auch RHD, Juni bis Nov. 1933 Schutzhaft GG Dessau, 18.11. bis 02.12.1933 Schutzhaft KZ Roßlau, 12.05. bis 18.09.1934 U-Haft GG Dessau, 18.09.1934 Verurteilung durch KG (Sitzung in Dessau) wegen „Vorbereitung eines hochverräterischen Unternehmens" (§§ 81 Ziff. 2, 86 RStGB, Weiterführung des verbotenen RFB bis zu den März-Wahlen 1933, unerlaubter Waffenbesitz) zu 1 Jahr 4 Monaten Gefängnis (Anrechnung von 7 Monaten 4 Wochen Haft), Sept. bis Okt. 1934 Strafverbüßung Strafanstalt Coswig (Anhalt), Okt. 1934 bis 22.05.1935 Gefängnis Cottbus und/oder Fort Zinna Torgau (?), anschl. Bauarbeiter bei verschied. Firmen, wohnhaft Dessau, Heidestr. 74 d, verheiratet, 8 Kinder (Stand: März 1935), 1939 Einberufung zur Wehrmacht, zuletzt erfasst mit Meldung vom 21.02.1940 als Angehöriger 1./Bau-Bataillon 257, 1941 kurzzeitig inhaftiert, ab 1945 KPD bzw. ab 1946 SED, 1946–1947 selbständiger Fuhrunternehmer in Dessau, 1947–1951 Arbeiter ELMO Dessau, zumindest 1951 wohnhaft Dessau, Mittelbreite 64, 1951–1957 Arbeiter VEB Brauerei Dessau, 1957–1958 Heizer VEB Maschinenfabrik u. Eisengießerei Dessau,

ab 1958 Angestellter Spezialschule für Forstwirtschaft Dessau-Königendorf, 1958 „Medaille für Kämpfer gegen den Faschismus 1933–1945".
Quellen: LASA, P 521, Nr. 50; ebd., Z 257, Nr. 62, Bl. 231RS; ebd., Nr. 104, Bd. 2, Bl. 105–111; ebd., K 6, Nr. 9969, Bl. 146; BArch, R 3018/4706, Bl. 20f.; SAPMO-BArch, KzPuSdaW; WASt (Schreiben 10.07.2007); Hochverratsprozess in Dessau, in: Saale-Zeitung, 20.09.1934; StA Dessau-Roßlau, SED-KL-2 (Richard Kaplick).

Alfred Katzenstein, geb. 22.02.1880 in Bad Salzuflen, verst. 27.07.1941 in Groningen

Wohnhaft Bernburg, Halleschestr. 43 (mit seiner Frau Jenny Katzenstein, geb. 24.03.1882 in Bad Salzuflen), Händler für „Alteisen und Metalle", ab 1935 Ermittlungen des Finanzamtes Bernburg gegen K. wegen „Einkommens- und Umsatzsteuerhinterziehung" seit 1925 von etwa 50.000 RM u. Nichtangabe von Vermögenswerten von mindestens 100.000 RM (Vorwürfe: Eröffnung mehrerer Bankkonten unter verschied. Namen, um Vermögen zu verschleiern, keine Buchung von Abschlüssen, Arbeit mit fingierten Zahlen), 25.07.1935 Festnahme durch Gestapo Dessau auf Veranlassung des Finanzamtes (es bestehe „Verdunkelungsgefahr und Fluchtverdacht"), zunächst Schutzhaft, dann U-Haft GG Bernburg, vom Finanzamt zu einer Geldstrafe von 102.300 RM und einer Steuernachzahlung von 68.068,89 RM verpflichtet, 13.08.1935 Verurteilung durch SchöG Bernburg wegen „fortgesetzter vorsätzlicher Einkommens- und Umsatzsteuerhinterziehung" 1925–1933 sowie versuchter Einkommens- und Gewerbesteuerhinterziehung zu 3 Jahren Zuchthaus u. 20.000 RM Geldstrafe, Strafverbüßung GG Bernburg, ab 27.11.1935 Strafanstalt Brandenburg-Görden, zuletzt ZH Coswig (Anhalt), 08.10.1935 Zurückweisung der Berufung durch Große Strafkammer LG Dessau, April 1936 Löschung der Firma aus dem Handelsregister, Juli 1938 Entlassung aus ZH Coswig (Anhalt), Sept. (?) 1938 Übersiedlung mit Ehefrau nach Leipzig, Gottschedstr. 28, 19.09.1939 Ankunft von K. u. Ehefrau im Flüchtlingslager Hoek van Holland (Niederlande) (eines von etwa 30 kleinen Lagern in den Niederlanden für emigrierte deutsche Juden), 18.04.1940 Ankunft von Katzenstein u. Ehefrau im „Zentralen Flüchtlingslager Westerbork" bei Hooghalen (seit Okt. 1939 zentrales niederländisches Lager für jüdische Flüchtlinge aus Deutschland), 27.07.1941 im Krankenhaus von Groningen verstorben, letztes Lebenszeichen von Jenny Katzenstein: 12.08.1942 aus Mecheln (Belgien), Kaserne Dossin, anschließend Deportation nach Auschwitz.

Quellen: LASA, P 521, V/8/116 (Minna Stuss); ebd., V/8/228, Bl. 155RS; Ein Bernburger Jude wegen Steuerhinterziehung verhaftet, in: Anhalter Anzeiger, 25.07.1935; Anhalter Kurier. Bernburger Tageblatt und General-Anzeiger für Anhalt, 26.04.1935; Katzensteins Berufung verworfen, in: ebd., 09.10.1935; Jüdischer Volksbetrüger verhaftet, in: Der Mitteldeutsche. Köthener Tagespost, 26.07.1935; Katzenstein muß 170.000 Mk. blechen, in: Anhalter Anzeiger, 27./28.04.1935; Katzenstein beging seit acht Jahren Steuerbetrug, in: ebd., 29.07.1935; Ein Volksfeind unschädlich gemacht, in: Der Mitteldeutsche. Köthener Tagespost, 29.07.1935; Drei Jahre Zuchthaus für den Juden Katzenstein, in: ebd., 14.08.1935; Andreas Pflock: Auf vergessenen Spuren. Ein Wegweiser zu Gedenkstätten in den Niederlanden, Belgien und Luxemburg, Bonn 2006, S. 57 ff. Der Autor bedankt sich bei Gerard Rossing, Herinneringscentrum Kamp Westerbork bei Hooghalen (Niederlande) (E-Mail 09.07.2007), Dr. Bernd G. Ulbrich u. Joachim Grossert für die Informationen.

Otto Keller, geb. 28.04.1897 in Pobzig, verst. 28.07.1977 in Berlin-Charlottenburg
Vater: Arbeiter, April 1902 Übersiedlung nach Geuz (heute Köthen), 1903–1911 Volksschule, 1911–1914 abgeschlossene Kaufmanns-Lehre, 1914 Kaufmann Filmfabrik Wolfen, 13.08.1914 freiwillige Meldung zum Kriegsdienst, Ausbildung in Dessau, 12. bis 22.10.1914 Einsatz Ostfront Reserve Infanterie Regiment 232 (Musketier), 22.10.1914 bis April 1918 Kriegsgefangenschaft in Russland, April 1918 Flucht aus der Gefangenschaft, 25.05.1918 Rückkehr in Deutschland u. Eingliederung in ein Regiment in Celle, 29.01.1919 Entlassung aus der Reichswehr als Reservist, 13.07.1919 Einstellung Polizei Köthen als Wachtmeister (zunächst provisorisch, aber 01.04.1921 endgültig), 1921 Heirat, 4 Kinder (geb. 1921, 1923, 1925, 1927), ab 1925 Angehöriger Ernste Bibelfor-

Otto Keller, 1927

scher, 19.05.1926 Ernennung Oberwachtmeister, 1928 Ernennung Hauptwachtmeister, 31.12.1932 Versetzung in den Ruhestand wegen dauernder Dienstunfähigkeit (K. war wegen diverser Leiden seit 1921 des Öfteren krankgeschrieben), 08.07.1933 Festnahme durch Polizei Köthen, 08.07. bis 13.07.1933 Schutzhaft GG Köthen, 20.09.1934 Festnahme durch Polizei Köthen, 20.09. bis 28.09.1934 Schutzhaft GG Köthen, 09.04.1937 Verurteilung durch SG Halle wegen Vergehens gegen §§ 1 u. 4 „Reichstagsbrandverordnung" zu 5 Monaten Gefängnis (Teilnahme an Versammlungen der bzw. Ausübung der Lehr- u. Werbetätigkeit für die Zeugen Jehovas), 26.05. bis 28.10.1937 Strafverbüßung GG Köthen, 19.10.1937 Anordnung Schutzhaft durch Gestapo Dessau („Überhaft"), 28.10.1937 bis 08.04.1945 Schutzhaft KZ Buchenwald (Nr. 749, „Bibelforscher-Block 44"), dort Misshandlungen, 08.04. bis 15.04.1945 Evakuierungsmarsch KZ Flossenbürg, 15.04. bis 19.04.1945 Schutzhaft KZ Flossenbürg, ab 19.04.1945 Evakuierungsmarsch nach Stamsried, 23.04.1945 Befreiung durch amerik. Truppen auf Landstraße bei Stamsried, 02.06.1945 Entlassung aus amerik. Obhut, 05.06.1945 Rückkehr nach Köthen, 07.10.1945 Antrag auf Wiedereinstellung Stadtverwaltung Köthen, 24.11.1945 amtsärztlicher Befund: K. ist nur zu „leichten Büroarbeiten ohne größere Verantwortlichkeit" dienstfähig, da eine solche Stelle nicht vorhanden ist, lehnt der Personalrat Kellers Einstellung ab, 01.04.1947 Verweigerung der Annahme des OdF-Ausweises, 05.04.1947 erneuter Antrag auf Wiedereinstellung Stadtverwaltung Köthen, 03.05.1947 amtsärztlicher Befund wie am 24.11.1945, Betriebsrat lehnt Kellers Einstellung erneut ab, nach Aussage des Sohnes Andreas Keller (geb. 1964) aus 2. Ehe war sein Vater zwischen 1947 und 1950 „2 Jahre in russischer Gefan-

genschaft" (Tätigkeit im Fotolabor), 22.10.1950 Übersiedlung nach West-Berlin.
Quellen: StA Köthen, 001/748/F103; ebd., 001/628/G72; LASA, P 521, Nr. 165; ebd., C 128 Halle, Nr. 212, Lfd.Nr. 769; ebd., K 6, Nr. 11166, Bl. 201; Geschichtsarchiv Selters/Taunus (Schreiben 06.10.2008); Andreas Keller (E-Mail 30.06.2009).

Paul Kmiec, geb. 10.08.1893 in Dessau, verst. 25.03.1946 in Dessau

Katholisch, Vater: Landarbeiter, 1898–1907 Katholische Volksschule Dessau, ab 1907 abgeschlossene Schmied-Lehre in Uelzen bzw. Lüneburg, anschl. Wanderschaft durch Deutschland, 1912 Rückkehr nach Dessau, Schmied Polysius Dessau, ab 1912 DMV u. SPD, 1913 Einberufung zum Militärdienst (Marine), 1914–1918 Teilnahme Erster Weltkrieg (Heizer SMS „König Albert"), Nov. 1918 Teilnahme Kieler Matrosenaufstand (Wahl in den Arbeiter- und Matrosenrat), Anfang 1919 Entlassung aus Reichswehr u. Rückkehr nach Dessau, 1919 zunächst Tätigkeit Farbenfabrik Wolfen, 19.05.1919 Mitbegründer KPD-Ortsgruppe Dessau (davor USPD), ab 1919 oder 1920 (?) Junkers Kalorifer Dessau, 1920 Beteiligung an Märzkämpfen in Mitteldeutschland, 1923 Wahl in Betriebsrat Junkers Kalorifer Dessau (später Wahl zum Betriebsratsvors.), 1920er Jahre Leiter KPD-UB Anhalt, 1926–1945 wohnhaft Dessau, Raguhner Str. 119, 02.03. bis 07.03.1927 Teilnahme KPD-Reichsparteitag in Essen, 1924–1932 MdL Anhalt, 1925–1933 Stadtverordneter Dessau, 1930–1933 Organisationsleiter KPD-Bezirk Magdeburg-Anhalt (verantwortlich für Presse-Arbeit), 1930–1933 Vors. KgdF Bezirk Anhalt, 22.05.1928 Verurteilung durch AG Staßfurt wegen Beleidigung [des Ersten Staatsanwaltes Erich Lämmler] (§§ 185 RStGB) zu 20 RM Geldstrafe, 10.08.1928 Verurteilung durch Schwurgericht Magdeburg wegen Vergehens gegen § 166 RStGB zu 50 RM sowie öffentlicher Beleidigung (§§ 186, 196, 200 RStGB) zu 50 RM Geldstrafe, 16.10.1928 Verurteilung durch SchöG Magdeburg wegen gemeinschaftlicher übler Nachrede durch die Presse (Vergehen gegen §§ 186, 200, 47, 41 RStGB)

Paul Kmiec

zu 100 RM Geldstrafe, 15.02.1929 Verurteilung durch SchöG Magdeburg wegen öffentlicher übler Nachrede (§§ 186, 200 RStGB) zu 100 RM Geldstrafe, 02.07.1929 Verurteilung durch SchöG Magdeburg wegen öffentlicher Beleidigung (§§ 185, 200 RStGB) zu 200 RM Geldstrafe, 18.09.1929 Verurteilung durch SchöG Dessau wegen Beleidigung (§§ 185, 187 RStGB) zu 150 RM Geldstrafe, 02.09.1931 Freispruch durch SchöG Dessau von der Anklage Vergehen gegen § 5 Ziff. 1 und 2 Gesetz zum Schutze der Republik vom 25.03.1930 (Beschimpfung der republikanischen Staatsform auf einer NSDAP-Versammlung in Dessau am 09.01.1931), vor 1933 auch RFB, RHD, bis März 1933 KPD-Ortsgruppenleiter Dessau, Febr. u. März 1933 Organisationsleiter der illegalen KPD-BL Magdeburg-Anhalt, 17.03.1933 Festnahme auf dem Hauptbahnhof Dessau nach Rückkehr von einer Sitzung der KPD-Bezirksleitung in Magdeburg, 17.03. bis 14.06.1933 Schutzhaft GG Dessau, 14.06. bis 19.09.1933 Schutzhaft KZ Oranienburg (nach Aussagen der Ehefrau Hedwig Kmiec wurde K. im KZ Oranienburg „schwer mißhandelt, wobei er sich ein schweres Nierenleiden zuzog". Deswegen soll er in einem Haftkrankenhaus behandelt worden sein. K. sei 1946 „durch Folgen der Misshandlungen im KZ Oranienburg" verstorben), 19.09.1933 Überführung nach Dessau (zur Kriminalpolizei), Okt. 1933 bis Anfang Nov. 1933 Schutzhaft KZ Roßlau (wahrscheinlich wegen Haftunfähigkeit entlassen), nach Entlassung strenge Polizeiaufsicht, tägliche Meldung bei der Polizei, 23.03.1934 Anklageerhebung durch GStA beim KG wegen des Verdachts „Vorbereitung eines hochverräterischen Unternehmens", 20.06.1934 Festnahme, bis 20.09.1934

U-Haft GG Dessau, 20.09.1934 Freispruch durch KG (Sitzung in Dessau) von der Anklage „Vorbereitung eines hochverräterischen Unternehmens" (Weiterführung des illegalen RFB, Waffenbesitz) u. Entlassung aus U-Haft, danach Schmied u. Vorarbeiter Bauhütte Anhalt Dessau, keine illegale KPD-Arbeit, da unter ständiger Gestapo-Aufsicht, wahrscheinlich Nov. 1934 Festnahme (keine Haft), erneutes EV wegen Verdachts illegaler KPD-Arbeit, 04.09.1935 Festnahme durch Gestapo Dessau (im Zusammenhang mit der Zerschlagung des BB-Apparates in Mitteldeutschland), nur Vernehmung (keine Haft), Juli bis 14.10.1936 Schutzhaft KZ Lichtenburg (?), 04.05.1937 zweite Heirat (erste Ehefrau von K. 1917 oder 1918 verstorben, aus der ersten Ehe ein Kind, geb. 1917) mit Hedwig Haseloff (geb. 28.02.1894 Dessau, verst. 03.03.1971 Dessau, KPD), beide wohnten bereits seit 1919 zusammen, keine Kinder aus dieser Ehe (Tochter aus erster Ehe, geb. 1912, erster Ehemann Richard Haseloff am 02.10.1914 gefallen), Hedwig Haseloff stand bis Febr. 1935 im Kontakt zur Widerstandsgruppe Richard Krauthause, 23.08. bis 26.09.1944 Schutzhaft KZ Buchenwald („Aktion Gitter", Nr. 81848, Block 62 u. Block 58), Haftvermerk: „Darf in kein anderes Lager", Juli 1945 bis 1946 Leiter des KPD-UB Dessau, März 1946 Nierenoperation, 25.03.1946 an den Folgen der OP im St.-Joseph-Krankenhaus Dessau verstorben.

Quellen: LASA, P 521, V/8/64 (Hedwig Kmiec); ebd., P 524, IV/F-2/5/441, Bl. 109–121; ebd., P 522, IV/8/583 (Kaderakte Hedwig Kmiec); ebd., P 517 Bernburg, IV/403/386–387, Bl. 54; ebd., Z 257, Nr. 94; ebd., Z 257, Nr. 203, Bl. 1–9; ebd., K 6-1, Nr. 2909, Bl. 1–45; SAPMO-BArch, KzPuSdaW; Marion Goers: Kmiec, Paul (1893–1946), in: Siegfried Mielke (Hg.) i.V. m. Günter Morsch: Gewerkschafter in den Konzentrationslagern Oranienburg und Sachsenhausen. Biographisches Handbuch, Bd. 3, Berlin 2005, S. 388–391; Hermann Weber/Andreas Herbst: Deutsche Kommunisten. Biographisches Handbuch 1918–1945, Berlin 2004, S. 378; Alfred Krüger: 25. März 1946 Paul Kmiec gestorben, in: Typisch links, hg. v. PDS-Stadtvorstand Dessau, 16. Jg., März 2006, S. 10; Geldbuch KZ Lichtenburg. Sammlung Gedenkstätte Lichtenburg; Heinz Eckler: Paul Kmiec. Leben und Kampf eines Dessauer Kommunisten, Dessau 1986, S. 6–30; BStU, MfS, HA IX, Nr. 23303, Bl. 19, 33–36; Archiv Gedenkstätte Buchenwald (E-Mail 03.04.2019). Der Autor bedankt sich bei Marion Goers u. Sven Langhammer für die Hilfe.

Richard Knochenhauer, geb. 03.02.1881 in Aschersleben, verst. 16.08.1942 in Jena

Lebensweg vor 1914 unbekannt, kommt 1914 nach Sandersleben, 01.04.1914 bis 15.10.1923 Bürgermeister von Sandersleben (parteilos), Aug. 1914 Einberufung als Adjutant der Fortifikation nach Straßburg, Ende Aug. 1914 Versetzung als „Feldwebelleutnant" zum Kraftwagenpark Straßburg (kein Fronteinsatz), auf Veranlassung des Kreisdirektors von Bernburg, Dedo von Krosigk, Reklamation von K. u. daraufhin 1916 Wiederaufnahme der Bürgermeister-Tätigkeit, 28.03.1919 auf Grund eines Mehrheitsbeschlusses der SPD-dominierten Stadtverordnetenversammlung von Sandersleben Antrag auf ein Disziplinarverfahren gegen K. mit dem Ziel, ihn des Amtes sofort zu entheben ohne Anspruch auf Weiterzahlung des Gehaltes für den Rest der Amtsdauer (eigentlich auf zwölf Jahre gewählt) sowie ohne Pensionszahlungen, Grund des Antrages: K. habe laufend seine Befugnisse als Bürgermeister zum persönlichen Vorteil und zum Schaden der Stadt verwendet. (u. a. persönliche Finanzgeschäfte mit erheblichem Gewinn unter Ausnutzung des Amtes), 07.05.1919 Gegenerklärung von K., in der er alle Vorwürfe „in glaubhafter Weise" aufklärt, 13.06.1919 Einleitung eines förmlichen Disziplinarverfahrens gegen K. durch den Staatsrat für Anhalt. Er wird beschuldigt, „während des Krieges bei den Maßnahmen zur Versorgung der Bevölkerung eigenmächtig zu seinem eigenen Vorteil und zum Nachteil der Stadt gehandelt und an einzelne Personen entgegen der Rationierungsvorschriften Lebensmittel und Brennstoffe abgegeben" und sich damit dem Amt gegenüber unwürdig verhalten zu haben. 26.07.1919 vorläufige Dienstenthebung (Suspension) durch den Staatsrat für Anhalt, zwischen 21.11.1919 und 16.02.1920 werden K. durch die Stadtverordnetenversammlung bzw. den Staatsrat für Anhalt weitere Verfehlungen bzw. Verletzung seiner Amtspflichten vorgeworfen: v. a. Entnahme von Geldern aus der Stadtkasse für private Zwecke, Bestellung von Lebensmitteln im Namen der Stadt, die er für sich verwenden wollte, Nichtabgabe mehrerer Felddiebstähle an die

Staatsanwaltschaft Magdeburg, Rücknahme einer zu Recht erlassenen polizeilichen Strafverfügung ohne Grund, 08.04.1920 Entscheidung des Staatsrates für Anhalt: Disziplinarsache K. kommt vor das Anhaltische Disziplinargericht, Ende April 1920 Übernahme der Anhalter Schamottewerke AG Unterwiederstedt (Besitzer u. Direktor), 19.08.1920 Verurteilung durch AG Sandersleben wegen Vergehens gegen die Reichsgetreideordnung zu 600 Mark Geldstrafe oder ersatzweise 6 Tagen Gefängnis, 12.10.1920 Verurteilung durch das Anhaltische Disziplinargericht Dessau wegen dienstlicher Verfehlungen „zur Disziplinarstrafe der Warnung", d. h. Freispruch in 14 Punkten (Vorwürfe unbegründet), nur in einem Punkt Verurteilung zu einer Verwarnung, 03.12.1920 Wiederwahl zum Bürgermeister von Sandersleben, 27.08.1921 Bestätigung der Wiederwahl durch Staatsrat für Anhalt, 16.04.1923 Verurteilung durch AG Sandersleben wegen Einstellung ausländischer Arbeiter zu 20.000 Mark Geldstrafe, 15.10.1923 Niederlegung des Bürgermeister-Amtes (ohne Begründung) und Verzicht auf die Pension, 25.02.1924 Verurteilung durch SchöG Sandersleben wegen ? zu 20.000 Mark Geldstrafe oder ersatzweise 200 Tagen Gefängnis, 17.01.1929 Heirat mit Hedwig ? (geb. 23.02.1879 Hennigsdorf), keine gemeinsamen Kinder, 1930 Umzug nach Unterwiederstedt, Schamottewerk, 01.11.1930 NSDAP-Eintritt Ortsgruppe Sandersleben (Nr. 355.533), 30.06.1931 NSDAP-Austritt (Grund: kein „aktiver" Austritt, sondern rückwirkende Streichung, da K. ab Juli 1931 keine Mitgliedsbeiträge mehr zahlt), 18.02.1931 Verurteilung durch LG Dessau wegen Vergehens gegen die Reichsversicherungsordnung zu 80 RM Geldstrafe oder ersatzweise 8 Tagen Gefängnis, 07.10.1931 Verurteilung durch LG Dessau wegen Beleidigung und Nötigung zu 150 RM Geldstrafe oder ersatzweise 4 Wochen Gefängnis, bis 1932 Mitglied Stahlhelm-Ortsgruppe Sandersleben (wird als Mitglied gestrichen, weil er mehrfach keine Beiträge zahlt), 21.08.1932 Eröffnung Badeanstalt „Luisenbad" bei Sandersleben („Knochenhauer Teich"), Betreiber/Pächter: Ehepaar Knochenhauer (das Bad befand sich ca. 100 Meter von der anhaltischen Grenze entfernt auf preußischem Territorium. Zuständig: Polizei Gerbstedt), 25.07.1933 Durchsuchung der Badeanstalt durch Polizei Gerbstedt (es wird „kein verdächtiges Material" gefunden), 23.08.1933 auf Grund einer Anzeige Haussuchung bei K. u. Beschlagnahme von vier Gewehren sowie „einige Hundert Schuß Munition", 11.09.1933 Inschutzhaftnahme wegen „illegalem Waffenbesitz", anschl. (Datum unbekannt, zumindest seit 22.09.) KZ Roßlau, 03.10.1933 Entlassung KZ Roßlau, 27.07.1935 Inschutzhaftnahme durch Gestapo Dessau wegen „staatsfeindlicher Äußerungen", erst GG Bernburg, dann KZ Lichtenburg, zu diesem Zeitpunkt NSDFB-Ortsgruppenführer Ober- und Unterwiederstedt, 16.08.1935 Entlassung KZ Lichtenburg, Ende Juli 1937 Umzug nach Jena, Nollendorferstr. 13 wegen Anstellung als technischer Angestellter der Reichsautobahnen Bauabteilung Jena. K. stellt ab Nov. 1938 mehrfach Anträge auf Wiederaufnahme in die NSDAP, weil er am 18.10.1938 „in der Reichskartei als Mitglied gestrichen worden (war), nachdem er in der Mitgliederliste der Gauleitung Magdeburg-Anhalt nicht aufgeführt war. Da jedoch festgestellt werden konnte, dass der Genannte vom Juli 1931 ab keine Mitgliedsbeiträge mehr bezahlte, wurde die Streichung vom 18.10.38 auf einen Austritt mit Wirkung vom 30.6.31 berichtigt." K. gab an, dass er 1932 „unrechtmäßig durch den damaligen Ortsgruppenleiter [Willi] Jung, Sandersleben aus der Partei ausgeschlossen" worden sei. Der zuständige NSDAP-Kreisleiter für Bernburg-Land, Otto Wienecke, bestätigte im Juli 1940, dass die NSDAP-Ortsgruppe Sandersleben „stets grosse Schwierigkeiten gemacht" habe und „es ausserordentlich schwer (war), hier klar durchzusehen. K. sowie Jung befanden sich vor der Machtübernahme [gemeint ist der 30.01.1933 – A.S.] wirtschaftlich in ausserordentlich schlechten Verhältnissen, und sie waren auch verfeindet." 01.04.1942 Wiederaufnahme in die NSDAP (neue Nr. 9.294.923). Die neue Mitgliedskarte konnte K. nicht mehr ausgehändigt werden.

Quellen: LASA, Z 116-1, II K Nr. 90, Bd. 1, Bl. 3–277; ebd., II K Nr. 90, Bd. 2, Bl. 1–61; StA Sandersleben, 25 Nr. 005, Bl. 1–30; ebd., 25 Nr. 024; ebd., 19 Nr. 217,

Bl. 170RS; BArch, R 9361-IX KARTEI L0008; ebd., R 9361-II/538049; Volkswacht u. Anhalter Kurier, 04.12.1920; Anhalter Kurier, 14.09.1921; Sandersleber Zeitung, 09.10.1923; Der frühere Sandersleber Bürgermeister verhaftet, in: Anhalter Anzeiger, 12.08.1935; ABlfA 1921, S. 243; Puschendorf, S. 577; StAmt Jena (Fax 12.01.2007); StAmt Aschersleben (E-Mail 12.02.2007). Eine objektive Darstellung 1914 bis 1923 bzw. 1933 bis 1935 ist nicht möglich, da von zahlreichen Personen widersprüchliche Aussagen zu K. vorliegen, deren Wahrheitsgehalt nicht einschätzbar ist. Zudem konnten kaum amtliche Unterlagen ermittelt werden.

Elsa Körner (geborene Unger, geschiedene Dietrich), geb. 04.10.1891 in Bitterfeld, verst. 25.07.1951 in Roßlau (Elbe)
Vater: Arbeiter, ohne erlernten Beruf (vorwiegend Hausfrau), zuletzt verheiratet mit Otto Körner (geb. 20.01.1889), aus 2 Ehen 2 Töchter, ab 1923 KPD, vor 1933 auch IAH, RHD, Roter Frauen- und Mädchenbund, 1933–1936 illegale KPD-Tätigkeit in Dessau: Verbreitung von Schriften, Kassierung/Weiterleitung von RHD-/KPD-Mitgliedsbeiträgen, ab Aug. 1933 Mitglied KPD-UBL Dessau, Febr. 1935 acht Tage Schutzhaft GG Dessau „wegen des Verdachts der Betätigung für die illegale KPD", 24.04.1936 Festnahme durch Gestapo Dessau, anschl. U-Haft GG Dessau, 24.09.1936 Verurteilung durch KG (Sitzung in Dessau) wegen „Vorbereitung eines hochverräterischen Unternehmens" zu 2 Jahren 3 Monaten Zuchthaus (Anrechnung von 5 Monaten U-Haft), bis 24.10.1936 Strafverbüßung GG Dessau, 24.10.1936 bis 24.07.1938 ZH Waldheim, nach 1945 Hausfrau, ab 1945 KPD bzw. ab 1946 SED, 20.12.1945 OdF-Anerkennung, 14.01.1946 Anerkennung „Kämpfer gegen den Faschismus", 1947 Mitglied VVN-Ortsvorstand Dessau, 1950 Stadtverordnete Dessau (Ausschuss für Sozialwesen), 1949/50 Scheidung, 1933–1951 wohnhaft Dessau-Ziebigk, Waldweg 39c, ab Anfang 1951 schwer erkrankt u. bettlägerig.
Quellen: LASA, P 521, Nr. 167; ebd., K 6, Nr. 11166, Bl. 200; ebd., K 6-1, Nr. 2510; ebd., Nr. 2732; BArch, R 58/3739, Bl. 90; SAPMO-BArch, KzPuSdaW; StA Dessau-Roßlau, StV-1950 Kartei der 1950 gewählten Stadtverordneten; StAmt VGem Bitterfeld (Schreiben 10.01.2007); StAmt Roßlau (Elbe) (E-Mail 23.01.2007).

Richard Krauthause, geb. 10.02.1905 in Eßmannsdorf, verst. 28.07.1994 in Berlin-Mitte

Eltern: Landarbeiter, 10 Geschwister, 1911–1919 Volksschule Schönewerda-Eßmannsdorf, 1919/20 Tätigkeit in der Landwirtschaft, März 1920 bis März 1923 abgeschlossene Zimmermanns-Lehre bei Karl Klausing Schönewerda, Mai 1923 Gesellenprüfung, 01.12.1923 Verurteilung durch AG Querfurt wegen Diebstahls (§§ 242, 47 RStGB) zu vier Billionen Mark Strafe oder ersatzweise 2 Tagen Gefängnis, Mai 1923 bis Okt. 1926 Wanderschaft durch Deutschland bzw. Zimmerer bei verschied. Baufirmen, 1926 Heirat mit Klara Homann, 1 Sohn (geb. 1927), 1926–1928 Holzfäller Forstamt Allstedt, ab 1926 RFB, ab 1928/29 (?) KPD, 1928–1929 Zimmermann Baugeschäft Geißler Roßleben, bis 1929 wohnhaft Heygendorf, 1929 oder 1931 (?) Austritt ev. Kirche („Religion: Dissident"), wegen Erwerbslosigkeit 1929 Umzug nach Dessau, ab 1930 RGO (ab 1931 Ortsgruppenleiter Dessau), April 1929 bis Okt. 1931 (mit Unterbrechungen) Zimmermann Baufirmen Müller bzw. Otto Richter Roßlau u. Fritz Lindemann Dessau, ab Okt. 1931 erwerbslos, 20.10.1932 bis März 1933 Organisationsleiter KPD-UB Dessau, vor 1933 auch RHD, IAH, zumindest 1933–1935 wohnhaft Dessau, Steneschestr. 46, 09.03.1933 Festnahme durch Polizei vor Grundstück Leipziger Str. 25, weil er eine geladene Pistole 7,65 mm mit sieben Schuss Munition bei sich trägt, 10.03. bis 30.03.1933 U-Haft GG Dessau, Anklage wegen „marxistischer Umtriebe und Gewährung von bewaffnetem Schutz für Flugblattverteiler", 30.03.1933 Verurteilung durch AG Dessau wegen Vergehens gegen das Gesetz über Schusswaffen und Munition vom 12.04.1928 (§§ 10, 15, 25) zu 4 Monaten Gefängnis, 31.03. bis 07.04.1933 Strafverbüßung GG Dessau, 07.04. bis 03.08.1933 Strafanstalt Coswig (Anhalt): Haft

Richard Krauthause

wird um 2 Tage verlängert, weil K. vom 20. bis 22. Juni Strafunterbrechung wegen Teilnahme an der Beerdigung seiner Mutter gewährt worden war, Aug. 1933 bis Febr. 1935 Politischer Leiter KPD-UB Dessau, gleichzeitig KPD-Ortsgruppenleiter Dessau, Febr. 1935 kurzzeitig Zimmermann bzw. Polier bei Fritz Lindemann Dessau, zwischen 19. u. 26.02.1935 Festnahme durch Gestapo in einem Zug nach Magdeburg, 04.03. bis 17.04.1935 U-Haft GG Dessau, 17. bis 29.04.1935 U-Haft UG Berlin-Moabit, 29.04.1935 Verurteilung durch KG (Sitzung in Berlin) wegen „Vorbereitung eines hochverräterischen Unternehmens" zu 3 Jahren 6 Monaten Zuchthaus (Anrechnung von 2 Monaten U-Haft), 3 Jahren Ehrverlust u. Polizeiaufsicht, 29.04. bis 02.05.1935 Strafverbüßung UG Berlin-Moabit, 02.05. bis 03.06.1935 GG Berlin-Charlottenburg, 03.06.1935 bis 29.08.1938 ZH Coswig (Anhalt), 04.12.1935 Feststellung doppelseitige Nebenhodentuberkulose, 14.12.1935 Überführung in das UG Berlin-Moabit zur ärztlichen Behandlung im dortigen Krankenhaus, 06.02.1936 1. Operation, 26.06.1936 Zurückverlegung nach ZH Coswig (Anhalt), 02.09.1936 Überführung nach UG Berlin-Moabit, 17.09.1936 2. Operation (anschl. gilt K. als geheilt), 07.11.1936 Zurückverlegung nach ZH Coswig (Anhalt), wegen der Operationen wird K. bei der Entlassungsuntersuchung als „nicht moorfähig" eingestuft, d.h. keine Überführung in die Strafgefangenenlager Papenburg/Ems, 29.08.1938 Entlassung ZH Coswig (Anhalt) u. Übergabe an Gestapo Dessau („Überhaft"), bis 22.09.1938 Schutzhaft in Dessau, 22.09.1938 bis 28.03.1945 Schutzhaft KZ Buchenwald (Nr. 5021, davon 14.08.1943 bis 28.03.1945 Außenlager Kassel-Bruseltal, Tätigkeit in Tischlerei u. in den SS-eigenen Deutschen Ausrüstungswerken, Mitglied illegales KPD-Parteiaktiv), ab Mai 1945 KPD in Kassel, 01.07.1945 bis 29.09.1946 „im Auftrage der KPD" Kommissar Gendarmeriekommando Kassel (20.05. bis 20.07.1946 Besuch Gendarmerieschule Homberg), 27.03.1946 Heirat mit Esther Messerschmidt (geb. 27.03.1919 München), hatten sich in Kassel kennengelernt, keine gemeinsamen Kinder, Ende Sept. 1946 muss K. wegen seiner „politischen Tätigkeit die amerikan. Zone verlassen", ab 1946 SED in Schmalkalden, 15.10.1946 bis 31.03.1947 „In Verbindung mit der Landesleitung der SED und der SMA" Einsatz als Leiter Kreispolizei Schmalkalden (Kreispolizeidirektor), aber wohnhaft in Weimar, 01.04.1947 bis 31.10.1948 stellv. Landeskriminaldirektor Landeskriminalamt Thüringen (02.02. bis 31.05.1948 Besuch Höhere Polizeischule Berlin), 01.11.1948 bis 30.09.1949 Leiter Landeskriminalpolizei Brandenburg in Potsdam (Dienstrang: Inspekteur), erzwungenes Ausscheiden aus der Polizei in Folge Befehl Nr. 2 der Deutschen Verwaltung des Innern vom 14.01.1949 (Grund: K.s Dienst in der westdeutschen Polizei 1945/46), 01.10.1949 bis 31.10.1950 Personalleiter VEB Stahl- und Walzwerk Hennigsdorf, dort im Juli 1950 Anwerbung als IM (erst Geheimer Mitarbeiter GM, dann GI) durch MfS-KD Nauen (Deckname „Otto Seeger"), 01.11.1950 bis 31.12.1951 Kulturleiter der Landes-MAS Brandenburg in Potsdam, Übernahme von „Otto Seeger" durch MfS-Landesverwaltung Brandenburg (Abt. III), 01.01. bis 31.03.1952 Personalleiter Vereinigung Volkseigener Güter (VVG) Thüringen, 01.04.1952 bis 31.12.1954 Werkdirektor VEB Antimonerzbergwerk Oberböhmsdorf (Mai 1952 Umzug von Hohen Neuendorf nach Schleiz), Übernahme des GI „Otto Seeger" durch MfS-Landesverwaltung Thüringen (Abt. III), 05.08.1952 Übergabe des GI „Otto Seeger" von MfS-BV Gera (Abt. XII) an MfS-KD Schleiz, wegen Stilllegung des Erzbergwerkes ab 01.02.1955 Leiter Abt. Örtliche Wirtschaft Rat des Bezirkes Gera, ab April 1955 weitere Nutzung des GI „Otto Seeger" durch SfS-BV Gera (Abt. III), ab 01.09.1955 Werkleiter VEB Eisenerzgruben Saalfeld (Okt. 1955 Umzug nach Saalfeld), Übernahme des GI „Otto Seeger" durch MfS-KD Saalfeld, Sept. 1956 Beendigung der inoffiziellen Zusammenarbeit durch MfS, da ihn die Staatssicherheit als Werkleiter offiziell nutzt (Einschätzung des MfS zur IM-Tätigkeit: u.a. „Die Zusammenarbeit [...] ist als sehr gut zu bezeichnen. Krauthause zeichnet sich besonders durch seine Zuverlässigkeit aus [...]. Durch seine Hinweise und Berichte konnten einige Verbrechen in VEB aufgedeckt oder verhindert werden." K. verfasst zwischen 1951 u. 1956 zahlreiche Berichte über Personen aus dem privaten u. dienstlichen Umfeld), ab 01.04.1958 Direktor Bereich Bergbau VEB Maxhütte Unterwellenborn (gleichzeitig Vertreter des Werkdirektors), Okt. 1959 Vaterländischer Verdienstorden in Bronze, Okt. 1963 Banner der Arbeit, 04.05.1964 Anwerbung als IM Konspirative Wohnung (IM/KW bzw. IMK) durch MfS-Hauptabteilung I „auf Basis der Überzeugung" (Deckname erneut „Otto Seeger"): K. und seine Frau stellen ein Zimmer ihres Einfamilienhauses in Saalfeld, Rainweg 21, für „die Schulung eines Kuriers" des MfS ohne Gegenleistung zur Verfügung, zur Mitverpflichtung von Esther Krauthause kommt es nicht mehr, da diese am 15.06.1964 in einer Jenaer Klinik stirbt, ab Ende 1965 Invalidenrentner, März 1966 Umzug nach Erfurt, MfS beendet die inoffizielle Zusammenarbeit, Jan. 1967 Umzug nach Berlin-Pankow, Niederschönhausener Str. 97, später Bernhard-Bästlein-Str. 51, 1968 erneuter Anwerbungsversuch der Hauptverwaltung Aufklärung (HVA) als Deckadresse oder Konspirative Wohnung, K. verhält sich jedoch „sehr abweisend", möchte „keinerlei Verbindungen mehr (zum MfS) haben", Okt. 1976 nochmaliger Anwerbungsversuch durch Hauptabteilung II als IMK-KW, K. lehnt erneut ab, da „er die Anforderungen auf Grund seiner ehemaligen inoffiziellen Tätigkeit [...] kenne und sich diesen nicht gewachsen fühle".

Quellen: LASA, Z 259, Nr. 1403, Bl. 1–112; StA Dessau-Roßlau, SED-KL-2 (Richard Krauthause); BStU, MfS, HA IX, Nr. 23303, Bl. 157; ebd., AIM 10010/66, P-Akte, Bd. 1, Bl. 3–140; ebd., A-Akte, Bd. 1, Bl. 1–219; ebd., A-Akte, Bd. 2, Bl. 1–24; ebd., SAA AKK 5616/79; SAPMO-BArch, KzPuSdaW; Engelmann, S. 21, 32, 35, 37f., 49f., 58f., 78–85; StAmt Roßleben (E-Mail 03.01.2007).

Fritz (Friedrich) Krüger, geb. 08.08.1902 in Dessau, verst. 03.01.1986 in Dessau
Vater: Bauarbeiter (SPD, 1914 gefallen), 2 Geschwister, 8 Klassen Volksschule Dessau, ab 1912 ATB bzw. ATSB, ohne erlernten Beruf (angelernter Packer u. Lagerist), 1916/17 Arbeiter Hoch- u. Tiefbau Dessau, 1917–1930 Bauarbeiter bei verschied. Baufirmen in Dessau, ab 1919 erst Spartakusbund, dann KPD (1919–1924

Fritz Krüger, 1960

Unterkassierer, Zellenleiter, Stadtteilleiter, Agitpropleiter Ortsgruppe Dessau, bis 1933 Mitglied UBL Dessau), 28.04.1919 Verurteilung durch SchöG Dessau wegen schweren u. einfachen Diebstahls (§§ 242, 243, 74, 47, 57 RStGB) zu 8 Monaten Gefängnis, 1920–1933 DBGB, 23.06.1921 Verurteilung durch SchöG Dessau wegen Diebstahls im Rückfall (§§ 242, 244 RStGB) zu 4 Monaten Gefängnis, 14.06.1921 Verurteilung durch LG Dessau wegen gemeinschaftlichen Diebstahls (§§ 242, 244, 245, 47, 57 RStGB) zu 4 Monaten Gefängnis u. 30.08.1922 Verurteilung durch SchöG Dessau wegen Diebstahls im wiederholten Rückfall (§§ 242, 244 RStGB) zu 5 Monaten Gefängnis: Durch Erlass SchöG Dessau vom 06.10.1922 wurde eine Gesamtgefängnisstrafe von 7 Monaten gebildet (Strafe verbüßt am 06.03.1923), 1923 Heirat mit Elisabeth Noack (geb. 24.06.1899 Dessau), keine Kinder, 1924–1933 RFB (Ende 1924 bis 1928 Leiter Rote-Jungfront-Untergau Dessau, 1928/29 Leiter RFB-Untergau Dessau u. damit Mitglied erweiterte Gauleitung RFB-Gau Magdeburg-Anhalt, 1929 bis Juni 1933 Leiter illegaler RFB u. Rote Jungfront UB Dessau), ab 1923 VpFD, ab 1924 RHD, vor 1933 auch KG RS, IAH, 1930–1933 erwerbslos (bis auf 3 bis 4 Wochen Notstandsarbeiten, in dieser Zeit Mitglied der DBV-Beschwerdekommission Dessau), 11.03.1931 Verurteilung durch SchöG Dessau wegen Landfriedensbruchs zu 4 Monaten Gefängnis (Straßenschlägerei am 14.10.1930 in Dessau zwischen Kommunisten und Nationalsozialisten), 17.03.1931 Berufung gegen das Urteil, 14.07.1931 Berufungsverfahren: Freispruch durch LG Dessau von der Anklage Landfriedensbruch, 02.06.1933 Festnahme durch SS in Dessau („Verrat eines ehemaligen Genossen"), anschl. bis 12.09.1933 Schutzhaft GG Dessau, 12.09.1933 bis Mai 1934 Schutzhaft KZ Roßlau, Mai bis Sept. 1934 U-Haft GG Dessau, 18.09.1934 Verurteilung durch KG (Sitzung in Dessau) wegen „Vorbereitung eines hochverräterischen Unternehmens" (§§ 81 Ziff. 2, 86 RStGB, Weiterführung des verbotenen RFB bis zu den März-Wahlen 1933, unerlaubter Waffenbesitz) zu 1 Jahr 8 Monaten Gefängnis (Anrechnung von 14 Monaten 1 Woche Haft) u. Polizeiaufsicht, Sept. bis Okt. 1934 Strafverbüßung GG Dessau, Okt. 1934 bis 11.03.1935 Strafanstalt Coswig (Anhalt), 1935/36 Bauarbeiter Fiedler & Fritsche Betonbau Dessau-Ziebigk, 1936–1943 Packer u. Hilfslagerist Kaufhaus Uwo (bis 1935 Wohlwert) bzw. ab 1938 („Arisierung") Kaufhaus Tietze Dessau, 1940 Wehrmacht-Ausschließungsschein, 17.02.1943 bis 08.05.1945 Bewährungstruppe 999 Heuberg (8. Artillerie-Regiment mot., Gefreiter, Einsätze in Griechenland, Albanien, Jugoslawien), 08.05.1945 bis 15.05.1946 Gefangenschaft in Zagreb (104. Kriegsgefangenenbataillon Zagreb: Antifa-Vors. des Bataillons, ab Ende 1945 Mitglied Antifa-Stadtausschuss Zagreb), ab 1946 SED, DSF, Konsumgenossenschaft, 01.07.1946 bis 31.05.1948 Leiter OdF-Betreuungsstelle Stadtverwaltung Dessau, 1946–1947 2. Sekretär BPO, 1947–1948 sowie 1953–1955 Mitglied Kreisvorstand Gewerkschaft Verwaltungen-Banken-Versicherungen beim FDGB, 1947–1952 2. Vors. VVN-Kreisvorstand Dessau, 01.06. bis 31.08.1948 beauftragter Amtsanwalt Amt Handel und Versorgung Stadtverwaltung Dessau, 01.09.1948 bis 31.12.1949 Leiter Abt. Personal und Kader VPKA Dessau (Polizeirat, Ausscheiden wegen Herzkrankheit und Malariaanfällen), ab 1949 Kandidat bzw. ab 1956 Mitglied KPKK SED-Kreisleitung Dessau, 01.01.1950 bis 15.09.1955 Leiter Helene-Lange-Altersheim (untersteht Rat der Stadt Dessau), 21.03.1953 Anwerbung als IM Konspirative Wohnung durch MfS-KD Dessau auf freiwilliger Basis (Deckname „Lore"): K. und seine Frau stellen das Zimmer Nr. 33 im Altersheim, Fröbelstr. 19, für inoffizielle Treffs des MfS ohne Gegenleistung zur Verfügung (Mitverpflichtung der Ehefrau Elisabeth Krüger), 1952/53 Mitglied Kreiskommission zur Erforschung der Geschichte der örtlichen Arbeiterbewegung, 16.09.1955 bis 30.11.1957 Kaderleiter Rat der

Stadt Dessau, ab 1956 wohnhaft Dessau, Straße der Deutsch-Polnischen Freundschaft 5, dorthin verlegt das MfS auch die Konspirative Wohnung, d.h. die Krügers stellen ab 1956 auch weiterhin ein Zimmer ihrer neuen Wohnung für inoffizielle Treffs des MfS ohne Gegenleistung zur Verfügung, ab 01.12.1957 Rentner, 1958 „Medaille für Kämpfer gegen den Faschismus 1933–1945", 1959 Verdienstmedaille der DDR, Nov. 1959 Umzug in die Straße der Deutsch-Polnischen Freundschaft 13 und gleichzeitig Beendigung der inoffiziellen Zusammenarbeit durch das MfS, da K. von der SED-Kreisleitung Dessau „für die Westarbeit" eingesetzt wird (?), April 1961 erneuter MfS-Versuch, K.s Wohnung als KW zu nutzen, aber K. lehnt v.a. aus gesundheitlichen Gründen ab, 1965 Vaterländischer Verdienstorden in Bronze, 1977 Vaterländischer Verdienstorden in Silber.

Quellen: LASA, P 522, IV/8/631, Bl. 1–38; ebd., P 521, Nr. 61; ebd., Nr. 201, Bl. 190–193; Ebd, Z 257, Nr. 66, Bl. 4, 30f., 137–140, 185f.; ebd., Nr. 104, Bd. 2, Bl. 105, 109, 112ff.; ebd., K 6, Nr. 11166, Bl. 214; ebd., Nr. 10511, Bl. 101; Hochverratsprozess in Dessau, in: Saale-Zeitung, 20.09.1934; BStU, MfS, BV Halle, AIM 554/59, P-Akte, Bl. 14–68; StAmt Dessau-Roßlau (Fax 16.02.2009).

Otto Krüger, geb. 25.11.1875 in Jeßnitz, verst. 13.06.1958 in Jeßnitz

Vater: Arbeiter, 1881–1889 Volksschule Jeßnitz, ohne erlernten Beruf, 1889–1891 Ziegelei Greppiner Werke, 1891–1896 Arbeiter Grube Greppiner Werke, 1896–1930 Farbenfabrik Wolfen (Entlassung wegen Arbeitsunfähigkeit infolge Rheumatismus), anschl. dauerhaft Invalidenrentner, ab 1899 Fabrikarbeiterverband, 22.07.1899 Heirat mit Marie Trappe (geb. 05.12.1875 Jeßnitz), 1 Sohn, ab 1904 SPD (1905–1922 Kassierer), 1906 Gründer der Volkshaus-Genossenschaft Jeßnitz (bis 1922 deren Aufsichtsratsvors., bis

Otto Krüger

1933 deren Geschäftsführer), Mitbegründer „Freie Turnerschaft" Jeßnitz, 1918–1923 SPD-Stadtverordneter Jeßnitz, 27.03.1935 Festnahme in Jeßnitz, 28.03. bis 31.03.1935 Schutzhaft GG Dessau, 01.04. bis 23.04.1935 Schutzhaft KZ Lichtenburg (am 12.04. Aufhebung des Schutzhaftbefehls durch Gestapo Dessau), wegen seines Leidens im KZ nicht zur Arbeit herangezogen, ab 1945 SPD bzw. ab 1946 SED, 1935–1958 wohnhaft Jeßnitz, Feldstr. 13, 01.11.1951 VdN-Aberkennung wegen zu kurzer Haftzeit und weil sein Leiden bereits vor der Haftzeit bestand, 23.09.1952 nach Protest von K. Wiederanerkennung als VdN (als „Schwerkranker in Schutzhaft genommen", Leiden hat sich laut amtsärztlichem Attest in der Schutzhaft „sehr erheblich verschlimmert").
Quellen: LASA, P 521, Nr. 61; ebd., Z 141, Nr. 669, Bl. 73, 81; ebd., K 6, Nr. 8086, Bl. 152; ebd., Nr. 9969, Bl. 269; ebd., K 6-1, Nr. 2558, Bl. 1–54; StAmt VGem Raguhn (E-Mail 09.02.2009).

Walter Krüger, geb. 24.07.1911 in Dessau, verst. 02.01.1943 in Russland

Beruf: Maurer, DBGB, 1930–1932 18 Monate erwerbslos, weder KPD- noch RFB-Mitglied, 1931 Verurteilung wegen Bettelns und Diebstahls zu einem Tag Haft u. 30 RM Geldstrafe, 1932 zehn Wochen bzw. 1933 30 Wochen FAD, 18.09.1934 Freispruch durch KG (Sitzung in Dessau) von der Anklage „Vorbereitung eines hochverräterischen Unternehmens" (§§ 81 Ziff. 2, 86 RStGB, Weiterführung des verbotenen RFB bis zu den März-Wahlen 1933, unerlaubter Waffenbesitz), am 02.01.1943 als Obergefreiter u. Angehöriger 3./Pionier-Lehr-Bataillon 1 im Lazarettzug zwischen Remontnaja und Ssalsk verstorben.
Quellen: LASA, Z 257, Nr. 104, Bd. 2, Bl. 105 ff.; SAPMO-BArch, KzPuSdaW; WASt (Schreiben 10.07.2007).

Karl-Otto Lemnitz, geb. 16.10.1887 in Bobbau, verst. 20.02.1935 in Dessau

Ohne erlernten Beruf, verheiratet mit Maria Schüler, 4 Kinder, 1907– 1910 Militärdienst, ab 1914 Teilnahme Erster Weltkrieg, 12.04.1916

Verurteilung durch Kriegsgericht der 39. Division wegen Achtungsverletzung, Beleidigung eines Vorgesetzten u. Fahnenflucht zu 8 Jahren Gefängnis unter Versetzung in die 2. Klasse des Soldatenstandes (Strafe erlassen u. gelöscht durch Militäramnestie vom 07.12.1918), 23.10.1919 Verurteilung durch SchöG Dessau wegen Diebstahls zu 1 Tag Gefängnis, 21.12.1922 Verurteilung durch SchöG Dessau wegen gemeinschaftlichen schweren Diebstahls zu 3 Monaten Gefängnis (27.02.1923 Strafumwandlung in 4.000 RM Geldstrafe), ab 1931 erwerbslos, ab 1932 KPD u. RFB (Letzterer seit 1929 verboten), vor 1933 auch RGO, 1933 wohnhaft Dessau, Augustenstr. 17, 05.02.1933 Festnahme wegen tätlichen Angriffs auf einen Polizisten sowie Befreiung des festgenommenen Kommunisten Otto Rothe aus Dessau aus Polizeigewalt während der letzten Kundgebung der Eisernen Front in Dessau, Einlieferung GG Dessau, 06.02. bis 10.04.1933 U-Haft GG Dessau, 10.04.1933 Verurteilung durch LG Dessau wegen Widerstands gegen die Staatsgewalt und versuchter Gefangenenbefreiung (§§ 115, 113, 120 RStGB) zu 2 Jahren 1 Monat Zuchthaus, bis 24.04.1933 Strafverbüßung GG Dessau, 24.04.1933 Überführung nach Strafanstalt Coswig (Anhalt), 30.09. bis 07.12.1933 u. 17.07. bis 02.08.1934 stationäre Behandlung Kreiskrankenhaus Dessau (u. anschl. bzw. dazwischen im Anstaltslazarett) wegen Tbc-Verdachts, der sich als Lungenkrebs herausstellt, 23.03.1934 Anklageerhebung durch GStA beim KG wegen des Verdachts „Vorbereitung eines hochverräterischen Unternehmens", 23.08.1934 Entlassung Strafanstalt Coswig (Anhalt) wegen Haftunfähigkeit (nach Angaben von Engelmann auf Grund von Aussagen des Sohnes Herbert Lemnitz, geb. 1917, angeblich auf Grund von Misshandlungen in der Strafanstalt, tatsächlich wegen Lungenkrebs) und Bewilligung einer Strafunterbrechung von 6 Monaten mit der Aufforderung, sich am 23.02.1935 wieder in der Strafanstalt einzufinden, 18.09.1934 Freispruch durch KG (Sitzung in Dessau) von der Anklage „Vorbereitung eines hochverräterischen Unternehmens" (§§ 81 Ziff. 2, 86 RStGB, Weiterführung des verbotenen RFB bis zu den März-Wahlen 1933, unerlaub-

ter Waffenbesitz), am 20.02.1935 in Dessau-Törten, Augustenstr. 17 (er wohnte zu dieser Zeit Am Hang 7) an Lungenkrebs verstorben.
Quellen: LASA, Z 257, Nr. 96, Bl. 3–189; ebd., Nr. 104, Bd. 2, Bl. 105–108; ebd., P 521, V/8/173 (Herbert Lemnitz); ebd., K 6-1, Nr. 3218; Engelmann, S. 28, o. S. („Sie fielen im Kampf"); SAPMO-BArch, KzPuSdaW; www.volksbund.de/graebersuche (Stand: 27.11.2006); StAmt Dessau (Schreiben 06.02.2007).

Hermann Luppe, geb. 17.11.1892 in Dornburg, verst. 20.10.1939 in Freckleben
Vater: Pastor Markus Luppe (1859–1901), 16.02.1912 Abitur Friedrichs-Gymnasium Dessau, 1912–1914 Studium der Theologie Universitäten Tübingen, Leipzig, Halle/S., 22.10.1914 bis 20.10.1918 Teilnahme Erster Weltkrieg (Anhaltisches Infanterie-Regiment Nr. 93, 23.01. bis 17.06.1915 Fronteinsatz Frankreich, Verwundung, Lazarett, danach kein Fronteinsatz mehr, 1. Ersatz-Bataillon Füsilier Regiment Nr. 36, zuletzt Vizefeldwebel, E.K. II. Klasse, Anhaltisches Friedrichskreuz, Verwundetenabzeichen), 09.05.1919 Entlassung aus der Reichswehr, 03.07.1919 1. theol. Prüfung, 15.07.1919 bis 31.03.1922 Hilfsprediger in Coswig (Anhalt), 06.10.1920 2. theol. Prüfung, 28.11.1920 Priesterweihe (Ordination) in Coswig (Anhalt), 07.12.1920 Heirat mit Paula Thiemann (geb. 14.01.1896, Tochter eines Lehrers aus Halle/S.), keine Kinder, 01.04.1922 bis 30.09.1933 2. Pfarrer in Jeßnitz u. Pfarrer von Bobbau, ab 16.02.1930 Mitverwaltung Kirchengemeinde Thurland, Mai 1927 bis 25.03.1933 Angehöriger Loge „Zu den drei Säulen" Dessau (letzter Grad „Meister"), 01.10.1933 bis 30.04.1935 1. Pfarrer in Jeßnitz, Nacht vom 07.01. zum 08.01.1935 Schutzhaft Polizeiwache Jeßnitz (gemeinsam mit Siegfried Mörchen) wegen Veröffentlichung des Artikels „Ein neues Jahr" im „Gemeinde-Blatt für Jeßnitz und Bobbau", Nr. 109. Der Artikel stammte nicht von L., sondern von Mörchen, was die Bevölkerung nicht wusste. Auf Grund der Vorkommnisse in Jeßnitz am Abend des 07.01.1935 (siehe Lagebericht Nr. 11) legte der Kreissynodalvorstand L. nahe, sich beurlauben zu lassen und um seine Versetzung zu bitten, was dieser am

10.01.1935 auch tat. Seit dem Amtsantritt als 1. Pfarrer in Jeßnitz waren zwischen der Gemeinde bzw. dem Gemeindekirchenrat und ihm bzw. seiner Frau unüberbrückbare Gräben entstanden. Nach Darstellung des Kreisoberpfarrers hatte sich das Ehepaar „unbeliebt gemacht"; die Gemeinde war von ihnen „stark enttäuscht". Zum Ausdruck kam die „Abneigung gegen die Pfarrersleute" in der Aktion vom 07.01.1935. Jan. bis Mai 1935 wohnhaft Großkayna, 01.05.1935 bis 20.10.1939 Pastor in Freckleben.

Quellen: AELKA, B 6 Ev. LKR 1945–1970, Generalia, L 15 10 I (Personalakte Hermann Luppe); ebd., B 17 (Nachlass Martin Müller), Dokumentation des Kirchenkampfes [...], Mappe 3, Nr. 179; Graf, S. 342; SAPMO-BArch, KzPuSdaW.

Alfred Macheleidt, geb. 09.09.1900 in Volkmannsdorf, verst. 23.04.1962 in Wolfen

Vater: ungelernter Arbeiter, 6 Geschwister, 1907–1914 Volksschule Rathmannsdorf (Sachsen), zunächst keinen Beruf erlernt, 1914–1918 „Arbeitsbursche" bei Müller & Co. Piesau, 1918/19 Soldat Feldartillerie Kassel, 1919 Übersiedlung nach Raguhn, 1919–1925 Arbeiter Grube Golpa, ab 1920 ADGB, ab 1921 KPD (Eintritt Ortsgruppe Golpa, da es in Raguhn zu dieser Zeit keine KPD-Ortsgruppe gibt), 1925–1928 Arbeiter bei verschied. Baufirmen, Juni 1925 Heirat mit Ammalie Michenhein, 3 Töchter (geb. 1925, 1928, 1931), 1928–1932 erwerbslos, 1932/33 Ausbildung zum Maurer (als Umschüler), anschl. bis 1939 Maurer bei Pohle & Erben Raguhn, wohnhaft Raguhn, Hallesche Str. 30, 1929/30–1933 Politischer Leiter KPD-Ortsgruppe Raguhn, 1930/31 (?)[721] bis 1933 KPD-Stadtverordneter Raguhn, vor 1933 auch DBV, IAH, Juni 1933 2 Tage Schutzhaft GG Köthen, 28.03. bis 31.03.1935 Schutzhaft GG Dessau, 01.04. bis 09.05.1935 Schutzhaft KZ Lichtenburg, Sept. 1939 Einberufung zur Wehrmacht (Artillerie, Gefreiter), 1941 Entlassung

---

721 Nach Rudolf Brückner: Raguhn im 20. Jahrhundert, Teil II der Ortschronik, 2. Aufl., Horb am Neckar 2007, S. 64, errang M. erst 1931 dieses einzige KPD-Mandat in der Raguhner Stadtverordnetenversammlung.

Alfred Macheleidt

aus der Wehrmacht, Jan. 1942 Einberufung zur Organisation Todt (Einsatz in Sowjetunion), 25.01.1943 Erfassung mit einer Lazarettmeldung Angehöriger Frankfurt Trupp Tappilben (Organisation Todt), keine Kriegsgefangenschaft, 1945/46 (hauptamtlicher) Leiter KPD-Ortsgruppe Raguhn, ab 1946 SED, 1945–1947 Leiter Antifa-Blockausschuss Raguhn, 1947 Scheidung von Ehefrau, 1946–1950 Maurer bei Albrecht Pohle Raguhn, März 1950 bis Dez. 1951 Wachleiter Betriebsschutz TEWA Raguhn, ab Juni 1949 Vors. IG Bau FDGB-Ortsgruppe Raguhn, ab April 1950 2. Vors. FDGB-Ortsvorstand Raguhn, 2. Vors. VVN-Ortsgruppe Raguhn, ab Okt. 1950 Stadtverordneter Raguhn (VVN), bis 1953 wohnhaft Raguhn, Markesche Str. 40, danach Markesche Str. 35, 10.10.1950 Anwerbung als IM (GI) durch MfS-KD Bitterfeld (Deckname „Barsch"): Bis Januar 1956 erhielt GI „Barsch" vom MfS keine konkreten Aufträge, berichtete aber von sich aus „aufgeschlossen" v. a. über Personen aus seinem Arbeitsumfeld und über die allgemeine Stimmung in der Bevölkerung. Er gab dem MfS „gute Hinweise", die der Stasi jedoch teilweise offiziell bekannt waren. Ab Jan. 1952 Kreiskonsumgenossenschaft Bitterfeld (erst Leiter der Abt. Schulung, ab Mai 1952 Sachbearbeiter für Presse und Gesamtdeutsche Fragen, dann BGL-Vors.), 08.11.1952 Heirat mit Johanna Behrend, geb. Mayzener (geb. 16.01.1915 Langenwetzendorf) in Raguhn, Jan. 1953 VdN-Aberkennung: zu kurze Haftzeit, nennt zu wenig glaubhafte Zeugen für seine „antifaschistische" Tätigkeit, Widersprüche in den Haftzeiten, Nov. 1958 Umregistrierung vom GI zur Konspirativen Wohnung (KW), da M. als hauptamtlicher BGL-Vors. „nicht die Aufgaben, die ihm [vom MfS] übertragen wurden, erfüllen konnte", M. und seine Ehefrau, die vom MfS mitverpflichtet wird, erklären sich

bereit, ein Zimmer ihres Siedlungshauses Raguhn, Saarstr. 9 für konspirative Treffs des MfS zur Verfügung zu stellen. Sie erhalten dafür monatlich 15 DM Miete. 15.07.1959 Beendigung der inoffiziellen Zusammenarbeit durch das MfS: Eine Überprüfung der Ehefrau ergab, dass sie nicht ehrlich war.
Quellen: LASA, P 521, Nr. 71; ebd., Z 141, Nr. 669, Bl. 4, 74, 82f.; BStU, MfS, BV Halle, AIM 346/59, P-Akte, Bl. 2–41; ebd., AIM 346/59, A-Akte, Bl. 7–101; WASt (Schreiben 03.06.2009); StAmt Saalfeld (E-Mail 09.01.2007); StAmt Wolfen (Fax 09.01.2007); StAmt VGem Raguhn (Schreiben 15.01.2007).

Werner Mangold, geb. 04.05.1886 in Danzig, verst. 12.03.1949 in Hoym/Anhalt
Evangelisch, Vater: Gymnasialprofessor in Danzig, Studium der Rechtswissenschaft, 1 Jahr Freiwilligendienst Grenadier-Regiment König Friedrich I. Nr. 5 (Leutnant der Reserve Infanterie Regiment Nr. 141), 06.12.1907 Erste jurist. Staatsprüfung in Königsberg, 20.12.1907 bis 20.09.1908 Referendar AG Zoppot, 21.09.1908 bis 26.09.1910 Referendar LG Danzig, 27.09.1910 bis 27.11.1911 Referendar Staatsanwaltschaft Danzig, 27.01. bis 23.08.1911 Referendar bei Rechtsanwalt Waechter sowie bei Rechtsanwalt/Notar Meyer in Danzig, 24.08.1911 bis 07.06.1912 Referendar AG Danzig, 08.06. bis 31.12.1912 Referendar OLG Marienwerder, 20.10.1913 Zweite jurist. Staatsprüfung, Nov. 1913 bis Aug. 1921 Gerichtsassessor AG Danzig, Frontkämpfer im Ersten Weltkrieg (keine näheren Angaben), 17.08.1921 endgültiger Übertritt in den Justizdienst der Freien Stadt Danzig AG Danzig, anschl. Amtsgerichtsrat, 18.02.1925 mit 38 Jahren Versetzung in den Ruhestand (auf eigenen Antrag) wegen „Schwäche seiner geistigen Kräfte" (Folge einer Kriegsverletzung), zumindest 1928, 1929, 1944 Versuch der Rückkehr in den Justizdienst, aber erfolglos, da „anscheinend infolge kriegerischer Gewalteinwirkungen nervenkrank", ledig, zwischen 1925 und 1935 Umzug nach Ballenstedt, 17. oder 18.08.1935 Festnahme in Ballenstedt: Er hatte das antikatholische NSDAP-Plakat „Deutsches Volk horch auf" abgerissen, da ihm „der Inhalt des Aufrufs

nicht zusagte". Da er bei der Vernehmung einen Polizeibeamten tätlich angriff, wurde er in Schutzhaft in das GG Bernburg überführt. Zumindest ab Aug. 1944 wohnhaft Landes-Alters- und Pflegeheim Hoym, dort auch verstorben, aber offiziell gemeldet in Ballenstedt, Luisenstr. 18.
Quellen: BArch, R 3001/67502, Bl. 1–20; Der Mitteldeutsche. Köthener Tagespost, 19.08.1935; Staatsfeinde – Acht Verhaftungen, in: Anhalter Anzeiger, 19.08.1935. Für die Hilfe dankt der Autor Michael Viebig, Leiter der Gedenkstätte ROTER OCHSE Halle/S.

Franz Matthay, geb. 01.08.1905 in Münster (Westfalen), verst. 14.04.1980 in Dessau

Vater: Lokomotivführer (SPD), 6 Geschwister, 1911–1919 Volksschule Papenburg/Ems, 1919 bis April 1922 abgeschlossene Schlosser- u. Elektriker-Lehre Metallhüttenwerk Papenburg/Ems (Werkzeugmacher u. Elektriker), ab 1921 DMV, April 1922 bis März 1924 Geselle Metallhüttenwerk Papenburg/Ems, März 1924 wegen Versetzung des Vaters Umzug nach Dessau, ab 1924 Schlosser BAMAG-Werk III Dessau sowie Montage-Tätigkeit in ganz Deutschland, in dieser Zeit KJVD-Beitritt, Vertrauensmann für die Jungmetallarbeiter im BAMAG-Werk III, Mitglied u. Funktionär im Touristenverein „Die Naturfreunde" (Bund internationaler Arbeiterwanderer), ab Juli 1926 erwerbslos, darum 1926–1929 Wanderschaft durch Deutschland und im Ausland, 23.11.1928 Verurteilung durch AG Friedberg wegen Bettelns und Messertragens (§ 361 Ziff. 4 Art. 39 pp. RStGB) zu 1 Woche 2 Tagen Gefängnis, 1929 Rückkehr nach Dessau, ab 1929 KPD, RGO, RFB (Leiter Rote Jungfront Dessau, RFB seit 1929 verboten), bis 26.08.1929 Elektriker Dessauer Waggonfabrik, 26.08.1929 Betriebsunfall (Bruch des linken Fußknöchels), seither körperlich behindert u. erwerbslos (Bezug einer Unfallrente; im VVN-Aufnahmeantrag von 1947 verneinte M. die Frage „Sind Sie arbeitsbehindert?" LASA, P 521, V/8/175. Zwei Jahre später gab er eine 30%ige Arbeitsbehinderung an. Ebd., K 6–1, Nr. 3550, Bl. 1), ab März 1932 Besuch Technische Lehr-

Franz Matthay

anstalten Dessau (Lehrgang Werkmeister im Elektrogewerbe), ab Dez. 1932 Technischer Hilfsleiter RFB (Vertreter von Willi Pippig), bis 1933 auch RHD, IAH, März 1933 Ablegung Gehilfenprüfung im Elektrogewerbe, Mitte Mai 1933 Festnahme in Dessau, 17.06.1933 Festnahme in Dessau, zunächst Schutzhaft Polizeiwache Friedhofstr., anschl. bis 12.09.1933 Schutzhaft GG Dessau, 12.09.1933 bis 05.05.1934 Schutzhaft KZ Roßlau, 05.05. bis 18.09.1934 U-Haft GG Dessau, 18.09.1934 Verurteilung durch KG (Sitzung in Dessau) wegen „Vorbereitung eines hochverräterischen Unternehmens" (§§ 81 Ziff. 2, 86 RStGB, Weiterführung des verbotenen RFB bis zu den März-Wahlen 1933, unerlaubter Waffenbesitz) zu 1 Jahr 6 Monaten Gefängnis (Anrechnung von 12 Monaten 4 Wochen Haft), 18.09. bis 08.10.1934 Strafverbüßung GG Dessau, 08.10.1934 bis 18.02.1935 Strafanstalt Coswig (Anhalt), 01.08.1935 bis 01.09.1939 Werkzeugmacher Wolfram Werkzeugbau Dessau-Waldersee (u.a. Mai 1937 bis Juni 1938 auf Montage in Wernigerode), 12. bis 14.11.1938 Haft wegen des Verdachts jüdischer Abstammung, 31.12.1938 Heirat mit Wally Hannemann (geb. 28.06.1911 Berlin), 1 Sohn, 01.09.1939 bis Dez. 1941 Werkzeugmacher Junkers & Co. Dessau (während dieser Zeit Qualifizierung zum Maschinenbau- und Elektromeister), Dez. 1941 bis Kriegsende 1945 Junkers-Motorenwerk Dessau (kriegsdienstverpflichtet), zuletzt Evakuierung des Betriebes nach Pouch, April bis Anfang Juli 1945 Bürgermeister in Pouch (Einsetzung durch Amerikaner), Absetzung durch SMA und Rückkehr nach Dessau-Waldersee, Aug. 1945 bis Ende 1947 Jugendreferent Stadtverwaltung Dessau, Jan. bis Dez. 1948 Leiter VdgB-Kreisreparaturwerkstatt Oranienbaum, 16.03.1948 VVN-Ausschluss u. VdN-Aberkennung:

M. hatte in Fragebögen die Mitgliedschaft in der Werkschar von Mai 1937 bis 1938 nicht angegeben. Zudem sagten Willi Pippig, Fritz Krüger und Willy Beutler aus, dass M. von 1932 bis 1945 „keine kämpferische Haltung gezeigt hat, so, wie sie von einem Antifaschisten verlangt wurde", Ihm wurde eine „judenfeindliche Einstellung" unterstellt, und vor einer Entnazifizierungskommission hatte er entlastende Aussagen zu einem NSDAP-Mitglied aus Waldersee getätigt. Jan. 1949 bis Ende 1951 Aufbau der Kreismaschinenhöfe der MAS Dessau-Kleinkühnau u. Köthen, Jan. bis Sept. 1952 Leiter MTS Klebitz, Okt. 1952 bis 14.01.1971 Berufsausbilder Reichsbahnausbesserungswerk (RAW) Dessau (in dieser Zeit Ausbildung zum Lehrmeister u. Lehrobermeister), ab 1952 mehrere ehrenamtliche Tätigkeiten u. Funktionen: v.a. 1955–1965 Stadtverordneter Dessau, DSF-Vors. RAW Dessau, ab 1953 Freiwilliger VP-Helfer, stellv. Sekretär WPO 31, 1959 Verdienstmedaille der DDR bzw. der bewaffneten Organe, 1960 Pestalozzimedaille in Bronze, 1961 1. Artur-Becker-Medaille in Bronze, 1965 Medaille für ausgezeichnete Leistungen als Aktivist der ersten Stunde, 1966 2. Artur-Becker-Medaille in Bronze, 1970 Pestalozzimedaille in Silber, 1971 3. Artur-Becker-Medaille in Silber, 1971 Medaille „Kollektiv der sozialistischen Arbeit", ab Jan. 1971 Rentner, Nov. 1971 Wiederanerkennung als VdN, aber Verweigerung Status „Kämpfer gegen den Faschismus".

Quellen: LASA, P 521, V/8/175; ebd., Z 257, Nr. 104, Bd. 2, Bl. 105f., 109, 113RS.; ebd., Z 259, Nr. 1783, Bl. 1–38; ebd., K 6-1, Nr. 3550, Bl. 1–4; ebd., Nr. 3630, Bl. 1–116; ebd., Nr. 5454; ebd., Nr. 8898, Bl. 1–9; ebd., K 6, Nr. 11170, Bl. 103; Hochverratsprozess in Dessau, in: Saale-Zeitung, 20.09.1934; StAmt Münster (Schreiben 04.01.2007).

Walter Matthias, geb. 14.10.1910 in Dessau, verst. 15.10.1944 in Hersfeld

1925 Abschluss Volksschule, anschl. abgeschlossene Dreher-Lehre BAMAG Dessau, ab 1930 KPD, ab 1932 RFB (seit 1929 verboten), 27.08.1932 Verurteilung durch AG Dessau wegen Sachbeschädigung zu 40 RM Geldstrafe oder ersatzweise 8 Tagen

Walter Matthias

Gefängnis, vor 1933 auch DMV, 1930 bis Nov./Dez.(?) 1933 (mit Unterbrechung Juni bis Aug. 1931) erwerbslos, 05.05.1933 Festnahme wegen Verdachts der Beteiligung an Schlägerei zwischen Kommunisten u. Nationalsozialisten in der Nacht zum 02.03.1933, U-Haft GG Dessau, 23.05.1933 Aufhebung des Haftbefehls, Entlassung aus GG Dessau, 22.07.1933 Geständnis, an dem Benzindiebstahl am 03.09.1932 beteiligt gewesen zu sein[722], zumindest am 06.10.1933 in U-Haft, zumindest am 11.11.1933 wieder in Freiheit, 17.11.1933 Heirat mit Emma Kölling (geb. 06.12.1905 Aken/Elbe, verst. 10.10.1975 Duderstadt), 1 gemeinsame Tochter (geb. 1936, Ehefrau bringt aus erster Ehe noch 1 Sohn mit), Nov./Dez (?) 1933 bis 12.05.1934 Junkers-Werke Dessau, 19.01.1934 Verurteilung durch SchöG Dessau wegen schweren Diebstahls zu 9 Monaten Gefängnis (Beschluss AG Dessau 29.01.1934: bei guter Führung Straferlass der letzten drei Monate), kein Strafantritt wegen Einreichung Gnadengesuch, wird jedoch abgelehnt, 12.05. bis 18.09.1934 U-Haft GG Dessau, 18.09.1934 Verurteilung durch KG (Sitzung in Dessau) wegen „Vorbereitung eines hochverräterischen Unternehmens" (§§ 81 Ziff. 2, 86 RStGB, Weiterführung des verbotenen RFB bis zu den März-Wahlen 1933, unerlaubter Waffenbesitz) zu 1 Jahr Gefängnis (Anrechnung von 4 Monaten Haft), zwischen 22.10. und 31.10.1934 Überführung in Strafanstalt Coswig (Anhalt) zur Strafverbüßung, 17.04.1935 Überführung von Strafanstalt Coswig (Anhalt) – da inzwischen zum Zuchthaus umgewandelt – über GG Magdeburg-Sudenburg nach GG Gommern zur weiteren Strafverbüßung, 18.05.1935 nach Verbüßung der KG-Strafe sofortiger Haft-

---

722 Ausführlich dazu Sperk, V-Leute, S. 163–182.

antritt der Neun-Monats-Strafe des SchöG Dessau vom 19.01.1934 (Haftende 18.02.1936), 27.05.1935 Beschluss KG: Zusammenfassung auf eine Gesamtstrafe von 1 Jahr 8 Monaten Gefängnis unter Aufrechterhaltung Anrechnung 4 Monate U-Haft aus dem KG-Prozess, d. h. Haftende 1 Monat früher, 18.01.1936 Entlassung GG Gommern, 01.12.1942 Einberufung Bewährungstruppe 999 Heuberg (letzter Dienstgrad: Schütze), 29.03.1943 Verwundung, 15.10.1944 in Folge Lungenentzündung im Reservelazarett Hersfeld verstorben, Walter Matthias ruht auf der Kriegsgräberstätte Bad Hersfeld – Städtischer Friedhof, Endgrablage: Block B Grab 28.
Quellen: LASA, Z 257, Nr. 97, Bl. 70–74, 87 ff.; ebd., Nr. 104, Bd. 1, Bl. 28–39, 81, 130, 165 f., 252 f., 415–420; ebd., Nr. 104, Bd. 2, Bl. 5, 105–108, 124–135, 148, 156; ebd., K 6, Nr. 6074, Bl. 212–215; ebd., K 6-1, Nr. 3722 (Emma Matthias); ebd., P 521, Nr. 73 (Matthias, Emma); BArch, R 3018/4706, Bl. 23; SAPMO-BArch, KzPuSdaW; Engelmann, o. S. („Sie fielen im Kampf"); www.volksbund.de/graebersuche (Stand: 27.11.2006); StAmt Dessau (Schreiben 05.12.2006).

Friedrich Meier, geb. 01.10.1906 in Elbing (Ostpreußen), verst. 14.06.1979 in Dessau
Sohn v. Helene u. Johann (Jean) Meier (siehe die beiden nächsten Biografien), 7 Geschwister (2 Brüder, 5 Schwestern u. a. Sofie Nagel, geb. 18.11.1907 in Elbing, verst. 08.04.1959 in Dessau), bis 1913 wohnhaft Elbing, Stallupönen, Leipzig, 1913–1925 wohnhaft Braunschweig, Volksschule, 1919–1921 Mitglied KPD-Kindergruppe Braunschweig, 1921–1924 abgeschlossene Tapezierer-Lehre Rudolf Hitschold Braunschweig (einschl. 3 Jahre Berufsschule), 1924/25 Tapezierer im Lehrbetrieb, 1921–1928 KJVD (Beteiligung an „Klebeaktionen", Verkauf von Literatur, Agitations- u. Propagandaarbeit, Teilnahme an „vielen Aufmärschen und Demonstrationen", auch „gegen den Stahlhelm", Einsatz als Sicherungsposten bei Zusammenkünften der Roten Hundertschaft), 1925–1928 wohnhaft Remscheid, 1925–1928 Presser Richard Weigand Remscheid, 1926–1928 Rote Jungfront (RFB-Jugendverband), ab Jan. 1927 RHD (Kassierer), 1928 Umzug nach Dessau (bis 1959 9 verschied. Wohnanschriften), ab 1928 KPD (Gruppenkassierer), für die KPD

Friedrich Meier

"unermüdlich[e] Kleinarbeit durch Teilnahme an Flugblattorganisation und Aufklärungseinsätzen", Verkauf von Literatur, Agitations- u. Propagandaarbeit, ab 1928 RFB (Gruppenkassierer, Angehöriger des Tambourzuges, Technischer Leiter RFB Dessau-Kleinkühnau), 1928 Austritt ev. Kirche, ab 1928 DMV, 1928–1932 Arbeiter u. Kranführer Polysius Dessau, 19.04.1930 Heirat mit Hilda Allner (geb. 28.01.1907 Dessau), 3 Kinder, 1932–1935 erwerbslos, ab Ende Febr. 1933 illegale Tätigkeit für KPD und RFB in Dessau: Verbindungsmann zu KPD- u. RFB-Stützpunkten, Kurierdienste für RFB, KPD, RHD, Kassierung der KPD- und RHD-Mitgliedsbeiträge, Flugblattverteilung, am 30.04.1933 Antinazilosungen in Erfurt an die Wände gemalt, 06.07.1933 Festnahme, anschl. bis 12.09.1933 Schutzhaft GG Köthen, 12.09. bis 23.12.1933 Schutzhaft KZ Roßlau, 19.06. bis 20.09.1934 U-Haft GG Dessau, 20.09.1934 Verurteilung durch KG (Sitzung in Dessau) wegen „Vorbereitung eines hochverräterischen Unternehmens" (§§ 81 Ziff. 2, 86 RStGB, Weiterführung des verbotenen RFB bis zu den März-Wahlen 1933, unerlaubter Waffenbesitz) zu 1 Jahr 3 Monaten Gefängnis (Anrechnung von 7 Monaten 10 Tagen Haft), 20.09.1934 bis 30.03.1935 Strafverbüßung Strafanstalt Coswig (Anhalt), 30.03. bis 10.05.1935 GG Köthen, 01.08.1935 bis 1944 Maschinenarbeiter u. Dreher Junkers-Werke Dessau (hat ohne Mitwisser Sabotage an Stehbolzen für Flugzeugentlüfter verübt), 13.04.1939 Wehrmacht-Ausschließungsschein, Nach der Zerstörung seines Junkers-Betriebsteils durch Luftangriff arbeitete M. 1944 bis Mai 1945 in Haslau (Sudetenland), wohin die Produktion verlagert wurde. Dort „organisierte [er] mit jugoslawischen Kriegsgefangenen eine Widerstandsgruppe": M. ließ nach eigenen Angaben einen jugoslawischen Kriegsgefangenen, der Kommunist war, jeden Abend in seiner Unterkunft verbotene Radiosender abhören. Dieser verbreitete die Nachrichten unter den Mitgefangenen. Juni 1945 Rückkehr nach Dessau, ab 1945 KPD bzw. ab 1946 SED, DSF, zahlreiche ehrenamtliche SED- und FDGB-Funktionen, 04.09.1945 bis 1958 Sachbearbeiter Stadtverwaltung bzw. Rat der Stadt Dessau (bis 14.04.1951 Wohnungsamt, ab 15.04.1951 Abt. Wirtschaft und Verkehr, anschl. Abt. Innere Angelegenheiten), 1958 „Medaille für Kämpfer gegen den Faschismus 1933–1945", 1958/59 „Parteibeauftragter" beim Ministerium des Innern (Parteischule) in Dessau-Königendorf, 1959–1962 Wirtschaftsleiter der Trainingsstätte ASK- bzw. ASG Vorwärts Leipzig in Dessau-Königendorf, 1962–1966 Wachmann u. später Hausmeister Sonderschule SED-Bezirksleitung Halle „Paul Kmiec" Dessau, ab 1966 Rentner, zuletzt wohnhaft Dessau, Heidestr. 155, Ehrennadel der DSF in Silber, Bestarbeiterabzeichen.

Quellen: LASA, Z 257, Nr. 104, Bd. 1, Bl. 432f.; ebd., P 521, Nr. 74; ebd., P 522, IV/8/736, Bl. 1–38; ebd., K 6-1, Nr. 8897, Bl. 1–55; StA Dessau-Roßlau, StK 2011 (Steuerkarten 1945–1951); SAPMO-BArch, KzPuSdaW; StAmt Dessau (Schreiben 21.03.2007).

Helene Meier (geborene Schneider), geb. 21.04.1874 in Nürnberg, verst. 11.01.1949 in Dessau
Ehefrau v. Johann (Jean) Meier (siehe nächste Biografie), 1900 Heirat, 8 Kinder, ohne erlernten Beruf (zumeist Hausfrau oder Fabrikarbeiterin), im Ersten Weltkrieg Stanzerin in einer Konservenfabrik, bis 1919/20 (?) USPD, dann KPD, vor 1933 auch IAH, RHD, Holzarbeiterverband, Mai 1924 Umzug nach Dessau, 1928–1933 KPD-Stadtverordnete Dessau, Febr. 1933 wohnhaft Wasserstadt 48, 1934 wohnhaft Oranienbaum, Hauptmann-Loeper-Str. 27, 1933–1935 illegale KPD-Tätigkeit in Oranienbaum: „Vertrieb v. Druckschriften u. Geldsamml[ungen] f.d. Rote Hilfe", März bis Juni 1933 Schutzhaft GG Dessau, 11.02.1935 Festnahme in Oranienbaum, bis 26.07.1935 Schutzhaft GG Dessau (16.02.1935 Anordnung Schutzhaft durch Gestapo Dessau wegen Einziehung von RHD-Mitglieds-

beiträgen 1933–1934 in Oranienbaum, „illegal für den Kommunismus betätigt"), 27.07. bis 21.10.1935 U-Haft GG Dessau, zuletzt in Berlin, 21.10.1935 Verurteilung durch KG (Sitzung in Berlin) wegen „Vorbereitung eines hochverräterischen Unternehmens" zu 3 Jahren 6 Monaten Zuchthaus (Anrechnung von 8 Monaten 1 Woche Haft), 5 Jahren Ehrverlust u. Polizeiaufsicht, 1935–1937 Strafverbüßung ZH Jauer, 1937 bis 15.08.1938 ZH Waldheim, 05.08.1938 Anordnung „Überhaft" durch Gestapa, 15.08.1938 bis 20.04.1939 Schutzhaft KZ Lichtenburg, probeweise Aufhebung der Schutzhaft, d.h. M. muss sich „bis auf Widerruf jeden 3ten Werktag bei der Ortspolizeibehörde in Oranienbaum" melden. 1939 wohnhaft Oranienbaum, Marktstr. 4, ab 1945 KPD bzw. ab 1946 SED, DFD, DSF, Mai 1945 bis 1948 Fürsorgerin Stadtverwaltung Oranienbaum, 1946 Anerkennung als OdF u. „Kämpfer gegen den Faschismus", 1945 bis Okt. 1948 wohnhaft Oranienbaum, Dessauerstr. 7, ab Okt. 1948 wohnhaft Dessau-Waldersee, Am Vogelherd 3.

Quellen: LASA, P 521, Nr. 175; ebd., Z 141, Nr. 307, Bl. 120f.; ebd., Nr. 669, Bl. 74, 82f., 107; ebd., K 6-1, Nr. 3432; ebd., Nr. 3532; SAPMO-BArch, KzPuSdaW; StA Dessau-Roßlau, SED-KL-4 (Helene Meier); Engelmann, S. 88–92; StAmt Dessau (Schreiben 21.03.2007).

Johann (Jean) Meier, geb. 23.09.1875 in Nürnberg, verst. 01.12.1944 in Dessau

Ehemann v. Helene Meier (siehe vorangegangene Biografie), 1900 Heirat, 8 Kinder, Vater: Bürstenmacher, 4 Geschwister, 1882–1889 Volksschule Nürnberg, 1889–1892 abgeschlossene Bürstenzurichter- bzw. Bürstenmacher-Lehre, 1892–1904 erst Gehilfe, dann Werkmeister in Elbing, bis 1913 Werkmeister in Leipzig (Entlassung wegen Bankrott der Firma), 1913–1915 Gehilfe in Braunschweig, 1915–1918 Frontkämpfer Erster Weltkrieg (Ostfront, E.K. II. Klasse), Jan. 1919 bis Mai 1924 Gehilfe in Braunschweig, 1919–1924 SPD, Mai 1924 Umzug nach Dessau wegen neuer Arbeitsstelle bei F. Dietrich Dessau, ab 1924 RHD (zeitweise Leiter u. Hauptkassierer Ortsgruppe Dessau), 1925–1932 KPD, Febr. 1933 wohnhaft Wasserstadt 48, Aug. bis Dez.

1933 Schutzhaft (keine Ortsangabe), ab Jan. 1934 Bürstenzurichter Hartwig Groth & Co. Oranienbaum, 1934 wohnhaft Oranienbaum, Hauptmann-Loeper-Str. 27, März bis 20.09.1934 U-Haft GG Dessau (19.06.1934 Entlassung aus der Firma Groth), 20.09.1934 Verurteilung durch KG (Sitzung in Dessau) wegen „Vorbereitung eines hochverräterischen Unternehmens" (§§ 81 Ziff. 2, 86 RStGB, Weiterführung des verbotenen RFB bis zu den März-Wahlen 1933, unerlaubter Waffenbesitz) zu 1 Jahr Gefängnis (Anrechnung von 7 Monaten 10 Tagen Haft), 20.09. bis 08.10.1934 Strafverbüßung GG Dessau, 08.10.1934 bis 10.02.1935 Strafanstalt Coswig (Anhalt), 1939 wohnhaft Oranienbaum, Hauptmann-Loeper-Str. 27.

Johann Meier

Quellen: LASA, Z 257, Nr. 104, Bd. 1, Bl. 432 f.; ebd., Z 141, Nr. 307, Bl. 120 f.; ebd., Z 259, Nr. 1805, Bl. 1–27; ebd., Z 273, Stadt Dessau, Nr. 39, 1944 Bd. III; SAPMO-BArch, KzPuSdaW.

Kurt Meier, geb. 27.03.1914 in Kanena, verst. 03.11.1972 in Magdeburg
1920/21–1928/29 Volksschule, 1928/29–1932/33 abgeschlossene Schlosser-Lehre, ab 1933 Schlosser Junkers-Werke Dessau, aber wohnhaft in Zörbig, 26. oder 29.05.1934 Festnahme in Dessau wegen des Vorwurfs der Sabotage, bis Nov. 1934 U-Haft GG Dessau, Nov. 1934 Verurteilung durch Schwurgericht Dessau wegen Sabotage zu 1 Jahr Gefängnis, bis 1935 Strafverbüßung (Ort unbekannt), 26.05.1936 bis 31.07.1937 Schutzhaft KZ Lichtenburg, 31.07.1937 bis 12.09.1938 Schutzhaft KZ Buchenwald (Nr. 371, Block 36), Sept. 1938 bis Nov. 1939 erwerbslos, 16.11.1939 Einberufung zur Wehrmacht („Strafkompanie Königsbrück"), dann Leipzig, 1945 Unteroffizier, 1945–1947 Kriegsgefangenschaft, dort Hei-

Kurt Meier

rat mit Martha Telakowitz (geb. 1916), 1 Sohn (geb. 1946), ab 02.06.1948 SED, 1963 SED-Ausschluss wegen Beitragsverweigerung, nach 1947 in zahlreichen Orten Sachsen-Anhalts tätig bzw. wohnhaft: u.a. März 1951 Schlosser u. Heimleiter Köthen, ab 1951 Hausmeister im Altersheim Quellendorf, ab 1955 Viehpfleger LPG Ballenstedt, ab Juni 1959 Karl-Marx-Werk u. LPG Loburg, M. stellt erst im März 1951 einen Antrag auf VdN-Anerkennung und wird vom Kreisprüfungsausschuss Köthen bereits am 15.03.1951 – obwohl nur der Entlassungsschein KZ Buchenwald vorliegt – einstimmig anerkannt, 09.04.1951 Bestätigung Anerkennung durch Landesausschuss Sachsen-Anhalt, Okt. 1963 VdN-Aberkennung in Loburg (wegen politischen Fehlverhaltens), zumindest im März 1970 wohnhaft Magdeburg, Liebermannstr. 14.

Quellen: LASA, K 6-1, Nr. 3531, Bl. 1–8; ebd., K 6-2, Nr. 2746. Für Zusatzinformationen zum KZ Lichtenburg dankt der Autor Sven Langhammer.

Siegfried Mörchen, geb. 01.07.1909 in Köselitz, verst. 19.05.1940 in Malandry

Vater: Pastor Wilhelm Mörchen (1870–1952), 16.03.1927 Abitur Ludwigs-Gymnasium Köthen, 1927–1932 Studium der Theologie Universitäten Greifswald, Marburg, Halle/S., 07.05./27.10.1932 1. theol. Prüfung Universität Halle/S., 01.06.1932 bis 15.03.1933 Vikar in Zerbst, 16.03.1933 bis 30.09.1935 Hilfsprediger (weitere praktische Ausbildung als Vikar) bzw. 2. Pfarrer in Jeßnitz (zugleich Nov. 1933 bis 30.09.1935 Betreuung der Gemeinden Bobbau u. Thurland), 05.10.1933 Heirat mit Hilde Ott (geb. 09.10.1906, Tochter eines Ministerialrats aus Hannover) in Gräfelfing, 03.07.1934 2. theol. Prüfung in Dessau, 12.08.1934 Priesterweihe (Ordination)

in Bobbau, 29.08.1934 Geburt 1. Sohn, BK-Anhänger, Nacht 07.01. zum 08.01.1935 Schutzhaft Polizeiwache Jeßnitz (gemeinsam mit Hermann Luppe) wegen Veröffentlichung des Artikels „Ein neues Jahr" im „Gemeinde-Blatt für Jeßnitz und Bobbau", Nr. 109 (der Artikel stammte von Mörchen! Siehe Lagebericht Nr. 11), 07.08. bis 08.08.1935 Schutzhaft, 01.10.1935 bis 1940 Pastor in Rathmannsdorf u. Hohenerxleben, 26.03.1936 BK-Austritt, 28.03.1936 Geburt 2. Sohn, 11.06.1937 Geburt 1. Tochter, 30.12.1938 Geburt 2. Tochter, 07.08. bis 05.10.1937, 14.05. bis 12.07.1938, 12.04. bis 23.05.1939 Beurlaubung wegen militärischer Lehrgänge bzw. Übungen in Zerbst u. Bernburg, 22.08.1939 Einberufung zur Wehrmacht (Infanterie-Schule Döberitz), als Feldwebel in einem Infanterie-Regiment am 19.05.1940 in Malandry (Frankreich) gefallen, Siegfried Mörchen ruht auf der Kriegsgräberstätte in Noyers-Pont-Maugis (Frankreich) Endgrablage: Block 4 Grab 1037.
Quellen: AELKA, B 6 Ev. LKR 1945–1970, Generalia, M 14 11 I (Personalakte Siegfried Mörchen); ebd., B 17 (Nachlass Martin Müller), Dokumentation des Kirchenkampfes […], Mappe 3, Nr. 179, Nr. 249, Nr. 251; ebd., Mappe 5, Nr. 632; Graf, S. 357; Der Mitteldeutsche. Anhaltische Tageszeitung, 14.08.1934; Der Mitteldeutsche. Köthener Tagespost, 01.11.1935; www.volksbund.de/graebersuche (Stand: 20.02.2008); SAPMO-BArch, KzPuSdaW; StAmt VGem Coswig (Anhalt) (Schreiben 14.02.2008 einschl. Kopie Geburtseintrag).

Richard Muck, geb. 05.02.1910 in Oranienbaum, verst. 16.01.1943 in Sinjawino nördlich Mga (Russland)
Aus Oranienbaum, Beruf: Zigarrensortierer, 01.03. bis 25.03.1935 Schutzhaft GG Dessau, 25.03. bis 25.07.1935 Schutzhaft KZ Lichtenburg, als Obergefreiter an der Ostfront gefallen. „Richard Muck wurde noch nicht auf einen vom Volksbund errichteten Soldatenfriedhof überführt. Nach den uns vorliegenden Informationen befindet sich sein Grab derzeit noch an folgendem Ort: Mustolowo Sinjawino – Russland".
Quellen: LASA, Z 141, Nr. 669, Bl. 74, 82f., 107; ebd., K 6-1, Nr. 377, Bl. 12; SAPMO-BArch, KzPuSdaW; www.volksbund.de/graebersuche (Stand: 10.03.2020); StAmt VGem „Wörlitzer Winkel" Oranienbaum (Schreiben 17.01.2007).

Paul Naumann, geb. 19.07.1896 in Großpaschleben, verst. 12.07.1984 in Merzien
Ohne erlernten Beruf, 23.12.1935 Festnahme durch Gestapo Dessau wegen „staatsfeindl[icher] Reden und gemeinschaftlicher Empfang des Moskauer Senders" (über die gehörten Radiosendungen Gespräche geführt, auch an der Arbeitsstelle), 23.12.1935 bis 29.02.1936 Schutzhaft GG Köthen, 01.03. bis 31.03.1936 Schutzhaft KZ Lichtenburg, 05.06.1936 Freispruch durch KG von der Anklage „Vorbereitung eines hochverräterischen Unternehmens".
Quellen: BArch, R 58/3739, Bl. 68; LASA, Z 141, Nr. 669, Bl. 93–111; SAPMO-BArch, KzPuSdaW; StAmt VGem Osternienburg (Schreiben 23.10.2007); StAmt Köthen (E-Mail 25.10.2007).

Friedrich Neubert, geb. 18.12.1897 in Jeßnitz, verst. ? in ?[723]
Aus Jeßnitz, Beruf: Dreher, KPD-Mitglied, 28.03. bis 23.04.1935 Schutzhaft KZ Lichtenburg (Vorwurf: Aufbau der illegalen KPD).
Quellen: LASA, Z 141, Nr. 669, Bl. 73, 81; SAPMO-BArch, KzPuSdaW.

Willi Niemann, geb. 28.08.1906 in Pißdorf, verst. 06.04.1944 in Tolotschin (heute Weißrussland)
Aus Raguhn, ohne erlernten Beruf, KPD-Mitglied, 23.06.1928 Heirat mit Anna Frieda Kranz (geb. 15.08.1909 Zörbig) in Raguhn, Juni/Juli (?) 1933 2 Tage Schutzhaft GG Köthen, 28.03. bis 31.03.1935 Schutzhaft GG Dessau, 01.04. bis 23.04.1935 Schutzhaft KZ Lichtenburg (Vorwurf: Aufbau der illegalen KPD), am 06.04.1944 in einem sowj. Kriegsgefangenenlager an Fleckfieber verstorben.
Quellen: LASA, P 521, V/8/179 (Frieda Niemann); ebd., Z 141, Nr. 669, Bl. 4, 74, 82; WASt (Schreiben 13.04.2007); SAPMO-BArch, KzPuSdaW; StAmt VGem Raguhn (Schreiben 08.03.2007); StAmt Köthen (Schreiben 13.03.2007).

---

723 Dem Geburtsnachweis ist kein Hinweis zum Tod beigeschrieben. StAmt VGem Raguhn (Schreiben 15.01.2007).

Friedrich Nierenberg, geb. 02.12.1883 in Zerbst, verst. 16.03.1940 im KZ Mauthausen

Ohne erlernten Beruf (zumeist Bauarbeiter), wohnhaft Dessau-Großkühnau, Masurenstr. 1, verheiratet mit Emilie Nierenberg, 8 Kinder, 04.03.1935 Festnahme wegen Verbreitung von KPD-Druckschriften bzw. Tätigkeit für die KPD in Dessau, anschl. U-Haft GG Dessau (kein Prozess), ab 22.01.1936 U-Haft GG Magdeburg-Sudenburg wegen Wilderns, anschl. Verurteilung durch ein Gericht in Magdeburg (Az. 4 Ms. 64/35) wegen Wilderns zu einer unbekannten Gefängnisstrafe, 20.02.1936 Überführung in das GG Heiligenstadt, 06.09.1939 Einlieferung in das KZ Buchenwald durch Kriminalpolizei Dessau, Haftkategorie: „BV" („befristete Vorbeugehaft", im Lagerjargon auch als „Berufsverbrecher" bezeichnet[724]), Nr. 3275, Block 45 (zu diesem Zeitpunkt Witwer, wohnhaft Mosigkau, Quellendorferstr. 44), 07.03.1940 Verlegung in das KZ Mauthausen, 16.03.1940 Tod im KZ Mauthausen, offizielle Todesursache: Arterienverkalkung Gehirnschlag (die in den Quellen angegebenen Todesursache stimmt zumeist nicht mit der tatsächlichen überein).

Quellen: LASA, C 144 Magdeburg, B Nr. 295a Gefangenenkartei, Nie, Nei, Ne, Nu, Nü; SAPMO-BArch, KzPuSdaW; Archiv Gedenkstätte Buchenwald (E-Mail 23.03.2019); Archiv KZ-Gedenkstätte Mauthausen (Schreiben 14.04.2008); StAmt Zerbst (Telef. Auskunft 09.02.2007).

---

724 Die Einweisung von Vorbeugehäftlingen in die KZ geschah durch die Kriminalpolizei. Diese Haftart wandten die Nationalsozialisten bei „Berufs- und Gewohnheitsverbrechern" und „Gemeingefährlichen" an, d.h. bei Personen, die mehrmals in gleicher Form straffällig geworden oder mindestens dreimal zu einer Haft von mindestens drei Monaten verurteilt worden waren. Vgl. Sven Langhammer: Die polizeiliche Vorbeugungshaft in Preußen von 1933–1937 am Beispiel des staatlichen Konzentrationslagers Lichtenburg in der Provinz Sachsen, in: Rundbrief der landeseigenen Gedenkstätten in Sachsen-Anhalt, 1/2006, S. 28–33.

Richard Niesler, geb. 31.12.1898 in Sosnowitz (Oberschlesien), verst. 07.03.1975 in ?
Katholisch, Vater: Glasschneider (SPD u. USPD, verst. 1930), 1912 Übersiedlung nach Oranienbaum, 1913 Abschluss Volksschule Oranienbaum, ohne erlernten Beruf (Beginn einer Glasmacher-Lehre, aber kein Abschluss, weil Kriegsbeginn u. Umzug der Familie nach Großalmerode), ab 1916 Glasmachergehilfe in einer Glasfabrik, ab 1919 Glasarbeiterverband, Rückkehr nach Oranienbaum, 1924 Heirat mit Helene Fleck (1902–1961) aus Oranienbaum, 2 Söhne (geb. 1924, 1929), ab 1925 KPD-Sympathisant, bis 1927 anderthalb Jahre erwerbslos, 1927–1931 Arbeiter Grube Golpa, Grubenarbeiterverband, 1931–1934 erwerbslos, vor 1932 RHD (Kassierer), ab Nov. 1932 KPD, 1933–1935 illegale KPD-Tätigkeit: Vertrieb „Rote Fahne" u. von Flugblättern, Kassierung RHD-Mitgliedsbeiträge, 02.05. bis 29.12.1934 wieder in Arbeit, danach wieder erwerbslos, 1935 wohnhaft Oranienbaum, Leopold-Birkner-Str. 11a, 11.02.1935 Festnahme in Oranienbaum, anschl. bis 21.10.1935 Schutz- u. U-Haft: 01.03. bis 31.03.1935 GG Dessau u. KZ Lichtenburg, 01.04. bis 16.07.1935 GG Dessau, 09.10. bis 21.10.1935 UG Berlin-Moabit, 21.10.1935 Verurteilung durch KG (Sitzung in Berlin) wegen „Vorbereitung eines hochverräterischen Unternehmens" (Verteilung von Flugblättern für die RHD) zu 3 Jahren 6 Monaten Zuchthaus (Anrechnung von 8 Monaten 1 Woche U-Haft), 5 Jahren Ehrverlust u. Polizeiaufsicht, 21.10. bis 23.10.1935 Strafverbüßung UG Berlin-Moabit, 23.10. bis 21.11.1935 GG Berlin-Charlottenburg, 21.11.1935 bis 14.08.1938 ZH Coswig (Anhalt), 27.07.1938 Gestapo Dessau informiert den Zuchthaus-Vorstand, dass die „Inschutzhaftnahme des Niesler nicht beabsichtigt [ist]", er soll sich jedoch nach der Entlas-

Richard Niesler

sung „unverzüglich" bei der Gestapo melden, ab 1945 KPD bzw. ab 1946 SED, nach Kriegsende 1945 kurzzeitig Polizist in Oranienbaum, 1945 bis März 1951 Gruben- bzw. Maschinenarbeiter u. Betriebsschutz-Wachmann Grube Golpa bzw. Werk Golpa, nach 1945 wohnhaft Oranienbaum, Oskar-Böhm-Str. 11a (bis 1945 Leopold-Birkner-Str.), 1947 Anerkennung als OdF u. „Kämpfer gegen den Faschismus", ab März 1951 Hausmeister Berufsschule Oranienbaum, „Medaille für Kämpfer gegen den Faschismus 1933–1945".
Quellen: LASA, P 521, Nr. 80; ebd., Z 141, Nr. 669, Bl. 74, 82f., 107; ebd., Z 259, Nr. 1882, Bl. 1–52; ebd., K 6-1, Nr. 3846; ebd., Nr. 3879, Bl. 1–43; SAPMO-BArch, KzPuSdaW.

Arthur Oschmann, geb. 09.06.1900 in Breitenheerda, verst. 10.03.1977 in Raguhn
Aus Raguhn, ohne erlernten Beruf, KPD-Mitglied, Nov. 1933 wohnhaft Raguhn, Adolf-Hitler-Str. 4, 28.03. bis 31.03.1935 Schutzhaft GG Dessau, 01.04. bis 09.05.1935 Schutzhaft KZ Lichtenburg (Vorwurf: Aufbau der illegalen KPD), keine Einberufung zur Wehrmacht.
Quellen: LASA, Z 141, Nr. 669, Bl. 74, 82f.; WASt (Schreiben 29.09.2009); SAPMO-BArch, KzPuSdaW; StAmt VGem Raguhn (Schreiben 08.03.2007).

Erich Pannier, geb. 31.01.1899 in Dessau, verst. 17.04.1947 in Dessau (Verkehrsunfall)
Vater: Arbeiter, Volksschule, ohne erlernten Beruf, ab 1924 RFB, ab 1925 KPD, vor 1933 auch RHD, 1933 Festnahme, anschl. 2 Monate Schutzhaft GG Dessau, 1934 wohnhaft Dessau, Leipziger Str. 25, März bis Juli 1934 U-Haft GG Dessau, nach Entlassung aus U-Haft Heirat mit Paula Matthes (geb. 1906), 20.09.1934 Freispruch durch KG (Sitzung in Dessau) von

Erich Pannier

der Anklage „Vorbereitung eines hochverräterischen Unternehmens" (laut Anklage soll P. für den verbotenen RFB illegal Pistolen beschafft und gelagert haben), keine Einberufung zur Wehrmacht, ab 1945 KPD bzw. ab 1946 SED, 1945 Arbeiter Junkers-Werke Dessau, wohnhaft Dessau, Mozartstr. 4, 1946 Anerkennung als OdF.
Quellen: LASA, Z 259, Nr. 1805, Bl. 12; ebd., K 6, Nr. 11175, Bl. 57; ebd., K 6-1, Nr. 4021, Bl. 1–11; ebd., P 521, Nr. 82, Bl. 54–57; WASt (Schreiben 29.09.2009); SAPMO-BArch, KzPuSdaW; StAmt Dessau-Roßlau (Schreiben 30.09.2008).

Otto Pawlicki, geb. 29.11.1908 in Jeßnitz, verst. 12.11.1944 Ammoniakwerk Leuna

Bei der Biografie muss berücksichtigt werden, dass kaum amtliche Unterlagen überliefert sind. Viele Angaben basieren auf Aussagen der Familienangehörigen oder KPD-Weggefährten. Einige Angaben stimmen nicht. Hier werden nur Daten genannt, die belegt sind oder als „relativ sicher" gelten.
Vater: Böttcher (1916 in Frankreich gefallen), 2 Geschwister (Bruder Walter, Schwester Elsa), 8 Jahre Volksschule, ohne erlernten Beruf, zunächst erwerbslos, ab 1923/24 (?) KJVD, später KPD, RFB, Trommler im Spielmannszug, KgdF, KG RS, RGO, Tätigkeit in der Filmfabrik Wolfen, 08.07.1925 Verurteilung durch Jugendgericht Jeßnitz wegen Nötigung u. Diebstahls (§§ 240, 242, 74 RStGB) zu 2 Wochen Gefängnis, 01.04.1927 Verurteilung durch SchöG Dessau wegen schwerer Körperverletzung u. Sachbeschädigung (§§ 223, 223a, 303, 74 RStGB) zu 3 Wochen Gefängnis, 03.06.1932 Einstellung EV wegen Landfriedensbruchs (Saalschlacht 10.02.1932 in Jeßnitz zwischen Kommunisten u. Nationalsozialisten) durch AG Dessau durch das anhaltische „Gesetz über die Straffreiheit" vom 31.05.1932, Mai/Juni (?) bis Dez. (?)

Otto Pawlicki

1933 Schutzhaft GG Köthen, GG Dessau (belegt sind Juni u. Juli 1933 insg. 13 Tage), KZ Roßlau, 23.03. bis 30.05.1934 U-Haft GG Dessau wegen des dringenden Verdachts der Aufrechterhaltung der KPD in Jeßnitz im März 1934 (Verbrechen nach § 2 des Gesetzes vom 14.07.1933 gegen die Neubildung von Parteien) (belegt durch Haftbefehl vom 20.03.1934 u. Entlassungsanzeige GG Dessau vom 30.05.1934), kein Prozess, 27.03.1935 Festnahme, 28.03. bis 31.03.1935 Schutzhaft GG Dessau, 01.04. bis 09.05.1935 Schutzhaft KZ Lichtenburg, 30.05.1936 Heirat mit der 25-jährigen Alice Thielicke in Bitterfeld, 06.03.1936 bis 1944 Hilfsarbeiter Filmfabrik Wolfen (zuletzt Farbfilmprüfstelle), wohnhaft Jeßnitz, Feldstr. 29 a, 09.06.1937 Geburt Tochter Ruth in Jeßnitz, Am 31.08.1940 verstirbt die Ehefrau in Dessau. P. heiratet erneut, lässt sich aber bis Nov. 1944 von der Frau wieder scheiden. P. hört mit einem eigenen Rundfunkgerät ausländische Radiosender. Er nimmt in der Filmfabrik Kontakt zu einer Gruppe polnischer Zwangsarbeiter auf, an die er das Gehörte weitergibt, deshalb 03.10.1944 Festnahme durch Gestapo am Arbeitsplatz, 03.10. bis 06.10.1944 Haft PG Bitterfeld (belegt durch Original-Dokument), Vernehmungen durch Mitarbeiter der Gestapo-Außendienststelle Bitterfeld, 06.10.1944 Überführung zur Gestapo Halle/S., von dort Einlieferung AEL Zöschen, am 12.11.1944, 13.30 Uhr im Ammoniakwerk Leuna „auf der Flucht erschossen (glatter Brustdurchschuß)" (Angaben Stapo Halle in der Sterbeurkunde). Das polytechnische Zentrum der Filmfabrik Wolfen erhielt am 04.09.1978 den Namen „Otto Pawlicki", auch eine Polytechnische Oberschule in Wolfen erhielt seinen Namen.

Quellen: LASA, P 524, V/5/135, Bl. 4–8 (Otto Hoppe: Otto Pawlicki, Jeßnitz, auf der Flucht erschossen am 12. November 1944, 1978); ebd., V/5/633 (Lebenslauf O. P., verfasst von Schwester Elsa u. Schwager Johann Divorski, 1966); ebd., P 521, Nr. 82 (Ruth Pawlicki, 19.07.1947, Angaben stammen aber von Johann Divorski, Vormund u. Pflegevater von Ruth P.); ebd., Z 257, Nr. 72, Bl. 22, 201; ebd., Z 141, Nr. 669, Bl. 3, 73, 81 ff.; ebd., K 6-1, Nr. 3984, Bl. 5 ff., 11 f. (Angaben stammen von Johann Divorski u. Pawlickis Schwester Elsa Divorski, 28.02.1946 u. 19.03.1952. Beide hatten Ruth P. in Pflege genommen, nachdem die Mutter von P. im Dez. 1945 verstorben war. Divorski räumt ein, dass er sich an „genaue Daten" zu P. nicht mehr erinnere, weil er und die Schwester mit P. „nicht in Familiengemeinschaft gelebt" haben.); Industrie- u. Filmmuseum Wolfen, Materialsammlung Otto Pawlicki, BA 84/ II; Janis Schmelzer: Der illegale Kampf der Antifaschisten in der Filmfabrik Wolfen gegen Faschismus und imperialistischen Krieg 1933–1945, hg. v. der Kommission für Betriebsgeschichte der Zentralen Parteileitung und Betriebsarchiv des VEB Filmfabrik Wolfen, Wolfen 1984, S. 51; SAPMO-BArch, KzPuSdaW; StAmt VGem Raguhn (Schreiben 15.01.2007); StAmt Leuna (E-Mail 25.05.2010). Zu einer erfundenen Geschichte zu Otto Pawlicki siehe Sperk, Konzentrationslager, S. 188.

Max Petermann, geb. 14.11.1911 in Dessau, verst. 10.03.1981 in Dessau
Ohne erlernten Beruf, 1931 2 Monate Rote Jungfront (RFB-Jugendverband), 1932 2 Monate RFB (seit 1929 verboten), Jan. bis Sept. 1933 erwerbslos, ab Sept. 1933 FAD, 18.09.1934 Freispruch durch KG (Sitzung in Dessau) von der Anklage „Vorbereitung eines hochverräterischen Unternehmens" (§§ 81 Ziff. 2, 86 RStGB, Weiterführung des verbotenen RFB bis zu den März-Wahlen 1933, unerlaubter Waffenbesitz), 25.08.1944 letztmalige Erfassung bei der Wehrmacht als Angehöriger 4./Sicherungsbataillon 889 (Erkennungsmarke: -2236- 4. Maschinengewehrkompanie Infanterie Ersatzbataillon 487).
Quellen: LASA, Z 257, Nr. 104, Bd. 2, Bl. 105–108; WASt (Schreiben 10.11.2009); SAPMO-BArch, KzPuSdaW; StAmt Dessau (Schreiben 05.12.2006).

Willi Pippig, geb. 27.11.1901 in Plauen/Vogtland, verst. 06.08.1988 in Dessau
Vater: Sticker (verst. 1916), 1909–1917 Volksschule Plauen, ohne erlernten Beruf, 1917/18 Arbeiter im Straßenbau, 1918–1921 Hafenarbeiter Hamburg, 1921–1924 erwerbslos, 09.04.1921 Verurteilung durch LG Altona wegen schweren Diebstahls (§§ 242, 243 Ziff. 2 RStGB) zu 4 Monaten Gefängnis (Anrechnung von 6 Wochen U-Haft, Strafe am 28.06.1921 verbüßt), 18.05.1921 Strafbefehl AG Hamburg wegen Diebstahls (§ 242 RStGB) zu 1 Monat Gefängnis, 06.10.1921 Verurteilung durch SchöG Mölln i. L. wegen Diebstahls (§ 242 RStGB) zu 5 Monaten Gefängnis u. 5 Jahren Ehrverlust, 29.04.1922 Verurteilung durch SchöG Hamburg wegen schweren

Haftfoto Willi Pippig, 27. Juni 1933

Diebstahls im Rückfalle (§ 242, 243 Ziff. 2, 244 RStGB) zu 1 Jahr Gefängnis (Strafe am 03.03.1923 verbüßt), 24.11.1923 Verurteilung durch SchöG Altona wegen schweren Diebstahls (§§ 242, 243 Ziff. 2, 244, 47, 74 RStGB) zu 1 Jahr Gefängnis (Strafe am 16.07.1924 verbüßt), alle Diebstähle zwischen 1921 und 1923 betrafen Waffen, 1924 Umzug nach Dessau, 1924–1932 Bauarbeiter Maurermeister Bethe Dessau, ab 1924 KPD (u.a. Hauptkassierer u. Organisationsleiter Ortsgruppe Dessau), ab 1924 DBGB, ab 1925 RFB (u.a. ab Okt. 1931 Technischer Leiter des verbotenen RFB Dessau), ab 1926 RHD, 1927 für 3 bis 4 Monate Mitglied der „oppositionellen" KPD-Gruppe Gothe in Dessau, ab 1932 erwerbslos, verheiratet mit Frieda Schulz (geb. 1912, verst. vor 1988), 6 Kinder, 14.03.1933 Festnahme durch SS-Leute, anschl. 2 Tage Schutzhaft „Hitlerhaus" Dessau, 20.03.1933 Festnahme wegen des Vorwurfs des gemeinschaftlichen Benzindiebstahls am 03.09. und 06.10.1932 bzw. Hehlerei im Auftrag des seit 1929 verbotenen RFB, 20.03. bis 24.05.1933 U-Haft GG Dessau, Nach einer am 15.06.1933 erfolgten belastenden Aussage des in Leipzig in U-Haft befindlichen Dachdeckers Otto Behrens aus Magdeburg (ehem. RFB-Gauführer) legt P. – im Juni 1933 von der Kripo Dessau erneut inhaftiert (Schutzhaft GG Dessau), ab 05.07.1933 Schutzhaft KZ Oranienburg und von dort am 11.07.1933 für ein Verhör nach Dessau überführt – am 12.07.1933 ein Geständnis ab, am Benzindiebstahl vom 03.09.1932 beteiligt gewesen zu sein.[725] 12.07.1933 bis 19.01.1934 U-Haft GG Dessau, 19.01.1934 Verurteilung durch SchöG Dessau wegen schweren Diebstahls im wiederholten Rückfalle in zwei Fällen und des einfachen Diebstahls im wiederholten Rückfalle in einem Falle

---

725 Ausführlich dazu Sperk, V-Leute, S. 163–182.

(begangen Ende Aug. sowie am 03.09.1932) zu 3 Jahren Zuchthaus u. 5 Jahren Ehrverlust, geplantes Haftende: 19.01.1937, 19.01. bis 16.02.1934 Strafverbüßung GG Dessau, 16.02.1934 Überführung nach Strafanstalt Coswig (Anhalt), 18.09.1934 Verurteilung durch KG (Sitzung in Dessau) wegen „Vorbereitung eines hochverräterischen Unternehmens" (§§ 81 Ziff. 2, 86 RStGB, Weiterführung des verbotenen RFB bis zu den März-Wahlen 1933, unerlaubter Waffenbesitz) zu 2 Jahren Gefängnis, zunächst weitere Strafverbüßung Strafanstalt Coswig (Anhalt), 07.12.1934 Beschluss AG Dessau: Gesamtstrafe 4 Jahre Zuchthaus (19.01.1934 bis 19.01.1938), 08.06.1936 Beschluss AG Dessau vom 07.12.1934 ist unzulässig, da hierfür KG zuständig, d.h. Aufhebung des Beschlusses, 20.08.1936 Beschluss KG: Zusammenfassung auf Gesamtstrafe 4 Jahre Zuchthaus u. 5 Jahre Ehrverlust, 22.01.1937 Überführung ZH Coswig (Anhalt) nach Strafgefangenenlager I Börgermoor, 19.01.1938 auf Anordnung Gestapo Dessau 05.01.1938 („Überhaft") Überführung in KZ Buchenwald, bis Kriegsende 1945 Schutzhaft KZ Buchenwald (Nr. 2620, Mitglied KPD-Parteiaktiv), ab 1945 KPD bzw. ab 1946 SED, DSF, VVN, Konsumgenossenschaft, 12.12.1945 Anerkennung als OdF u. „Kämpfer gegen den Faschismus", 01.10.1945 bis 30.09.1948 Angestellter Wohnungsamt Stadtverwaltung Dessau, 1945–1948 wohnhaft Dessau, Fröbelstr. 19, 30.09.1948 Kündigung Dienstverhältnis wegen „Fragebogenfälschung": P. hatte die kriminellen Verurteilungen verschwiegen, ab Okt. 1948 (wegen Kündigung Dienstwohnung) wohnhaft Dessau, Am Dreieck 26, 1948–1964 Kurier, Lagerist, Sicherheitsbeauftragter, 1. Sekretär BPO (ab 1951) HO-Warenhaus Dessau 1958 „Medaille für Kämpfer gegen den Faschismus 1933–1945", vor 1961 Vaterländischer Verdienstorden in Bronze, ab 21.05.1964 Rentner, ab 23.05.1964 (bis zumindest Okt. 1968) Mitglied SED-Kreisleitung Dessau u. Leitungsmitglied WPO 23, 1967 Vaterländischer Verdienstorden in Silber, 1986 Karl-Marx-Orden (höchste Auszeichnung der DDR).

Quellen: LASA, Z 257, Nr. 104, Bd. 1, Bl. 78f., 101f., 109–120, 143–187, 327, 341ff., 426; ebd., Nr. 104, Bd. 2, Bl. 88, 105f., 158, 165, 171, 189; ebd., K 6, Nr. 11175,

Bl. 65; ebd., K 6-1, Nr. 4164, Bl. 1–68; ebd., P 522, IV/8/865, Bl. 1–17; ebd., P 521, Nr. 84; ebd., Nr. 201, Bl. 234–237; Arolsen Archives, KL Oranienburg, Ordner 70, Bl. 5; StA Dessau-Roßlau, SED-KL-1 (Willi Pippig); Hochverratsprozess in Dessau, in: Saale-Zeitung, 20.09.1934; StAmt Plauen (Schreiben 08.01.2007); StAmt Dessau (Schreiben 21.03.2007).

Gustav Ponanta, geb. 18.04.1902 in Leschnitz (Oberschlesien), verst. 13.04.1967 in Dessau

Vater: Gärtner, 6 Geschwister, 1908–1911 Volksschule Leschnitz, 1911 Tod des Vaters u. Umzug nach Dessau, da hier ein Bruder des Vaters wohnte, 1911–1916 Volksschule Dessau, ohne erlernten Beruf (musste wegen Tod des Vaters nach der Schule arbeiten, um die Familie zu ernähren), 1916–1918 Arbeiter Zuckerraffinerie Dessau, 1919–1921 Tätigkeit in der Landwirtschaft Breslau, 1922–1926 Bauarbeiter Hamburg, 1927/28 Bauarbeiter Dessau, 1929 Heirat mit Anna Schulze (geb. 20.01.1897), 1 Sohn (geb. 1929), ab 1929 KPD (teilweise Unterkassierer), 1930–1933 RFB (seit 1929 verboten), 1931 Austritt ev. Kirche, 1929–1933 erwerbslos, 1933 wohnhaft Dessau, Jeßnitzerstr. 1, 1919–1932 zwölf Verurteilungen, davon 10 wegen Diebstahls, zuletzt bis 1933 Haftverbüßung wegen schweren Diebstahls Haftanstalt Coswig (Anhalt), Juni oder Juli (?) 1933 kurzzeitige Schutzhaft, ab Aug. 1933 Mitglied der KPD-UBL Dessau (verantwortlich für Instrukteurgebiete Dessau-Alten, Dessau-Kleinkühnau, Dessau-Großkühnau, Dessau-Ost, Dessau-Nord), Sept. bis Ende Okt. 1933 Schutzhaft KZ Roßlau (Entlassung wegen Amnestie zu Loepers 50. Geburtstag), auf Beschluss der KPD-UBL Dessau (d. h. Richard Krauthause u. Paul König) Frühjahr 1934 Einsetzung als Organisationsleiter KPD-UB Dessau (Aufgaben: Werbung von Kommunisten für illegale Tätigkeit, Einsatz von Unterfunktionären in Dessauer Stadtteilen, Verteilung von KPD-Schriften), 1934/35 Bauarbeiter Schneider Dessau u. Lindemann Dessau-Ziebigk, auf Grund einer Gestapo-Verhaftungswelle und auf Anweisung von Richard Krauthause Mitte Febr. 1935 Flucht aus Dessau u. „Untertauchen" in Magdeburg unter dem Decknamen „Udo Freund". In

Haftfoto Gustav Ponanta, 24. Mai 1932

Magdeburg ist P. v.a. als Instrukteur der KPD-BL Magdeburg-Anhalt tätig, d.h. er hält die Verbindung zwischen der BL und den Stadtteilleitungen in Magdeburg sowie den Ortsgruppen Schönebeck, Staßfurt und Aken (Elbe), verteilt KPD-Schriften und leitet eingenommene Zeitungsgelder sowie kassierte Mitgliedsbeiträge weiter. P. ist teilweise an der Herstellung der Schriften/Zeitungen beteiligt. Zeitweise wurde ihm ab Sommer 1935 auch die Funktion des Politischen Leiters bzw. Organisationsleiters des KPD-Bezirkes Magdeburg-Anhalt übertragen. Ab und zu hielt er sich 1935 kurzzeitig in Dessau auf. 09.03.1936 auf Grund einer Gestapo-Verhaftungswelle Flucht in die Tschechoslowakei (Emigrantenlager Stodulky bei Prag), bei Rückkehr nach Deutschland am 17.03.1936 Festnahme an deutsch-tschechischer Grenze bei Klingenthal, 19.03. bis 03.11.1936 U-Haft (zunächst bis 07.04.1936 in Klingenthal, ab 07.04.1936 PG Leipzig, April bis 18.05.1936 PG Magdeburg, 18.05. bis 14.10.1936 GG Magdeburg-Sudenburg, 14.10. bis 05.11.1936 UG Berlin-Moabit). Den Vernehmungsprotokollen ist zu entnehmen, dass P. ab 09.04.1936 der Gestapo alle ihm bekannten KPD-Funktionäre in Dessau und Magdeburg nannte. Damit führten v.a. seine Aussagen – neben denen von Wilhelm Lebe – zur

Aufdeckung und Zerschlagung der KPD-Organisation Dessau.[726] Zusätzlich sorgten P.s Aussagen zur Aufdeckung und Zerschlagung der KPD-Ortsgruppen Staßfurt, Schönebeck und Aken (Elbe). 03.11.1936 Verurteilung durch VGH wegen „Vorbereitung eines hochverräterischen Unternehmens unter erschwerenden Umständen" zu 8 Jahren Zuchthaus (Anrechnung von 7 Monaten U-Haft) u. 8 Jahren Ehrverlust, 05.11. bis 23.11.1936 Strafverbüßung Strafgefängnis Berlin-Plötzensee, 23.11.1936 bis 1940 ZH „Roter Ochse" Halle/S.: In diesem Zeitraum zahlreiche Transporte in andere Haftanstalten wie z.B. 10.03.1937 Einlieferung GG Magdeburg-Sudenburg („Transportgefangener"), 27.04.1937 zurück nach Halle/S., 02.03.1938 Einlieferung GG Magdeburg-Sudenburg („Transportgefangener als Zeuge"), 29.03.1938 zurück nach Halle/S., 1940 bis 13.06.1944 Strafgefangenenlager II Aschendorfermoor, 13.06.1944 bis 11.04.1945 (Befreiung des KZ) Schutzhaft KZ Buchenwald (Nr. 38166, Blöcke 52 u. 38, ab 06.07.1944 Arbeitskommando 45 Baukommando I, ab 13.07.1944 Arbeitskommando 4a Baulager), 04.05.1945 Entlassung aus Buchenwald u. Rückkehr nach Dessau, ab 1945 KPD bzw. ab 1946 SED, 1945–1949 Flaschenbierhändler u. Betreiber einer Kantine, in der ausschließlich sowj. Soldaten verkehren, wohnt im Schießstand Dessau-Kleinkühnau, Nov. 1946 Ausschluss aus OdF/VdN u. 1947 Ausschluss aus der SED auf Grund eines Gerichtsverfahrens (Az. 12 Ns 9/47), 1947 Verurteilung wegen Diebstahls eines Schweins im Sept. 1946 (nach P.s Angaben war ihm „die Sache" in die Schuhe geschoben worden; die wahren Täter seien sowj. Soldaten gewesen) zu 3 Jahren 6 Monaten Haft, Strafverbüßung Haftarbeitslager Volkstedt, Flucht aus dem Lager u. anschl. Begnadigung (Urteil wird formal aber nicht aufgehoben!), 1949 Tätigkeit auf Flugplatz Dessau-Alten, 04.04.1950

---

726 Ponanta und Lebe waren nicht die einzigen Kommunisten, die der Gestapo Namen verrieten. Für das Gebiet des Regierungsbezirkes Magdeburg war v.a. der Magdeburger Willi Jahn (1896–1986) verantwortlich. Eine detaillierte Darstellung in Sperk, Staatspolizei(leit)stelle, S. 13–17.

bis 28.04.1951 Bergbauarbeiter in Eisleben (als „Bewährung"), ab 18.05.1951 Stahlkernmacher VEB Maschinenfabrik und Eisengießerei Dessau, 1956 wohnhaft Dessau, Linzerstr. 34, 1956 Antrag Wiederaufnahme SED, 04.02.1957 Beschluss BPKK Halle: Wiederaufnahme SED (zunächst ohne Anrechnung der KPD-Mitgliedschaft, nach P.s Einspruch erkennt die BPKK am 06.09.1962 die Mitgliedschaft ab 1929 an), 1958 „Medaille für Kämpfer gegen den Faschismus 1933–1945", WPO-Leitungsmitglied, 1954–1960 Angehöriger Kampfgruppen, Mitglied NVA-Werbeaktiv, ab Dez. 1960 Invalidenrentner (Tbc), 1963 Antrag auf SED-Ehrenrente.

Quellen: BArch, R 58/3739, Bl. 91; ebd., R 3017/36968; Anklageschriften des GStA bei dem KG, 11.06.1936 u. 07.07.1936. LASA, K 6-1, Nr. 2732 u. Ebd., P 25, V/3/8/120; Aussage Fritz Herbst. Ebd., K 6, Nr. 11161, Bl. 328; Aussage Hermann Leuenberg. Ebd., Nr. 11169, Bl. 217; Aussage Johannes Kirsch. Ebd., Nr. 11167, Bl. 117–123, 281; Aussage Friedrich Neebe. Ebd., Nr. 11173, Bl. 226; ebd., C 29 Anhang III, Nr. 7, Lfd. Nr. 173; ebd., C 144 Magdeburg, B Nr. 295a Gefangenenkartei, Pr, Po, Pu (2 Karten); ebd., C 140, Nr. 11/2, Bl. 48–52; StA Dessau-Roßlau, SED-KL-1; ebd., SED-KL-4 (jeweils Gustav Ponanta); Aus der Schutzhaft entlassen, in: Anhaltische Tageszeitung, 05.11.1933; 43 Kämpfer gegen den Faschismus geehrt, in: Freiheit, 08.09.1958; Engelmann, S. 51f., 59; SAPMO-BArch, KzPuSdaW; ebd., RY 1/I 2/3/122, Bl. 278–283; BStU, MfS, HA IX, Nr. 23302, Bl. 4–332; ebd., Nr. 23303, Bl. 355–372; Archiv Gedenkstätte Buchenwald (E-Mail 03.04.2019); Arolsen Archives, 1.1.5.3/6854883 bis 6854895; StAmt Dessau-Roßlau (Schreiben 30.09.2008).

Kurt von Rabenau, geb. 13.12.1883 in Stade, verst. 04.08.1941 in Halle-Dölau

Vater: Oberstleutnant Max Rüdiger von Rabenau (1851–1911), 3 Brüder, militärische Erziehung im Elternhaus, Ausbildung im Kadettenkorps, 22.03.1902 Eintritt in kaiserliche Armee (als Leutnant), 21.02.1907 Heirat mit Elisabeth von Bredow (1886–1945), 3 Söhne (geb. 1908, 1910, 19??), 1 Tochter, Sept. 1909 vorzeitiger Abschied aus der Armee in Folge eines Unfalls und eingetretener Invalidität, 1909–1912 „landwirtschaftliche Betätigung", 1912–1923 Beamter Friedrich Krupp AG (in dieser Zeit Ausbildung zum Kaufmann), 02.08.1914 freiwillige Meldung zum Fronteinsatz, bis 03.01.1919 Batterieoffizier, Batterieführer, Adjutant u. Beutekommissar bei verschied. Truppenteilen, zuletzt Bataillonskommandeur eines Fußartillerie-Bataillons, letzter Dienstgrad: Hauptmann, E.K. I.u. II. Klasse, Österreichisches Militärverdienstkreuz III. Klasse, ab 1923 Tätigkeit beim Benzol-Verband Bochum, 20.11.1923 Heirat mit Annemarie Marcard (1892–1972, Tochter eines Generals), 1 gemeinsamer Sohn, 1924 bis 01.04.1934 Geschäftsführer Deutsche Benzol-Vertrieb GmbH Halle/S., wohnhaft Halle/S., Friedrichstr. 42 u. Kohlschütterstr. 6, ab 01.12.1931 NSDAP-Mitglied (Nr. 736.164), ab 12.03.1933 NSDAP-Stadtverordneter Halle/S., ab 04.05.1933 unbesoldeter Stadtrat Halle/S. Dezernat Turnen u. Sport (ab 05.01.1934 auch Dezernat Luftamt) (auf Vorschlag NSDAP-Gauleitung Halle-Merseburg u. NSDAP-Kreisleitung Halle-Stadt), zudem Vors. Ortsausschuss für Jugendpflege u. zuständig für Militär- u. Veteranensachen (Ausübung des Amtes: 22.05.1933 bis 15.06.1934), ab 20.05.1933 Mitglied IHK Halle, ab 31.07.1933 unbesoldetes Mitglied Magistrat Halle/S., 15.06.1934 Ausscheiden aus Stadtverwaltung Halle/S.u. hauptamtliche SA-Tätigkeit in Magdeburg: seit April 1934 Führer der SAR I-Brigade Mitte, bis mindestens April 1934 SA-Obersturmbannführer, zum Zeitpunkt 14.01.1935 Führer der SA-Brigade R 37 Halle (SA-Standartenführer), im Nov. 1935 SA-Oberführer, Ehrenritter des Johanniter-Ordens, 1934–1937 wohnhaft Magdeburg, ab 1937 wieder Halle/S, Seebener Str. 190, ab 31.07.1939 Wehrmacht (Major), zuletzt Major Luftzeugamt Kölleda, wohnhaft Kölleda, Horst-Wessel-Str. 19, am 04.08.1941 um 6.30 Uhr im Luftwaffenlazarett Halle-Dölau verstorben.

Quellen: BArch, R 9361-II/839072; ebd., PERS 6/181840; GStAPK, I.HA Rep. 90 Annex P Geheime Staatspolizei, Nr. 40 Heft 4, Bl. 352; ebd., Nr. 40 Heft 2, Bl. 165; StA Halle/S., PA 69 (von Rabenau, Kurt, geb. 13.12.83), Bl. 1–34; WASt (Schreiben 25.09.2008); StAmt Stade (E-Mail 11.10.2008); Bernd G. Ulbrich: Geschichte der Industrie- und Handelskammer Halle-Dessau 1844–2019, Halle 2019, S. 125 ff.; StAmt Kölleda (Schreiben 21.10.2008 einschl. Kopie Sterbeeintrag).

Karl Rauchfuß, geb. 04.09.1897 in Halle (Saale), verst. 19.03.1967 in Radegast

Vater: Former (ab 1918 Invalide), Mutter „geisteskrank" (seit ca. 1898 Patientin Heilanstalt Bernburg), wächst bei der Großmutter

Karl Rauchfuß

auf, 4 Geschwister (3 Brüder, 1 Schwester), 1903–1911 Volksschule Bitterfeld, 1911 bis Herbst 1914 abgeschlossene Schlosser-Lehre Martin Bitterfeld, 1914–1916 Schlosser bei verschied. Firmen in Bitterfeld u. Zschornewitz, 1916–1918 erst Militärdienst, dann Fronteinsatz in Frankreich (Fußartillerie-Bataillon Nr. 40), Okt. 1918 Verwundung, März 1919 Entlassung aus Reichswehr, ab 1919 Spartakusbund, 30.04.1920 Verurteilung durch LG Halle wegen schweren Diebstahls in Tateinheit mit Vergehen gegen §317 RStGB zu 9 Monaten Gefängnis, Herbst 1920 vorzeitige Entlassung, Aussetzung der Reststrafe zur Bewährung, Herbst 1920 bis Ende 1927 illegale KPD-Tätigkeit in der Reichswehr unter dem Decknamen „Fritz Franke", Mai 1928 Umzug nach Zehmitz u. Gründung der dortigen KPD- u. RHD-Ortsgruppe, 1928/29 Tätigkeit „in der Chemie" Zschornewitz, 18.05. bis 08.11.1928 Strafverbüßung Gefängnis „Roter Ochse" Halle/S.: „Die Strafvollstreckung ist am 8.11.1928 […] infolge Aussetzung der Strafvollstreckung unterbrochen worden. Die Bewährungsfrist ist durch Beschluß vom 15.5.1933 widerrufen", Dez. 1928 Verurteilung wegen Entfernung von der Truppe, unbefugten Waffentragens und Jagdvergehens zu 3 Monaten Gefängnis auf Bewährung, Herausgeber Ortszeitung „Der Rote Fuhne Bote", 1929 Austritt ev. Kirche, 1929 Tätigkeit bei Baufirma Fischer & Co. Bitterfeld, Nov. 1929 Entlassung, seither erwerbslos, vor 1933 Leiter KPD-Ortsgruppe Radegast, 06.04.1933 Festnahme in Zehmitz, 06.04. bis 26.05.1933 Schutzhaft GG Köthen, 26.05. bis 05.09.1933 Strafverbüßung Strafanstalt Coswig (Anhalt): Verstoß gegen Bewährungsfrist, darum Verbüßung der Reststrafe des Urteils 30.04.1920 (!), März 1935 U-Haft GG Halle/S., Kleine Steinstraße, 12.03.1935 Freispruch durch KG (Sitzung in Halle/S.) von Anklage „Vorbereitung eines hochverrä-

terischen Unternehmens", 23.12.1935 Festnahme durch Gestapo Dessau wegen „staatsfeindl[icher] Reden und gemeinschaftlicher Empfang des Moskauer Senders", 24.12.1935 Verhängung Schutzhaft durch Gestapo, 23.12.1935 bis 29.02.1936 Schutzhaft GG Köthen, 01.03.1936 bis 16./17.06.1937 Schutzhaft KZ Lichtenburg (31.05.1937 Aufhebung Schutzhaft durch Stapo Dessau), 1937–1939 erwerbslos, 1939–1942 Motormühle Zehmitz, 1942–1945 Dinglinger Köthen (ab 1944 Arbeitsbefreiung wegen gesundheitlicher Probleme), ab 1945 KPD bzw. ab 1946 SED, Sept. 1945 bis 1950 (?) Bürgermeister bzw. Gemeindevorsteher Zehmitz, 1945/46 Vors. KPD- bzw. SED-Ortsgruppe Zehmitz, März 1947 OdF-Anerkennung, ab 1950 Invalidenrentner, wohnhaft Zehmitz, Nr. 12.
Quellen: BArch, R 58/3739, Bl. 68; LASA, Z 141, Nr. 669, Bl. 93–130; ebd., Nr. 672, Bl. 131RS, 139RS; ebd., Z 259, Nr. 2121, Bl. 1–30; ebd., Nr. 76, Bl. 10RS; ebd., K 6, Nr. 9969, Bl. 79; ebd., K 6-1, Nr. 4369, Bl. 1–30; ebd., P 521, Nr. 88; WASt (Schreiben 07.09.2009); StAmt Halle/S. (E-Mail 29.10.2007).

Otto Rechner, geb. 22.09.1897 in Jeßnitz, verst. 22.04.1945 in Jeßnitz

Drei Geschwister, 1904–1912 Volksschule Jeßnitz, 1912–1915 abgeschlossene Maurer-Lehre, ATB bzw. ATSB, DBGB, 1916–1919 Frontkämpfer Erster Weltkrieg (Westfront, Anhaltisches Infanterie-Regiment Nr. 93, E.K. II. Klasse), ab 1918 Spartakusbund, 1919 KPD-Mitbegründer in Jeßnitz, 1919 Austritt ev. Kirche, 1920–1933 KPD-Stadtverordneter Jeßnitz, 26.03.1921 Heirat mit Martha Schenk (1900–1987), 2 Kinder, außerdem 1 uneheliches Kind, bis 01.03.1932 Maurer Filmfabrik Wolfen (als Betriebsrat gemaßregelt u. danach entlassen), 01.03.1932 bis Dez. 1933 erwerbslos, 02.04.1933 Festnahme wegen Verbreitung von KPD-Flugblättern in Jeßnitz, 02.04. bis 21.04.1933 U-Haft GG Dessau, 21.04. bis 02.05.1933 U-Haft GG Halle/S., Kleine Steinstraße, 02.05.1933 Verurteilung durch SG Halle wegen Vergehens gegen §4 der „Reichstagsbrandverordnung" in Verbindung mit §2 der Anhaltischen Durchführungsverordnung vom 03.03.1933 in Tateinheit mit Vergehen gegen §6 der

Verordnung gegen Verrat am Deutschen Volke vom 28.02.1933 (Verbreitung kommunistischer Flugblätter) zu 6 Monaten Gefängnis (Anrechnung von 31 Tagen U-Haft), 02.05. bis 26.08.1933 Strafverbüßung Gefängnis „Roter Ochse" Halle/S., 26.08. bis 02.10.1933 Strafanstalt Coswig (Anhalt), 26.09.1933 Anordnung der sofortigen Schutzhaft im KZ Roßlau nach Verbüßung der Gefängnisstrafe durch Polizeiverwaltung Jeßnitz, 02.10.1933 Überführung KZ Roßlau, Anfang Nov. 1933 Entlassung wegen Amnestie zu Loepers 50. Geburtstag, Nov. 1933 bis April 1945 Polier auf verschied. Baustellen Philipp Holzmann AG in Bitterfeld, 28.03. bis 31.03.1935 Schutzhaft GG Dessau, 01.04. bis 01./13.(?)05.1935 Schutzhaft KZ Lichtenburg, 1939 wohnhaft Jeßnitz, Gartenstr. 26, keine Einberufung zur Wehrmacht, am 22.04.1945 in „Jeßnitz in der Aue" durch deutschen Artilleriebeschuss getötet.

Quellen: ABlfA 1924, S. 282; LASA, P 521, Nr. 89 (Rechner, Martha); ebd., C 128 Halle, Nr. 212, Lfd.Nr. 10; ebd., Z 141, Nr. 307, Bl. 120f.; ebd., Nr. 669, Bl. 74, 81; ebd., Z 259, Nr. 2064, Bl. 1–36; ebd., K 6-1, Nr. 4508, Bl. 1–86; Aus der Schutzhaft entlassen, in: Anhaltische Tageszeitung, 05.11.1933; WASt (Schreiben 07.01.2010); StAmt VGem Raguhn (Schreiben 15.01.2007).

Otto Rohde, geb. 25.05.1902 in Dessau, verst. 26.03.1935 in Dessau

Aus Roßlau, wohnhaft Steinstr. 12, ohne erlernten Beruf, KPD-Mitglied, verheiratet mit Helene Bombach (später Hübbe, geb. 1906), 12.02.1935 Festnahme am Arbeitsplatz Junkers-Werke Dessau wegen „Verbreitung illegaler Schriften", nach Angaben der Ehefrau Misshandlungen im GG oder PG (?) Dessau, einziger Zeuge: Richard Haugwitz, am 26.03.1935 an den Folgen der Misshandlungen im GG Dessau verstorben bzw. nach Angaben der Ehefrau dort „kurz vor dem Prozess [...] totgeschlagen", Alle Original-Unterlagen zu R. (u.a. Totenschein) und die Zeugenaussage Richard Haugwitz sind nach 1947 verschwunden.

Quellen: BArch, R 58/3739, Bl. 30; LASA, P 521, Nr. 44 (Hübbe, Helene); ebd., K 6-1, Nr. 8192 (Helene Hübbe); Engelmann, o. S. („Sie fielen im Kampf"); StA Dessau-Roßlau (Schreiben 14.07.2009).

Alfred Röhr, geb. 27.12.1914 in Dessau, verst. 16.02.1978 in Dessau
Vater: Schweizer Staatsbürger (1914 gefallen), Stiefvater: Rollkutscher, 1921–1929 Volksschule Dessau, anschl. abgeschlossene Dachdecker-Lehre Friedrich Dorenburg Dessau, ab 1928 KPD, ab 1931 Rote Jungfront (RFB-Jugendverband, RFB seit 1929 verboten), Frühjahr bis Herbst 1932 erwerbslos, ab Herbst 1932 Dachdecker bei Friedrich Dorenburg, 1933 „kurze Zeit" Schutzhaft KZ Roßlau, 18.09.1934 Freispruch durch KG (Sitzung in Dessau) von Anklage „Vorbereitung eines hochverräterischen Unternehmens" (§§ 81 Ziff. 2, 86 RStGB, Weiterführung des verbotenen RFB bis zu den März-Wahlen 1933, unerlaubter Waffenbesitz), 1938 Einberufung zur Wehrmacht (Einsätze in Polen, Belgien, Frankreich, Sowjetunion), 1943 Heirat mit U.K. (geb. 22.03.1920 Dessau) in Dessau, 5 Kinder, 31.03.1945 letztmalige Erfassung bei der Wehrmacht als Angehöriger 3. Kompanie Panzer-Aufklärungs-Abteilung 1 (Obergefreiter), 1945 sowj. Gefangenschaft in Österreich, nach wenigen Wochen Entlassung u. Rückkehr nach Dessau, kein KPD- oder SED-Beitritt, keine Anerkennung als OdF/VdN wegen zu kurzer Haftzeit, 1945–1958 wieder Dachdecker bei Dorenburg, ab 1958 Dachdecker VEB Baukombinat Dessau, 26.07.1963 Verurteilung durch Kreisgericht Dessau wegen Körperverletzung (§ 223 StGB) zu 3 Monaten Gefängnis auf Bewährung u. 2 Jahren Arbeitsplatzbindung, 1963 wohnhaft Dessau, Pestalozzistr. 9.
Quellen: LASA, Z 257, Nr. 104, Bd. 2, Bl. 105 ff.; ebd., Z 223, Nr. 73, Bl. 37; ebd., K 6, Nr. 9969, Bl. 149; WASt (Schreiben 04.05.2010); BStU, MfS, A-SKS, Nr. 132690, Bd. 1, Bl. 1–117; StAmt Dessau (Schreiben 05.12.2006).

Dr. med. Hans Rose, geb. 12.03.1891 in Halle (Saale), verst. 27.10.1971 in Zweibrücken
Vater: Kaufmann, 18.10.1911 bis 11.08.1914 Studium der Medizin Universität Halle/S., ab 12.08.1914 Kriegsfreiwilliger, 02.09. bis 13.11.1914 Ostfronteinsatz, 13.11.1914 bis 29.10.1916 Einsatz Inland, 29.10.1916 bis 16.11.1918 Fronteinsatz in verschied. Feld-

lazaretten (Sanitätsgefreiter, Sanitätsunteroffizier, ab 03.06.1917 Feldunterarzt, ab 05.04.1918 Feldhilfsarzt, E.K. II. Klasse), Nov. 1918 bis 1920 Beendigung des Medizin-Studiums Universität Halle/S., 11.12.1920 Staatsexamen u. Approbation als Arzt (Praktisches Jahr auf Grund des Kriegsdienstes erlassen), 01.02. bis 28.04.1921 Volontärassistent Pathologisches Institut Universitätsklinik Halle/S., ab 28.04.1921 Assistenzarzt Kreiskrankenhaus Zerbst (dort wohnhaft bei freier Wohnung u. Verpflegung): Einsatz auf allen Stationen, aber v.a. Chirurgie (assistiert bei Operationen und führt diese auch selbständig durch), Mai 1923 bis April 1927 „Ständiger Vertreter" des Leitenden Arztes „unter Oberleitung des Kreisarztes", ab 21.09.1926 Oberarzt Kreiskrankenhaus Zerbst (mit Wirkung vom 01.04.1926), 01.01.1929 bis 31.12.1930 Beurlaubung wegen weiterer chirurgischen Ausbildung am Kreiskrankenhaus Prenzlau, 01.01.1931 bis 31.12.1934 Chirurg, Oberarzt u. „Ständiger Vertreter" des Leitenden Arztes Kreiskrankenhaus Zerbst (zudem Leiter Chirurgie, Isolierstation, Kreiskrippe, Schwesternunterricht), Weihnachten 1931 Verlobung mit Marta Kessler (später Heirat), 3 Kinder (2 Jungen geb. 1933, 1940, 1 Mädchen geb. 1936), ab Okt. 1932 wohnhaft in der Dienstwohnung gegenüber dem Krankenhaus (Friedrichstr. 40), ab 03.05.1933 Mitglied im Opferring der NSDAP, ab 14.04.1934 Förderndes Mitglied der SS. Im Nov. 1934 geht bei der NSDAP-Gauleitung Magdeburg-Anhalt ein Schreiben ein, in dem ein NSDAP-Mitglied aus Dresden behauptet, R. sei „Volljude", aus diesem Grund ließ der Leiter des Rassenpolitischen Amtes der NSDAP-Gauleitung, Dr. Gustav Schmischke (zugleich Leiter des Amtes für Volksgesundheit, Vors. der Anhaltischen Ärztekammer u. des Anhaltischen NS-Deutschen Ärztebundes), die „Abstammung desselben nachprüfen". Die Abstammungsurkunden, die anlässlich der Durchführung des Gesetzes zur Wiederherstellung des Berufsbeamtentums überprüft wurden, waren in Ordnung. Nach Aussagen von Schmischke (14.01.1935) besitze R. „keinerlei Beziehung zum nationalsozialistischen Ärztebund [...], es [ist] auch nicht anzunehmen [...], daß er sich nationalsozialisti-

sches Gedankengut zu eigen gemacht hat oder machen könnte". Hintergrund von Schmischkes Einwand war dessen Befürchtung, der „Nichtparteigenosse" R. könnte die Durchführung des „Gesetzes zur Verhütung erbkranken Nachwuchses" gefährden, indem er den chirurgischen Eingriff (Unfruchtbarmachung eines Patienten) nicht „fachgerecht" durchführt. R. führte die Eingriffe seit März 1934 aus. 31.12.1934 Ausscheiden des Leitenden Arztes des Kreiskrankenhauses Zerbst, San.Rat Dr. Fiedler, daraufhin wird Rose mit Wirkung vom 01.01.1935 (Vertragsunterzeichnung 06.03.1935) Leitender Arzt (Chefarzt) des Kreiskrankenhauses Zerbst, Nov. 1939 Verleihung des Treuedienstehrenzeichens für 25-jährige Dienstzeit, 10.11.1942 letztmalige Erfassung bei der Wehrmacht als Angehöriger Heeres-Sanitätsstaffel Zerbst.
Quellen: LASA, Z 150, Nr. 879, Bl. 1–274; ebd., Z 149, Nr. 354, Bl. 284; ebd., Nr. 358, Bl. 105–197 ; WASt (Schreiben 26.10.2010); StAmt Halle/S. (E-Mail 07.05.2007); StAmt Zweibrücken (E-Mail 24.05.2007).

Paul Rückwardt, geb. 07.03.1900 in Jeßnitz, verst. 04.01.1978 in Wolfen
1906–1914 Volksschule Jeßnitz, 1914–1918 abgeschlossene Dreher-Lehre Lamprecht Jeßnitz, 1918 Soldat Erster Weltkrieg, 1918–1930 Dreher Säurefabrik Bitterfeld (Entlassung wegen RGO-Zugehörigkeit), ab 1924 KPD, 1930–1935 erwerbslos, vor 1933 auch DMV, KG RS, RGO, RHD, RFB (1929–1933 illegale RFB-Tätigkeit u.a. als Kurierfahrer zur Verteilung der „Roten Front" im Untergau Dessau), 1933 wohnhaft Jeßnitz, Neue Reihe 19, 24.06. bis 26.06.1933 Schutzhaft Strafanstalt Coswig (Anhalt), 23.08.1933 Festnahme in Jeßnitz (Vorwurf: RFB-Tätigkeit als Schießwart der Schießsparte Jeßnitz bis zu deren Verbot März 1933, Vergehen gegen §5 der Verordnung des Reichspräsidenten zur Erhaltung des inneren Friedens vom 19.12.1932), 23.08.1933 bis 27.03.1934 U-Haft GG Dessau, 27.03.1934 Freispruch durch LG Dessau von der Anklage (siehe Vorwurf): Das LG kann nicht nachweisen, dass die bis März 1933 bestehende Schießsparte gleichbedeutend mit der illegalen

Paul Rückwardt, 3. Mai 1947

Weiterführung des verbotenen RFB war. 19.03.1935 Festnahme (keine Haft), 28.03. bis 31.03.1935 Schutzhaft GG Dessau, 01.04. bis 25.07.1935 Schutzhaft KZ Lichtenburg, 1935 bis zumindest 1951 Dreher Dampfkesselfabrik und Apparatebauanstalt Dreier & Reichstein Bitterfeld, 193? Verurteilung zu 8 Monaten Gefängnis (R. hatte während der Arbeitslosigkeit Wohlfahrtsunterstützung bezogen, hätte sie aber nicht erhalten dürfen, da er sein Sperrguthaben nicht angegeben hatte), 01.04. bis 30.11.1936 Strafverbüßung GG Dessau, verheiratet mit Marta Schulze (geb. 1898), 1 Sohn (geb. 1938), keine Einberufung zur Wehrmacht, 1945 Volkssturm u. Heimat-Flak, ab 1945 KPD bzw. ab 1946 SED, 1947 OdF-Anerkennung, 1949/51 wohnhaft Altjeßnitz, Teichstr. 5.

Quellen: LASA, P 521, Nr. 94; ebd., Z 257, Nr. 55, Bl. 1–117; ebd., Z 141, Nr. 669, Bl. 6, 74, 81 ff., 107; ebd., K 6, Nr. 11178, Bl. 98 ff.; ebd., Nr. 9969, Bl. 269; ebd., K 6-1, Nr. 4457, Bl. 1–38; BStU, MfS, AU 274/58, Bd. 1, Bl. 58; WASt (Schreiben 22.03.2010); StA Ortsteil Bitterfeld (E-Mail 13.08.2009).

Hermann Salomon, geb. 18.06.1888 in Ostlöbschen (Ostpreußen), verst. ? in ?

Unehelich geboren, aufgewachsen bei den Großeltern, die 1892 mit ihm nach Zerbst übersiedeln, nach der Heirat seiner Mutter kommt auch diese mit dem Ehemann 1895 nach Zerbst, 1895–1902 Volksschule Zerbst, 1902 Umzug nach Jeßnitz, 1903 Abschluss Volksschule Jeßnitz, anschl. Schlosser-Lehre (nicht abgeschlossen), ab 01.10.1907 Fabrikarbeiterverband (Agitator), 12.10.1909 bis 23.09.1911 Militärdienst, ab 01.10.1911 SPD, 05.08.1914 bis 01.04.1916 Frontkämpfer Erster Weltkrieg (Westfront, Musketier, III. Bataillon Reserve-Infanterie-Regiment 36), Entlassung nach schwerer Verwundung (70 %

kriegsbeschädigt), nach 1918 Speisehauswärter Speisehaus 2 Farbenfabrik Wolfen, aktive Betätigung in der SPD u. Gewerkschaft u. im Reichsbanner, 17.03.1920 Teilnahme an Aktionen gegen den Kapp-Putsch in Jeßnitz, 1923 Scheidung von Ehefrau (keine Kinder), seither lebt er mit einer anderen Frau zusammen (keine Heirat), vor 1933 auch Freidenker, Arbeiter-Radfahrer-Bund, Arbeiter-Sängerbund, nach 1933 illegale SPD-Tätigkeit, 24.06. bis 10.07.1933 Schutzhaft Strafanstalt Coswig (Anhalt), bis Herbst 1933 wohnhaft Jeßnitz, dann Umzug nach Raguhn, Gartenstr. 57, 27.03.1935 Hausdurchsuchung u. Festnahme in Raguhn, 28.03. bis 31.03.1935 Schutzhaft GG Dessau, 01.04. bis 09.05.1935 Schutzhaft KZ Lichtenburg, Wiederaufnahme der illegalen SPD-Tätigkeit, aber keine Festnahmen mehr, 1945 Volkssturm, ab 1945 SPD bzw. ab 1946 SED, weiterhin Speisehauswärter Farbenfabrik Wolfen, 1947 erst OdF-Anerkennung, kurz darauf Aberkennung durch OdF-Betreuungsstelle Dessau-Köthen („[…] Haftzeit […] derart kurz, daß […] eine Anerkennung nicht erfolgen kann"), S. stellte anschl. zahlreiche Neuanträge, die zum Teil befürwortet wurden. 1952 endgültige Bestätigung der Aberkennung durch Landesprüfungsausschuss Sachsen-Anhalt („Haftzeit nicht ausreichend").

Hermann Salomon

Quellen: LASA, P 521, Nr. 186; ebd., Z 141, Nr. 669, Bl. 6, 74, 82f.; ebd., Nr. 672, Bl. 149RS; ebd., K 6, Nr. 10511, Bl. 73; ebd., Nr. 11186, Bl. 234–237; ebd., K 6-1, Nr. 7293, Bl. 1–43; WASt (Schreiben 10.03.2010).

Walter Scheller, geb. 03.05.1897 in Jeßnitz, verst. 07.05.1978 in Wolfen

Vater: Arbeiter, 8 Jahre Volksschule Jeßnitz, anschl. Seemann Reederei Norddeutscher Lloyd, ohne erlernten Beruf, seit 1916 Kriegsmarine (U-Boote), Nov. 1918 Beteiligung Kieler Matrosenaufstand, Rückkehr nach Jeßnitz, März 1921 Beteiligung Mitteldeutscher Aufstand (Zugführer einer Hundertschaft), bis 1933 v. a. „Steinträger" auf Baustellen, 1924 Mitbegründer RFB-Ortsgruppe Jeßnitz u. ihr erster Organisationsleiter (nach RFB-Verbot 1929 weiter illegal tätig), 1928 Heirat mit Emma Lohmann (geb. 13.07.1903 Jeßnitz), 3 Kinder, vor 1933 auch KPD, RHD, DBV, KgdF (bis 1933 Organisationsleiter Jeßnitz), 1933 wohnhaft Jeßnitz, Langestr. 11, nach 1933 Tätigkeit für KPD u. RFB, Für 1933 gibt Sch. mehrere, sich widersprechende Haftdaten an, weshalb hier nur die amtlich gesicherten genannt werden: 01.06. bis 13.06.1933 Schutzhaft GG Köthen, 14.06. bis 26.09.1933 Schutzhaft KZ Oranienburg, 26.09.1933 bis Ende Okt./Anfang Nov. 1933 Schutzhaft KZ Brandenburg, 28.03. bis 31.03.1935 Schutzhaft GG Dessau, 01.04. bis 23.04.1935 Schutzhaft KZ Lichtenburg, 1939 wohnhaft Jeßnitz, Langestr. 11, Aug./Sept (?) 1940 Einberufung zur Kriegsmarine, zuletzt Matrosenhauptgefreiter 6. Kompanie Marinenachrichtenschule Mürwik, 28.07. bis 28.09.1942 wegen Wehrkraftzersetzung Strafverbüßung oder Arrest (?) Marine-UG oder Marine-Arrestanstalt (?) Kiel, anschl. illegale KPD-Tätigkeit in Jeßnitz: „Ich wirkte aufklärend unter der Arbeiterschaft in Jeßnitz. Zersetzungsarbeit betrieb ich mit kriegsgefangenen Franzosen und Holländern sowie Wehrmachtangehörigen, die in Urlaub kamen durch Radio-Abhören in eigener Wohnung und Aufklärung", Diskussionen über Inhalt der Radio-Beiträge mit „fremden Arbeitern (Franzosen u. Tschechen)", ab 1945 KPD bzw. ab 1946 SED, wohnhaft Jeßnitz, Kirchstr. 16, 1947 Gewerbetreibender, 1949 Invalidenrentner (100% arbeitsunfähig durch Haft, Kopfverletzung, Nierenquetschung), 10.06.1952 Anwerbung als IM Konspirative Wohnung durch MfS-KD Bitterfeld auf freiwilliger Basis (Deckname „Terrine"): Sch. stellt ein Zimmer der Wohnung Jeßnitz, Kirchstr. 16 für inoffizielle Treffs des MfS zur Verfügung (erhält dafür monatliche Mietzahlungen von 15 DM), 06.02.1953 Beendigung der inoffiziellen Zusammenarbeit durch MfS: Sch. hatte die Wohnung „dekonspiriert", weil er in einer SED-

Versammlung in Jeßnitz verrät, für das MfS zu arbeiten. Mitglied SED-Kreisleitung Bitterfeld, ab Okt. 1957 Oberheizer NVA-Kaserne Wolfen, 02.06.1958 Anwerbung als Inoffizieller Kriminalpolizeilicher Mitarbeiter/Treffquartier[727] durch Kripo VPKA Bitterfeld auf freiwilliger Basis (Deckname „Hausmann"): Sch. u. seine Ehefrau, die von der Polizei mitverpflichtet wird, stellen das Wohnzimmer ihrer Wohnung Kirchstr. 16 für inoffizielle Treffs der Abt. I der Kripo zur Verfügung (erhält dafür monatliche Mietzahlungen von 15 DM, Unterbrechung der Nutzung durch Kripo Juni 1960 bis Aug. 1962), 17.08.1966 Beendigung der inoffiziellen Zusammenarbeit durch Kripo VPKA Bitterfeld.

Quellen: SAPMO-BArch, DY 55/V 278/5/28 (Dessau); ebd., DY 55/V 278/4/73 (Scheller, Walter); Aus der Schutzhaft entlassen, in: Anhaltische Tageszeitung, 05.11.1933; LASA, P 521, V/8/105; ebd., Z 141, Nr. 307, Bl. 120f.; ebd., Nr. 669, Bl. 3, 7, 14, 74, 81; ebd., K 6, Nr. 11186, Bl. 272–276; ebd., Nr. 9969, Bl. 269; BStU, MfS, BV Halle, AIM 173/53, P-Akte, Bl. 1–20; ebd., AOG 2589/66, Bl. 4–91; WASt (Schreiben 23.06.2010); Arolsen Archives, KL Oranienburg, Ordner 71, Bl. 69; StAmt Wolfen (Fax 29.01.2007).

Karl Schierpke, geb. 27.10.1900 in Ilmenau (Schlesien), verst. 10.01.1970 in Köthen

Vater: Maurer, abgeschlossene Maurer-Lehre, 1918–1922 SPD, Juli 1922 Heirat mit Lina Zander (geb. 1900) in Schortewitz, ab 1923 KPD, vor 1933 auch RHD, 1933 u. 1934 „zweimal von der Gestapo verhaftet und wieder auf freien Fuß gesetzt", 23.12.1935 Festnahme durch Gestapo Dessau wegen „staatsfeindl[icher] Reden und gemeinschaftlicher Empfang des Moskauer Senders", 23.12.1935 bis 29.02.1936 Schutzhaft GG Köthen, 01.03. bis zumindest 30.11.1936 Schutzhaft KZ Lichtenburg, zumindest 01.02. bis 27.03.1937

---

727 In der Öffentlichkeit ist kaum bekannt, dass auch die Abteilung I (später Arbeitsgebiet I) der Kriminalpolizei mit Inoffiziellen Mitarbeitern arbeitete. Das Kripo-System war dem der Staatssicherheit nachempfunden, nur die Begriffe waren andere. Die Informanten hießen Inoffizielle Kriminalpolizeiliche Mitarbeiter (IKM) und die konspirativen Wohnungen Treffquartiere (TQ). IKM durften von der Polizei nur in Abstimmung mit dem MfS geworben werden.

Karl Schierpke

Schutzhaft KZ Sachsenhausen (d.h. 23.12.1935 bis 27.03.1937 durchgehend Schutzhaft!), 26.09.1939 Einberufung zur Wehrmacht, 31.09.1943 letztmalige Erfassung als Angehöriger 1. Kompanie Landesschützen-Bataillon 947 (zuletzt Oberfeldwebel), April 1945 bis Juli 1946 Gefangenschaft in Jugoslawien, ab 1946 SED (Organisationsleiter Ortsgruppe Zehmitz), nach 1946 Flurführer Gemeinde Zehmitz, Mitglied Gemeinderat Zehmitz, 1949 bis Anfang Jan. 1950 Maurer Baugeschäft Max Wohlrabe Riesdorf, ab Anfang Jan. bis zumindest Ende April 1950 „als Maurer arbeitslos", da „nicht voll arbeitsfähig", bis 1970 wohnhaft Zehmitz, Nr. 12, „Medaille für Kämpfer gegen den Faschismus 1933–1945".

Quellen: BArch, R 58/3739, Bl. 68; LASA, Z 141, Nr. 669, Bl. 93–123; ebd., K 6, Nr. 8086, Bl. 152, 168; ebd., Nr. 9969, Bl. 243f.; ebd., K 6-1, Nr. 5093, Bl. 1–36; ebd., P 521, Nr. 105; WASt (Schreiben 17.06.2010).

Kurt Schilbach, geb. 20.04.1898 in Oelsnitz/Vogtland, verst. 11.04.1978 in Erfurt

Vater: Weber (verst. 1919), 5 Geschwister (3 Schwestern geb. 1880, 1882, 1889, 2 Brüder geb. 1896, 1900), 1904–1912 Volksschule (II. Bürgerschule) Oelsnitz, 1912–1915 abgeschlossene Schlosser-Lehre Magnus Fischer Oelsnitz einschl. Gewerbeschule („Im 3. Lehrjahr wurde mir durch jugendlichen Leichtsinn mit einem Luftgewehr das linke Auge ausgeschossen"), 1915/16 „einige Arbeitsstellen im Erzgebirge", 1916–1918 Frontkämpfer Erster Weltkrieg (Ost- u. Westfront, Infanterie Regiment 351), 1919 „einige Monate arbeitslos", Mitte 1919 Umzug nach Oranienbaum (dort bis Dez. 1933 wohnhaft), 1919–1922 Schlosser Grube bzw. Brikettfabrik Golpa, 1919–1924 DMV (Kassierer), 1920–1930

ATSB, ab 1922 KPD (Mitbegründer Ortsgruppe Oranienbaum), ab 1923 RFB, RHD, VpFD, 1923 Austritt ev. Kirche, 1922–1924 Schlosser Dessauer Waggonfabrik, 1924/25 erwerbslos, 1925–1931 Schlosser Überlandzentrale Dessau, 1926–1933 KPD-Stadtverordneter Oranienbaum, ab 1930 KG RS (bis 1932 Leiter Oranienbaum), 1931 bis Dez. 1933 erwerbslos, März 1933 Festnahme, zumindest 01.06. bis 03.06.1933 Schutzhaft GG Dessau, ab 1934 wohnhaft Jeßnitz, Neue Reihe 14, Jan. bis Febr. 1934 Junkers-Flugzeugwerk Dessau, Aug. 1934 bis 1945 Schlosser, Kontrolleur u. Materialverwalter Schiffswerft Gebrüder Sachsenberg Roßlau, 28.03. bis 31.03.1935 Schutzhaft GG Dessau, 01.04. bis 01.05.1935 Schutzhaft KZ Lichtenburg, 1937 Heirat mit Anna Franke (geb. 23.03.1905 Jeßnitz), keine Kinder, 22.08.1944 Festnahme in Jeßnitz („Aktion Gitter"), 23.08. bis 22.09.1944 Schutzhaft KZ Buchenwald (Nr. 81836), ab 1945 KPD bzw. ab 1946 SED, 1945–1948 Leiter Meldestelle Jeßnitz der SVK Köthen, 1948–1951 Kontrolleur u. Lehrausbilder Filmfabrik Wolfen, 1950 4 Wochen SED-Landesparteischule Spröda, 1951/52 Personalleiter HO-Lebensmittel Bitterfeld, 1953/54 „Parteiarbeiter" (Instrukteur) Filmfabrik Wolfen, ab 1953 Freiwilliger VP-Helfer, Hobbys: Fußball, Schach („Der Umgangskreis des Sch. ist der Gen. Wittig, Gustav, mit dem er regelmässig sein Schach spielt, [...]"), 1954–1956 „Politischer Mitarbeiter" KPKK SED-Kreisleitung Bitterfeld (bis 1957 ehrenamtliches Mitglied), 1956–1958 Kaderinstrukteur VEB Rohrleitungsbau Bitterfeld, 15.10.1956 Anwerbung als IM (GI) durch MfS-KD Bitterfeld „aus Überzeugung" (Deckname „Wagen") mit dem Ziel der „Qualifizierung" zum „Geheimen Hauptinformator" (GHI)[728], 06.06.1957 Umregistrierung zum GHI (hauptsächliches

---

[728] Eine von 1953 bis 1968 geltende Bezeichnung für Inoffizielle Mitarbeiter, die mit der Führung anderer IM (Geheime Informatoren GI, Geheime Mitarbeiter GM) beauftragt waren. Die IM-Kategorie wurde nach dem Juniaufstand 1953 eingeführt, um insbesondere die von der SED-Führung gewünschte Erweiterung des IM-Bestandes in größeren Betrieben zu gewährleisten. Ab 1968 hießen sie Führungs-IM (FIM).

„Tätigkeitsgebiet": VEB Rohrleitungsbau Bitterfeld, Werk Muldenstein), wobei das MfS Sch. keine GI zum Führen übergab, zahlreiche Berichte des GI/GHI „Wagen" zur Situation u. zu Personen im Werk bzw. in Jeßnitz, ab Okt. 1958 Rentner (Aug. 1958 letzter Bericht des GHI „Wagen"), Ende 1958 Umregistrierung zur Deckadresse (DA), die das MfS nur selten zur Durchführung von Ermittlungen im Wohngebiet nutzt, 1963 Tod der Ehefrau Anna Schilbach, 14.12.1965 Beendigung der inoffiziellen Zusammenarbeit durch das MfS auf Grund der Verschlechterung des Gesundheitszustandes (Unterbringung in einem Altersheim).
Quellen: BArch, R 58/3739, Bl. 144; LASA, P 521, V/8/106; ebd., Z 141, Nr. 669, Bl. 2, 74, 81; ebd., K 6, Nr. 8086, Bl. 156; WASt (Schreiben 03.05.2010); BStU, MfS, BV Halle, AIM 23/66, P-Akte, Bl. 7–36; ebd., A-Akte, Bl. 1–43.

Otto Schirow jun., geb. 19.02.1909 in Dessau, verst. 30.01.1950 in Harzgerode
Evangelisch, Vater: Otto Schirow sen. (1880–1953, Former, KPD), 3 Geschwister, 1915–1923 Mittelschule Dessau, anschl. abgeschlossene Schlosser-Lehre, Geselle bei verschied. Firmen, April 1927 bis März 1928 Schlosser BAMAG Dessau, März 1928 bis Juni 1929 Schlosser Junkers-Werke Dessau (teilweise auf Mon-

Haftfoto Otto Schirow jun., 1. März 1933

tage), ab Juni 1929 erwerbslos, 1929 Austritt ev. Kirche, ab Ende 1930 KgdF, ab Jan. 1931 KPD, ab März 1931 RFB (seit 1929 verboten), 20.07.1931 Verurteilung durch AG Dessau wegen Verbreitung von Zeitschriften u. Beleidigung zu 20 RM Geldstrafe oder ersatzweise 4 Tagen Haft bzw. zu 100 RM Geldstrafe oder ersatzweise 20 Tagen Gefängnis, vor 1933 auch DMV, IAH, KJVD, RHD, Technische Nothilfe, 01.03.1933 Festnahme (Vorwurf: unerlaubter Waffenbesitz), 02.03. bis 18.05.1933 U-Haft GG Dessau, 19.05.1933 Verurteilung durch SchöG Dessau wegen gemeinschaftlichen schweren Diebstahls unter mildernden Umständen zu 4 Monaten Gefängnis, bis 02.06.1933 Strafverbüßung GG Dessau, 02.06. bis 19.09.1933 Strafanstalt Coswig (Anhalt), 19.09.1933 bis 05.05.1934 Schutzhaft KZ Roßlau (wegen RFB-Zugehörigkeit), 05.05. bis 18.09.1934 U-Haft GG Dessau, 18.09.1934 Verurteilung durch KG (Sitzung in Dessau) wegen „Vorbereitung eines hochverräterischen Unternehmens" (§§ 81 Ziff. 2, 86 RStGB, Weiterführung des verbotenen RFB bis zu den März-Wahlen 1933, unerlaubter Waffenbesitz) zu 1 Jahr 3 Monaten Gefängnis (Anrechnung von 11 Monaten 3 Wochen Haft), 19.09. bis 28.12.1934 Strafverbüßung Strafanstalt Coswig (Anhalt), ab Jan. 1935 Schlosser Junkers-Flugzeugwerk Dessau, Abt. Schablonenbau, Febr. 1935 Verbindung zum BB-Apparat: Ewald Jahnen (stellv. BB-Apparat-Reichsleiter) aus Berlin, Karl Wagner aus Magdeburg und Richard Krauthause wollten Sch. überreden, in den Junkers-Werken festzustellen, wie viele Flugzeuge gebaut würden und welche Neuerungen an ihnen vorgenommen worden sind. Sch., der zu diesem Zeitpunkt bei seinen Eltern in der Raguhner Str. 122 in Dessau wohnt, teilt jedoch mit, dass er nicht in der Lage ist, diese Informationen zu beschaffen, weil er in einer Abteilung arbeite, wo er an solche Daten nicht herankäme. Da Jahnen in der Folgezeit immer wieder bei Sch. nachfragte, gab der schließlich nach und erzählte Jahnen im März 1935, dass bei Junkers in Dessau 18.000 Personen arbeiten und pro Tag drei Ju 52 gebaut würden. Diese Zahlen waren jedoch öffentlich bekannt. Anschließend weigerte er sich, Betriebsdaten auszuspionieren und nahm geplante Treffs nicht wahr.[729] 04.09.1935 Festnahme im Zusammenhang mit der reichsweiten Zerschlagung des BB-Apparates durch Gestapo Magdeburg wegen „dringenden Verdachts der Betriebsspionage", anschl. U-Haft GG Dessau u. UG Berlin-Moabit (bis Jan. 1936 Einzelhaft, für Vernehmungen im März u. April 1936 kurzzeitige Überführungen nach Leipzig), 27.11.1936 Verurteilung durch VGH wegen „Vorbereitung eines hochverräterischen Unternehmens unter erschwerenden Umständen in Tateinheit mit einem Verbrechen §92 Abs. 2" (Spionage) RStGB zu 8 Jahren Zuchthaus (Anrechnung von 7 Monaten U-Haft) u. 10 Jahren Ehrverlust, 28.11.1936 bis 13.01.1937 Strafverbüßung Strafgefängnis Berlin-Plötzensee, 14.01.1937 bis 09.11.1940 ZH „Roter Ochse" Halle/S., 13.11.1940 bis 28.04.1944 ZH Münster/Westfalen, 28.04. bis 27.06.1944 Schutzhaft Dessau oder Magdeburg (?), 27.06.1944 bis 11.04.1945 (Befreiung des KZ) Schutzhaft KZ Buchenwald (Nr. 5793), 08.05.1945 Entlassung aus Buchenwald, 25.05.1945 Rückkehr nach Dessau, 26.07.1945 Arbeitsaufnahme, 01.10.1945 bis 1947 Kriminalamt Dessau (Nov. 1945 Kriminaloberassistent, später Kriminalsekretär), März 1946 Heirat mit Frieda Schulze (geb. 14.03.1919), 1 Sohn (geb. 1946), ab 1947 Kripo VPKA Ballenstedt (zuletzt Oberkommissar), wohnhaft Harzgerode Schützenstr. 11, „an den Folgen der während der Haft zugezogenen Leiden" verstorben: Sch. hatte sich bis 1935 in der Haft ein „schweres Herzasthma und Magenleiden" zugezogen und deswegen am 19.09.1935 ein „Haftentlassungsgesuch" gestellt, welches abgelehnt wurde. Nach einer ärztlichen Untersuchung galt er als „haftfähig".

Quellen: LASA, P 521, Nr. 190; ebd., V/8/212, Bl. 65f.; ebd., Z 257, Nr. 103, Bl. 5, 20, 27–36, 93–96, 153ff., 164, 168, 198; ebd., Nr. 104, Bd. 1, Bl. 108; ebd., Nr. 104, Bd. 2, Bl. 105–108; ebd., K 6-1, Nr. 5036; ebd., K 6, Nr. 10508, Bl. 72RS; ebd., K 6-1, Nr. 9094, Bl. 1–14; BArch, R 58/3739, Bl. 56; ebd., R 3017/32321; BStU, MfS, HA IX, Nr. 23303, Bl. 15f., 24–29, 47f., 55, 117, 120, 168, 180, 182, 253, 258, 279f.; Arolsen Archives, 1.1.5.3/7037647; StAmt Dessau (Schreiben 05.12.2006).

---

729 Zur Aktion gegen den BB-Apparat siehe Sperk, Staatspolizei(leit)stelle, S. 13–17.

Robert Schirrmacher, geb. 17.08.1893 in Dessau, verst. 27.10.1956 in Dessau
Vater: Arbeiter, 3 Geschwister, 1900–1908 Volksschule Dessau, ab 1908 Schmied-Lehre, aber nach zwei Jahren abgebrochen, ab 1910 DMV, 1911 bis Dez. 1928 Schmied, Maschinist u. Bauarbeiter bei zahlreichen Firmen in Dessau, 1915–1918 Frontkämpfer Erster Weltkrieg (West- u. Ostfront, Infanterie-Regiment 329, erst Musketier, dann Unteroffizier), ab 1919 SPD,

Robert Schirrmacher

1921 Austritt ev. Kirche, 1922 Heirat mit Anna Werner (1891–1972), keine Kinder (1 uneheliches Kind), ab 1922 KPD, ab 1930 RGO, vor 1933 auch RHD, Jan. 1929 bis Jan. 1934 erwerbslos (ab und zu Notstandsarbeiter), ab Aug. 1933 Mitglied KPD-UBL Dessau, ab Jan. 1934 Baukonzern Dyckerhoff & Widmann AG Dresden in Dessau, anschl. bis Febr. 1935 Bauarbeiter Boswau & Knauer Berlin, 1935 wohnhaft Dessau-Ziebigk, Graudenzer Str. 4, 23.02.1935 Festnahme durch Gestapo Dessau in der Wohnung, dabei findet die Stapo illegale Schriften, 23.02. bis 26.02.1935 Schutzhaft Palais Hilda Dessau, 26.02. bis 19.03.1935 U-Haft GG Dessau, 19.03. bis 24.03.1935 U-Haft PG Magdeburg, 24.03. bis 29.04.1935 U-Haft UG Berlin-Moabit. Nach Aussage von Richard Krauthause hat S. während der U-Haft ihn sowie Elsa Körner und Lorenz Seufert belastet, d.h. S. gab bei Verhören an, die bei ihm gefundenen Schriften von diesen Personen erhalten zu haben. Nach Aussage von Krauthause sei S. „ziemlich weich" gewesen. 29.04.1935 Verurteilung durch KG (Sitzung in Berlin) wegen „Vorbereitung eines hochverräterischen Unternehmens" zu 2 Jahren 6 Monaten Zuchthaus (Anrechnung von 2 Monaten U-Haft), 3 Jahren Ehrverlust u. Polizeiaufsicht, 29.04. bis 07.05.1935 Strafverbüßung UG Berlin-Moabit, 07.05 bis 03.06.1935 GG Berlin-Charlottenburg, 03.06.1935

bis 29.08.1937 ZH Coswig (Anhalt), Entlassung aus der Haft mit Auflage, sich einen Tag später bei der Gestapo Dessau zu melden („Inschutzhaftnahme [...] zunächst nicht beabsichtigt"), 05.09.1937 bis 1940 Kalkträger Baugeschäft Lindemann Dessau, 23.08.1938 Wehrmacht-Ausschließungsschein, 1940–1947 Kalk- u. Steinträger Fiedler & Fritsche Betonwerk Dessau-Ziebigk, April 1945 Volkssturm, erst ab 1946 KPD bzw. SED, 1947/49 wohnhaft Dessau-Ziebigk, Graudenzer Str. 6, 1951 Dessau, Saale-Str. 6, ab 17.03.1947 Invalidenrentner (wegen Tbc infolge Arbeit, nicht Haft).
Quellen: LASA, P 521, V/8/106; ebd., P 524, V/5/241, Bl. 12; ebd., Z 259, Nr. 1403, Bl. 34; ebd., Nr. 2356, Bl. 1–48; ebd., K 6, Nr. 11185, Bl. 151; ebd., Nr. 9969, Bl. 139; ebd., K 6-1, Nr. 4800, Bl. 1–2; ebd., K 6-1, Nr. 5028; StA Dessau-Roßlau, SED-KL-5 (Robert Schirrmacher).

Werner Schmeil, geb. 04.02.1909 in Göttnitz, verst. 12.08.1941 in Propoisk nördlich Gomel (heute Weißrussland)
Aus Zehmitz, Beruf: Maurer, 23.12.1935 Festnahme durch Gestapo Dessau wegen „staatsfeindl[icher] Reden und gemeinschaftlicher Empfang des Moskauer Senders", 23.12.1935 bis 29.02.1936 Schutzhaft GG Köthen, 01.03. bis 14.10.1936 Schutzhaft KZ Lichtenburg, an der Ostfront gefallen.
Quellen: BArch, R 58/3739, Bl. 68; LASA, Z 141, Nr. 669, Bl. 93–119; WASt (Schreiben 04.12.2007); StAmt Zörbig (Schreiben 02.11.2007).

Martin Schmidt, geb. 12.11.1903 in Milow, verst. 21.04.1957 in Neureut (heute Karlsruhe)
Vater: Pfarrer, Ostern 1923 Abitur Friedrichs-Gymnasium Dessau, 1923–1929 Studium der Theologie Universitäten Marburg, Tübingen, Berlin, Halle/S., 19.07.1929 1. theol. Prüfung Universität Halle/S., 01.09.1929 bis 30.09.1930 Vikar in Ballenstedt, 01.10.1930 bis 31.05.1931 Predigerseminar Dessau, 10.08.1931 2. theol. Prüfung, 16.08. bis 14.10.1931 Vikar in Dessau, ab 15.10.1931 beurlaubt (Studieninspektor Tholuck-Konvikt Halle/S.), 14.08.1932 Priesterweihe (Ordination), 03.10.1932 Heirat mit Irmtraud Paehr

(geb. 03.10.1909) aus Hamburg, 4 Kinder (geb. 1933, 1935, 1938, 1942), 01.08.1932 bis 30.04.1933 kirchlicher Hilfsdienst Kirchenkreis Dessau (v.a. Hilfsprediger St.-Georg-Gemeinde Dessau, geistliche Versorgung von Sollnitz u. Kleutsch), 01.05.1933 bis 1934 2. Pfarrer St.-Georg-Gemeinde Dessau, Dez. 1933 Mitbegründer Pfarrernotbund Anhalt, 1934–1939 Mitglied Landesbruderrat Anhalt der BK, 1934 bis 31.05.1948 1. Pfarrer St.-Georg-Gemeinde Dessau, 29. bis 31.05.1934 Teilnahme 1. Reichsbekenntnissynode

Martin Schmidt

Barmen, 17.03. bis 18.03.1935 Schutzhaft GG Dessau wegen Verweigerung, eine schriftliche Verpflichtung zu unterschreiben, eine Kanzelabkündigung der BK nicht zu verlesen, 21.11.1938 Amtsenthebung (Zwangsbeurlaubung) durch Ev. LKR (als Vertretung für Sch. Einsatz eines DC-Pfarrers) wegen BK-Tätigkeit mit dem Ziel der Versetzung, zugleich Einleitung Disziplinarverfahren u. Kürzung der Bezüge um ein Drittel, 27.09.1939 Einstellung Disziplinarverfahren, Nachzahlung der Bezüge, Juli 1940 Wiedereinsetzung als 1. Pfarrer St.-Georg-Gemeinde Dessau, 194? Einberufung zur Wehrmacht, 09.05.1945 bis 03.06.1946 Gefangenschaft in Norwegen u. Frankreich, ab 02.08.1946 zugleich stellv. Kreisoberpfarrer Kirchenkreis Dessau, 01.11.1946 bis 31.05.1948 im Zuge der verwaltungsmäßigen Zusammenlegung der Gemeinden St. Georg u. St. Marien mit der Verwaltung der Pfarrstelle St. Marien beauftragt, 24.07.1947 VVN-Eintritt (2. Vors. VVN Kreis Dessau), 22.01.1948 Austritt aus der VVN mit der Begründung, dass diese den „überparteilichen Charakter nicht wahrt", 01.06.1948 bis 15.12.1951 Pfarrer Petrus-Gemeinde Dessau (15.10. bis 15.12.1949 zusätzlich Verwaltung St.-Georg-Gemeinde Dessau), 27.11.1951 Entbindung vom Amt des Landesjugendpfarrers, 16.12.1951 bis 30.09.1956

Pfarrer St. Vitus Güsten. Wegen einer schweren Herzerkrankung und des dringenden Rates seines Arztes entschließt sich Sch. nach Absprache mit der Landeskirche, in die Bundesrepublik überzusiedeln, um in der Landeskirche Badens eine neue Stelle anzutreten. 01.10.1956 bis 21.04.1957 Pfarrer der Pfarrei Neureut-Nord (Kirchenbezirk Karlsruhe-Land).
Quellen: AELKA, B 6 Ev. LKR 1945–1970, Generalia, S 27 12 II (Personalakte Martin Schmidt); ebd., B 5 Ev. LKR 1919–1945 (Fragment), K 28 138 III; ebd., B 17 (Nachlass Martin Müller), Dokumentation des Kirchenkampfes […], Nr. 211; ebd., Mappe 3, Nr. 224; Meier, Bd. 1, S. 334; ebd., Bd. 3, S. 372, 667; LASA, P 521, Nr. 191; Graf, S. 34, 417. Für das Foto von Martin Schmidt dankt der Autor den Pfarrern Martin Günther, Dessau, u. Arne Tesdorff, Güsten.

Albrecht Schneider, geb. 30.01.1881 in Berlin, verst. 30.09.1969 in West-Berlin

Vater: Ober-Telegraphen-Assistent, März 1900 Abitur Oberrealschule Berlin, 1900 bis Mai 1906 Studium der Chemie Technische Hochschule Berlin-Charlottenburg, Abschluss Dipl.-Ing. für Chemie (1 Jahr Studienunterbrechung, da Hauslehrer in einer jüdischen Kaufmannsfamilie in Irkutsk/Sibirien), Herbst 1906 bis Okt. 1911 Assistent Institut für Zuckerindustrie Berlin, 06.10.1911 Heirat mit Mathilde Horn (geb. 27.01.1886) aus Stuttgart, 2 Kinder (Sohn geb. 1914, Tochter geb. 1929), Herbst 1911 bis Juli 1913 Betriebsassistent Zucker-Raffinerie Groß-Mochbern bei Breslau, Juli 1913 Umzug nach Dessau, Juli 1913 bis 1927 erst Chemiker, dann Vorsteher Konstruktionsbüro Junkers & Co. Dessau (ab 1918 Oberingenieur), 1927–1932 2. Direktor Junkers & Co. Dessau, Ende Juni 1933 Entlassung (nach der im Nov. 1932 erfolgten Übernahme des Betriebes durch Robert Bosch AG Stuttgart nicht übernommen), bis April 1936 erwerbslos, ehrenamtliche Arbeit für Ev. Landeskirche Anhalt, ab 1934 Mitglied Lan-

Albrecht Schneider

desbruderrat Anhalt der BK sowie Ortsbruderrat Dessau der BK, ab 30.04.1934 Vors. Laienbruderrat Dessau der BK, Mai u. Okt. 1934 Teilnahme als Laiensynodaler 1. u. 2. Reichsbekenntnissynode Barmen, Jan. 1935 stellv. Vors. Landesbruderrat Anhalt der BK, Mitglied erweiterter Provinzialbruderrat der BK Kirchenprovinz Sachsen, Mai 1935 Teilnahme als Laiensynodaler 3. Reichsbekenntnissynode Augsburg, April 1936 bis April 1940 Technischer Angestellter Junkers-Motorenwerk Dessau, Jan. 1941 bis Mai 1945 Vorsteher des Personalbüros des Otto-Mader-Werkes Junkers-Werke Dessau, weiterhin ehrenamtliche BK-Tätigkeit, Herausgabe von Lutherschriften für BK-Anhänger, 07.03.1945 Zerstörung Wohnung Zerbster Str. 56 durch Bombenangriff, Bezug einer „Notwohnung" in Roßlau, Sommer 1945 Entlassung aus Junkers-Werken Dessau, Herbst 1945 bis Dez. 1947 verschied. Ehrenämter in der bzw. für die Ev. Landeskirche Anhalt (u.a. Mitglied im Ausschuss zur Überprüfung ehem. DC-Pfarrer), ab Juli 1945 CDU in Roßlau (Vorstandsmitglied), 14.12.1947 bis 10.05.1948 Pfarrverwalter für die Gemeinden Werben, Lindtorff u. Beelitz (Kirchenprovinz Sachsen), 11.05.1948 bis 31.10.1950 Pfarrverwalter für die Gemeinden Könnigde, Holzhausen, Garlipp u. Beesewege sowie Aushilfe in den Gemeinden Bismark, Arensberg, Wüste, Bodingen, Querstedt, Paritz (Kirchenprovinz Sachsen), 19.10.1950 Verhaftung in Stendal wegen seines Engagements für die CDU bei den Wahlen zur Nationalen Front am 15.10.1950 (24 Stunden Haft einschl. Vernehmung), 01.11.1950 bis 30.09.1959 Pfarrverwalter bzw. Pfarrvikar in Dessau-Kochstedt (mit sämtlichen Pflichten und Aufgaben eines Pfarrers), 07.08.1952 Tod der Ehefrau, 18.10.1953 Heirat mit der verwitweten Maria Welz (1911–1987), ab 01.10.1959 Ruhestand, Aug. 1960 Umzug nach West-Berlin (Ortsteil Lübars), 1991 Umbenennung der Mitschurinstraße in Kochstedt in Albrecht-Schneider-Straße.

Quellen: AELKA, B 6 Ev. LKR 1945–1970, Generalia, S 27 34 I (Personalakte Albrecht Schneider); Peter Rauch: Albrecht Schneider – Mehrere Leben zugleich gelebt, in: Die Evangelische Landeskirche Anhalts, S. 147–151; Graf, S. 34, 419; Meier, Bd. 1, S. 334; ebd., Bd. 2, S. 237, 431; ebd., Bd. 3, S. 667.

Arno Schröter, geb. 17.12.1884 in Halle (Saale), verst. 05.04.1962 in Zörbig

Acht Jahre Bürgerschule Halle/S., abgeschlossene Dreher-Lehre Halle/S., anschl. Tätigkeit in vielen Betrieben (u.a. in Halle/S., Farbenfabrik Wolfen, Polte Magdeburg), ab 1904 DMV, wohnhaft in Jeßnitz, 1912–1918 SPD, 1918–1920 USPD, ab 1920 KPD (alles in Jeßnitz), 1925–1933 Politischer Leiter RHD-Ortsgruppe Jeßnitz, vor 1933 auch KG RS, ab 19?? Dreher Farbenfabrik Wolfen, 1933–1945 wohnhaft Jeßnitz, Gartenstr. 31, 1933 u. 1934 keine Inhaftierungen, 27.03.1935 Festnahme in Jeßnitz, 28.03. bis 31.03.1935 Schutzhaft GG Dessau, 01.04. bis 01.05.1935 Schutzhaft KZ Lichtenburg wegen „Verdachts staatsfeindlicher Umtriebe", Sept. 1942 Festnahme durch Mitarbeiter Gestapo-Außendienststelle Bitterfeld, Okt. 1944 bis April 1945 Volkssturm, ab 1945 KPD bzw. ab 1946 SED, 1947/1949 Dreher Farbenfabrik Wolfen, 1949/50 VdN-Aberkennung wegen zu kurzer Haftzeit, 1952 wohnhaft Jeßnitz, Gartenstr. 29.

Arno Schröter

Quellen: LASA, P 521, V/8/110; ebd., Z 141, Nr. 669, Bl. 73, 81; ebd., K 6-1, Nr. 4898, Bl. 1–17; ebd., K 6, Nr. 8086, Bl. 156; SAPMO-BArch, DY 55/V 278/4/73 (Schröter, Arno); StAmt Halle/S. (E-Mail 04.12.2006); StAmt Zörbig (Schreiben 16.01.2007).

Franz Schröter, geb. 09.10.1905 in Magdeburg, verst. 06.02.1998 in Wolfen

Vater: Dreher, 1912–1920 Volksschule Jeßnitz, ab 1915 ATB bzw. ATSB, 1920–1923 abgeschlossene Elektriker/Elektroinstallateur-Lehre, ab 1920 DMV u. KJVD, später KPD, 1924–1933 Tätigkeit u. Fortbildung bei zahlreichen Firmen, ab 1933 Elektriker Filmfabrik Wolfen, vor 1933 auch KG RS („Funktionär"), Verband für Hand- u. Kopfarbeiter, 29.03.1933 Festnahme in Jeßnitz („einige

Tage" Haft) u. Entlassung aus Filmfabrik Wolfen, anschl. erwerbslos, 24.06. bis 05.07.1933 wahrscheinlich Schutzhaft Strafanstalt Coswig (Anhalt), Dez. 1933 Wiedereinstellung als Elektriker Filmfabrik Wolfen, 27.03.1935 Festnahme in Jeßnitz, 28.03. bis 31.03.1935 Schutzhaft GG Dessau, 01.04. bis 01.05.1935 Schutzhaft KZ Lichtenburg, ab 1945 KPD bzw. ab 1946 SED, ab 1945 Mitglied Betriebsrat Filmfabrik Wolfen, Nov. 1947 OdF-Anerkennung, bis Febr. 1949 wohnhaft Jeßnitz, Gartenstr. 31, dann Jörichauerstr. 20, 24.03.1949 Tod der Ehefrau Hedwig Schröter, 1950 VdN-Aberkennung wegen zu kurzer Haftzeit, auch kein Nachweis aktiver illegaler KPD-Tätigkeit.

Franz Schröter

Quellen: LASA, P 521, V/8/110; ebd., Z 141, Nr. 669, Bl. 73, 81; ebd., Nr. 672, Bl. 121RS, 149RS; ebd., K 6-1, Nr. 4897, Bl. 1–15; ebd., K 6, Nr. 8086, Bl. 157; StAmt Magdeburg (Schreiben 05.01.2007); StAmt Wolfen (Fax 29.01.2007).

Lic. Dr. theol. Fritz Schröter, geb. 28.09.1904 in Güsten, verst. 16.05.1973 in West-Berlin
Vater: Lokomotivführer, bis 1914 Mittelschule Güsten, 1914–1923 Herzogliches Karls-Gymnasium Bernburg einschl. Abitur, anschl. Studium der Theologie Universitäten Marburg u. Halle/S. sowie Theologische Schule Bethel, 09.12.1927 1. theol. Prüfung Universität Halle/S., Jan. bis Sept. 1928 Vikar in Zerbst, Okt. 1928 bis Okt. 1929 Predigerseminar-Ausbildung am Domkandidatenstift Berlin, Nov. 1929 bis Jan. 1930 Vikar in Dessau, 02.04.1930 2. theol. Prüfung in Dessau, 18.05.1930 Priesterweihe (Ordination) in Köthen, Febr. 1930 bis 31.03.1931 Hilfsprediger in Köthen, 09.04.1931 Heirat mit Elisabeth Martin (geb. 07.06.1903, Tochter des Pfarrers Ludwig Martin aus Binsförth in Hessen), 4 Kinder (geb. 1932, 1934, 1937, 1939), 01.04.1931 bis 31.10.1950 Pastor in Wörbzig, 1932 Lic.

Fritz Schröter, 1954

theol. u. Dr. theol., 1935 Vors. Orts-, später Kreisbruderrat Köthen der BK, 1937–1939 Mitglied Landesbruderrat Anhalt der BK, Verfechter „Dahlemer Notrecht", 16.02.1938 bis 31.08.1945 Versetzung in den einstweiligen Ruhestand (vorläufig beurlaubt bzw. suspendiert) durch ein Verfahren des LKR (Grund: beleidigender Brief an den LKR), 11.03.1938 (offiziell datiert auf 15.03.1938) Erlass Rede- u. Auftrittsverbot für Anhalt durch Stapo Dessau (Sch. hatte eine Versammlung von Vertretern der BK nicht angemeldet), Einleitung Strafverfahren beim SG Halle wegen Verstoßes gegen das Heimtückegesetz, 1938/39 Leiter Predigerseminar der BK Ostpreußen in Darkehmen-Angerapp (da Ausweisung aus Anhalt), 1939/40 Theologischer Beauftragter des Bruderrates der BK Kirchenprovinz Sachsen, 05.03.1939 Austritt Landesbruderrat Anhalt der BK, 1939 Ermittlungen gegen Sch. wegen Vergehens nach §§ 1, 4 Verordnung zum Schutze von Volk und Staat in Verbindung mit dem Runderlass des Reichsführers-SS […] vom 29.08.1937, 13.01.1940 Einstellung Ermittlungen durch SG Halle in Folge „Gnadenerlaß des Führers und Reichskanzlers für die Zivilbevölkerung vom 9. September 1939", da eine „höhere Strafe als drei Monate Gefängnis" nicht zu erwarten ist, 05.02.1940 Einleitung Disziplinarverfahren mit dem Ziel Entfernung aus dem Dienst, ab 01.03.1940 Kürzung der Bezüge um 50%, 12.06.1940 Einberufung zur Wehrmacht (später Einsatz in der Sowjetunion), bis 20.08.1945 Gefangenschaft, 01.09.1945 Wiederaufnahme des Dienstes in Wörbitz, 01.11.1950 bis 31.12.1954 2. Prediger der vereinigten reformierten Gemeinde Magdeburg, 01.01.1955 bis 1971 Prediger der reformierten Domgemeinde Halle/S., zugleich Senior der reformierten Gemeinden Kirchenprovinz Sachsen, 1956–1971 Lehrbeauftragter für reformierte Theologie Universität Halle/S.,

zumindest 1968 u. 1969 Beobachtung durch das MfS („negative Einstellung zur DDR, vor Jahren waren in seinen Predigten ständig Ausfälle gegen Partei und Regierung enthalten, in seiner Tätigkeit als Pfarrer in der Domgemeinde übt er einen negativen Einfluß auf die dortige Junge Gemeinde aus"), ab 1971 Ruhestand.
Quellen: AELKA, B 6 Ev. LKR 1945–1970, Generalia, S 27 21 II (Personalakte Dr. Fritz Schröter); ebd., B 5 Ev. LKR 1919–1945 (Fragment), L 11 Nr. 50 Bd. I; ebd., B 17 (Nachlass Martin Müller), Dokumentation des Kirchenkampfes [...], Nr. 235; ebd., Mappe 9, Nr. 1439; StA Sandersleben, 19 Nr. 219, Bl. 37; BArch, R 5101/23788, Bl. 5, 156RS; Günther Windschild: Der Pfarrer von St. Jakob. Porträt eine Aufrechten, Dessau 1996, S. 38; Graf, S. 423; Meier, Bd. 2, S. 237, 239, 247; ebd., Bd. 3, S. 372f., 639, 667, BStU, MfS, BV Halle, Abt. XX, ZMA Nr. 5051, Bl. 2–7, 11.

D. theol. Waldemar Schröter, geb. 03.11.1901 in Natho, verst. 22.07.1986 in Wolfenbüttel

Vater: Pfarrer Alfred Schröter (1866–1955), 1920 Abitur Ludwigs-Gymnasium Köthen, 1920–1924 Studium der Theologie Universitäten Marburg, Berlin, Halle/S., 20.02.1925 1. theol. Prüfung Universität Halle/S., 01.04. bis 30.09.1925 Vikariat in Sandersleben, 01.10.1925 bis 31.03.1926 Predigerseminar Dessau, 01.04. bis 30.09.1926 Konvikt in Bethel, 01.10.1926 bis 31.03.1927 Predigerseminar-Ausbildung Domkandidatenstift Berlin, 16.09.1927 2. theol. Prüfung in Dessau, 16.10.1927 Priesterweihe (Ordination) in Rathmannsdorf, 16.10.1927 bis 31.12.1932 Pastor in Rathmannsdorf u. Hohenerxleben, 02.06.1928 Heirat mit Irene von Harten (geb. 28.08.1899, Tochter eines Juristen aus Warschau), 4 Kinder (geb. 1929, 1930, 1933, 1935), 01.01.1933 bis 31.01.1935 2. Pfarrer St.-Martin-Gemeinde Köthen (gleichzeitig Betreuung der Gemeinde Baasdorf mit Arensdorf), ab Dez. 1933 Pfarrernotbund bzw. ab 1934 BK, ab Frühjahr 1935 Mitglied Landesbruderrat Anhalt der BK, kein Verfechter „Dahlemer Notrecht", 01.04.1935 bis 31.08.1949 Pastor St.-Ägidien-Gemeinde Bernburg (zugleich Gefängnis- u. Krankenhausseelsorger), 22.05.1935 Verhängung Redeverbot durch Gestapo Dessau für das Land Anhalt (sowie am 13.06.1935 zusätzlich für Hessen) („Auf Grund des §1 der Verordnung des Reichspräsiden-

Waldemar Schröter

ten zum Schutz von Volk und Staat vom 28.2.1933 [...] wird Ihnen hiermit bis auf weiteres jede Betätigung als Redner in öffentlichen und geschlossenen Versammlungen jeglicher Art untersagt"). Die „seelsorgerische Tätigkeit" (Durchführung Gottesdienste, kirchliche Amtshandlungen) war von dem Verbot nicht betroffen. Grund: Sch. hatte der Polizei Köthen eine Versammlung der BK im Gemeindehaus Köthen, Wallstr. 29, am 03.05.1935 nicht bekannt gegeben, obwohl er wusste, dass er jede Versammlung mindestens 48 Stunden vorher anzeigen musste. 09.09.1935 Aufhebung des Redeverbots, ab Aug. 1935 Landesjugendpfarrer der BK bzw. ab Nov. 1935 Leiter der ev. Jugendarbeit BK Anhalt, 25.03.1938 Einleitung EV beim SG Halle wegen Verstoßes gegen §2 Heimtückegesetz: Sch. hatte sich im Mai 1937 gegenüber einem Theologiestudenten (DC-Anhänger u. SA-Mitglied), der sich für die Nichtteilnahme an einem Kindergottesdienst entschuldigte, „in gehässiger Weise [...] über die Wehrmacht und über die SA geäußert". Sch. hatte die Entschuldigung mit den Worten quittiert: „Der Kindergottesdienst kann ja sowieso nicht stattfinden, da kommt mir ja das blöde Militär dazwischen!" Auf den Einwurf des Studenten „Aber Herr Pastor!" entgegnete Sch. „Seien Sie doch froh, daß ich nicht gesagt habe, die blöde SA!" Sch. räumte die Aussprüche ein. Er hätte „aber weder das Militär noch die SA [...] beleidigen wollen", sondern die Äußerung „im Scherz" gebraucht. Der OStA beim SG Halle u. der GStA beim OLG Naumburg waren der Auffassung, dass die Äußerungen Sch.s nicht „böswillig" gewesen seien, sondern „es sich lediglich um eine burschikose Ausdrucksweise gehandelt" habe. Zwar sei Sch. BK-Anhänger und vertrete „radikal die Belange der BK", aber in „politischer Hinsicht" sei

„Nachteiliges [...] nicht bekannt [...]. Mit Rücksicht darauf, daß es sich um eine einmalige Entgleisung eines sonst unbestraften Mannes handelt", hielten OStA und GStA eine Strafverfolgung für unnötig. Es „dürfte eine ernstliche Verwarnung ausreichen, um einer Wiederholung vorzubeugen". Dem schloss sich das Reichsjustizministerium am 11.04.1938 an und bat – bei gleichzeitiger Verwarnung – um Einstellung des Verfahrens. 21.11.1938 Amtsenthebung (Suspendierung vom Dienst) wegen BK-Tätigkeit, 1939 Einberufung zur Wehrmacht, „bald" wieder reklamiert und mit der Verwaltung Gemeinde Harzgerode beauftragt, Juli 1945 Mitbegründer CDU-Ortsgruppe Bernburg, 01.10.1948 bis 30.06.1949 Kreisoberpfarrer Kirchenkreis Bernburg, ab 01.11.1948 kommissarisches, ab 15.03.1949 ordentliches Mitglied LKR Landeskirche Anhalt, 01.07.1949 bis 21.10.1960 2. Pfarrer St.-Petrus-Gemeinde Dessau, 15.03.1949 bis 21.10.1960 Oberkirchenrat Landeskirche Anhalt, 01.01.1950 bis 21.10.1960 zugleich Vors. LKR Landeskirche Anhalt (seit 1957 trägt der Vors. des LKR offiziell den Titel Kirchenpräsident der Ev. Landeskirche Anhalt), zwischen 1927 u. 1960 auch Kreisvertreter für Äußere Mission, Beauftragter der Ev. Frauenhilfe Anhalts, Vertreter für Volksmission, Abgeordneter im Landeskirchentag, Bevollmächtigter des Ev. Hilfswerks Anhalts. Seit 21.10.1960 übte Sch. das Pfarramt nicht mehr aus. Am 02.11.1960 bat der Gemeindekirchenrat der St.-Petrus-Gemeinde Sch. „aus seelsorgerlichen Erwägungen, einen Neuanfang in einer anderen Gemeinde auf sich zu nehmen". Zudem legte Sch. am 21.10.1960 auch das Amt des Kirchenpräsidenten u. Vors. des LKR nieder. Die genauen Gründe dafür sind der Personalakte nicht zu entnehmen. In einem Schreiben der Anhaltischen Mitglieder des Bundes Ev. Pfarrer in der DDR an den Ev. LKR Dessau vom 04.11.1960 ist lediglich von „unerfreulichen Vorgängen [...] im Lebenswandel" die Rede. 28.12.1960 Beschluss des LKR zur Freigabe Sch.s für den Dienst in der Ev. Kirche Berlin-Brandenburg, 01.03.1961 bis 30.09.1967 Pfarrer in Plötzin, anschl. Ruhestand, wohnhaft in Lehnin, Okt. 1972 Übersiedlung nach Wolfenbüttel zu seiner Schwester.

Quellen: AELKA, B 6 Ev. LKR 1945–1970, Generalia, S 27 22 II (Personalakte D. Waldemar Schröter); ebd., B 17 (Nachlass Martin Müller), Dokumentation des Kirchenkampfes [...], Nr. 86, Nr. 87, Nr. 212; ebd., Mappe 4, Nr. 348; ebd., Mappe 5, Nr. 476; StA Sandersleben, 25 Nr. 038, Bl. 7, 29; Graf, S. 423; Meier, Bd. 2, S. 237, 247, 431; ebd., Bd. 3, S. 372, 667; BArch, ZA DH, ZC 2840, Bl. 1–4; ebd., ZA I 8583 A.24, Bl. 3, 9; StAmt Zerbst (Telef. Auskunft 09.02.2007); StAmt Roßlau (Elbe) (E-Mail 22.02.2007); StAmt Wolfenbüttel (Schreiben 26.02.2007).

Wilhelm Schüler, geb. 21.10.1890 in Jonitz, verst. 15.10.1966 in Wolfen

Wilhelm Schüler

Aus Jeßnitz, Vater SPD-Mitglied, Beruf: Maurer, vor 1914 SPD, 1914–1918 Teilnahme Erster Weltkrieg, verheiratet, 2 Kinder, ab 1919/20 KPD, 27.03.1935 Festnahme in Jeßnitz, 28.03. bis 31.03.1935 Schutzhaft GG Dessau, 01.04. bis 23.04.1935 Schutzhaft KZ Lichtenburg, Nov. 1944 bis April 1945 Volkssturm Jeßnitz, April 1945 Tod der Ehefrau durch „Beschuß", ab 1945 KPD bzw. ab 1946 SED, 1947 wohnhaft Jeßnitz, Dessauer Str. 24, Aug. 1947 Anerkennung als OdF, zumindest 1949 Maurer Baugeschäft Koß Dessau, Juli 1950 VdN-Aberkennung wegen zu kurzer Haftzeit, Nichtverfolgung nach der Haft u. inaktiver Parteiarbeit während und nach der NS-Zeit.

Quellen: LASA, Z 141, Nr. 669, Bl. 73, 81; ebd., K 6-1, Nr. 4849, Bl. 1–16; ebd., K 6, Nr. 8086, Bl. 156; StAmt Wolfen (E-Mail 27.03.2007).

Hellmut von Schweinitz, geb. 12.09.1901 in Elberfeld, verst. 23.11.1960 in Luxemburg (Stadt)

Vater: Chefmathematiker Allianz-Versicherung, Studium der Literatur u. Literaturgeschichte in München, ab 1920 Schriftsteller, auch beim „Völkischen Beobachter" in München tätig, 1922–1925 NSDAP bzw. ab 16.02.1927 (Nr. 56.538, Aufnahme in Zweibrücken), 1923 Teilnehmer am Hitler-Putsch in München, 1925 Heirat mit Luise Reißinger (geb. 1889), Tochter Hildur geb. 1926, Sohn Hauke geb. 1930, seit 1932 Chefredakteur der Tageszeitung „Der Reichsbote" Berlin, bis 1933 Veröffentlichung zahlreicher Gedicht- u. Romanbände sowie Artikel in Zeitungen u. Zeitschriften, Mitglied Reichsschrifttumskammer u. Reichspressekammer, Schriftleiter, Mitglied Reichsverband der deutschen Presse, ab 1933 Berufs-, Schreib- u. Redeverbot, mehrfach von der Gestapo verhört, bis März 1934 wohnhaft Berlin, Geschäftsführer bzw. Generalsekretär des Evangelischen Bundes, März 1934 bis 1939 wohnhaft Halle/S., 1935 bis 1939 Studium der Theologie Universität Halle/S., 1939 bis 1940 Hilfsprediger in Markwerben, 25.02. oder 25.03.1940 Priesterweihe (Ordination) in Magdeburg, 1941 bis 1947 Pfarrer in Heddesdorf, 1942 Einberufung zur Wehrmacht, 1947–1958 Pfarrer in Meisenheim (1949 Begründer und Leiter der jährlich stattfindenden „Meisenheimer Dichterwoche"), im Jahr 2011 wurde der Platz vor dem Meisenheimer Gemeindehaus in Hellmut-von-Schweinitz-Platz umbenannt.

Quellen: BArch, R 9361-V/36531; ebd., R 9361-II/922954; StAmt Wuppertal (Schreiben 21.02.2007 einschl. Kopie Personenstandsbuch); StAmt Stadt Luxemburg (E-Mail 28.02.2007); Pfarrerbuch der Kirchenprovinz Sachsen. Bd. 8, hg. v. Verein für Pfarrerinnen und Pfarrer in der Ev. Kirche der Kirchenprovinz Sachsen e.V. [...], Leipzig 2008, S. 173; https://de.wikipedia.org/wiki/Hellmut_von_Schweinitz (Stand: 27.01.2020).

Hermann Schwerdtfeger, geb. 30.07.1896 in Cosa, verst. 14.02.1946 in Mühlberg/Elbe
Wohnhaft Hinsdorf (Kreis Dessau), Beruf: Landwirt, zumindest 1918–1920 DNVP (kandidiert zweimal für den Landtag Anhalts), 1924 Kandidatur für den Landtag Anhalts (Landbund), 1926 Mitglied Gemeindevorstand Hinsdorf, ab 01.06.1930 NSDAP (Nr. 248.431), 1932 NSDAP-Abgeordneter Kreistag Dessau-Köthen, 1932–1933 MdL Anhalt (NSDAP), 01.07.1932 bis Juni 1939 Amtsvorsteher Amtsbezirk Meilendorf (Ortsschulze), ab Okt. 1933 Landesobmann Landesbauernschaft Anhalt (auch Landesbauernstand bzw.

Hermann Schwerdtfeger

Landstand Anhalt genannt), d.h. Landesbauernführer, später auch Kreisobmann der Landesbauernschaft Magdeburg-Anhalt, NSDAP-Kreisamtsleiter, im Juni 1939 Kreisdeputierter Kreisausschuss Dessau-Köthen, 01.09.1939 bis 26.01.1943 Wehrmacht (1. Kompanie Reserve-Flakscheinwerfer-Abteilung 438, zuletzt Oberleutnant), 1945 Inhaftierung durch SMA in Dessau (Grund: aus dem Russischen übersetzt „Bezirks-Bodenbewirtschafter" bzw. „Bezirks-Landwirt"), später Überstellung in den „Roten Ochsen" Halle/S., 18.10.1945 Transport in das NKWD-Speziallager Nr. 1 Mühlberg/Elbe, dort verstorben.

Quellen: LASA, Z 141, Nr. 24, Bl. 11; BArch, R 9361-IX KARTEI V0025; ABlfA 1932, S. 261; ABlfA 1939, S. 167; WASt (Schreiben 24.04.2007); Ziegler, Land- und Reichstagsabgeordneten, S. 36; GARF, 9409/1/345, Bl. 52; Initiativgruppe Lager Mühlberg e.V. (Hg.): Totenbuch – Speziallager Nr. 1 des sowjetischen NKWD, Mühlberg/Elbe, Mühlberg/E. 2008, S. 177. Der Autor dankt Dr. Daniel Bohse, Leiter Gedenkstätte Moritzplatz Magdeburg, für die GARF-Informationen.

Walter Sczyrba, geb. 23.04.1905 in Stettin, verst. ? in ?
Aus Oranienbaum, unehelich geboren (Vater unbekannt, Mutter bei Geburt 22 Jahre alt, arbeitet bei einem Fleischer), wächst die ersten 3 Jahre bei der Großmutter auf, nach deren Tod 1908–1912 Waisenhaus Oberglogau, 1911–1919 Volksschule Oppeln, 1919–1922 abgeschlossene Bäcker-Lehre, wegen Wirtschaftslage keine Anstellung als Bäcker, 1922–1928 Tätigkeit in der Landwirtschaft Landkreis Neisse, Sept. 1928 Umzug nach Zschornewitz, Arbeiter beim Erweiterungsbau des Kraftwerks, Jan. 1929 bis März 1930 Arbeiter Grube Golpa, März 1930 bis Juni 1934 erwerbslos, 1931–1933 KgdF, vor 1933 parteilos, Juni bis Aug. 1934 Bauarbeiter Bunkerbau Kapen, 07.07.1934 Heirat mit ? R. (geb. 05.10.1916 Dessau), 2 Kinder, Aug. bis Okt. 1934 Tiefbauarbeiter beim Bau Kohlen-

bahn Strecke Zschornewitz–Bergwitz, Okt. 1934 bis Jan. 1935 Tiefbauarbeiter Straßenbau Kapen, 13.02.1935 Festnahme in Oranienbaum (mit 12 weiteren Personen), zuvor keine illegale Tätigkeit für KPD oder SPD, 13.02. bis 25.03.1935 Schutzhaft GG Dessau, 25.03. bis 25.07.1935 Schutzhaft KZ Lichtenburg (als Bäcker tätig), 30.07. bis Ende Okt. 1935 Tiefbauarbeiter Straßenbau Dessau, Nov./Dez. 1935 Betonarbeiter beim Bau des Pferdestalls der Friedrich-Kaserne Dessau, März bis Juni 1936 Arbeiter Kasernenbau in Kochstedt, Juni 1936 bis Aug. 1937 Arbeiter Theaterneubau Dessau, Aug. 1937 bis Nov. 1941 Arbeiter Bau Kraftwerk Vockerode, 16.11.1941 Einberufung zur Marine nach Wilhelmshaven (Kraftfahrer, höchster Rang: Obergefreiter), 1945 bis Nov. 1947 Gefangenschaft, Rückkehr nach Oranienbaum, Nov. 1947 bis Juli 1956 Kipper u. Förderbandwärter Kraftwerk Zschornewitz, ab Juli 1956 Transportarbeiter Zentralwerkstatt Gräfenhainichen. Erst im Nov. 1967 stellte S. einen Antrag auf VdN-Anerkennung, der einen Monat später von der Kommission für VdN-Angelegenheiten beim Rat des Kreises Dessau u. der Bezirkskommission Halle abgelehnt wurde. Gründe: Haftzeit zu kurz u. „gesellschaftspolitische Tätigkeit gleich Null", um 1976 Übersiedlung in die Bundesrepublik.

Quellen: LASA, Z 141, Nr. 669, Bl. 74, 82f., 107; ebd., K 6-1, Nr. 8662, Bl. 7; ebd., Nr. 7531.

Johanna Senger (geborene Schönfeld), geb. 22.06.1894 in Kesselbach (Ortsteil der Gemeinde Rabenau, Landkreis Gießen), **verst. ? in ?**[730]

Jüdin, ohne erlernten Beruf, S. hatte laut Zeitungsmeldung am 27.07.1935 eine 69-jährige „arische" Frau im Streit, der wegen ihres auf der Straße und im Hof Fußball spielenden 10-jährigen Sohnes ausgebrochen war, als „alte Hexe" bezeichnet und sie im Gesicht gekratzt. Daraufhin wurde sie in Schutzhaft genommen. Ende Juli/

---

[730] Dem Geburtsnachweis ist kein Hinweis zum Tod beigeschrieben. StAmt Rabenau (E-Mail 08.01.2007).

Anfang Aug. 1935 sieben Tage Schutzhaft GG Bernburg, zumindest 1932 bis ca. 1935 wohnhaft Bernburg, Wasserturmstr. 74, ab ca. 1935 Lange Str. 37, zuletzt (zumindest ab Jan. 1941) Friederikenplatz 1 („Judenhaus"), 13.04.1942 Deportation in das Warschauer Ghetto (mit Ehemann Felix, geb. 23.07.1882 in Ueckermünde, Kaufmann, und Sohn Friedrich, geb. 14.07.1925 in Bernburg), seitdem vermisst, vermutlich im Vernichtungslager Treblinka ermordet.

Quellen: LASA, P 521, V/8/228, Bl. 157; StA Bernburg, Fi. 06, Nr. 124, Bl. 39; Ebersbach, S. 217; Ulbrich, Nationalsozialismus, S. 155; Jüdin in Schutzhaft, in Anhalter Kurier. Bernburger Tageblatt und General-Anzeiger für Anhalt, 29.07.1935; Adressbücher der Stadt Bernburg 1932/33 bis 1938/39; StAmt VGem Bernburg (Schreiben 15.01.2008). Der Autor dankt Dr. Bernd G. Ulbrich u. Joachim Grossert für die Hilfe.

Lorenz Seufert, geb. 23.12.1905 in Obervolkach (Bayern), verst. 30.06.1984 in Dessau

Vater: Kleinbauer, 1913–1921 Volksschule, 1921–1924 abgeschlossene Schlosser-Lehre in Schweinfurt (Bau- u. Maschinenschlosser), 1924–1927 Wanderschaft durch Deutschland, 1925–1930 DMV (Ausschluss wegen RGO-Mitgliedschaft), 1927/28 Schlosser Junkers-Werke Dessau, ab 1928 KPD in Dessau, 01.06.1929 Heirat mit Else Merkel (geb. 15.05.1904 Dessau), 5 Kinder (geb. zwischen 1929 u. 1944), vor 1933 auch RHD, RFB, 1930 Schlosser BAMAG-Werk II Dessau, 1932 Entlassung aus BAMAG-Werk III, 1933 wohnhaft Dessau-Ziebigk, Waldweg 39c, ab März 1933 illegale KPD-Tätigkeit (u. a. Flugblattherstellung u. -verteilung für 1. Mai in Dessau-Kleinkühnau), 08.05.1933 Festnahme wegen „staatsfeindlicher Umtriebe", anschl. U-Haft/Schutzhaft (?) GG Dessau, 07./12.(?)08.1933 Festnahme (Verrat Friedrich Schiedewitz), anschl. Schutzhaft erst Polizeirevier III Dessau, dann bis 18.09.1933 GG Dessau, 18.09. bis 09.10.1933 Schutz- und/oder

Lorenz Seufert

U-Haft (?) KZ Roßlau, 27.10.1933 Verurteilung durch SchöG Dessau wegen Vergehens gegen §4 „Reichstagsbrandverordnung" in Verbindung mit §§2 u. 7 der Anhaltischen Durchführungsverordnung vom 03.03.1933 (Herstellung u. Verbreitung kommunistischer Flugblätter) zu 5 Monaten Gefängnis, S. soll sich zum Strafantritt spätestens am 27.11.1933 in der Strafanstalt Coswig (Anhalt) melden. S. stellt am 25.11. ein Straferlassgesuch, welches von Loeper am 08.01.1934 abgelehnt wird. 16.01. bis 16.06.1934 Strafverbüßung Strafanstalt Coswig (Anhalt), 02.11.1934 Festnahme (keine Haft), 26.02.1935 Festnahme wegen Verbreitung der illegalen „Tribüne", anschl. bis 25.03.1935 Schutzhaft GG Dessau, 25.03. bis 06.07.1935 Schutzhaft KZ Lichtenburg, 1935–1941 Lokführer u. Reparaturschlosser v.a. Junkers-Werke Dessau, 07.09.1938 Verurteilung durch SchöG Dessau wegen Widerstands (§113 RStGB) zu 2 Monaten Gefängnis (Strafe erledigt), 1941–1943 Autoschlosser Dessauer Straßenbahngesellschaft, 27.11.1943 Einberufung zur Wehrmacht (Baubataillon 801 Halberstadt, Bausoldat in Belgien u. Holland), ab 10.05.1945 Gefangenschaft in Holland, bis 04.09.1945 Gefangenschaft in Ostfriesland u. Bayern, ab Sept. 1945 KPD, 1945–1948 Autoschlosser Dessauer Straßenbahn (Vors. Betriebsrat), 22.06.1948 fristlose Entlassung mit sofortiger Wirkung, Sept. 1948 bis Juni 1949 Polizeiwachtmeister in Dessau, Juni 1949 bis April 1952 Lokführer ELMO Dessau (Sekretär BPO ELMO Werk II), April 1952 bis 31.10.1952 Instrukteur SED-Kreisleitung Dessau, 1956–1962 Instrukteur SED-Kreisleitung Gräfenhainichen, 1945/46 wohnhaft Dessau, Taubenstr. 30, 1949/51 Dessau-Waldersee, Dessauer Str. 14a, 1965 Dessauer Str. 95, ab 1978 Neuendorfer Straße, 1958 „Medaille für Kämpfer gegen den Faschismus 1933–1945", ab 1965 Ehrenpension gemäß §3 der Verordnung über die Gewährung der Ehrenpension vom 08.04.1965.

Quellen: LASA, P 521, Nr. 98; ebd., Z 257, Nr. 76, Bl. 1–225; ebd., Z 259, Nr. 2359, Bl. 6–9; ebd., K 6, Nr. 11169, Bl. 18; ebd., Nr. 9969, Bl. 149; ebd., K 6-1, Nr. 9065, Bl. 1–70; ebd., Nr. 8662, Bl. 7; Engelmann, S. 41f.; StA Dessau-Roßlau, SED-KL-1 (Lorenz Seufert), 43 Kämpfer gegen den Faschismus geehrt, in: Freiheit, 08.09.1958; StAmt Dessau-Roßlau (Schreiben 30.09.2008).

Paul Stahl, geb. 13.01.1884 in Reideburg, verst. 03.04.1954 in Köthen
Acht Jahre Volksschule Reideburg (jetzt Halle/S.), anschl. abgeschlossene Former-Lehre, DMV, SPD, 1907 Heirat mit Martha Kuhne (1888–1961), 3 Kinder (geb. 1908, 1913, 1920), 1913/14 Auslandsaufenthalt in Riga, 1914–1918 Soldat Erster Weltkrieg, nach 1918 wohnhaft Köthen, Betriebsrat u. „zweiter Bevollmächtigter beim DMV" Köthen, 1922 Verurteilung durch AG Köthen wegen Wilddieberei zu 10 Tagen Gefängnis, 12.05. bis 14.06.1933 Schutzhaft GG Köthen,

Paul Stahl

14.06. bis 20.10.1933 Schutzhaft KZ Oranienburg, anschl. illegale SPD-Tätigkeit, 12.01.1936 Festnahme durch Stapo Chemnitz in Köthen (im Zusammenhang mit Gruppe um Willy Rößler), EV u. U-Haft in Chemnitz, 10.05.1937 Entlassung aus U-Haft, 10.08.1937 Einstellung EV, 1937 Übersiedlung nach Kotzenau (Schlesien), Former bei Dörries-Füllner Warmbrunn, Febr. 1945 Flucht vor der Roten Armee nach Köthen, 15.05.1945 bis 30.06.1948 Angestellter Stadtverwaltung Köthen: 15.05. bis 19.08.1945 Wachtmeister der Verwaltungspolizei, 20.08. bis 14.10.1945 Umsiedler-Betreuungsstelle, 15.10.1945 bis 31.03.1948 Fürsorgeamt, 01.04. bis 30.06.1948 Wohnungs- u. Umsiedleramt, wohnhaft Köthen, Robert-Blum-Str. 47, Jan. 1946 OdF-Anerkennung, später auch als „Kämpfer gegen den Faschismus" (für ehem. SPD-Mitglieder wurde diese Anerkennung selten ausgesprochen), ab 1946 SED, ab 01.07.1948 Invalidenrentner.

Quellen: StA Köthen, Sammlung Personalkarten; ebd., 001/1076/F104; LASA, K 6-1, Nr. 5171, Bl. 1–44; ebd., P 521, Nr. 113; BArch, R 3018/5205.

Ernst Stolze, geb. 02.05.1906 in Dessau, verst. 29.01.1971 in Dessau
Ohne erlernten Beruf, ab Juni 1932 RFB, 1934 wohnhaft Dessau, Albrechtstr. 119, 20.09.1934 Freispruch durch KG (Sitzung in Dessau) von der Anklage „Vorbereitung eines hochverräterischen Unternehmens", verheiratet, 2 Kinder, ab 1938 wohnhaft Steneschestr. 99, Einberufung zur Wehrmacht, ab 1945 Bauarbeiter bei verschied. privaten Baubetrieben (v. a. auf Baustellen außerhalb Dessaus), keine Anerkennung als OdF/VdN wegen zu kurzer Haftzeit, ab März 1964 Ermittlungen des Betriebsschutzamtes Schkopau wegen „Verdacht der Hetze gem. § 19 StEG": St. hatte unter Alkoholeinfluss auf einer Baustelle in Schkopau „verherrlichende Äußerungen zum Faschismus" gemacht. Er hatte ein Lied der „faschistischen Wehrmacht" gesungen und geäußert, er sei im Zweiten Weltkrieg in Italien zur Partisanenbekämpfung eingesetzt und der „Schrecken der Bevölkerung" gewesen. Die Ermittlungen der Kripo des VPKA Dessau bestätigten die Vorkommnisse, aber nicht die Aussagen zum Italieneinsatz. St. würde „von den anderen nicht für voll genommen [...]. Aus einem Geltungsbedürfnis heraus versucht sich Stolze dann mit selbst zusammengereimten ‚Erlebnissen' in den Mittelpunkt zu stellen, um bei den anderen für voll genommen zu werden." April 1965 Einstellung der Ermittlungen (da kein Nachweis strafbarer Handlungen).
Quellen: LASA, Z 259, Nr. 1805, Bl. 12; ebd., K 6, Nr. 9969, Bl. 149; BArch, R 3018/9006; BStU, MfS, BV Halle, AOG 1424/65, Bl. 24–40; StAmt Dessau (Schreiben 05.12.2006).

Franz Strowicki jun., geb. 31.12.1904 in Dessau, verst. 17.02.1991 in Oranienbaum
Vater: ohne erlernten Beruf oder Schuhmacher (?), 8 Jahre Volksschule Dessau, ohne erlernten Beruf, 1 Jahr „Laufjunge", 2 Jahre Tätigkeit in der Landwirtschaft, 1925–1928 Arbeiter Junkers-Werke Dessau, Zuckerraffinerie Dessau, Stahlbau Franz Mosenthin Leipzig,

Franz Strowicki jun.

BAMAG Dessau, Arbeiter- u. Turnverein „Fichte", Naturfreunde, 08.02.1927 Verurteilung durch AG Dessau wegen unbefugten Waffenbesitzes und groben Unfugs zu 10 RM Geldstrafe oder ersatzweise 2 Tagen Gefängnis sowie 5 RM Geldstrafe oder ersatzweise 1 Tag Gefängnis (Gesamtstrafe später auf 10 RM oder ersatzweise 2 Tage Gefängnis ermäßigt), 28.04.1928 Heirat mit Anna Zabel (geb. 21.12.1904 Großkühnau), 1 Sohn (geb. 1925), ab Jan. 1929 erwerbslos u. KPD, 23.06.1931 Verurteilung durch AG Dessau wegen fahrlässiger Körperverletzung in Verbindung mit Kraftfahrzeugübertretung zu 50 RM Geldstrafe oder ersatzweise 10 Tagen Gefängnis, 07.07.1933 Verurteilung durch SchöG Dessau wegen gemeinschaftlichen schweren Diebstahls unter mildernden Umständen zu 4 Monaten Gefängnis, anschl. Strafverbüßung Strafanstalt Coswig (Anhalt), 09.08. u. 10.08.1933 Geständnis in Dessau, Ende Aug. 1932 in Dessau an einem Benzindiebstahl sowie Ende Aug. 1932 in Leitzkau an einem Öldiebstahl beteiligt gewesen zu sein, 07.11.1933 (Überführung aus Strafanstalt Coswig/A.) bis 26.02.1934 Schutzhaft KZ Roßlau (16.02. bis 23.02.1934 „von der Schutzhaft beurlaubt"), 19.01.1934 Verurteilung durch SchöG Dessau wegen schweren und leichten Diebstahls unter mildernden Umständen in je einem Falle sowie der Hehlerei zu 9 Monaten Gefängnis, 26.02.1934 Überführung nach Strafanstalt Coswig (Anhalt) mit der Anordnung, nach Strafverbüßung von sechs Monaten (26.08.1934) den „Rücktransport" in das KZ Roßlau „zu veranlassen", 26.08.1934 Überführung nach GG Dessau (U-Haft), 18.09.1934 Verurteilung durch KG (Sitzung in Dessau) wegen „Vorbereitung eines hochverräterischen Unternehmens" (§§ 81 Ziff. 2, 86 RStGB, Weiterführung des verbotenen RFB bis zu den März-Wahlen 1933, unerlaubter Waffenbesitz, Taten begangen Dez. 1932 bis Juli 1933) zu 1 Jahr Gefängnis (Anrechnung von 4 Monaten 1 Woche Haft), Strafverbüßung Strafanstalt Coswig (Anhalt), 22.01.1935 Beschluss KG: Gesamtstrafe 1 Jahr 8 Monate Gefängnis unter Anrechnung U-Haft 4 Monate 1 Woche aus dem KG-Prozess, 11.05.1935 bis 11.07.1935 Reststrafenverbüßung Urteil SchöG Dessau vom 19.01.1934, Strafverbüßung Strafanstalt Coswig (Anhalt) u. GG Köthen, 1935–1944 Arbeiter BAMAG-Werk II Dessau, 1939 Umzug nach Kleutsch Nr. 6, 27.01.1944 Einberufung zur Wehrmacht (Kraftfahrer in Frankreich), Sept. 1944 bis Ende Dez. 1946 Gefangenschaft in England, noch vor Rückkehr nach Hause OdF-Anerkennung, ab 1947 SED, 1947–1950 Gärtnerei Gunkel Dessau, Tiefbauarbeiter Martin Heine Tiefbau u. KWU Dessau, 1950 bis Juli 1961 Bauarbeiter Baukombinat Dessau (seit 1951 Brigadier), wohnhaft Kleutsch, Feldstr. 14, 1. stellv. Bürgermeister Kleutsch, ab Juli 1961 Invalidenrentner, 29.01.1962 Anwerbung als IM Konspirative Wohnung durch MfS-KD Gräfenhainichen auf „dem Wege der Überzeugung" (Deckname „Luchs"): Str. und seine Ehefrau, die vom MfS mitverpflichtet wird, stellen die Wohnstube ihres Hauses für inoffizielle Treffs des MfS (in der KW wird alle vier bis sechs Wochen ein IM getroffen) ohne Gegenleistung zur Verfügung. Das Ehepaar erhält in größeren Abständen Geldzuwendungen von zunächst 15, später 20 Mark. Zusätzlich setzt das MfS St. „zur Aufklärung und operativ angefallener Personen sowie in Fragen der Absicherung des Sperrgebietes der Freunde [gemeint sind sowj. Truppen – A.S.] im Raum Kleutsch" ein. „Unter seiner Mithilfe konnten schon einige Mißstände in der Gemeinde aufgeklärt und beseitigt werden." 25.07.1974 Beendigung der inoffiziellen Zusammenarbeit durch MfS: Die KW wird „schon über einen längeren Zeitraum" nicht mehr genutzt, da „bessere Treffmöglichkeiten" vorhanden sind. Zudem hatte sich der Gesundheitszustand des Ehepaares verschlechtert.

Quellen: LASA, Z 257, Nr. 104, Bd. 1, Bl. 87, 124–431; ebd., Nr. 104, Bd. 2, Bl. 7, 94–147; ebd., K 6, Nr. 9969, Bl. 49; ebd., K 6-1, Nr. 5232; ebd., K 6-1, Nr. 9179, Bl. 1–40; StA Dessau-Roßlau, SED-KL-1; ebd., SED-KL-5 (jeweils Franz Strowicki);

BStU, MfS, BV Halle, AIM 1587/74, Teil I, Bd. 1, Bl. 11–47; ebd., Teil III, Bd. 1 (RF), Bl. 1–5; StAmt Dessau (Schreiben 05.12.2006).

Franz Strowicki sen., geb. 05.06.1874 in Plasowo (Westpreußen), verst. 05.09.1946 in Gommern
Vater: Kätner, ohne erlernten Beruf oder Schuhmacher (?), 1896–1898 Soldat, 16.04.1900 Heirat mit Marie Vollmer (geb. 1875) in Osternienburg, 1914–1918 Landsturmmann Erster Weltkrieg, nach 1918 Arbeiter Zuckerraffinerie Dessau, ab 1926 Landwirt Dessau-Haideburg, weder KPD noch RFB, aber Sympathisant (beteiligt beim Anlegen eines RFB-Waffenlagers), 28.07.1933 Vernehmung durch Kripo Dessau: St. bestreitet „ganz entschieden", am Benzindiebstahl vom 03.09.1932 beteiligt gewesen zu sein.[731] 08.08.1933 Festnahme, anschl. kurzzeitige U-Haft GG Dessau, Sept. 1933 Festnahme in Dessau-Haideburg, dabei durch Polizei angeschossen (rechtes Knie), deshalb Sept. bis Nov. 1933 Krankenhaus-Aufenthalt, Nov. bis Dez. 1933 Schutz- oder U-Haft (?) KZ Roßlau, 18.09.1934 Freispruch durch KG (Sitzung in Dessau) von der Anklage „Vorbereitung eines hochverräterischen Unternehmens" (§§ 81 Ziff. 2, 86 RStGB, Weiterführung des verbotenen RFB bis zu den März-Wahlen 1933, unerlaubter Waffenbesitz), Jan. bis Mai 1935 U-Haft GG Dessau, nach 1945 Invalide, 1945/46 wohnhaft Dessau-Kleinkühnau, Kriegerallee 19, am 04.09.1946 auf dem Weg in ein Erholungsheim ins Krankenhaus Gommern eingeliefert und dort am nächsten Tag verstorben.
Quellen: LASA, Z 257, Nr. 104, Bd. 1, Bl. 85, 173, 180; ebd., Nr. 104, Bd. 2, Bl. 105f.; ebd., K 6-1, Nr. 5243.

Franz Thieme, geb. 27.06.1893 in Roitzsch, verst. 18.03.1970 in Roitzsch
Vater: Arbeiter, 1899–1907 Volksschule Roitzsch, 1907–1910 abgeschlossene Maurer-Lehre Gustav Voigt Sandersdorf, Deutscher Maurerverband, ab Nov. 1910 SPD, ab 1918 USPD, ab 1920 KPD (1920–

---

731 Ausführlich dazu Sperk, V-Leute, S. 163–182.

1932 Leiter KPD-Ortsgruppe Roitzsch), 1914–1918 Teilnahme Erster Weltkrieg, 1916 Heirat mit Anna Kemmling (geb. 1897), 1920er Jahre Gemeindevertreter u. 1. Schöffe Gemeinde Roitzsch, Vorstandsmitglied DBGB u. Ortskrankenkasse Kreis Bitterfeld, ab 1928 KPD-Kreistagsabgeordneter Bitterfeld, 1910–1932 Maurer bei verschied. Firmen (zuletzt Göhrmann & Sohn Bitterfeld), 1932/33 Pächter Volkshaus Jeßnitz, 1933–1945 Pächter einer Gastwirtschaft mit Fleischerei in Jeßnitz, Neue Reihe 8, 27.03.1935 Festnahme in Jeßnitz wegen illegaler KPD-Betätigung in den Räumen seiner Gastwirtschaft (u. a. Hören des Moskauer Senders), 28.03. bis 31.03.1935 Schutzhaft GG Dessau, 01.04. bis 20.06.1935 Schutzhaft KZ Lichtenburg, 1945 Volkssturm, 1945 Umzug nach Roitzsch, Chausseestr. 33 a, ab 1945 KPD bzw. ab 1946 SED, Gemeindevertreter in Roitzsch, 1945–1953 Maurer bei Göhrmann & Sohn Bitterfeld, keine OdF-Anerkennung wegen zu kurzer Haftzeit, soll sich zudem „während der Nazi-Zeit nicht als Antifaschist geführt" haben, ab 1953 Rentner, Okt. 1968 erneuter Antrag Anerkennung „Verfolgter des Faschismus" u. „Kämpfer gegen den Faschismus", Ablehnung, Jan. 1969 Einspruch gegen die Entscheidung bei Bezirkskommission Halle, Sept. 1969 endgültige Ablehnung des Antrags.
Quellen: LASA, Z 141, Nr. 669, Bl. 74, 81; ebd., Nr. 1971, Bl. 262; ebd., K 6-1, Nr. 5369; ebd., Nr. 7322; StAmt VGem Bitterfeld (Schreiben 10.01.2007).

Karl Thieme, geb. 26.02.1911 in Jeßnitz, verst. 16.08.1983 in Bitterfeld
Vater: Rangierer (bis 1920 SPD), 1917–1925 Volksschule Jeßnitz, ab 1921 ATSB, 1925–1928 abgeschlossene Klempner- u. Installateur-Lehre Klempnerwerkstatt Lange Jeßnitz einschl. Besuch Gewerbliche Berufsschule Jeßnitz, 1926–1931 DMV, Okt. 1928 bis 1929 Klempner Klempnerwerkstatt Maul Raguhn, 1929 bis Mitte 1930 Klempner u. Installateur Klempnerwerkstatt Senkewitz Oranienbaum, 1930 bis Jan. 1936 erwerbslos, 1927–1933 KJVD (ab 1929 Leiter KJVD Jeßnitz), 1928–1930 RHD, ab März 1930 KPD, 1930–1933 KgdF, 1931–1933 RGO, vor 1933 auch KG RS, 1931–1933 KPD-

Karl Thieme

Stadtverordneter Jeßnitz, 10.08.1932 Verurteilung durch AG Jeßnitz wegen „a) Widerstandes b) Gefangenenbefreiung" zur Gesamtgefängnisstrafe von 14 Tagen (Strafe durch Straffreiheitsgesetz vom 20.12.1932 erlassen), 11.01.1933 Verurteilung durch AG Jeßnitz wegen Diebstahls zu 10 RM oder ersatzweise 2 Tagen Gefängnis, 19.03. bis 25.08.1933 Schutzhaft GG Köthen, 12.06.1933 Verurteilung durch AG Jeßnitz wegen „Widerstandes gegen einen Polizeibeamten" zu 14 Tagen Gefängnis, 25.08.1933 Verurteilung durch AG Dessau wegen gemeinschaftlichen schweren Diebstahls unter mildernden Umständen (Beschaffung einer Schreibmaschine im Auftrag der KPD-Ortsgruppe) zu 1 Jahr Gefängnis, 25.08. bis 28.08.1933 Strafverbüßung GG Dessau, 28.08.1933 bis 28.08.1934 Strafanstalt Coswig (Anhalt), 11.10.1934 bis 10.05.1935 Klempner Maschinenbau u. Metalltuchfabrik AG Raguhn, 27.03.1935 Festnahme in Jeßnitz, 28.03. bis 31.03.1935 Schutzhaft GG Dessau, 01.04. bis 09.05.1935 Schutzhaft KZ Lichtenburg, nach KZ-Entlassung auch Entlassung aus Betrieb, Auflage, sich dreimal täglich bei der Polizei Jeßnitz u. einmal wöchentlich bei der Gestapo Dessau zu melden, 30.01.1936 bis Sept. 1944 Klempner Filmfabrik Wolfen, 29.04.1939 Umzug von Jeßnitz nach Muldenstein, Golpaer Str. 19, Ende Aug. 1944 Festnahme („Aktion Gitter"), keine KZ-Einlieferung, nach 3 Wochen Haft Entlassung, 20.09.1944 Einberufung zur Wehrmacht (Soldat Grenadierbataillon 274), 13.05.1945 bis 01.07.1947 Gefangenschaft in Polen, ab 1947 SED, 1947 bis 28.03.1949 Klempner Filmfabrik Wolfen, 13.09.1949 Verurteilung durch SchöG Bitterfeld wegen „wissentlicher Beistandsleistung zum Diebstahls i.T.m. [in Tateinheit mit] Wirtschaftsvergehen" zu 2 Monaten Gefängnis (Strafe durch „Gesetz über die Gewährung von Straffreiheit" v. 11.11.1949 erlassen): T. hatte auf Bitten einer Kollegin eine Rolle Film gestohlen, weswegen er am 28.03.1949 fristlos entlassen wurde. April 1951 Heirat mit Witwe Emma Bäsler, geb. Kalmutzki (geb. 27.02.1913), die 1 Tochter mit in die Ehe bringt (Nov. 1946 Geburt gemeinsame Tochter), T. hat 2 Kinder aus geschiedener erster Ehe (geb. 1937, 1939), erst im Febr. 1953 VdN-Anerkennung, Juli 1949 bis 1971 verschied. Tätigkeiten VEB Rohrwerke Bitterfeld (EKM Rohrleitungsbau Werk Muldenstein): 1949–1951 Schlosser, 1951–1953 Normenbearbeiter (13.07. bis 16.11.1951 EV u. U-Haft wegen des Vorwurfs, seine 15-jährige Stieftochter sexuell missbraucht zu haben, stellt sich als Lüge u. Racheakt der Stieftochter heraus), 1953–1965 Technologe, 1965–1971 Werkstättenleiter Betriebsmittelbau (zuvor Ausbildung zum Meister für Maschinenbau), langjährige Funktionen in SED u. FDGB (APO-Sekretär, Gruppenorganisator), 14.01.1970 Anwerbung als IM (GMS) durch MfS-KD Bitterfeld auf freiwilliger Basis (Deckname „Thieme"): Th. wird „durch Handschlag verpflichtet" und als „Ermittler im Ort Muldenstein" bzw. im Betriebsteil Muldenstein der VEB Rohrwerke Bitterfeld eingesetzt. Ab 1971 Rentner (laut MfS-Akte ist Th. im April 1976 noch im VEB Rohrwerke Bitterfeld tätig), 26.04.1978 Beendigung der inoffiziellen Zusammenarbeit durch MfS wegen Altersgründen (seit Ende 1977 keine Treffs mehr), „Medaille für Kämpfer gegen den Faschismus 1933–1945", Verdienstmedaille der DDR.

Quellen: LASA, P 521, V/8/120; ebd., P 522, IV/8/1139; ebd., Z 141, Nr. 669, Bl. 3, 14, 73, 81 ff.; ebd., K 6-1, Nr. 9206; BStU, MfS, BV Halle, AGMS 1453/78, Bl. 4–36; StAmt VGem Bitterfeld (Schreiben 10.01.2007); StAmt VGem Raguhn (Schreiben 15.01.2007); StAmt Bitterfeld (E-Mail 30.01.2007).

Dr. med. habil. Oskar Thies, geb. 31.12.1878 in Braunschweig, verst. 09.06.1969 in München
Entstammte einem niedersächsischen Bauerngeschlecht, Ausbildung in der allgemeinen u. chirurgischen Medizin, besonders Augenheilkunde, Febr. 1903 Approbation in Kiel, ab 10.10.1908 Facharzt für Augenheilkunde in Dessau, ab 1922 über 50 wissenschaftliche Ver-

öffentlichungen In- u. Ausland, Fachmann bei plastischen Operationen von Unfällen v.a. schwere Augenverätzungen, politisch nicht hervorgetreten, aber mit nationaler Gesinnung, zumindest Mai 1941 Praxis Antoinettenstr. 7, Juli 1945 Mitglied Antifaschistische Vereinigung, Dessau, zumindest 1946 wohnhaft Dessau, Leopoldsdank 5, bis 1953 Chefarzt der Städtischen Augenklinik Dessau.
Quellen: LASA, Z 149, Nr. 354, Bl. 25; ebd., Z 259, Nr. 2826, Bl. 83f.; Dr. med. Oskar Thies. Ein Arzt-Jubiläum, in: Anhalter Anzeiger, 09.10.1933; Hesse, S. 103; Fernsprechbuch mit Branchenverzeichnis für Dessau und Roßlau 1946, Reprint, Dessau 2008, S. 41, 60; Deutsche Ophthalmologische Gesellschaft (Hg.): Visus und Vision. 150 Jahre DOG, Festschrift zum 150-jährigen Bestehen der DOG, Köln 2007, S. 159; StAmt Braunschweig (E-Mail 11.07.2008); StAmt München (Schreiben 03.09.2008).

Paul Thormann, geb. 30.11.1903 in Zerbst, verst. 06.11.1954 in Dessau
Vater: Arbeiter, 1910–1918 Volksschule Zerbst u. Ragösen, ohne erlernten Beruf, 1918–1922 Landarbeiter in verschied. Betrieben, 1922–1928 erst Auswanderung nach Frankreich, dann Fremdenlegion (Einsätze in Afrika), 1928 Rückkehr nach Dessau, Tätigkeit in Holzindustrie Dessau-Alten, ab 1928 KPD (ab 1928 Betriebsinstrukteur), RGO (1932/33 Betriebsrat) u. RHD Dessau, 1929–1933 Arbeiter Zuckerraffinerie Dessau (Mitglied Betriebsrat), 1932–1936 wohnhaft Dessau-Kleinkühnau, Chörauerstr. 6, ab Febr. 1933 erwerbslos, 02.08.1933 Festnahme (keine Haft), Sept. (?) 1933 bis 05.05.1934 Schutzhaft KZ Roßlau, 20.06. bis 20.09.1934 U-Haft GG Dessau, 20.09.1934 Verurteilung durch KG (Sitzung in Dessau) wegen „Vorbereitung eines hochverräterischen Unternehmens" (§§ 81 Ziff. 2, 86 RStGB, Weiterführung des verbotenen RFB bis zu den März-Wahlen 1933, unerlaubter Waffenbesitz) zu 1 Jahr 6 Monaten Gefängnis (Anrechnung von

Paul Thormann

4 Monaten Haft) u. 2 Jahren Polizeiaufsicht, bis Okt. 1934 Strafverbüßung GG Dessau, Okt. 1934 bis April 1935 Strafanstalt Coswig (Anhalt), April 1935 bis 20.11.1935 GG Schönebeck, 1936–1942 wohnhaft Dessau-Kleinkühnau, Hauptstr. 146, Wehrmacht-Ausschließungsschein, 1936 bis Jan. 1943 Bauarbeiter Baugeschäft Otto Träger Dessau, 01.02.1943 Einberufung Bewährungstruppe 999 (Juni 1943 Abstellung „zur besonderen Verwendung" in die Sowjetunion, Nov. 1943 als Grenadier Verwundung u. Amputation linker Oberschenkel, Verwundetenabzeichen, anschl. bis Kriegsende Lazarett), ab 1945 KPD bzw. ab 1946 SED, 1945/46 wohnhaft Dessau, Friederikenstr. 16, 1945/46 Telefonist bzw. Pförtner KPD-UBL Dessau, ab 1946 Angestellter Amt für Arbeit u. Sozialfürsorge Stadtverwaltung bzw. Rat der Stadt Dessau (Vors. BPO), ab 1947 VVN (ab 1950 Mitglied Vorstand), Mitglied Wohnungsausschuss Stadtverordnetenversammlung Dessau (o.D.), 1946–1951 wohnhaft Dessau, Turmstr. 30, anschl. Stalinstr. 7/8, 15.12.1949 Anwerbung als IM durch Kommissariat 5 Kriminalpolizei Dessau (MfS-Vorläufer) (Deckname „Teufel"), ab 1950 IM der MfS-KD Dessau, Beurteilung 26.09.1952: „Der IM Teufel […] besorgt für die Dienststelle alle Ermittlung(en) die in der Kartei des Amtes für Arbeit zu erledigen sind. Er ist äußerst zuverlässig und gewissenhaft, schweigsam in jeder Beziehung […]", T. berichtete dem MfS darüber hinaus auch über Personen in seinem Arbeitsumfeld. Zum Zeitpunkt 1950 geschieden, keine Kinder, zwischen 1950 u. 1952 Heirat mit Gerda (?) (geb. 22.05.1924), 29.09.1952 Beendigung der inoffiziellen Zusammenarbeit durch MfS, „da seine Frau Angestellte des MfS ist und auf der hiesigen Dienststelle als Stenotypistin arbeitet".

Quellen: LASA, P 521, Nr. 119; ebd., Nr. 201, Bl. 213–216; ebd., Z 257, Nr. 104, Bd. 1, Bl. 432f.; ebd., K 6, Nr. 10511, Bl. 78; ebd., Nr. 9969, Bl. 150; StA Dessau-Roßlau, SED-KL-1; ebd., SED-KL-5 (jeweils Paul Thormann); ebd., StVV-AMBü Mitgliederkartei StVV-Ausschüsse, Bürger; BArch, R 3018/4706, Bl. 25; BStU, MfS, BV Halle, AIM 1375/52, P-Akte, Bl. 3–20; ebd., A-Akte, Bl. 2–20; StAmt Zerbst (Telef. Auskunft 09.02.2007).

Wilhelm Trebing, geb. 07.10.1895 in Bernburg, verst. 30.06.1973 in Bernburg

Vater: Schlosser (SPD, USPD, KPD), bis 1910 Knabenmittelschule Bernburg, 1910–1913 abgeschlossene Schlosser-Lehre Schlossermeister Karl König Bernburg (einschl. Handwerkerschule), ab 01.04.1912 DMV, 1913/14 Schlosser Erste Dessauer Waagenfabrik, 1914/15 Schlosser Deutsche Solvay-Werke Osternienburg, 1915 Einberufung Ersatz-Feld-Artillerie-Regiment 75 Halle, Abkommandierung als Batterie-

Wilhelm Trebing

schlosser, ab 1916 Frontkämpfer (Gefreiter bzw. Waffenmeistergehilfe Feldartillerie-Regiment 264), Mai 1917 schwere Verwundung (Riss linker Rückenmuskel, dreifacher Rippenbruch, Lungensteckschuss), Herbst 1917 Entlassung aus Lazarett zum Ersatztruppenteil 2. Garde Feldartillerie-Regiment Potsdam (Gefreiter bzw. Waffenmeistergehilfe), E.K. II. Klasse u. Anhaltisches Friedrichskreuz, Aug. 1918 bis Aug. 1923 Schlosser (20% Arbeitsunfähigkeit) Röhren-Reinigung Bernburg (Nov. 1919 Wahl Gewerkschaftsvertrauensmann, April 1920 Wahl Betriebsratsvors.), ab 07.10.1919 USPD (ab Dez. 1919 Unterkassierer Ortsgruppe Bernburg, später Mitglied der Ortsleitung), ab Herbst 1920 KPD (Mitbegründer KJVD Bernburg), ab 1921 RHD, 25.02.1922 Heirat mit Minna Hahnebuth (geb. 23.02.1893, verst. 02.04.1970), 2 Töchter (geb. 1925, 1929), ab 1922 Konsumgenossenschaft Bernburg, Aug. 1923 Entlassung Röhren-Reinigung Bernburg nach Mitorganisierung Generalstreik gegen die Cuno-Regierung, 1924 bis Juni 1925 Schlosser Bernburger Drahtwarenfabrik Paul Vogeley, Juni 1925 Arbeitsunfähigkeit in Folge der Kriegsverletzung, zudem offene Tbc, seither Invalidenrentner, ab 1925 Mitglied KPD-UBL Bernburg, 1927–1933 KPD-Stadt- u. Kreistagsabgeordneter Bernburg (Mitglied in sozialpolitischen Ausschüssen u. Kommissionen), ab 1930 RGO, 1930 DMV-Ausschluss („wegen Herausgabe eines Flugblattes"), 1930 Mitbegründer u. Vors. IAH Bernburg u. Leiter IAH-Kindergruppe („Pioniere"), ab 1930 Redakteur KPD-Nachrichtenblatt „Roter Wegweiser" (erst Monats-, dann Wochenschrift) u. „Solvay-Lauge" (KPD-Zeitung in den Solvay-Werken), ab 1931 Redakteur IAH-Kinderzeitung „Morgenrot" (Monatsschrift), 24.07.1931 Freispruch von der Anklage „Umgehung des Demonstrationsverbotes", 02.05.1932 Verurteilung durch SchöG Bernburg zu 4 Monaten Gefängnis oder ersatzweise 500 RM Geldstrafe wegen übler Nachrede u. Beleidigung (Grund: 4 Beiträge im „Roten Wegweiser" u. in „Morgenrot" über skandalöse Zustände beim städtischen Fürsorgeamt), Strafe durch das anhaltische „Gesetz über die Straffreiheit" vom 31.05.1932 erlassen, vor 1933 auch RFB, VpFD, zumindest ab Dez. 1931 wohnhaft Bernburg, Wettiner Str. 15, 16.03.1933 Festnahme wegen „Herausgabe illegaler Zeitungen" („Roter Wegweiser"), bis 28.04.1933 Schutzhaft GG Bernburg (Entlassung wegen „Kriegsdienstleidens und [...] des [...] Gesundheitszustandes"), bis Okt. 1933 illegale KPD-Tätigkeit: v.a. Betreuung von inhaftierten Kommunisten u. deren Angehörigen im Namen der RHD, Sommer 1933 nach einer erneuten Untersuchung des Gesundheitszustandes Kürzung bzw. Streichung (widersprüchliche Aussagen) der Invalidenrente, Febr. 1934 bis 1935 illegale Arbeit mit KPD- u. SPD-Mitgliedern unter dem Deckmantel Genossenschaft Bernburg (auf Veranlassung der Gestapo 1935 aus Genossenschaft ausgeschlossen), Ende Sept. oder Anfang Okt. 1934 (?) Festnahme durch Gestapo (siehe Lagebericht), „kurzzeitige" Haft, in Folge Gestapo-Überwachung u. ständiger Hausdurchsuchungen ab 1937 „keine organisierte politische Arbeit, sondern nur individuelle Zersetzungsarbeit geleistet, besonders in den Kreisen des Mittelstandes" (unter Deckmantel Familienforschung, auf Veranlassung der Gestapo 1938 aus Sippenamt Bernburg entfernt), 1937 Kürzung Militär-Versorgungsrente, Febr. 1939 bis Mai 1945 Büroangestellter bei Kaufmann Curt Steinmüller Bernburg (halbtags), hier sorgt T. für die Einstellung des früheren SPD-Stadtrates Wilhelm Bock.

28.08.1944 Festnahme durch Gestapo (mit weiteren 12 Personen aus Kreis Bernburg) („Aktion Gitter"), 28.08. bis 08.09.1944 Schutzhaft, 1 Tag GG Bernburg, die restlichen 11 Tage KZ-Durchgangslager bzw. Gestapo-Auffanglager Magdeburg-Rothensee, 05.05.1945 Einstellung Stadtverwaltung Bernburg durch amerik. Militärregierung (Auftrag: Betreuung von Kriegsgefangenen u. Zwangs- und Fremdarbeitern, zu dieser Zeit existieren in Bernburg 10 Lager mit ca. 15.000 Personen aus 25 Nationen), auch Mitglied Schul- u. Erziehungsausschuss, 09.09.1945 Berufung in Magistrat (Stadtrat) u. zum Leiter Dezernat IV (Fürsorge-, Gesundheits- u. Jugendamt einschl. Abt. „Opfer des Faschismus", später Rat der Stadt Bernburg, Abt. Sozial- u. Gesundheitswesen) durch sowj. Kreiskommandantur, ab 1945 KPD bzw. ab 1946 SED, 01.05.1946 Mitbegründer Konsumgenossenschaft Bernburg, nach 1945 auch DSF, VVN, Volkssolidarität, 1945–1949 wohnhaft Bernburg, Gröbziger Str. 34, ab 1949 wieder Wettiner Str. 15, 1949/50 Anerkennung als „Kämpfer gegen den Faschismus", aber keine Verleihung „Medaille für Kämpfer gegen den Faschismus 1933–1945" (v.a. zu kurze Haftzeit), ab 1951 Invalidenrentner, ehrenamtliche Tätigkeiten in SED, im Kreisfriedenskomitee u. in der Nationalen Front, 1959 Verdienstmedaille der DDR.
Quellen: LASA, P 521, Nr. 121; ebd., Nr. 227, Bl. 75RS; ebd., P 517 Bernburg, IV/F-403/86; ebd., P 523, Nr. 447 (Nachlass Wilhelm Trebing); ebd., K 6, Nr. 9969, Bl. 9; ebd., K 6-1, Nr. 5346; ebd., Nr. 5400; SAPMO-BArch, DY 55/V 278/5/23 (Wilhelm Trebing); StAmt VGem Bernburg (Schreiben 19.02.2007).

Kurt Ullrich, geb. 17.01.1907 in Dessau, verst. 08.08.1952 in Dessau
Vater: Dreher (SPD), 1914–1922 Volksschule Dessau, 01.04.1922 bis 30.10.1925 abgeschlossene Dreher-Lehre BAMAG Dessau, 1925–1932 Dreher BAMAG-Werk II Dessau, ab 1922 DMV, ab 1928 KPD u. RFB, 1928 wohnhaft Dessau Schützenstr. 10, Okt. 1928 Heirat mit Elisabeth Schrader (1906–1969) in Hecklingen, 4 Kinder (3 Jungen, 1 Mädchen, 1 Sohn 1938 verstorben), bis März 1933 illegale RFB-Tätigkeit: Unterkassierer einer Fünfer-

Gruppe, Vertrieb illegaler Schriften, 1932–1934 erwerbslos, 1933 wohnhaft Dessau, Heidestr. 10b, 24.08. bis 28.08.1933 Schutzhaft GG Dessau, wohnhaft Dessau, Wasserwerk 19, 11.05. bis 18.09.1934 U-Haft GG Dessau, 18.09.1934 Freispruch durch KG (Sitzung in Dessau) von der Anklage „Vorbereitung eines hochverräterischen Unternehmens" (§§ 81 Ziff. 2, 86 RStGB, Weiterführung des verbotenen RFB bis zu den März-Wahlen 1933, unerlaubter Waffenbesitz) u. Entlassung aus U-Haft, Okt. 1934

Kurt Ullrich, 1938

bis 1943 Dreher BAMAG-Werk II Dessau (ab Mai 1943 krank), ab 1944 Invalidenrentner (seit 1936 Lungen-Tbc, nach eigenen Aussagen 1934 in der U-Haft zugezogen), ab 1945 KPD bzw. ab 1946 SED, Mai 1946 OdF-Anerkennung, April 1951 Feststellung durch Landesregierung Sachsen-Anhalt, dass Voraussetzungen zur VdN-Anerkennung nicht vorliegen (nur 4 Monate Haft), es wird geprüft, ob aktive illegale Tätigkeit vorliegt, 1945–1952 wohnhaft Dessau, Turmstr. 36.

Quellen: LASA, P 521, V/8/123; ebd., Z 257, Nr. 104, Bd. 2, Bl. 105f., 109; ebd., K 6, Nr. 11188, Bl. 10; ebd., Nr. 9969, Bl. 150; ebd., K 6-1, Nr. 4079; ebd., Nr. 5454, Bl. 1–130; StA Dessau-Roßlau, SED-KL-1; ebd., SED-KL-5 (jeweils Kurt Ullrich); StAmt Dessau (Schreiben 05.12.2006).

Wilhelm Walter, geb. ? in ?, verst. ? in ?
Aus Nienburg (Saale), Baggerheizer bei Gustav Schulz Steinbrüche u. Tiefbau Bernburg, 14.06.1935 Festnahme zu Hause (in der Nacht), Grund: W. hatte auf Arbeit bei einer Auseinandersetzung mit dem Schlosser Franz Kloppe (geb. 23.07.1875 Bernburg) aus Bernburg (ebenfalls Baggerheizer bei derselben Firma) die Nationalsozialisten als „braune Banditen" bezeichnet. Kloppe zeigte ihn dafür bei der

DAF an. Bei einer Gegenüberstellung in der Haft bat Kloppe W., die Äußerung einzugestehen, was dieser ablehnte. Nach 14 Tagen im GG Bernburg wurde W. aus der Schutzhaft (keine weiteren Maßnahmen) und bei der Firma Gustav Schulz entlassen. Dort hatte er erst nach längerer Erwerbslosigkeit wieder Arbeit gefunden. Kloppe wurde für die Denunziation am 14.05.1948 vom LG Dessau („Verbrechen nach dem Befehl Nr. 201 der SMAD vom 16.8.1947 in Verbindung mit dem Abschnitt II Art. III A II Ziff. 8 der Direktive 38") zu 1 Jahr 1 Monat Gefängnis verurteilt (siehe auch Biografie Paul Zober).
Quelle: LASA, K 4, Nr. 613, Bl. 139 f.

Hermann Weiland, geb. 19.07.1901 in Golpa, verst. 06.01.1969 in Dessau

Vater: Schlosser, Stiefvater: ungelernter Arbeiter, 5 Geschwister, 1907–1915 Volksschule Golpa, ohne erlernten Beruf, 1916–1919 Arbeiter Grube bzw. Brikettfabrik Golpa, 1919–1922 Hilfsschlosser Chemische Fabrik Griesheim-Elektron AG Bitterfeld, März 1920 Teilnahme an Aktionen gegen den Kapp-Putsch in Jeßnitz, 1922–1926 Wanderschaft, 1926 Umzug nach Dessau, 1926–1928 Bohrer Dessauer Waggonfabrik, 1926 Teilnahme am Metallarbeiterstreik Dessau, ab 1926 DMV, ab 1928 KPD (Zellenleiter), ab 1930 RFB (Gruppenkassierer, seit 1929 verboten) u. KgdF, 1928–1930 Hilfsarbeiter Junkers-Motorenwerk Dessau, 06.04.1929 Heirat mit Martha Jung (1903–1980) in Dessau, 1 Sohn (geb. 1941), 1930–1934 erwerbslos, April 1933 Festnahme (keine Haft), 12.09. bis 26.09.1933 Schutzhaft KZ Roßlau, 1933–1938 wohnhaft Dessau, Junkersstr. 20, 05.05. bis 22.09.1934 U-Haft GG Dessau, 20.09.1934 Freispruch durch KG (Sitzung in Dessau) von der Anklage „Vorbereitung eines hochverräterischen

Hermann Weiland

Unternehmens" wegen Mangels an Beweisen, 1934–1938 Arbeiter Zuckerraffinerie Dessau, 1938–1945 Entöler Junkers-Motorenwerk Dessau, 10.02.1945 Einberufung zur Wehrmacht (Kraftfahr-Ersatz-Bataillon 11 Stendal, letzter Dienstgrad: Schütze), 15.04.1945 bis 10.06.1946 Gefangenschaft (Festnahme in Tangermünde, anschl. Lager Rheinberg, Lüttich, Antwerpen, Attichy), noch im Juni 1946 OdF-Anerkennung, ab 1946 SED, 1946 wohnhaft Dessau, Nachtigallweg 2, 20.07. bis 31.12.1946 Transportarbeiter Treuhandstelle Stadtverwaltung Dessau (Abtransport beschlagnahmter Gegenstände), Juli 1947 bis 1958 Bote bzw. Hausmeister Schulamt bzw. Straßenverkehrsamt Stadtverwaltung bzw. Rat der Stadt Dessau, 1949 wohnhaft Dessau, Klagenfurtherstr. 6, 1951 Großring 137, 1952/53 Mariannenstr. 34, Nov. 1951· Bestätigung VdN-Anerkennung trotz Haftzeit unter 6 Monaten, 05.12.1952 Anwerbung als IM (GI) Konspirative Wohnung durch MfS-KD Dessau auf freiwilliger Basis (Deckname „Altona"): W. u. seine Frau stellen ein Zimmer ihrer Schulwohnung, Mariannenstr. 34 (W. ist zu dieser Zeit Hausmeister der Grundschule I u. BPO-Betriebsgruppensekretär) für inoffizielle Treffs des MfS zur Verfügung (Mitverpflichtung der Ehefrau, Erhalt monatlicher Mietzahlungen 20 DM), 01.08.1953 Beendigung der inoffiziellen Zusammenarbeit durch SfS, da W. „aus dem Schuldienst entlassen wurde. Die [...] Wohnung musste von ihm geräumt werden", ab 1953 wohnhaft Dessau, Mariannenstr. 14, ab März 1958 Invalidenrentner, 1958 „Medaille für Kämpfer gegen den Faschismus 1933–1945", ab 1965 wohnhaft Wilhelm-Pieck-Str. 43.

Quellen: LASA, P 521, Nr. 128; ebd., Z 259, Nr. 1805, Bl. 12; ebd., K 6, Nr. 11190, Bl. 115; ebd., Nr. 9969, Bl. 150; ebd., K 6-1, Nr. 5779, Bl. 1–84; StA Dessau-Roßlau, SED-KL-5 (Hermann Weiland); BStU, MfS, BV Halle, AGI 867/53, P-Akte, Bl. 1–30; 43 Kämpfer gegen den Faschismus geehrt, in: Freiheit, 08.09.1958; StAmt Gräfenhainichen (E-Mail 11.01.2007).

Friedrich Werner, geb. 29.10.1858 in Jeßnitz, verst. 13.10.1940 in Dessau

Vater: Sanitätsrat, 1884–1886 Kreispfarrvikar in Dessau, 16.04.1885 Heirat mit Eveline Hopfer (geb. 13.12.1861, Tochter eines Ober-

försters), 1886/87 Diakonus St. Georg-Gemeinde Dessau, 1897–1924 Pfarrer Diakonissenhaus Dessau, ab 01.02.1924 Ruhestand, ab 01.09.1939 mit der Führung der Dienstgeschäfte des Pfarramts Wörlitz beauftragt.
Quellen: AELKA, B 6 Ev. LKR 1945–1970, Generalia, W 19 10 I (Personalakte Friedrich Werner); Graf, S. 465.

Franz Westphal, geb. 30.08.1908 in Dessau, verst. 15.01.1983 in Dessau
Vater: Arbeiter, 6 Geschwister, 1915–1923 Volksschule I Dessau, ab 1923 ATSB, zunächst ohne erlernten Beruf, ab 1923 DMV, 1923/24 Arbeiter „einer Firma in der Elisabethstr." Dessau, 1924/25 Arbeiter Junkers-Flugzeugwerk Dessau, 1925/26 Arbeiter Askania-Werke Dessau, 1926–1928 abgeschlossene Metallschleifer- u. Polierer-Lehre Wilhelm Krell Dessau, 1928–1933 Rote Jungfront bzw. RFB (ab 1930 Gruppenführer, RFB seit 1929 verboten), 1929/30 Wanderschaft, 1930–1933 erwerbslos, ab 1931 KG RS, 1932 Verurteilung „wegen Malen von Wahlparolen" zu 1 Monat Gefängnis, 1933 wohnhaft Dessau, Steneschestr. 19, 1933/34 FAD Lager Zerbst, 20.09.1934 Verurteilung durch KG (Sitzung in Dessau) wegen „Vorbereitung eines hochverräterischen Unternehmens" (§§ 81 Ziff. 2, 86 RStGB, Weiterführung des verbotenen RFB bis zu den März-Wahlen 1933, unerlaubter Waffenbesitz) zu 1 Jahr Gefängnis (Anrechnung von 3 Monaten Haft), 1936–1945 Metallschleifer u. Polierer Wilhelm Krell Dessau, wohnhaft in Meinsdorf, ab 1945 KPD bzw. ab 1946 SED, im Mai 1945 kurzzeitig stellv. Bürgermeister in Luko, anschl. kurzzeitig Kriminalpolizei Roßlau, 1945/46 Tätigkeit „bei der Roten Armee", 1946–1949 Transportarbeiter Strontianfabrik Roßlau, ab Jan. 1948 Gewerk-

Franz Westphal

schafts- u. Parteischulen, 1949–1953 hauptamtlicher 1. Sekretär IG Chemie in Zerbst bzw. 2. Sekretär in Dessau-Schönebeck, auf Grund einer Magenkrankheit 1953/54 Angestellter Abt. Arbeit VEB Deutsches Hydrierwerk Rodleben, ab Okt. 1954 VEB Gärungschemie Dessau (v. a. Juli 1958 bis Febr. 1960 Leiter des Klubhauses, ab Febr. 1960 Abt. Verladebetrieb, ab 1961 Schichtmeister in dieser Abt.), ab 1958 stellv. BPO-Sekretär, 1946–1958 wohnhaft Roßlau, Ziegelstr. 38, verheiratet mit Elsbeth Noack (geb. 22.04.1907 Luschwitz), keine gemeinsamen Kinder, 25.06.1959 Anwerbung als IM Konspirative Wohnung durch MfS-KD Dessau „auf Basis der Überzeugung" (Deckname „Karl Richter"): W. u. seine Frau stellen ein Zimmer ihrer 2-Raum-Wohnung Dessau, Dornweg 4 für konspirative Treffs zur Verfügung. Für „entstehende Unkosten" erhalten sie eine monatliche „Abfindung" von 15 Mark. 1971 letztmalige Nutzung der Wohnung durch MfS, Dez. 1975 Beendigung der inoffiziellen Zusammenarbeit durch MfS: „Aus Gründen der Konspiration kann die IMK nicht mehr angelaufen werden, da der Inhaber durch seine Sucht zum Alkohol unwürdige Verhältnisse schafft".
Quellen: LASA, Z 257, Nr. 104, Bd. 1, Bl. 132, 432 f.; BStU, MfS, BV Halle, AIM 3068/75, Teil I, Bd. 1, Bl. 15–76; StAmt Dessau (Schreiben 05.12.2006).

Frieda Wilke (geborene Wagner), geb. 05.04.1897 in Naumburg am Quais (Schlesien), verst. 09.06.1956 in ?
Vater: Arbeiter (SPD), 8 Jahre Volksschule, ohne erlernten Beruf, 1911–1916 Hausgehilfin bzw. Hausangestellte in Raguhn, Jeßnitz, Dessau, Hannover, 1916–1920 Prüferin bzw. Packerin Filmfabrik Wolfen, ab 1920 Hausfrau, ab 1929 KPD Jeßnitz, 1930–1933 KPD-Stadtverordnete Jeßnitz, 1932 Verurteilung wegen „Aufreizung zum Klassenhaß" zu 4 Wochen Gefängnis (Erlass der Strafe durch das anhaltische „Gesetz über die Straffreiheit" vom 31.05.1932), 1933 u. 1934 zahlreiche kurzzeitige Festnahmen sowie zwei Anklagen wegen Verbreitung kommunistischer Flugblätter, 02.05.1933 Freispruch durch SG Halle von der Anklage Vergehen gegen § 4 der „Reichstagsbrandverordnung" in Verbindung mit § 2 der Anhalti-

schen Durchführungsverordnung vom 03.03.1933 in Tateinheit mit Vergehen gegen §6 der Verordnung gegen Verrat am Deutschen Volke vom 28.02.1933 (Verbreitung kommunistischer Flugblätter), 6 Monate Polizeiaufsicht (W. muss sich früh u. abends bei der Polizei melden), 28.03. bis 04.04.1935 Schutzhaft GG Dessau wegen „Verdachts kommunistischer Umtriebe", 1933–1945 insg. 18 Haussuchungen, ab 1945 KPD bzw. ab 1946 SED, 1945 Mitglied Antifa-Ausschuss Jeßnitz, nach 1945 bis zumindest Febr. 1951 ehrenamtliche Stadträtin (Sozial- u. Fürsorgewesen) Rat der Stadt Jeßnitz, 1946 bis zumindest Febr. 1951 Mitglied SED-Ortsvorstand Jeßnitz, bis 1951 Vors. Frauenausschuss u. 1. Vors. DFD, April 1947 SED-Kreisparteischule Roßlau, 1951 wohnhaft Jeßnitz, Wall 27.
Quellen: LASA, P 522, IV/8/1234; ebd., C 128 Halle, Nr. 212, Lfd.Nr. 10; ebd., Z 141, Nr. 669, Bl. 74, 81; StAmt VGem Raguhn (Schreiben 24.01.2007, E-Mail 27.10.2009).

Friedrich Winkemüller, geb. 26.01.1885 in Jeßnitz, verst. 06.10.1969 in Jeßnitz

Vater: Arbeiter, 1891–1899 Volksschule Jeßnitz (seit 1893 nach einem Unfall auf dem rechten Auge blind), ohne erlernten Beruf, 1899–1905 Hausdiener bei W.C. Conrad Gräfenhainichen, 1906–1908 Arbeiter Farbenfabrik Wolfen, 1909–1926 Bauarbeiter bei verschied. Baufirmen (v.a. Lingesleben Halle/S.), kein Soldat im Ersten Weltkrieg, verheiratet mit Marie Czeczor (geb. 20.05.1882 Jeßnitz), 5 Kinder

Friedrich Winkemüller

(geb. zw. 1906 u. 1920), 1906–1918 SPD, 1919–1921 USPD, ab 1921 KPD (einige Jahre Leiter KPD-Ortsgruppe Jeßnitz), 1906–1933 DBV, vor 1933 auch KG RS, RFB, RHD, 1921–1933 KPD-Stadtverordneter Jeßnitz, 1927–1945 mit Unterbrechungen (1 Jahr erwerbslos, 2 Jahre Schutzhaft) Tiefbauarbeiter Philipp Holzmann AG Zweigstelle Bitterfeld (1927–1933 Betriebsrat), 13.02.1925 Freispruch durch SchöG Dessau von der Anklage Landfriedensbruch (Beleidigung von Polizeibeamten, Beleidigung u. Tätlichkeiten gegen Stahlhelm-Mitglieder am 11.05.1924 in Jeßnitz), ab 1929 wohnhaft Jeßnitz, Neumarkt 6, ab Anfang März 1933 „untergetaucht", Ende März 1933 Festnahme, anschl. bis 14.06.1933 Schutzhaft GG Dessau, 14.06. bis 01.10.1933 Schutzhaft KZ Oranienburg, 05.10.1933 bis 31.07.1934 Schutzhaft KZ Roßlau, 27.03.1935 Festnahme, 28.03. bis 31.03.1935 Schutzhaft GG Dessau, 01.04. bis 09.05.1935 Schutzhaft KZ Lichtenburg, 23.08. bis 11.10.1944 Schutzhaft KZ Buchenwald („Aktion Gitter", Nr. 81761), Okt. 1944 bis März 1945 Volkssturm Jeßnitz, ab 1945 KPD (1945/46 Leiter KPD-Ortsgruppe Jeßnitz) bzw. ab 1946 SED, 1946 OdF-Anerkennung, ab 1947 Vors. VVN Jeßnitz, 1948 Kreisparteischule Roßlau, 1945–1952 Wegeaufseher bzw. Dezernent Verkehrsamt Stadtverwaltung bzw. Rat der Stadt Jeßnitz, Stadtrat, 1952–1954 (?) Leiter Abteilung Handel u. Versorgung Rat der Stadt Jeßnitz, anschl. Rentner, 28.01.1955 Anwerbung als IM (GI) Konspirative Wohnung durch SfS-KD Bitterfeld aus „Überzeugung" (Deckname „Schwalbe"): W. und seine Ehefrau stellen ein Zimmer ihrer Wohnung Platz der DSF 6 für inoffizielle Treffs von IM aus Jeßnitz mit Führungsoffizieren zur Verfügung (Mitverpflichtung der Ehefrau Marie Winkemüller, Erhalt monatlicher Mietzahlungen von 15 DM). 17.06.1956 Beendigung der inoffiziellen Zusammenarbeit durch MfS: W. war in Folge des Todes seiner Frau zu seinem Sohn gezogen, weil ihm die Wohnung zu groß war und er nicht allein sein wollte.

Quellen: ABlfA 1924, S. 282; LASA, P 521, Nr. 132; ebd., Nr. 201, Bl. 162–165; ebd., Z 257, Nr. 84, Bl. 115; ebd., Z 141, Nr. 307, Bl. 120f.; ebd., Nr. 669, Bl. 2, 7, 73, 81, 83; ebd., K 6-1, Nr. 5705, Bl. 1–31; BStU, MfS, BV Halle, AGI 807/56, P-Akte, Bl. 3–34; Arolsen Archives, KL Oranienburg, Ordner 71, Bl. 69; StAmt VGem Raguhn (Schreiben 15.01.2007).

Friedrich Wittig, geb. 03.09.1896 in Jeßnitz, verst. 28.06.1963 in Wolfen
Aus Jeßnitz, vor 1933 KPD-Stadtverordneter Jeßnitz, 01.04. bis

23.04.1935 Schutzhaft KZ Lichtenburg, zumindest 1951 Maurer, wohnhaft in Jeßnitz.
Quellen: LASA, Z 141, Nr. 669, Bl. 81; ebd., Nr. 1971, Bl. 262; StAmt VGem Raguhn (Schreiben 15.01.2007); StAmt Wolfen (Fax 29.01.2007).

Gustav Wittig, geb. 04.10.1892 in Jeßnitz, verst. 14.05.1967 in Jeßnitz Vater: Arbeiter, 1899–1907 Volksschule Jeßnitz, 1907–1910 abgeschlossene Maurer-Lehre Bauunternehmer Paul Witte Jeßnitz, ab 1910 SPD u. DBV, 1914–1918 Teilnahme Erster Weltkrieg, 17.01.1915 Heirat mit Alwine Schenk (geb. 1893) in Jeßnitz, 2 Kinder (geb. 1918, 1920), nach 1918 Maurer, ab 1921 KPD (Funktionär u. Stadtverordneter Jeßnitz), vor 1933 auch KG RS (Turnwart), 26.11.1930 Verurteilung durch AG Jeßnitz wegen Beleidigung auf Grund der §§ 185 u. 186 RStGB zu 2 Tagen Gefängnis, Strafverbüßung GG Dessau, 03.06.1932 Einstellung EV wegen Landfriedensbruchs (Saalschlacht mit Nationalsozialisten am 10.02.1932 in Jeßnitz) durch AG Dessau wegen des anhaltischen „Gesetzes über die Straffreiheit" vom 31.05.1932 (Straftat aus politischen Beweggründen), 19.03. bis „Mitte" Mai 1933 „untergetaucht", illegale KPD-Tätigkeit in Jeßnitz, „Mitte" Mai 1933 Festnahme, anschl. bis 14.06.1933 Schutzhaft GG Dessau, 14.06. bis 01.10.1933 Schutzhaft KZ Oranienburg (Entlassung wegen Amnestie zu Loepers 50. Geburtstag), 05.10. bis 23.12.1933 Schutzhaft KZ Roßlau (Entlassung, weil W. ein Gesuch wegen der schweren Erkrankung seiner Ehefrau gestellt hatte), 28.03. bis 31.03.1935 Schutzhaft GG Dessau, 01.04. bis 25.07.1935 Schutzhaft KZ Lichtenburg (obwohl W. im Lagebericht als leitender KPD-Funktionär in Jeßnitz bezeichnet wird, wurde er in der NS-Zeit nie angeklagt oder verurteilt),

Gustav Wittig

29.06.1942 bis 27.04.1945 Dienstverpflichtung Organisation Todt (Einsatz „im Osten"), Mai bis Aug. 1945 britische Gefangenschaft, ab 1945 KPD bzw. ab 1946 SED, 27.08.1945 bis Jan. 1946 Maurer, 1946 OdF-Anerkennung, ab 01.02.1946 Angestellter Stadtverwaltung bzw. Rat der Stadt Jeßnitz (zunächst Kultur, Sport, Jugend), 1949 Anerkennung „Kämpfer gegen den Faschismus" (nach schriftlichem Antrag), 1932–1952 wohnhaft Jeßnitz, Gartenstr. 25, „Medaille für Kämpfer gegen den Faschismus 1933–1945".

Quellen: LASA, P 521, V/8/133; ebd., Z 257, Nr. 72, Bl. 14, 201; ebd., Z 141, Nr. 307, Bl. 120 f.; ebd., Nr. 669, Bl. 2, 7, 14, 74, 81, 83, 107; ebd., K 6-1, Nr. 5802, Bl. 1–79; ebd., K 6, Nr. 8086, Bl. 157; Aus der Schutzhaft entlassen, in: Anhaltische Tageszeitung, 05.11.1933; Arolsen Archives, KL Oranienburg, Ordner 71, Bl. 69; StAmt VGem Raguhn (Schreiben 15.01.2007).

Paul Wittig, geb. 21.06.1902 in Jeßnitz, verst. 07.01.1981 in Wolfen

Vater: Bauarbeiter (SPD), seit Geburt wohnhaft Jeßnitz, Feldstraße, 1909–1917 Volksschule Jeßnitz, zunächst ungelernter Arbeiter, 1917–1925 Bauarbeiter bei verschied. Baufirmen Kreis Bitterfeld u. Dessau, 1917–1929 ATB bzw. ATSB, Freie Turnerschaft (Funktionär), 26.06.1920 Austritt ev. Kirche, ab April 1921 KPD (Ortsgruppe Jeßnitz), 1921–1929 DBV, 1925–1927 als Umschüler abgeschlossene Maurer-Lehre Held & Francke Wolfen, 1927–1930 Maurer bei verschied. Baufirmen Kreis Bitterfeld, 1929–1933 KG RS Berlin (Bezirkssportwart), 1930–1933 RHD, ab Dez. 1929 wohnhaft Jeßnitz, Feldstr. 30a, verheiratet mit Lina Pfitzner (geb. 08.04.1902 Wolfen), keine Kinder, 1930–1933 erwerbslos, 04. u. 05.03.1933 Schutzhaft Gefängnis Jeßnitz, 29.03.1933 Festnahme (keine Haft), März bis Sept. 1933 Verbreitung KPD-Literatur u. -Propagandamaterial in Jeßnitz (auf Weisung von Franz Kahmann), Kassierung Mitgliedsbeiträge, 21.09. bis 23.12.1933 Schutzhaft KZ Roßlau (17.11.1933 Einstellung EV durch OStA Dessau wegen des Verdachts Fortführung der KPD), bis 20.04.1934 Polizeiaufsicht, 1933–1935 Maurer in Bitterfeld, 27.03.1935 Festnahme in Jeßnitz, 28.03. bis 31.03.1935 Schutzhaft GG Dessau, 01.04. bis 01.05.1935 Schutzhaft KZ Lichtenburg, Ein-

Paul Wittig, 1975

stellung EV wegen „staatsgefährdender Umtriebe" (Weiterführung KPD, illegale Schriftenverbreitung), 1935–1942 Maurer bei verschied. Baufirmen (u.a. Sandersdorf, Dessau), ab 1935 keine illegale KPD-Tätigkeit, Febr. 1942 bis 1945 Dienstverpflichtung Organisation Todt (1942–1944 Sowjetunion, 1944/45 Südtirol), 02.05.1945 bis 16.01.1946 amerik. Gefangenschaft Südtirol u. Bayern, 28.01.1946 Rückkehr nach Jeßnitz u. KPD-Eintritt (März/April 1946 3 Wochen Kreisparteischule), ab 1946 SED, 1946–1948 Maurer Wilhelm Fritzsch Jeßnitz, 1948–1950 Maurer Naumann & Söhne Dessau bzw. Wolfen, ab 21.10.1949 Stadtverordneter Jeßnitz, Mitglied SED-Kreisleitung Bitterfeld, ab Nov. 1950 Maurer Abt. T I Bau Filmfabrik Wolfen, zugleich (ehrenamtlicher) 1. Sekretär SED-Grundorganisation Abt. T I Bau, 04.01.1952 VdN-Aberkennung wegen zu kurzer Haftzeit, auch keine Nachweise illegaler KPD-Tätigkeit, nach Einspruch u. Beibringung von Zeugenaussagen, die die illegale Tätigkeit belegen 18.12.1952 VdN-Wiederanerkennung, 09.02.1954 Anwerbung als IM (GI) durch SfS-KD Bitterfeld „aus Überzeugung" (Deckname „Linna") mit dem Ziel der „Qualifizierung" zum „Geheimen Hauptinformator" (GHI), erster Auftrag: Nennung von Personen seiner Abteilung, „die eine feindliche Einstellung zu unserer DDR haben", Nov. 1956 Umregistrierung zum IM Konspirative Wohnung (IMK), da die GI-Arbeit vom MfS als „sehr lückenhaft" bzw. „schlecht" bezeichnet wird u. W. nach einem einjährigen Lehrgang ab 1956 als hauptamtlicher Parteisekretär im Fasersektor vom MfS auch offiziell genutzt werden kann, W. u. seine Ehefrau, die vom MfS mitverpflichtet wird, erklären sich bereit, ein Zimmer ihres Zweifamilienhauses in Jeßnitz, Feldstr. 30a für konspirative Treffs zur Verfügung zu stellen. W. möchte vom MfS keine Mietzahlungen erhalten: „Für das, was wir heute haben, habe ich mein ganzes Leben gekämpft und das ich ein Zimmer zur Verfügung stelle, mache ich aus der Überzeugung, dass es einer gerechten Sache dient." Ab 1957 freiwillige inoffizielle Berichterstattung (ohne das W. vom MfS beauftragt wird) über Vorkommnisse im Betrieb u. in Jeßnitz, 1961 Tod der Ehefrau, 23.12.1961 Heirat mit Johanna Kersten, gesch. Guth (geb. 22.02.1915 Magdeburg) in Jeßnitz, Mitverpflichtung der neuen Ehefrau durch MfS und weitere Nutzung des Zimmers als KW, monatliche Zahlungen von 20 Mark durch MfS zur „Ausgestaltung des Zimmers": Bereitstellung von Kaffee, Getränken, Gebäck oder Zigaretten bei konspirativen Treffs, ab 1964 zusätzlich monatliche Mietzahlungen von 20 Mark durch MfS, ab 1967 Rentner u. Nutzung „für Ermittlungstätigkeit im Wohngebiet" u. für Personenberichte bei Auslandsurlaubsreisen, 1967–1976 1. Sekretär SED-Ortsparteiorganisation Jeßnitz (anschl. weiter Leitungsmitglied), „Medaille für Kämpfer gegen den Faschismus 1933–1945", 1972 Vaterländischer Verdienstorden in Bronze, 1976 Aktivist der sozialistischen Arbeit, 1977 Vaterländischer Verdienstorden in Silber.

Quellen: LASA, P 521, Nr. 132; ebd., P 522, IV/8/1243; ebd., Z 141, Nr. 669, Bl. 73, 81; ebd., Nr. 672, Bl. 121RS; ebd., K 6, Nr. 8086, Bl. 157; ebd., Nr. 9969, Bl. 269; ebd., K 6-1, Nr. 9259, Bl. 1–74; BStU, MfS, BV Halle, AIM 3360/84, Teil I, Bd. 1, Bl. 12–247; StAmt VGem Raguhn (Schreiben 15.01.2007); StAmt Wolfen (Fax 29.01.2007).

Paul Wolle, geb. 04.11.1887 in Magdeburg, verst. 22.12.1939 im KZ Sachsenhausen (offizielle Todesursache: Lungenentzündung)
Beruf: Wagenlackierer, 14.08.1914 bis Ende 1916 Soldat Erster Weltkrieg, verheiratet mit Agnes Leibnitz, 2 Kinder, 1923–1926 KPD, 1925/26 Mitglied RFB-BL Magdeburg-Anhalt, 1926 KPD-Ausschluss wegen oppositioneller Haltung, ab Ende 1929 erwerbslos, 1930 Umzug von Magdeburg nach Dessau, Mittelring 7, Ende 1931 KPD-Wiederaufnahme, KPD-Zellenleiter u. Mitglied KPD-UBL Dessau, 1933 KPD-Redner vor den Märzwahlen, vor 1933 auch RHD, KgdF, März 1933 erneuter KPD-Ausschluss wegen oppositioneller Haltung, April 1933 Herstellung Flugblätter für 1. Mai, W. will in Dessau eine

Gruppe der trotzkistischen Linken Opposition (zumeist als KPD-Opposition bezeichnet) installieren. Dazu verbreitet er deren Zeitung „Unser Wort". W. wird ab Aug. 1933 von der Polizei gesucht u. versteckt sich in Magdeburg bei seiner Schwester (ca. 6 Wochen), in Dessau (ca. 2 Wochen) und ab 15.10.1933 in Saarbrücken, 21.10.1933 durch Verrat Festnahme in einem Zug zw. Weißenfels u. Merseburg,[732] 25.10. bis 23.12.1933 Schutzhaft in Leipzig, ab 23.12.1933 U-Haft Gefangenenanstalt I Leipzig, 29.04.1935 Verurteilung durch VGH wegen „Vorbereitung eines hochverräterischen Unternehmens" (Betätigung für KPD-Opposition im April u. Mai 1933) zu 2 Jahren Gefängnis (Anrechnung von 1 Jahr 6 Monaten U-Haft), 22.01.1936 Entlassung, 01.09. bis 13.10.1939 Schutzhaft PG Dessau (wahrscheinlich im Rahmen der „A-Kartei-Aktion"), 13.10.1939 Überführung nach KZ Sachsenhausen (Nr. 3139, Block 65).

Quellen: LASA, Z 257, Nr. 210, Bl. 1–13; BArch, R 3017/35154; StA Dessau-Roßlau, SED-KL-1 (Paul Wolle), Archiv Gedenkstätte u. Museum Sachsenhausen, D 1 A/1024, Bl. 341; Stolpersteine für Dessau-Roßlau. Ein Beitrag zur lokalen Gedenkkultur. Werkstatt Gedenkkultur Dessau-Roßlau (Hg.), Dessau-Roßlau 2008, Nr. 39; StAmt Magdeburg (Schreiben 05.01.2007).

Erich Zabel, geb. 08.02.1908 in Dessau-Großkühnau, verst. 20.08.1944 bei Irši (Lettland)
Beruf: Kaufmann, 1929–1931 erwerbslos, ab 1931 selbständiger Schaufensterdekorateur, keine Vorstrafen, weder KPD- noch RFB-Mitglied, 18.09.1934 Freispruch durch KG (Sitzung in Dessau) von der Anklage „Vorbereitung eines hochverräterischen Unternehmens" (§§ 81 Ziff. 2, 86 StGB, Weiterführung des verbotenen RFB bis zu den März-Wahlen 1933, unerlaubter Waffenbesitz), am 20.08.1944 als Obergefreiter 14./Grenadier Regiment 102 ca. 7 km östlich von Irši (Lettland) gefallen.

Quellen: LASA, Z 257, Nr. 104, Bd. 2, Bl. 105 ff.; WASt (Schreiben 28.03.2008); StAmt Dessau (Schreiben 05.12.2006); www.volksbund.de/graebersuche (Stand: 25.03.2020).

---

732 Ausführlich dazu ebd.

Gustav Zabel, geb. 08.12.1901 in Dessau-Alten, verst. 01.10.1987 in Dessau

Vater: Arbeiter, 9 Geschwister, 1908–1916 Volksschule Dessau-Alten, ab 1913 ATB bzw. ATSB, 1916–1919 abgeschlossene Maschinenschlosser-Lehre Polysius Dessau (einschl. Berufsschule), ab 1919 SAJ u. DMV, 1919–1921 Modellschlosser BAMAG Dessau, 1921–1923 Reparaturschlosser Junkers Kalorifer Dessau, ab 1923 KPD Dessau (Organisationsleiter, Literatur-Obmann) u. zugleich Austritt ev. Kirche, ab 1923 RFB, 1923–1932 Schlosser Junkers-Flugzeugwerk Dessau (1927–1931 KPD-Zellenleiter), 24.12.1925 Heirat mit Luise Spielau (1905–1990), 3 Kinder (2 Töchter, 1 Sohn), 1925–1947 wohnhaft Dessau-Kleinkühnau, Leopoldstr. (ab 1945 Rosenburgerstr.) 72a, 06.05.1932 Entlassung wegen Stilllegung des Flugzeugwerkes, danach erwerbslos, 06.02.1933 Verurteilung durch AG Dessau wegen fortgesetzten Diebstahls u. unbefugten Waffenbesitzes in zwei Fällen zu 10 RM Geldstrafe oder ersatzweise 2 Tagen Gefängnis sowie 20 RM Geldstrafe oder ersatzweise 4 Tagen Gefängnis (Z. verbüßt 4 Tage Haft), bis Frühjahr 1933 KPD-Zellenleiter Dessau-Kleinkühnau, illegale KPD-Tätigkeit u.a. mit Franz Kahmann, Willy Schröter, Walter Berold, 21.09.1933 bis 05.01.1934 Schutzhaft KZ Roßlau, 05.01.1934 Verurteilung durch SchöG Dessau wegen schweren Diebstahls in drei Fällen unter mildernden Umständen zu 4 Monaten Gefängnis, 05.01. bis 05.05.1934 Strafverbüßung KZ Roßlau, 08.05. bis 14.06.1934 Tätigkeit Speditionsverein Wallwitzhafen (Kündigung auf eigenen Wunsch), 14.06. bis 19.06.1934 Hartlöter Bosch Dessau, 19.06.1934 Festnahme auf Antrag des KG bei gleichzeitiger Entlassung aus der Firma, bis 20.09.1934 U-Haft GG Dessau, 20.09.1934 Verurteilung durch KG (Sitzung in Dessau) wegen „Vorbereitung eines hochverräterischen Unternehmens" (§§ 81 Ziff. 2, 86 StGB, Weiterführung des verbotenen RFB bis zu den März-Wahlen 1933, unerlaubter Waffenbesitz) zu 1 Jahr 3 Monaten Gefängnis (unter Anrechnung von 10 Monaten Haft), 20.09.1934 bis 08.10.1934 Strafverbüßung GG Dessau, 08.10.1934 bis 06.02.1935 Strafanstalt Coswig (Anhalt), Wehrmacht-Ausschließungsschein, 1935 bis Juni

Gustav Zabel

1936 Schlosser Junkers-Flugzeugwerk Dessau, 1936 bis Febr. 1943 Schlosser Polysius Dessau, 17.02.1943 Einberufung Bewährungstruppe 999 Heuberg (8. Artillerie-Regiment mot.), Juni 1943 bis 09.05.1945 Gefreiter in Griechenland u. Albanien (3. Artillerie-Abt. Instandsetzungsstaffel), 06.09.1943 Verurteilung durch Feldkriegsgericht 104. Jägerdivision wegen gemeinschaftlichen Plünderungsversuchs zu 1 Jahr Gefängnis (4 Wochen geschärfter Arrest, Reststrafe bis Kriegsende zur Bewährung ausgesetzt), 1945 Kriegsverdienstkreuz, 09.05.1945 bis Nov. 1946 Gefangenschaft in Jugoslawien, ab Nov. 1946 SED, Dez. 1946 OdF-Anerkennung, Juli 1947 Anerkennung „Kämpfer gegen den Faschismus", nach 1946 DSF, Jan. bis Ende Mai 1947 Schlosser Junkers Kalorimeter Dessau, 01.06.1947 bis 30.09.1951 VPKA Dessau (Ende 1947 Wachtmeister, 1948 Hauptwachtmeister, ab 01.06.1949 VP-Meister, letzter Dienstgrad Oberrat, erst Leiter Personal und Kader, ab 1949 Leiter Schutzpolizei), 1948–1952 wohnhaft Dessau, Ziebigker Str. 59, 1952–1960 An der Hohen Lache 3, 1960–1966 Steinstr. 9, 01.10.1951 bis Juni 1953 Kulturdirektor ABUS Maschinenfabrik u. Eisengießerei Dessau (gleichzeitig 1. Sekretär BPO), Juli 1953 bis 1966 Kaderleiter VEB Junkalor Dessau (Mitglied SED-Parteileitung), 1958 „Medaille für Kämpfer gegen den Faschismus 1933–1945", 1964 Verdienstmedaille der DDR, ab 23.05.1964 ehrenamtliches Mitglied KPKK SED-Kreisleitung Dessau, ab 1966 wohnhaft Rustr. 2, ab 1966 Rentner, 1966 Vaterländischer Verdienstorden in Bronze u. „Medaille für ausgezeichnete Leistungen", 13.12.1972 Anwerbung als IM Konspirative Wohnung durch MfS-KD Dessau auf „Grundlage der politischen Überzeugung" (Deckname „Meissner"): Z. und seine Frau stellen das Wohnzimmer ihrer Wohnung Ruststr. 2 und ab 1982 Bauhofstr. 32

für inoffizielle Treffs des MfS zur Verfügung (Mitverpflichtung der Ehefrau Luise Zabel), 1973–1987 regelmäßige Zahlungen des MfS von durchschnittlich 50 Mark zur Ausgestaltung des Wohnzimmers, als Präsente aller Art sowie als Mietzahlungen, 1986 „Ehrenspange zum Vaterländischen Verdienstorden" in Gold, 08.05.1987 Beendigung der inoffiziellen Zusammenarbeit durch MfS auf Grund des Alters u. Gesundheitszustandes des Ehepaares, dennoch weiterhin ca. zweimal im Monat offizieller Kontakt des MfS zum Ehepaar bis zum Tod von Gustav Zabel.

Quellen: LASA, Z 257, Nr. 104, Bd. 1, Bl. 432ff.; ebd., Z 259, Nr. 2900, Bl. 1–29; ebd., K 6, Nr. 11193, Bl. 17; ebd., Nr. 9969, Bl. 150; ebd., K 6-1, Nr. 5931, Bl. 1–60; ebd., P 522, IV/8/1253, Bl. 1–13; ebd., P 521, Nr. 201, Bl. 202–205; BStU, MfS, BV Halle, AIM 3916/87, Teil I, Bd. 1, Bl. 20–257; StA Dessau-Roßlau, SED-KL-1 (Gustav Zabel); 43 Kämpfer gegen den Faschismus geehrt, in: Freiheit, 08.09.1958; StAmt Dessau (Schreiben 05.12.2006).

Otto Ziegler, geb. 03.09.1890 in Jeßnitz, verst. 26.11.1952 in Bitterfeld

24.06. bis 27.06.1933 Schutzhaft Strafanstalt Coswig (Anhalt), 28.03. bis 30.04.1935 Schutzhaft KZ Lichtenburg.

Quellen: LASA, Z 141, Nr. 669, Bl. 6, 73, 81; StAmt VGem Raguhn (Schreiben 15.01.2007); StAmt Bitterfeld (E-Mail 30.01.2007).

Iwan Zinzinatow, geb. 25.05.1889 in Pustin (Russland), verst. ? in ?[733]

Aus Jeßnitz, sowj. Staatsangehöriger, ohne erlernten Beruf, 24.05.1922 Heirat mit Emma Auguste Dahne in Jeßnitz (wohnt 1956 in Jeßnitz, Fischerhäusel 6), 24.06. bis 05.07.1933 Schutzhaft Strafanstalt Coswig (Anhalt), 28.03. bis 09.05.1935 Schutzhaft KZ Lichtenburg, „zuletzt in Smela bei Kiew" wohnhaft.

Quellen: LASA, Z 141, Nr. 669, Bl. 6, 73, 81, 83; ebd., Nr. 672, Bl. 149RS.

---

733 Z. wurde am 16.07.1956 vom Kreisgericht Bitterfeld für tot erklärt. Als Todeszeitpunkt wurde der 21.12.1943 festgelegt StAmt I Berlin (Schreiben 26.04.2007 einschl. Kopie Todeserklärung).

Paul Zober, geb. 31.12.1901 in Wolferode (bei Eisleben), verst. 25.07.1976 in Ebersbach
Beruf: Maschinenschlosser, vor 1933 KPD, RFB, DMV, 1933–1935 illegale KPD-Tätigkeit, 1935 Baggerführer bei Gustav Schulz Steinbrüche u. Tiefbau Bernburg, 15.06.1935 Festnahme durch Gestapo wegen „kommunistischer Propaganda unter seinen Arbeitskollegen": Z. hatte auf der Arbeitsstelle „staatsfeindliche Äußerungen" gegenüber seinem Kollegen Franz Kloppe (geb. 23.07.1875 Bernburg) aus Bernburg getätigt, der ihn bei der DAF anzeigte. 15.06. bis 08.07.1935 Schutzhaft GG Bernburg, 08.07. bis 16.11.1935 Schutzhaft KZ Lichtenburg, 01.05.1936 bis 08.08.1939 sowie 09.08.1939 bis 01.10.1941 nach eigenen Angaben „Zwangsarbeit im Privatbetrieb" (?), ab 1945 KPD bzw. ab 1946 SED, 1947–1949 ohne Beschäftigung, 1949/1951 Schlosser Papierfabrik Bernburg, 1947/1951 wohnhaft Bernburg, Neubornaer Str. 59. Franz Kloppe wurde für die Denunziation am 14.05.1948 vom LG Dessau („Verbrechen nach dem Befehl Nr. 201 der SMAD vom 16.8.1947 in Verbindung mit dem Abschnitt II Art. III A II Ziff. 8 der Direktive 38") zu 1 Jahr 1 Monat Gefängnis verurteilt (siehe auch Biografie Wilhelm Walter).
Quellen: LASA, P 521, V/8/137; ebd., V/8/228, Bl. 67, 75; ebd., K 6, Nr. 9969, Bl. 10; ebd., K 4, Nr. 613, Bl. 139 f.; StA Bernburg, Fi. 06, Nr. 124, Bl. 37, 41 ff.; SAPMO-BArch, DY 55/V 278/5/23 (Paul Zober); StAmt Lutherstadt Eisleben (E-Mail 08.01.2007).

Abkürzungsverzeichnis

ABlfA	Amtsblatt für Anhalt
a.D.	außer Dienst
ADGB	Allgemeiner Deutscher Gewerkschaftsbund
AEL	Arbeitserziehungslager
AELKA	Archiv der Evangelischen Landeskirche Anhalts
AG	Amtsgericht
AIM	archivierter Inoffizieller Mitarbeiter-Vorgang
AIZ	Arbeiter-Illustrierte-Zeitung
Anm.	Anmerkung
APO	Abteilungsparteiorganisation (der SED)
a.Pr.	auf Probe
ASG	Armeesportgemeinschaft
ASK	Armeesportklub
ATB	Arbeiter-Turnerbund
ATSB	Arbeiter-Turn- und Sportbund
BAMAG	Berlin-Anhaltische-Maschinenbau AG
BArch	Bundesarchiv
BB	Betriebsberichterstatter
Bd./Bde.	Band/Bände
BDM	Bund Deutscher Mädel
BdS	Befehlshaber der Sipo und des SD
Bearb.	Bearbeiter
bezw.	beziehungsweise
Begr.	Begründet
betr.	betreffend, betreffs
Bez.	Bezirk
BGL	Betriebsgewerkschaftsleitung (des FDGB)
BK	Bekennende Kirche
Bl.	Blatt
BL	Bezirksleitung

BND	Bundesnachrichtendienst
BPKK	Bezirksparteikontrollkommission (der SED)
BPO	Betriebsparteiorganisation (der SED)
BStU	Der Bundesbeauftragte für die Unterlagen des Staatssicherheitsdienstes der ehemaligen DDR
BV	Bezirksverwaltung (des MfS)
CDU	Christlich-Demokratische Union Deutschlands
DAF	Deutsche Arbeitsfront
DBGB	Deutscher Baugewerksbund
DBV	Deutscher Bauarbeiterverband
DC	Deutsche Christen
DDP	Deutsche Demokratische Partei
DFD	Demokratischer Frauenbund Deutschlands
DG	Deutsche Glaubensbewegung
DM	Deutsche Mark (der DDR)
DMV	Deutscher Metallarbeiter-Verband
DNVP	Deutschnationale Volkspartei
DRK-SM	DRK-Suchdienst München
DSF	Gesellschaft für Deutsch-Sowjetische Freundschaft
d(s). J(s).	dieses Jahres
d(s). Mts.	dieses Monats
ebd.	ebenda
131er-Gesetz	Gesetz zur Regelung der Rechtsverhältnisse der unter Artikel 131 des Grundgesetzes fallenden Personen vom 11.05.1951
EG	Einsatzgruppe
ELMO	Elektromotorenwerk
EK	Einsatzkommando
E.K.	Eisernes Kreuz
EKKI	Exekutivkomitee der Kommunistischen Internationale
EV	Ermittlungsverfahren
ev./evgl.	evangelisch
FAD	Freiwilliger Arbeitsdienst
FDGB	Freier Deutscher Gewerkschaftsbund

GARF	Staatsarchiv der Russischen Föderation
GFP	Geheime Feldpolizei
Gestapa	Geheimes Staatspolizeiamt
Gestapo	Geheime Staatspolizei
gez.	Gezeichnet
GFP	Geheime Feldpolizei
GG	Gerichtsgefängnis
GI	Geheimer Informator
GSfA	Gesetzsammlung für Anhalt
GStA	Generalstaatsanwalt
GStAPK	Geheimes Staatsarchiv Preußischer Kulturbesitz
HJ	Hitler-Jugend
Hg., hg.	Herausgeber, herausgegeben
HO	Handelsorganisation
HStA	Hauptstaatsarchiv
IAH	Internationale Arbeiterhilfe
IBV	Internationale Bibelforscher-Vereinigung
IG	Industriegewerkschaft
IG Farben	Interessen-Gemeinschaft Farbenindustrie
IHK	Industrie- und Handelskammer
IM	Inoffizieller Mitarbeiter (des MfS)
Inprekorr	Internationale Pressekorrespondenz
i. R.	im Ruhestand
I. V.	In Vertretung
Kapo	NS-Abk. für Kameradschaftspolizei (in KZ)
kath.	katholisch
KD	Kreisdienststelle (des MfS)
KdF	Kraft durch Freude
KdS	Kommandeur der Sipo und des SD
KG	Kammergericht
KG	Kontrollratsgesetz
KgdF	Kampfbund gegen den Faschismus
KG RS	Kampfgemeinschaft für Rote Sporteinheit („Rot Sport")

KJVD	Kommunistischer Jugendverband Deutschlands
Komintern	Kommunistische Internationale
KPD	Kommunistische Partei Deutschlands
KPDO/KPO	Kommunistische Partei Deutschlands Opposition
KPKK	Kreisparteikontrollkommission (der SED)
Kr./Krs.	Kreis
KW	Konspirative Wohnung (des MfS)
KZ	Konzentrationslager
KzPuSdaW	Kartei zu Personen und Sachverhalten des antifaschistischen Widerstandskampfes
LG	Landgericht
LA	Landesarchiv
LASA	Landesarchiv Sachsen-Anhalt
LKA	Landeskriminalamt
LKPS	Landeskriminalpolizeistelle
LKR	Landeskirchenrat
MAS	Maschinen-Ausleih-Station
MBliV	Ministerialblatt für die preußische innere Verwaltung
MdL	Mitglied des Landtags
M.d.R./MdR	Mitglied des Reichstags
m.E.	meines Erachtens
MfS	Ministerium für Staatssicherheit
MTS	Maschinen-Traktoren-Station
MVAL	Mitteilungen des Vereins für Anhaltische Landeskunde
m.W.	meines Wissens
Nazi	Nationalsozialist
ND	Bund Neudeutschland
NRW	Nordrhein-Westfalen
NS	Nationalsozialismus, nationalsozialistisch
NSBO	Nationalsozialistische Betriebszellenorganisation
NSDAP	Nationalsozialistische Deutsche Arbeiterpartei
NSDFB	Nationalsozialistischer Deutscher Frontkämpferbund (Stahlhelm)

NSG	Nationalsozialistische Gewaltverbrechen
NS-Hago	Nationalsozialistische Handwerks-, Handels- und Gewerbeorganisation
NSV	Nationalsozialistische Volkswohlfahrt
NW	Nordwest (Berlin)
o.D.	ohne Datum
OdF	Opfer des Faschismus
o.J.	ohne Jahr
OLG	Oberlandesgericht
o.S.	ohne Seite
OstA	Oberstaatsanwalt
Pfd.	Pfund
Pfg.	Pfennig
PG	Polizeigefängnis
Pg.	Parteigenosse, Mitglied der NSDAP
PO	Politische Organisation (der NSDAP)
pp.	perge, perge (lat.), und so weiter (usw.)
Pr. GS.	Preußische Gesetzsammlung
RAD	Reichsarbeitsdienst
RF	Rollfilm
RFB	Roter Frontkämpferbund
RGBl.	Reichsgesetzblatt
RGO	Revolutionäre Gewerkschaftsopposition
RH/RHD	Rote Hilfe/Rote Hilfe Deutschlands
RJF	Reichsbund jüdischer Frontsoldaten
RLB	Reichsluftschutzbund
RM	Reichsmark
RMdI	Reichsminister/-ium des Innern
RS	Rückseite
RSHA	Reichssicherheitshauptamt
RStGB	Reichsstrafgesetzbuch
S.	Seite
SA	Sturmabteilung
SAJ	Sozialistische Arbeiterjugend

SAP	Sozialistische Arbeiterpartei Deutschlands
SAPMO-BArch	Stiftung Archiv der Parteien- und Massenorganisationen der DDR im Bundesarchiv
SA R I	Sturmabteilung Reserve I
SBZ	Sowjetische Besatzungszone
SchöG	Schöffengericht
SD	Sicherheitsdienst (der SS)
SED	Sozialistische Einheitspartei Deutschlands
SFr.	Schweizer Franken
SfS	Staatssekretariat für Staatssicherheit (MfS-Bezeichnung 23.07.1953 bis 24.11.1955)
SG	Sondergericht
SK	Sonderkommando
Sipo	Sicherheitspolizei
SMA/SMAD	Sowjetische Militäradministration (in Deutschland)
SMT	Sowjetisches Militärtribunal
Sopade	Sozialdemokratische Partei Deutschlands (Emigration)
Sp.	Spalte
SPD	Sozialdemokratische Partei Deutschlands
SS	Schutzstaffel
StA	Stadtarchiv
StAmt	Standesamt
Stapo	(Geheime) Staatspolizei
Stapostelle	Staatspolizeistelle
stellv.	stellvertretend
StVA	Strafvollzugsanstalt
SVK	Sozialversicherungskasse
SW	Südwest (Berlin)
Tim.	Timotheusbrief
UB	Unterbezirk
UBL	Unterbezirksleiter bzw. Unterbezirksleitung
UG	Untersuchungsgefängnis
UHA	Untersuchungshaftanstalt

U-Haft	Untersuchungshaft
USPD	Unabhängige Sozialdemokratische Partei Deutschlands
VdgB	Vereinigung der gegenseitigen Bauernhilfe
VdN	Verfolgter des Naziregimes
VEB	Volkseigener Betrieb
VGH	Volksgerichtshof
Vgl.	Vergleiche
VGem	Verwaltungsgemeinschaft
v.J.	vorigen Jahres
V-Leute	Vertrauensleute (der Gestapo)
v. M(ts).	vorigen Monats
Vors.	Vorsitzender
VP	(Deutsche) Volkspolizei
VpFD	Verband proletarischer Freidenker Deutschlands
VPKA	Volkspolizeikreisamt
VVB	Vereinigung Volkseigener Betriebe
VVN	Vereinigung der Verfolgten des Naziregimes
WASt	Deutsche Dienststelle für die Benachrichtigung der nächsten Angehörigen von Gefallenen der ehemaligen deutschen Wehrmacht (Wehrmachtauskunftsstelle)
WHW	Winterhilfswerk
WPO	Wohn(gebiets)parteiorganisation (der SED)
ZA DH	Zwischenarchiv Dahlwitz-Hoppegarten
ZH	Zuchthaus
zit.	zitiert
ZK	Zentralkomitee
ZPKK	Zentrale Parteikontrollkommission (der SED)
z.T.	zum Teil
Ztr.	Zentner
ZVfD	Zionistische Vereinigung für Deutschland
z.Zt.	zurzeit

Literaturverzeichnis (Auswahl)

Es sind nur Veröffentlichungen aufgeführt, die in der Publikation mehr als einmal zitiert werden.

Angrick, Andrej: Besatzungspolitik und Massenmord. Die Einsatzgruppe D in der südlichen Sowjetunion 1941–1943, Hamburg 2003

Bauz, Ingrid/Brüggemann, Sigrid/Maier, Roland (Hg.): Die Geheime Staatspolizei in Württemberg und Hohenzollern, Stuttgart 2013

Berghahn, Volker R.: Der Stahlhelm. Bund der Frontsoldaten 1918–1935, Düsseldorf 1966

Bohse, Daniel/Sperk, Alexander (Bearb.): Der ROTE OCHSE Halle (Saale). Politische Justiz 1933–1945, 1945–1989, Katalog zu den Dauerausstellungen, hg. v. Joachim Scherrieble, Berlin 2008

Buchholz, Marlis/Rother, Bernd: Der Parteivorstand der SPD im Exil. Protokolle der Sopade 1933–1940, Bonn 1995

Corni, Gustavo/Gies, Horst: Brot–Butter–Kanonen. Die Ernährungswirtschaft in Deutschland unter der Diktatur Hitlers, Berlin 1997

Dessau. Porträt einer Stadt., hg. v. d. Stadt Dessau, Dößel 2006

Dokumente zur Kirchenpolitik des Dritten Reiches, Bd. 3: 1935–1937, hg. v. d. Evangelischen Arbeitsgemeinschaft für Kirchliche Zeitgeschichte, Gütersloh 1994

Ebersbach, Volker: Geschichte der Stadt Bernburg in zwei Bänden, Bd. 2: Geschichte der Stadt Bernburg im 20. Jahrhundert, Dessau 2000

Engelmann, Horst: „Sie blieben standhaft". Der antifaschistische Widerstandskampf in Dessau unter Führung der Kommunistischen Partei Deutschlands, Dessau 1965

Enzyklopädie des Nationalsozialismus. Herausgegeben von Wolfgang Benz, Hermann Graml und Hermann Weiß, 3., korr. Aufl., Stuttgart 1998

Die Evangelische Landeskirche Anhalts in der Zeit des Nationalsozialismus (1933 bis 1945), hg. v. d. Kirchengeschichtlichen Kammer der Evangelischen Landeskirche Anhalts, Dessau-Roßlau 2019

Gegen Faschismus und Krieg – die KPD im Bezirk Halle-Merseburg 1933 bis 1945. Autorenkollektiv unter der Leitung von Karl-Heinz Leidigkeit, hg. v. d. Bezirksleitung Halle der SED, Halle 1983

Garbe, Detlef: Zwischen Widerstand und Martyrium. Die Zeugen Jehovas im „Dritten Reich", München 1993

Gittig, Heinz: Bibliographie der Tarnschriften 1933 bis 1945, München u. a. 1996

Graf, Herrmann: Anhaltisches Pfarrerbuch. Die evangelischen Pfarrer seit der Reformation, Dessau 1996

Grossert, Werner: Geschichte der Dessauer Juden. Verfolgung, Vertreibung, Deportation 1933–1945 (Die Dessauer Chronik, Sonderheft), Dessau 2004

Herlemann, Beatrix: „Wir sind geblieben, was wir immer waren, Sozialdemokraten". Das Widerstandsverhalten der SPD im Parteibezirk Magdeburg-Anhalt gegen den Nationalsozialismus 1930–1945, Halle 2001

Hesse, Fritz: Aus den Jahren 1925 bis 1950, Erinnerungen an Dessau, Bd. 2, Dessau 1995

Klee, Ernst: Das Personenlexikon zum Dritten Reich. Wer war was vor und nach 1945, Frankfurt am Main 2003

Kreißler, Frank: Dessauer Chronik, in: Dessau. Porträt einer Stadt, hg. v. d. Stadt Dessau, Dößel 2006, S. 79–136

Kreißler, Frank: Dessau in Trümmern. Bilder aus Dessau 1940 bis 1947, Dessau 2004

Kreutzer, Heike: Das Reichskirchenministerium im Gefüge der nationalsozialistischen Herrschaft, Düsseldorf 2000

Kupfer, Torsten: Wilhelm Friedrich Loeper (1883–1935): NSDAP-Gauleiter und Reichsstatthalter, in: MVAL 11/2002, S. 155–165

Leide, Henry: NS-Verbrecher und Staatssicherheit. Die geheime Vergangenheitspolitik der DDR, 2., durchges. Aufl., Göttingen 2006

Lexikon zur Parteiengeschichte. Die bürgerlichen und kleinbürgerlichen Parteien und Verbände in Deutschland (1789–1945), hg. v. e. Autorenkollektiv unter der Leitung von Dieter Fricke, 4 Bde., Leipzig 1983–1986

Lilla, Joachim (Bearb.): Statisten in Uniform. Die Mitglieder des Reichstags 1933–1945. Ein biographisches Handbuch. Unter Mitarbeit von Martin Döring und Andreas Schulz, Düsseldorf 2004

Longerich, Peter: Die braunen Bataillone. Geschichte der SA, München 1989

Mahlke, Bernhard: Stahlhelm – Bund der Frontsoldaten (Stahlhelm) 1918–1935, in: Lexikon zur Parteiengeschichte. Die bürgerlichen und kleinbürgerlichen Parteien und Verbände in Deutschland (1789–1945), hg. v. e. Autorenkollektiv unter der Leitung von Dieter Fricke, Bd. 4, Leipzig 1986, S. 145–158

Meier, Kurt: Der evangelische Kirchenkampf. Gesamtdarstellung in 3 Bänden, Halle 1976

Meißner, Kurt/Bursian, Hans/Kahmann, Franz: „… damit die Freiheit lebt!" Zur Geschichte des antifaschistischen Widerstandskampfes unter Führung der KPD im Bezirk Magdeburg-Anhalt 1933–1945, hg. v. d. Bezirksleitung Magdeburg der SED, Magdeburg 1966

Mielke, Siegfried/Heinz, Stefan (Hg.) unter Mitarbeit von Marion Goers: Funktionäre des Deutschen Metallarbeiterverbandes im NS-Staat, Widerstand und Verfolgung, Berlin 2012

Morsch, Günter: Arbeit und Brot. Studien zu Lage, Stimmung, Einstellung und Verhalten der deutschen Arbeiterschaft 1933–1936/37, Frankfurt am Main u. a. 1993

Müller, Manfred: Zustimmung und Ablehnung, Partizipation und Resistenz. Die preußische Provinz Sachsen im Spiegel geheimer Gestapo- und Regierungsberichte 1933–1936, Frankfurt am Main u. a. 2000

Overesch, Manfred/Saal, Friedrich: Das III. Reich 1933–1939. Eine Tageschronik der Politik Wirtschaft Kultur, Augsburg 1991

Paul, Gerhard/Mallmann, Klaus-Michael (Hg.): Die Gestapo. Mythos und Realität, Darmstadt 1995

Puschendorf, Peter: Sandersleber Chronik. Daten, Fakten und Begebenheiten aus der Geschichte der Stadt Sandersleben (Anhalt), Aschersleben 2009

Rupieper, Hermann-Josef/Sperk, Alexander (Hg.): Die Lageberichte der Geheimen Staatspolizei zur Provinz Sachsen 1933 bis 1936. Mit ergänzenden Materialien bearbeitet, eingeleitet und erläutert von Alexander Sperk, Bd. 1: Regierungsbezirk Magdeburg, Halle 2003

Rupieper, Hermann-Josef/Sperk, Alexander (Hg.): Die Lageberichte der Geheimen Staatspolizei zur Provinz Sachsen 1933 bis 1936. Mit ergänzenden Materialien bearbeitet, eingeleitet und erläutert von Alexander Sperk, Bd. 2: Regierungsbezirk Merseburg, Halle 2004

Rupieper, Hermann-Josef/Sperk, Alexander (Hg.): Die Lageberichte der Geheimen Staatspolizei zur Provinz Sachsen 1933 bis 1936. Mit ergänzenden Materialien bearbeitet, eingeleitet und erläutert von Alexander Sperk, Bd. 3: Regierungsbezirk Erfurt, Halle 2006

Sperk, Alexander: Anhalt im Nationalsozialismus (1932–1945), in: 800 Jahre Anhalt. Geschichte, Kultur, Perspektiven, hg. v. Anhaltischen Heimatbund e.V., Dößel 2012, S. 403–423

Sperk, Alexander: Entnazifizierung und Personalpolitik in der Sowjetischen Besatzungszone Köthen/Anhalt. Eine Vergleichsstudie (1945–1948), Dößel 2003

Sperk, Alexander: Konzentrationslager Roßlau – eine Bestandsaufnahme, in: MVAL, 19/2010, S. 169–213

Sperk, Alexander: Schutzhaft und Justiz im „Dritten Reich" auf dem Gebiet des heutigen Landes Sachsen-Anhalt, in: Viebig, Michael/ Bohse, Daniel (Bearb.): Justiz im Nationalsozialismus. Über Verbrechen im Namen des Deutschen Volkes. Sachsen-Anhalt, 2., überarb. u. erg. Aufl., Magdeburg (ohne Verlag) 2015, S. 46–57

Sperk, Alexander: Die Staatspolizei(leit)stelle Magdeburg, ihre Leiter und die Zerschlagung der KPD, in: Polizei & Geschichte, 1 (2009), S. 4–23

Sperk, Alexander: V-Leute der Politischen Polizei zu Beginn des Nationalsozialismus, in: MVAL, 21/2012, S. 163–182

Sperk, Alexander/Bohse, Daniel: Legende, Opportunist, Selbstdarsteller. Felix Graf Luckner und seine Zeit in Halle (Saale) 1919–1945, Halle 2016

Thévoz, Robert/Branig, Hans/Lowenthal-Hensel, Cécile: Pommern 1934/35 im Spiegel von Gestapo-Lageberichten und Sachakten, 2 Bde., Köln/Berlin 1974

Ulbrich, Bernd G.: Antisemitismus in Dessau. Eine Spurensuche in den Jahren 1924 bis 1939, Dessau 2004

Ulbrich, Bernd G.: Dessau im 20. Jahrhundert. 800 Jahre Dessau-Rosslau. Eine Stadtgeschichte, Bd. 2, hg. im Auftrag der Stadt Dessau-Roßlau von Frank Kreißler, Halle 2013

Ulbrich, Bernd G.: Nationalsozialismus und Antisemitismus in Anhalt. Skizzen zu den Jahren 1932 bis 1942, Dessau 2005

Ullrich, Christina: „Ich fühl' mich nicht als Mörder". Die Integration von NS-Tätern in die Nachkriegsgesellschaft, Darmstadt, 2011

Wildt, Michael: Generation des Unbedingten. Das Führungskorps des Reichssicherheitshauptamtes, Hamburg 2002

Viebig, Michael/Bohse, Daniel (Bearb.): Justiz im Nationalsozialismus. Über Verbrechen im Namen des Deutschen Volkes. Sachsen-Anhalt, 2., überarb. u. erg. Aufl., Magdeburg (ohne Verlag) 2015

Ziegler, Günter: Die anhaltischen Land- und Reichstagsabgeordneten zwischen 1918 (1919) und 1933, Dessau 1995

Ziegler, Günter: Kommunale Spitzenbeamte Anhalts. Biographische Skizzen 1832–1933, Dessau 1995

Abbildungsnachweis

Adreßbuch Stadt Dessau einschl. der Vororte und Dessau-Roßlau 1938, S. 9: S. 17
Anhalt im Dienste des Führers, hg. v. Anhaltischen Staatsministerium, Dessau 1937: S. 217, Vorsatz
Archiv Domgemeinde Halle, Fotoalbum Dr. Gabriel zum 70. Geburtstag: S. 542
Archiv der Evangelischen Landeskirche Anhalts, Fotosammlung: S. 427, S. 544
Brandenburgisches Landeshauptarchiv, Rep. 35G KZ Oranienburg Nr. 3/26, Bl. 100RS: S. 513
Bundesarchiv S. 337 (Bild 102-04575A), S. 368 (Bild 102-17173), S. 118 (R58/10735), S. 160 (R58/10872), S. 137 (R58/10949), S. 129, S. 147 (R58/10962), S. 71 (R58/10967), S. 169 (R58/11533), S. 119 (R58/11542), S. 200, S. 202 (R1501/ZA VI 0179 A.4), S. 396 (R3001/50224), S. 445 (R3001/58853), S. 516, S. 532 (R3018/1337), S. 102 (R9361-III/2250), S. 199 (R9361-III/16610), S. 186 (R9361-III/28585), S. 172 (R9361-III/46385), S. 88 (R9361-III/55171), S. 179 (R9361-III/57948), S. 133 (R9361-III/63752), S. 113 (R9361-III/81503), S. 171 (R9361-III/93469), S. 149 (R9361-III/99604), S. 139 (R9361-III/137578), S. 111 (R9361-III/154358), S. 114 (R9361-III/154778), S. 189 (R9361-III/160567), S. 207 (R9361-III/163493), S. 95 (R9361-III/167087), S. 193 (R9361-III/180047), S. 195 (R9361-III/190171), S. 141 (R9361-III/190708), S. 157 (R9361-III/195715), S. 197 (R9361-III/199472), S. 182 (R9361-III/201907), S. 183 (R9361-III/206794), S. 198 (R9361-III/220113), S. 116 (R9361-III/231059), S. 74 (R9361-III/556560), S. 91 (R9361-VIII KARTEI I0002), S. 99 (R9361-VIII KARTEI J0022)
Der Bundesbeauftragte für die Unterlagen des Staatssicherheitsdienstes der ehemaligen DDR: S. 560 (MfS, BV Halle, AIM 1375/52,

P-Akte, Bl. 8), S. 493 (MfS, BV Halle, AIM 346/59, P-Akte, Bl. 2), S. 174 (MfS, BV Halle, AIM 3521/69, P-Akte, Bl. 4), S. 568 (MfS, BV Halle, AIM 3068/75, Teil I, Bd. 1, Bl. 35), S. 574 (MfS, BV Halle, AIM 3360/84, Teil I, Bd. 1, Bl. 236), S. 162 (MfS, BV Halle, AOP 188/61, Bl. 125), S. 469 (MfS, BV Halle, AOG 771/61, Bl. 15), S. 420 (MfS, BV Halle, KS II 143/59, Bl. 1), S. 461 (MfS, BV Magdeburg, KD Magdeburg, Nr. 11004, Bl. 25), S. 185 (MfS, HA IX/11, ZUV 23 Akte 16, Bl. 142), S. 122 (Ebd., Bl. 199), S. 205 (Ebd., Bl. 447), S. 165 (MfS, HA IX/11, RHE 112/71 SU Bd. 1, Bl. 126), S. 177 (MfS, AP 14775/62, Bl. 4), S. 452 (MfS, GH 43/55, Bd. 10, Bl. 111), S. 482 (MfS, AIM 10010/66, A-Akte, Bd. 1, Bl. 142)
Erzbistumsarchiv Paderborn: S. 405, S. 468
Evangelisches Pfarramt St. Nicolai Ballenstedt: S. 463
Evangelisches Pfarramt St. Vitus Güsten: S. 537
Industrie- und Filmmuseum Wolfen, Materialsammlung Otto Pawlicki: S. 510
Landesarchiv Sachsen-Anhalt: S. 548 (G 15, Nr. 4), S. 27 (G 15, Nr. 14), S. 407 (K6-1, Nr. 124, Bl. 46), S. 400 (K6-1, Nr. 171, Bl. 116), S. 418 (K6-1, Nr. 532, Bl. 3), S. 412 (K6-1, Nr. 546, Bl. 107), S. 404 (K6-1, Nr. 597, Bl. 26), S. 423 (K6-1, Nr. 813, Bl. 32), S. 428 (K6-1, Nr. 1051, Bl. 12), S. 434 (K6-1, Nr. 1159, Bl. 14), S. 435 (K6-1, Nr. 1177, Bl. 79), S. 441 (K6-1, Nr. 1331, Bl. 1), S. 392 (K6-1, Nr. 1574, Bl. 61), S. 448 (K6-1, Nr. 1813, Bl. 44), S. 488 (K6-1, Nr. 2558, Bl. 8), S. 504 (K6-1, Nr. 3531, Bl. 1), S. 496 (K6-1, Nr. 3550, Bl. 4), S. 508 (K6-1, Nr. 3879, Bl. 5), S. 509 (K6-1, Nr. 4021, Bl. 6), S. 520 (K6-1, Nr. 4369, Bl. 4), S. 526 (K6-1, Nr. 4457, Bl. 4), S. 535 (K6-1, Nr. 4800, Bl. 1), S. 546 (K6-1, Nr. 4849, Bl. 1), S. 541 (K6-1, Nr. 4897, Bl. 2), S. 540 (K6-1, Nr. 4898, Bl. 14), S. 530 (K6-1, Nr. 5093, Bl. 18), S. 552 (K6-1, Nr. 5171, Bl. 12), S. 565 (K6-1, Nr. 5454, Bl. 4), S. 55 u. S. 570 (K6-1, Nr. 5705, Bl. 7 u. 30), S. 566 (K6-1, Nr. 5779, Bl. 3), S. 572 (K6-1, Nr. 5802, Bl. 3), S. 527 (K6-1, Nr. 7293, Bl. 2), S. 408 (K6-1, Nr. 7347, Bl. 75), S. 457 (K6-1, Nr. 8661, Bl. 16), S. 550 (K6-1, Nr. 9065, Bl. 12), S. 554 (K6-1, Nr. 9179, Bl. 3), S. 51 (K13

Zerbst, Nr. 119, Bl. 375), S. 411 (P 522, IV/8/115, Bl. 37), S. 424 (P 522, IV/8/222, Bl. 1), S. 437 (P 522, IV/8/321, Bl. 3), S. 486 (P 522, IV/8/631, Bl. 27RS), S. 500 (P 522, IV/8/736, Bl. 1), S. 558 (P 522, IV/8/1139), S. 578 (P 522, IV/8/1253, Bl. 3), S. 190 (Z 141, Nr. 515, Bl. 1), S. 105 (Z 149, Nr. 823, Bl. 207), S. 210 (Z 149, Nr. 823, Bl. 208–209), S. 50 (Z 257, Nr. 213, Bl. 20 Ausschnitt), S. 60 (Z 259, Nr. 746, Bl. 3), S. 62 (Z 259, Nr. 1882, Bl. 43)

Landeskirchliches Archiv Kiel, 91.4, unverzeichnet: S. 432

Privatsammlung Hans Dieter Fettback: S. 538

Privatsammlung Bill Freeman: S. 297, S. 430

Privatsammlung Klaus Reulecke: S. 181

Privatsammlung Alexander Sperk: S. 19, S. 40, S. 67, S. 258, S. 328

Staatsarchiv Darmstadt: S. 125 (H 3 Darmstadt Nr. 18224)

Staatsarchiv Ludwigsburg: S. 145 (EL 903/2 Bü 1557)

Stadtarchiv Bernburg: S. 310 unteres Bild (Fi.10-0033-1), S. 442 (Fi.15-0064-0012), S. 562 (Fi.09-0771-001)

Stadtarchiv Coswig (Anhalt): S. 236

Stadtarchiv Dessau-Roßlau: S. 46 (FI 16-0001), S. 310 Bild oben (FI 81b-0063), S. 34 (FI 81b-0064), S. 465 (FI 109-0014), S. 498 (FI 109-0015), S. 503 (FI 109-0016), S. 476 (FI 109-0035), S. 151 (NZ 91 0004), S. 154 (NZ 91 0005), S. 156 (NZ 91 0006)

Stadtarchiv Hofheim am Taunus, Nachlass Gustav Kyritz, Landsbergbuch 13 (aus: „Höchster Kreisblatt" 31.03.1967, S. 7): S. 127

Stadtarchiv Köthen, Fotosammlung: S. 474

Personenregister

Es fehlen jene Personen, die in den Biografien als Eltern, Ehepartner, Söhne, Töchter oder Geschwister genannt werden. Auch Adolf Hitler wurde nicht aufgenommen.

Achtert, Heinrich 254, 372, 379, 391
Ackermann, Walther 45
Adamsky, Ludek 53, 64
Albrecht, Max 259, 392–395
Alterthum, Martin 285, 381, 395–398
Ampletzer, Thomas 70, 102–106
Arndt, Alfred 292, 398 f.
Arndt, Dr. Ludwig 29

Back, Max 314, 372, 378, 399–402, 410
Bär, Franz 280
Bär, Richard 298, 402 f.
Bär, Wilhelm 298, 403 f.
Bartels, Albert 305, 317, 404 f.
Barth (Gestapo-Mitarbeiter Dessau) 56 f.
Barthels, Gertrud 54
Beckmann, Dr. Wilhelm Joachim 341
Behrens, Otto 513
Beier, Carl 268 f., 405
Bendler, Paul 71, 158–162
Benno (Spitzname von Gustav Ponanta) 353
Bergt, Karl 29
Bergt, Marie 54
Berold, Walter 577
Best, Werner 78, 151
Bethe, Herbert 254, 406
Beutler, Willy 497
Bibusch, Friedrich 57, 71, 184 f.
Blösche, Josef 195
Blumtritt, Charlotte 292, 406 f.

Bobowski, Anna 298, 407–410
Bobowski, Stephan 298, 410
Bock, Wilhelm 564
Böhlmann, Albert 314, 372, 378 f., 391, 410 f.
Böhlmann, Fritz 292, 412–415
Böhm, Heinz 161, 165, 198 ff.
Böhm, Oskar 290, 415 ff.
Bolder, Rudolf 57, 71, 120–124, 127 f., 160, 164
Braun, Friedrich 369
Bruck, Arthur Moeller van den 242
Buch, Wilhelm 379, 417 f.
Busse, Franz 290, 418 f.

Carl, Willy 290, 419 f.
Cieslik, Franz 45

Daluege, Kurt 222
Dankert, Willi 185 ff.
Deist, Heinrich 22
Denkewitz, Karl 254, 420 ff.
Deutschbein, Dr. Wilhelm 70, 200–203
Donat, Richard 71, 123–128, 135, 169
Donner, Oskar 298, 422 ff.
Dost, Kurt 298, 424 f.
Dube, Julius 50, 71, 110 f.
Duve, Walter 268

Ebeling, Walter 265 f., 425 f.
Ebert, Wilhelm 71, 163–167

Eggeling, Joachim Albrecht 218, 321, 351, 367f.
Eggert, Max 310
Ende, von (Freiherr, Alt-Jeßnitz) 324
Engelmann, Horst 225f.
Ermert, Dr. Willy 336, 354, 374
Ernst, Berta 54

Feit, Ernst 332, 344, 426f.
Fest, Dr. Anton 70f.
Feuerherdt, Wilhelm 31
Feuz, G. (IBV, Bern) 358
Fiedler (Dr., Chefarzt Kreiskrankenhaus Zerbst) 525
Fiedler, Benno 353
Fiedler, Georg 303, 427f.
Finger, Kurt 71, 165, 204–207
Flehmig, Ewald 325, 339
Franke, Fritz (Deckname von Karl Rauchfuß) 520
Franke, Hermann 290, 428f.
Franke, Johannes 171f.
Franz, Fritz 56f.
Freund, Udo (Deckname von Gustav Ponanta) 515
Freyberg, Alfred 15, 22f., 28–31, 48ff., 75f., 203, 212–223, 238, 267, 269, 278, 294, 309f., 336, 355, 368, 375
Frick, Wilhelm 20, 50, 76, 219, 221f., 303, 305, 358
Fried, Otto 353
Friedheim, Felix 296f., 429ff.
Friedrich II. Herzog von Anhalt 149
Friedrich, Walter 71, 116ff., 147
Friedrich, Willy 288f.
Friesleben, Fritz 29
Fritsche, Franz 389, 433f.
Froese (Firma in Hagen/Westfalen) 366
Fromme (Dr., Geheimer Justizrat, Halberstadt) 213
Fuchs, Herbert 16
Fuhrmann, Max 254, 435ff.

Galle, Paul 393
Gebhardt, Willy 263
Gehre, Otto 4, 60, 389, 437ff.
Geisendorf, Karl 266, 439f.
Gent, Gustav 56ff., 71, 92, 147ff., 152, 158, 164
Gerstenberg, Dr. Karl Friedrich 260
Giersbeck, Erich 127–131
Gisevius, Dr. Hans Bernd 238, 267, 278, 294, 309
Gleissenring, Arthur 254, 440
Gleissenring, Otto 254, 440f.
Gmeiner, Dr. Josef 87ff., 91, 100, 104
Gneist, Franz 329, 339, 441f.
Goebbels, Dr. Joseph 240, 257, 279, 353
Göring, Hermann 20, 49f., 223, 286, 337, 353
Göring-Lager / Göring-Plan 272
Goudsmid (Firma in Jeßnitz) 363
Granert, Arthur 178f.
Grauert, Ludwig 222
Groß, Else 163, 175–178
Günther, Max 28
Gumpel, Dr. Max 362, 442ff.
Gumpel & Samson (Bankhaus in Bernburg) 362, 442f.

Hackenholz, Dr. Dirk 5, 14
Hämmerli, Heinrich 57, 125, 131–135, 165, 169
Hampel, Dr. Friedrich 186, 332, 344, 444ff.
Harms, Dr. Richard 28, 34
Hauer, Prof. Jakob Wilhelm 342f.
Haugwitz, Richard 522
Heese, Max 277, 281
Heinen, Johann 254, 446f.
Heinze, Dr. Felix 28
Heinze, Osmar 298, 447ff.
Heinze, Paul 16
Heise, Erich 254, 449ff.

597

Helm, Gustav 393
Hempel, Else (siehe Groß, Else)
Hempel, Willi 290, 451
Hengst, Richard 29
Henschke, Hans 88
Henze, Ernst 298, 451
Hernig, Rudolf 191, 254, 452 ff.
Herre, Emil 298, 300 f., 454 ff.
Herrmann, Karl 290, 456
Herrscher, Erich 57, 60, 89–94, 96, 109, 133, 146
Heß, Rudolf 48, 368
Hesse, Fritz 218
Heydrich, Reinhard 50, 74 f., 78, 455
Heyer, Willi 298, 456 ff.
Hierl, Konstantin 216
Hiller, Dr. Friedrich 29 f.
Hillner, Erich 290, 458
Himmler, Heinrich 48, 52, 74, 78, 95, 358, 447
Hindenburg, Paul von Beneckendorff und von 23, 250, 272, 283
Hindenburg-Kaserne (Dessau) 38, 69
Hinze, Otto 329, 339
Hinze, Dr. Rudolf 191, 239, 321, 323, 458 ff.
Hirschland-Prozess 331
Hitler-Jugend 113, 139, 168, 184, 194, 242, 348
Hoede, Curt 268 f., 460 f.
Hoffmann, Bruno 304, 462 f.
Hoffmann, Gerhard 303 f., 359 ff., 464 f.
Hofmann, Paul 27 f.
Hofmeister, Walter 50, 61, 97–100
Höhse, Kurt 290, 462
Holz, Otto 272, 439, 465 f.
Hopstock, Paul 113 f.
Hübner, Else (siehe Groß, Else)
Hübner, Friedrich 50, 148, 162 f., 176, 256

Huhold, Karl 289, 466 f.
Huppertz, Stefan 317, 331, 343, 467 f.
Huth, Otto 191, 290, 468 f.

Jahnen, Ewald 533
Jeuthe, Gustav 406 f.
Johannes, Albert 290, 469 f.
Johannes, Heinrich 29
Johannes, Otto 292, 372, 378, 410, 413, 470
Jordan, Rudolf 202, 218 f., 337
Jung, Edgar 243
Jung, Willi 480
Junkers, Hugo 36, 38, 320
Jurer (Deckname von Gustav Ponanta) 353

Kahmann, Franz 573, 577
Kaplick, Richard 191, 254, 471 f.
Katzenstein, Alfred 265, 332, 344, 472 f.
Kaufmann (Rechtsanwalt, Thale) 214
Keller, Otto 261 f., 473 ff.
Kelterer, Willi 71, 170 f.
Kerrl, Hanns 355, 374, 379 f.
Kersten, Martin 268
Kietzmann, Ludwig 463
Klein, Dr. Kaspar 468
Klingelhöfer, Ludwig 59
Kloppe, Franz 565 f., 580
Kmiec, Paul 254, 260, 271 f., 452, 475 ff.
Knoche, Kurt 56 f., 71, 149 f., 152, 165
Knochenhauer, Richard 335, 346, 478–481
Knof, Willy 71, 135–138
Knorr, Dr. Dr. Willy 22 f.
Koch, Dora 54
Koch, Karl 303
Koek, Johannes 54

König, Paul 515
Körner, Elsa 292, 481, 535
Krauthause, Richard 227, 291f., 298, 315, 407, 413, 439, 477, 482–485, 515, 533, 535
Krieg, Friedy 358
Kröning, Ernst 50, 70, 156, 191
Krosigk, Dedo von 478
Krüger, Fritz 191, 254, 485–488, 497
Krüger, Otto 298, 488f.
Krüger, Walter 254, 489
Kummerow, Erich 243

Lämmler, Erich 47, 475
Lange, Willy 353
Lebe, Wilhelm 226f., 516
Lemnitz, Karl-Otto 254, 489ff.
Levin, Otto 29
Loeper, Wilhelm Friedrich 17, 27, 41, 48, 74, 214ff., 218f., 267ff., 279, 281, 287f., 303f., 310, 312, 334f., 344f., 353, 363, 367ff., 375, 405, 450, 461, 551
Loewenfeld, Wilfried von 73
Lohmann, Willy 30
Luckner, Felix Graf 288
Ludendorff-Bewegung 240, 245, 260f.
Ludendorff, Erich 245f., 260, 270, 283, 359
Ludendorff, Mathilde 246, 260
Ludendorff-Verlag 19, 246, 260f., 283
Lührs, Armin 28
Luppe, Hermann 287, 491f.
Luther, Martin 340
Lutze, Viktor 262, 310, 312

Macheleidt, Alfred 298, 492ff.
Manecke, Dr. Hans Albrecht 332, 334
Mangold, Werner 362, 494f.
Marschallek, Paul 64
Martin, Emma 455

Marx, Otto 190, 192
Matthay, Franz 191, 254, 495ff.
Matthias, Albert 55ff., 77, 100–103, 106
Matthias, Walter 254, 497ff.
Meier, Friedrich 254, 499ff.
Meier, Helene 290, 413, 499, 501ff.
Meier, Jean 254, 499, 501ff.
Meier, Kurt 315, 503f.
Mörchen, Siegfried 287, 491, 504f.
Moltzahn, Fritz 243
Muck, Richard 290, 505
Müller, Ludwig 254f.
Müller, Martin 256, 304, 340f.
Mund, Ernst 71, 125, 138ff., 169
Mussolini, Benito 241, 348
Mutschmann, Martin 219, 221

Natascha, Moskauer Nächte (Kinofilm) 324
Naumann, Paul 386, 506
Neubert, Friedrich 298, 506
Nieland, Dr. Hans 221
Niemann, Willi 298, 506
Nierenberg, Friedrich 292, 507
Niesler, Richard 62, 290, 508f.

Oschmann, Arthur 298, 509

Paitz, Kurt 268
Pannier, Erich 254, 509f.
Papen, Franz von 243
Paulick, Richard 28
Pawlicki, Otto 298, 510ff.
Peter, Paul 57
Petermann, Max 254, 512
Peters, Richard (Falschname von Robert Pfeiffer) 155
Pfeiffer, Robert 71, 151–156
Pieck, Wilhelm 454
Pietscher, Dr. Johannes 28

Pippig, Willi 191, 254, 496f., 512–515
Pohle (Gestapo-Mitarbeiter Dessau) 56f.
Ponanta, Gustav 227f., 291, 297, 314, 353, 410, 515–518
Posch, Walter 110–113
Prange, Paul 71, 113ff.
Prautzsch, Willy 70, 91, 101, 106–109, 127
Priebusch, Martin 342

Rabenau, Kurt von 289, 518f.
Rammelt, Dr. Johannes 29f.
Rannefeld, Paul 56f., 71, 171
Rappsilber, Fritz 191
Rauchfuß, Karl 386, 519ff.
Rechner, Otto 298, 521f.
Reimert, Alfred 187ff.
Reischmann, Alfons 71, 189
Reulecke, Ewald 71, 179ff.
Reuß, Dr. Heinrich 41, 248
Richter (Mitarbeiter Gestapo Dessau?) 326
Riecke, Arno 207f.
Röhm, Ernst 239f., 262
Röhm-Putsch 239, 241, 243f., 259, 272
Roenick, Engelbert 16, 29, 218f.
Röhr, Alfred 254, 523
Röselmüller, Hermann 50, 70, 182, 189–192
Rößler, Willy 389, 434, 438, 552
Rößner, Ludwig 173ff.
Rohde, Otto 292, 413, 522
Rose, Dr. Hans 338, 523ff.
Rose, Otfried 56f., 94–97
Rosenberg, Alfred 359f.
Rothe, Otto 191, 490
Rückwardt, Paul 298, 525f.
Rüter, Dietrich 300, 389
Ruge, Walter 56f., 71, 116, 118f.

Rupieper, Prof. Dr. Hermann-Josef 5, 14
Rutherford, Joseph Franklin 357

Salmuth, Wolfgang Freiherr von 282f.
Salomon, Hermann 298, 526f.
Salomon (Stenotypistin Gestapo Dessau) 50
Salzmann, Hugo 83
Sander, Hanns 34, 38, 215, 219, 221
Sattelmacher, Paul 445
Sauckel, Fritz 367
Schacht, Hjalmar 313, 354, 374
Scheller, Walter 298, 527ff.
Schieder, Julius 341
Schiedewitz, Friedrich 16, 453, 550
Schiele, Gustav 361
Schierpke, Karl 386, 529f.
Schilbach, Kurt 298, 530ff.
Schirmer, August 347
Schirow jun., Otto 226, 254, 352f., 532ff.
Schirrmacher, Robert 292, 315, 535f.
Schmeil, Werner 386, 536
Schmetzer, Friedrich Wilhelm 34
Schmidt, Else 369
Schmidt, Martin 256, 303, 340, 536ff.
Schmidt, Walter 369, 376
Schmidt, Willi 71, 193f.
Schmischke, Dr. Gustav 524f.
Schneider, Albrecht 341, 538f.
Schneidereit, Paul 252
Schönemann, Paul 263
Schöpfel, Willy 30
Schröder, Hans 268
Schröter, Arno 298, 540
Schröter, Franz 298, 540f.
Schröter, Dr. Fritz 274, 541ff.
Schröter, Otto 191
Schröter, Waldemar 316, 359, 543–546
Schröter, Willy 191

Schucht, Dr. Friedrich-Wilhelm 340
Schüler, Wilhelm 298, 546
Schütze, Erich 191
Schulze, Ernst 191
Schwarzwald, Paul 71, 194 ff.
Schweinitz, Hellmut von 361, 546 f.
Schwerdtfeger, Hermann 321, 547 f.
Schwichtenberg, Fritz 71, 122, 140 f.
Sczyrba, Walter 290, 548 f.
Seger, Gerhart 281
Segieth, Helene (siehe Tangermann, Helene)
Seldte, Franz 262, 288, 378
Senff (Kreisdirektor Dessau-Köthen) 28
Senger, Johanna 332, 344, 549 f.
Sens, Otto 50, 62, 72–88, 97, 100, 129, 430
Seufert, Lorenz 191, 290, 292, 535, 550 f.
Siegfried, Franz 99
Sinsel, Ludwig 28
Skorna, Richard 16
Smith, Ellen (Figur einer KPD-Tarnschrift) 292, 299
Sommer, Wilhelm 56 f., 71, 157 f.
Stahl, Paul 389, 552
Staufer, Wilhelm (Falschname von Wilhelm Sommer) 158
Steinbach, Richard 56 f., 195 ff.
Steinhardt, Elsa 54
Stephan, Willy 353
Stier, Dr. Ewald 316
Stock, Dr. Friedrich 191
Stolze, Ernst 254, 553
Stracke, Friedrich 50, 70, 77, 181 f.
Strafe, Otto 71, 196 f.
Straßer, Dr. Otto 245
Strechel, Walter 57
Streicher, Julius 332
Strowicki, Franz jun. 254, 553 ff.

Strowicki, Franz sen. 254, 556
Strübing, Erich 56 f., 66, 71, 142 f.

Tangermann, Heinz 71, 125, 134 f., 167–170
Tangermann, Helene 168 f.
Teichgräber, Richard 438
Tempel, Karl-Heinz 70 f., 116, 119 f., 147
Thälmann, Ernst 280, 291, 293, 297, 299 f.
Thiede, Franz 182 f.
Thieme, Franz 298, 556 f.
Thieme, Karl 298, 557 ff.
Thies, Dr. Oskar 338, 359 f.
Thormann, Paul 254, 560 f.
Trebing, Wilhelm 265 f., 562 ff.
Tschammer und Osten, Hans von 326
Tunkel (Vikar, Spittal an der Drau) 330, 343

Ullrich, Kurt 191, 254, 564 f.
Ulrich, Curt von 310, 337
Ury (Gebrüder, Leipzig) 364
Uwo (siehe Wohlwert)

Wagner, Karl 533
Wahl, Dr. Heinrich 285
Walter, Dr. Isidor 363
Walter, Wilhelm 325, 339, 565 f., 580
Weber, Dr. Ernst 22
Wehrmann, Rudolf 192
Weidenhausen, Erich 56, 71, 197 f.
Weiland, Hermann 191, 254, 566 f.
Weiß-Bollandt, Anton 71
Wentzel, Ilse 261
Werner, Friedrich 343, 359, 567 f.
Wessel, Horst 235
Westphal, Franz 254, 568 f.
Wienecke, Otto 480
Wilde, Martin 342

Wilhelm II. 282
Wilke, Frieda 298, 569f.
Windschild, Karl 330, 341
Winkemüller, Friedrich 55, 298, 570f.
Wittig, Friedrich 298, 571f.
Wittig, Gustav 298, 299, 531, 572f.
Wittig, Paul 298, 573ff.
Wohlwert (Einheitspreisgeschäft Dessau) 364, 487
Wolle, Agnes 191
Wolle, Paul 191, 315, 575f.
Wurmstedt, Paul 56, 71, 113, 115f.

Zabel, Erich 254, 576
Zabel, Gustav 254, 577ff.
Zander, Emil 57, 143–146
Ziegler, Otto 298, 579
Zingel, Christoffer 191
Zinzinatow, Iwan 298, 579
Zober, Paul 325, 339, 566, 580

Orts- und Sachregister

Länder, Regionen, Gaue, Bezirke, Anhalt, Berlin, Dessau, Gestapo Dessau sowie die in den Biografien genannten Geburts- und Sterbeorte wurden v.a. wegen der Häufigkeit der Nennung nicht in das Register aufgenommen.

Aalen 203
Addis Abeba 348
Aken (Elbe) 18, 41, 148f., 280, 416, 420, 516f.
Aktion Gitter 68, 408f., 425, 477, 531, 558, 564, 571
Alldeutscher Verband 19, 240
Allenstein 120
Allstedt 482
Altenhof 468
Altjeßnitz 252, 298, 324, 455, 526
Altona 112, 512f.
Amberg 87
Angern 205
Ankuhn 269
Antwerpen (Lager) 567
Aprilia 451
Arbeitsämter 16f., 24, 41ff, 273, 307, 373, 379
Arbeitsamtsbezirke 41f., 307, 333, 345
Arbeitsdienst (FAD/RAD) 23, 114, 180, 194, 216, 269f., 406, 436, 441, 446, 461, 489, 512, 568
Arbeitsmarkt 19, 307f., 319, 333f., 345, 365, 382
Arensberg 539
Arensdorf 543
Asch 436
Aschendorfermoor 517
Aschersleben 114, 116, 180, 467
Attichy (Lager) 567

Auerbach (Bensheim) 126
Augsburg 145, 340f., 539
Auschwitz 473

Baasdorf 543
Badeborn 137, 463
Bad Elster 394
Badersleben 205
Bad Godesberg 100
Bad Kissingen 460
Bad Liebenwerda 338
Bad Rabka 199f.
Bäckereien 92, 106, 275, 405
Ballenstedt (einschl. Kreis) 26, 34, 41f., 44, 215, 217, 225, 247f., 269, 282, 304, 357, 362, 433, 463f., 494f., 504, 534, 536
Barby 185
Barigau 447
Barleben 157, 170
Barmen 537, 539
Basel 261
Bauern 39, 247, 257f., 269, 275, 283f., 320–323, 351, 383f.
Bautzen (einschl. Speziallager) 155, 454
BB-Apparat (KPD) 226, 352f., 477, 533f.
BdS Belgien u. Nordfrankreich 99
BdS Krakau 79
BdS Serbien 122

BdS Ukraine 193f.
Beelitz 539
Beesewege 539
Bekennende Kirche 15, 20, 190, 255f., 274f., 283, 286f., 301–304, 316, 329f., 340ff., 348, 358–361, 379f., 428, 463f., 505, 537ff., 542–545
Belgrad 122
Benefeld-Bomlitz (Spruchgericht) 122, 141
Berdjansk 422
Bergwitz 549
Berislaw 120
Berlin-Anhaltische Maschinenbau AG (BAMAG) Dessau 36, 272, 414, 418, 435, 437, 495, 497, 532, 550, 553, 555, 564f., 577
Berlin-Charlottenburg (Sipo-Führerschule) 104, 117, 119, 121, 129, 133, 148, 159, 168, 171, 182f., 187, 199, 208
Bern 357f.
Bernburg (Saale) (einschl. Kreis) 20, 26, 28, 33ff., 39–42, 44, 101f., 113f., 116ff., 124ff., 128, 132, 144, 149, 152f., 155, 170, 172, 186, 196, 199, 225, 259, 263, 265, 269, 291, 300, 306ff., 310, 312f., 316, 318f., 325, 329f., 332f., 335, 339f., 342–346, 351, 362, 370f., 376, 379, 389, 395f., 417f., 425f., 429, 441–445, 447, 458, 464, 472, 478, 480, 495, 505, 519, 541, 543, 545, 550, 562–566, 580
Bethel 541, 543
Bewährungstruppe 999 391, 411, 470, 487, 499, 561, 578
Bielefeld (Spruchgericht) 77, 82f., 85
Biendorf 464
Bischofshofen 145
Bismark 539

Bitterfeld (einschl. Kreis) 117, 185, 252, 284, 324, 404, 409, 423, 425, 448, 468, 493, 511, 520, 522, 525f., 528f., 531f., 540, 557ff., 566, 570f., 573f., 579
Bjelovar 113
Blankenburg/Harz 140, 261
Bobbau 244, 287, 316, 404, 407, 491, 504f.
Bobrujsk 405
Bochum 519
Bocksbrändchen 317
Bodingen 539
Börgermoor 466, 514
Bonn 94, 100, 467
Borowitschi 173
Brandenburg 454, 472, 528
Braunschweig 207, 467, 499, 502
Bremen 130
Bremerhaven 160f.
Breendonk 100
Breslau 73, 515, 538
Brünn / Brno 160, 163
Brüssel 99, 388
Buchenwald (KZ/Speziallager) 118, 148, 150, 156, 237, 280, 397f., 402, 409, 425, 438, 474, 477, 483, 503f., 507, 514, 517, 531, 534, 571
Buchsweiler 201
Bückeberg 369
Bund Deutsche Gotterkenntnis 260
Bund Deutscher Mädel (BDM) 348
Burg (bei Magdeburg) 406
Burgberg im Allgäu 108
Burgdorf 131
Butterversorgung 351, 356, 377, 383

Calbe/Saale 41, 284
Cannes 462
Castrop-Rauxel 165
Celle 459, 473
Charkow 422

Chemnitz 181, 389, 434, 438, 552
Coswig (Anhalt) 4, 29, 34, 40, 56f., 63, 69, 96, 113, 171, 190, 225, 235ff., 269, 275, 301, 311, 337f., 351, 394, 400, 402f., 406, 411, 418, 421, 424, 435f., 438, 446f., 450, 452f., 455, 459, 466, 470ff., 482f., 490f., 496, 498, 500, 503, 508, 514f., 520, 522, 525, 527, 533, 536, 541, 551, 554f., 558, 661, 577, 579
Cottbus 471

Dachau (Internierungslager/KZ) 108, 145, 340, 431
Danzig 494
Darkehmen-Angerapp 542
Darmstadt 125ff., 135, 139f., 169
Darmstadt-Lager (Spruchkammer) 126, 135, 140, 169
Delitzsch 117, 468
Denunziationen 15, 20, 65, 566, 580
Dessauer Waggonfabrik 36, 441, 452, 495, 531, 566
Dessau-Köthen (Kreis) 28, 33f., 55, 96, 232, 277, 290, 297, 334, 345, 403, 415, 527, 547f.
Dessau-Wörlitzer Eisenbahn 368f., 375, 418
Deutsch-Britisches Flottenabkommen 327, 339
Deutsche Arbeitsfront 38, 95, 186, 271, 311f., 318, 327, 333, 372, 378, 417, 461, 560, 580
Deutsche Christen 255, 274f., 302, 330, 360, 379f., 463, 537, 539, 544
Deutsche Glaubensbewegung 222, 303, 342
Deutsche Reichsbahn 135, 159, 201, 259, 329, 340
Devisenprozesse (kath. Kirche) 331, 343
Döben 193

Döberitz 505
Domersleben 148
Dormagen 166
Dornburg (Schloss) 237
Dortmund 95, 166, 459
Dresden 45, 107, 178, 217, 221, 389, 434, 524, 535
Düben 53, 88, 112, 119, 121, 136, 153, 165, 169
Dürreschäden 247, 257
Düsseldorf 29, 161, 166, 192, 200, 341
Duisburg 149, 163, 176

Edderitz 39, 464
Eierversorgung 284, 320, 383
Eilenstedt 92
„131er-Gesetz" 86, 93, 100, 123, 127, 131, 143, 146, 161, 165, 206f.
Einsatzgruppen (Sipo/SD) 53, 59, 71f., 78–81, 88, 91, 96, 102, 111f., 115ff., 119ff., 126, 129, 134, 136, 139, 141ff., 148, 150, 152f., 155, 158, 160, 165, 169, 171, 180, 183, 185, 188f., 193, 197f., 205f.
Eisenach 167
Eiserne Front 281f., 490
Elbing 499, 502
Erfurt 118, 485, 500
Erkner 317
Erlangen 87
Ernste Bibelforscher (siehe Zeugen Jehovas)
Erntedanktag 369f., 376
Erster Mai (Feiertag) 231f., 234f., 313f., 421, 457, 550, 575
Eschwege 143
Eselheide (Internierungslager) 84
Essen 124, 181, 475
Esterwegen (Internierungslager) 84, 123

Facharbeitermangel 42, 307, 319, 334, 345
Fallersleben 97
Faßberg 97
Feldkirch 168
Fettversorgung 351, 356, 364, 377, 383
Fischbeck (Elbe) 57, 96
Flaggenerlasse 282f., 288, 305, 350, 370, 376, 380
Fleischversorgung 351, 356, 365, 383
Frankfurt am Main 71, 135, 173, 197, 493
Frankfurt/Oder 149
Freckleben 492
Freiburg im Breisgau 442, 467
Freie Landarbeiterschaft Anhalts 244
Freikorps 73f., 87, 106, 181, 459
Freimaurer 19, 65, 209, 222, 245, 248f., 252, 263, 285, 305f., 318, 331f., 343f., 362, 491
Fremdenlegion 263, 560
Friedland (GDL) 149, 152
Friedrichshall 39
Frose 39
Fürstenberg/Havel 136, 404
Futtermittelknappheit 247, 257

Gadeland (Internierungslager) 84
Gardelegen 57, 96, 205
Garlipp 539
Gehälter (Kritik, siehe Löhne)
Geheime Feldpolizei 144ff.
Geheimes Staatspolizeiamt 44, 48ff., 63, 74f., 77f., 208f., 237f., 245f., 254, 260, 264, 305, 323, 333, 344, 352, 366, 455, 502
Gelsenkirchen 405
Genf 213
Gera 484
Gerbstedt 480
Gerlebogk 39

Gernrode 41, 211
Giersleben 42
Glubokoje (Ghetto) 170
Gölzau 386
Görzig 305, 317, 405
Göttingen 143, 201, 260, 459
Gollnow (Zuchthaus) 470
Golpa 18, 418, 448, 492, 508f., 530, 548, 566
Gommern 63, 128, 391, 412f., 498f., 556
Gorlowka 150, 166
Goslar 123
Gotha 119, 168
Greifswald 404, 427, 432, 504
Greiz 415
Griebo 235, 411
Gröbzig 39, 42, 54, 57
Großalmerode 508
Großjena 155
Großkayna 492
Groß-Mochbern 538
Großpaschleben 424
Großräschen 314
Grünheide 165
Guben 196
Güsten 39, 180, 194, 353, 385, 427, 538, 541

Hagen (Westfalen) 366, 405
Hakenkreuzfahne 283, 288, 305, 367, 370, 375, 380
Halberstadt 112, 212ff., 418, 551
Haldensleben 150
Halle (Saale) 63, 103, 148, 150, 175f., 186, 201, 213, 298f., 323, 329, 332, 338, 344, 361, 372, 378, 389, 394f., 414, 424–427, 432, 438f., 444, 453f., 459, 464, 467, 491, 504, 517, 519–524, 534, 536, 540–543, 547f., 552, 562, 570

Hallendorf (AEL) 54
Hamburg 72f., 86, 89–94, 97, 100, 104, 134, 140, 143, 170, 512, 515
Hamburg-Bergedorf (Spruchgericht) 100, 143
Hameln 89, 369
Hamm (Oberster Spruchgerichtshof) 85
Hannover 86, 105, 122, 131f., 403, 459, 469, 504, 569
Harburg/Elbe 72
Harsleben 212, 214, 220
Harzgerode 41f., 534, 545
Haslau 500
Havelberg 435
Hecklingen 45, 329, 340, 361, 564
Heddesdorf 547
Heiligenstadt 507
Heldengedenktag 295, 303
Hennigsdorf 484
Hersfeld 167, 169
Hessisch-Oldendorf 195
Hettstedt 386f.
Heygendorf 482
Hildesheim 433
Hinsdorf 547
Hoek van Holland 472
Hof 406
Hofheim am Taunus 123, 127f.
Hohenerxleben 505, 543
Hohenlohe 466
Hohen Neuendorf 484
Holzhausen 539
Homberg 483
Hooghalen 473
Hornhausen 191
Hoym 115f., 172, 495
Hundisburg 150
Hunteburg 184
Hydrierwerke Rodleben 39, 413f., 569

Ilberstedt 381
Industrie- und Handelskammer 16, 247, 434, 459, 519
Inoffizielle Mitarbeiter (MfS/Kripo) 173–178, 414, 419, 425, 448f., 469, 484f., 487f., 493f., 528f., 531f., 555, 559, 561, 567, 569, 571, 574f., 578f.
Innsbruck 107ff., 404
Internierungslager 84, 96f., 100, 108, 120, 122, 125f., 130, 135, 137, 139, 141, 143, 145, 169, 200, 206
Irkutsk 538

Jauer (Zuchthaus) 502
Jeber Bergfrieden 269
Jena 480
Jerichow 57, 96
Jerusalem 285
Jeßnitz 39, 41, 227, 268f., 273, 287, 291, 298–301, 316f., 334, 338, 343, 403, 407f., 410, 423ff., 436, 451, 454–459, 488f., 491f., 504ff., 510f., 521f., 525–529, 531f., 540f., 546, 557f., 566, 569–575, 579
Joachimow-Mogily 111
Jugendbundverlag 316f.
Junkers Kalorifer Dessau 36, 434, 447, 452, 475, 577
Junkers Kalorimeter Dessau 434, 453, 578
Junkers-Werke Dessau 24, 36, 38f., 54, 61, 77, 118, 139, 193, 197, 226, 244, 249, 272f., 282, 315, 319f., 339, 352f., 365, 389, 418f., 421, 434, 436–441, 447, 465, 496, 498, 500, 503, 510, 522, 531ff., 538f., 550f., 553, 566ff., 577f.

Kalbe/Milde 122
Kapen 266, 419, 548f.

Karlsbad 281, 467
Karlsruhe 130, 137f., 146
Kassel 143, 448, 483, 492
Kathewitz 106
Katholische Kirche 19f., 35, 65, 78, 87, 175, 209, 222, 245, 251, 254, 259, 304f., 317, 329ff., 341, 343, 348, 350, 355, 361f., 374, 381, 404f., 444, 475, 494, 508,
Kattau 430
KdS Baden u. Elsass 89
KdS Italien 199
KdS Krakau 80, 134, 158
KdS Lettland 139
KdS Lublin 169
KdS Paris 137
KdS Simferopol 193
KdS Warschau 133f., 195
Kempten (Landgericht) 109
Ketschendorf (Speziallager) 118
Kiel 73, 90, 460, 475, 528, 559
Kiew 165, 579
Kinderfreunde-Bewegung 300f.
Kirowograd 150, 166
Klebitz (MTS) 497
Klein Denkte 97
Klein-Meusdorf 156
Kleinschierstedt 39
Kleutsch 537, 555
Klingenthal 516
Klütz 84
Koblenz 81ff., 86, 99, 392, 422
Kochstedt 391, 411, 462, 539, 549
Kölleda 519
Königsberg 120, 213, 494
Königsbrück 503
Königslutter am Elm 158
Könnigde 539
Köthen (Anhalt) (einschl. Kreis) 25f., 28f., 33ff., 38f., 41, 44, 54, 124, 135, 188, 201, 217, 225, 243, 248, 255, 259, 261f., 269, 284, 286, 291, 296, 302, 316f., 323, 329f., 332, 339, 341, 344, 347, 351, 353, 356, 379, 382, 386, 388f., 392ff., 409, 423, 426f., 429, 436, 448, 462, 473f., 492, 497, 500, 504, 506, 511, 520f., 528f., 531, 536, 541–544, 552, 555, 558
Kornwestheim (Internierungslager) 100
Kotzenau 552
Kownoer Urteil 295
Krakau (SS- u. Polizeigericht) 134
Kramatorsk 150
Kristallpalast (Dessau) 347
Kroppenstedt 138f.
Krotoschin 435
Kruse-Brief 271ff.

Landbevölkerung 233, 257, 370
Landbund (siehe Reichslandbund)
Landesbauernschaft 284, 321, 323, 547f.
Landjäger 44, 241
Landsberg am Lech 431
Landwirtschaft 16, 33, 39f., 42, 92, 138, 148, 150, 162, 165, 203f., 220, 272, 275, 284, 320f., 357, 373, 379, 383f., 419f., 447, 482, 515, 518, 548, 553
Lausanne 429
Lebensmittelversorgung 351, 363, 382f.
Lehnin 545
Leimbach 116
Leipzig 106, 156, 178, 195, 201, 203, 219ff., 281, 360, 364, 381, 397, 427, 431, 438, 444, 464, 472, 491, 499, 501ff., 513, 516 534, 553, 576
Leitzkau 129f., 554
Leopoldshall 39, 41, 114, 235, 269, 280, 342, 353
Lepel (Ghetto) 170
Leschnitz 515

Leuna (Ammoniakwerk) 511
Lichtenburg (KZ) 237, 290, 297, 329, 335, 346, 390, 403, 410, 415, 419, 423f., 428, 430, 442f., 448, 451, 455–458, 462, 469, 477, 480, 489, 492, 502–506, 508f., 511, 521f., 526–529, 531, 536, 540f., 546, 549, 551, 557f., 571ff., 579f.
Lichtspielhaus Residenz Theater Dessau 324
Lindtorff 539
Loburg 504
Löhne (Kritik) 20, 223, 271, 320, 327, 339, 377f., 382f.
Logen (siehe Freimaurer)
Losowoja 150
Ludwigsburg (einschl. Internierungslager) 79, 130, 137, 141, 145, 169
Lübeck 77, 84, 280, 433
Lüneburg 207, 475
Lüttich 564
Luko 568

Mägdesprung 42
Magdeburg 16, 18, 44f., 54, 56, 59, 61, 63, 92, 114f., 120, 122, 125, 139, 142, 147f., 150, 152, 155, 159, 162, 164, 186–190, 192, 194, 207, 213ff., 217, 242, 251, 259, 268, 289, 291, 298, 331, 351ff., 361, 371, 382, 390f., 394ff., 401, 413, 415f., 421, 424, 429, 448, 450f., 453, 461, 466ff., 475f., 478f., 483, 498, 504, 507, 513, 515ff., 519, 533ff., 540, 542, 547, 564, 575f.
Malkinia 133
Marburg 243, 459, 504, 536, 541, 543
Mariental-Horst 194
Marienwerder 494
Markwerben 547
Marl 130
Marxzell 137

Mecheln 473
Meilendorf 547
Meinsdorf 424, 568
Meisenheim 547
Meißen 178f.
Merseburg 183, 576
Milchversorgung 320, 384
Missernte 247, 283, 384
Mitteldeutsches Gaufest 326, 328
Mittellandkanal 37, 41
Mölln 112, 512
Moringen (Frauen-KZ) 237
Moskau 150, 357, 388, 465
Moskauer Sender (Radio) 386, 455, 506, 521, 529, 536, 557
Mühlberg/Elbe (Speziallager) 103, 148, 150, 548
München 37, 48, 87, 103, 121, 186, 200, 213, 246, 270, 283, 395, 431, 546f.
Münster 94, 460, 534
Mürwik 528
Muldenstein 532, 558f.
Musterungen 326f., 339, 430

Nationalsozialistische Betriebszellenorganisation (NSBO) 188, 311f., 436
Nationalsozialistische Gemeinschaft „Kraft durch Freude" (KdF) 271, 333
Nauen (MfS-KD) 484
Naumburg (Saale) (einschl. OLG) 17, 98, 100, 155, 186, 213, 215, 253, 395, 416, 444, 446, 459, 468, 544
Neisse (Kreis) 548
Neubrandenburg 404
Neudorf-Silberhütte 464
Neuengamme (Internierungslager) 100, 143
Neuern 200
Neumark 183
Neustrelitz 84

609

Nieder-Ramstadt 126
Nienburg (Saale) 39–42, 325, 339, 565
Nimptsch 405
Notstandsarbeiten/Notstandsarbeiter 272f., 307, 486, 535
Nürnberg (einschl. Internierungslager) 100, 126, 145, 243, 257, 350, 355, 502
Nutha 104f., 210

Oberböhmsdorf 484
Oberglogau 548
Oberlungwitz 181
Odessa 120, 422
Oebisfelde 58, 410
Oelsnitz/Vogtland 530
Ohrdruf (Lager) 100, 108, 125
Oppeln 548
Oranienbaum 39, 41, 176, 227, 254, 290f., 297, 407, 413, 415–419, 428f., 451, 456, 458, 462f., 468f., 496, 501ff., 505, 508f., 530f., 548f., 557
Oranienburg (KZ) 237, 281, 393, 415, 457, 465, 476, 513, 528, 552, 571f.
Organisation Gehlen 146
Organisation Todt 417, 493, 572ff.
Oschatz 457
Osmarsleben 427
Osnabrück 184, 399
Ossig 196
Osternienburg 39, 317, 334, 556, 562

Paderborn 404, 467f.
Papenburg/Ems 421, 470, 483, 495
Paris 165
Paritz 539
Perleberg 213
Pferdingsleben 119
Piesau 492
Pilsen 208
Plauen 512

Plötzin 545
Poltawa 150, 166
Polysius Dessau 36, 136, 198, 418, 460, 475, 500, 577f.
Potsdam 484, 562
Pouch 496
Prag 181, 244, 293, 357, 516
Preise 233, 246f., 258, 271, 275, 283f., 320, 333, 382ff.
Pretzsch (Grenzpolizeischule) 136, 184, 187
Preußlitz 39
Prosečnice 160

Quedlinburg 140, 148, 150, 189, 214ff.
Quellendorf 269, 504
Querstedt 539
Quetzin (Krs. Kolberg) 243

Radegast 386, 520
Radzyn 169
Rätzlingen 58
Raguhn 26, 117, 143ff., 252, 298, 334, 403, 407ff., 423, 425, 448f., 492ff., 506, 509, 527, 557f., 569
Rathenow 147
Rathmannsdorf 464, 505, 543
Rathmannsdorf (Sachsen) 492
Recklinghausen 165f.
Regensburg (Internierungslager) 100
Reichenau (AEL) 107f.
Reichsbanner Schwarz-Rot-Gold 31, 281f., 371f., 378, 392, 397, 437, 527
Reichslandbund 284
Reichsluftschutzbund (einschl. Luftschutzübungen) 377, 445, 447
Reichsnährstand 16, 275, 284, 321ff., 383f.
Reichsparteitage (NSDAP) 257, 350, 355

Reichssicherheitshauptamt 66, 70, 80, 83, 88f. 91, 105, 137, 158, 173
Reichstagsbrand 272, 439
Reideburg 552
Reinsdorf 18, 337f.
Rieder 225
Riesdorf 530
Remscheid 499
Rheinberg 567
Riga 139f., 552
Rigaer Ghetto 140
Röthenbach an der Pegnitz 141
Rogasen 448
Roitzsch 556f.
Rosenburg 185
Roßdorf 455f.
Roßlau (Elbe) (einschl. KZ) 26, 34, 37, 39, 41ff., 57, 122, 190ff., 201, 205, 225, 237, 291f., 301, 335, 346, 373, 401, 412ff., 421, 441, 446f., 459, 465f., 471, 476, 480, 482, 496, 500, 511, 515, 522f., 531, 533, 539, 551, 554, 556, 560, 566, 568–573, 577
Roßleben 482
Rostock 444
Rudolstadt 187
Rüstungsindustrie 15, 38f., 61, 106, 204, 226, 271, 307, 313, 334, 345, 377, 382

Saalfeld/Saale 484f.
Saarabstimmung/Saarfeiern 257, 279, 294, 429
Saarbrücken 576
Sachau (Lager) 57f., 96f., 205
Sachsenhausen (KZ) 237, 447, 455f., 466, 530, 576
Saint-Quentin 455
Salder 131
Sandersdorf 556, 574
Sandersleben 478ff., 543

Sangerhausen 180
Saratow (Lager) 208
Schadeleben 136
Schkopau 553
Schleiz 484
Schmalkalden 484
Schönebeck (Elbe) 242, 421, 438, 516f., 561, 569
Schönewerda-Eßmannsdorf 482
Schöningen 205f.
Schweinfurt 550
Seebigau 196
Senst (Arbeitsdienst-Lager) 269
Siedenlangenbeck 442
Sierksdorf 77, 84, 86
Simferopol 120
Sindolsheim 203
Sinzig 394
Skopje (Lager) 411
Smela 579
Sochaczew 134
Sollnitz 463, 537
Soltau 152
Sondergerichte 253, 329, 372, 378, 408, 416, 421, 465, 474, 521, 542, 544, 569
Sonthofen (Spruchkammer) 108
Speziallager (NKWD) 103, 118, 147f., 150, 155f., 158, 548
Spittal an der Drau 330, 343
Spröda 531
Spruchgerichte / -kammern 77, 82f., 85, 93, 100, 108, 120, 122, 126, 128, 130, 135, 137f., 141, 143, 145, 169, 200, 203, 206, 243, 354
Staatspolizei Bad Nauheim 168
Staatspolizei Berlin 112, 197, 353, 427
Staatspolizei Bitterfeld 511
Staatspolizei Bremen 129
Staatspolizei Breslau 187

Staatspolizei Brünn 121, 158, 160–163, 165
Staatspolizei Chemnitz 181, 389, 434, 438, 552
Staatspolizei Dortmund 95
Staatspolizei Dresden 389
Staatspolizei Düsseldorf 147
Staatspolizei Frankfurt am Main 71, 235
Staatspolizei Halle 299f., 318, 386, 511
Staatspolizei Hamburg 90
Staatspolizei Hannover 104
Staatspolizei Innsbruck 107ff.
Staatspolizei Jitschin 208
Staatspolizei Karlsbad 88f.
Staatspolizei Karlsruhe 89
Staatspolizei Kattowitz 80
Staatspolizei Koblenz 81ff., 86, 99
Staatspolizei Leipzig 396ff.
Staatspolizei Liegnitz 95
Staatspolizei Litzmannstadt 155
Staatspolizei Lyon 137
Staatspolizei Magdeburg 51–56, 61, 63, 69, 71, 92, 115, 122, 125, 139, 141, 150, 152f., 160, 165, 167, 172f., 179, 185, 188f., 197, 199, 205f., 235, 280, 353, 390, 534
Staatspolizei Münster 150, 169
Staatspolizei Neustadt a.d. Weinstraße 88
Staatspolizei Osnabrück 71
Staatspolizei Posen 112
Staatspolizei Prag 208
Staatspolizei Schneidemühl 71
Staatspolizei Sielce 111
Staatspolizei Stuttgart 66
Staatspolizei Weimar 173
Stahlhelm, Bund der Frontsoldaten (einschl. NSDFB) 19, 22, 32, 118, 214, 238, 240, 242f., 262, 288f., 323f., 334f., 345f., 348, 353, 365,
370f., 378, 392ff., 432f., 466f., 479f., 499, 571
Stallupönen 499
Stamsried 474
Staßfurt 41, 186f., 235, 395, 475, 516f.
Staumühle (Internierungslager) 84
Steckby 204
Stendal 96, 394, 453, 462, 467, 539, 567
Stettin 83f., 259
Stettlen (bei Bern) 358
Stickstoffwerk Piesteritz 236, 452
Straßburg 90, 421, 459, 478
Stubben 160
Stürmer-Kästen 332, 344
Sturmabteilung Reserve (SA R) 242, 323f.
Stuttgart 146, 185, 203, 538
Sülzhayn 402
Swinemünde 460
Sylda 387

Taganrog 422
Tangermünde 567
Tannenberg 250, 283
Tannenbergbund 19, 222, 240, 245f., 252, 260f., 274, 283
Tarnopol 150
Tel Aviv 398
Teterchen 201
Thale 214
Theater Dessau 28, 189, 257f., 549
Thurland 491, 504
Torgau (einschl. Kreis) 106, 396, 471
Trautheim (Lager) 126, 140
Treuhänder der Arbeit 311
Tribüne (KPD-Zeitung) 253, 258, 265, 274, 281, 291f., 298f., 407f., 423, 551
Trommler-Verlag 382
Trügleben (Lager) 168

Tübingen (Universität) 342, 464, 491, 536
Tutzing 283

Ueberhaft 4, 60, 62 ff., 402, 438, 474, 483, 502, 514
Ulm 109, 461
Unterlüß 97
Unterschlagungen 20, 263, 268, 413
Unterwellenborn 485
Unterwiederstedt 335, 346, 479 f.

Verdun 187, 213
Versailler Vertrag 20, 30, 201, 295, 327
Vertrauensleute (Stapo-Spitzel) 15, 64, 116, 453
Vertrauensräte/Vertrauensratswahlen 311 f.
Vippachedelhausen 429
Vockerode 277, 281, 549
Völkerbund 279, 294 f., 371
Volksabstimmung (19.08.1934) 250 f., 257
Volkstedt (Lager) 517
Vorsfelde 194

Wahlitz 128
Waldheim (ZH) 481, 502
Wallwitzhafen 280, 577
Waltrop 165
Wandervogel-Gemeinschaft 342 f.
Warburg 399
Warmbrunn 552
Warschau 134, 195, 543
Warschauer Ghetto 134, 195, 550
Wasseralfingen 203
Weener 400
Wehrgesetz 313
Wehrpflicht 20, 295, 313, 371, 381
Weimar (einschl. Kreis) 79, 119, 148, 200, 429, 484
Weißenfels 576

Werben 539
Werdershausen 430
Werl (Gefängnis) 417
Wernigerode 180, 213, 496
Westendorf 108
Wiesbaden 135
Wilhelmshaven 90, 459, 549
Winniza 150, 166
Winterhilfswerk 268, 271, 276, 278 f., 295 f., 300, 379, 383
Wippershain 167
Wittenberg 338
Wohlfahrtsunterstützung 40, 42 f., 247, 273, 319, 363, 526
Wohnungsknappheit/-not 38
Wolfen 18, 99, 286, 317, 331, 343, 402–405, 424 f., 455, 467 f., 473, 475, 488, 510 f., 521, 527, 529, 531, 540 f., 558, 569 f., 573 f.
Wolfenbüttel 97, 545
Wolfsburg 152, 194, 206
Wolmirstedt 163 f.
Wologda 150
Wolsk 208
Woltersdorf 317
Wörbzig 274, 541 f.
Wörlitz 342, 369, 376, 568
Wörlitzer Bahnhof (Dessau) 368, 375
Wörlitzer Eisenbahnbrücke 368 f., 375
Wörlitzer Winkel 370, 376
Workuta (Lager) 149 f.
Wüste 539

Zagreb 487
Zakopane 134
Zehmitz 386, 520 f., 530, 536
Zerbst/Anhalt (einschl. Kreis) 16, 25, 34 f., 39 ff., 44, 54 ff., 96, 104 f., 204, 218, 225, 237, 239, 244, 248, 268 f., 275, 284 f., 289, 291, 301, 307, 315, 321, 323, 338, 357, 363, 365, 424,

427, 432, 459f., 466, 504f., 524ff., 541, 560, 568f.
Zeugen Jehovas 19, 63ff., 261f., 353, 357, 389, 474
Ziegenhain (Internierungslager) 108, 125, 135, 139
Zittau 188
Zörbig 325, 339, 503
Zöschen (AEL) 511
Zoppot 494
Zschornewitz 18, 117, 415, 418, 520, 548f.
Zuchtvieh 233, 247, 258
Zuckerrübe 39f., 321ff., 383
Zürich 244
Zuffenhausen (Internierungslager) 108
Zwangs- und Fremdarbeiter 59, 61, 80f., 107, 125, 271, 334, 345, 414, 448, 479, 511, 564
Zwickau (ZH) 434